TRABALHO PROCURA JUSTIÇA

OS TRIBUNAIS DE TRABALHO NA SOCIEDADE PORTUGUESA

ANTÓNIO MANUEL CARVALHO DE CASIMIRO FERREIRA

TRABALHO PROCURA JUSTIÇA

OS TRIBUNAIS DE TRABALHO NA SOCIEDADE PORTUGUESA

ALMEDINA
1955-2005

TRABALHO PROCURA JUSTIÇA
OS TRIBUNAIS DE TRABALHO NA SOCIEDADE PORTUGUESA

AUTOR
ANTÓNIO MANUEL CARVALHO DE CASIMIRO FERREIRA

EDITOR
EDIÇÕES ALMEDINA, SA
Rua da Estrela, n.º 6
3000-161 Coimbra
Tel.: 239 851 904
Fax: 239 851 901
www.almedina.net
editora@almedina.net

EXECUÇÃO GRÁFICA
G.C. – GRÁFICA DE COIMBRA, LDA.
Palheira – Assafarge
3001-453 Coimbra
producao@graficadecoimbra.pt

Novembro, 2005

DEPÓSITO LEGAL
234882/05

Toda a reprodução desta obra, por fotocópia ou outro qualquer processo,
sem prévia autorização escrita do Editor,
é ilícita e passível de procedimento judicial contra o infractor.

Para a Inês e para o Miguel

AGRADECIMENTOS

No dizer de Maria Zambrano "escrever é defender a solidão em que se está; é uma acção que brota somente de um isolamento afectivo, mas de um isolamento comunicável, em que exactamente, pela distância de todas as coisas concretas, se torna possível um descobrimento de relações entre elas". A elaboração de uma investigação como esta que agora se publica reúne os predicados do isolamento, da distância e do descobrimento, sendo por definição um desafio individual. No entanto, sem a solidariedade, o estímulo e a amizade a sua concretização não seria possível.

Quero aqui deixar o meu sincero e profundo reconhecimento a todos quantos me auxiliaram neste trabalho.

O primeiro agradecimento vai para o Professor Boaventura de Sousa Santos, orientador da minha tese de doutoramento. Desde 1989, momento em que passei a fazer parte da equipa de investigadores por ele liderada, iniciei um processo de aprendizagem, sem o qual este trabalho não seria possível. A amizade e confiança de que sempre beneficiei foram determinantes nas fases mais difíceis por que passei ao longo destes anos. Creio ser oportuno referir que aprendi melhor a exercer o ofício de sociólogo com o exemplo de Boaventura de Sousa Santos, nomeadamente ao aplacar a ansiedade weberiana entre o político e o cientista com a exigência do rigor sociológico e de uma prática social civicamente empenhada.

Quero também agradecer o apoio dado pelos colegas do núcleo de Ciências Sociais e do Centro de Estudos Sociais da Faculdade de Economia da Universidade de Coimbra, bem como aos membros da *Revista Crítica de Ciências Sociais* que sempre se interessaram pelo meu trabalho e comigo percorrem o quotidiano da vida académica e cientifica.

Sem o ambiente de diálogo informal típico do Centro de Estudos Sociais e sem a participação em projectos e seminários promovidos pelo nosso centro tudo seria mais difícil. A este propósito quero realçar o trabalho desenvolvido pelo Observatório Permanente da Justiça Portuguesa e expressar a todos os meus colegas do Observatório o agradecimento pelas facilidades concedidas para a realização desta investigação.

Gostaria de destacar o quanto foram importantes para mim as conversas mais ou menos casuais, mais ou menos formais, tidas com Maria Manuel Leitão Marques, António Sousa Ribeiro, Pedro Hespanha, João Arriscado Nunes, José Manuel Pureza, Maria Baganha, Conceição Gomes, Hermes Costa e André Brito Correia.

A cumplicidade científica e o companheirismo são um privilégio de poucos, a minha profunda gratidão ao João Pedroso e ao Elísio Estanque. Os caminhos já percorridos são apenas o pronúncio dos nossos projectos futuros. Temos muito a fazer. Ao Paulo Pedroso agradeço a possibilidade de ter acedido a um posto de observação sociológica privilegiado e à participação político-cidadã no mundo laboral. Em conjunto com o António Dornelas, discutimos em variadas ocasiões alguns dos argumentos que fazem parte deste livro.

Uma palavra de sincero reconhecimento é devida à Maria João Rebelo pela solidariedade e amizade, apoio e vontade de partilhar o seu conhecimento sobre o mundo do trabalho.

Menciono as instituições que financiaram projectos, viagens e estágios directa ou indirectamente relacionados com esta investigação: Fundação Calouste Gulbenkian, Fundação para a Ciência e a Tecnologia, Ministério da Justiça e Centro de Estudos Judiciários. Cumpre-me igualmente agradecer aos Magistrados judiciais e do Ministério Público, Advogados, membros da Administração do Trabalho e da Comissão Permanente de Concertação Social, Sindicalistas e Trabalhadores, cujo interesse pelo meu trabalho e disponibilidade ao longo de vários anos foram determinantes para a elaboração deste livro.

Nas pessoas da Maria Lassalete Simões e da Lucinda Silva presto a minha homenagem a todos os funcionários do CES e da FEUC. Uma palavra amiga também para os meus estudantes e àquilo que com eles aprendo.

Finalmente, não posso deixar de mencionar todos quanto comigo colaboraram ao longo destes anos: Ana Marisa, Carlos Nolasco, Catarina Trincão, Cristina Cruz, Cristina Dias, Elsa Santos, Fátima Sousa, Isabel Fernandes, João Paulo Dias, Jorge Almeida, Olga Fernandes, Paula Martinho, Pedro Abreu, Taciana Lopes, Teresa Feliciano e Teresa Maneca.

Uma menção particular à Marina Henriques pelo modo deligente, profissional e amigo da sua colaboração.

À Helena Afonso, ao João Ramalho, ao José António Brites e ao Pedro Nascimento, expresso o meu reconhecimento pela estima que só se partilham com os grandes amigos.

À minha mãe agradeço o apoio com que sempre tenho contado. Uma palavra final para a Fátima pelo cuidado posto no acompanhamento dos nossos filhos. À Inês e ao Miguel fica a desculpa pelas ausências e a promessa de que as coisas podem ser diferentes. Este livro é-lhes dedicado.

INTRODUÇÃO

O presente livro parte da dissertação que apresentei a provas de doutoramento na Faculdade de Economia da Universidade de Coimbra. O projecto de doutoramento estruturou-se em torno de duas grandes áreas sócio-jurídicas. A primeira, relativa à produção da normatividade laboral e às transformações ocorridas no sistema de relações laborais português, incidiu nas seguintes matérias: direitos humanos do trabalho, processos de globalização, diálogo social, concertação social e negociação colectiva. A segunda debruçou-se sobre o sistema de resolução dos conflitos de trabalho e privilegiou o estudo da justiça laboral. É sobre esta última temática que versa este livro, estudando-se numa perspectiva sócio-jurídica o papel e a actividade dos tribunais de trabalho entre 1974 e 2004 no contexto da sociedade portuguesa.

O impacto das recentes alterações na legislação laboral portuguesa, resultantes do processo de codificação a que esteve sujeita, sobre a actividade dos tribunais de trabalho só marginalmente é captado nesta investigação. Efectivamente, a entrada em vigor do Código do Trabalho em 2003 e o posterior processo de regulamentação inviabilizaram a identificação das articulações existentes entre as transformações legislativas substantivas e as estruturas de mobilização e de litigação no domínio laboral. Com efeito, na altura em que este livro se publica não é ainda possível avaliar de uma forma aprofundada as consequências das alterações legislativas para a administração da justiça do trabalho. No âmbito deste processo de avaliação julgo ser desejável que a monitorização e a avaliação das transformações ocorram envolvendo operadores judiciários, parceiros sociais e todos quantos sejam afectados por elas de uma forma transparente e socialmente responsável.

Os resultados alcançados neste estudo podem contribuir para essa discussão. Em primeiro lugar, porque se identificam exaustivamente padrões de litigação, estruturas de mobilização dos tribunais, elementos facilitadores ou barreiras ao acesso à justiça, consequências sociais da actividade dos tribunais e a influência dos contextos sócio-laborais sobre a actividade da justiça laboral. Em segundo lugar, porque é proposto um conjunto de indicadores qualitativos e quantitativos cujo recurso é adequado à monitorização sócio-jurídica das mudanças em curso.

O mundo laboral vive na actualidade um momento marcado pela incerteza quanto ao futuro e pela certeza de que o presente é simultaneamente de crise e de transformação. Mais do que nunca, a reflexão social deve pugnar por uma "viragem" para as questões do mundo laboral, com o firme propósito de criar condições de visibilidade sociológica que possam contribuir, validamente, para a resolução de situações concretas. Contrariamente ao que se chegou a julgar, as profundas transformações culturais, sociais, económicas e políticas que se impuseram à escala global nos últimos trinta anos, ao invés de diminuírem o interesse pelo trabalho e pelas relações laborais, conferiram-lhes uma centralidade renovada podendo mesmo afirmar-se que de entre os graves problemas que se colocam à humanidade nos dias de hoje, estão os relacionados com as questões sociais e laborais.

Partindo deste pressuposto e recorrendo aos instrumentos teóricos e metodológicos de uma "nova" sociologia do direito do trabalho, estudam--se os efeitos e impactos da crise e da transformação das relações e dos direitos laborais sobre o sistema de resolução dos conflitos em geral e em especial na justiça laboral em Portugal.

A justiça laboral portuguesa, ao ser simultaneamente parte integrante do sistema judicial e elemento constitutivo dos sistemas de relações laborais, encontra-se sujeita às dinâmicas de crise e de transformação que têm afectado, nas duas últimas décadas, estas duas esferas das sociedades contemporâneas.

Como se sabe, a ruptura dos sistemas judiciais tem conduzido a inúmeras discussões sobre a crise da justiça, consequência de um crescimento explosivo da procura dos tribunais. Em alguns países, os tribunais têm vindo a ser criticados, como sucede em Itália, França, Portugal e Espanha, pela sua ineficiência, inacessibilidade, morosidade, custos elevados, falta de transparência e de responsabilidade, privilégios corporativos, entre outras razões (Santos, 2002: 130).

Em resposta à actual crise do sistema judicial, resultante da sobrecarga dos tribunais judiciais, os diversos governos têm promovido uma pluralidade de reformas, particularmente da administração judicial. A análise comparada e os estudos da sociologia da administração da justiça permitiram enquadrar essas reformas em quatro tipos – alocação de mais recursos; tecnocracia gestionária; inovação e tecnologia; infor-

Introdução   13

malização e desjudicialização (Pedroso, 2002; Santos, 2002; Zuckerman *et al.*, 1999).

Também tem sido notado que o aumento da procura dos tribunais não ocorreu de modo uniforme (Santos *et al.*, 1996), verificando-se um crescimento selectivo e concentrado em determinadas áreas da litigação, nomeadamente no contencioso cível (Santos e Garcia Villegas, 2001; Pedroso, 2002; Santos *et al.*, 1996), enquanto que noutras áreas como a laboral, e mesmo sob o efeito da "crise do Estado-Providência", a tendência geral foi ou para a estagnação ou para o crescimento progressivo deste tipo de conflitualidade em muitos países. Apesar da escassez de estudos comparados no domínio da administração da justiça laboral, os dados mais recentes, relativos à década de 90, apontam para um relativo aumento da litigação associada aos direitos laborais em países como a Inglaterra e País de Gales, França, Alemanha, Áustria, e Itália.[1] Como veremos, também Portugal, na década de 90, acompanha a tendência registada nos referidos países.[2] Para além de sofrer as influências emergentes do sistema judicial, a justiça laboral encontra-se exposta às transformações dos sistemas de relações laborais onde ocorre uma convergência entre as designadas crises do trabalho, da justiça, do direito do trabalho e do sindicalismo.

As explicações sócio-jurídicas para o fenómeno são diversas e envolvem diferentes variáveis, cujo impacto não é uniforme nos diferentes países. De entre elas destacam-se: (1) a diversidade interna dos sistemas de resolução dos conflitos laborais, evidenciando maior ou menor preponderância das formas judicializadas, informais não judiciais ou informais de composição de litígios; (2) as características dos sistemas de relações laborais, no que diz respeito à organização dos interesses sindicais e patronais, ao estado do diálogo social, à existência de modelos adversariais ou cooperativos de relacionamento entre os parceiros sociais, ao padrão de conflitualidade colectiva, à situação de negociação colectiva e ao papel da administração do trabalho; (3) as características do mercado de trabalho, nomeadamente a estrutura contratual laboral, o

---

[1] As análises quantificadas de carácter comparativo relativas à procura dos sistemas judiciais, para além de escassas, são de difícil realização devido às singulares especificidades institucionais e normativas dos diferentes países. Utilizamos a informação contida no último relatório da *European Reserch NetWorks ou Judicial Systems/ European Data Base on Judicial Systems* (2000).

[2] Apenas a Espanha apresenta valores diferenciados e de sinal contrário para o período em análise.

emprego e o desemprego, a actividade económica, a dimensão das empresas, etc.; (4) o grau de desenvolvimento socioeconómico na medida em que o seu aumento ou diminuição tem um impacto diferenciado e influencia as diversas áreas de litigação ou sectores de actividade; (5) e, finalmente, o padrão de litigação e cultura sócio-jurídica laboral, na medida em que a propensão para litigar é maior nuns casos que noutros, estando estas variações em parte ancoradas culturalmente (cf. Ferreira, 1998a, 1999, 2001a, 2002; Santos *et al.*, 1996).

A pesquisa estabelece dois objectos de análise fundamentais. O primeiro, relativo ao modo como o funcionamento dos sistemas de resolução dos conflitos e, no âmbito destes, o desempenho dos tribunais de trabalho, são influenciados pelo contexto de crise e de transformação sócio-laboral. O segundo, acerca da capacidade do judicial-laboral continuar a desempenhar as mesmas funções políticas, sociais e simbólicas, como o fez no período de vigência do paradigma clássico do direito do trabalho associado à relação salarial fordista.

Para responder às questões acima enunciadas, utilizo duas orientações centrais a toda a minha argumentação. Em primeiro lugar, na análise do mundo do trabalho considero as articulações estabelecidas entre as relações laborais, o mercado de trabalho, o direito laboral e o sistema judicial. A agenda político-laboral, na qual se incluem grandes temas, como o do "trabalho decente", *Core Labour Standards*, Estratégia Europeia para o Emprego, Planos Nacionais de Emprego, Planos Nacionais para a Inclusão, Qualidade do Trabalho e do Emprego, bem como as discussões a propósito da rigidez/flexibilidade dos direitos laborais e do mercado de trabalho, é praticamente omissa no que diz respeito à capacidade de regulação e interferência do judicial-laboral. Com efeito, apesar dos inúmeros indicadores concebidos para alimentarem os tópicos da agenda político-laboral, é notória a ausência da ponderação da actividade do judicial-laboral.

Em segundo lugar, não se restringe o estudo da actividade judicial-laboral aos indicadores quantitativos, com os quais se avalia a eficiência dos tribunais de trabalho. Considera-se, igualmente, a qualidade de resposta da justiça do trabalho dimensão relevante numa fase como a actual, marcada por profundas mudanças no mundo do trabalho. Só assim será possível perceber a importância da justiça de proximidade, facilitadora do acesso, o resultado concreto das sentenças e conciliações, ou ainda a estrutura da litigação na sua selectividade, apurando, por exemplo, se esta exclui as situações de maior atipicidade e discriminação laborais.

Introdução   15

Este estudo sobre as formas de resolução dos conflitos de trabalho na sociedade portuguesa não é apenas o (re)encontro com dimensões centrais à análise sociológica reconhecíveis no tradicional tríptico analítico Estado-trabalho-capital. É, sobretudo, um esforço de investigação crítico e reflexivo que procura questionar as possibilidades e limites ao exercício da democracia no mundo do trabalho, atendendo às formas de resolução dos conflitos laborais, às barreiras que impedem o acesso à justiça e à efectividade da normatividade laboral. Em causa está a ponderação de uma tendência societal que evolui em termos ideais-típicos, no sentido de uma sociedade inclusiva e estável para o alargamento de uma sociedade exclusiva, pautada por dinâmicas desestruturantes no mundo do trabalho.

Perspectivas teóricas e conceitos constitutivos da matriz teórico--conceptual das ciências sociais, como sejam os de produção, trabalho, conflitos, regulação, resolução de conflitos, acesso ao direito, cidadania e justiça laboral e social, assumem uma importância fundamental na condução da pesquisa. Ela não deriva, porém, da aceitação acrítica e reificada das dimensões teóricas que estão na sua origem. Pretendo, com base nas discussões e debates que a partir deles se foram fazendo, orientar e estabelecer o quadro teórico da investigação.

No âmbito desta pesquisa importa reiterar a importância dos estudos político-jurídicos sobre o mundo laboral, tendo em conta um duplo esquecimento que tem marcado a história recente da sociologia. Em primeiro lugar, apesar da sociologia do direito se ter vindo a afirmar como uma perspectiva de análise sociológica relevante para a compreensão das sociedades, tem faltado à sociologia geral o aprofundamento da discussão sobre a teoria dos direitos na sua relação com a teoria social. A pouca atenção prestada pelas teorias sociológicas contemporâneas ao desenvolvimento de uma teoria dos direitos ancorada sociologicamente, traduz a perda de um traço característico da tradição sociológica clássica reconhecível nos legados de Marx, Weber, Durkheim, Gurvitch, entre outros. Em segundo lugar, existem duas disciplinas directamente interessadas na temática sócio-laboral: a sociologia do trabalho e o direito do trabalho. No entanto, é praticamente total a ruptura entre estes dois domínios de competência. Apesar de na tradição francesa da sociologia do trabalho e na tradição anglófona das relações industriais se encontrarem excepções, a história destas disciplinas evidencia a persistente dissociação entre as relações e lógicas jurídicas e as relações e lógicas sociais. Por outro lado, a progressiva formalização e codificação das normas laborais empurraram o direito do trabalho para o paradigma *ius civilístico* fazendo com que, muitas vezes, se esqueça que na sua origem estiveram presentes, pela primeira vez, na história do direito, inquéritos e investigações sociológicas levados a cabo no século XIX.

Torna-se difícil entender que, num período marcado por persistentes debates em torno de questões como a dos direitos de cidadania e a dos direitos humanos, sejam poucos os sociólogos que de uma forma sistemática e coerente proponham quadros teóricos e conceptuais que integrem e co-envolvam a reflexão sobre o social, o político e o jurídico. A principal consequência que decorre desta ausência de teorização sócio--política-jurídica integrada é a de que se tem aprofundado a separação analítica entre as esferas social, económica, cultural, política e jurídica, enviesando-se deste modo as respostas a dar ao que permanece como um dos problemas sociológicos mais relevantes: a falta de coesão e integração sociais.

A pertinência e a necessidade dos estudos sociológicos sobre o direito e o político no domínio laboral radicam, antes de mais, num paradoxo. Ele resulta do facto de, ao mesmo tempo que se proclamam e difundem mais direitos às escalas nacional e global, cada vez mais se desvela a fragilidade, a insegurança ontológica e político-jurídica dos indivíduos e grupos, a persistente inefectividade das normas laborais, os efeitos perversos emergentes dos quadros normativos formais e a desregulação dos mercados e relações laborais.

Sendo a justiça laboral parte integrante do sistema de resolução dos conflitos, o seu desempenho é influenciado pelo estado do sistema globalmente considerado. Para além dos factores exógenos associados às dinâmicas de transformação e de crise do mercado de trabalho e do desempenho do sistema de resolução dos conflitos, a actividade dos tribunais de trabalho é afectada por factores endógenos ao sistema jurídico, como sejam as normas adjectivas e substantivas. Pela sua importância, destaco as normas processuais laborais enquanto mecanismos de selectividade da estrutura da conflitualidade laboral presente nos tribunais. Para além disso, concedo autonomia analítica aos tribunais de trabalho estudando-os numa tripla perspectiva: (1) do ponto de vista da oferta e da procura da justiça laboral, perante o contexto de transformação e de crise das relações laborais; (2) enquanto mecanismos de resolução dos conflitos de trabalho; (3) na sua relação com o sistema de acesso ao direito e à justiça laborais.

O presente livro encontra-se organizado em oito capítulos. O capítulo inicial, tem um duplo objectivo. Em primeiro lugar, o de analisar as principais linhas de força da sociologia do direito na actualidade, questionando as tradicionais dicotomias político/direito e direito estatal/direito não estatal consideradas obstáculos epistemológicos ao desenvolvimento de uma perspectiva sócio-jurídica crítica. Em segundo lugar, o de sustentar a defesa de uma perspectiva sócio-jurídica tendo por objecto o mundo do trabalho. Os temas desenvolvidos entroncam com três grandes questões: os processos de globalização laboral; as transformações das relações de trabalho e do direito do trabalho; e os sistemas de resolução de conflitos e de acesso à justiça laboral. A principal preocupação é contribuir para o reforço de uma área de estudo a que as ciências sociais têm estado pouco atentas em Portugal, defendendo uma perspectiva de análise sócio-jurídica do direito do trabalho e das relações laborais.

Procura-se assim ultrapassar os três obstáculos que dificultam a análise sócio-jurídica integrada das temáticas relativas ao mundo do trabalho. O primeiro tem razões históricas e reconhece-se no processo de constituição das áreas disciplinares que determinou o afastamento entre os estudos sociológicos, económicos e jurídicos no domínio laboral (Ferreira, 2003). O segundo está estreitamente relacionado com o anterior e corresponde à sua transposição para o plano pedagógico-formativo como se constata pela análise curricular das licenciaturas em direito e ciências sociais onde são raros ou inexistentes os exemplos de cadeiras de índole sócio-jurídica versando problemáticas laborais (Ferreira e Pedroso, 1999). Finalmente, o terceiro, consequência dos dois anteriores, corresponde à transposição destes para o registo de investigação sendo escassos em Portugal os estudos realizados no âmbito de uma sociologia do direito preocupada com as questões do trabalho e da justiça laboral.

No segundo capítulo, desenvolvo a proposta do sistema de regulação e resolução dos conflitos individuais e colectivos de trabalho. A inexistência de modelos de análise sócio-jurídica compaginando as dimensões sociológicas macro/micro, colectiva/individual de resolução dos conflitos de trabalho operacionalizáveis no contexto da sociedade portuguesa e orientados para uma perspectiva crítica da sociologia do direito conduziu-me à formulação desta proposta.[3] O sistema é categorizado de acordo com três vectores. No primeiro, identificam-se os princípios de regulação do Estado, do mercado, da comunidade e da associação ou diálogo social, com o propósito de clarificar as relações existentes entre o

---

[3] A este respeito, mas subordinado aos princípios da teoria auto-poiética pode confrontar-se a formulação proposta por Ralf Rogowski (1994).

Estado e a sociedade civil. No segundo, organizam-se os instrumentos de resolução dos conflitos em torno de três modalidades: judiciais, não-judiciais formais e não-judiciais informais. No terceiro, relativiza-se a distinção entre conflitos individuais e colectivos, desenvolvendo uma perspectiva de análise geral do modo de regulação da conflitualidade laboral.

Na análise do sistema de regulação e resolução dos conflitos de trabalho atende-se, quer às formas auto-reguladas, quer às formas adjudicadas de composição dos litígios, estudando-se de uma forma integrada os níveis individuais e colectivos dos conflitos e as instâncias de resolução judicial e não-judicial. Identificam-se, como elementos constitutivos do sistema, a concertação social, a conciliação, a mediação, a arbitragem, a intervenção administrativa, os tribunais de trabalho e as formas alternativas de resolução dos conflitos. Do capítulo também consta uma análise comparativa de várias experiências e sistemas de resolução dos conflitos de trabalho.

No terceiro capítulo, desenvolvo o modelo de análise da actividade do judicial-laboral. Partindo da hipótese da autonomia analítica conferida aos tribunais de trabalho, sublinham-se as três dimensões teórico-analíticas com que eles se relacionam: (1) a actividade dos tribunais de trabalho perante o contexto de transformação e de crise dos sistemas de relações laborais e do direito do trabalho; (2) a função e o papel dos tribunais de trabalho na resolução dos conflitos laborais; (3) as barreiras ao acesso ao direito e à justiça no domínio laboral.

No quarto capítulo, estudo o processo de institucionalização e a dinâmica do sistema de resolução dos conflitos de trabalho, na sociedade portuguesa depois de 1974. Pretendo, por um lado, mostrar como os diferentes elementos do sistema de regulação e de resolução dos conflitos de trabalho português foram moldados e influenciados pelas diferentes lógicas e estratégias seguidas pelo Estado e pela sociedade civil do trabalho, bem como por factores contextuais de cariz económico, social, político e jurídico. Por outro lado, descrevo e caracterizo o sistema, atendendo aos principais níveis e dimensões de análise e eixos analíticos constitutivos do modelo teórico: (1) conflitos individuais e conflitos colectivos; (2) unidades de análise espacio-temporais ou contextos em que ocorre a sua resolução – transnacional, nacional e local; (3) princípios de regulação sócio-política – Estado, mercado, comunidade e associação ou diálogo social; (4) instrumentos de resolução dos conflitos – judiciais, não-judiciais formais e não-judiciais informais. Em suma, este capítulo analisa a evolução e caracteriza o sistema de resolução dos conflitos de trabalho, considerando as coordenadas analíticas referidas, atende às práticas e relações entre os actores sociais, à moldura institucional e organizativa resultante da combinação entre os vários elementos que o constituem e ao grau de efectividade das normas e instituições a ele associadas. Existe também a preocupação de referir a forma como os tribunais de trabalho se articulam com os outros elementos constitutivos do sistema de resolução dos conflitos.

O quinto capítulo consiste na análise do discurso jurídico e das normas processuais laborais. Partindo da ideia de que as práticas judiciais associadas às reformas processuais são influenciadas pelas culturas jurídica e laboral dos actores sociais em presença, identifico os elementos de tensão inerentes às dinâmicas normativas. A reforma do Código de Processo de Trabalho (CPT), introduzida pelo DL 480/99 de 9 de Novembro, foi analisada com o objectivo de aferir do impacto e da efectividade da nova legislação processual laboral. Realizou-se um painel com a presença de magistrados e advogados, subordinado ao tema "Da Reforma do Processo de Trabalho". Os participantes, com experiência na área laboral, representavam tribunais de dimensão e litigiosidade diferenciadas, bem como, no caso dos advogados, sensibilidades distintas, consoante o patrocínio fosse preferencialmente de trabalhadores ou de empresas. Procurou-se, assim, recolher as opiniões de operadores judiciários com diferentes entendimentos e preocupações relativamente à actividade dos tribunais de trabalho.

O capítulo, encontra-se organizado da seguinte forma: em primeiro lugar, através da análise de conteúdo da legislação adjectiva, identificam--se algumas das propriedades típicas do processo de trabalho; em segundo lugar, analisam-se os resultados obtidos pelas metodologias das entrevistas e do *focus group,* estruturadas em torno das aplicações e práticas concretas dos operadores judiciários. O principal objectivo da análise da legislação processual e do discurso jurídico dos actores sociais é o de criar condições de visibilidade sociológica sobre a forma como a legislação processual laboral, enquanto quadro de referência para a acção jurídica, se articula com as práticas sociais efectivas dos operadores judiciários, no que diz respeito a quatro questões essenciais: (1) o acesso à justiça e ao direito; (2) a duração dos processos; (3) a resolução dos conflitos pelos tribunais de trabalho; (4) e as alterações decorrentes da aplicação do Código de Processo de Trabalho de 1999.

Nos sexto, sétimo e oitavo capítulos centro-me no estudo do judicial-laboral. A este propósito, deixo aqui três breves notas preliminares relativas à autonomia analítica dos tribunais de trabalho, aos tribunais de trabalho como fenómeno internacional e às relações existentes entre a actividade judicial e os contextos. A autonomia analítica e a centralidade conferidas aos tribunais de trabalho são o resultado da linha argumentativa que desenvolvo no presente livro, onde se evidencia o grande peso do Estado no sistema de resolução dos conflitos de trabalho. Para além das opções metodológicas seguidas no estudo destes tribunais, importa sublinhar que os cientistas sociais interessados nos fenómenos da Administração da Justiça dispõem, desde 1996, com a publicação do livro *Os Tribunais Nas Sociedades Contemporâneas — o Caso Português,* de uma obra de referência fundamental. A originalidade e importância deste trabalho, sobejamente reconhecida, vai de par com a sua capacidade de orientar e inspirar investigações na área da sociologia dos tribunais. Refira-se, igualmente, que os estudos sócio-jurídicos desenvolvidos no Centro de Estudos Sociais, no âmbito do Observatório Permanente da Justiça Portuguesa têm estabelecido um conjunto de procedimentos e protocolos de investigação aos níveis nacional e internacional. Deste modo, a investigação realizada para esta tese pode ser perspectivada como um prolongamento para o domínio laboral da pesquisa realizada nos outros domínios da administração da justiça. No entanto, não se procedeu a uma transplantação pura e simples dos instrumentos analíticos teóricos e metodológicos utilizados. Tal não seria possível, visto a especificidade das relações laborais, do direito do trabalho e da sua justiça obrigarem a vários ajustamentos.

Os tribunais de trabalho, enquanto elementos do mundo do trabalho e dos sistemas de relações laborais, são um fenómeno internacional. O seu estudo esteve na base de investigações comparadas que deixaram claro que, apesar da grande diversidade de soluções institucionais e normativas encontradas, o judicial-laboral se tornou um elemento central do padrão de relações laborais das sociedades industrializadas (Ferreira, 2002, 2003). Todavia, o reconhecimento da importância dos tribunais de trabalho não facilita o desenvolvimento de uma apreciação geral a seu respeito. Tal facto deve-se à ligação profunda e implicada que mantêm com os respectivos sistemas de relações laborais nacionais e, em especial, ao modo como se articulam com os restantes elementos constitutivos do sistema de resolução dos conflitos. O facto de serem instituições que estão indissoluvelmente ligadas, no seu funcionamento, a sistemas específicos de relações laborais nacionais, torna praticamente impossível discutir os tribunais de trabalho *de per si.* Para a análise comparativa requer-se uma abordagem integrada, que conjugue as singularidades e as convergências entre os diferentes sistemas de resolução dos conflitos. Só desta forma os tribunais de trabalho, e o papel por eles desempenhado, podem ser compreendidos quando inseridos no contexto nacional dos sistemas de relações laborais e de resolução dos conflitos.

A articulação entre os tribunais de trabalho e seus contextos remete para um debate com longa tradição na sociologia do direito sobre o que se identifica como "visões internas e externas" dos fenómenos jurídicos. Em última análise, esta discussão conduz ao estudo dos próprios fundamentos epistémicos da sociologia do direito. Pela minha parte, e de acordo com a posição sustentada no primeiro capítulo, dou por adquirido que a gramática interpretativa do fenómeno judicial-laboral, em que ancoro as orientações metodológicas, reconhece-se na hipótese geral de que a actividade judicial-laboral em Portugal só pode ser entendida tendo em consideração factores contextuais, sejam eles económicos, políticos, culturais ou sociais.

Não se trata, apenas, de apelar aos factores exógenos com potencial explicativo sobre o fenómeno da justiça laboral, desatendendo aos factores endógenos, mas sim de desenvolver uma análise do judicial-laboral integrada, no âmbito do que tem sido designado por estudos de "direito em sociedade", admitindo-se o carácter reflexivo das relações que se estabelecem entre o direito e a sociedade. É por isso que se torna inevitável a indagação acerca do impacto que têm sobre o judicial-laboral as transformações societais e vice-versa.[4] O objectivo é o de identificar o grau de isomorfismo existente entre a litigação e a conflitualidade que potencialmente se encontra na sociedade e a conflitualidade que efectivamente chega aos tribunais de trabalho. Neste sentido, articula-se analiticamente o contexto sócio-laboral da sociedade portuguesa com o desempenho dos tribunais de trabalho de um triplo ponto de vista: (1) na sua relação com a estrutura da litigação – efeitos da terciarização da econo-

---

[4] Exemplos da articulação reflexiva entre o desempenho dos tribunais de trabalho e os contextos sociais que podem corroborar este ponto de vista, encontram-se na diferenciação da procura em função do meio sócio-laboral em que o tribunal desempenha a sua actividade, nas barreiras ao acesso aos tribunais em função da estrutura de conflitualidade laboral, na importância da jurisprudência nos conflitos colectivos, como é o caso do direito à greve ou a interpretação de cláusulas das convenções colectivas, o impacto das sentenças proferidas no âmbito das designadas "acções piloto" sobre a negociação colectiva ou contrato individual que acabam por gerar uma jurisprudência informal invocada nas negociações, as decisões judiciais que interpelam políticas públicas de regulação do mercado de trabalho, como sucedeu no caso da "lei das quarenta horas" ou nos falsos recibos verdes.

mia, da atipicidade e precariedade do mercado de trabalho, etc.; (2) na sua relação com as formas de resolução dos litígios; (3) e nas modalidades de acesso ao sistema judicial.

A este propósito identifico dois constrangimentos influenciadores do desempenho da justiça laboral. O primeiro decorre da relação Estado-capital-trabalho na sociedade portuguesa do pós-25 de Abril. A combinação resultante da heterogeneidade do tipo de intervenção estatal na resolução dos conflitos de trabalho (estatista, socializante, liberal, pluralista, neocorporativa) e do padrão de relacionamento entre os parceiros sociais, não permitiram a efectiva institucionalização de um sistema de regulação dos conflitos de trabalho, nem a refundação do sistema de relações laborais. Para além disso, criaram-se condições para a existência de perturbações estruturais sobre o próprio núcleo duro do direito do trabalho, traduzível no elevado grau de contingência de que se reveste a produção e aplicação da normatividade laboral. A título ilustrativo, refira-se toda a polémica que envolveu a discussão sobre o Código de Trabalho. O segundo constrangimento decorre do estado em que se encontra o mercado de trabalho. Para além de factores socioeconómicos gerais, de entre os quais se destacam a situação da economia portuguesa, a produtividade, os níveis salariais, as políticas de protecção social, a organização do trabalho e os fenómenos da competitividade e globalização da vida económica, o mundo do trabalho em Portugal tem acompanhado as tendências gerais de flexibilidade e atipicidade. Por exemplo, somos o país da União Europeia com o maior volume de trabalhadores com contratos a termo e onde se verifica o maior número de acidentes de trabalho.

O sexto capítulo intitula-se *As dinâmicas sócio-laborais e a oferta e procura de justiça laboral*. O estudo da relação entre a oferta e a procura de tutela judicial realiza-se tomando como indicadores sociológicos a evolução do movimento processual laboral e a eficiência da resposta do judicial-laboral às solicitações da procura. Partindo das noções de movimento processual geral e discriminado, traço o perfil evolutivo da litigação laboral nos últimos 30 anos, caracterizando as tendências do judicial-laboral, o total dos processos entrados, pendentes e findos, as acções declarativas, executivas e as acções de transgressão. As séries longas fornecidas pelas estatísticas da justiça são depois relacionadas com diferentes variáveis contextuais, como o PIB, a inflação, a população residente, a população empregada, etc. Por outro lado, a análise do movimento processual, no que especificamente diz respeito às acções de contrato individual de trabalho, às acções de acidentes de trabalho, às execuções, às acções de transgressão e a outro tipo de acções, envolve o recurso a variáveis exógenas, como sejam, a taxa de desemprego, a taxa de actividade, o número de trabalhadores por conta de outrem, número de trabalhadores em greve, número de greves, a actividade da Inspecção do Trabalho, etc. Este é um capítulo preocupado, essencialmente, com a identificação das tendências internas do sistema judicial-laboral e do modo como se combinam com o contexto sócio-laboral. Sempre que possível, procuro estabelecer séries longas com informação interna e externa ao sistema judicial.

A capacidade de resposta e a eficiência dos tribunais de trabalho são estudados com recurso ao conceito de "tempos da justiça laboral", o que permite analisar o binómio morosidade/celeridade processuais atendendo ao modo como se processa a sua evolução no período posterior a 1974. A hipótese de partida é a de que existe uma descoincidência entre o tempo biográfico do trabalhador litigante e o tempo institucional da administração da justiça. Quanto maior for o afastamento ou descoincidência entre estes dois tempos, maior será o défice de cidadania e mais se questiona a legitimidade dos poderes político e judicial. Utilizo também uma análise espacial da distribuição da conflitualidade laboral com o intuito de identificar os padrões locais de mobilização dos tribunais de trabalho. Com o conceito de espaços da justiça procuro ilustrar a heterogeneidade do desempenho dos tribunais de trabalho. Não sendo uma característica exclusiva da justiça do trabalho, importa, no entanto, identificar a expressão deste fenómeno no domínio laboral. Na análise consideram-se os seguintes elementos: duração dos processos, termo dos processos, objecto das acções. Calculam-se, para além disso, alguns indicadores de densidade e propensão para a litigação nos diferentes tribunais de trabalho.

No sétimo capítulo, o estudo dos tribunais de trabalho é feito tomando como unidades de análise as acções de contrato individual de trabalho (CIT) e de acidentes de trabalho (AT). Tal escolha justifica-se pelo facto de serem estes os dois tipos de acções que mais mobilizam a actividade dos tribunais de trabalho. Elas são, também, dois indicadores sociológicos privilegiados das transformações ocorridas no mundo laboral, nomeadamente no que diz respeito à estrutura contratual-laboral, ao despedimento, às condições de trabalho e aos riscos profissionais. Torna--se, assim, possível compreender de uma forma mais aprofundada o impacto das variações contextuais sobre a actividade dos tribunais de trabalho. Também neste capítulo existe a dupla preocupação de caracterizar as tendências internas ao sistema judicial e de relacionar o desempenho dos tribunais com as variáveis exógenas. No que a este último aspecto diz respeito, a utilização da Classificação Nacional das Profissões (CNP) e da Actividade Económica (CAE) propicia a articulação entre a actividade dos tribunais e a situação do mercado de trabalho. Este estudo conduz à análise sócio-jurídica dos mobilizadores dos tribunais e da estrutura da litigação que chega aos tribunais.

Atendendo à relação existente entre o padrão de litigação e às modificações da estrutura contratual laboral sobre a procura judicial, analiso também as petições chegadas aos tribunais em acções de contrato individual, visando determinar de que forma as alterações nos tipos de vínculos contratuais laborais afectam a procura dos tribunais de trabalho. A resolução dos conflitos emergentes das acções de contrato individual de trabalho e de acidentes de trabalho são igualmente estudadas neste capítulo atendendo à análise dos diferentes termos dos processos e à pirâmide dos conflitos. Por outro lado, tendo em conta que a conciliação judicial é a forma de composição dos litígios individuais de trabalho mais frequente, analiso o conteúdo dos autos de conciliação de acções emergentes de contratos individuais de trabalho. Em causa estão as hipóteses destes processos resultarem numa "conciliação repressiva" desfavorável para os trabalhadores ou numa composição do conflito tendencialmente equilibrada para ambas as partes.

O oitavo capítulo aborda a temática do acesso ao direito e à justiça laborais. A caracterização do sistema de acesso e a análise do patrocínio e assistência judiciários são as preocupações centrais desta parte da investigação. Realizo um estudo temático envolvendo diferentes instâncias facilitadoras do acesso aos tribunais de trabalho, como sejam o Ministério Público, os sindicatos e a Administração do Trabalho. Importa, por outro lado, identificar de que forma é que se relacionam a política judiciária dos sindicatos e do Ministério Público e o acesso à justiça laboral, procurando apurar, entre outros aspectos, a influência que sobre ela têm os diferentes sectores de actividade e profissões e as estratégias de litigação (evitação ou indução de certo tipo de conflitos). As entrevistas e os resultados do *focus group*, no que diz especificamente respeito à temática do acesso, são utilizadas neste capítulo.

A preocupação que norteia a discussão do acesso ao judicial-laboral é a de que "a voz", o "direito à palavra" e a "luta pelo reconhecimento" se encontram em relação directa com o estado da cidadania e da democracia laborais, admitindo como hipótese a centralidade que os sindicatos e o Ministério Público têm neste domínio.

Finalmente, sistematizo e organizo as conclusões emergentes de cada um dos momentos da pesquisa e desenvolvo uma síntese integrada dos resultados obtidos. Espero com este trabalho evidenciar a importância do sistema de resolução dos conflitos, e em especial dos tribunais de trabalho, para o aprofundamento da democracia e cidadania laborais.

O lugar do trabalho nas sociedades contemporâneas e os debates em torno da autonomia das relações laborais e do direito do trabalho, face às tendências de desregulação, flexibilização e "recivilização" do sistema de relações laborais e da normatividade laboral, não são nem uma mera questão epistemológica, nem uma problemática interna ao sistema jurídico. Em causa estão projectos políticos diferenciados, onde se reconhece a tensão entre visões políticas de esquerda e de direita, ou entre o modelo de aprofundamento da democracia laboral e o modelo neoliberal das relações laborais.

O judicial-laboral, desempenha um papel central na "arbitragem" entre os modelos sócio-laborais do "risco absoluto" e os modelos de "segurança total". O aparente impasse a que estes nos conduzem poderá beneficiar com o desempenho de uma "justiça laboral democrática", onde estejam sempre presentes o equilíbrio das soluções, a equidade das decisões e a protecção da parte mais fraca nas relações laborais. No caso concreto da situação portuguesa, importará ainda sublinhar o facto de os direitos laborais terem uma tutela constitucional, conferindo uma centralidade acrescida aos tribunais de trabalho e às suas decisões. Desde 1976, a Constituição prevê direitos próprios dos trabalhadores e, desde 1982, o legislador conferiu maior dignidade a determinados direitos específicos, como o direito à segurança no emprego, o direito à greve e à liberdade sindical, considerando-os como direitos fundamentais. A constitucionalização dos direitos laborais e o reforço da designada Constituição Laboral, em conjunto com as normas processuais laborais e com o direito substantivo, regulam e orientam normativamente a vida e as relações sociais de milhares de trabalhadores e suas famílias. As relações laborais, para os que continuam a considerar que o trabalho não é uma mercadoria, são portadoras de uma dignidade legal e social cuja efectividade passa, em grande medida, pelo estado da justiça laboral. De uma forma ou de outra, os tribunais de trabalho encontram-se numa situação de mediação sócio-política relativamente às persistentes tensões estruturais que contrapõem, por um lado, os modelos democráticos aos modelos capitalistas e, por outro lado, a acumulação de capital à redistribuição social. Por esta razão, em meu entender, o equacionar do debate acerca da democracia, da qualidade da democracia e da cidadania passa inevitavelmente pelo trabalho e sua justiça.

Um comentário final a propósito da estratégia metodológica utilizada. Dada a diversidade do campo de análise, recorri tanto a métodos quantitativos como qualitativos procurando, na medida do possível, compaginar a análise estrutural com a análise fenomenológica no estudo dos tribunais de trabalho. De igual modo, procurei combinar a análise macro-sociológica com a análise micro-sociológica atendendo não só ao papel e às funções desempenhadas pelos tribunais de trabalho no contexto da sociedade portuguesa, mas também às expectativas, motivações e experiências dos utilizadores e operadores do sistema judicial-laboral.

Outra observação metodológica a fazer é a de que a noção de contextualização se prefigura como estruturante do protocolo metodológico utilizado. Com efeito, a estrutura lógica da investigação e a fundamentação argumentativa desenvolvida reconhecem-se matricialmente na busca das articulações e inter-relações que se estabelecem entre os contextos económicos, sociais, culturais e políticos e a função e papéis dos tribunais de trabalho.

Tendo em atenção os objectivos específicos, procurei articular a análise dos determinismos estruturais envolvidos nos processos de conflitualidade com o estudo das áreas e modalidades de desacordo, as motivações, estratégias, expectativas e experiências dos actores envolvidos, bem como as interacções e práticas sociais associadas às situações de conflito judicializado. Assinalei as lógicas de actuação, estudando as acções individuais e colectivas dos actores sociais, institucionais e não-institucionais, visando o estabelecimento de padrões de conflitualidade, de emergência dos conflitos e sua resolução no domínio das relações laborais. Identifica-se quem está, ou esteve, em conflito, as razões porque está, ou esteve em conflito, que meios são utilizados na sua resolução, de que maneira as instituições estatais concorrem para a sua resolução e de que modo a conflitualidade laboral varia contextualmente.

A pluralidade dos instrumentos de pesquisa utilizados, a análise quantitativa, a análise documental e de conteúdo, a análise qualitativa, as entrevistas, *o focus group*, vão de par com a defesa de uma sociologia reflexiva como forma virtuosa de estudar os fenómenos sócio-jurídico-laborais.

Durante dois anos acompanhei, de forma sistemática, alguns processos de conciliação emergentes de conflitos colectivos, experiência metodológica ambígua, visto ter variado entre o estatuto de observador participante e o de participante observador. Momento significativo foi também o do início do estudo dos tribunais de trabalho. A impossibilidade legal de recorrer ao papel de observador participante ou mesmo de participante observador fez com que estivesse particularmente atento aos resultados obtidos através da observação indirecta e ao papel de observador. O facto do trabalho de campo, desenvolvido nos Tribunais de Trabalho de Lisboa e de Oliveira de Azeméis, ter permitido a minha permanência e relacionamento com magistrados judiciais e do Ministério Público, funcionários judiciais e litigantes, foi tanto ou mais importante do que a consulta dos processos, livros de porta, registos do tribunal, etc. Com efeito, e para além da observação dos julgamentos, foram muitos os registos de conciliações feitas "à porta do julgamento", onde fica patente o carácter informal, e tantas vezes circunstancial, da administração da justiça. Também o efeito simbólico exercido pelo espaço do tribunal e pelo processo se revelava "no apagamento" do conflito estrutural entre trabalhador e empregador, transformando-o numa lide, opondo sujeitos processuais.

Na investigação, utilizei diferentes bases de dados estatísticos, destacando-se as fontes de informação tendo como origem a administração da justiça. Como é sabido, a utilização sociológica de fontes estatísticas oficiais tem dado origem a diferentes linhas de reflexão crítica onde se questiona, entre outros aspectos, o efeito de opacidade sociológica produzido pela racionalização estatística dos fenómenos jurídicos, traduzida nas categorias e elementos de notação utilizados na caracterização dos litígios, sujeitos processuais, tipos de acção, etc. A codificação e homogeneização das práticas sócio-jurídicas de índole normativa ou estatística têm de ser permanentemente confrontadas com a reconstrução sociológica das relações laborais concretas. Os conflitos em causa envolvem pessoas com nome, com problemas e com dramas, cuja captação sociológica e implicações cívicas não se deixam acantonar num qualquer boletim de notação estatística. A muito glosada afirmação de Pierre Bourdieu de que a categoria categoriza o categorizador é um referencial de análise importante para todos quantos têm que lidar com dados e estatísticas oficiais. Reconhecendo o importante trabalho dos estaticistas, sem o qual o conhecimento da realidade sócio-laboral ficaria mais pobre, importa insistir na relevância da análise sociológica da produção estatística, dado esta ser também resultado de actividades sociais.

Nesta linha de problematização, é usual destacar a dificuldade de categorizar estatisticamente as regras jurídicas bem como a fiabilidade dos dados judiciais existentes (cf. Jeammaud e Vennin, 1993). Por exemplo, alude-se ao efeito de dispersão produzido pelas regras jurídicas em vigor devido às múltiplas fontes do direito do trabalho, ao carácter contraditório de que se reveste alguma legislação laboral e jurisprudência, à existência de diferentes actores institucionais com produção estatística autónoma (Gabinete de Política Legislativa e Planeamento do Ministério da Justiça – GPLP –, Procuradoria-Geral da República, Inspecção-Geral do Trabalho, Provedor de Justiça) e à persistente discussão entre os operadores do sistema judicial a propósito da validade dos dados apurados pela administração da justiça (questão a que voltarei no sétimo capítulo).

Sabendo da intenção de reformular o Sistema de Informação das Estatísticas da Justiça (Projecto Hermes), sublinho três aspectos cruciais para o aperfeiçoamento do sistema estatístico. O primeiro, e mais óbvio, é o da formação dos operadores estatísticos e informatização de todas as fases da produção de informação. O segundo é o da articulação e harmonização dos dados do sistema judicial com a informação contida noutras bases de dados, aspecto importante para todos os que pretendam levar a cabo análises da vida judicial. Finalmente, num período em que se assiste à emergência de novas fontes de conflitualidade e se introduz o Código do Trabalho, torna-se imprescindível identificar conflitos que até agora são irreconhecíveis por via estatística, como sejam, por exemplo, os conflitos ligados aos direitos de personalidade, aos fenómenos da discriminação e da imigração.

As cinco hipóteses gerais cuja demonstração pretendo fazer ao longo deste estudo são as seguintes: a primeira é a de que do específico contexto de transição e consolidação para a democracia resultou a grande centralidade do Estado na produção e aplicação da normatividade laboral. Deste modo, o garantismo dos direitos laborais e o carácter promocional, associado aos direitos sociais, está dependente da actuação do Estado e suas instituições. A efectividade destes direitos está, em grande medida, dependente das formas estatais e institucionais de resolução dos conflitos. A segunda, é a de que a importância do princípio de regulação estatal tem como contraponto a debilidade da sociedade civil, de que resulta a fragilidade do princípio de regulação do diálogo social ou associativismo e o predomínio do espaço estrutural da produção. A terceira hipótese surge no seguimento das duas anteriores. A impossibilidade de se institucionalizar um sistema de relações laborais e um sistema de resolução dos conflitos, tendo por base o diálogo social e a auto-regulação, conduz a uma situação de tensão entre o carácter formalístico e juridificado dos direitos laborais estatais e a sua efectividade. A quarta hipótese é a de que os conflitos de trabalho, emergentes da aplicação da normatividade laboral, encontram nos tribunais de trabalho o espaço privilegiado de regulação, reforçado pela inefectividade das formas alternativas de resolução dos conflitos. Atendendo aos processos de transformação e de crise dos sistemas de relações laborais e do direito do trabalho, nomeadamente, os que vão no sentido da flexibilidade e atipicidade, a selectividade do desempenho do judicial e a judicialização dos conflitos de trabalho são fundamentais para o aprofundamento, ou não, da cidadania e da democracia laborais. Finalmente, a quinta hipótese, é a de que, apesar de se ter potenciado o sistema de acesso ao direito e à justiça laborais, persiste uma discrepância entre a procura potencial e a procura efectiva de justiça.

CAPÍTULO I

Da sociologia política do direito à sociologia política do direito do trabalho

Introdução

O presente capítulo tem um duplo objectivo. Em primeiro lugar, resume e analisa as principais tendências e linhas de força da sociologia do direito na actualidade. Assume o ponto de vista de uma sociologia crítica do direito, tendo por isso a preocupação de questionar, entre outras, as tradicionais dicotomias político/direito, direito estatal/direito não-estatal, etc. Em segundo lugar, associa esta reflexão à defesa de uma perspectiva sócio-jurídica tendo por objecto de análise o mundo do trabalho.

1. Uma proposta de sociologia do direito renovada[5]

Quem analisar a sociologia do direito no quadro de uma sociologia da sociologia do direito, não pode ficar indiferente a duas questões: a primeira é a do crescente protagonismo que o direito e a justiça assumem nas sociedades contemporâneas; a segunda é a das transformações teórico-metodológicas que conduziram à renovação deste campo do conhecimento. A primeira destas questões remete para a análise das "condições sociais" que afectam o desenvolvimento da área de estudos sociais dedicada à investigação sociológica do direito. Em finais da década de 50 e inícios da década de 60, as lutas, os movimentos sociais e a "crise da administração da justiça" orientaram o interesse sociológico para as dimensões processuais, institucionais e organizacionais do direito (Santos, 1994: 144-145). Já na década de 70, a crise dos Estados-Providência, a

---

[5] Noutro local desenvolvi, com João Pedroso, um conjunto de argumentos que aqui são retomados em parte (Ferreira e Pedroso, 1999).

32   *Trabalho procura Justiça*

crescente inefectividade dos direitos entretanto generalizados e o acentuar da crise da justiça levaram a análises sobre variados temas entre os quais se destacam: a administração da justiça; a organização dos tribunais; a formação e o recrutamento dos magistrados; as motivações das sentenças; as ideologias políticas e profissionais dos vários sectores da administração da justiça; o acesso e o custo da justiça; os bloqueios do sistema judicial; o ritmo, andamento e morosidade dos processos (Santos, 1994: 145). Mais recentemente, a atenção tem-se congregado em torno de aspectos como sejam as consequências da globalização do campo jurídico, a progressiva visibilidade e protagonismo dos tribunais, a relação entre os média e os tribunais, a tensão entre o poder político e o poder judicial ou a questão dos direitos humanos. São igualmente de referir temas da actualidade, de que são exemplo a imigração, o racismo, o feminismo, a criminalidade, a insegurança dos cidadãos, o crime organizado, a corrupção, a bioética, o meio ambiente ou a informática (Arnaud e Dulce, 1996; Cotterrell, 2001; Ferreira e Pedroso, 1999; Santos *et al.*, 1996; Ost, 2001; Ost, Philippe e Kerchove, 2000; Robert e Cottino, 2001; Sanders e Hamilton, 2001; Santos, 2002).

A segunda questão remete para as transformações teóricas e metodológicas por que tem passado a disciplina. Para além dos paradigmas fundadores, provenientes quer do campo sociológico, quer do campo jurídico, objecto de análise de uma história da sociologia do direito[6], é importante salientar que ela "só se constitui em ciência social, na acepção contemporânea do termo, isto é, em ramo especializado da sociologia geral, depois da Segunda Guerra Mundial"[7] (Santos, 1994: 141). Durante

---

    [6] Para uma análise histórica das tradições fundadoras da sociologia do direito, consultar, entre outros, os seguintes trabalhos: Arnaud e Dulce (1996), Bell (2002), Diaz (1984), Hunt (1978), Ost (2001), Santos (1994), Treves (1988). Uma interessante abordagem histórica da disciplina encontramo-la em Andrini e Arnaud (1995).

    [7] Como refere Boaventura da Sousa Santos, foi então que, mediante o uso de técnicas e métodos de investigação empírica e mediante a teorização própria feita sobre os resultados dessa investigação, a sociologia do direito verdadeiramente construiu sobre o direito um objecto teórico específico, autónomo, quer em relação à dogmática jurídica, quer em relação à filosofia do direito (Santos, 1994: 141). Concorrem para este facto condições teóricas. De entre estas são de destacar três (Santos, 1994: 143-144): o desenvolvimento da sociologia das organizações, ramo da sociologia que expressou um interesse específico pela organização judiciária e particularmente pelos tribunais, o interesse da ciência política pelos tribunais enquanto instância de decisão e de poder políticos e a atenção da antropologia do direito ou da etnologia jurídica às sociedades complexas, centrando-se no estudo dos litígios e nos mecanismos da sua resolução. O levantamento

Capítulo I 33

o período que vai até final dos anos 60, sob a influência norte-americana, a Sociologia do Direito caracterizou-se como uma disciplina preocupada essencialmente com pesquisas empíricas. Contudo, nos anos 70, o ressurgimento do interesse por problemas teóricos radicalizou-se, defendendo-se mesmo, nalguns casos extremos, como sucede com Luhmann, a eliminação da pesquisa empírica dos estudos de Sociologia do Direito. Na actualidade, regista-se um certo equilíbrio entre as pesquisas empíricas acerca de problemas específicos e os estudos teóricos sobre temas gerais (Sanders e Hamilton, 2001). Os anos 90 são marcados por uma intensificação da reelaboração teórica ao nível internacional, bem como pelo reconhecimento do grande desenvolvimento da disciplina (Treves e Arnaud, 1993; Cotterrell, 2001).[8]

No quadro destes processos de reestruturação e de desenvolvimento teórico no âmbito da grande diversidade de abordagens existentes, destacam-se quatro tópicos, relacionados entre si, fundamentais para o entendimento da estrutura teórico-metodológica da Sociologia do Direito: o denominado *gap problem* e as condições da sua superação; a identificação das dimensões analíticas consideradas prioritárias na condução da investigação; a dimensão crítica da Sociologia do Direito; e a relevância dos aspectos "locais" que determinam as condições de produção do próprio conhecimento sócio-jurídico.

Como ponto de partida, reconhece-se nos três registos básicos do conhecimento sócio-jurídico – o registo de investigação, o registo de organização (ou sistemático) e o registo de transmissão – a existência de um problema matricial: o da relação difícil e ambivalente, ou hiato, entre o Direito e as Ciências Sociais (Hunt, 1997), designado na Sociologia do Direito como o *gap problem* (Nelken, 1981). A tensão a que esse problema deu origem esteve (e, para alguns, continuará a estar) na base de um conjunto de dicotomias e dogmas de que se dão sinopticamente como exemplo: o confronto entre uma perspectiva interna e uma perspectiva externa do direito; a oposição entre uma sociologia jurídica dos juristas

---

dos temas de pesquisa e dos debates teórico-metodológicos constitutivos da sociologia do direito pode ser estudado nos trabalhos dos seguintes autores: Arnaud e Dulce (1996), Diaz (1984), Santos (1994 e 2002) e Treves (1988).

[8] A criação do Instituto Internacional de Sociologia Jurídica (Oñati), sob a égide do *Research Committee on Sociology of Law,* da Associação Internacional de Sociologia e com o apoio do governo do País Basco, reveste-se da maior importância para quem se interessa por esta área de estudos (Guibentif, 1992; Treves e Arnaud, 1993). Consultar também a obra coordenada por Ferrari (1990) e a esclarecedora recensão de Guibentif (1993).

e uma sociologia jurídica dos sociólogos; e a autodefinição do sociólogo do direito como observador acrítico e objectivo que só descreve os factos do direito.[9]

As discussões surgidas a propósito dos temas levantados são muito interessantes quando analisadas do ponto de vista da "arqueologia da disciplina". Contudo, quando o que está em causa é levar por diante um trabalho sociológico concreto sobre o direito, elas constituem-se como obstáculos e revelam a "exaustão" dos paradigmas tradicionais dos estudos sócio-jurídicos.[10] O aprofundamento da problemática em causa remete para o estudo e análise das concepções de direito, de sociedade e das relações que entre eles se estabelecem.[11] De entre as diferentes perspectivas teóricas e metodológicas relevantes para a problemática, sublinho que os desenvolvimentos, recentes, mais interessantes da sociologia do direito têm passado pela defesa de uma "sociologia do direito

---

[9] Exemplos de outras dicotomias e problemáticas, são: o direito como variável independente *vs.* o direito como variável dependente; o direito como indicador privilegiado da sociedade *vs.* o direito como expressão da exploração; uma visão normativista do direito *vs.* uma visão institucional e organizacional; teoria *vs.* empiria; macro *vs.* micro-sociologia do direito; o dogma da radical separação entre o âmbito do ser e o âmbito do dever ser; a impossibilidade da sociologia do direito de formalizar o seu objecto de conhecimento, afirmando, consequentemente, a sua dependência e o seu carácter auxiliar em relação à ciência jurídica (posição kelseniana) ou delimitando o objecto do conhecimento da sociologia do direito em termos de acção social ou de comportamentos (posições sociológicas), assumindo um anti-normativismo. Para uma análise aprofundada destas questões, consultar Arnaud e Dulce (1996), Nelken (1981) e Santos (1994, 2002).

[10] Em Santos (1986, 2000) encontramos uma sequência argumentativa fortíssima, crítica do paradigma tradicional dos estudos sócio-jurídicos e reveladora da sua situação de "exaustão", onde tal fenómeno é designado por "processo de camelização da sociologia do direito".

[11] Ainda que o tema da "autonomia do direito" permaneça incontornável, pelo menos como critério de classificação e organização do pensamento sócio-jurídico (Nelken, 1986), e ainda que, a partir dele, possam estabelecer-se inúmeras análises das correspondências ou indiferenças entre o direito e a sociedade (Guibentif, 1992; Santos, 2003a), os modelos de análise sócio-jurídicos mais interessantes na actualidade são os que questionam a raiz da distinção direito/sociedade (Santos, 1986, 1987, 1988). Creio que será só no quadro da tentativa de superação desta dicotomia e do desenvolvimento de sínteses teóricas que se poderá falar no contributo da sociologia do direito para o próprio processo de construção da teoria social, interpenetração que nem sempre tem sido fácil (Barbalet, 2001; Therborn, 1995; Turner, 1993). Salvaguardando-se as diferenças de perspectiva, refiram-se a este respeito os trabalhos de Alan Hunt, Bryan Turner, Boaventura de Sousa Santos, Günter Teubner, Jürgen Habermas, James Coleman e Niklas Luhmann.

renovada", surgida no contexto, simultaneamente, de "crise" e de "reestruturação" da sociologia.[12] Defende-se, nesse âmbito, o afastamento das discussões em torno do que poderá ser considerado o objecto de análise "próprio" de uma sociologia do direito, admitindo antes que ela estuda os fenómenos sócio-jurídicos na sua totalidade e nas suas interacções com diferentes factores – sociais, políticos, culturais, económicos – e "espaços estruturais" – cidadania, doméstico, mercado, comunidade, mundialidade e produção (Santos, 2000).[13] Concebe-se esta perspectiva como um "projecto científico interdisciplinar" (Arnaud e Dulce, 1996) que se constitui a partir de temas entendidos como "galerias por onde os conhecimentos progridem ao encontro uns dos outros"[14] (Santos, 1988: 47), surgindo, assim, o pluralismo metodológico como crítica ao paradigma dominante e à lógica positivista.[15] Deste modo, a interdisciplinaridade não se obtém por decreto, resultando antes da própria estrutura temática a partir da qual se concebe o conhecimento, associando-se por esta via a interdisciplinari-

---

[12] O conceito de "crise da sociologia" tem sido utilizado de forma abundante desde que Alvin Gouldner (1970) dele fez uso. Um levantamento dos usos do conceito pode encontrar-se, entre outros, em Ferreira (1996a). Também o conceito de "reestruturação do pensamento político e social" passou a fazer parte das análises sociológicas da Sociologia desde que Bernstein (1976) o tipificou.

[13] A alusão à noção de "espaços estruturais" desenvolvida por Boaventura de Sousa Santos afasta-nos de perspectivas como a teoria sistémica de Niklas Luhmann e do seu excesso de "auto-referência" no estudo dos fenómenos sócio-jurídicos, não obstante autores como David Nelken (1986: 212) terem detectado algumas semelhanças entre elas. A teoria do "campo jurídico" de Pierre Bourdieu (1989), a abordagem sócio-jurídica entendida como "campo aberto" ou como "campo jurídico vulgar" defendida por André-Jean Arnaud e Maria José Fariñas Dulce (1996: 171-174) e a noção de *modes of governance* apresentada por Alan Hunt (1978; 1997), dialogam melhor com a noção de "espaços estruturais". Sobre a noção de "campo" no domínio das ciências sociais, é incontornável a referência aos estudos de Kurt Lewin (1959).

[14] Ver em Arnaud e Dulce (1996) desenvolvimentos a este respeito.

[15] Quanto aos debates, temas e problemas que reflectem as preocupações desta aproximação do fenómeno jurídico, são de destacar: o nascimento e o desaparecimento das normas jurídicas; a implementação da norma jurídica; os mecanismos formais e informais de resolução dos conflitos; as profissões jurídicas; as políticas públicas; os direitos humanos, nas suas mais variadas expressões; a administração da justiça, enquanto instituição política e organização profissional; o acesso ao direito e à justiça; a litigiosidade social e os mecanismos da sua resolução existentes na sociedade. A globalização, o pluralismo, o alternativo e o informal, a multiplicidade dos centros de decisão jurídica e a reestruturação do processo de produção da norma jurídica, são outros tantos exemplos dos eixos em torno dos quais se desenvolve esta perspectiva de análise dos fenómenos sócio-jurídicos (Arnaud e Dulce, 1996; Santos, 1994).

dade ao processo de identidade cognitiva dos cientistas sociais, constituída em torno dos temas estudados.[16]

Filiando-se numa linha de pensamento crítico, a sociologia do direito renovada assume-se como um campo aberto à "transgressão" disciplinar, teórica e metodológica. Como sugerem António Sousa Ribeiro e Maria Irene Ramalho a propósito dos estudos literários, trata-se de um "pensamento fronteiriço" que se exerce "não para além das fronteiras, mas na fronteira, isto é, mostra-se capaz de se situar nos espaços de articulação" (Ribeiro e Ramalho, 1999: 6). De acordo com este argumento, "o superar da obsessão disciplinar não tem que implicar o fim das disciplinas, implica sim, que estas sejam capazes de pensar e de se pensarem, não, seguramente, nos termos de 'competências' reservadas, mas de acordo com as exigências do tema ou do problema que especificamente constroem como objecto do conhecimento" (Ribeiro e Ramalho, 1999: 76).

Outra ideia que se encontra associada à sociologia crítica do direito é a de que através dela, se torna possível dialogar com questões e debates fundamentais para a teoria social contemporânea. Refira-se, contudo, que este é um tema controverso no seio das ciências sociais. É que para além das tradicionais referências ao direito como um facto social total, ou como indicador privilegiado dos padrões de solidariedade social (Cotterrell, 2001; Douzinas, 1991; Pribán e Nelken, 2001 e Santos, 1994), verifica-se uma persistente dissociação entre a reflexão sócio-jurídica e a "imaginação sociológica". Alan Hunt, a este propósito, fala mesmo na existência de um paradoxo na história do pensamento social. Este paradoxo reside no facto de se reconhecer que, apesar da importância assumida pelo direito no pensamento sociológico clássico, a sua repercussão foi quase nula nos debates sociológicos dos anos 60 e 70, momentos de viragem determinantes para a análise sociológica contemporânea.[17] Também

---

[16] A transposição de uma prática efectiva de interdisciplinariedade, no quadro de um projecto de investigação, com apenas um investigador, levanta, naturalmente, problemas de difícil resolução. Será da combinação entre o carácter temático do conhecimento com a biografia e sensibilidade do investigador que resultará uma inteligibilidade das relações sociais mais ou menos marcada disciplinarmente, o que poderá conduzir a um processo dialéctico de sucessivas "desconversões" e "reconversões" disciplinares como sugeria Piaget a propósito da sua "desconversão filosófica".

[17] No âmbito destes debates Anthony Woodiwiss tem defendido a relevância da análise sociológica do direito laboral para o aprofundamento e desenvolvimento da teoria social (Woodiwiss, 1990 e 2003). Também as tendências críticas na sociologia do direito como a do *Critical Legal Studies* e a do *Mouvement Critique du Droit*, partindo das análises e conclusões a que chegam pelo estudo do direito do trabalho extrapolam e inferem resultados

J. M. Barbalet (2001) e Bryan Turner (1993), autores cuja matriz disciplinar não é a dos estudos sobre o direito, entenderam bem o valor da perspectiva sócio-jurídica para o desenvolvimento da sociologia. A este respeito referem que, enquanto existir uma rejeição da teoria dos direitos por parte da teoria sociológica, torna-se difícil compreender como é que esta pode abordar conceitos como «acção», «legitimidade», «normas», ou «valores», sem levar em consideração os conceitos jurídicos e a argumentação jurídica. Por outro lado, lamentam que apesar da importância da sociologia do direito para a sociologia, o pensamento e a investigação sociológica não manifestem interesse por conceitos e problemáticas fundamentais como os direitos humanos e outros fenómenos normativos (Turner, 1993 e Barbalet, 2001).

Ainda assim, é possível identificar autores cujos trabalhos evidenciam a preocupação de contribuir para o processo de teorização e para a reflexão sociológica, atendendo à relevância do direito. Refira-se, entre outros, Coleman (1990), Habermas (1984), Hunt (1993), Santos (1995a, 2000, 2003), Therborn (1995), Turner (1993), Woodiwiss (1990, 2003), Cotterrell (2001), Pribán e Nelken (2001), etc. Apesar da diversidade das propostas, considera-se que em comum partilham a preocupação de averiguar em que medida as relações jurídicas ou normativamente reguladas estão envolvidas nas tendências experimentadas pelas sociedades contemporâneas e de que modo se articulam com questões como as relações macro-micro, acção-estrutura, consenso-conflito e as problemáticas das desigualdades, discriminações, entre outras.

Uma das vias de aprofundamento da articulação entre a reflexão sócio-jurídica e a teoria social, pode ser tentada através da discussão em torno da constituição do campo analítico da sociologia do direito. No que diz respeito à sua constituição, sublinho a importância de dois pólos. O primeiro diz respeito à relação entre a política, o Estado e o direito. As investigações neste domínio revestem-se de um especial interesse, se considerarmos a acção conjugada de fenómenos como as crises do Estado-Providência e de governabilidade, a "sobrelegalização da realidade", a "juridificação das esferas sociais", o "aumento da discrepância entre as determinações legais e as práticas sociais" e a "excessiva colonização jurídica da vida social". Perante este contexto, o direito transforma-se cada vez mais num sistema de distribuição de recursos escassos e, portanto, de tutela

---

para a sociedade como um todo. Neste sentido, questões como as da democracia, da participação, do poder, da política, do conflito, da discriminação, etc., podem ser estudadas a partir da sua situação no mundo do trabalho e das relações laborais.

legal de um modelo de justiça social (Campilongo, 1997; Faria, 1997; Robert e Cottino, 2001). Assim, a centralidade do conceito de justiça em sentido amplo é enorme, conduzindo a sua discussão sócio-jurídica à relativização da distinção entre justiça legal e justiça social e entre justiça formal e justiça material. Para além do reconhecimento sociológico da existência de diferentes "espaços da justiça", promove-se uma abordagem integrada da justiça formal e justiça material e da justiça cumutativa e justiça distributiva. Deste ponto de vista, já não é possível separar o político e o jurídico, de tal modo se encontram inter-relacionadas as formas de regulação política, jurídica e social. A opção por uma sociologia política do direito enquanto estratégia de análise, tem como principal resultado que a produção e a aplicação das normas, a efectividade dos direitos, as funções da justiça e do acesso ao direito e as formas de resolução dos conflitos sejam estudados atendendo à sua relação com os modelos e princípios de ordem e regulação sócio-política e com as questões do Estado, da política, do poder, da legitimidade e dos conflitos. O próprio debate e luta políticos vão opondo os partidários do princípio do mercado e do recurso absoluto às fórmulas da desregulamentação e flexibilização aos que sustentam a necessidade de recurso a políticas e a formas de regulação social. Deste processo de imbricação entre as esferas política e jurídica, analisado em detalhe por Boaventura de Sousa Santos (1995a: 56-109; 2000 e 2003), resulta que o "regresso do político" seja concomitantemente, um regresso ao direito ou um regresso do direito.[18]

É importante precisar que a exploração analítica do laço indissolúvel que une a política e o direito não se faz, como pretendiam os

---

[18] Estaremos, portanto, perante uma teoria política do direito ou uma sociologia política do direito que remove a pretensão de separar o político e o jurídico. Ao fazê-lo, reafirma a necessidade de discutir o Estado, a democracia, a justiça social, a esquerda e a direita, a liberdade, a igualdade e a solidariedade de um ponto de vista político-jurídico. Esta abordagem pode ser feita numa base de articulação/transversalidade com os trabalhos dos cientistas sociais defensores de uma noção ampla dos "estudos políticos" e que partindo de uma "concepção alargada dos fenómenos políticos" relativizam categorias canónicas da ciência política tradicional como a distinção Estado/cidadão, público/privado, nacional/internacional, resgatando-se, por outro lado, quer a filosofia política "declarada morta" na década de 50, quer a discussão ético-politica através dos debates em torno de questões como a justiça social, a equidade, a liberdade, a igualdade, o "Estado justo", a teoria democrática, a sociedade civil, o comunitarismo, o contratualismo, a cidadania, o feminismo, os direitos humanos, etc. A este propósito, conferir, entre outras, as perspectivas de David Held (1988, 1991 e 1995), A. Heller (1991), C. Mouffe (1996), U. Beck (1992 e 2000) e Santos (2002).

Critical Legal Studies, o *Mouvement Critique du Droit* e o pensamento marxista em geral, analisando as diferentes expressões jurídicas e institucionais da coalizão entre o direito e as classes dominantes, nem sustentando, como fazem Habermas e Luhmann, que apesar da interdependência entre o direito e a política é necessário fazer uma separação entre eles como dois sistemas de comunicação diferentes. Admite-se, antes, o interesse das ciências sociais em estudar sistematicamente a articulação entre o jurídico e o político, considerando-se genericamente que as transformações da regulação jurídica remetem para a questão do político (Commaille, 1993: 454; Commaille, Robert e Dumoulin, 2000). Assim, o estudo da multidimensionalidade das articulações entre o jurídico e o político deve ser tentado no quadro das perspectivas sociológicas não preocupadas com regionalismos e fronteiras disciplinares (Commaille, 1994; Commaille e Assier-Andriew, 1995; Corten, 1998; Santos, 2000).[19]

O segundo pólo de análise parte do princípio que, "sendo embora o direito estatal um modo de juridicidade dominante, ele coexiste na sociedade com outros modos de juridicidade, outros direitos que com ele se articulam de modos diversos". O conjunto de articulações e inter-relações entre os vários modos de produção e aplicação do direito constitui o que se pode designar por "formação jurídica" (Santos, 1994: 153). Esta temática reveste-se de uma importância muito grande, num momento em que a crise e as desigualdades sociais vão de par com a tendência para a interpenetração entre a regulação jurídica e a regulação social.[20] Importa, deste modo, questionar as condições em que a *informalização,*

---

[19] Aliás, a relação entre o poder e o direito está no centro de desenvolvimento da tradição sociológica clássica, por exemplo com Max Weber a considerá-la como um elemento central do exercício da dominação legítima, com Émile Durkheim entendendo-a como expressão de uma consciência colectiva e factor determinante da força do social, e com Georges Gurvitch considerando-a como elemento de uma regulação imanente de toda a sociedade e como expressão do direito social (Commaille, 1993: 454). De entre os autores contemporâneos cujas propostas evidenciam a importância da relação entre o jurídico e o político, destaco os trabalhos de Pierre Bourdieu com a sua teoria da relação entre o "campo jurídico" e o "campo de poder", Boaventura de Sousa Santos com a sua teoria das "formas de produção do poder e do direito", Jacques Commaille com a análise das regulações política, jurídica e social e Alain Hunt com a teorização do direito e do poder através da noção de "modes of governance". As transformações das regulações jurídicas são igualmente bem analisadas em Clam e Martin (1999).

[20] Sobre a relação entre a regulação jurídica e a regulação social, consultem-se, entre outros, Arnaud e Dulce (1996), Chazel e Commaille (1991) e Clam e Martin (1998).

o pluralismo jurídico[21] e a *desjudicialização* se constituem em modos de regulação favoráveis para os indivíduos e grupos sociais detentores de maior poder e recursos. Perante as tendências que sustentam que *"informal is beautiful"*, é necessário acautelar os contextos e situações que conduzem à imposição repressiva da resolução de conflitos (Santos, 1982b, 1988a; Pedroso, Trincão e Dias, 2001b). Como sublinham, entre nós, alguns autores (Pedroso, Trincão e Dias, 2001b), o movimento de reformas de administração da justiça de natureza informal e desjudicializadora[22] inclui-se num processo complexo de juridificação e desjuridificação das sociedades modernas e revela uma permanente ambivalência. Umas vezes é de iniciativa do Estado, outras vezes tem origem na comunidade. Ora é uma justiça de "segunda classe", ora é uma justiça mais próxima dos cidadãos. Ou ainda, tanto tem como função "descarregar" os tribunais da "litigação de massa" e melhorar o seu desempenho (cobrança não-judicial de dívidas), como desenvolve uma perspectiva de integração social, reduzindo tensões sociais, criando solidariedades através da participação dos cidadãos e promovendo o seu acesso ao direito e à justiça.

Ainda de acordo com as teses desenvolvidas por João Pedroso (2003a), a informalização da justiça assenta, por um lado, na criação de uma "justiça alternativa ou informal" decorrente do movimento *Alternative Dispute Resolution* – ADR (Resolução Alternativa de Litígios) – RAL, em regra oriundo das organizações sociais e económicas – de natureza plural quantos aos meios, processos, e litígios que resolve – e no desenvolvimento do paradigma do consenso, reparação[23] e negociação e da "justiça em comunidade" (Galanter, 1993). Por seu lado, a desjudicialização consiste na simplificação processual e no recurso a meios informais para acelerar ou melhorar o desempenho dos processos judiciais, na transferência de competências de resolução de litígios para instâncias não-judiciais e na transferência de competências de resolução de litígios para "velhas" ou "novas" profissões jurídicas ou de gestão/ /resolução de conflitos.

Segundo o mesmo autor, desde os anos 60/70 do século passado que se assiste a uma reconfiguração do sistema de resolução de litígios com

---

[21] Em relação ao *pluralismo jurídico* ver, entre outros, Belley (1993), Griffiths (1986), Merry (1988), Arnaud e Dulce (1996) e Santos (2003a).

[22] Em relação ao conceito de desjudicialização ver Ietswaart (1993: 172).

[23] Em relação ao conceito de justiça reparadora (*restorative justice*) ver, entre outros, Dufresne (1993), Bonafé-Schmitt *et al.* (1999), Strang e Braithwaite (2000) e Pedroso, Trincão e Dias (2001b).

a perda da "exclusividade" dos tribunais em função destas duas pressões convergentes, mas por vezes contraditórias. No âmbito deste modelo de administração da justiça sustenta-se a criação de um sistema integrado de resolução de litígios que assente na promoção do acesso ao direito pelos cidadãos e permita vencer as barreiras sociais, económicas e culturais que obstem à sua resolução. Assim, o acesso à justiça deve ser entendido como o acesso à entidade (ou terceiro) que os litigantes considerem mais legítima e adequada para a resolução do seu litígio e para a defesa dos seus direitos, que tanto pode ser o tribunal, como qualquer instância que cumpra essa finalidade. A questão fundamental é a de que a terceira parte escolhida pelo cidadão para resolver o seu litígio não lhe seja imposta, mesmo que subtilmente, pelas estruturas sociais, mas corresponda, pelo contrário, ao meio mais acessível, próximo, rápido e eficiente de tutela dos seus direitos. No entanto, a limitação do acesso aos tribunais judiciais poderá ser permitida para os "litígios de massa", ou de "baixa intensidade", ou em que não há um verdadeiro conflito. Com fundamento no interesse público ou na repartição do ónus do risco social, o Estado, as empresas ou outras organizações devem assumir o custo/risco do seu direito, naqueles litígios, não ser tutelado judicialmente como contributo para que os tribunais judiciais sejam um serviço público de justiça de qualidade, cuja *ratio* seja, em primeiro lugar, a promoção e defesa dos direitos dos cidadãos (Pedroso, 2003a).

Neste sistema de resolução de litígios reconfiguram-se as funções do Estado e da sociedade civil por via da combinação entre diferentes princípios de regulação, desenvolvem-se as parcerias entre o público, a comunidade e eventualmente o mercado. Deste modo, a pluralidade dos RAL tanto pode consistir em alternativas aos tribunais judiciais (resolvem litígios que os tribunais também dirimem) ou, antes, um seu complemento (para os litígios que nunca chegariam a tribunal) ou, ainda, um seu substituto (a transferência de competências de resolução de litígios dos tribunais para estes meios) (Doyle, 2000).

No âmbito desta perspectiva integrada de resolução de litígios, o Estado pode assumir uma política pública de justiça, que inclui os tribunais judiciais e o denominado "pluralismo jurídico e judicial", conferindo, também, aos meios não-judiciais legitimidade para dirimir litígios. A informalização da justiça e a desjudicialização, incluindo todo o movimento RAL, constituem caminhos da reforma da administração da justiça, desde que defendam a igualdade das partes e promovam o acesso ao direito.

Outra dimensão a observar na discussão das perspectivas sociológicas do direito remete para a designada "viragem normativa", problemática que percorreu os debates nas ciências sociais indagando-se nomeadamente se a investigação deve ou não lidar com as implicações normativas do conhecimento, incluindo o conhecimento que as próprias ciências sociais produzem.[24] Do meu ponto de vista, a atitude acrítica e pretensamente neutra do sociólogo, que só descreve os factos de direito, deve ser recusada. Assim, sustenta-se a necessidade de insistir na reflexão crítica sobre o direito. Como se sabe, a sociologia do direito tem sido fértil no desenvolvimento de análises críticas como sejam os movimentos *Critique du Droit* e *Critical Legal Studies.* Contudo, e como tem sido assinalado, estas perspectivas não conseguem, em muitos casos, ultrapassar a influência de uma epistemologia positivista (Arnaud e Dulce, 1996: 176), sendo que, por outro lado, o recurso aos relativismos cultural, ético e político, desacompanhados de propostas alternativas concretas sobre os novos sentidos do direito em sociedade, é revelador do seu limitado potencial crítico e emancipatório. No quadro desta discussão, sustenta-se que as dimensões ética e política devem fazer parte integrante de uma sociologia crítica do direito que, simultaneamente, crie condições de visibilidade sociológica sobre os fenómenos sócio-jurídicos e desenvolva uma teoria democrática do direito que incorpore nos processos de teorização e de investigação valores fundamentais como a liberdade, a igualdade, a autonomia, a subjectividade, a justiça e a solidariedade. Daí que a investigação neste domínio deva privilegiar a análise dos mecanismos de produção e das instâncias de aplicação do direito e de resolução de litígios, identificando os bloqueios do sistema e promovendo o acesso dos cidadãos ao direito e à justiça.

Uma última dimensão a levar em consideração é a da relevância dos factores locais para a investigação, aspecto muito importante quando a análise recai sobre realidades cujas especificidades substantivas não se enquadram, ou se enquadram mal, nas teorias e modelos analíticos vigentes. Assim, a pergunta "de onde falamos, quando falamos de sociologia do direito?" não é despicienda.[25] Em primeiro lugar, porque existe uma

---

[24] Sobre esta questão, consultar Santos (org.) 2003b, obra que reúne e identifica os argumentos mais estimulantes no que a esta temática diz respeito.

[25] Sobretudo se partirmos da hipótese de que a sociologia surge, e, em certo sentido, permanece, um "localismo globalizado", uma "globalização hegemónica" (Santos, 1995a), que fixa o conjunto de regras que determinam as condições de possibilidade do discurso sociológico, conferindo-lhe um "máximo de consciência possível". Aliás,

Capítulo I

diferença de tradição entre as sociedades de cultura jurídica continental, europeia e as sociedades influenciadas pela cultura jurídica dos países anglo-saxónicos, americanos e escandinavos. Em segundo lugar, porque se reconhece a existência de uma "fractura" no seio da sociologia do direito, entre uma sociologia jurídica do Norte e uma sociologia jurídica do Sul (Arnaud e Dulce, 1996: 51).[26] Tal situação alerta-nos, muito claramente, para a necessidade de desenvolvermos uma geo-sociologia da sociologia do direito que contrarie, de uma forma construtiva, a tendência que se reconhece para que a sociologia, ainda que com preocupações plurais e multiculturais, seja a sociologia dos países centrais. Uma forma de encarar esta questão passa pelo esforço de "inovação teórica", visando captar as especificidades das práticas, relações e contextos sociais do Sul, face à falta de adequação das teorias e categorias analíticas desenvolvidas para estudar as sociedades centrais do Norte (Santos, 1994: 53, 2002: 163-311).[27] Tendo sempre presente a necessidade de desenvolver análises sócio-jurídicas de índole comparativa, podem dar-se como exemplos de problemáticas que obrigaram entre nós a um esforço de ajustamento, as seguintes: a análise da articulação entre a função judicial e o sistema político; o impacto dos processos de transição democrática sobre o sistema judicial; a influência do nível de desenvolvimento económico e social sobre o padrão de conflitualidade, a propensão para a litigação e o tipo de litigação; a relação entre a cultura jurídica e a cultura política; a composição dos conflitos em áreas como a penal ou a laboral; a colonização dos tribunais pelas empresas; a auto-compositividade da sociedade portuguesa; a vitimação; as atitudes perante o direito e a justiça; os bloqueios do sistema de acesso; a questão da morosidade, etc.

---

como refere Boaventura de Sousa Santos, a relação complexa entre conhecimento, comunidade científica e sociedade necessita de ser estudada tendo em conta que ela é "atravessada por uma tensão polarizada entre nacionalismo e internacionalismo, que se não pode esclarecer sem situar geo-politicamente a produção e a distribuição do conhecimento científico" (Santos 1989: 155). No quadro desta discussão, torna-se interessante confrontar os pontos de vista de Alexander (1995), Ritzer (1992), Santos (1989, 1994, 1995a) e Turner (1994). Como sustentei noutro trabalho (Ferreira, 1997) há a necessidade de, no quadro de uma "geo-sociologia da Sociologia", esclarecer os pressupostos subjacentes ao "onde", "como" e "porquê" do trabalho sociológico.

[26] Estamos perante uma situação diferente da década de 60, que opunha países mais propensos a desenvolver investigação empírica a países que preferiam desenvolver trabalho teórico (Arnaud e Dulce, 1996).

[27] Um recente exemplo bem sucedido deste tipo de abordagem é o projecto de investigação sobre as "Justiças em Moçambique" coordenado por Boaventura de Sousa Santos (Santos et al., 2003b).

2. Contributos para uma reflexão sobre a perspectiva sócio-jurídica-laboral

No ponto anterior resumi alguns dos tópicos presentes nas discussões em torno da actual situação e perspectivas de desenvolvimento de uma sociologia do direito renovada. Atendendo ao que atrás disse, exploro agora a possibilidade de alargar ao mundo do trabalho uma perspectiva sócio-jurídica crítica, enformada pelos eixos de análise e predicados sociológicos referidos anteriormente. Observam-se dois tipos de argumentos. Em primeiro lugar reconhecem-se elementos contextuais comuns ao advento da sociologia e do direito do trabalho, os quais poderiam ter conduzido a uma aproximação entre estas duas áreas do conhecimento. O facto de tal aproximação não se ter verificado leva à identificação das barreiras impeditivas do diálogo interdisciplinar. Em segundo lugar, estabelecem-se alguns princípios de orientação geral para a perspectiva sócio-jurídica-laboral.

2.1. As relações difíceis entre a sociologia e o direito do trabalho

Apesar de ser razoável colocar a hipótese da convergência de interesses epistémicos e societais entre a sociologia e o direito do trabalho, ocorre um afastamento histórico entre as duas disciplinas. Em reflexão dirigida a estas problemáticas, João Arriscado Nunes refere que as "relações entre modos de conhecimento são balizadas por dificuldades ligadas, quer aos processos históricos que definiram e consolidaram fronteiras e hierarquias, quer às intervenções políticas em torno da reafirmação ou subversão das formas de autoridade cultural nelas ancoradas" (Nunes, 1999: 40). Também Michel Foucault (1995) considera que "as disciplinas constituem um sistema de controlo da produção do discurso, fixando-lhe os limites através da acção de uma identidade que assume a forma de uma permanente reactivação das normas". As duas ideias apresentadas, fornecem o ponto de partida para um breve levantamento histórico das associações e dissociações ocorridas entre a esfera das "relações jurídicas" e a esfera das "relações laborais" evidenciando-se que a tendência para contrapor a "lógica jurídica" à "lógica social" constitui um obstáculo ao desenvolvimento de uma análise sócio-jurídica integrada das relações laborais (Chateauraynaud, 1991: 33).

A dissociação entre o direito e a sociologia do trabalho fica a dever-se a dois conjuntos de factores: o da codificação e formalização do direito do trabalho e o da especialização da análise sociológica dedicada aos temas do trabalho. Passo a debruçar-me sobre esta questão. O direito do trabalho, apesar das suas especificidades passou por um processo de "codificação" e de prática forense que o aproximou do formalismo e da dogmática jurídica tradicional, patente, sobretudo, nos países de tradição jurídica continental. Esta tendência inicia-se com o declínio do pluralismo legal na resolução dos conflitos de trabalho e a consequente transformação dos tribunais de trabalho de instituições ligadas a "economias morais" de grupos profissionais, em componentes do sistema judicial mesmo que, nalguns casos, os tribunais de trabalho detenham estatutos especiais – como sucede, por exemplo, na Alemanha, França e Portugal (Rogowski, 1994: 83). Por outro lado, no quadro do próprio processo de juridificação das relações laborais, as formas e expressões de auto-regulação e autonomia colectiva foram sendo integradas em sistemas regulatórios governados pela intervenção estatal (Simitis, 1987: 123), o que contribuiu para acentuar a aproximação do direito do trabalho às formas positivistas e legalistas de produção e aplicação do direito.

Os elementos mais determinantes neste processo de anexação do direito do trabalho às formas jurídicas tradicionais desvelam-se com grande clareza quando se atende à lógica constitutiva da esfera jurídica. De acordo com a proposta de Pierre Bourdieu, "a constituição do campo jurídico é inseparável da instauração do monopólio dos profissionais sobre a produção e a comercialização desta categoria particular de produtos, que são os serviços jurídicos" (1989: 23). O autor, que toma como exemplo o caso da evolução do direito do trabalho francês (mas cujas tendências são acompanhadas pela generalidade dos países de tradição jurídica continental), salienta a passagem de uma lógica pré-jurídica de composição dos litígios decorrente das práticas sociais orientadas pelo princípio da equidade protagonizadas por homens de experiência segundo procedimentos simples para uma lógica jurídica cuja aplicação fica dependente dos conhecimentos dos "iniciados".[28] O direito do trabalho, "ilhota" de autoconsumo jurídico, foi, pouco a pouco, integrada no mercado controlado pelos juristas, na base de uma "cumplicidade objectiva" entre representantes sindicais, culturalmente mais providos, e certos juristas, que graças a uma solicitude generosa pelos interesses dos mais desfavorecidos alargaram o seu mercado (Bourdieu, 1989). Em resultado deste processo, os litigantes e seus representantes tendem, cada vez mais, na fundamentação argumentativa e de justificação das decisões, a colocarem-se no terreno jurídico e deste modo a recorrer aos serviços de advogado. Tendên-

---

[28] Cf. Bonafé-Schmitt (1985).

cia que é correlativa à de maior formalização jurídica do direito do trabalho e que encontra nos próprios sistemas de resolução dos conflitos mecanismos de indução da procura de aconselhamento profissional.

A "acidez" de Bourdieu perante a substituição do princípio da equidade, pelo princípio da legalidade, de que saem beneficiados os profissionais do foro, é notória:

> *[...] à medida que um campo (neste caso, um subcampo) se constitui, um processo de reforço circular põe-se em movimento: cada progresso no sentido da "jurisdicização" de uma dimensão da prática, gera novas necessidades jurídicas, portanto, novos interesses jurídicos entre aqueles que, estando de posse da competência especificamente exigida (na ocorrência, o direito do trabalho), encontram aí um novo mercado; estes, pela sua intervenção, determinam um aumento do formalismo jurídico dos procedimentos e contribuem, assim, para reforçar a necessidade do seus próprios serviços e dos seus próprios produtos e para determinar a exclusão de facto dos simples profanos, forçados a recorrer aos conselhos de profissionais, que acabarão pouco a pouco por tomar o lugar dos litigantes e dos demandados convertidos, deste modo, em simples "justiciáveis".* (Bourdieu, 1989)

Apesar da difusão quotidiana das normas laborais associadas à vulgarização militante do direito do trabalho, que assegura a um número im-portante de não-profissionais um bom conhecimento das regras e dos procedimentos jurídicos, não se verifica a reapropriação do direito pelos utilizadores em detrimento do monopólio dos profissionais, nem tão pouco o efeito de determinar uma deslocação da fronteira entre os "profanos" e os profissionais. Estes últimos impelidos pela lógica da concorrência, no seio do campo, têm de aumentar em cientificidade para conservarem o monopólio da interpretação legítima e escaparem à desvalorização associada a uma disciplina que ocupa uma posição inferior no campo jurídico.

No caso português, é significativo que, embora o direito do trabalho e a sociologia só encontrem consagração académica depois de 1974, tal não tenha contribuído para o surgimento de um pensamento sobre o direito do trabalho sociologicamente fundamentado. Apesar de se identificarem diferentes posicionamentos políticos na comunidade dos juslaboristas portugueses, os debates em torno do direito do trabalho fazem-se, em regra, dirimindo argumentos jurídicos "auto-referenciais", baseados na dogmática jurídica civilística ou na necessidade de autonomizar a "dogmática juslaboralista" da civilista. Sem prejuízo de se reconhecer a importância que antes e depois de 1974 muitos juristas tiveram e têm na defesa dos direitos dos trabalhadores, é inquestionável a tendência para a apropriação do discurso jurídico-laboral pelos profissionais do foro acompanhada por uma outra que resulta da mistura entre argumentos técnicos e opções políticas.

Na contextualização das discussões em torno do direito do trabalho português devem observar-se três factores. Em primeiro lugar, o processo de constitucionalização do direito do trabalho esteve associado aos conflitos políticos entre diferentes perspectivas político-constitucionais e modelos dos direitos laborais. O excesso de politização dos debates fundadores do direito do trabalho no Portugal democrático contribuiu para a sobrevalorização das dimensões técnicas e dogmáticas por parte da comunidade juslaboralista. Em segundo lugar, apesar do direito do trabalho "se ir fazendo na rua", nas empresas e nas reivindicações dos movimentos dos trabalhadores, as expressões de pluralismo jurídico esbarram nas as características pouco favoráveis ao "diálogo social" e à auto-regulação do nosso sistema de relações laborais. Finalmente, em terceiro lugar, a centralidade do Estado herdada do período corporativista na produção e aplicação do direito e na regulação das relações de trabalho, não diminuiu no quadro da sociedade democrática. Assim, na sociedade do pós-25 de Abril, o direito do trabalho escorou-se no tríptico formalização, juridificação e complexificação, passando, naturalmente, a ser parte integrante do "campo jurídico", com as suas notas caracterizadoras de conservadorismo e tradicionalismo *ius civilistico*. Por tudo isto a crítica dos pressupostos do direito do trabalho deu lugar aos pressupostos da dogmática jurídica.

A juridicização e formalismo do direito do trabalho está bem patente nos seguintes exemplos. O primeiro é o do *Acordo de Concertação Estratégica de 1996* que abriu a possibilidade de constituição de uma comissão para análise e sistematização da legislação do trabalho, o que veio a ocorrer em 2000. Embora a comissão não tivesse um carácter orgânico por relação à representação dos parceiros sociais, todos eles contribuíram para a composição da comissão. Um primeiro relatório, tendo por objecto de análise a relação individual de trabalho, foi colocado em debate público e em sede de concertação social em Outubro de 2001, a que se seguiu um segundo relatório sobre a relação colectiva de trabalho em 2002. Apesar da importância dos documentos e destes reconhecidamente traduzirem um esforço de racionalização e aperfeiçoamento das normas laborais, pode questionar-se porque é que tendo sido possível consensualizar uma tal medida, esta não foi mais ambiciosa, dinamizando-se uma comissão de carácter interdisciplinar, cujos objectivos fossem, entre outros, analisar as causas do elevado grau de inefectividade da legislação laboral ou medir o impacto das normas laborais.

O segundo exemplo remete para o processo de reforma da legislação laboral, levado a cabo pelo XV Governo Constitucional/PSD-PP, de que resultou a promulgação do primeiro Código do Trabalho português. Neste caso, acentuou-se a tendência para manter a produção normativa no âmbito estritamente jurídico. Para além de consabidamente, os autores do código serem juristas de matriz predominantemente civilista, a fase de discussão pública evidenciou o carácter mitigado dos contributos de não-juristas, quer fossem parceiros sociais ou especialistas de outras áreas do conhecimento. A juridicização e formalização das relações laborais, ao enfatizar a dimensão de competência técnico-jurídica especializada e ao centrar-se num processo político-legislativo conduzido pelo Estado, retira peso aos parceiros sociais, enquanto legisladores sociais, diminuindo a importância do diálogo social como modo de produção da normatividade laboral.

Em síntese, as tendências de fechamento e de formalização do direito do trabalho com a subsequente necessidade de defesa da sua especificidade e autonomia face ao direito civil podem dar origem a uma tripla opacidade. A primeira é a de que ficam por discutir as reais condições sociológicas, relativas à aplicação das normas laborais, nomeadamente como é possível coexistirem simultaneamente um elevado grau de formalismo e de rigidez das normas laborais com o elevado grau de inefectividade dessas mesmas normas. A segunda, é a de que o princípio do tratamento mais favorável ao trabalhador passa a ter de se justificar face aos modelos sinalagmáticos, típicos do direito civil, o que o torna mais vulnerável aos paradigmas neoliberais. Finalmente, porque tende a obnubilar as diferenças entre projectos políticos de direita e de esquerda, concorrendo para uma muito habermasiana concepção técnica do direito como ideologia.

Quanto à sociologia, o problema parece residir nas condições de desenvolvimento e afirmação desta ciência. Efectivamente, algures no processo de especialização da sociologia em função das áreas da vida social, parece ter-se perdido a capacidade analítica, teórica e metodológica patente nos clássicos, para estudarem as sociedades integrando dimensões como o direito e o trabalho.[29] Para os clássicos do pensamento

---

[29] No que diz respeito às ciências sociais que se debruçam sobre o trabalho e sobre as relações laborais convirá referir que, ainda que estejamos perante uma preocupação comum aos diferentes campos de análise dos fenómenos laborais, a perspectiva das "relações industriais" ou "relações profissionais" é a que assume com maior clareza a defesa da

sociológico, quer a temática do direito, quer a temática do trabalho eram co-extensivas às suas investigações sobre a sociedade industrial e advento da modernidade social, política, económica e cultural. As principais consequências analíticas e metodológicas desta perspectivação do trabalho e do direito pelos clássicos foi a de que o lugar ocupado por estas problemáticas nas suas obras não obedeceu a um critério de especialização, mas sim a um esforço de integração/utilização das mesmas, no quadro geral de compreensão sociológica das modernas sociedades industriais.

No que diz respeito à institucionalização da sociologia em Portugal, nomeadamente dos estudos dedicados à área laboral, foi predominante a influência da tradição francesa da sociologia do trabalho. A qual, contrariamente à perspectiva anglo-saxónica das "industrial relations", sempre foi pouco sensível ao importante papel desempenhado pelo direito na regulação das relações laborais (cf. Kaufman 2004).

Com efeito a história da sociologia do trabalho, após o impulso inicial dado pelas obras de Taylor, Gilbreth, Vernon e Fayol foi dominada pelo paradigma das "relações humanas", ao que se seguiu o designado paradigma do "determinismo tecnológico" nos anos 50. Este paradigma foi marcado sobretudo por autores de origem francesa, onde pontuam os nomes de Georges Friedmann e Pierre Naville organizadores, em 1961-62, do *Traité de Sociologie du Travail*, obra cuja importância para a formalização do objecto e das perspectivas de análise da sociologia do trabalho permanece como referência até aos dias de hoje. É de resto significativo que em 1963, num artigo publicado na revista *Droit Social,* justamente a propósito das relações entre a sociologia e o direito do trabalho, da autoria de Brethe de la Gressaye, este lamenta a escassíssima importância que o *Traité* de Friedmann e Naville concediam ao direito do trabalho. Como refere o autor, apenas uma trintena de páginas é dedicada às convenções colectivas, nada se referindo a propósito de questões como: comités de empresa; segurança social; direito sindical; regulamentação legal do direito do trabalho; regulamentos das empresas; nem sobre o poder disciplinar patronal. Compreendendo-se que um tratado de sociologia não tenha que descer ao pormenor da interpretação das leis e da composição dos litígios, é, no entanto, surpreendente que o direito do

---

interdisciplinaridade, notando-se, por exemplo, no entendimento canónico da sociologia do trabalho uma certa tendência para alimentar as discussões em torno do que será o seu objecto de análise próprio ou quais são as suas fronteiras disciplinares. Hyman (1994), Hyman e Ferner (1992), Muller-Jentch (1998), e Sarries Sanz (1993).

trabalho não seja tratado como facto social. Como sublinha Gressaye, as normas em vigor revelam um espírito, uma política e têm valor por elas próprias. A maneira como são aplicadas pelos empregadores, pelos inspectores do trabalho e pelos tribunais de trabalho e os resultados que produzem são elementos relevantes para o conhecimento da situação dos trabalhadores.

Desde que estas observações foram feitas, a situação em pouco ou nada se alterou. Por exemplo, na obra mais recente *Tratado de Sociologia do Trabalho*, organizado por Michel de Caster e François Pichault (1994), prefaciada por Alain Touraine, confirma e reforça os comentários críticos de Brethe de la Gressay, os quais deveriam até ser redobrados, porque, desta vez, as questões do direito do trabalho e do direito social nem sequer são mencionadas.

No entanto, algumas vozes críticas têm defendido a necessidade de se desenvolverem estudos integrados envolvendo a sociologia e o direito do trabalho. Em 1985, num balanço feito sobre o estado da sociologia do trabalho, Erbès-Seguin (*in* Chazel e Commaille) criticava o facto do direito do trabalho ser encarado como uma instância exterior às relações de trabalho, sublinhando, a este respeito, o persistente desvio analítico da sociologia do trabalho, considerando o direito como simples superestrutura ou como instituição autónoma no funcionamento da sociedade. O autor (1991: 315-316) refere que, durante anos, uma parte importante da investigação em sociologia do trabalho concentrou os seus esforços nas diversas formas da relação empregadores/sindicatos/trabalhadores e no confronto e negociação, dando por adquirido o papel desempenhado pelo Estado, nomeadamente, através da regulação por via legal. Apesar de se admitir a existência de diferentes modelos de intervenção estatal, por exemplo, dirigista, corporativo, abstencionista, etc., a análise da intervenção da lei nas relações sociais do trabalho não mereceram a atenção da sociologia do trabalho.

Deste modo, afigura-se como sociologicamente razoável analisar os processos de interacção social normativamente orientados partindo do princípio que o mesmo texto legal pode adquirir sentidos distintos, dependendo das sociedades, da conjuntura política, económica e social. Sendo o direito um elemento constitutivo das relações sociais, consubstancia diversas racionalidades conflituantes mas interdependentes. Apesar de determinar as modalidades de utilização da força de trabalho e de organização das relações colectivas, o direito do trabalho estatal não é o único factor de regulação e fixação das condições de trabalho. Se, por um lado, e de acordo com a lógica jurídica tradicional, o direito tem uma função de ordem, de classificação, de fixação de limites e de estabelecimento de parâmetros, por outro lado, os comportamentos sociais e económicos desempenham um papel fundamental na produção do direito, na sua aplicação e nas condições que determinam a sua efectividade ou inefectividade.

Enquanto resultado da correlação de forças sociais, o direito do trabalho conduz à tomada de posições do duplo ponto de vista das regras e normas inscritas nos textos legais e das suas repercussões nas práticas sociais.

2.2. Para uma análise sócio-jurídica integrada do mundo do trabalho

A análise comparada da emergência e institucionalização da sociologia e do direito do trabalho, enquanto disciplinas académicas, deixa perceber que os mesmos factores que concorreram para o surgimento da sociologia estiveram também presentes na formação do moderno direito do trabalho. Ambos os campos do conhecimento são resultado do projecto sócio-cultural da modernidade e ambos são afectados de forma determinante pelas influências históricas e contextuais decorrentes dos processos de transformação política, económica, social e cultural que marcaram o advento da modernidade e das sociedades capitalistas. O vínculo relacional e reciprocamente implicado que ambos os campos do conhecimento mantêm com a sociedade constitui uma das suas características comuns, tornando-se por isso possível associar a história das duas disciplinas aos momentos de transformação social.

De um ponto de vista estrutural, as duas grandes crises da modernidade, a da sua emergência nos séculos XVIII e XIX e a de finais da década de 60-início dos anos 70 do século XX correspondem, respectivamente, ao momento de formação dos dois ramos do conhecimento e às designadas "crise da sociologia" e "crise do direito do trabalho". Alguns autores consideram a sociologia como uma disciplina cuja história acompanha os movimentos e crises das sociedades (Cuin e Gresler, 1995; Gurvitch, 1979), esperando-se que mais cedo ou mais tarde ela reflicta as tensões e desenvolvimentos sociais mais importantes (Turner, 1994). Por outro lado, uma das notas caracterizadoras da "especificidade da normatividade laboral" é a sua capacidade de ajustamento perante as transformações e desenvolvimentos sociais, económicos, políticos e culturais.[30] Também a centralidade analítica de noções como as de trabalho, produção e racionalidade, bem como a preocupação reformadora e reorganizadora, são comuns aos dois campos do conhecimento no seu período clássico. Neste sentido, o designado paradigma sociológico do "industrialismo clássico" (Kumar, 1995: 2-3) ou da "sociedade do trabalho" (Offe, 1992: 17) constitui a base sociológica impulsionadora da normatividade laboral. De resto, o mesmo raciocínio se aplica aos momentos de transformação dos sistemas de relações laborais e de organização da produção, os quais "obrigam", em regra, a mudanças na estrutura paradigmática do direito do trabalho.

Os clássicos da sociologia debruçaram-se sobre as consequências decorrentes da passagem de sociedades organizadas de forma pouco diferenciada e pouco complexa para sociedades muito diferenciadas e muito complexas. Assim, a emergência do projecto sociológico clássico, coincidiu com a transformação das sociedades ocidentais durante o século XIX, tendo estas sido estudadas com recurso a categorias como as de sociedade, produção, trabalho e racionalidade. As bases sociais das modernas sociedades industriais analisadas pelos clássicos estavam organizadas em torno das actividades económicas produtivas e caracterizavam-se por uma extensa divisão do trabalho, pela racionalização dos processos económicos e sociais, por profundas tensões entre "comunidade" e "sociedade", pela generalização do assalariamento, pelo relacionamento impessoal, etc. (Casey, 1995; Castel, 1995; Donzelot, 1994; Ewald, 1995; Polany, 1980; Rosanvallon, 1995). O modelo de sociedade civil utilizado pelos clássicos, constituído em torno do trabalho, é impulsionado pela racionalidade da organização da produção e é afectado pelos conflitos laborais. Marx, Weber e Durkheim, apesar das diferenças metodológicas e teóricas, colocaram este modelo de sociedade no centro das suas investigações (Offe, 1992: 18). Os esforços de Weber e de Durkheim visando a institucionalização da sociologia como disciplina científica e académica não excluíram os objectivos de reforma tornados necessários pelo impacto das questões operária e social.[31]

---

[30] Estamos, em qualquer dos casos, perante situações de "convergência entre dinâmicas epistemológicas e societais (Santos, 1994: 245), as quais poderão ser mais ou menos reflexivas consoante ocorra a revisão das práticas societais à luz do conhecimento sobre essas práticas (Giddens, 1992; Santos, 1989, 1995a).

[31] Sobre esta questão consultar Alexander (1995), Giner (1989), Santos (1987, 1994), Wardel e Turner (1986).

O direito do trabalho, por seu lado, surge como um ramo moderno do direito associado à revolução industrial, às lutas entre o capital e o trabalho e às questões operária e social (Abrantes, 1995: 19-35; Kaufman, 2004: 15-80; Leite, 1986: 40 e ss.; Lopez, 2001: 15-32; Xavier, 1994: 23). Embora não esquecendo o debate em torno da oposição direito como ideologia ou direito como ciência (Bourdieu, 1989: 95)[32], o direito do trabalho, sobretudo quando entendido na acepção mais ampla de direito social, procurou compatibilizar ou pelo menos articular os princípios da comunidade, da sociedade, do mercado e da solidariedade. Assim, à medida que se acentua a ruptura com o individualismo liberal, anuncia-se "um novo período, o do direito do trabalho colectivo e autónomo" (Javillier, 1976: 72) e a constituição de um direito social que tem como paradigma o grupo e não o indivíduo.[33]

Durante o século XIX e pela primeira vez na história do direito, a percepção jurídica de uma relação social é precedida pelo conhecimento sociológico dessa relação (Supiot, 1996: 218), devendo assinalar-se o papel desempenhado por várias investigações sociológicas na constituição do direito e das instituições do trabalho. Estão neste caso os exemplos históricos dos estudos de Le Play, Guéfin e Benamy, Brissaud, ou mesmo a obra de Engels sobre a situação da classe operária em Inglaterra (Luciani, 1992; Supiot, 1996). Os estudos sociais e a "nova" estrutura normativa coincidiam na crítica do modelo individualista da sociedade liberal, na constatação dos efeitos negativos do processo de proletarização e na demonstração da desadequação dos princípios jurídicos liberais de igualdade e responsabilidade quando aplicados à regulação das relações de trabalho.

No plano da produção do direito do trabalho encontram-se mais alguns elementos de aproximação a uma visão sociológica da realidade. Por exemplo, as primeiras leis operárias ao recorrerem a uma "racionalidade material", contrapondo-se esta à "racionalidade formal" típica da

---

[32] A propósito do papel ideológico e disciplinar desempenhado pelo direito do trabalho na conformação das relações de produção capitalista consultar, para além dos trabalhos ligados aos *Critical Legal Studies* e ao *Mouvement Critique du Droit* (que focaram insistentemente esta dimensão do direito do trabalho), Leite (1986), Moreira (1997) e Santos (2003a). Uma abordagem clássica desta questão matizada pela obra de Marx encontra-se em Karl Renner, Karl Korsch, Pachukains e Hugo Sinzheimer.

[33] Para uma análise do conceito e da emergência do direito social, consultar Ewald (1993), Gurvitch (1973) e Supiot (1996).

ratio iuris civilistica[34], conduziram a que alguns dos conceitos do direito do trabalho reflectissem a prática efectiva das relações sociais na sua relação com a duração do trabalho, os acidentes de trabalho, o trabalho de menores e das mulheres, o direito à greve, a negociação colectiva, a resolução dos conflitos, etc.[35]

O potencial de articulação entre o direito do trabalho e a sociologia reforça-se ainda mais quando aquele é perspectivado em termos próximos do paradigma do direito social. Assim, alguns autores consideram que o direito do trabalho procede da sociologia (Supiot 1996: 228), admitindo outros que ele possui uma estrutura sociológica matizadora da sua especificidade (Ewald, 1995). Vale a pena recordar a este propósito Pierre Bourdieu, quando sublinha a ideia de que este "subcampo" do direito (Bourdieu, 1989: 234) se afasta dos cânones civilísticos constitutivos do núcleo duro da estrutura jurídica. A especificidade normativa do direito do trabalho por relação à estrutura da dogmática jurídica, reconhece-se nas ideias de "legalidade sem direito" (Ewald, 1995) de "déficit normativo considerável" (Javillier, 1991) e de "autonomia dogmática do direito do trabalho" (Ramalho, 2000) resultantes da valorização do princípio da racionalidade material. É neste contexto normativo que ocorre o "processo de juridificação" ou de "socialização"[36] das situações, relações e práticas sociais emergentes do paradigma social do "industrialismo clássico".

A crise institucionalizada na década de 70 desafiou as ciências sociais a interpretar novas realidades que haviam sido explicadas ou compreendidas (Iani, 1994: 169) através de um processo múltiplo e complexo de reavaliação, reestruturação e reconstrução do património herdado da sociologia clássica e dos paradigmas dominantes até finais da década de sessenta.

Também no domínio do direito do trabalho se fizeram sentir os efeitos da crise e da transformação social. O modelo normativo assente no "ciclo virtuoso da economia", na expansão dos Estados-Providência, na cidadania industrial e social e na relação salarial fordista, entrou num

---

[34] Sobre a oposição entre "racionalidade material" e "racionalidade formal" e da aplicação que dela faz Max Weber ao direito de "tipo racional", consultar, entre outros, Supiot (1996: 222-228) que aplica a tipologia weberiana ao domínio do direito do trabalho.

[35] Consultar Supiot (1996: 222-223) no que diz respeito à aproximação entre a sociologia e o direito do trabalho feita através do princípio da "racionalidade material".

[36] A propósito dos conceitos de "juridificação" e de "socialização do direito", consultar Ewald (1995) e Simitis (1987).

período de desestruturação rapidamente associado à ideia da crise generalizada do direito do trabalho.[37]

De todo este processo de transformação epistémica e societal resulta um conjunto de questões comuns à sociologia e ao direito do trabalho, sendo de destacar as problemáticas da exclusão social, da falta de integração e coesão sociais e da precarização dos vínculos laborais e das condições de trabalho.

2.3. A sociologia do direito do trabalho e das relações laborais em mutação

No tópico anterior identifiquei a necessidade de desenvolver uma análise sócio-jurídica integrada do mundo do trabalho. Apesar da dissociação verificada entre a sociologia e o direito do trabalho, registou-se recentemente um acréscimo de interesse pela área do conhecimento resultante do cruzamento entre os temas do direito e do trabalho. Este renovado interesse pelas relações de trabalho e normatividade laboral deve-se essencialmente a quatro factores: (1) os processos de transformação e de crise dos sistemas de relações laborais e de direito do trabalho; (2) o desenvolvimento de análises comparativas de modelos normativos e de padrões de relações laborais; (3) a crescente importância das diferentes dimensões sócio-laborais do modelo social europeu; e (4) as consequências emergentes dos processos de globalização do mundo do trabalho.

Ainda que de forma progressiva, tem-se assistido à criação de condições político-sociais para o desenvolvimento da área de estudos da sociologia do direito do trabalho, sendo esta defendida por vários autores (Chateauraynaud, 1991; Chouraqui, 1993; Erbes-Seguin, 1991; Faria, 1995, 2000; Freitas, 2001; Reynaud, 1993; Supiot *et al.*, 1999; Woodwiss, 1990). O próprio *Dictionaire Encyclopedique de Théorie et de Sociologie du Droit* (1993), ao consignar à entrada "Sociologia do Direito do Trabalho" um esclarecedor texto da autoria de Alain Chouraqui, confere a esta área o devido reconhecimento.

Segundo Alain Chouraqui, a sociologia do direito do trabalho pode definir-se como o ramo da sociologia do direito que tem por objecto as

---

[37] As noções de crise, "desestabilização" (Dupeyroux, 1985), "minimização" (Abramovich e Courtis, 1995), "rarefacção" (Redinha, 1995), "esgotamento" (Faria, 1995), "défice normativo considerável" (Javillier, 1987), "fim" (Boubli, 1989) e "morte anunciada" (Leite, 1995), passaram a ser expressão das tendências desestruturantes do direito do trabalho.

regras, as instituições, os actores, as práticas sociais e as funções do direito do trabalho (Chouraqui, 1993: 626). Apesar do seu desenvolvimento, a sociologia do direito do trabalho parece não ter ainda alcançado uma suficiente "acumulação de conhecimento" para que se fale de uma verdadeira subdisciplina, melhor se aplicando o conceito de "perspectiva de análise" para identificar a sua abordagem. Parece, assim, prudente admitir a diversidade das origens e a heterogeneidade das temáticas e problemáticas como características desta área de estudos. Para além das investigações que assumem as preocupações da sociologia do direito do trabalho, existe um vasto espólio de literatura oriundo de disciplinas como a sociologia, a ciência política, a sociologia do trabalho, as relações industriais, a economia do trabalho, a psicologia industrial, o direito do trabalho, etc., compaginável com as preocupações da sociologia do direito do trabalho.

A organização e sistematização da diversidade dos contributos relevantes para a perspectiva sócio-jurídica-laboral pode ser feita recorrendo-se a um modelo de categorização temático construído a partir das dicotomias análises gerais/análises empíricas, áreas analíticas/áreas substantivas (Chouraqui, 1993 e Podgórecki, 1974).

No que diz respeito às análises de carácter genérico e de teoria geral, atente-se ao seguinte conjunto temático: (1) evolução, transformação, crise e futuro do direito do trabalho e das relações laborais; (2) processos de juridificação e de desjuridificação das relações laborais; (3) processos de politização e de despolitização da normatividade laboral; (4) impacto dos constrangimentos de ordem económica e da competitividade ou de imperativos ético-morais; (5) manifestações de reforço ou de contestação ao modelo típico de direito do trabalho e aos modelos paradigmáticos dos sistemas de relações laborais; (6) impacto dos processos de globalização sobre o mundo do trabalho e os direitos humanos do trabalho; (7) a produção e a aplicação das normas laborais; (8) a efectividade do direito do trabalho; (9) o papel do Estado, da sociedade civil e das políticas públicas na regulação das condições de trabalho; (10) culturas e identidades políticas e jurídico-laborais.

Os exemplos dos temas empíricos e substantivos agrupam-se da seguinte forma: (1) papel e situação da negociação colectiva; (2) participação, informação e consulta dos trabalhadores; (3) condições e organização do trabalho; (4) novos e velhos riscos profissionais, segurança, saúde e higiene no trabalho, acidentes de trabalho (5) formação profissional e formação ao longo da vida; (6) tempo de trabalho; (7) transformação do contrato de trabalho; (8) delinquência e violência no local de trabalho; (9) situação de categorias especificas face ao trabalho – desempregados, jovens, idosos, emigrantes, minorias étnicas, (10) discriminação em razão do sexo, raça, deficiência; (11) conflitos de trabalho; (12) organizações sindicais e patronais; (13) administração da justiça do trabalho – atendendo ao grupo profissional dos juízes, ao papel da jurisprudência, às funções e funcionamento dos tribunais de trabalho; (14) o acesso ao direito e justiça laborais; (15) as formas alternativas de resolução de conflitos; (16) as novas formas de organização da produção e de emprego – precariedade, atipicidade, trabalho a tempo parcial; (17) a subordinação e o poder disciplinar patronal; (18) despedimentos individuais e colectivos; (19) trabalho infantil; (20) desemprego; (21) as políticas activas de emprego; (22) os padrões mínimos de trabalho; (23) os órgãos da administração do trabalho; (24) o diálogo e a concertação social; (25) efeitos da flexibilização e da desregulamentação; (26) a violação dos direitos laborais; (27) as novas formas e fontes de normatividade laboral; (28) trabalho informal; (29) relação individual de trabalho; (30) relação colectiva de trabalho; (31) prevenção dos conflitos; (32) processos de reestruturação e de fusão; (33) políticas de gestão de recursos humanos; (34) subcontratação; (35) trabalho ilegal.

É possível, ainda, referir temáticas que acentuam a importância e a centralidade analítica da relação entre o direito do trabalho e a regulação e mudanças sociais. Nelas se focam questões como sejam: a relação entre a regulação jurídica do trabalho e a regulação social não-jurídica; o impacto da mudança de paradigmas tecnológicos e da produção e das transformações económicas e financeiras sobre o direito do trabalho; a relação entre actores sociais e regras, a vários níveis de análise (micro--macro; local-global; individual-colectivo), em diferentes contextos e situações sociais (cooperação-conflito; autonomia-heteronomia; instituicionalização-desinstitucionalização) e atendendo aos processos de produção, aplicação e actualização das normas e convenções laborais; e os efeitos da globalização do campo laboral e da normatividade laboral.

A adopção de uma perspectiva de análise assente nos tópicos de investigação sumariamente descritos e na assunção de um pluralismo epistemológico, metodológico e disciplinar tem permitido à sociologia do direito do trabalho combinar os seus interesses de análise específicos com os da sociologia do direito.[38]

---

[38] Temas tradicionais tratados pela sociologia do direito com relevância para esta articulação são, por exemplo, regras (produção e aplicação, efectividade e eficácia), instituições, práticas, actores e funções do direito, etc.

Partindo dos aspectos anteriormente referenciados, constrói-se uma perspectiva sócio-jurídica do direito do trabalho e das relações laborais assente em três pilares. O primeiro, refere-se à dupla centralidade teórica e social dos problemas sócio-jurídico-laborais. Admite-se que os grandes debates políticos e sociais da actualidade passam, em boa medida, por temas que envolvem, de uma forma ou de outra, dois fenómenos sociais: o direito e o trabalho. A atenção que os média lhes conferem, a preocupação da opinião pública no que a eles diz respeito e a discussão política em seu redor são manifestações das dificuldades por que passam as sociedades actuais para lidarem com as questões que se lhes encontram associadas. Os problemas sociais que têm como fonte o direito e o trabalho situam-se no "cruzamento da biografia e da história, dentro da(s) sociedade(s)" (Mills, 1985: 14), deles resultando consequências tanto pessoais como estruturais ou colectivas. Têm por isso, o duplo predicado de serem simultaneamente questões públicas e colectivas e preocupações-chave para os indivíduos e seu "mundo-da-vida". Eles questionam os modelos de organização político-social democráticos e os direitos de cidadania, as dimensões pessoais, subjectiva e privada dos indivíduos e os objectivos, funções e papéis desempenhados por grupos, organizações e instituições sociais.

A formulação dos problemas sócio-jurídico-laborais exige que se mencione os valores envolvidos e a ameaça a esses valores, posto que é a ameaça a valores fundamentais que constitui a necessária substância moral de todos os problemas significativos da pesquisa social e também de todas as questões públicas e preocupações privadas (Mills, 1985: 172). No quadro desta reflexão adquirem grande centralidade tópicos como a relação entre o Estado e a Sociedade Civil do trabalho, as fontes e capacidades de expressão dos conflitos laborais, a justiça e a cidadania laborais, a fragilização da integração social e dos laços de solidariedade e de coesão constituídos a partir do trabalho e o aumento das formas de exclusão e de desigualdade sociais.

De um ponto de vista teórico e analítico, a centralidade do trabalho assenta no facto de a partir dele se gerar a divisão de classes que constitui, com a divisão sexual e a divisão étnica, um dos grandes factores de desigualdade e de conflitos sociais (Santos, 1994: 264). O conflito é assim um elemento estrutural das relações de trabalho (Barbash, 1984; Caire, 1991; Kahn-Freund, 1977) e do direito do trabalho (Ewald, 1995; Lyon-Caen, 1972) a que estão associadas duas grandes fontes de conflitualidade: (1) por um lado, a que resulta do facto de as relações de trabalho serem relações de troca, em que o valor pelo qual se troca salário por trabalho depende de interesses e prioridades antagónicas; (2) por outro lado, a que resulta do facto de as relações de trabalho exigirem necessariamente a subordinação do trabalhador à autoridade do empregador (Reed, 1997: 97-98). As relações laborais são sempre relações de poder de conflito (Kahn-Freund, 1977; Rueschemer, 1986; Santos, 1994, 1995a). Tais relações são de dois tipos: relações de produção contratualmente estabelecidas entre trabalho e capital que constituem, no seu todo, a relação salarial; e também relações na produção, que regulam o trabalho concreto efectuado pelos trabalhadores, bem como as relações destes com supervisores ou gestores segundo normas ou regulamentos da empresa (Burawoy, 1985; Ferreira, 1998b: 64; Rosa, 1998; Santos, 1995b: 134).[39] Subjaz, pois, às relações laborais, industriais ou de emprego (Ruysseveldt, 1995; Huiskamp, 1995), uma dimensão relacional que envolve actores individuais ou colectivos numa actividade de trabalho ou com ela relacionada, segundo diferentes níveis de análise: global, societal, organizacional, grupal, interaccional e individual (Ferreira e Hermes, 1999: 144-145).

O segundo pilar remete para duas questões chave (Schnapper, 1998): em primeiro lugar, como construir, interpretar e analisar sociologicamente o desfasamento ou *gap* entre as normas sociais, jurídicas e políticas e as formas concretas que assumem as acções, práticas, relações e funcionamento do social? Em segundo lugar, de que maneira é que os princípios da cidadania, da justiça e da democracia, na medida em que afirmam a liberdade e a igualdade político-jurídica entre indivíduos e grupos desiguais organizam efectivamente a sociedade?

A resposta a estas duas interrogações torna-se possível no quadro de uma perspectiva de investigação que compagina o desenvolvimento de um conhecimento crítico e profissionalmente competente com a identificação dos modos concretos através dos quais os princípios de cidadania e justiça são efectivamente aplicados. Deste modo, o que se designa por análise sócio-jurídica das relações laborais, sociologia crítica do direito do trabalho e das relações laborais ou sociologia política do direito do trabalho e das relações laborais pode ser concebido como um projeto de investigação sobre os efeitos e limites da cidadania, da justiça e da democracia no mundo do trabalho.

---

[39] Sobre esta tipologia, inspirada em Burawoy, atente-se ao modo como Rosa (1998) a desenvolve, em particular nos capítulos 2 e 7.

No âmbito desta abordagem do mundo do trabalho, a aferição da "qualidade da democracia" laboral tem por base critérios substantivos e não meramente formais, escorando-se conceptualmente em noções como as de produção e aplicação do direito, Estado-Paralelo, *Law in Books/Law in Action*, efectividade e inefectividade das normas, auditorias democráticas e "public accountability". A este propósito sublinho ainda a ideia da relativização de categorias e dicotomias caras à teoria social e sócio-política, como por exemplo estado/sociedade civil, direito/política, direito/economia, público/privado, individual/colectivo, macro/micro, consenso/conflito, justiça formal/justiça material, justiça social ou distributiva/justiça comutativa, justiça e direitos processuais/justiça e direitos substantivos, etc.

Na estrutura temática da análise sócio-jurídica das relações laborais, identificam-se seis grandes grupos de questões: análise das normas, instituições, organizações, actores e relações laborais; análise da produção e aplicação da normatividade laboral; análise da efectividade das regras e normas laborais; identificação das fontes e canais de expressão dos conflitos de trabalho; estudo das formas de regulação e resolução dos conflitos laborais; estudo das políticas públicas de regulação das relações de trabalho. Esta estrutura temática desdobra-se e combina-se com muitos outros tópicos, daí resultando a clarificação ou ilustração das tensões e contradições entre os princípios da igualdade jurídica e política continuamente reivindicados, afirmados e reafirmados e as diversas formas concretas de desigualdade económica, política, jurídica e social.

Finalmente, o terceiro pilar relaciona-se com os níveis e unidades de análise utilizados na análise sócio-jurídica. Hoje em dia é praticamente impossível proceder à análise dos sistemas de relações laborais sem utilizar uma metodologia que atenda, ainda que em graus e modalidades diversos, aos fenómenos multifacetados da globalização do campo laboral nas suas mais variadas dimensões: quer se trate de mercados económicos, financeiros ou de trabalho; da mudança de paradigmas tecnológicos e da produção; da estratégia de investimentos; da cultura e ideologia dos recursos humanos; da transformação dos sistemas de relações laborais e de resolução dos litígios; da mudança de paradigmas no direito do trabalho; da organização internacional dos interesses do capital e do trabalho; do papel das organizações internacionais na regulação das condições de trabalho; do estabelecimento de padrões mínimos de trabalho; ou da nova divisão internacional do trabalho.

Por outro lado, também é verdade que qualquer análise sobre os sistemas de relações laborais tem de atender aos específicos contextos e histórias nacionais que matizam os modelos institucionais e legais e as práticas e relações dos actores sociais, sob pena de se não entenderem as várias manifestações em presença e de se inviabilizar qualquer esforço comparativo que se pretenda realizar. Aliás, à medida que os processos de globalização e a crescente internacionalização da vida económica e laboral vão aumentando, torna-se cada vez mais necessário desenvolver análises comparativas das relações laborais que permitam o cruzamento das várias experiências nacionais.

Sugere-se, com estas observações, que o mundo laboral e o que nele se passa, independentemente dos tópicos que se tragam à colação, deve ser estudado combinando diferentes níveis de análise, dispondo estes ao longo de um *continuum* em cujos pólos se encontram, de um lado, as tendências globais que afectam os diferentes sistemas de relações laborais e de resolução de litígios, e de outro, as especificidades locais que lhes conferem um carácter *sui generis*. De entre os elementos constitutivos deste *continuum*, e reportando-me ao sistema das relações laborais português, destacaria também o nível intermédio, constituído pelas tendências que afectam o ambiente das relações laborais no espaço europeu e os níveis regionais e sectoriais constituídos por dinâmicas locais que contribuem para a diferenciação e heterogeneidade dos contextos laborais.

Da aplicação desta abordagem ao mundo do trabalho, resulta a sua conceptualização como um espaço de articulação, interpenetração e combinação entre os vários elementos que constituem, por um lado, os sistemas nacionais de relações e normas laborais e, por outro, o contexto heterogéneo formado pelas várias dimensões dos processos de globalização. Assim, fenómenos como o desemprego, o trabalho precário, o trabalho infantil, a falta de condições de trabalho, a discriminação étnica e sexual, etc., resultam duma matriz de combinações entre, por exemplo, o espaço local/nacional e o espaço global, entre os processos de transnacionalização do capital e os sistemas de direito do trabalho nacionais, entre as dinâmicas das empresas multinacionais e o desempenho dos Estados nacionais. Ou seja, a forma como as relações laborais e a normatividade laboral são afectadas pelos fenómenos da globalização varia em função do impacto e da pressão dos elementos exógenos e das respostas locais que se vão gerando através de um processo dialéctico descrito como sendo de globalização/localização e de localização/globalização (Santos, 1995, 2000, 2002). É, por isso, que o significado dos argumentos e dos debates sobre a transformação e a crise do mundo do trabalho, nas suas várias dimensões, não deve ser perspectivado de uma forma uniformizada e padronizada, precisamente porque pode assumir contornos muito diferentes de uma sociedade para outra. O esforço de contextualização é por isso mais importante do que a tentativa de proceder a generalizações (Giddens, 1986).[40]

Como forma de operacionalizar os aspectos sócio-laborais desse *continuum*, recorro à noção de "espaço-tempo do direito" (Santos, 1995a: 111; 2002: 85-98). Este conceito evidencia que o "espaço-tempo do direito" do Estado-nação tem sido hegemónico nos últimos duzentos anos, particularmente nos países do centro do sistema mundial, e que tal hegemonia só se tornou possível pelo apagamento provocado pela teoria política liberal do "espaço-tempo" dos direitos transnacional e local. A concepção do campo legal que lhe está subjacente é a de que qualquer acção sócio-legal é "enquadrada" pelos três "espaços-tempo", ocorrendo entre eles diferentes tipos de articulação que estão na base de um padrão de relacionamento e de combinações. O recurso heurístico à noção de "espaço-tempo do direito" permite fixar as unidades de análise, bem como os objectivos analíticos a explorar em cada uma delas.

Conclusão

Ao longo deste capítulo desenvolvi dois argumentos que me parecem fundamentais para a construção de uma perspectiva sócio-jurídica sobre o mundo do trabalho. O primeiro, assinala a importância da sociologia do direito renovada no actual contexto de crise e de transformação

---

[40] É nesta lógica de contextualização que podemos ponderar as possibilidades e também as dificuldades de um direito do trabalho multicultural. O exemplo de tentativa de transposição das directivas comunitárias sobre o emprego, raça e sexo, a discussão da convenção da OIT sobre a maternidade, as leis da Emigração, etc., constituem exemplos da permanente tensão global/local, universal/nacional. Para além da tensão universalismo/ relativismo cultural, o esforço de contextualização a empreender remete para uma análise das especificidades nacionais que encontra no debate entre a tese da convergência e as teses de diferenciação dos sistemas de relações laborais um bom exemplo. A título ilustrativo refira-se o significado do emprego a tempo parcial em Portugal e na Holanda, as diferenças entre os sistemas de resolução dos conflitos e de acesso ao direito, a excepção tornada regra como sucede com a contratação a termo em Portugal, as diferentes formas de participação, informação e consulta, e os diferentes requisitos nacionais para a implementação do diálogo social, etc.

das sociedades contemporâneas. O seu contributo é, como vimos, relevante quer para a discussão de algumas categorias constitutivas da estrutura teórica da sociologia, quer para os debates que envolvem as questões do poder, da democracia, da justiça social, etc. O segundo, utiliza a história das relações entre a sociologia e o direito do trabalho, para evidenciar a necessidade de desenvolvimento de uma perspectiva sócio-jurídica integrada, tendo por objecto de estudo o mundo do trabalho. De acordo com os três pilares identificados e no âmbito dos temas sócio--jurídicos considerados relevantes, desenvolvo no próximo capítulo um modelo de análise dos sistemas de resolução dos conflitos de trabalho.

CAPÍTULO II

O sistema de resolução dos conflitos laborais
e os tribunais de trabalho

Introdução

Neste capítulo recorro à perspectiva de análise sócio-jurídica apresentada anteriormente como ponto de partida para o desenvolvimento da proposta do sistema de resolução dos conflitos laborais. A estratégia de teorização utilizada assenta em três princípios. O primeiro princípio radica na ideia do espaço sócio-legal transnacional. No âmbito das discussões em torno do espaço mundial e dos processos de globalização, admite-se a relevância da dimensão exógena aos sistemas nacionais de resolução dos conflitos laborais do triplo ponto de vista da produção de referenciais normativos orientadores dos sistemas nacionais, da intervenção directa na regulação dos conflitos e na constituição de sistemas supranacionais de regulação dos conflitos. O segundo princípio assume o carácter heterogéneo e multidimensional do sistema de resolução dos conflitos, sendo constituído por diferentes elementos e princípios de regulação interdependentes. Deste modo, o processo de resolução da conflitualidade associada às relações laborais não é determinado por um único elemento do sistema, assumindo antes um carácter plural e diversificado. Finalmente, o terceiro princípio resulta da identificação da tensão entre a centralidade dos tribunais de trabalho e as formas alternativas de resolução dos litígios nos sistemas de resolução dos conflitos.

No primeiro tópico do capítulo analiso os quadros de referência internacionais em matéria de resolução dos conflitos, emergentes da OIT e da UE, privilegiando a dimensão associada à produção de referenciais normativos orientadores dos sistemas nacionais. No segundo debruço-me sobre a sistemática do sistema de resolução dos conflitos, assinalando os princípios gerais, os elementos constitutivos do sistema e a sua lógica de funcionamento, dando particular destaque ao papel desempenhado pelos tribunais de trabalho e às formas alternativas de resolução dos litígios.

1. A OIT, a União Europeia e a questão das formas de resolução dos conflitos de trabalho

A importância normativa do espaço mundial para a constituição dos sistemas nacionais de resolução dos conflitos de trabalho passa pelo reconhecimento do conflito de trabalho como um direito humano. É o que se verifica na Declaração Universal dos Direitos Humanos, ao consagrar, no seu artigo 23.º, o direito a formar sindicatos para a protecção dos interesses dos trabalhadores ou, mais recentemente, a identificação pela OIT da liberdade de associação de constituir sindicatos e de conduzir negociações colectivas como direitos fundamentais dos trabalhadores, fazendo parte do elenco dos designados *core labour standards*.

Agências e pactos supranacionais constitutivos do sistema internacional de relações laborais têm convergido numa linha orientadora comum relativa às formas de regulação da conflitualidade laboral assente em três ideias: promoção do diálogo social e da autocomposição; desenvolvimento de mecanismos de prevenção; e incremento das formas alternativas de resolução dos conflitos. Estas preocupações estão inscritas nas linhas programáticas da OIT, da UE e do Mercosul. Neste último caso, a Declaração Sócio-Laboral do Mercosul alude quer à necessidade de desenvolver mecanismos de prevenção e de autocomposição dos conflitos individuais e colectivos (art.º 12), quer à importância de se informalizar a justiça do trabalho através da criação de mecanismos alternativos de resolução dos conflitos. Atendendo ao objecto deste estudo realço o que sobre esta matéria nos dizem a OIT e a UE.

Apesar das normas internacionais do trabalho sobre a resolução dos diferendos "terem um carácter geral e reflectirem a diversidade dos sistemas nacionais existentes" (OIT, 1999), a OIT desde cedo produziu instrumentos normativos relativos a esta matéria.[41] Em finais da década de noventa, o tema adquire maior visibilidade na sequência das reuniões

---

[41] Segundo a OIT, os instrumentos e as normas relevantes são as seguintes: a Convenção n.º 87, sobre a liberdade sindical e a protecção do direito sindical (1948); a Convenção n.º 98, sobre o direito de organização e negociação colectiva (1949); a Convenção n.º 151, sobre as relações de trabalho na função pública (1978); a Convenção n.º 154, sobre a negociação colectiva (1981); a Recomendação n.º 130, sobre a apreciação das reclamações (1967); a Recomendação n.º 91, sobre as convenções colectivas (1951); a Recomendação n.º 92, sobre a conciliação e arbitragem voluntária (1951); a Recomendação n.º 159, sobre as relações de trabalho na função pública (1978); e a Recomendação n.º 163, sobre a negociação colectiva (1981).

preparatórias da Conferência da OIT programada, para 2001, pelo Conselho de Administração. A agenda delineada sobre as reformas a introduzir nos instrumentos de resolução de conflitos laborais reflecte as diferenças de opinião entre os membros do Conselho de Administração, nomeadamente quanto ao tipo de intervenção poder assumir a forma de uma discussão geral ou de uma acção normativa" (OIT, 1998). Tendo o Conselho optado por um agendamento sob a forma de uma discussão geral, as tomadas de posição dos Estados-membros, no âmbito das reuniões preparatórias da Conferência, espelham a ausência de consenso sobre esta matéria: treze Estados-membros subscreveram a proposta de submeter o tema a uma discussão geral; entre os Governos que se pronunciaram por uma acção normativa, assunto considerado "particularmente delicado", a Áustria propõe a adopção de uma recomendação e a Austrália preconiza uma discussão geral preliminar à adopção de normas (OIT, 1997); a Alemanha coloca sérias reservas, sem as explicitar, à inscrição desta matéria na agenda da Conferência.

A diversidade das posições quanto aos procedimentos e metodologias a adoptar acima descrita é, no entanto, acompanhada pela preocupação em torno da necessidade de reformar a legislação relativa aos conflitos laborais, reforçando os sistemas e mecanismos próprios para assegurar a acessibilidade, a eficiência, a equidade e a confiança das partes (cf. OIT, 1999). Num dos seus documentos de trabalho (Março, 1999), o Conselho de Administração debruça-se sobre as novas tendências no domínio da prevenção e resolução dos conflitos de trabalho. O texto destaca o surgimento de estratégias, de técnicas e de modelos inovadores em matéria de negociação, de resolução de conflitos e de solução conjunta de problemas, assumindo a forma de medidas e programas activos e criativos, visando estimular as partes a passar de uma relação de afrontamento a uma relação de conciliação, de trabalho de equipa e de cooperação.

Também na preparação da Conferência de 2002, e atendendo ao actual contexto de globalização das relações laborais, o tema é retomado, sendo inscrito no conjunto de questões a serem discutidas. De acordo com os documentos, é referida a importância da introdução ou fortalecimento dos sistemas, mecanismos e procedimentos básicos de resolução dos conflitos laborais.[42]

---

[42] Sobre esta temática, consultar, entre outros, os seguintes documentos: OIT (1999), GB.276/2ª sessão: L'ordre du jour de la session de 2002 de la Conférence. Genebra; OIT (1999), GB.274/3ª sessão: Date, lieu et l'ordre du jour de la 89e session (2001) de la Conférence. Genebra; OIT (1998), GB.273/2ª sessão: Portefeuille de

Tendo por base o princípio associativo e o diálogo social, as propostas da OIT em matéria de resolução dos conflitos laborais enfatizam a necessidade de desenvolver instrumentos e formas de direito preventivo e de reformular os tradicionais mecanismos de composição da conflitualidade laboral. No que diz respeito às novas tendências de prevenção e resolução dos conflitos laborais, são referidas diferentes técnicas de negociação, segundo as fórmulas ganhador/ganhador, reciprocidade de interesses ou resolução amigável dos conflitos. Sublinhando a necessidade de reforçar os sistemas e mecanismos destinados a assegurar a acessibilidade, a eficiência, a equidade e a confiança das partes é sugerida a ultrapassagem do tradicional paradigma de resolução dos conflitos (actuando após o conflito ter sido declarado), contrapondo-lhe os modelos preventivos, possibilitadores de uma actuação que favoreça a cooperação entre os parceiros sociais.

Para além da defesa do direito preventivo, e tendo sempre em atenção o actual contexto de globalização e de transição de muitos países para economias de mercado, sugerem-se reformas aos clássicos métodos de resolução dos conflitos – a negociação colectiva; a conciliação; a mediação; a arbitragem; e as decisões judiciais – de modo a permitir a sua adaptação às novas realidades do mundo laboral. Por exemplo, de entre as limitações imputadas aos tribunais, aponta-se o seu insuficiente conhecimento do mundo do trabalho, os elevados custos da litigação, o carácter excessivamente contencioso das decisões, a ausência do sentido de compromisso, a boa capacidade para decidir sobre questões jurídicas, mas não sobre os verdadeiros problemas que põem em causa as futuras relações entre as partes e, finalmente, as dificuldades de acesso aos tribunais. As limitações reconhecidas aos órgãos jurisdicionais conduzem a propostas para a realização de estudos aprofundados sobre o funcionamento dos tribunais de trabalho e instâncias similares de forma a torná-los mais acessíveis e a melhorar a confiança no seu desempenho.

Nucleado nos princípios da associação, do diálogo social e da autoregulação amigável, o paradigma da prevenção dos conflitos de trabalho

---

propositions pour l'ordre du jour de la 89e session (2001) de la Conférence. Genebra; OIT (1998), GB.271/4/1ª sessão: Date, lieu et ordre du jour de la 88e session (2000) de la Conférence. Genebra; OIT (1997), GB.270/2ª sessão: Propositions pour l'ordre du jour de la 88e session (2000) de la Conférence Internationale du Travail: Project de portefeuille. Genebra; OIT (1997), GB.268/2ª sessão: Date, lieu et ordre du jour de la 87e session (1999) de la Conférence. Genebra; OIT (1996), GB.267/2ª sessão: Proposition pour l'ordre du jour de la 87e session (1999) de la Conférence. Genebra.

Capítulo II

individuais e colectivos, caracteriza-se, de acordo com a OIT, pelas seguintes linhas de actuação. Em primeiro lugar, valorização das experiências de informalização da justiça e resolução alternativa dos conflitos laborais, sendo dado como exemplos o sistema federal de mediação e conciliação dos EUA (FICS) e o serviço consultivo de conciliação e arbitragem do Reino Unido (ACAS). A resolução dos conflitos fora do tribunal por intervenção de um terceiro ou mesmo a privatização da resolução dos conflitos através da auto-regulação são sugeridas como propostas para aumentar o número de beneficiários de justiça do trabalho tornando-a também mais célere. Em segundo lugar, difusão das técnicas de ajuda consultiva, cujo recurso atempado permite ultrapassar problemas antes de estes se transformarem em verdadeiros conflitos. Sugere-se uma utilização eficaz da negociação colectiva, das negociações bilaterais e das abordagens fundadas na regulamentação conjunta dos problemas.

De entre as medidas preconizadas refiram-se ainda as seguintes: os bons ofícios; a conciliação, a mediação e a arbitragem preventivas; a conferência de regulamentação realizada por um juiz (reformado ou não); o inquérito, enquanto procedimento não constrangedor levado a cabo por um terceiro que realiza uma avaliação independente e faz recomendações aos litigantes; o mini-processo como procedimento privado e consensual, onde as partes se fazem representar por advogados ou por peritos, que constitui uma primeira etapa de troca de informações visando ultrapassar os pontos fundamentais do conflito; a mediação-arbitragem, procedimento através do qual uma terceira parte tem a faculdade de proceder a uma mediação e a uma arbitragem; a fórmula que em alguns países é permitida, em que um juiz oficial autoriza um terceiro neutro, por ele designado, a resolver um caso com os mesmos efeitos jurídicos que uma decisão judicial; o recurso a um julgamento de regulamentação, fórmula segundo a qual as partes têm a faculdade de debater as forças e as fraquezas das suas posições perante um juiz de regulamento, que dá a sua opinião sobre o modo como o juiz oficial poderá vir a proferir a sua sentença, ou a tomar a sua decisão; o recurso a um *Ombudsmen* em regra proposto ao assalariado pelo empregador, de forma a ultrapassar as formalidades administrativas e a rigidez hierárquica (OIT, 1997, 1998, 1999).[43]

---

[43] Quanto ao papel desempenhado pela OIT, enquanto agência de regulação transnacional dos conflitos laborais, deve ser mencionado o conjunto de procedimentos de reclamações e queixas, a constituição de comissões de inquérito, a actividade do Comité de Liberdade Sindical e os mecanismos de implementação dos *core labour standards*. Presentes em todas estas modalidades de encaminhamento de conflitos laborais

A questão da resolução dos conflitos laborais tem também merecido a atenção da União Europeia no âmbito da construção do designado modelo social europeu e da estratégia europeia para o emprego, enquadrada pelas problemáticas do diálogo social, da democracia no trabalho, da informação e consulta das formas de participação directa e indirecta nas empresas, da cooperação e do partenariado.

São de dois tipos as principais questões colocadas na agenda relativa às discussões sobre as formas de resolução dos conflitos laborais no seio da União Europeia. A primeira remete para a instauração, ao nível europeu, de mecanismos de composição dos litígios, tendo por base uma harmonização política e técnica das diferentes soluções nacionais e a sua transposição para o espaço europeu. A segunda resulta da tensão, ao nível nacional, entre as tendências para a informalização e a resolução extra-judicial dos conflitos de trabalho e a tendência oposta para o reforço dos tribunais de trabalho e do papel dos juízes.

No que à primeira questão diz respeito, isto é, sobre a possibilidade de implementação de procedimentos harmonizados à escala europeia visando a solução de conflitos de trabalho[44], são conhecidas as dificulda-

---

estão os parceiros sociais, pelo que a actividade da OIT, enquanto forma de resolução de conflitos laborais, está directamente relacionada com o princípio associativo e do diálogo social. Em concorrência com a actividade da OIT, e ainda no âmbito da interferência directa do espaço mundial nos sistemas de resolução dos conflitos laborais, deve referir-se a crescente importância das multinacionais e das designadas euroempresas, cuja influência sobre a conflitualidade laboral se reconhece em mecanismos e instrumentos como a criação de zonas francas, os códigos de conduta das multinacionais, as políticas de recursos humanos, a arbitragem transnacional, a subcontratação, a deslocalização e a criação de regimes internos de boas práticas das multinacionais, indutores de uma competitividade entre as suas várias sucursais. Com elevado potencial emancipatório, mas com reduzida eficácia prática, deve mencionar-se o espaço da comunidade transnacionalizado, o qual através das ONG, do sindicalismo internacional e dos advogados internacionais se constitui em mais um elemento associado à dimensão transnacional da resolução dos conflitos laborais.

[44] No que diz respeito à possibilidade de encaminhamento e resolução de conflitos laborais ao nível da UE, esta encontra-se associada à tendência para o nascimento de um sistema europeu de relações laborais (cf. Dal-Ré, 2003: 458-462), para a qual contribuiu, todo o processo de produção normativa associada ao diálogo social europeu, a criação dos conselhos de empresa europeus como uma nova instituição supranacional com potencial regulatório, bem como as tentativas de desenvolvimento de um sistema europeu de negociação colectiva. Também a actividade do Tribunal Europeu dos Direitos do Homem, no domínio laboral, deve ser referida, porquanto têm sido proferidas importantes decisões em matérias como a dos direitos de circulação dos trabalhadores, de discriminação entre homens e mulheres, de discriminação sexual e em matérias relativas à morosidade, associada a processos a correr nos tribunais nacionais. Sem estarmos perante uma forma

des que se lhe encontram associadas: a existência de diferentes padrões e tradições nacionais de regulação da conflitualidade laboral (questão que retomarei adiante); e a modéstia dos resultados obtidos pelo diálogo e pela negociação ao nível europeu.[45]

Detenho-me sobre a segunda questão. Apesar de se registarem tendências concomitantes para a informalização e resolução extrajudicial dos litígios e para o reforço dos tribunais e do papel dos juízes no domínio laboral, a análise comparativa revela o crescente interesse e importância da primeira tendência. Vão nesse sentido os argumentos desenvolvidos por Willy Buschak, director da Fundação Dublin (www.eurofound.eu.int/publications, 2004), a propósito da extensão aos países do alargamento das experiências em matéria de resolução da conflitualidade dos países da Europa dos quinze e o rigoroso estudo coordenado por Fernando Valdés Dal-Ré (2003), apoiado pela DG-V da Comissão Europeia e pelo Ministério do Trabalho e Assuntos Sociais de Espanha, sobre a conciliação, a mediação e a arbitragem laboral nos países da União Europeia que veio colmatar o vazio deixado pelo agora desactualizado estudo realizado em 1993 por Antoine Jacobs (Jacobs, 1993).

Com efeito, e de acordo com este autor, apesar da diversidade dos sistemas de relações laborais e dos mecanismos de resolução dos conflitos nos diferentes países da UE, identifica-se um crescente interesse em potenciar os mecanismos de resolução dos conflitos alternativos ou complementares ao modelo judicial. A consideração dos métodos judiciais

---

agilizada de acesso ao Tribunal Europeu dos Direitos do Homem em matéria laboral, dadas as limitações processuais, impeditivas de um acesso mais generalizado, as decisões e sentenças proferidas pelo tribunal europeu, devem ser mencionadas pelo seu carácter inovador. No domínio formal não-judicial, e associada à violação dos direitos da Carta Europeia em matéria laboral, em domínios como o do trabalho infantil, horários de trabalho e discriminação, deve também assinalar-se a possibilidade de apresentação de queixas à Comissão Europeia, por sindicatos, ONG ou trabalhadores.

[45] Ainda assim, podem destacar-se como resultados positivos os seguintes aspectos: a adopção do Pacto Social, de 31 de Outubro de 1991, subscrito pelo CES, pela UNICE e pela CEEP, que abriu o caminho ao acordo sobre política social anexo ao protocolo XIV do Tratado de Maastricht; os acordos quadro sobre dispensa parental, trabalho a tempo parcial e contratos a termo; em resultado da negociação colectiva europeia, os acordos sobre redução do tempo de trabalho na agricultura e distribuição do tempo de trabalho nos sectores marítimo, ferroviário e aéreo; e, ao nível da empresa, e em resultado da aplicação da directiva sobre os comités de empresa europeus, a obtenção de seiscentos acordos que estabelecem nas empresas, ou grupos de empresas de dimensão comunitária, procedimentos de informação e consulta para os trabalhadores (cf. Dal-Ré, 1993: 460--461; Streeck, 1999; Rodrigues, 2003).

como predominantes e exclusivos na composição dos litígios laborais foi perdendo terreno face aos métodos mais abertos e plurais de regulação da conflitualidade laboral, aproximando-se das experiências de países como a Suécia, a Bélgica e a Irlanda que, desde há muito, contam com este tipo de mecanismos. Neste sentido, reconhecem-se políticas de promoção dos instrumentos autónomos extrajudiciais ou não-jurisdicionais de composição dos conflitos de trabalho em países com culturas jurídicas e laborais diferenciadas e sem tradição neste tipo de mecanismos, como é o caso da Espanha, Dinamarca, Grécia e Inglaterra.

Ainda de acordo com Fernando Valdés Dal-Ré (2003: 23-24), o renovado interesse dos sistemas de relações laborais e dos ordenamentos jurídicos europeus pelos meios voluntários de resolução dos conflitos de trabalho está em estreita relação com o interesse comunitário, tal como se encontra registado na comunicação da Comissão sobre a agenda para a política social de Junho de 2000. Nesse documento, a Comissão enumerou os meios necessários à modernização do Modelo Social Europeu e salvaguarda a valores europeus da solidariedade e da justiça. De entre as propostas específicas para o período 2002-2005, a Comissão expressou a sua intenção de consultar os parceiros sociais sobre a necessidade de instaurar, ao nível europeu, mecanismos voluntários de conciliação, mediação e arbitragem para a resolução dos conflitos de trabalho.

São várias as iniciativas adoptadas pelas instituições europeias tendentes à criação de um clima favorável à implementação de formas alternativas de resolução dos conflitos. Assim, a União Europeia estabeleceu algumas normas laborais relevantes para esta temática, as quais se encontram inseridas na Carta Social Europeia e na Carta Comunitária dos Direitos Sociais, tendo por pano de fundo o Tratado de Maastricht e, posteriormente, o Tratado de Amsterdão de 1997.

A Carta Social Europeia identifica princípios que estão em relação directa com os sistemas de relações laborais em geral e, por esta via, com as formas de resolução dos conflitos de trabalho. Refiram-se nomeadamente as normas respeitantes à liberdade de associação e negociação colectiva e direitos de informação, participação e consulta, bem como a constituição de procedimentos de negociação voluntários e a promoção, instituição e utilização de procedimentos adequados à conciliação e arbitragem voluntários como forma de regular os conflitos de trabalho.[46]

---

[46] Sobre esta matéria, consultar na Carta Social Europeia: o parágrafo 2 relativo à promoção da institucionalização de procedimentos de negociação voluntários; o parágrafo 3 relativo à conciliação e arbitragem, e parágrafo 4 relativo ao direito à acção colectiva.

Na sequência da conjuntura grevista dos anos 60 e 70, a Comissão Europeia levou a cabo um trabalho de pesquisa, cujas conclusões chamavam a atenção para o tema da participação, ao nível da empresa e das instituições, como uma forma de estabilizar os conflitos. Sugeria, igualmente, a necessidade de se proceder a uma reforma da excessiva rigidez dos procedimentos de composição dos conflitos de forma a flexibilizar e facilitar a conciliação, a arbitragem e a mediação. Refere-se também no documento que as sociedades europeias modernas e democráticas encaram o direito dos trabalhadores a empreender uma acção conflitual e reivindicativa como um direito fundamental apesar de tal ser considerado um "mal necessário". Pode, a este propósito, citar-se a Comissão da UE no seu Livro Verde sobre a democracia quando refere que "a confrontação é igualmente pouco lucrativa e se ela ocorre com muita frequência numa sociedade cada um dos seus membros ficará mais pobre, o que inclui os que são assalariados" (1976: 24).

Por outro lado, o grupo de trabalho Inter-Departamental, instituído no seio da Comissão Europeia, realça as virtudes da participação e do diálogo social para a estabilização dos conflitos de trabalho e a promoção de consensos. Por sua vez, o IX Congresso da Confederação Europeia de Sindicatos sublinha a necessidade de reforçar o diálogo social de uma forma descentralizada, como metodologia para a regulação das relações laborais (1999). O Livro Verde sobre o "Partenariado para uma Nova Organização do Trabalho" (Comissão das Comunidades Europeias, 1997) e o relatório final sobre a "Transformação do Trabalho e o Futuro do Direito do Trabalho na Europa" (1999), coordenado por Alain Supiot, são dois documentos que corroboram a tendência referida anteriormente.

Para além da comunicação da Comissão sobre a agenda para a política social de Junho de 2000, referida anteriormente e na sua sequência, assiste-se na União Europeia em 2001 e 2002 a um forte impulso e interesse pelos modos alternativos de resolução de litígios que ficou a dever-se[47]: em primeiro lugar, à tomada de consciência de que os ADR contribuem para um melhor acesso à justiça e, em segundo lugar, ao facto de constituírem uma prioridade política.[48]

---

[47] De salientar, os Livros Verdes da Comissão das Comunidades Europeias, relativos à temática dos modos alternativos de resolução de litígios em diferentes domínios. No domínio do consumo COM (2001) e em matéria civil e comercial, incluindo o direito do consumo e o direito do trabalho COM (2002).

[48] Segundo o Livro Verde sobre os "Modos alternativos de resolução de litígios em matéria civil e comercial" (2002).

Na acepção da Comissão das Comunidades Europeias, os modos alternativos de resolução de litígios designam "os procedimentos extrajudiciais de resolução de litígios, conduzidos por uma terceira parte neutra, excluindo a arbitragem propriamente dita"[49] (COM, 2002). Segundo a Comissão, as formas alternativas de resolução de diferendos em matéria civil e comercial, incluindo o direito do trabalho, podem ser agrupadas em diferentes categorias, de modo a respeitar os diferentes sistemas jurídicos. Em primeiro lugar, devemos proceder à distinção entre "ADR no âmbito dos processos judiciais" e "ADR convencionais". Na categoria "ADR no âmbito de processos judiciais", os mecanismos alternativos de resolução de diferendos são assegurados pelo Tribunal ou confiados pelo Tribunal a um terceiro. Na categoria "ADR convencionais", as partes que recorrem a este tipo de mecanismos não se encontram envolvidas em nenhum processo judicial.

No que respeita aos procedimentos alternativos assegurados pelo Tribunal, constata-se que existe uma variação nos códigos de processo civil dos Estados-membros, ocorrendo as seguintes situações: as que prevêem a possibilidade de apresentar a um tribunal a título principal um pedido de conciliação; as que estabelecem a conciliação em fase obrigatória do processo; e as que incentivam os tribunais a intervirem activamente na busca de um acordo entre as partes. Em relação aos mecanismos alternativos confiados pelo Tribunal a um terceiro, verifica-se que, na maior parte dos Estados-membros, estes são objecto de uma regulamentação de alcance geral ou de projectos de regulamentação, que variam também entre a possibilidade de recorrer aos mecanismos extrajudiciais, a obrigação prévia de a eles recorrer e o incentivo à sua utilização (COM, 2002: 15). Porém, a resolução alternativa de conflitos através de procedimentos convencional não é objecto de regulamentação geral específica nos países da União Europeia.[50]

Uma segunda distinção, igualmente fundamental para a Comissão, deve ser efectuada no âmbito dos "ADR convencionais". Trata-se mais concretamente de distinguir os diversos tipos de intervenção da ter-

---

[49] A exclusão da arbitragem propriamente dita deve-se ao facto da arbitragem ser um mecanismo de resolução de conflitos que se assemelha mais aos procedimentos jurisdicionais do que aos modos alternativos, na medida em que a decisão arbitral tem por objectivo substituir a decisão judicial.

[50] "Apenas se aplicam as disposições gerais do direito dos contratos ou disposições específicas características dos acordos de transacção a que os ADR podem chegar" (COM, 2002:16).

Capítulo II 75

ceira parte. Na sequência de determinados processos de resolução alternativa de litígios, os terceiros podem tomar uma decisão vinculativa para uma das partes, ou podem fazer uma recomendação. Neste último caso, as partes têm liberdade de seguir ou não a recomendação, o que não acontece nos casos em que a decisão tomada tem um carácter vinculativo. Noutros processos de ADR, os terceiros apenas ajudam as partes a chegar a um acordo.

Deixando de lado as precisões conceptuais relativas aos entendimentos sobre os ADR, vale a pena recordar que eles não são um movimento novo, uma vez que muitas das técnicas apontadas são bastante antigas em domínios como o laboral.[51] As suas vantagens podem contribuir para a redução da designada crise dos sistemas judiciais. Por exemplo, pode considerar-se que os mecanismos alternativos à via judicial desempenham um papel chave na melhoria do acesso à justiça. A Comissão partilha deste ponto de vista quando afirma que "os ADR inserem-se plenamente no contexto das políticas sobre o melhoramento do acesso à justiça" (COM, 2002: 9).[52]

De acordo com o Livro Verde, às instituições da UE compete promover os métodos alternativos de resolução de litígios, assegurar o melhor ambiente possível para o seu desenvolvimento e procurar garantir a sua qualidade. A Comissão reconhece que é preferível que as partes possam resolver amigavelmente os seus conflitos, do que submetê-los aos tribunais. O recurso aos tribunais estatais deverá constituir sempre a última solução (COM, 2002: 21). Importa realçar que os mecanismos alternativos desempenham um papel complementar em relação ao sistema judicial, isto porque os mecanismos aplicados nos ADR são muitas vezes mais adaptados à natureza dos litígios. Para além de resolver os conflitos, os procedimentos extrajudiciais podem também desempenhar uma função de prevenção dos conflitos, porque estes constituem um incentivo para que as partes resolvam as suas desavenças antes da apresentação formal dos respectivos problemas a um terceiro. Em termos gerais,

---

[51] Por exemplo, a mediação é usada há décadas nas relações laborais.

[52] A este propósito consultar o Livro Verde sobre os "Modos alternativos de resolução de litígios em matéria civil e comercial" (2002). Ao analisarmos os ADR sob esta perspectiva é necessário ter em consideração os elementos determinantes dos seus processos, tais como o alcance das cláusulas contratuais de recurso aos ADR, os prazos de prescrição, a exigência de confidencialidade, a validade dos consentimentos, a eficácia dos acordos resultantes dos ADR, a formação dos terceiros, a sua acreditação e o seu regime de responsabilidade.

o que caracteriza o recurso aos ADR é o seu carácter predominantemente consensual, porque a liberdade de aquiescência exprime-se em todas as fases da utilização deste tipo de mecanismos.

A UE, para além de promover em diferentes domínios a criação e a utilização de mecanismos extrajudiciais a nível nacional, tem vindo a demonstrar interesse na criação de mecanismos alternativos a nível europeu, nomeadamente para a resolução de conflitos transfronteiras. Esta questão assume maior relevo se considerarmos que "a crescente utilização dos direitos consagrados no Tratado relativos à livre circulação de pessoas, bens e serviços traduz-se no aumento do número potencial de litígios transfronteiras" (COM, 2001: 2). Perante esta situação, é inevitável que o acesso à justiça a nível transnacional se torne cada vez mais importante na UE, à medida que aumenta o número de cidadãos europeus que tiram partido do seu direito de circular por razões profissionais ou pessoais.

Apesar de em quase todos os Estados-membros serem colocados à disposição das partes mecanismos alternativos de resolução de litígios, a possibilidade de institucionalizar a nível europeu mecanismos voluntários de resolução de diferendos entre empregadores/trabalhadores implica que se proceda à aproximação das legislações nacionais na área laboral, de modo a que as cláusulas de recurso aos ADR tenham um valor jurídico semelhante.

Do ponto de vista da harmonização de procedimentos a situação é problemática quando os processos legais envolvem mais do que um Estado-membro, atendendo à diversidade de sistemas jurídicos nacionais e aos diferentes modelos de resolução alternativa de conflitos laborais. As razões que explicam as diferenças entre sistemas nacionais são principalmente históricas, mas também se deve à adopção das orientações das organizações supranacionais, seguidas pelos Estados-membros, nomeadamente da OIT (1996) e da UE, tendo os Estados uma grande margem de manobra para decidir quais as orientações a adoptar, inclusive em relação às matérias da resolução extrajudicial de conflitos.

Na sua Comunicação, de 28 de Junho de 2000, "Agenda de Política Social", a Comissão anunciou a sua intenção de proceder à "consulta com os parceiros sociais sobre a necessidade de se estabelecer, a nível europeu, mecanismos voluntários de mediação, arbitragem e conciliação para a resolução de conflitos" (COM, 2002: 24). Este anúncio foi feito na sequência de um convite que o Conselho fez à Comissão, para esta apresentar um Livro Verde onde fizesse o ponto da situação dos ADR nos Estados-membros e a nível da UE e que lançasse uma ampla consulta, a fim de preparar as medidas concretas a tomar.[53] O Conselho considera que, à luz do êxito dos mecanismos alternativos nos países da UE, seria adequado investigar se um mecanismo de resolução a nível comunitário poderia contribuir para a resolução de diferendos entre empregadores/ /empregados que transcendam as fronteiras nacionais.[54] Posteriormente, o Conselho Europeu de Laeken, em Dezembro de 2001, insistiu na importância de prevenir e de resolver os conflitos transnacionais no domínio laboral através de mecanismos de mediação. O Conselho, em documento de Dezembro de 2001 (DO, C 354 de 13 de Dezembro de 2001), e no que diz respeito à criação de mecanismos à escala europeia para ajudar a resolver os conflitos entre empresários e trabalhadores reconhece expressamente o interesse pelos métodos extrajudiciais de composição dos conflitos. Considerando uma vez mais o êxito e o importante papel que esses mecanismos desempenham nos sistemas de relações laborais nacionais parece adequado ao Conselho indagar até que ponto o mecanismo comunitário de solução dos conflitos poderá contribuir para resolver os conflitos entre empresários e trabalhadores.

Os instrumentos adoptados pelo Comité de Ministros que incentivam a resolução alternativa dos diferendos foram os seguintes: a Recomendação n.º 81 sobre os meios de facilitar o acesso à justiça[55] e a Recomendação n.º 86 relativa a determinadas medidas destinadas a prevenir e a reduzir a sobrecarga de trabalho dos Tribunais.[56] A primeira recomendação incentiva a simplificação das formas processuais, inclusivamente pela conciliação e pela resolução amigável dos conflitos, convidando os Estados a tomarem as medidas necessárias para a obtenção de decisões mais céleres. Na segunda recomendação, os governos dos Estados-membros são convidados a reflectirem sobre a oportunidade de prosseguir determinados objectivos, para fazer face de forma eficaz ao aumento do número de processos. Um desses objectivos é tomar medidas que visem incentivar a resolução amigável dos litígios.

---

[53] A Comissão concretizou a sua intenção anunciada, através da apresentação de um Livro Verde sobre os "Modos alternativos de resolução de litígios em matéria civil e comercial" (2002).

[54] Posição expressa na Comunicação à Imprensa sobre o "Conselho - Emprego e Política Social", a 3 de Dezembro de 2001.

[55] A Recomendação adoptada pelo Comité de Ministros, em 14 de Maio de 1981, na sua 68ª sessão.

[56] A Recomendação adoptada pelo Comité de Ministros, em 28 de Fevereiro de 1984, na 367ª reunião dos Delegados dos Ministros.

O Conselho da Europa entende que os mecanismos de mediação e de conciliação não deveriam limitar-se a diminuir o número de causas em instância, mas serem um instrumento de reconciliação social, promovendo o restabelecimento das relações entre as partes. A concretização da intenção da UE, em estabelecer a nível europeu mecanismos de ADR para a resolução dos conflitos, pode vir a contribuir para uma convergência e harmonização comunitária neste domínio. Neste sentido, o Conselho proclama que se ultrapasse o papel dos Estados nacionais na resolução extrajudicial de litígios de trabalho.

A UE e o Conselho da Europa apoiam o desenvolvimento de instrumentos que possam contribuir para uma melhor gestão da mudança e para a prevenção e resolução de eventuais conflitos. Uma das principais razões para o crescente interesse por métodos de resolução de conflitos voluntários, alternativos aos judiciais, tais como a conciliação e a mediação, é que estes mecanismos são encarados como formas mais rápidas e menos onerosas de resolução de litígios. De salientar que os litígios transfronteiras, mais do que os litígios nacionais, são caracterizados pela morosidade e pelos custos processuais, que dificultam o acesso à justiça. Para garantir um verdadeiro espaço de justiça, tem sido envidado um conjunto de esforços consideráveis para acompanhar o desenvolvimento de procedimentos alternativos, nomeadamente no domínio da sociedade da informação. Registe-se o papel dos novos serviços em linha de resolução de litígios ("ODR", para designar Online Dispute Resolution), que foi reconhecido em matéria de resolução dos litígios transfronteiras.

A importância atribuída às formas de resolução extrajudicial dos conflitos laborais no seio da UE tem sido reforçada pela promoção do diálogo social enquanto elemento estruturante das relações laborais europeias. O papel desempenhado pelos parceiros sociais é sublinhado dado que, "a maior parte dos ADR, no domínio das relações de trabalho relevam da responsabilidade dos parceiros sociais" (COM, 2002: 24). Deste modo, estamos perante mecanismos alternativos de resolução de conflitos laborais que correspondem à forma de resolução informal, sendo o seu princípio de regulação o diálogo social. Contudo, em caso de insu-cesso dos procedimentos dos parceiros sociais, as partes podem recorrer a instrumentos de resolução não-judiciais formais, ou seja, podem recorrer a estruturas de ADR propostas pelos poderes públicos.

Em suma, é visível a existência de uma "grande diversidade de modelos e sistemas de resolução de conflitos de trabalho detectáveis nos Estados-membros, sendo esta em si mesma indicador da falta de convergência entre os sistemas de resolução de conflitos" (Ferreira, 2002: 107). No entanto, a União Europeia ao estabelecer, a nível europeu, mecanismos de ADR para resolver conflitos entre empregadores/trabalhadores estará a contribuir para um processo de convergência e de harmonização neste domínio. Dito de outro modo, estará a contribuir, mais concretamente, para um processo de harmonização do espaço judicial europeu no que concerne à resolução extrajudicial de conflitos laborais e também para a informalização e desjudicialização desse mesmo espaço.

2. O sistema de resolução dos conflitos laborais

Os elementos constitutivos do sistema de resolução dos conflitos laborais encontram-se identificados no quadro 1. Admitindo a diversidade e heterogeneidade dos elementos constitutivos dos sistemas de resolução de conflitos de trabalho exploro a hipótese da sua categorização se estabelecer de acordo com três eixos analíticos.

No primeiro, identifico os quatro princípios de regulação sócio-política, em regra colhidos na teoria social, no quadro das discussões em torno da relação entre o Estado e a sociedade civil: o princípio do Estado, consistindo na obrigação política vertical entre cidadão e Estado e no controlo hierárquico; o princípio do mercado, traduzido na obrigação política horizontal individualista e antagónica entre os parceiros de mercado e na competição dispersa; o princípio da comunidade, expresso na obrigação política horizontal solidária entre membros da comunidade e entre associações e na solidariedade espontânea; e o princípio associativo intra- e interorganizações, enquanto forma de concertação e de diálogo social entre os parceiros sociais (Moreira, 1997; Santos, 2000; Streeck e Schmitter, 1985).[57]

De acordo com o segundo eixo analítico identifico as diferentes formas de resolução dos conflitos, partindo do princípio de que ocorre uma repartição vertical entre as formas adjudicadas e autocompositivas, de onde resulta o reconhecimento de três conjuntos de instrumentos de resolução dos litígios: judiciais, não-judiciais formais e não-judiciais informais. Subjacente a esta abordagem está a noção de "pirâmide da

---

[57] Em Ferreira (2003 e 2004) discuto, de uma forma aprofundada, a importância dos diferentes princípios de regulação no domínio laboral, sustentando a tese da importância do princípio de regulação do diálogo social na governação das relações laborais do duplo ponto de vista da produção e aplicação da normatividade laboral.

litigiosidade" (Santos *et al.*, 1996). Parte-se do princípio da base da pirâmide ser composta pelas relações sociais com potencialidade de lesão, enquanto o topo é constituído pelos litígios que são resolvidos por julgamento. Entre a base e o topo da pirâmide existem numerosas formas de resolução dos litígios, como sejam a resignação, a resolução informal, a negociação directa, a conciliação, a mediação, a arbitragem, a intervenção administrativa e a intervenção do aparelho judicial. A partir deste eixo de análise pode-se categorizar o sistema de resolução dos conflitos, de acordo com os instrumentos de resolução predominantes: por exemplo, um maior recurso aos tribunais ou às formas alternativas de resolução dos litígios formais e informais.

A partir do terceiro eixo de análise considero os dois níveis sociais em que emergem os conflitos: interindividuais e colectivos. O reconhecimento do carácter estrutural assumido pelos conflitos do trabalho conduz à relativização da distinção entre conflitos individuais e colectivos, pelo que se torna possível o desenvolvimento de uma análise integrada dos mesmos. Em termos ideais-típicos pressuponho que o direito do trabalho e os tribunais de trabalho associados às relações de trabalho individuais fazem parte do sistema jurídico, sendo constituídos pela comunicação legal que tem por base um código que se organiza a partir do princípio de discriminação positiva do *favor laboratoris* – estamos formalmente perante uma relação de subordinação jurídica; por outro lado, os acordos colectivos e a negociação colectiva (incluindo a conciliação, a mediação e a arbitragem) pertencem à estrutura auto-regulada do sistema de relações laborais e são sobretudo constituídos pela comunicação das relações laborais que têm por base um código que parte da autonomia colectiva e da auto-regulação dos interesses – estamos formalmente perante relações de coordenação numa base de equilíbrio entre as partes (Ferreira, 1998a: 86 ss.).

No funcionamento concreto dos sistemas de resolução dos conflitos, os três eixos combinam-se na base de diferentes formas de articulação, interdependência, complementaridade e autonomia. Em bom rigor, qualquer sistema de composição dos conflitos evidencia a existência de um pluralismo regulatório. No entanto, poderá reconhecer-se a predominância de determinado princípio ou instrumento de resolução dos conflitos. Sem prejuízo de se considerar a grande diversidade de modelos e sistemas de resolução dos conflitos (Ferreira, 2001a), é usual trazer à colação os sistemas inglês, francês e alemão, tidos como exemplos de um certo modelo de regulação, respectivamente, pluralista liberal, estatal e

Quadro 1
Sistema de regulação e resolução dos conflitos laborais: princípios sócio-políticos de formas de resolução

Princípios de Regulação / Formas de Resolução	Estado	Mercado	Comunidade	Associação
Judicial	Tribunais			Tribunais laborais de base bipartida e tripartida
Formal não-judicial	Administração do trabalho Inspecção do trabalho Formas alternativas de resolução dos conflitos promovidas pelo Estado Mediação e conciliação política	Negociações directas bilaterais	Informações jurídicas prestadas por associações de interesses (facilidades do acesso à resolução de conflitos) Reivindicações relativas à solução de conflitos. Conciliação e mediação *ad-hoc*.	Negociação colectiva Institucionalização de procedimentos de conciliação, mediação e arbitragem) Formas alternativas de resolução dos conflitos de base bipartida ou tripartida da iniciativa dos parceiros sociais Concertação social Comissões paritárias Sistemas paralelos Conciliação, mediação e arbitragem Negociação colectiva / negociação directa Arbitragem *ad hoc* Conciliação, mediação, arbitragem voluntária
Informal	Administração do trabalho Inspecção de trabalho Mediação e conciliação política	Conciliação / mediação em Gabinetes de Advogados Conciliação / mediação em recursos humanos /empresa Hierarquia / Poderes de facto / empresa / Resignação/ Procura suprimida Notas de serviço Regulamentos das empresas Actos de gestão	Auto-composição e tentativa espontânea de acordo bilateral Usos e costumes Mediação por terceira parte (colega, sindicalista, delegado sindical, recursos humanos, supervisores, quadros, etc.) Conciliação e mediação realizada por associações de interesses	Comissão de trabalhadores Delegado sindical Associações sindicais e patronais Códigos de conduta Códigos de ética Sistemas paralelos de negociação Mediação por terceira parte associativa Resolução *ad hoc* dos conflitos

associativo. Também é possível encontrar sistemas pautados por uma grande informalização de procedimentos de resolução dos conflitos, como é o caso da Irlanda e da Inglaterra, ou sistemas onde os tribunais são a via preferencial de composição como é o caso de Portugal e da Itália. Importa, ainda, sublinhar a ideia de que, do ponto de vista da dinâmica do sistema e do seu funcionamento concreto, as fronteiras analíticas que delimitam os três eixos tendem a ser subvertidas. Do ponto de vista substantivo, estamos perante fronteiras difusas, onde ocorrem frequentemente situações de sobreposição, complementaridade ou mesmo hibridismo, intra e inter-eixos, entre os princípios, formas e níveis de regulação.

O sistema de resolução dos conflitos de trabalho pode ser lido do ponto de vista dos contextos institucionais, organizacionais e normativos onde se estabelecem os processos de interacção entre os parceiros sociais, segundo os princípios de resolução que são accionados na gestão dos conflitos laborais, segundo as formas e modalidades de resolução dos conflitos e, ainda, segundo os objectos dos conflitos e reivindicações sociais em presença.

A análise comparativa das formas de resolução dos conflitos de trabalho revela a grande diversidade das soluções nacionais utilizadas na regulação da conflitualidade laboral (Blanpain, 1995; OIT, 1994, 1995, 1999; Dal-Ré, 2003). Mesmo entre os países membros da UE são notórias as especificidades associadas aos padrões nacionais de relações laborais cujo reflexo se faz sentir nos sistemas de resolução dos conflitos de trabalho (Commission Européenne, 1999; Ferner e Hyman, 1998; Ferreira, 2001; Pichot, 1995, 1999 *in* Commission Européen; 2001; Transfer, 2003).[58]

---

[58] Apesar da extensa literatura versando a problemática da criação de um sistema europeu de relações laborais, são escassos os estudos dirigidos especificamente às questões da resolução dos conflitos laborais. A este respeito, pode consultar-se o já referido trabalho coordenado por Fernando Valdés Dal-Ré relativo à conciliação, mediação e arbitragem laboral nos países da UE (2003) e o esclarecedor apontamento de Isabelle Schomann "Aternative dispute resolution procedures in labour issues: towards an EU mechanism?" (2002). Tendo como fonte documentos oficiais, podem consultar-se, com proveito, os seguintes: comunicação de A. Diamantopoulo, Comissário Europeu responsável pelo emprego e questões sociais, para a presidência belga, discurso 01/533; comunicação da Comissão para o Conselho, o Parlamento Europeu e o Comité Económico e Social e o Comité das Regiões, COM (2000) 379; Conferência "Espaço judiciário e social europeu", Bruxelas, Novembro 2001; ETUI full text database on EWC agreements edited by Peter Kerckhofs; Conclusão do Conselho Europeu acerca no nível europeu dos mecanismos de resolução dos litígios, 2001/C354/01; Livro Verde acerca da resolução alternativa de litígios em matérias civis e comerciais, COM (2002) 196.

Embora reconhecendo-se que "nos sistemas europeus de relações laborais, a resolução dos conflitos de trabalho não possui uma lógica própria e específica (...) e de que a diversidade constitui um traço essencial do ordenamento jurídico dos meios de prevenção e de resolução dos litígios laborais" (Dal-Ré, 2003: 23), identificam-se duas características comuns: a importância relativa do princípio de regulação estatal e o relevo conferido às formas alternativas de resolução dos conflitos, tendo por base o princípio associativo ou do diálogo social.

A pressão desreguladora decorrente dos processos de transformação e de crise dos sistemas de relações laborais e de direito do trabalho tem conduzido ao questionamento da centralidade do Estado, enquanto regulador das relações e condições de trabalho. Alguns autores têm mesmo falado no esbatimento do papel do Estado em matéria de relações laborais (Dal-Ré, 2003: 43), sendo cada vez mais difícil identificar com clareza os sistemas ditos intervencionistas, abstencionistas ou voluntaristas. Esta tendência de relativização dos modelos assentes no direito estatal (*statutory regulation*), na democracia industrial (*industrial democracy*) ou no *colective laissez-faire* tem feito com que a intervenção estatal no domínio das relações laborais nos países europeus, por pressão da integração europeia e de reformas nacionais, seja cada vez mais híbrida.

Ainda assim, as questões relacionadas com a regulação da conflitualidade laboral, na medida em que interagem com as tarefas estatais de "manutenção da paz social" e do *rule of law*, continuam a evidenciar a importância do Estado na criação e manutenção das formas de gestão dos conflitos laborais (Waardem, 1995). Deste modo, a tarefa de mediação e arbitragem social desenvolvida pelos Estados nacionais nos conflitos entre os parceiros sociais configura-se como uma das suas funções básicas fornecendo os enquadramentos normativos e institucionais, quer estes se baseiem nos princípios da intervenção estatal directa, do neocorporativismo ou da auto-regulação. Existe, por isso, uma forte relação entre os princípios e modelos de regulação sócio-política e os modos de resolução e de composição dos litígios laborais.

Como demonstração do que acima fica dito, retomem-se os exemplos dos Estados inglês, francês e alemão, citados como vimos enquanto modelos de um certo tipo de intervenção estatal no mundo laboral, gerando consonantes modelos de resolução de conflitos de trabalho. Assim, no caso da Alemanha, o sistema de resolução de conflitos individuais e colectivos é regulado legislativamente de uma forma muito pormenorizada, sendo, no entanto, dada prioridade ao que as partes estabeleçam voluntariamente. A centralidade dos tribunais de trabalho que têm uma estrutura tripartida e os mecanismos de arbitragem associados ao modelo "democracia no trabalho" são as principais características do sistema. O sistema francês evidencia as marcas do intervencionismo estatal, não obstante o reconhecimento de múltiplas "formas alternativas de resolução litígios e dos *conseils de Prud'hommes*". O envolvimento da Inspecção do Trabalho e a possibilidade de qualquer tribunal poder ser chamado a intervir num conflito emergente de legislação social ou laboral são dois traços marcantes do sistema. Contrariamente ao que ocorre nos casos alemão e francês, na Grã-Bretanha é dada prioridade aos procedimentos voluntários estabelecidos pelas partes, no sentido de resolverem os conflitos laborais. Os princípios da não intervenção estatal e do voluntarismo das partes reconhecem-se em organismos que visam a conciliação e a arbitragem, como o ACAS (*Advisory, Conciliation, and Arbitration Service*) e em procedimentos informais de resolução de litígios (*grivance procedures*).[59]

Outra característica estruturante dos sistemas nacionais de resolução dos conflitos é a da articulação entre o princípio de regulação estatal e o princípio do diálogo social. São de dois tipos as consequências resultantes das articulações entre os princípios de regulação. Em primeiro lugar, a existência de tribunais de trabalho em todos os sistemas de relações laborais, quer estes assumam a forma de jurisdição típica, quer se combinem com diferentes expressões do princípio do diálogo social na administração da justiça. Em segundo lugar, o reconhecimento da importância do espaço ou princípio associativo e do diálogo social, de que

---

[59] Para além destes exemplos, torna-se pertinente referir ainda no âmbito da resolução de conflitos laborais, a título ilustrativo, duas experiências não-europeias. Trata-se do Brasil e dos EUA. Estes países, para além dos seus sistemas judiciais, possuem também experiências a nível dos mecanismos de resolução alternativa de conflitos laborais. Os EUA, dispõem de um organismo que é considerado a maior organização privada a praticar arbitragem, a (AAA) – *American Arbitration Association*, criada em 1926. Esta associação oferece serviços de mediação e de arbitragem, mas também serviços formais como o fact-fiding; o mini-trial e o partnering. Em 1947, foi criado o *Federal Mediation and Conciliation Service,* um departamento governamental independente, cuja missão é promover as relações laborais estáveis, através de serviços que realizam a arbitragem. Assistimos recentemente ao ressurgimento da mediação na resolução dos conflitos individuais. No Brasil, a partir da década de 90, assistimos à expansão das experiências extrajudiciais. De salientar as experiências do NINTER e da Comissão Extrajudicial de Resolução de Conflitos Individuais de Trabalho no Banco Itaú, implantadas e encaminhadas pelos sindicatos.

resultam as formas formais não-judiciais de composição dos conflitos a partir das quais se desenvolvem: (a) a grande maioria das formas alternativas de resolução dos conflitos; (b) as tendências de informalização da justiça; (c) a autocomposição e a auto-regulação dos conflitos; (d) a conciliação, a mediação e a arbitragem.

Nos comentários que desenvolvo a propósito do sistema de resolução dos conflitos privilegio estas duas dimensões.

2.1. O judicial-laboral: da governabilidade política à judicialização dos conflitos

O princípio de regulação de base estatal encontra no sistema judicial o instrumento de resolução dos conflitos que de uma forma mais directa traduz as funções do Estado de manutenção da paz social. A intervenção dos tribunais ocorre em regra, nos países europeus, no domínio dos conflitos individuais ou nos conflitos colectivos de direitos. Os designados conflitos colectivos de interesses tendem a ser encaminhados para as formas alternativas de resolução dos conflitos associadas à negociação colectiva ou para organismos que promovem a conciliação, a mediação e a arbitragem. A distinção em causa é cada vez mais relativizada (OIT, 1996), embora continue de um estrito ponto de vista jurídico a ser utilizada na distribuição dos diferentes tipos de conflitos laborais pelas respectivas formas de resolução. A importância dos tribunais no âmbito do sistema de resolução dos conflitos esbate-se nos países em que é menor a importância atribuída à contraposição entre conflitos individuais/conflitos colectivos e entre conflitos de interesses/conflitos de direitos, como sucede na Grã-Bretanha e na Irlanda que dispõem de instituições tripartidas destinadas à promoção da conciliação e da arbitragem e onde é reduzido o peso da intervenção estatal na fixação das condições de trabalho.

Não é, no entanto, por existir menos Estado e menos tribunais na resolução dos conflitos que o peso da regulação estatal diminui. Este é um argumento capcioso que tende a ocultar o facto de que o desempenho dos tribunais de trabalho está intimamente associado à esfera política nas sociedades democráticas. Os tribunais de trabalho, como de resto o direito e o sistema judicial em geral, "podem aumentar a estabilidade e a previsibilidade das transacções económicas, promover a paz social, melhorar a capacidade administrativa do Estado" (Santos, 2001: 163), de onde resulta a sua contribuição directa, para o desempenho económico e indirecta, para a estabilidade democrática. A importância política dos tribunais de trabalho fica historicamente ilustrada pela sua redução a mero apêndice do Governo ou ao seu acantonamento no sistema administrativo, em regimes autoritários, como sucedeu na Grécia, em Portugal e na Espanha, circunstância que partilharam com os tribunais onde se julgavam os crimes políticos.

Boaventura de Sousa Santos (Santos *et al.*, 1996; Santos, 2001) identifica três funções desempenhadas pela justiça nas sociedades modernas: as funções instrumentais associadas à resolução dos litígios, controle social, administração e criação de direito; as funções políticas decorrentes do facto de os tribunais serem um dos órgãos de soberania; e as funções simbólicas, de carácter mais geral que envolvem a articulação dos tribunais com todo o sistema social. Abordo de seguida alguns dos aspectos relacionados com as funções políticas e instrumentais dos tribunais de trabalho.

Centrando a discussão nas funções políticas dos tribunais, sublinha-se a ideia de que mais do que interagir com o sistema político, os tribunais são parte integrante dele (Santos *et al.*, 1996: 54). Admitindo-se que a mobilização dos tribunais pelos cidadãos implica não só consciência de direitos, mas também a capacidade para os reivindicar, reforça-se o laço sócio-político que liga a actividade dos tribunais ao exercício da cidadania e da participação política.

As funções políticas dos tribunais reconhecem-se também pela forma como contribuem para a legitimação do poder político, em resultado das articulações estabelecidas entre a mobilização judicial, por um lado, e a integração política, por outro. É por via desta articulação que a crise do Estado-Providência e a crise do garantísmo jurídico concorrem para uma transferência compensatória da legitimação do sistema político para os tribunais. No entanto, em países periféricos e semiperiféricos, onde o garantísmo e o providencialismo estatal nunca se afirmaram plenamente, as responsabilidades políticas do judiciário serão menores porque é menor a legitimidade do sistema político no seu conjunto (cf. Santos *et al.*, 1996: 45, 55). O argumento supra referido é fundamental para se compreender porque é que a falta de efectividade dos direitos positivados constitucional e normativamente não têm conduzido a uma sobrecarga do sistema político e ao questionamento da legitimidade estatal em Portugal.

Por outro lado, a autonomia dos tribunais de trabalho permite desenvolver uma actividade racionalizadora e legitimadora das decisões políticas, ao decidirem sobre interesses contraditórios entre grupos sociais.

É o que ocorre, por exemplo, com a jurisprudência respeitante aos processos de despedimento e situações envolvendo trabalho atípico. No entanto, a jurisprudência pode ser de sentido diverso das políticas governamentais. A este respeito, vários autores têm feito notar que a ausência de legislação laboral ou a sua ambiguidade conferem um maior protagonismo político às decisões dos tribunais de trabalho (Rogowski, 1989; Wedderburn, 1991). Apesar de pontualmente a actividade do judicial-laboral poder questionar as políticas públicas de regulação do mercado de trabalho, o seu desempenho promove a "governabilidade, ao impedir a sobrecarga do sistema político e expandindo as fronteiras da tolerância pública, em especial naqueles países onde o primado do direito e a independência dos tribunais são parte integrante dos recentes processos de transição democrática" (Santos, 2001: 163).

A dimensão política dos tribunais é ainda observável no papel que desempenham "na dispersão dos conflitos sociais emergentes das deslocações sociais e das distribuições desiguais produzidas pelo capitalismo global. Da mesma forma que o Estado de direito transforma os problemas sociais em direitos individuais, e os tribunais transformam os conflitos colectivos em disputas individuais, ambos tendem a desencorajar a acção e a organização colectivas" (Santos, 2001: 163). A actividade dos tribunais de trabalho ao descolectivizarem, fragmentarem e individualizarem o conflito de trabalho, um dos conflitos estruturais inerentes às sociedades capitalistas, desempenham um papel de regulação política podendo, neste sentido, afirmar-se que os tribunais de trabalho desempenham a função manifesta da resolução judicial dos conflitos e a função latente de regulação sócio-política da conflitualidade laboral. Mesmo os conflitos colectivos, processualmente encaminhados para o judicial-laboral, sofrem um processo de sectorialização, nos termos do qual, como Lewis Coser e Ralph Darendorf refeririam, perdem radicalidade e intensidade, reconhecendo-se assim, uma vez mais, o efeito de atomização da conflitualidade laboral mesmo quando ela é colectiva. Deste ponto de vista, a regulação da conflitualidade laboral, individual e colectiva, pelos tribunais de trabalho desempenha um papel de despolitização das relações de trabalho, através de um mecanismo de "redução da complexidade" consubstanciado na formatação processual das acções judiciais evitando, assim, a sobrecarga do sistema político e facilitando a governabilidade do mundo do trabalho.

A actuação dos tribunais de trabalho, no âmbito do paradigma interindividual de litigação, ajusta-se às tendências registadas nos sistemas de relações laborais que vão no sentido de conferir maior autonomia às empresas e de promover a individualização das relações laborais. Os defensores de uma concepção neoliberal dos sistemas de relações laborais sustentam que a protecção dos trabalhadores poderá ser assegurada numa base puramente individual pelos tribunais, encarregando-se as empresas, através das políticas de gestão dos recursos humanos, da regulação das relações colectivas de trabalho (OIT 1999, 2000). Contrapondo-se ao que anteriormente foi exposto, encontra-se o papel desempenhado pelos sindicatos na facilitação do acesso aos tribunais dos seus associados. A função de apoio jurídico aos trabalhadores por parte dos sindicatos vai assumindo uma importância acrescida no contexto de fragmentação das relações laborais mesmo nas situações em que as leis processuais assumem um carácter restritivo. Uma forma de ultrapassar a limitação anteriormente descrita fica patente no fenómeno conhecido como acções-piloto, estudado em detalhe pelo juslaboralista italiano G. Giugni (1971). De acordo com o autor, na falta de regras ou perante a existência de dificuldades processuais à actuação dos sindicatos nos conflitos individuais, onde manifestamente estão em causa direitos colectivo, as acções-piloto surgem como uma forma de contornar as dificuldades processuais colocadas ao que se designa por acções de massa ou acções de classe. Para além das acções-piloto, o litisconsórcio e a coligação de autores são também figuras processuais com potencialidades neste domínio, contribuindo para a relativização das dimensões individual e colectiva dos conflitos laborais.

De um ponto de vista sócio-político, a evolução da justiça laboral encontra-se marcada por três aspectos. Em primeiro lugar, o que podemos identificar como o relativo declínio do pluralismo legal que caracterizou e que, em certo sentido, ainda marca a resolução dos conflitos de trabalho desde o século XIX. Declínio associado aos processos de transformação dos tribunais de trabalho, de instituições profissionais e de classe ligados a morais particularistas em *corpus* judiciais constitutivos do sistema legal. Exemplos desta transformação encontram-se em França e Alemanha (cf. Rogowski, 1989) e também em Portugal com a evolução dos tribunais de árbitros avindores até aos actuais tribunais de trabalho. Refira-se, no entanto, que a integração dos tribunais de trabalho nos sistemas judiciais assume características específicas, sobretudo, no que diz respeito à sua autonomia. Se por um lado, e do ponto de vista histórico, os tribunais de trabalho se integram no sistema judicial, por outro lado, fazem-no no quadro de uma autonomia de grau e modalidades diversas.

Em segundo lugar, é de referir que os tribunais de trabalho, enquanto elementos dos sistemas de resolução dos conflitos de trabalho, estão associados aos processos de diferenciação dos mecanismos de resolução dos conflitos, de acordo com o tipo de conflitos. Salvaguardando-se as diferenças de regimes e procedimentos, pode considerar-se genericamente que a resolução dos conflitos colectivos tornou-se, cada vez mais, parte do sistema de relações laborais, enquanto que a resolução dos conflitos individuais passou progressivamente por procedimentos de resolução diversos, dos quais fazem parte os tribunais de trabalho.

Finalmente, e em terceiro lugar, os tribunais de trabalho podem reflectir na sua própria estrutura organizacional princípios neo-corporativos, exprimindo a cooperação entre representantes do capital, do trabalho e do Estado. O bipartismo, como no caso francês, mas, sobretudo, o tripartismo, como o demonstra a análise comparada entre os vários sub-sistemas judiciais laborais[60], tornam-se elementos distintivos dos tribunais de trabalho.

Apesar de no âmbito das suas funções instrumentais os tribunais de trabalho se caracterizarem institucionalmente pela adjudicação da norma violada, como qualquer tribunal, – isto é, *"pela imposição de uma determinação normativamente fundada"* que, clara e inequivocamente, favorece uma das partes com exclusão da(s) restante(s) decisão e/ou, vencedor/ /vencido, ou ainda, segundo a teoria dos jogos, decisão de "soma-zero" (Santos, 1982a) – a sua prática tende a fundar-se na conciliação e na discussão mais do que na jurisdição (Lyon-Caen, 1972; Wedderburn, 1991). A maioria dos tribunais de trabalho partilham o objectivo da conciliação, incorporando uma fase conciliatória, ainda que esta assuma as mais variadas formas processuais (Wedderburn, 1991: 547-548).

As estatísticas provam que os tribunais de trabalho têm taxas de transacção muito mais elevadas do que os tribunais cíveis. Contudo, não podemos apenas atribuir ao papel dos magistrados e ao direito adjectivo o grande número de acordos obtidos na área laboral. Eles decorrem também da especificidade desta litigação, das condições em que decorre e de factores como a personalidade, as situações sociais, as partes envolvidas, a história do conflito e as micro racionalidades accionadas na decisão de litigar.[61]

---

[60] Consultar a este propósito Rogowski, 1989.

[61] Para uma análise dos micro factores presentes nas decisões individuais de mobilizar os tribunais consultar Santos *et al.*, 1996 (57-84).

A interferência da conciliação nas relações sociais judicializadas configura-se aparentemente como uma solução indutora de resultados equilibrados. No entanto, sob certas condições, a composição dos conflitos realizada através da conciliação pode estar na base de soluções socialmente desequilibradas. Neste caso, a conciliação pode gerar "efeitos perversos" e a "pressão" para a conciliação ter efeitos contrários aos fins esperados.

A conciliação judicial, combinada com a tentativa de informalização da resolução do litígio no espaço do tribunal (o que designo por auto-regulação assistida no espaço público do tribunal em que a alternativa à conciliação é uma sentença judicial), pode por isso assumir a forma de uma "mediação repressiva" ou "conciliação repressiva" (Santos, 1982a: 26), (*ibidem*). Alguns autores também têm feito notar que o recurso aos procedimentos de conciliação em determinados contextos acentuam a tendência para a composição dos litígios nos tribunais se fixar abaixo daquilo que a lei permite (Giugni, 1971), sobretudo em contextos sociais mar-cados pela contingência e incerteza quanto à possibilidade de efectiva-ção dos direitos laborais. Pode assim suceder que o princípio *minimax* que caracteriza a conciliação se torne no princípio *maximax* para alguma das partes.

Numa outra perspectiva, reconhece-se que associada à conciliação judicial existem dimensões estratégicas, as quais podem fazer com que a ambas as partes em litígio ela seja conveniente (por exemplo, por razões de ordem fiscal). No entanto, a conciliação no domínio dos conflitos individuais de trabalho não pode ser perspectivada de forma semelhante à conciliação associada aos outros conflitos judiciais.

Em síntese, a tensão adjudicação/conciliação vivenciada no espaço dos tribunais de trabalho merece alguma reflexão crítica, sobretudo porque a fase de conciliação judicial pode tornar-se em muitos casos numa pressão para as partes aceitarem um acordo em resultado da "compulsão para a conciliação".

2.2. As formas alternativas de resolução dos conflitos

Debruço-me agora sobre a importância do princípio associativo e do diálogo social no contexto do sistema de resolução de conflitos laborais. Se o movimento ADR propõe novos modelos de resolução de conflitos, mas também novas aplicações para velhos mecanismos de resolução dos litígios (Pedroso, 2002: 20), importará salientar que o domínio das relações laborais é, desde o século XIX, caracterizado pela enorme diversidade de mecanismos não-judiciais de resolução dos conflitos.

Enquadrados pelo processo de institucionalização dos conflitos laborais analisados em detalhe por Darendorf (1961), as formas não-judiciais de resolução da conflitualidade laboral são utilizadas como um dos exemplos de "governo privado", auto-regulação e neocorporativismo no texto seminal de Streeck e Schmitter, escrito em 1985, sobre o princípio associativo e também nas análises desenvolvidas por Boaventura de Sousa Santos sobre a "conciliação e a mediação repressivas" (Santos, 1982a). Pode, neste sentido, apontar-se como sendo uma característica dos sistemas de relações laborais a sua articulação com a informalização, desjudicialização e criação de formas alternativas de resolução dos litígios.

Com efeito, é difusa a fronteira entre o princípio associativo, as formas de auto-regulação, governo privado e diálogo social e os mecanismos de composição da conflitualidade emergentes do mundo do trabalho. De acordo com os estudos de José João Abrantes, esta é uma marca que chega ao próprio fenómeno da greve. Em Itália, e na sequência das reivindicações desenvolvidas pelo movimento sindical, passou a utilizar-se a prática da auto-regulação com recurso à autonomia colectiva na determinação dos serviços mínimos indispensáveis, prevendo-se a competência de códigos de auto-regulamentação sindical no estabelecimento de serviços mínimos. Este movimento, no sentido da auto-regulamentação das situações de greve, encontrou consagração legal na Lei Italiana n.º 146/90, de 2 de Junho, a qual juridificou aquela que era uma prática seguida pelo movimento sindical. Também em Espanha existem bastantes casos de consensualização via auto-regulação, em torno da definição dos serviços mínimos e da parametrização do direito da greve, que espelham uma clara influência do caso italiano (Abrantes, 1995: 215-216).

O exemplo anteriormente referido é um bom pretexto para interpelar o princípio da autonomia colectiva, considerado básico em qualquer sistema democrático de relações laborais. Como é sabido, o direito que assiste a empresários e trabalhadores, de fixar através dos seus representantes e por via da negociação colectiva as condições de trabalho, é um elemento estruturante dos sistemas de relações laborais. Quando discutida no quadro das formas alternativas de resolução dos litígios pode mesmo considerar-se que a autonomia colectiva dos parceiros sociais, e o poder que dela emerge, tende a afastar-se e a concorrer com as expressões do poder estatal e judicial. Esta característica da autonomia colectiva e do diálogo social contribui para uma concepção dos procedimentos extrajudiciais e informais de resolução dos litígios relativamente autónoma das esferas estatal e judicial. Daqui resulta a forte conexão entre o princípio do diálogo social bilateral, a autonomia dos parceiros sociais e as formas alternativas de resolução dos litígios. Com a conciliação e a mediação não se pretende somente evitar a intervenção judicial ou diferi-la no tempo, efectuando uma mera mudança na entidade ou terceira parte interventora. As formas alternativas de resolução dos litígios, tendo por base os "procedimentos autónomos", visam incrementar o diálogo entre empregadores e trabalhadores e criar condições para os acordos, melhorando tanto a qualidade do processo negocial como o seu resultado (cf. Dal-Ré, 2003: 24-25). É por via da articulação entre a autonomia dos parceiros sociais e as formas alternativas de resolução dos litígios que se pode reconhecer a convergência com os princípios do diálogo social. Deste modo, a resolução dos conflitos laborais é, em grande medida, resultado da consolidação de uma cultura laboral que reforça as tendências de cooperação, concertação e diálogo sociais em detrimento das formas de conflito, oposição e rivalidade. Acresce a maior rapidez e flexibilidade das formas alternativas de resolução dos litígios quando comparadas com a lentidão e o rigor formal próprios da lógica de litigância e do funcionamento dos tribunais.

Partindo da literatura sócio-jurídica, tendo por objecto as formas de resolução alternativa de litígios no domínio laboral[62], é possível identificar as vantagens e os riscos associados a esta forma de regulação das relações laborais. De acordo com a proposta desenvolvida por Bonaffé-Schmitt (1992), a análise das instâncias e processos de resolução dos conflitos informais e alternativos deve ter em consideração a sua dimensão institucional, o grau de formalismo e a natureza do processo de decisão. Ao aprofundar as implicações desta proposta, João Pedroso (2002) considera que a combinação destes critérios permite encontrar uma gradação destes meios e processos de resolução de litígios. Na base da escala encontra-se a auto-regulação e a autocomposição de litígios, com ou sem recurso a uma terceira parte, com papel de conselheiro ou de informador sobre os direitos da pretensa vítima/lesado. Segue-se a conciliação, depois a mediação e, por último, um conjunto de processos particulares de

---

[62] Consultar a este propósito, entre outros, Arnaud, 1993; Baptista, 1982; Beau, 2000; Bonafé-Schmitt, 1989, 1999; Lamy, 2001; Frade, 2001; MacKie, 1991; Nolan, 1983; Pedroso e Cruz, 2000; Ruellan, 1999; Santos, 1982, 1995; Serverin, 2000; Sousa 2001; Varona, 1996; Zuckerman, 1999.

arbitragem e de formas híbridas que se aproximam dos modos jurisdicionais de resolução dos conflitos.

Os estudos da sociologia do direito neste domínio têm evidenciado a circunstancia das sociedades serem em regra ricas em mecanismos de auto-regulação e de autocomposição, isto é, os litigantes, com ou sem recurso a uma terceira parte conselheira ou portador de informações jurídicas ou técnicas, conseguem resolver os seus conflitos. Este recurso a uma terceira parte, quer ela se encontre no domínio informal, como sucede no caso do conselheiro, do conciliador ou do mediador, ou se encontre do lado formal da administração da justiça, como sucede com os juízes, ou árbitros, enquanto facilitadores e promotores de acordos, é constrangido pelo efeito já designado anteriormente por autocomposição assistida no espaço público do tribunal, em que a alternativa à conciliação é uma sentença (Ferreira, 1998, 2000).

A apetência e a procura por formas alternativas de resolução dos conflitos, para além de estarem associadas a movimentos sociais visando a aproximação do direito à comunidade, é na actualidade indissociável do conjunto de reformas da administração da justiça. A presunção de uma sobrecarga do sistema político, enquanto factor indutor de uma sobrecarga do sistema judicial, tem conduzido a um vasto processo, visando a promoção da reforma global dos tribunais. No entanto, perante as dificuldades associadas a uma reforma radical do sistema judicial, o recurso a modelos de resolução alternativa de litígios e de informalização do judicial, tem conduzido a uma tendência geral na busca deste tipo de mecanismos, até porque eles são facilmente transferíveis de um país para o outro, devido à sua informalidade, ou de um sistema judicial para o outro.

Considerando-se o quadro 1, evidencia-se o facto do sistema de resolução dos conflitos proposto implicar a construção ou reconstrução, a configuração ou reconfiguração das funções do Estado e da sociedade civil, desenvolvidas através de parcerias entre o público e o privado, entre o princípio da regulação do Estado e o princípio da associação, entre as formas não-judiciais de base estatal ou de base associativa e mesmo a possibilidade de intervenção de princípios de regulação como o da comunidade na regulação das relações laborais conflituais. Nesta perspectiva, tem sido sublinhada a importância de se promover um sistema integrado de resolução de litígios, em que a pluralidade dos ADR (RAL) tanto podem consistir em alternativas aos tribunais judiciais (resolvem litígios que os tribunais também dirimem) ou, antes, um seu complemento (para os litígios que nunca chegariam ao tribunal) ou, ainda, um seu substituto (a transferência de competências de resolução de litígios dos tribunais por estes meios) (Pedroso, 2002: 35).

Em alternativa à representação sob a forma de sistema de resolução de litígios pode utilizar-se a representação gráfica de uma pirâmide que tem na base os mecanismos de autocomposição, no seu vértice os tribunais e na zona intermédia a panóplia de meios RAL que o Estado e a sociedade conseguem gerar (figura 1).

Figura 1

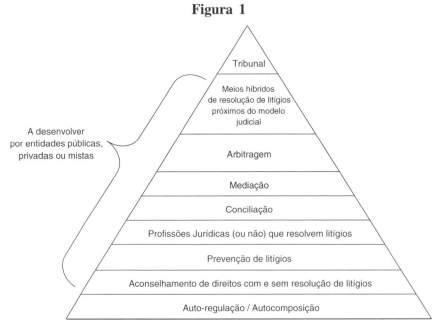

Fonte: Pedroso (2002)

Genericamente consideradas, as formas alternativas de resolução dos conflitos e a informalização do judicial, resultantes da combinação entre diferentes princípios de regulação e as diferentes formas de resolução dos conflitos seguem um percurso da auto-regulação/autocomposição, até a entrada em tribunal dos conflitos, trazem consigo a possibilidade de democratização do acesso ao direito e à justiça e uma maior proximidade dos cidadãos perante os conflitos em que se encontram envolvidos.

Apesar das vantagens associadas às formas alternativas de resolução dos conflitos, nomeadamente em termos de acessibilidade e de proximidade, são vários os riscos que se lhes encontram associados. Com efeito, a crise económica e de legitimação do Estado por um lado, e o incremento da participação da sociedade civil no domínio da resolução dos litígios por outro, ao conduzirem à informalização e comunitarização da justiça laboral, com a consequente auto-regulação dos conflitos sociais, podem concorrer para uma regulação social desfavorável à parte mais débil. Neste contexto, a activação do princípio do diálogo social, em conjugação com as formas informais e formais não-judiciais de resolução dos conflitos, pode escorar-se na ilusão da participação nesses mesmos processos, o que a ocorrer contribuirá para a produção do consentimento activo ou passivo dos trabalhadores, contida no alargamento do conceito de "Estado Interno", de que passam a fazer parte não apenas a negociação colectiva e os procedimentos de resolução dos litígios, mas todo o processo de informalização e de desjudicialização dos conflitos laborais (Burawoy, 1985; Santos, 2000).

Em causa está a possibilidade do recurso a estas modalidades de regulação das relações sociais conflituais redundar "numa justiça de 2.ª classe para cidadãos de 2.ª classe" (Santos, 2002: 162). Esta é uma questão relevante porquanto, ao estar a analisar o conflito estrutural que opõe o capital ao trabalho, não posso deixar de recordar os diferentes factores e tendências que estão na base da maior fragilização do lado do trabalho associada ao desemprego estrutural, à atipicidade das relações de trabalho e à precarização do mundo laboral.

Perante um contexto sócio-laboral marcado pela crise dos sistemas de relações laborais não se pode analisar em termos meramente funcionalistas esta forma de resolução dos conflitos, devendo antes proceder-se a uma análise crítica do seu contributo para os fundamentos dos sistemas de regulação social. Deve nomeadamente indagar-se de que forma a informalização, ao exercer a sua função de composição na resolução dos conflitos individuais de trabalho, favorece a manutenção das condições de desigual distribuição do poder entre as partes ou cria condições para a obtenção de resultados mais equilibrados e razoáveis. Desde logo, pode suceder que esta "ideologia da harmonia" não tenha em conta a desigualdade de poderes inscritos na sociedade e nas relações sociais (Bonaffé-Schmitt, 1992), o que provocará um aprofundamento das assimetrias entre o poder das partes. Em tais situações, a informalização e a desjudicialização tornam-se repressivas porque a justiça informal carece de poder coercitivo para neutralizar as diferenças de poder entre as partes. Deste modo, a mediação repressiva conduz à conciliação repressiva, de que resultará que o pacto social seja um pacto de repressão e não um verdadeiro pacto de diálogo social. É também neste sentido que a informalização significa desmobilização e dispersão, trivialização e neutralização dos conflitos laborais (Santos, 1982a). É também desta forma que a auto-regulação ou a autocomposição assistidas se transformam numa auto-regulação ou autocomposição repressivas. Atendendo às características estruturais das relações laborais, este é um elemento a sublinhar, e sobretudo a acautelar, no âmbito de uma discussão democrática sobre o mundo do trabalho, de modo a que a assimetria de poder, que já está inscrita nas relações laborais, não seja acentuada pela assimetria de recursos face à forma de resolução do conflito.

Por outro lado, importa referir que ocorre uma conjunção entre a promoção destes modelos alternativos de composição dos conflitos e a transição dos sistemas de relações laborais entre o paradigma fordista, onde do ponto de vista da análise da conflitualidade se configura um modelo adversarial de relações laborais, para o paradigma pós-fordista, que faz apelo a um modelo de diálogo social e de formas ganhador/ganhador. Neste caso, as diferentes formas de informalização e flexibilização na resolução dos conflitos, são coincidentes com as formas de informalização e flexibilização das próprias relações laborais. É que, se por um lado, os sistemas de relações laborais fordistas eram considerados mais rígidos, menos informais, mais adversariais e solicitando uma maior presença do Estado, os sistemas de relações laborais pós-fordistas assumem-se como mais flexíveis, mais informais, preconizam uma menor presença do Estado, fazendo apelo a outros princípios de regulação, como o do mercado, e insistem na importância do princípio associativo e do diálogo social. Deste modo, à medida que se desregula o espaço da cidadania, (re)regulam-se as relações laborais através da promoção de outros princípios de regulação e formas alternativas de resolução de conflitos.

Em síntese, do mesmo modo que a conciliação judicial, a informalização na resolução dos conflitos laborais também pode apresentar efeitos perversos. Correspondendo a informalização das formas de resolução dos conflitos sociais emergentes do espaço da produção à redução ou eliminação do poder coercitivo detido pelos tribunais, pode suceder que as diferenças estruturais no poder social das partes conduzam a piores resultados para a parte contratualmente mais débil. Como é referido "nos litígios entre cidadãos ou grupos com posições de poder estruturalmente desiguais (litígios entre patrões e operários, entre consumidores e produtores, entre inquilinos e senhorios) é bem possível que a informalização acarrete consigo a deterioração da posição jurídica da parte mais fraca, decorrente da perda das garantias processuais, e contribua assim para a consolidação das desigualdades sociais; a menos que os amplos poderes do juiz profissional ou leigo possam ser utilizados para compensar a perda das garantias, o que será sempre difícil uma vez que estes tribunais informais tendem a estar desprovidos de meios sancionatórios eficazes" (Santos: 1994: 157).

Refira-se ainda que, sendo o mundo do trabalho marcado pela intermediação de interesses e por grupos neocorporativos, os que apresentarem maior capacidade organizacional e maiores recursos poderão impor uma melhor tutela dos seus interesses.

Conclusão

Pretendi, neste capítulo, identificar os diferentes elementos integrantes dos sistemas de resolução dos conflitos laborais. O recurso à noção de sistema teve exclusivamente o objectivo heurístico de organizar e sistematizar os diferentes princípios de regulação sócio-política e formas de resolução dos conflitos.

A discussão constituída a partir do espaço sócio-legal mundial e a análise comparativa convergiram na identificação de uma tendência comum: a centralidade dos Estados nacionais na função de regulação da conflitualidade laboral e a valorização das formas alternativas de resolução dos conflitos laborais.

Considerando a actividade da OIT e da União Europeia, no domínio da resolução dos conflitos laborais, regista-se o seu contributo para a mudança de paradigmas na resolução dos conflitos. Partindo do modelo adversarial das relações laborais, para o qual contribui a actividade dos tribunais de trabalho, conotada com o modelo jurídico *ius civilístico*, contrapõe-se a perspectiva do modelo preventivo de resolução dos conflitos, cuja actuação ocorre antes mesmo da eclosão do litígio. Quer a OIT quer a União Europeia sublinham a importância das fórmulas não adversariais de resolução dos conflitos, consubstanciadas nos princípios ganhador-ganhador, resultado soma não-nula, apelando, igualmente, à informalização, desjudicialização e reforço das formas alternativas de resolução dos conflitos, tendo por base o diálogo social.

A análise comparativa revelou a existência de uma grande diversidade de soluções para a resolução dos conflitos laborais de base nacional.

São poucos os países em que a resolução dos conflitos laborais, individuais ou colectivos, assenta, exclusivamente, nos tribunais de trabalho. Apesar das idiossincrasias nacionais, as soluções previstas conjugam, normalmente, a actividade dos tribunais de trabalho com a existência de mecanismos alternativos de resolução dos conflitos, sucedendo, nalguns casos, que os próprios tribunais são constituídos numa base bipartida ou tripartida, envolvendo os diversos parceiros sociais.

Considerando-se a proposta do sistema de resolução dos conflitos laborais, a minha preocupação foi a de articular os diferentes princípios de regulação sócio-política com as diversas formas de resolução dos conflitos. Creio ter ficado evidente a multiplicidade de formas, bem como a articulação e combinações entre os vários elementos do sistema. Aliás, é o carácter hibrído e a actuação em constelação desses elementos que propiciam a regulação das relações laborais conflituais. O modelo apresentado assume um carácter ideal-típico e, nesse sentido, apresenta limitações, nomeadamente, de índole substantiva só ultrapassadas através da análise de realidades concretas onde se percebe a existência de uma maior riqueza de instrumentos de regulação de conflitos.

CAPÍTULO III

O modelo de análise da actividade do judicial-laboral

Introdução

No âmbito deste capítulo, presto especial atenção ao tema da sociologia da administração da justiça laboral, privilegiando os temas da resolução dos conflitos e das funções político-sociais desempenhadas pelos tribunais de trabalho. O modelo de análise proposto para o estudo dos tribunais de trabalho desenvolve-se de acordo com quatro eixos analíticos: os processos de transformação e de crise do mundo laboral e o seu impacto sobre o padrão de litigação e cultura jurídica; os tribunais de trabalho como forma de resolução dos conflitos e o papel desempenhado pela conciliação; os tempos da justiça e a duração dos processos laborais; e a questão do acesso ao direito e justiça laborais. Faço acompanhar a discussão teórica de cada um dos eixos de análise das dimensões da actividade judicial laboral que se lhes encontra associada e proponho indicadores quantitativos e qualitativos para avaliar o desempenho da justiça laboral.

1. O processo de transformação e de crise do mundo laboral, padrão de litigação e cultura jurídica

Começo por sugerir alguns instrumentos conceptuais a partir dos quais se podem identificar o modo como as dinâmicas sócio-laborais se repercutem na actividade dos tribunais de trabalho. Parto de uma ideia estabelecida por Boaventura de Sousa Santos de que "o nível de desenvolvimento económico e social condiciona a natureza da conflitualidade social e interindividual, a propensão a litigar, o tipo de litigação e, portanto, o desempenho dos tribunais, enquanto expressão do padrão de consumo da justiça, entendido este como oferta efectiva de tutela judicial perante a procura efectiva" (Santos *et al.*, 1996: 41). No entanto, a relação entre o contexto económico e social e o desempenho dos tribunais não é linear. Como assinala o mesmo autor, "o aumento do desenvolvimento socioeconómico não induz necessariamente o aumento da litigação em geral; pode induzir um aumento em certas áreas ou tipos de litigação ao mesmo tempo que induz uma diminuição noutra" (*ibidem*).

O impacto diferenciado dos elementos socioeconómicos sobre a litigação é particularmente significativo no domínio laboral, dado verificar-se uma variação na taxa de litigação laboral, de acordo com o sector de actividade, actividade económica e a situação na profissão. Por exemplo: é escassa a litigação no sector primário, sendo elevada nos secundário e terciário; é elevada a litigação nas actividades económicas das indústrias transformadores e do comércio, sendo reduzida nas actividades ligadas à banca; é elevada a litigação nas profissões operárias, sendo esta reduzida entre os quadros dirigentes e superiores. A estrutura empresarial, a dimensão das empresas[63] e a organização do processo produtivo influenciam igualmente o padrão de litigação. Por exemplo, são sobretudo sociedades que surgem como réus e em sectores como o do comércio coexiste uma litigação assente, simultaneamente, em pequenas e médias empresas reflexo da estrutura empresarial sectorial.

De igual modo se pode estabelecer uma relação entre sectores económicos que entram em crise e o aumento da procura dos tribunais de trabalho, como é o caso das industrias transformadoras e sectores que se encontram em expansão, como o dos serviços prestados às empresas onde comparativamente é reduzida a procura dos tribunais. Fenómenos como os das reestruturações e fusões também podem originar mais conflitualidade laboral com a consequente tradução judicial, como sucedeu com o sector bancário e alfandegário.

Ainda que em termos gerais ou sectoriais seja tentador estabelecer uma relação directa entre as situações de crise económica e o aumento da procura dos tribunais de trabalho, ocorrendo inversamente uma diminuição da procura nas situações de crescimento económico, os dados relativos ao funcionamento dos tribunais de trabalho aconselham alguma prudência metodológica neste domínio. Como se verá, o estudo de caso sobre os tribunais de trabalho em Portugal ilustra o facto de o aumento da procura poder ocorrer quer em situações de crise económica, quer em

---

[63] O direito do trabalho ao reconhecer como casos especiais as falências, os despedimentos e os processos disciplinares que ocorrem em pequenas e médias empresas admite, desde logo, as consequências normativas que decorrem da dimensão das empresas.

situações de maior dinamismo económico. Por outro lado, os dados ilustram também a existência de "ondas longas de litigação" (ou de conjunturas de litigação), reconhecíveis na periodização do padrão de desenvolvimento do sistema de relações laborais e do mercado de trabalho e de "variações bruscas e de curta duração na litigação" relacionadas, por exemplo, com a desjudicialização das contra-ordenações laborais. A inexistência de um nexo causal directo associado a um padrão regular de procura e em muitos casos a evolução desindexada entre indicadores sócio-laborais e o padrão de litigação e de mobilização dos tribunais de trabalho sugere a necessidade de se encontrarem elementos de mediação analítico-substantiva com os quais se possa clarificar a relação existente entre os tribunais e o seu contexto. Neste sentido, proponho que o estudo da mobilização dos "tribunais em sociedade" possa atender às articulações estabelecidas entre a noção de "cultura jurídica laboral", os processos de transformação e de crise dos sistemas de relações laborais e de direito do trabalho. Começo por tecer algumas considerações a propósito da noção de cultura jurídica laboral para de seguida identificar a relação existente entre ela e as áreas sócio-laborais.

A noção de cultura jurídica pode definir-se como "o conjunto de orientações a valores e a interesses que configuram um padrão de atitudes face ao direito e aos direitos face às instituições do Estado que produzem, aplicam, garantem ou violem o direito e os direitos. Nas sociedades contemporâneas, o Estado é um elemento central da cultura jurídica e nessa medida a cultura jurídica é sempre uma cultura jurídico-política e não pode ser plenamente compreendida fora do âmbito mais amplo da cultura política. Por outro lado, a cultura jurídica reside nos cidadãos e suas organizações e, neste sentido, é também parte integrante da cultura de cidadania. A este nível distingue-se da cultura jurídico-profissional que respeita apenas aos profissionais do foro e que, como tal, tem ingredientes próprios relacionados com a formação, a socialização, o associativismo, etc." (Santos *et al.*, 1996: 42).

A definição de cultura jurídica anteriormente referida encerra quatro grandes vantagens teóricas e metodológicas. Em primeiro lugar, demarca com clareza o conceito de cultura jurídica face às noções de pensamento jurídico, dogmática jurídica e doutrina jurídica. Em segundo lugar, ultrapassa uma definição de cultura jurídica próxima da noção de sistema jurídico ou próxima da de cultura jurídica dos operadores jurídicos. Em terceiro lugar, por via da autoreflexividade entre os elementos *socis* e os elementos simbólicos que sugere, deixa antever uma plataforma analítica, com a qual é possível proceder à articulação entre condições objectivas e subjectivas e entre aspectos materiais e aspectos ideais ou simbólicos. Finalmente, em quarto lugar, chama a atenção para as dimensões políticas e de cidadania envolvidas nos fenómenos jurídicos.

No que diz respeito à relação entre noção de cultura jurídica e a noção de cultura jurídica laboral admite-se que a articulação entre elas se processa através de duas formas básicas: autonomia e interdependência. A autonomia do conceito de cultura jurídica laboral, face ao conceito de cultura jurídica, decorre de dois factores: o da especificidade normativa que demarca o direito do trabalho dos outros ramos do direito; e o das características sociológicas que matizam as relações sociais no mundo do trabalho. A interdependência entre os dois conceitos assenta, quer no efeito de "contágio" que o estado da "cultura jurídica externa" (Friedman, 1994) – expectativas e atitudes – pode exercer sobre a cultura jurídica laboral, quer na partilha da "cultura jurídica interna" (*ibidem*) – formação, *status* e cultura profissional dos profissionais do foro. Embora podendo considerar-se a cultura jurídica laboral como uma "subcultura" da cultura jurídica, ambas são subculturas da cultura política geral.

Uma das dificuldades da utilização do conceito de cultura jurídica laboral portuguesa reside no carácter heterogéneo e diferenciado do mundo do trabalho entre nós. No entanto, desde que se admita a existência de tendências gerais nacionais e especificidades locais e sectoriais estamos perante um importante instrumento de investigação. Considera--se a noção de cultura jurídica laboral, entendida não como uma matriz imutável e determinista, mas como "um quadro cognitivo e interpretativo de cariz heterogéneo e pluralista, configurando um repertório ou um '*kit* de instrumentos' de hábitos, aptidões e estilos, dos quais as pessoas constróem as suas 'estratégias de acção'" (cf. Swidler *in* Heydebrand, 1997: 141). Esta perspectivação da noção de cultura jurídica laboral permite abordar o problema da propensão para a litigação em vários níveis de análise: o nacional, o regional, o local, o sectorial, o organizacional/empresa e o individual.

Como sugeri, o padrão de litigação discutido do ponto de vista da noção de cultura jurídica laboral conduz à identificação dos factores simbólicos e materiais susceptíveis de constrangerem a procura e a mobilização dos tribunais de trabalho. As áreas sócio-laborais que de uma forma mais clara se articulam com a actividade dos tribunais de trabalho são as do emprego, da conformação do poder patronal, das condições de trabalho, do rendimento e da representação. Da sua análise resulta a constatação de que as dinâmicas dos sistemas de relações laborais e dos mercados de trabalho determinaram a tendência para o aumento das formas flexíveis, instáveis e precárias de emprego, promovidas no âmbito de estratégias empresariais assentes na redução da mão-de-obra, utilização de mão-de-obra pouco qualificada e barata, utilização da subcontratação, do emprego temporário e a tempo parcial. Por outro lado, o uso selectivo ou mesmo *contra legem* dos dispositivos que regulam o trabalho independente e o autoemprego (como sucede no caso dos denominados recibos verdes, contratos de comissão, etc.) ou pura e simplesmente o recurso às formas de trabalho ilegal completam o quadro de precarização das relações laborais.

São evidentes as repercussões deste contexto sócio-laboral sobre a situação económica dos trabalhadores, condições de trabalho e identidades sociais e profissionais. O argumento sustentado é o de que a posição ocupada no mercado de trabalho influencia as expectativas e a motivação dos trabalhadores para litigar. A precarização das relações laborais, ao ameaçar a fonte de rendimento dos trabalhadores, as condições de trabalho e as identidades sociais e profissionais, precariza por arrastamento as suas identidades políticas e jurídicas

Reconhecendo-se a importância das relações de trabalho na formação das identidades políticas, através do processo de aprendizagem das relações de poder na empresa (Chevalier *in* Thévenet, 1986: 9, 10), e, intervindo a empresa como meio de aprendizagem cultural que permite a formação de categorias de actores sociais (Sainsaulieu, 1985), sugere-se que estes processos sejam postos em causa ou, de alguma maneira, afectados pela percepção do risco de desemprego, pela insegurança conexa à precarização dos vínculos contratuais e pela desestruturação do colectivo dos trabalhadores. São os efeitos perturbadores sobre as identidades profissionais anteriormente referidos que provocam a percepção de uma ameaça identitária ou de um défice de identidade ligada ao trabalho, (Sainsaulieu, 1994) colocando assim em dúvida a capacidade das relações de trabalho para a formação das identidades políticas e, por esta via das identidades pessoais e colectivas fundadas pelo direito do trabalho (Auvergnom, 2000; Dupret, 1996; Delpeuch, 1996; Standing, 1999; Supiot, 1996, 1999).

Neste sentido, a cultura de empresa e as formas de gestão, ancoradas na flexibilidade, segmentação e precarização das relações de trabalho, põem em causa as culturas políticas e jurídicas associadas ao mundo do trabalho. Factores internos à empresa que exprimem traços culturais que levam à adopção de atitudes de conformismo e resignação ou de contestação, de proximidade ou de afastamento em relação à entidade patronal, configuram diferentes formas de relacionamento entre trabalhadores e empregadores influenciando a propensão à litigação.

No quadro deste argumento considero existir uma relação desproporcional entre o poder social das partes e a resolução dos conflitos laborais com recurso aos tribunais de trabalho. Esta hipótese atenua a linearidade da relação entre crise económica (causa) e a procura dos tribunais como forma de resolução dos conflitos (efeito). Argumento coadjuvado por Ranm (*in* Blankenburg *et al.*, 1979: 34) quando refere que, mesmo em momentos de pleno emprego, o direito do trabalho, que tem como motivo principal a protecção dos trabalhadores – a parte socialmente mais fraca –, apenas pode ser efectivo se os trabalhadores forem detentores do poder baseado na sua capacidade para oferecer a força de trabalho no mercado de emprego. Nestes termos, a assimetria de poder que resulta do *gap* existente entre a capacidade para oferecer emprego, por parte do capital, e a capacidade para oferecer força de trabalho, por parte dos trabalhadores, e que pode ter como unidade de medida a taxa de desemprego, constitui-se num constrangimento, simultaneamente simbólico e material, que afecta as expectativas e atitudes dos trabalhadores face aos tribunais.

Quanto mais fraca for a posição dos trabalhadores no mercado de emprego[64] menos provável é o recurso aos tribunais de trabalho como forma de tornar efectivos os seus direitos, mesmo quando estes são violados de uma forma flagrante. O argumento apresentado aplica-se sobretudo nas situações em que se regista uma elevada taxa de desemprego, embora as situações em que se conjuga uma baixa taxa de desemprego com a precaridade dos vínculos contratuais possa ter o mesmo efeito.

A qualidade do emprego definida a partir do tipo de contratos de trabalho (sem termo, a termo, outras modalidades) é outro elemento determinante do padrão de mobilização dos tribunais. Em termos gerais, admite-se que a estrutura contratual laboral influencia o acesso e a procura dos tribunais, existindo uma relação isomórfica entre o tipo de contratos que regulam as relações laborais e o tipo de contratos que chegam aos tribunais. À segmentação dos mercados de trabalho determinada pelo

---

[64] A psicologia social tem desenvolvido vários instrumentos de análise que permitem captar as interacções entre o nível situacional ou interindividual e o nível posicional anterior à interacção (cf. Doise, 1982).

tipo de vínculos contratuais, corresponde uma segmentação das identidades sócio-profissionais e jurídico-judiciais que constrange as motivações e as expectativas para litigar ou não litigar aquando da violação de um direito.

Na análise da mobilização dos tribunais, de acordo com a estrutura contratual laboral, parto de uma "concepção activa de estrutura social" (Merton, 1965), o que permite dialogar com a preocupação durkeimiana dos elementos não-contratuais presentes nos contratos de que resulta o "injusto contrato leonino". Esses elementos plasmam-se nas relações de trabalho de um duplo ponto de vista: o de uma concepção de precaridade do emprego, identificada não apenas com a insegurança formal resultante da instabilidade da relação de trabalho, mas essencialmente com o sentimento de insegurança dos trabalhadores em diferentes contextos laborais; e o de uma concepção do direito do trabalho de que sobreleva a sua incapacidade para atenuar e regular o medo quotidiano e as perspectivas de futuro dos trabalhadores em áreas como a dos riscos profissionais, dos regulamentos das empresas, do assédio moral, da precarização das formas de emprego, dos trabalhadores imigrantes, das doenças profissionais e baixas médicas, das reformas, do despedimento, etc. (Auvergnom, 2000).

A falta de confiança e insegurança da parte contratualmente mais débil no título contratual que possui (no caso de possuir algum)[65] é o corolário necessário do estado de anomia do mercado de trabalho, que se constitui como barreira ao acesso aos tribunais. O mercado de trabalho, quando analisado à luz da relação existente entre os "objectivos culturais (fins) e as normas institucionalizadas (meios)" que modelam as práticas sociais no domínio das relações de trabalho, deixa antever as consequências que decorrem do efeito de erosão dos quadros normativos. Citando R. Merton, pode considerar-se que "o processo mais eficiente do ponto de vista técnico, quer seja culturalmente legítimo ou não, torna-se tipicamente preferido à conduta institucionalizada prescrita. À medida que se desenvolve este processo de amaciamento das normas, a sociedade torna-se instável e aparece o que Durkheim denominava *'anomia'* (ou ausência de norma)" (Merton, 1965: 207). Com efeito, se a confiança se pode

---

[65] No domínio das relações de trabalho ou do direito do trabalho, a discussão dos sistemas de relações laborais feitas na base da confiança, ou na falta de confiança que inspiram, foi levada a cabo por Fox, 1974, e, mais tarde, por Friedman, 1977. Mais recentemente, podemos consultar a este respeito Beck, 2000.

definir como "segurança na credibilidade de uma pessoa ou na fiabilidade de um sistema, no que diz respeito a um dado conjunto de resultados ou acontecimentos" (Giddens, 1992: 26), o mínimo que se poderá dizer é que as expectativas, atitudes, motivações e predisposições para litigar por parte dos trabalhadores que se encontram numa posição de subordinação contratual precária será mínima.

O conceito de "sociedade de risco", quando perspectivado na vertente das formas de resolução dos conflitos, deixa perceber que a "destandardização" e a precarização das condições de trabalho nas suas múltiplas manifestações têm efeitos muito concretos sobre o tipo de procura e recurso aos tribunais de trabalho. Nestes termos, não é só o risco de se ficar desempregado e de se ver confrontado com o crescente debilitamento dos sistemas de segurança social. É, sobretudo, o risco de passar para o *dark side* do mercado de trabalho, com poucas perspectivas de se de lá sair, que constrange e suprime muita procura potencial dos tribunais de trabalho.

A consequência mais visível deste estado de coisas sobre a conflitualidade individual no domínio das relações de trabalho é a de que existe uma selectividade entre trabalhadores litigantes. Tendencialmente, são os detentores de contratos mais seguros quem mais litiga. Para quem o risco de litigar é maior, menor será a propensão para o fazer. Os modelos contratuais que estão na base do trabalho precário podem ser assim concebidos como redutores da "complexidade" emergente do confronto de interesses divergentes do capital e do trabalho, visto corresponderem a uma neutralização das tensões sociais existentes na empresa.

Finalmente, a desintegração do colectivo de trabalho, elemento fundamental do modelo paradigmático do direito do trabalho em conjugação com a precarização dos vínculos contratuais, como sucede no caso dos trabalhadores temporários e falsos autónomos conduz a um desenraizamento destes de uma comunidade estável de que resulta, em regra, a uma menor propensão reivindicativa e organizativa, reduzindo-se a probabilidade de erupção de conflitos individuais ou colectivos.

1.1. Os tribunais de trabalho como forma de resolução dos conflitos

A resolução dos conflitos de trabalho pelos tribunais emerge das funções instrumentais desempenhadas pelo sistema judicial. Como expus anteriormente, o recurso à conciliação e a possibilidade dos parceiros sociais participarem na administração da justiça laboral são duas características reconhecidas nos tribunais de trabalho. Existem, no entanto, outros dois elementos que se relacionam com o desempenho das funções instrumentais dos tribunais de trabalho: a discrepância existente entre a procura potencial e a procura efectiva; e a diferença de desempenho entre os tribunais de trabalho. Como forma de ilustrar estas duas situações passo a expor os conceitos de "pirâmide da litigiosidade e de espaços da justiça laboral".

Os conflitos são construções sociais, na medida em que o mesmo padrão de comportamento pode ser considerado conflituoso ou não conflituoso, consoante a sociedade, o grupo social, ou o contexto de interacção em que ocorre. Os conflitos sociais, enquanto construções sociais, implicam relações que emergem e se transformam com dinâmicas sociológicas, de entre as quais avolumam o tipo de instrumento utilizado na composição e na resolução do conflito. Existem substanciais diferenças entre aquilo que podemos identificar como os conflitos associados à procura suprimida ou aos conflitos associados à procura potencial. Em qualquer dos casos, na análise da conflitualidade e das formas como ocorre a sua regulação, assume-se que os espaços e formas de resolução dos conflitos não são horizontais e têm trajectórias hierarquizadas socialmente.

Anteriormente destaquei a trajectória social que vai da auto-regulação até à entrada do conflito no tribunal, assumindo-se que as relações conflituais do topo da pirâmide são as que passam pelos meios informais e pelos formais não-judiciais de resolução dos conflitos e chegam aos tribunais tendo activado diferentes princípios de regulação sócio-política ao longo deste processo. Segundo a proposta dos autores, a trajectória das alternativas aos tribunais de trabalho vai, normalmente, dos mecanismos não-oficiais para os oficiais, ou dos mecanismos informais para os formais, sendo por essa razão que os tribunais aparecem no topo da pirâmide. Deste modo, o topo da pirâmide corresponde à ponta do *iceberg*, que é minúscula em relação à parte submersa, decorrendo daí a dificuldade do seu estudo. Refira-se ainda que a predominância de um ou outro tipo de mecanismos de resolução dos conflitos sofre variações nacionais, mas revela uma estreita relação com os tipos dominantes de relações sociais e de cultura jurídica. Segundo Santos *et al.* (1996), aspectos das relações sociais como sejam: serem mais ou menos multiplexas[66], mais ou menos

---

[66] Sobre o conceito de relações multiplexas e uniplexas pode consultar-se para uma análise mais desenvolvida Santos, 1977 e 1988.

duráveis e mais ou menos profundas afectam a existência dos vários tipos de mecanismos de resolução dos conflitos. Para além disso, a opção por um ou por vários tipos de resolução dos conflitos deve-se sobretudo às relações existentes entre as partes em litígio com a área social da litigação, com os níveis de socialização das partes e com os meios de que dispõem para realizar as suas escolhas (cf. Santos *et al.*, 1996: 47). É no contexto da existência de várias opções na composição dos conflitos laborais que o recurso aos tribunais de trabalho, "enquanto instância privilegiada e especializada de resolução dos litígios", assume sociologicamente um carácter de recurso, visto ser accionado depois de falharem os outros mecanismos de resolução dos conflitos. "Este facto é crucial para a compreensão do desempenho judicial, mostrando que ele não ocorre num vazio social nem significa o ponto zero da resolução do litígio chamado a resolver" (Santos *et al.*, 1996: 49).

No entanto, nos tribunais encontramos apenas uma limitada fracção do total de casos que, potencialmente, poderiam dar origem a um conflito laboral judicializado. Com efeito, apenas uma pequena percentagem do total dos conflitos laborais chegam aos tribunais. Do mesmo modo que os criminologistas falam em *dark area* acerca dos crimes que nunca são conhecidos, também o mundo laboral evidencia a existência de um fraco grau de judicialização dos conflitos de trabalho.

A discrepância entre a procura efectiva dos instrumentos previstos legalmente para a resolução dos litígios laborais e a sua procura potencial torna-se sociologicamente perceptível quando perspectivada pela "pirâmide dos conflitos". Na sequência do estudo desenvolvido por Santos *et al.* (1996), considera-se que a selectividade do acesso aos tribunais de trabalho pode ser descrita como uma pirâmide cuja base é constituída pelos conflitos potenciais. Como referem os autores, "só a partir de um conhecimento aproximado da base da pirâmide de litigiosidade é possível definir o perfil desta. O conceito de pirâmide de litigiosidade tem vindo a ser utilizado para dar conta, por recurso a uma metáfora geométrica, do modo como são geridas socialmente as relações litigiosas numa dada sociedade. Sabendo--se que as que chegam aos tribunais e, destas, as que chegam a julgamento, são a ponta da pirâmide há que conhecer a trama social que intercede entre a ponta e a base da pirâmide" (Santos *et al.*, 1996: 44).

Atendendo agora à figura da pirâmide dos litígios, sublinho que a ponta da pirâmide é constituída pelos litígios que são resolvidos por julgamento em primeira instância. Acresce que esta ponta varia de sociedade para sociedade, o que fica a dever-se, entre outros factores, como os já referidos anteriormente, a diferentes regras processuais e a diferentes culturas jurídicas, judiciárias e advocatícias. Assim, há sistemas judiciários que incentivam e outros que desincentivam os julgamentos, recorrendo-se, por exemplo, a meios formais ou informais e oficiais ou não-oficiais de composição dos litígios (Santos *et al.*, 1996: 51).

A especificidade das relações laborais leva a considerar a existência de duas bases para a pirâmide dos conflitos laborais. Uma parte do critério *jus laboral*, segundo o qual o direito do trabalho regula as relações jurídicas que têm por base a situação de trabalho subordinado e dependente – neste caso, a base da pirâmide é constituída apenas pelos trabalhadores por conta de outrem (TCO). A outra assume a multiplicidade de regulações das relações de trabalho, quer estas sejam formais ou informais, legais ou ilegais – neste caso, para além dos trabalhadores juridicamente reconhecidos como trabalhadores por conta de outrem, farão parte da base da pirâmide as situações de trabalho precário, trabalho ilegal e as que decorrem do uso abusivo de figuras jurídicas como aquelas que estão associadas aos falsos autónomos, aos contratos de comissão, etc. Neste último caso, os indicadores da base da pirâmide serão a população empregada ou as estimativas disponíveis sobre o trabalho dependente em Portugal.

Factores que decorrem de elementos como os da personalidade, da natureza das relações, interacções e práticas sociais, das representações e percepções sociais dos litígios, da cultura jurídica dominante no grupo de referência dos lesados, da normatividade em causa e das variáveis estruturais são susceptíveis de influenciarem as trajectórias reais dos conflitos laborais até atingirem a fase judicial. Destes factores emergem um conjunto de mediatizações sociais e institucionais que concorrem quer para a judicialização dos conflitos laborais, quer para a sua desjudicialização.

Outro aspecto relevante para a análise dos tribunais como forma de resolução dos conflitos é o da diferenciação interna do seu desempenho. Os tribunais de trabalho apresentam singularidades nas suas respostas, cuja captação sócio-jurídica se pode fazer através da noção de "espaços de justiça". A literatura sócio-jurídica tem chamado a atenção para a importância da "construção dos territórios judiciários" na análise do funcionamento da administração da justiça (Commaille, 1993; Pedroso, 2002). Para além dos critérios de ordem política, social, técnica, económica e institucional que influenciam os modelos de organização judiciária, identifica-se a tendência para as reinvindicações de ordem territorial local se constituírem também como um dos factores de discussão. A justiça, ao ser cada vez mais interpelada a dotar a sociedade de institui-ções democráticas e eficazes, é desafiada localmente por problemas sociais territorializados portadores de especificidades de ordem económica, geo-gráfica, demográfica, cultural e social. São estas as realidades particulares ou ambientes contextuais locais que convocam a justiça a agir no contexto da recomposição social, partindo de uma localização das suas interven-ções e de uma contratualização com os parceiros sociais. Deste ponto de vista, os tribunais e os actores sociais "passam a agir como operadores locais de acordo com uma lógica localista" (Commaille, 1999: 257).

A importância da dimensão local, ou do que se pode designar por es-paço judicial local, é valorizada indutivamente perante a verificação do fenómeno da diferenciação interna do desempenho do sistema judi-cial. Esta é uma ocorrência evidenciada pelos dados relativos ao funciona-mento dos tribunais de trabalho em Portugal. A falta de uniformidade e, nalguns casos, a polarização das respostas locais dos tribunais de tra-balho conduzem à sua abordagem como espaços judiciais locais cujo desempenho se subtrai ao padrão de litigação e actividade do judicial laboral ao nível nacional.

A expressão dos espaços judiciais locais, entendidos como padrões de regulação judicial das relações laborais conflituais ao nível local fica patente na disparidade de valores encontrados em matérias como o termo do processo, a assistência e patrocínio judiciários, o objecto das acções, a duração dos processos e o perfil socioeconómico dos mobilizadores dos tribunais.

Colocando-se à análise local dos tribunais de trabalho a necessidade de articulação com as realidades contextuais locais e elementos exógenos susceptíveis de influenciarem o seu desempenho, sugere-se que esta seja feita levando em consideração os diferentes dinamismos socioeconó-micos locais e regionais captados pelas noções de "espaços da indústria" e de "sistemas produtivos locais" (Reis, 1992). No mesmo sentido, os estudos de Elísio Estanque sobre a industria de calçado (Estanque, 2000) têm demonstrado que as relações de trabalho entre empregadores e tra-balhadores, no face-a-face das relações laborais quotidianas, no exercício das relações de poder e subordinação dentro das empresas e na vivência do conflito capital/trabalho, se desenrolam por referência ao espaço exte-rior local simbólico-material.

Partindo dos dados dos tribunais de trabalho tomados individualmente e dos dados socioeconómicos regionais, torna-se possível desenvolver um conjunto de indicadores destinados a captar a diversidade do desempenho judicial de que refiro, a título ilustrativo, os da propensão ou densidade da judicialização dos conflitos e o da taxa de mobilização local dos tribunais.

1.2. Os tempos da justiça laboral

De entre os vários aspectos que são publicamente identificados como problemas da administração da justiça, o da morosidade judicial é certamente um dos que mais preocupa a opinião pública e os operadores do sistema judicial. Constituindo um importante interface entre o sistema judicial e o sistema político, particularmente em regimes democráticos (Santos *et al.*, 1996: 387), a questão da "lentidão da justiça" é parte integrante do exercício e garantia dos direitos, sendo igualmente um relevante indicador sociológico da qualidade da cidadania. Duas dicotomias estruturam as discussões sobre a morosidade da justiça: a que contrapõe a morosidade à celeridade; e a que contrapõe a celeridade da justiça à segurança jurídica.

A especificidade do direito do trabalho e da sua justiça, a que se tem feito referência, manifesta-se também na questão da morosidade. Por exemplo, as várias leis processuais laborais portuguesas sempre assumiram o desiderato da celeridade processual, atendendo à relevância e significado das relações e interesses sociais em presença. Com efeito, face às necessidades da "reprodução quotidiana dos trabalhadores e suas famílias", da manutenção dos padrões de consumo e modos de vida e da "segurança ontológica" dos trabalhadores dependentes, o ordenamento jurídico-laboral estabeleceu o objectivo normativo da rapidez e celeridade processuais como formas de proteger a parte contratualmente mais débil. Por este motivo, torna-se sensível a dicotomia da morosidade/celeridade da justiça no mundo laboral. A celeridade tem de ser perspectivada como meio instrumental para atingir a justiça, pois "a celeridade é um princípio geral do direito processual do trabalho – até porque a demora na solução dos conflitos de trabalho é nociva para a paz social –, mas é um princípio cuja natureza instrumental deve ser compreendida sob pena de perder a justiça para salvar a celeridade. É que a justiça deve ser acima de tudo justa. E para ser justa tem que ser célere, mas para ser célere não tem necessariamente que ser justa" (Silva, 1991: 34). Curiosamente, é esta preocupação de celeridade típica do direito do trabalho (entendido como direito social) que o torna de um ponto de vista civilista menos "nobre" do que o direito civil. Este último não cede às temporalidades de contingência como sucede com o direito do trabalho, regendo-se antes por princípios intemporais, o que o legitima como um direito "superior" (Commaille, 1998: 321-322).

Outra dicotomia estruturante da discussão em torno das temporalidades jurídicas é a que contrapõe a celeridade do direito e da justiça à segurança jurídica. O tempo jurídico é um aspecto importante quando falamos de segurança jurídica, ou seja, o tempo necessário para que haja uma construção de uma cultura jurídica, necessariamente adaptada à sociedade que procura regular, e de uma consolidação do próprio direito, nomeadamente nos seus princípios (Commaille, 1998: 320). O tempo de segurança jurídica é, deste modo, um tempo longo, característica essencial para a afirmação de uma cultura jurídica que não seja influenciada por factores meramente conjunturais. Mas o desfasamento entre os princípios do direito e as necessidades da sociedade podem provocar instabilidades, caso as leis não sejam suficientemente flexíveis ou adaptáveis às novas circunstâncias. Neste caso, exigências de curto prazo podem obrigar a alterações legislativas para que os próprios princípios gerais não sejam, em último caso, postos em causa e se possa, deste modo, alargar o âmbito de actuação do direito.

O tempo da administração da justiça é outro dos tempos jurídicos que inclui, em si mesmo, algumas contradições emergentes das dicotomias anteriores. Na maioria das vezes, este tempo é conotado com o problema da morosidade, nas suas diversas características. Como alerta Santos *et al.* (1996: 387-388), "todos estaremos de acordo que a duração excessiva de um processo judicial provoca, entre outras consequências (...), o desincentivo do recurso ao tribunal. Por isso a abordagem desta questão não pode deixar de considerar a celeridade processual como uma vertente importante do direito fundamental do acesso à justiça. Mas, por outro lado, a eficiência e a celeridade dos tribunais não podem pôr em causa a segurança e a protecção dos direitos dos cidadãos", situação que configura um direito constitucional.

A noção de tempo depende assim dos interesses em jogo e dos processos em causa. "Se no discurso (...) todos estão de acordo com os malefícios da lentidão processual, quando analisamos os diferentes interesses dos operadores verificamos que eles são conflituantes e podem ser satisfeitos quer com maior, quer com menor rapidez da resolução do caso" (Santos *et al.*, 1996: 388). Jacques Commaille refere que a prática judicial é feita de uma confrontação de temporalidades ou de "tempos estratégicos", bem ilustrada pela acção dos magistrados que, perante uma exigência de instantaneidade, acabam por valorizar um ritmo lento como atributo inerente ao próprio desempenho da sua função "até cultivar um sentido de intemporalidade e de elogio aos méritos do *status quo*, os únicos capazes de assegurar o respeito em relação à justiça" (cf. 1998: 320). Marc Bessin reforça esta posição afirmando que "o exercício da função de justiça inscreve-se numa polaridade temporal fundamental, entre o tempo longo do direito e o tempo segundo as contingências da sua interpretação, que permite uma melhor compreensão da prestação dos magistrados ao longo dos tempos. A pluralidade dos actores desenvolve estratégias contraditórias que se justapõem num mesmo *dossier* estabelecendo uma ligação estreita entre tempo e poder" (cf. 1998: 332).

Esta tensão entre tempo longo e tempo curto ou imediato é uma constante da prática judicial, e contribui, sobremaneira, para que se verifique um determinado equilíbrio entre os vários pólos em confronto, embora historicamente se verifiquem oscilações. A tensão em si é insuperável, mas as opções de curto prazo para resolver problemas acumulados podem implicar a oscilação, mesmo temporária, para um dos tempos. "O pólo de tempo longo a que aspira o mundo judiciário opõe-se a uma temporalidade mais curta e frágil, ligada à acção ou à decisão, por vezes pressionada pela urgência e sujeita a reversibilidades. É o tempo da realidade social e das contingências a partir das quais se deve interpretar o direito. A prática judicial não faz sentido a não ser dentro deste quadro temporal, afastando-se de facto deste tempo estável da lei (...) nas suas reversibilidades e incertezas" (cf. Bessin, 1998: 333).

Estes dois pólos ou lados opostos da mesma moeda têm sido analisados teoricamente, procurando alguns autores adoptar uma perspectiva de reciprocidade entre os sistemas simbólicos e as práticas materiais (Ribeiro, 1999: 698-699), ou, como refere Anthony Giddens (1984), estes dois aspectos são "dualisticamente estruturados". Este conceito permite efectuar uma reflexão sobre a estratégia dos actores envolvidos na adopção das diferentes temporalidades que mais se adequam à sua estratégia profissional, por vezes, imbuída de um espírito reproducionista da ordem institucional como forma de manutenção do *status quo* e do prestígio social. É nesse sentido que Giddens analisa um debate judicial, em que os actores judiciais fazem uso do seu conhecimento da ordem institucional onde se inserem como forma de conferir um determinado significado às suas posições, sendo que, "ao invocarem a ordem institucional (...) contribuem para a reproduzir" (*ibid*: 331). Carlos Ribeiro, ao utilizar a teoria de Giddens na reflexão sobre o significado da actividade judicial, considera que quando os actores judiciais, portadores da informação e conhecimento privilegiado, procuram pôr em "acção as suas capacidades constituídas pelas estruturas não só para reproduzir, mas também para criar e inovar", possibilitam a transformação das próprias estruturas que lhes deram capacidades para agir" (1999: 699).

Pierre Bourdieu (1987), na sua análise do campo jurídico[67], entende que a compreensão das práticas judiciais é fundamental para estudar as diferentes estratégias profissionais em conflito, que irremediavelmente acarretam uma noção de tempo distinta, senão mesmo antagónica. Carlos Ribeiro afirma que, embora diferentes na abordagem e nos conceitos utilizados, Giddens e Bourdieu partilham algumas semelhanças, nomeadamente nos conceitos de "actor informado" e "habitus", bem como na visão de estrutura, entendida por ambos como dual (1999: 701).[68]

A diversidade e complexidade dos tempos do direito e da justiça são um indicador bastante útil na compreensão dos valores sociais em que nos inserimos. A sua alteração ao longo dos tempos demonstra como as prioridades na resolução dos conflitos sociais dependem não só dos valores e princípios em vigor, mas também dos modelos ou paradigmas vigentes no sistema judicial. Se a sincronia entre os diversos tempos sociais, onde se insere o(s) tempo(s) do direito, fosse perfeita provavelmente não estaríamos a atravessar um período de grande turbulência, não só em termos judiciais, mas também ao nível das diferentes escalas sociais (Santos, 2001). Por conseguinte, a multiplicidade de tempos jurídicos, bem como a sua crescente complexificação, têm contribuído para o agudizar deste período de turbulência que o direito e a justiça atravessam.

A sociologia do direito contemporâneo tem desenvolvido várias perspectivas de análise para o estudo do tempo do direito, particularmente através do estudo da(s) morosidade(s) judicial(ais). Assim, e segundo a sistematização proposta por Santos *et al.*, (1996: 389), é possível agrupar os estudos sobre a morosidade em quatro perspectivas: análise em termos de oferta e de procura de serviços judiciais; análise organizacional dos tribunais; análise das culturas jurídicas locais; e análise com recurso à teoria dos papéis sociais (*role theory*).

---

[67] Por campo jurídico, Pierre Bourdieu entende "um universo social autónomo capaz, portanto, de produzir e de reproduzir, pela lógica do seu funcionamento específico, um corpo jurídico relativamente independente dos constrangimentos internos" (*in* Devillé, 1993: 62).

[68] Através de conceitos como "regras" e "recursos" ou "predisposições mentais" e "mundos dos objectos".

As várias perspectivas consideradas partilham a preocupação com o que se pode designar por problema da dessincronia entre o tempo da justiça ou do direito e tempo biográfico ou das partes. É praticamente um truísmo referir que existe uma descoincidência entre o que podemos designar por tempo público da justiça e do direito e o tempo privado das partes envolvidas num conflito judicializado. Efectivamente, a centralidade da discussão do problema da morosidade emerge, em termos de questão política e de cidadania, do hiato existente entre a procura e a oferta da justiça nas sociedades democráticas em tempo socialmente útil.

Como forma de abordar esta problemática utilizo três linhas de reflexão teórica. A primeira desenvolve-se de acordo com a proposta de Jacques Commaille (1998: 317), autor que, na esteira de Norbert Elias, considera que o tempo só existe na medida em que é composto por sociedades, grupos e instituições, o que permite construir a ideia de existência de diferenças de ordem social na forma de sentir o tempo e de o medir. Daqui decorre que não existe um tempo, mas tempos sociais ou uma multiplicidade de tempos sociais de acordo com a posição de Gurvitch (1973).[69]

A segunda é devedora da análise de Franco Ferrarrotti que propõe, seguindo ainda uma linha de reflexão sobre a multidimensionalidade do conceito de tempo, um mapa onde distingue quatro grandes categorias de tempos (1990: 107-108): o biográfico existencial, o histórico, o a-histórico ou sagrado e o natural. Os dois primeiros são unilineares e os dois últimos são cíclicos. O tempo biográfico existencial é um tempo em que o grupo primário funciona quase como uma prótese do indivíduo. Este tempo manifesta-se em três formas: a história da vida; a crónica da vida (*life stories*) e a autobiografia. O tempo histórico divide-se em tempo macro-histórico, tempo económico-conjuntural e tempo político-institucional, que por sua vez se dividem internamente em subcategorias. O tempo a-histórico ou sagrado permite revelar os ritmos e segredos do universo. Finalmente, o tempo natural corresponde aos tempos diúrno, nocturno e sazonal. Daqui decorre a ideia de que é possível estabelecer uma relação entre o tempo biográfico dos litigantes e o tempo político-institucional dos tribunais.

A terceira parte da ideia de que estamos perante um problema sócio-político, o qual compagina e articula diferentes níveis de análise e

---

[69] Aliás, a noção plural de tempo social tem sido *o leitmotiv* da teorização sociológica sobre o tempo. Consultar a título ilustrativo Ramos Torre (1992); Barbara Adam (1994, 1994a); Roger Sue (1994); George Ritzer (2002).

de diferentes escalas de tempo, tal como referi anteriormente. Quanto à temática dos níveis de análise, a observação genérica a fazer é a de que se podem identificar, a este propósito, quatro níveis: individual, organizacional, institucional e normativo. O estudo da morosidade da justiça, segundo esta perspectiva, conduz à relação que se estabelece entre os indivíduos e as estruturas sócio-culturais globalmente entendidas, quer estas digam respeito a organizações, quer a instituições, quer a normas. Como se compreenderá, não se trata apenas de dar respostas à questão analítica da relação entre o indivíduo e as estruturas sociais (ou, dito de outro modo, entre o subjectivo e o objectivo, entre o micro e o macro ou entre a acção e a estrutura), mas também, e sobretudo, de aferir das implicações políticas e de cidadania que dela decorrem para o campo da morosidade da justiça. No que diz respeito às diferentes escalas de tempo, a ideia nuclear de que parto é a de que estamos perante dois tempos sociais: o tempo da justiça ou do direito e o tempo biográfico ou das partes. O pressuposto epistemológico em causa é o de uma noção plural do tempo social: um tempo composto por muitos tempos.

Entre os "diferentes tempos" em presença identifico dois tipos básicos: por um lado, o tempo da justiça ou do direito resultante da combinação entre o tempo burocrático, organizacional ou administrativo dos tribunais[70] e o tempo do processo (resultante dos prazos fixados legalmente); por outro lado, o tempo biográfico ou das partes, resultante da combinação entre os ciclos de vida dos indivíduos, das suas expectativas e motivações e do seu interesse estratégico[71] em prolongar ou encurtar a resolução do litígio. A dessincronia entre os tempos sociais em presença constitui-se por excesso ou por defeito num elemento sociologicamente relevante na reflexão sobre os conflitos de trabalho e suas formas de resolução. Deste modo, pode considerar-se que o tempo da justiça pode ser um tempo de cidadania socialmente útil quando compagina a resolução célere de um litígio com a segurança jurídica das partes, mas também pode ser um tempo perverso quando constrange a procura de justiça, introduzindo desnecessariamente morosidade na resolução de um litígio.

---

[70] Estou sobretudo a pensar no que foi designado noutro trabalho por morosidade endógena, isto é, a que decorre do volume de serviço, das rotinas adquiridas, da negligência, etc. (Cf. Santos *et al.*, 1996: 432).

[71] Trata-se aqui do que foi identificado como morosidade funcional, isto é, aquela que é provocada por uma das partes ou em seu nome em defesa dos seus interesses (Santos *et al.*, 1996: 432).

Apesar da relação jurídica processual ter início com a propositura da acção, a duração de um processo não se esgota no período de tempo compreendido entre a entrada da acção em tribunal e a leitura da sentença em primeira instância. A este propósito, uma primeira chamada de atenção prende-se com a duração das fases pré-judicial e pós-judicial que remetem para questões como sejam a da escolha do momento para intentar a acção, o processo executivo, os recursos, etc. A duração processual real é aquela que decorre entre o início do processo e a resolução efectiva do litígio. Como foi analisado em Santos *et al.* (1996: 400), a sua medição deveria ser efectuada desde o início do processo até à resolução definitiva do litígio, seja em primeira instância ou em fase de recurso, ou até mesmo em sede de cumprimento coersivo dessa decisão através de um processo executivo. Esta abordagem do estudo da duração processual é, efectivamente, aquela que melhor capta as implicações sociológicas do efeito útil de uma decisão judicial. Só assim é possível comparar o tempo do processo judicial com o(s) tempo(s) social(ais) em que ocorrem as relações e interacções sociais que estão associadas a situações de conflitos sociais judicializados.

A construção teórica da duração dos processos deve, assim, distinguir a duração necessária do processo – o "prazo razoável" necessário à defesa dos direitos individuais e colectivos dos cidadãos – da morosidade, ou seja, toda a duração irrazoável ou excessiva do processo desnecessária à produção das partes intervenientes.

A duração necessária do processo deveria corresponder à duração legal do processo. No entanto, de acordo com investigação anterior, a própria lei é, em muitos tipos de processos, causadora de morosidade. Assim, a duração legal, poderá equivaler à duração necessária ou incluir, para além desta, procedimentos processuais que venham a ser qualificados num determinado momento como morosidade legal (excesso de formalismo ou formalismo desnecessário). A morosidade pode ser também organizacional ou endógena ao sistema e resultar do volume de serviço e/ou rotinas adquiridas, bem como da organização dos tribunais.

Por último, a excessiva duração dos processos judiciais (magistrados, advogados, partes, polícias, peritos, funcionários judiciais, etc.). Esta morosidade provocada pode ser não-intencional ou intencional. A primeira decorre da morosidade organizacional e consubstancia-se em comportamentos negligentes involuntários dos actores judiciários. A segunda é provocada por uma das partes no litígio, ou em seu nome, em defesa dos seus interesses. A fronteira entre o não-intencional e intencional é difícil de captar num sistema com grandes insuficiências organizacionais, razão pela qual só se pode considerar determinado acto como de morosidade provocada intencional quando tal facto resultar, sem margens para dúvidas, das metodologias usadas, o que significa eventualmente que alguns actos intencionais de morosidade sejam qualificados como não-intencionais.

Os indicadores utilizados no sexto capítulo sobre o tempo da justiça laboral circunscrevem-se ao estudo do tempo do processo e do tempo institucional, organizacional ou administrativo dos tribunais. O objectivo é duplo. Em primeiro lugar, procedo à análise do que foi designado por morosidade legal ou processual, visando o estabelecimento de um tempo que, de acordo com os prazos legais admitidos pela lei, poderemos designar como "tempo ideal" do processo. Em segundo lugar, procedo a uma caracterização estrutural do desempenho dos tribunais do ponto de vista da celeridade ou morosidade processual, atendendo ao tipo de acção, aos objectos dos conflitos, às partes envolvidas, ao patrocínio judiciário, etc.

1.3. Dos princípios de regulação sócio-política às barreiras ao acesso ao direito e à justiça

Uma das áreas mais importantes do campo de análise da sociologia do direito é a do acesso ao direito e à justiça (Jacques Faget, 1997; Ferreira e Pedroso, 1999; Goldstein *et al.* 1997; Santos, 1994, 1995, 2002; Santos *et al.*, 1996). Para além dos desenvolvimentos recentes verificados no estudo desta problemática (Regan *et al.*, 1999; Paterson e Goriely, 1996), os trabalhos de Mauro Cappelletti e Brian Garth (1978), realizados nos finais dos anos setenta, continuam a ser uma referência incontornável. Os autores assinalaram a existência de dois níveis de análise do acesso: o primeiro, identifica o acesso ao direito e à justiça com a igualdade no acesso ao sistema judicial e à representação por advogado num litígio; o segundo nível é mais amplo, pois relaciona o acesso ao direito com a garantia de efectividade dos direitos individuais e colectivos. Como assinala Santos (1994: 82), este último nível de análise do acesso convoca uma visão mais pluralista que o primeiro e a utilização de uma vasta gama de instrumentos jurídicos que, potencialmente, envolve todo o sistema jurídico e não só o judicial.

A concepção mais ampla do acesso ao direito e à justiça evidencia a sua importância enquanto interface entre os sistemas social, político, jurídico e judicial. Neste sentido, Boaventura de Sousa Santos considera que "o acesso ao direito e à justiça é a pedra de toque do regime democrático. Não há democracia sem o respeito pela garantia dos direitos dos cidadãos. Estes, por sua vez, não existem se o sistema jurídico e o sistema judicial não forem de livre e igual acesso a todos os cidadãos independentemente da sua classe social, sexo, raça, etnia e religião" (Santos *et al.*, 1996: 483). O acesso ao direito e à justiça é também uma forma de acesso ao político, o que pressupõe um espaço público, onde todos possam expressar a sua opinião ou fazer valer os seus direitos na busca de uma solução para os conflitos, sendo as barreiras ao acesso à justiça encaradas como barreiras ao exercício da cidadania e à efectivação da democracia. Com efeito, o grau de realização da igualdade real, e não meramente formal dos cidadãos perante a lei, é sempre um indicador da qualidade da cidadania e da vida democrática, constituindo o caso concreto do acesso ao direito e à justiça laborais, pelo lugar estrutural ocupado pelas relações de trabalho nas sociedades capitalistas, exemplo paradigmático da concretização prática dos princípios da igualdade e justiça sociais.

A perspectiva ampla da noção de acesso ao direito e à justiça utilizada é particularmente útil no estudo dos fenómenos sócio-jurídicos relativos às relações laborais, por ser uma área social caracterizada concomitantemente pelo elevado grau de juridificação (quer se trate de *hard law* ou de *soft law*) e pelos evidentes e fortíssimos índices de inefectividade normativa.

Enquanto *locus* de intersecção entre o político e o jurídico-judicial, a questão do acesso revela-se um excelente indicador sociológico do grau de contradição ou compatibilização entre os diferentes princípios de regulação sócio-políticos, bem patente nas relações que se estabelecem entre o direito processual e a justiça social e a igualdade jurídico-formal e a desigualdade sócio-económica.[72] O seu estudo implica a identificação do papel desempenhado pelo Estado e sociedade civil e pelas esferas pública e privada, bem como da articulação entre os princípios de regulação do Estado, do mercado, da comunidade e da associação de forma análoga à que ocorre no sistema de resolução dos conflitos (Ferreira, 2003).

Importa ainda referir que, da articulação normativa e da combinação substantiva existente entre os mecanismos facilitadores do acesso ao direito e as barreiras a esse mesmo acesso, emerge uma determinada

---

[72] Ainda a este propósito, mas num outro registo, é possível assinalar que as estratégias desenvolvidas pelas profissões jurídicas face ao mercado da consulta jurídica revelam que o acesso ao direito e à justiça não representam somente uma questão democrática, mas também financeira (cf. Faget, 1995).

forma ou modo de regulação da conflitualidade social. Com efeito, as barreiras colocadas ao acesso ao direito e à justiça, quer sejam de índole económica, social, cultural ou política, funcionam como uma "válvula de segurança" reguladora da tensão existente entre a conflitualidade potencial e a conflitualidade que efectivamente chega ao sistema judicial.

As desigualdades sociais e políticas são filtradas pelas barreiras ao acesso, que concorrem para a regulação das discrepâncias existentes entre os princípios políticos e jurídicos democráticos e as práticas sociais e organizacionais concretas, impedindo assim a existência de uma correspondência directa entre os níveis de conflitualidade social e os de conflitualidade jurídica. Ao impedirem o isomorfismo entre os níveis de conflitualidade político-social e a sua judicialização, as barreiras ao acesso contribuem para a governabilidade dos sistemas políticos. Esta é a sua função política.

A combinação analítica entre os princípios de regulação sócio-política e a questão do acesso ao direito e à justiça fica bem patente na "metáfora das três vagas" no acesso proposta por Mauro Cappelleti e Brian Garth. De modo a eliminar, ou pelo menos a atenuar os obstáculos no domínio do acesso ao direito e à justiça, vários países, após a Segunda Guerra Mundial, procederam a reformas legais e de transformação das profissões jurídicas.[73] Nos Estados Unidos da América, desenvolveu-se um movimento de reformas legais e de programas de apoio aos cidadãos que passou por várias fases. A primeira vaga, ou fase, teve início em 1965 e consistiu num movimento caracterizado pela defesa e promoção de apoio judiciário aos cidadãos de menores rendimentos, designadamente através dos *Neighborhood Offices*.[74] Nesta fase foi sobretudo a iniciativa estatal que conduziu à promoção da facilitação do acesso. A segunda fase estendeu este movimento, a partir de 1970, à promoção de representação dos interesses difusos[75] com o desenvolvimento das *public interest law firms* (defesa dos consumidores, ambiente, etc.), subsidiadas pelo Estado, comunidades e fundações, evidenciando a importância da complementa-

---

[73] Sobre o problema do acesso à justiça conferir, entre outros, Galanter (1993).

[74] A reforma começou nos EUA, em 1965, com o *Legal Service Program of the Office of Economic Opportunity* (OEO). Em 1972, a França substituiu o seu sistema de apoio judiciário do séc. XIX, baseado em serviços gratuitos prestados pela Ordem dos Advogados. Em Maio de 1972, a Suécia implementa o novo programa. Dois meses mais tarde, o *English Legal Advice Assistance Act* expandiu a rede de 1949, sobretudo na vertente de informação jurídica.

[75] Sobre a tutela judicial dos interesses difusos conferir, entre outros, Antunes (1990).

Capítulo III 121

ridade dos princípios de regulação do Estado e da comunidade. A terceira vaga iniciou-se ainda nos anos setenta, colocando a ênfase na mudança das instituições de resolução de litígios, isto é, na criação de meios alternativos de resolução de litígios menos formais que os tribunais, os chamados ADR – *Alternative Dispute Resolution* (Resolução Alternativa de Litígios – RAL).[76] Conforme foi referido na análise do sistema de resolução dos conflitos, os ADR's podem emergir do princípio associativo ou resultar da combinação deste com o princípio de regulação de base estatal, podendo assumir um carácter mais ou menos formal.[77]

Os princípios da igualdade político-jurídica aplicados às relações laborais deparam-se com três factores de bloqueio: a politização do fenómeno não democratizou as relações laborais; o processo de juridificação evidencia a discrepância entre a *law in books* e a *law in action*; e, finalmente, a justiciabilidade dos direitos laborais não se traduzem numa mobilização generalizada dos tribunais, isto é, a justiciabilidade em matéria laboral enfrenta inúmeras barreiras até se judicializar. Apesar das intervenções políticas, da densidade normativa ou mesmo da inflação legislativa, a falta de efectividade das normas em vigor é um fenómeno sociológico que marca esta área social.

Os factores de bloqueio político-jurídicos e a inefectividade das normas combinam-se com a problemática do acesso ao direito e à justiça, nomeadamente no que se reporta às barreiras e obstáculos impeditivos da

---

[76] A referência às três vagas, segundo a designação de Cappelletti, fundamenta-se na observação de uma sucessão de factos produzidos nos EUA. Em alguns pontos encontra-se uma evolução comparável na Europa, mas há que ter em conta a diferença dos contextos.

[77] O espaço mundial também exerce a sua influência no domínio do acesso. Refira-se, a este propósito, o entendimento do acesso ao direito e à justiça como direito humano consagrado na Declaração Universal dos Direitos Humanos proclamada pela organização das Nações Unidas, em 10 de Dezembro de 1948, que refere no seu artigo 8.º que "toda a pessoa tem direito a recurso efectivo para as jurisdições nacionais competentes contra os actos que violem os direitos fundamentais reconhecidos pela Constituição e pela lei". A Convenção de Roma, de 4 de Novembro de 1950, modificada ou acrescentada por sucessivos protocolos, e que constitui hoje a Convenção Europeia dos Direitos do Homem, reitera igualmente a ideia do "direito a um processo equitativo". Por outro lado, e no âmbito das recentes políticas de reforma e de harmonização do acesso ao direito e à justiça na UE, podem mencionar-se, entre outras, o Conselho Europeu de Tampere 1999, os Tratados de Maastricht e de Amesterdão, o Livro Verde da Comissão Europeia sobre a assistência judiciária civil (2000), o Livro Verde da Comissão Europeia sobre os modos alternativos de resolução dos litígios em matéria civil e comercial (2002), bem como as resoluções e recomendações do Conselho da Europa.

efectividade desta normatividade. No que a esta matéria diz respeito, sustenta-se que a discussão deve ser feita envolvendo cinco perspectivas (Ferreira, 2003: 257 ss.).

A primeira perspectiva é do acesso ao mercado de trabalho formal, cuja ausência, ou não, parece determinar as condições de acesso ao próprio direito do trabalho e sua justiça. No quadro desta perspectiva, e não obstante as ga-rantias constitucionais no que respeita aos Direitos, Liberdades e Garantias e Direitos Económicos e Sociais, a existência de uma relação contratual formal parece condicionar a possibilidade de acesso ao direito do trabalho e sua justiça, facto para o qual concorre a fixação do sentido normativo da noção "legislação do trabalho". Pela análise da legislação, doutrina e jurisprudência laborais, no que toca à tutela constitucional e positiva das situações de discriminação no mundo do trabalho, podemos concluir que a eficácia dessa tutela é maior quando já existe um vínculo contratual formal do que quando ele é procurado, isto é, a formalização jurídica das relações de trabalho conduz mais facilmente ao reconhecimento da discriminação *ex post* do que a discriminação *ex ante* da titularidade de direitos. São variadas as situações de discriminação no acesso ao trabalho, logo situações de discriminação no acesso ao direito do trabalho e sua justiça, por exemplo, em função do sexo, da etnia, da idade, do grau de deficiência, etc.

A segunda perspectiva repousa no reconhecimento da *existência* de zonas de inclusão e de exclusão nas estruturas nomológica e epistemológica do direito do trabalho. Neste caso, podemos referir a *existência* de uma discriminação no acesso ao objecto do direito do trabalho, como sucede em muitas relações sociais que configuram situações de trabalho familiar, de trabalho autónomo ou auto-determinado, ou situações cujo vínculo contratual remete para outras áreas do direito, como sucede com os funcionários públicos e pessoal de certos institutos públicos (Fernandes, 2001). Também o modelo da relação individual de trabalho, subjacente ao enquadramento jurídico da Lei do Contrato de Trabalho de 1969 e mantido no Código do Trabalho, ao optar pela subordinação jurídica como "critério delimitador das relações de trabalho tuteladas, conduziu inevitavelmente a que o direito do trabalho perdesse boa parte da sua racionalidade enquanto ordenamento protector de situações de carência económica e debilidade contratual. Ficam à margem as formas de trabalho autónomo, caracterizadas pela dependência económica de quem o exerce, e são abrangidas, de modo totalmente indistinto, as situações dos quadros e dirigentes de empresa" (Fernandes, 2001). Conforme estudado noutro local (Ferreira, 2003), a análise do mercado de trabalho deixa perceber que este modelo jurídico de regulação das relações de trabalho permite, na prática, a coexistência de múltiplas relações de trabalho dependente, apesar de só algumas serem tuteladas juridicamente pelas normas laborais. A confrontação do quadro de referência jurídico-laboral regulador das relações de trabalho com os processos de contratação de mão-de-obra, e com as práticas sociais emergentes do mercado de trabalho, patenteiam o seu desajustamento face às novas modalidades e tipos de trabalho subordinado e dependente. Esta discrepância concorre para a situação anómica experimentada pelo mercado de trabalho, a qual se constitui numa barreira ao acesso ao direito laboral.

A terceira perspectiva assenta nos estudos realizados pela sociologia do direito, que identificam três tipos de obstáculos ao acesso efectivo à justiça por parte das classes mais desfavorecidas: económicos, sociais e culturais (Santos *et al.,* 1996: 486). Em primeiro lugar, a questão dos custos económicos que compreendem preparos e custas judiciais, honorários de advogados, gastos de transportes, custos resultantes da morosidade, custos resultantes da prova testemunhal e faltas ao trabalho, etc. Em segundo lugar, e no que diz respeito aos obstáculos sociais e culturais no domínio laboral, para além da distância em relação à administração da justiça e do desconhecimento dos direitos que estão em relação directa com o *status* socioeconómico dos potenciais mobilizadores do sistema judicial, deve ter-se igualmente em consideração obstáculos que estão associados à situação de dependência e subordinação dos trabalhadores face aos empregadores, a precariedade de muitas relações de trabalho, o desemprego e a fragilização das identidades profissionais, factores que configuram contextos de insegurança potenciadores da percepção do risco de litigar e da escusa do recurso à justiça laboral.

Deste modo, os vínculos laborais precários e o trabalho atípico relacionam-se não só com o receio dos trabalhadores em se sindicalizarem, de terem atitudes reivindicativas e de participar em greves, mas também com o medo de expressar o seu conflito individual de trabalho. Assim, mesmo reconhecendo um problema como jurídico e como violação de um direito, a situação vivida no mercado de trabalho impede que os trabalhadores se disponham a interpor a acção.

Dois factores parecem explicar esta desconfiança ou esta resignação: por um lado, experiências anteriores com a justiça, de que resultou uma alienação em relação ao mundo jurídico (uma reacção compreensível à luz dos estudos que revelam ser grande a diferença de qualidade entre serviços advocatícios prestados às classes de maiores recursos e os prestados às classes de menores recursos)[78]; por outro lado, uma situação geral de dependência e de insegurança, que produz o receio de represálias, se se recorrer aos tribunais.

Também a distância dos cidadãos da administração da justiça é tanto maior quanto mais baixo é o estrato social a que pertencem e o nível de habilitações e qualificações que possuem. Os trabalhadores nestas circunstâncias tendem a conhecer pior os seus direitos e, portanto, a ter mais dificuldades em reconhecer como jurídico um problema que os afecta – ignoram quer os direitos em jogo, quer as possibilidades da sua reparação jurídica, é o que sucede em muitas situações de trabalho envolvendo imigrantes, trabalhadores em situação ilegal e situações de discriminação sexual.

A quarta perspectiva parte da ideia de existir um processo selectivo na constituição das barreiras ao acesso aos tribunais, nos termos do qual a mesma estrutura de mobilizadores dos tribunais, isto é, a mesma estrutura de procura está na base de uma estrutura de litigação efectiva (associada a conflitos de trabalho tradicionais como o despedimento ou questões pecuniárias) e de uma estrutura de litigação ausente ou rarefeita (associada a conflitos emergentes das situações de discriminação directa e indirecta, trabalho informal, segurança, saúde e higiene no trabalho, etc.). Apesar das barreiras constrangerem a procura dos tribunais de trabalho, existem ainda inúmeros conflitos que as ultrapassam. De entre estes, são de destacar os que emergem das relações laborais associadas às situações de dualismo e segmentação do mercado de trabalho, de desqualificação da mão-de-obra, de desemprego e de crise social. A eles se encontra associada uma litigação defensiva, incidindo sobre questões relacionadas com o despedimento e com o salário. Esta estrutura de litigação efectiva e mobilizadora dos tribunais é comum e transversal a trabalhadores e a trabalhadoras e reflecte a judicialização deste tipo de conflitos. Contudo, existe paralelamente uma estrutura de litigação ausente, onde se incluem os litígios potenciais associados às formas de discriminação directa e indirecta, que dificilmente se judicializam tendo um impacto quase inexistente na mobilização dos tribunais de trabalho. Neste caso, a selectividade da litigação traduz-se então nas barreiras colocadas aos conflitos que apenas dizem respeito às trabalhadoras.

---

[78] O peso das experiências anteriores com a justiça na conformação das expectativas sobre a eficácia do recurso aos tribunais resulta evidente nos resultados do inquérito realizado por Santos *et al.* (1996).

Com efeito, as análises sócio-jurídicas revelam que a problemática da discriminação social no acesso à justiça é um fenómeno muito mais complexo do que à primeira vista pode parecer, pois, para além das condicionantes económicas e normativas, sempre mais óbvias, envolve condicionantes sociais e culturais resultantes de processos de socialização e de interiorização de valores dominantes muito difíceis de transformar.

A quinta perspectiva resulta da identificação das barreiras institucionais ao acesso ao direito que podem ser de dois tipos. Em primeiro lugar, as que resultam das orientações selectivas do estado na fiscalização das normas laborais. Admitindo-se que a actuação do Estado, através da Administração Pública, nomeadamente das organizações a que estão acometidas funções de autoridade pública no domínio da fiscalização da legalidade, não consegue intervir simultaneamente em todas as áreas reguladas por lei, as opções estatais neste domínio acabarão por resultar na não fiscalização, ou fiscalização selectiva de algumas delas. Estas opções estão patentes, por exemplo, nos planos de actividade e relatórios anuais da Inspecção-Geral do Trabalho, constituindo um indicador privilegiado deste mecanismo de selectividade.

Em segundo lugar, as que estão associadas à sensibilização dos agentes do Estado com responsabilidades de fiscalização e de controlo da legalidade na área laboral. A aposta ou não na formação destes actores sociais é determinante para a emergência de uma cultura e uma prática jurídico-judiciais enformadas por uma preocupação relativamente às especificidades do mundo laboral.

1.3.1. A facilitação do acesso no domínio laboral: os princípios de regulação do Estado e da comunidade

O princípio de regulação de base estatal tem, no domínio do acesso, um papel relevante. Com efeito, as reformas e o desenvolvimento dos sistemas de acesso ao direito e à justiça estão em estreita relação com a consolidação do *Welfare State*. Este implica uma sociedade na qual o Estado desempenha um papel considerável, numa economia que continua sobretudo nas mãos de particulares e em que o Estado se ocupa em melhorar as condições económicas e sociais dos mais desfavorecidos – cidadãos com vulnerabilidades económicas, minorias, locatários, assalariados ou detentores de interesses difusos. A produção legislativa em favor dos mais carenciados é uma indiscutível característica do Estado-Providência. Interessa, porém é que tais disposições não se tornem letra morta, incitando os mais desfavorecidos a exigir a aplicação dessas leis e regulamentos feitas em seu benefício. Lawrence M. Friedman (1984: 248--265) observa que novas forças sociais estiveram na base da extensão dos direitos que se criaram no Estado-Providência. Porém, não é líquido que essas mesmas forças consigam assegurar a garantia prática de tais direitos assim instituídos, facilitando o acesso à justiça de demandantes ou de beneficiários dos designados novos direitos.

Segundo o autor, há que distinguir três questões às quais correspondem três tipos diferentes de interesses presentes na nossa sociedade: os interesses que uma pessoa tem enquanto membro de um grupo; os que pode ter como membro de uma comunidade e os que tem enquanto cidadã de um Estado. Como membro de um grupo, pode ser parte num litígio de grupo; enquanto indivíduo que vive numa dada comunidade, pode ter uma querela com outro membro dessa comunidade; como cidadão, pode apresentar uma reclamação contra o Estado ou contra qualquer grande organização. Estes três tipos de interesses apelam a diferentes estratégias para melhorar a justiça na sociedade. De acordo com Friedman, a melhor definição de acesso à justiça deve-se a Cappelletti, ao referir que consiste nos "meios graças aos quais os direitos se tornam eficazes".

A expansão do Estado-Providência ou assistencial, ocorrida no período do capitalismo organizado, ficou marcada no campo das relações de trabalho não só pela continuação do processo de juridificação laboral iniciado ainda no período do capitalismo liberal, mas também pela emergência da cidadania social. Assistiu-se assim à "conquista de significativos direitos sociais, no domínio das relações de trabalho, da segurança social, da saúde, da educação, e da habitação" (Santos, 1994: 210), entre os quais se pode incluir o acesso ao Direito e à Justiça. Entendido como direito social, o direito à justiça pressupõe uma acentuação positiva do Estado, especificamente destinada a assegurar o respectivo cumprimento (Almeida, 1982: 183). Enquanto direito de cidadania, o acesso ao Direito e à Justiça laborais convoca um "dever do Estado para os seus membros" que não se esgota na "reivindicação de benefícios garantidos pelo Estado" (Barbalet, 1989: 38), pressupondo antes a "função promocional do direito".[79]

---

[79] Consultar Bobbio (1990: 365), Anòn *in* Lucas *et al.,* (1992: 124) e Arnaud e Dulce (1996: 1389).

É aliás no quadro da consagração constitucional dos novos direitos económicos e sociais, e da sua expansão paralela à do Estado-Providência, que o direito ao acesso efectivo à justiça é considerado por Santos (1994) um "direito charneira" (*ibidem*). Ainda segundo o autor, os novos direitos sociais, destituídos de mecanismos que fizessem impor o seu respeito, não passariam de meras declarações políticas de conteúdo e função mistificadora. Na sequência destes argumentos, considera-se que a organização da justiça e a tramitação processual não podem ser reduzidas à sua dimensão técnica socialmente neutra – como era comum serem concebidas pela teoria processualista –, devendo investigar-se as funções sociais desempenhadas e, em especial, o modo como as opções técnicas no seu seio veiculam opções a favor ou contra interesses sociais divergentes ou mesmo antagónicos.

A atitude positiva e promocional do Estado no domínio do acesso é tanto mais importante quanto menor for a capacidade de respostas da sociedade civil. Perante o crescente poder das organizações produtivas e a atomização e individualização da regulação das relações de trabalho, torna-se necessário promover a minimização do risco de não acesso à justiça e ao direito dos indivíduos e grupos mais susceptíveis de serem alvo de discriminação.

O princípio de regulação da comunidade, tal como foi definido anteriormente, envolve a actuação dos sindicatos[80], no plano dos serviços prestados aos sócios no domínio do acesso ao direito e à justiça do trabalho. De acordo com investigações realizadas tendo por objecto o papel dos sindicatos perante o sistema judicial (Treu *et al.,* 1976) estabeleceu-se que o seu desempenho se encontra relacionado com a capacidade organizacional, com o seu grau de integração na estrutura social e com o nível de organização. Deste modo, pode afirmar-se que a função facilitadora do acesso à justiça desempenhada pelos sindicatos está dependente do poder sindical.

Segundo Jelle Visser, o poder dos sindicatos depende de factores internos e externos, podendo distinguir-se entre o poder organizacional, o

---

[80] Segundo Barreto (1991: 420 e ss.), existem três planos de acção sindical: o da negociação colectiva, o da acção política e o dos serviços prestados aos associados. Na sua investigação, o autor apenas analisa os dois primeiros. Num outro registo, Ronsanvallon, (1988: 22-23) refere que o sindicalismo cumpre uma tripla função que constitui a sua essência: "representar grupos sociais", "contribuir para a regulação social", "organizar a solidariedade no interior do grupo".

128   *Trabalho procura Justiça*

poder institucional e o poder económico dos sindicatos (Visser, 1996). De acordo com a proposta de Jensen *et al.*, a análise do poder real e potencial dos sindicatos pode ser conduzida a três níveis: o poder dos sindicatos em situações de conflito; o poder institucional das organizações sindicais; e a força política ou poder das organizações sindicais (Jensen *et al.*, 1995: 12 ss.). Ainda que uma discussão ampla da questão do acesso e do poder dos sindicatos convoque o conjunto de factores e níveis de análise propostos pelos autores, a sua capacidade organizacional e institucional dos sindicatos é a que mais se relaciona com a função facilitadora do acesso.

No entanto, a função facilitadora dos sindicatos no acesso ao direito e à justiça laborais não pode ser dissociada do papel desempenhado por estes em processos sociais mais vastos, como os da constituição de pactos sociais e da institucionalização dos conflitos entre o capital e o trabalho. Por outro lado, a função facilitadora dos sindicatos no acesso à justiça do trabalho, ao relacionar-se com a representação e organização de interesses e a intermediação social, pode ser perspectivada como um elemento neocorporativo. Para além do papel que desempenham na consulta jurídica e assistência judiciária aos trabalhadores, os sindicatos são chamados a intervir e a participar em formas de administração da justiça laboral de base bipartida ou tripartida, subjacentes aos quais estão princípios neocorporativos.[81]

No quadro desta argumentação, a análise da função facilitadora dos sindicatos no acesso à justiça deve ser acompanhada pelo estudo do seu papel nos diferentes espaços públicos e privados onde ocorrem práticas de diálogo social, de negociação, concertação[82], auto-regulação[83], ou "regulação" colectiva dos conflitos sociais.[84] Só através desta forma se pode ter uma imagem de conjunto do desempenho das organizações dos

---

[81] Consultar Rogowski (1985). Como se sabe, em Portugal têm falhado as experiências de institucionalização de mecanismos de resolução de conflitos de trabalho tendo por base o diálogo social.

[82] As práticas neo-corporativas podem assumir diferentes níveis micro, macro e meso. Sobre esta questão consultar, entre outros, Marques e Ferreira (1991) e Williamson (1989), bem como a bibliografia aqui citada.

[83] Uma análise aprofundada da relação entre as teorias neocorporativas e as teorias da auto-regulação é feita por Vital Moreira (1996).

[84] A associação analítico-teórica envolvendo as noções de pacto, acordo, concertação, regulação, auto-regulação e gestão colectiva dos conflitos é desenvolvida por Arbós e Giner (1993: 40-50).

trabalhadores, enquanto actores da regulação jurídica do trabalho, quer se trate do seu papel na "produção do direito" do trabalho – participação na "elaboração da legislação do trabalho"; participação "nos organismos de concertação social"; exercício do "direito de contratação colectiva" – quer no da "aplicação" do direito do trabalho – participação "na gestão das instituições da segurança social e outras organizações que visem satisfazer os interesses dos trabalhadores"; participação "no controle de execução dos planos económico-sociais"; participação na administração da justiça, participação nos conselhos de saúde, segurança e higiene no trabalho; participação e intervenção na vida das empresas.

O papel facilitador dos sindicatos no acesso à justiça laboral é de crucial importância no mundo do trabalho, uma vez que este se caracteriza sócio-juridicamente tanto por uma dimensão marcadamente conflitual das relações sociais, como pela falta de efectividade das normas que regulam as relações de trabalho. O mundo do trabalho é estruturalmente um espaço gerador de conflitos sociais, onde através da contraposição das partes – trabalhadores e empregadores – resultam frequentemente conflitos judicializáveis e/ou conflitos jurídicos, os quais em qualquer dos casos podem pôr em causa a efectividade das normas laborais (colectivas ou estatais) que regulam as relações de trabalho.

Os conflitos de trabalho apresentam duas características relevantes para a esta discussão. Por um lado, a dimensão colectiva própria dos conflitos de trabalho decorrentes da existência de interesses colectivos dos trabalhadores; por outro lado, a posição de poder em que se encontra o empregador no "espaço de produção" e que favorece a possibilidade das normas jurídicas favoráveis aos sujeitos mais débeis encontrem obstáculos à sua aplicação. No que diz respeito a esta última, "não pode ser ignorado que a aplicação do Direito do Trabalho é mediatizada pela entidade patronal, que detém os poderes de autoridade e de controlo sobre os trabalhadores, os quais muitas vezes não estão em condições de se oporem a uma inaplicação ou má aplicação das normas laborais" (Xavier, 1994: 105).

Da conjugação entre a histórica dimensão colectiva do direito do trabalho e a protecção dos interesses individuais dos trabalhadores como parte mais débil na relação de trabalho e, portanto, mais sujeita aos poderes discricionários, fácticos e informais (Crozier, 1974) das entidades patronais, resulta a necessidade dos sindicatos desempenharem um papel de charneira na facilitação do acesso à Justiça e ao direito do trabalho. É neste sentido que se entende a atribuição de legitimidade a sujeitos colectivos privados para que possam actuar na defesa judicial dos interesses individuais e colectivos dos trabalhadores.[85]

Perante a actual fase que atravessam os sistemas de relações laborais, caracterizada pela crise do movimento sindical (expressa pela alteração dos padrões de conflitualidade colectiva e pelo fenómeno da dessindicalização), pela "fragmentação" e "desagregação" das classes trabalhadoras e pela emergência de um "neo-individualismo" laboral, a função facilitadora dos sindicatos no domínio do acesso adquire uma enorme centralidade e constitui-se em fonte de legitimação do poder sindical. Para esta importância da temática do acesso para o movimento sindical contribui o recuo da dimensão colectiva do direito do trabalho e o pronunciamento das tendências de "recivilização" do direito do trabalho (expressas normativamente em muitas medidas de desregulamentação e flexibilização das relações e mercados de trabalho, bem como nas práticas de contratação, promoção profissional ou despedimento levadas a cabo pelas políticas de recursos humanos).

O domínio do acesso à justiça e direito do trabalho, entendido em sentido amplo, têm-se vindo a constituir num espaço de intervenção sindical, de onde podem emergir contra-tendências emancipatórias de carácter colectivo, oponíveis à tentação neoclássica individualista e liberal que vai pontuando os debates sobre o direito do trabalho. Neste sentido, o desempenho dos representantes dos trabalhadores, no encaminhamento destes para os advogados das associações sindicais, deve pautar-se por práticas de carácter promocional e não por práticas de carácter selectivo baseadas no estatuto de associado.[86]

---

[85] Seria também relevante discutir a questão do acesso ao direito e à justiça laborais de uma forma ampla, por forma a incluir não só o acesso ao direito e à justiça dos trabalhadores individuais, mas também o acesso ao direito do trabalho por parte dos sindicatos e organizações de trabalhadores. Desta perspectiva se poderá então apreciar a situação da negociação colectiva e das formas de resolução dos conflitos colectivos de trabalho jurídicos e de interesses. É de assinalar que o estudo dos processos de conciliação nos conflitos colectivos revelou que estes induzem situações de procura suprimida e que a prática de contratação bilateral, quando estão envolvidos mais do que um sindicato, enviesa os resultados de produção normativa colectiva. A capacidade real de muitos sindicatos prepararem os estudos e fundamentação económicos, que estão na base dos processos negociais e que são exigidos por lei no caso dos processos de conciliação, (cf. DL n.º 519-C/79 de 29 de Dezembro) é muito discutível. As dificuldades que os sindicatos atravessam na actual crise do movimento sindical sugerem mais esforço por parte da administração do trabalho de um "apoio técnico-jurídico" aos sindicatos necessitados.

[86] A este propósito confiram-se os exemplos dados por Luísa Oliveira (1998: 217) e Elísio Estanque (2000), quando referem a prática sindical segundo a qual só têm acesso aos serviços jurídicos os trabalhadores que pagarem retroactivamente quotas em atraso.

Conclusão

A centralidade analítica e substantiva atribuída aos tribunais de trabalho conduziu ao desenvolvimento de um modelo de análise da sua actividade. Parti da ideia de que uma perspectiva sócio-jurídica do judicial-laboral deve proceder a uma análise integrada das tendências internas dos tribunais de trabalho e dos contextos em que estes operam. Por outro lado, é notória a ausência de investigações que reflictam sobre o impacto da actividade dos tribunais de trabalho no sistema de relações laborais, no mercado de trabalho, na efectividade da legislação laboral ou nos resultados da sua aplicação. O modelo procura esclarecer o conjunto de articulações e influências emergentes da relação dos tribunais de trabalho com os seus contextos. Este modelo estrutura-se em torno de quatro dimensões: (1) dinâmicas sócio-económicas, padrão de litigação e cultura jurídica; (2) os tribunais como forma de resolução dos conflitos; (3) os tempos da justiça laboral; (4) o acesso aos tribunais: barreiras e elementos facilitadores. São estas as dimensões de análise que virão a ser operacionalizadas no estudo dos tribunais de trabalho em Portugal.

No âmbito desta proposta, desenvolvi um conjunto de indicadores sobre a qualidade da actividade do judicial-laboral cuja operacionalização se faz nos capítulos subsequentes. Estes estruturam-se em torno de dois grandes grupos: (1) indicadores quantitativos e indicadores qualitativos; (2) indicadores macro, meso e micro-sociológicos. Refira-se que estes indicadores se combinam de diferentes formas. Por exemplo, os indicadores quantitativos, ao nível macro-social, resultam, entre outros, da combinação entre a taxa de desemprego, a taxa de actividade, ou o PIB e a mobilização, ao nível nacional, dos tribunais de trabalho. Ainda no plano quantitativo, é possível desenvolver uma análise sectorial, conjugando a dimensão das empresas, a taxa de cobertura da negociação colectiva, ou a taxa de incidência dos acidentes de trabalho com as acções declarativas de contrato e de acidentes de trabalho. Também é possível desenvolver semelhante análise ao nível local, identificando as diferentes propensões para a litigação na taxa de judicialização dos conflitos, nos vários tribunais de trabalho.

Quanto aos indicadores qualitativos posso dar como exemplos a existência de formas alternativas de resolução de conflitos, a efectividade das formas de resolução alternativas de litígios, a participação dos parceiros sociais na administração da justiça através dos juizes sociais, a análise de conteúdo dos resultados de sentenças e autos de conciliação e a identificação do tipo de contrato (a termo, por tempo indeterminado, etc.) subjacentes aos processos.

O papel desempenhado por sindicatos ou pelo Ministério Público, por sua vez, relacionam-se com a maior facilitação do acesso e, eventualmente, com a desocultação de alguns tipos de conflitos.

CAPÍTULO IV

O sistema de resolução
dos conflitos laborais português

Introdução

O presente capítulo tem por objectivo analisar a dinâmica de funcionamento do sistema de resolução dos conflitos laborais português estudando de uma forma integrada o desempenho de cada um dos seus elementos. Os resultados substantivos emergentes das combinações e articulações estabelecidas entre os diferentes princípios de regulação sócio--política e formas de resolução dos conflitos estudados no capítulo anterior evidenciam que este sistema se caracteriza pelos seguintes aspectos: centralidade do princípio de regulação estatal; debilidade do princípio associativo ou do diálogo social; e desfasamento entre a regulação prática das relações laborais e o exercício dos direitos laborais.

O capítulo encontra-se organizado em torno de quatro tópicos. No primeiro, assinalam-se alguns dos aspectos relacionados com o processo de institucionalização do sistema de resolução dos conflitos laborais português. No segundo, atende-se à influência dos factores exógenos na constituição do sistema, nomeadamente ao papel desempenhado pela UE e pela OIT. Nos terceiro e quarto tópicos, caracterizam-se as formas de resolução dos conflitos colectivos e individuais.

Os traços predominantes do padrão de resolução dos conflitos laborais português encontram-se sintetizados nos quadros n.º 1 e n.º 4 que adiante apresento. Os elementos substantivos que conferem densidade sociológica à proposta ilustrando as articulações e cruzamentos entre os princípios de regulação socio-política e os instrumentos de resolução dos conflitos tiveram como fontes a análise de conteúdo da legislação laboral, acordos de concertação, programas de governo, documentação relativa a processos de negociação colectiva e concertação social, actas de conciliação e relatórios elaborados pela Administração do Trabalho, parceiros sociais, OIT e Comissão Europeia. Os dados estatísticos produzidos pelas administrações da justiça e do trabalho, os inquéritos e entrevistas realizadas a advogados, juízes, procuradores, sindicalistas e inspectores do trabalho, bem como, as diferentes formas de observação que utilizei neste trabalho, complementam o conjunto de fontes utilizadas.

1. A institucionalização da regulação dos conflitos de trabalho em Portugal: a tensão entre o Estado e a sociedade civil

A institucionalização das formas de regulação da conflitualidade laboral em Portugal depois de 1974 é marcada pelo modo como se combinaram sociologicamente Estado e sociedade civil, processo de juridificação e grau de inefectividade das normas laborais, regulação concreta das condições de trabalho ao nível da empresa e papel do diálogo social. O padrão sócio-jurídico daqui resultante é marcado por cinco notas caracterizadoras. A primeira é a da centralidade do Estado enquanto actor do sistema de relações laborais, patente na sua capacidade de actuar selectivamente por acção ou omissão numa realidade sócio-laboral marcada pelo formalismo das normas constitutivas do sistema de relações laborais, pela persistente inefectividade e discrepância entre os quadros legais e as práticas sociais (Estanque, 2001; Ferreira, 1998b; Ferreira e Costa, 1999; Pinto, 1989; Rosa, 1998; Santos, 1990, 1993; Stoleroff, 1988, 1995b), pela fixação administrativa das condições de trabalho de milhares de trabalhadores e pelo deficiente funcionamento do sistema de resolução dos conflitos laborais (Ferreira, 1993, 1998a, 1998b, 2002).

A segunda nota caracterizadora é correlativa da primeira e reside na fraqueza da sociedade civil expressa nas debilidades do diálogo social bi- ou tripartido. O modelo adversarial das relações entre trabalhadores e empregadores e a ausência de práticas sociais associadas a uma cultura sócio-laboral fomentadora do diálogo social têm como principais indicadores negativos o bloqueio da negociação colectiva, patente no seu baixo ritmo de actualização e incidência na negociação de conteúdos pecuniários, deixando de lado as alterações qualitativas (cf. MTS, 2002), as dificuldades de implementação das matérias negociadas em sede de concertação social e no âmbito do Plano Nacional de Emprego e a quase inexistência ou inoperância dos mecanismos alternativos de resolução de conflitos (Barreto e Naumann, 1998; Ferreira, 1998, 2000, 2001a, 2002; Freire, 2001; Hespanha 2001, 2002; Lima, 2000).

Capítulo IV 135

A terceira característica refere-se à "extensa ou intensa juridificação" do nosso sistema de relações laborais. O "direito do trabalho" é um dos ramos do direito que apresenta uma maior concretização da regulação das relações sociais, partindo da ideia de que o Estado e o direito podem garantir o abuso da situação fáctica de poder a que a maioria dos trabalhadores se encontram sujeitos. É, desde logo, a própria Constituição quem coloca em primeiro plano a defesa dos direitos dos trabalhadores, primeiro em 1976, como Direitos e Deveres Económicos, de sentido programático, e depois, em 1982, conferindo a determinados direitos dos trabalhadores dignidade de direitos fundamentais. Para além da Constituição são várias as organizações internacionais, de que Portugal faz parte, que influenciam, através dos seus instrumentos normativos, o nosso sistema jurídico-laboral como é o caso da OIT e da UE. De par com o direito substantivo, também o direito processual laboral foi alvo de uma atenção especial por parte do legislador português, tendo sido aprovados vários Códigos do Processo de Trabalho. Contudo, apesar de toda esta inflação legislativa que tentou regulamentar, de acordo com os princípios internacionais e constitucionais as relações laborais, os níveis de inefectividade e de aplicação prática das normas substantivas e adjectivas são bastante elevados.

A quarta característica está em estreita relação, quer com a fraqueza da sociedade civil, quer com a inefectividade demonstrada pelos instrumentos normativos e corresponde à regulação efectiva das relações laborais ao nível da empresa. Ela diz respeito à força regulatória do espaço da produção de que são exemplos a imposição unilateral por parte das empresas de actos de gestão, de regras, regulamentos e códigos referentes às condições e organização do trabalho no âmbito de regimes de poder com carácter despótico (Santos, 2000), assumindo, como já foi referido, a forma de despotismo paternalista (Estanque 2000, 2002). Por outro lado, os processos de intensificação da mão-de-obra, acompanhados do facto de Portugal se encontrar na "cauda da Europa", no que diz respeito às formas de participação directa e indirecta dos trabalhadores nos locais de trabalho (Freire, 1998; Kóvacs, 1994; Lima, 2000; *European Foundation*, 2001, 2002), evidenciam "as mais fracas possibilidades de expressão e de acção pessoal no trabalho" típicas do designado "trabalho de servidão" *(European Foundation,* 2003). Acresce ainda a circunstância de Portugal ser um país com indicadores de baixa adopção de inovações organizacionais associadas ao incentivo ao trabalho em equipa, redução dos níveis hierárquicos, delegação de responsabilidades, envolvimento dos trabalhadores, etc. (OCDE, 1999, 2005; Conceição, 2001).

A quinta e última nota caracterizadora diz respeito às dimensões semântica e retórica do nosso sistema de relações laborais. De um ponto de vista jurídico formal os princípios de regulação de base associativa e do diálogo social assumem um importante papel no estabelecimento das condições de trabalho de que se pode dar como exemplo o relevo atribuído às convenções colectivas, enquanto fonte de direito e o papel político conferido à concertação social. No entanto, as práticas efectivas e os contextos negociais revelam a inexistência de uma cultura sócio-laboral de negociação e o grande desequilíbrio e desigualdade de poder entre os parceiros sociais. A legitimação simbólica é muitas vezes o objectivo latente dos processos negociais. Daí a importância atribuída pelo Estado à criação de parceiros sociais dispostos à negociação no quadro do que Boaventura de Sousa Santos designa por actividades do Estado heterogéneo (Santos, 1993). Indicadores do binómio criação de actores sociais/ /contratualização das relações laborais encontram-se no nosso modelo de concertação social, no designado fenómeno do paralelismo das convenções colectivas e na falta de clareza relativamente às regras de representatividade e legitimidade negociais dos parceiros sociais.

O padrão sócio-laboral acima referido é, em larga medida, influenciado pelo desempenho estatal no nosso sistema de relações laborais. A autonomia relativa de que o Estado português gozou fez com que, a especificidade da articulação entre o espaço da cidadania, o espaço da produção e o espaço do diálogo social tenha propiciado o surgimento de um sistema de relações laborais, cuja origem normativa e institucional se deve essencialmente ao Estado. Para além disso, a sua centralidade decorre também do facto de num curto espaço de tempo o Estado português corporativo ter passado por uma transição para o socialismo, uma regulação fordista, um quase Estado-Providência, e ainda uma regulação neoliberal. Deste modo, torna-se praticamente um truísmo reconhecer a influência exercida sobre o sistema de relações laborais pelos modos de regulação social levados a cabo pelo Estado.[87]

---

[87] De acordo com os argumentos sustentados por Boaventura de Sousa Santos para esta situação concorre o facto de a modernização do espaço da cidadania ter precedido a modernização do espaço da produção, nos países semiperiféricos (Santos, 1990: 660), o que resultou em maiores dificuldades de consolidação da relação capital/trabalho e subsequente institucionalização e aplicação dos direitos laborais. Contrariamente, nos países centrais, a autonomia da sociedade civil manifestou-se no modo como ela moldou

Da mesma forma, a normatividade laboral em geral e o sistema de resolução dos conflitos de trabalho em particular espelham as diferentes lógicas de regulação assinaladas anteriormente. Neles foram vazadas as contradições e vicissitudes dos vários regimes de regulação político-social por que tem passado a sociedade portuguesa. A eles estão, assim, associadas as diferentes vagas e processos de contratualização emergentes dos diferentes modos de regulação social. A contratualização político-laboral que decorre do processo de juridificação das relações de trabalho e dos processos de regulação das relações salariais assenta por isso em novos e velhos modelos de relações de trabalho visto estes evoluírem de uma forma indexada aos modos de regulação político-social dominantes. É por esta razão que a normatividade laboral em Portugal se traduz num *corpus* sócio-jurídico de normas heterogéneas e muitas vezes contraditórias entre si.

Por outro lado, a estrutura normativa dos direitos laborais e as práticas sociais que a produzem, exprimem igualmente os vários "compromissos de classe" da sociedade portuguesa, pelo que, a força ou fraqueza dos parceiros sociais e, sobretudo, do movimento sindical, tem consequências muito concretas na produção e aplicação da normatividade laboral. O conjunto de factores identificados concorre para o facto de não ter sido possível instituir um pacto entre o capital e o trabalho que permitisse a emergência de um Estado-Providência.

De um ponto de vista evolutivo, é de referir que o processo "instável de estabilização", associado à reconstituição do Estado saído da crise revolucionária de 1974-1975, acarretou importantes alterações na correlação das forças sociais, registando-se o cerceamento das políticas distributivas e um recuo dos benefícios económicos e dos direitos sociais. No final da década de 70, as consequências das políticas económicas seguidas anteriormente e a assinatura do primeiro programa de estabilização com o FMI (1978) levaram à pressão para a desregulamentação e

---

o espaço da produção e do trabalho, segundo as suas necessidades e interesses, o mesmo sucedendo com o espaço da cidadania e o próprio Estado. Como refere o autor (Santos, 1989, 1990, 1994), a industrialização precedeu o parlamentarismo enquanto regime político dominante nos países centrais, tendo este correspondido, tanto na sua constituição como no seu funcionamento, aos interesses gerais da expansão do capitalismo. Como refere o autor, a pujança do espaço de produção manifestou-se também no modo como ele transformou o espaço doméstico em função das exigências da reprodução da força do trabalho assalariado. Existe assim nos países centrais um certo isomorfismo entre o espaço de produção, o espaço doméstico e o espaço da cidadania.

138   *Trabalho procura Justiça*

flexibilização do mercado de trabalho, originando a degradação da relação salarial. Estamos, claramente, em presença de uma contradição entre os quadros legais que continuam a oferecer ampla protecção aos trabalhadores e as práticas sociais que os violam. A noção de Estado paralelo procura justamente captar esta "configuração política de uma disjunção ou discrepância no modo de regulação social, nos termos da qual às leis e às instituições do modo de regulação fordista não corresponde, na prática, uma relação salarial fordista" (Santos, 1993: 32).

A relação entre o capital e o trabalho reproduz os factores de instabilidade político-social. Por um lado, o capital era demasiado fraco para impor a recusa de uma legislação fordista, mas suficientemente forte para evitar que ela seja efectivamente posta em prática; por outro lado, os trabalhadores eram suficientemente fortes para impedir a rejeição dessas leis, mas demasiado fracos para impor a sua aplicação (Santos, 1993: 32). Ainda assim, a regulação jurídica e institucional do trabalho foi sendo modificada de modo a adequar-se às alterações entretanto verificadas na conjuntura política e económica.

O padrão juridificado e acentuadamente formalizado do sistema de relações laborais[88] a que aludi acentuou-se com a introdução das leis e instituições do modo de regulação fordista e com a constitucionalização do direito do trabalho, não correspondendo, todavia, a uma prática efectiva de negociação entre os parceiros sociais. Deste processo de "empate social e político" resulta para o sistema de resolução dos conflitos de trabalho uma situação de sucessivos impasses.

Em termos gerais, no domínio das formas de composição dos interesses laborais, o Estado conseguiu compaginar, até finais da década de setenta, uma lógica de actuação de "Estado paralelo"[89] com um princípio estatista de resolução dos conflitos de trabalho. Desde então, encetando um processo de transição para um novo modo de regulação social, o Estado irá alterar o seu padrão de actuação. Sem perder as características de Estado paralelo, nem prescindindo da intervenção de base estatista, passará a conjugar estas características com a lógica de actuação de

---

[88] Segundo alguns autores esta característica do sistema de relações laborais reconhece-se desde o período do Estado-Novo (cf. Pinto, 1990: 4).

[89] Boaventura de Sousa Santos define Estado paralelo como um Estado formal que existe paralelamente a um Estado informal; um Estado centralizado que endossa as atitudes contraditórias dos múltiplos micro-Estados existentes no seu seio; um Estado oficial maximalista que coexiste, lado a lado, com um Estado não-oficial minimalista. Para mais desenvolvimentos, consultar Santos (1993: 28-32).

Estado heterogéneo[90], introduzindo princípios de regulação de base contratual e fazendo apelo ao diálogo social para a resolução dos conflitos de trabalho.

Como veremos adiante (ponto 3.1.1.), a face visível do intervencionismo estatal no domínio da resolução dos conflitos entra em declínio a partir de 1979. Apesar de o capital e o trabalho não terem condições para encetarem um relacionamento bilateral, auto-sustentado com o correspondente apagamento do papel do Estado, em finais da década de setenta, assiste-se à tentativa de institucionalização de um sistema de regulação e resolução dos conflitos associável ao dos países do centro do sistema capitalista. Esta é, desde a década de sessenta, a segunda tentativa de modificar profundamente o sistema de relações laborais. Em 1969, no quadro das reformas marcelistas, não estavam reunidos os requisitos básicos de democraticidade que permitissem aproximar as transformações então ocorridas aos modelos dos países centrais, não tendo o Estado prescindido explicitamente da tutela sobre as relações laborais. Dez anos depois, experimentada a democracia, faltavam outras condições básicas que estão subjacentes à institucionalização deste modelo, como sejam, um pacto social entre o capital e o trabalho, um Estado-Providência, um relacionamento amadurecido e assente numa prática de negociação entre associações sindicais e associações patronais e uma consistente organização de interesses. Mas, desta vez, e contrariamente ao sucedido em 1969, o Estado, embora não se retirando formalmente da relação capital/trabalho, procurará dar à sua intervenção a aparência de um carácter supletivo e de acompanhamento, sem que por isso tenha na prática diminuído a sua centralidade.

A diminuição formal do peso do Estado na resolução dos conflitos de trabalho está associada à tentativa de introdução de práticas de contratualização, baseadas nos princípios da autocomposição dos interesses opostos no mercado de trabalho e do diálogo social. Embora o con-

---

[90] De acordo com Santos (1993: 33-36), o declínio do Estado paralelo enquanto orientação estratégica de longo alcance veio proporcionar o aparecimento de uma outra orientação estratégica – o Estado heterogéneo. Esta estratégia inclui um conjunto de medidas tendentes a reduzir a distância e a discrepância entre o quadro institucional e as relações sócio-económicas, actuando a partir destas últimas, através de iniciativas do Estado que pressupõem uma participação activa das organizações e das forças sociais. O objectivo é desenvolver uma certa conexão, uma regulação social estável, entre relações de produção e relações de troca extremamente heterogéneas e entre mercados de trabalho profundamente segmentados e descontínuos.

texto político e social em que ocorria a intervenção estatal fosse muito diferente do contexto de actuação dos Estado-Providência típicos, a solução encontrada reconhece-se no conjunto de propostas adiantadas para darem resposta "à crise ou à relativa ineficácia do direito característico do Estado social intervencionista".[91] Criaram-se, assim, as condições para instituir as relações de trabalho num sistema auto-regulado, no qual se desenvolvem estratégias para aumentar a responsabilidade pública das partes envolvidas nos conflitos, assentando a negociação na cooperação voluntária entre o Estado e os interesses sociais. Deste modo, a gestão colectiva do conflito, tendo por base o diálogo social foi substituindo progressivamente a acção do governo num número significativo de actividades (Giner e Arbós, 1993: 48; Hyman, 1999; Moreira, 1997; Waarden, 1995).

A integração do conflito laboral nos mecanismos institucionalizados de resolução pacífica dos conflitos, operando-se em termos formalísticos e legalísticos (Stoleroff, 1988: 149), não procedendo de uma relação amadurecida e tendencialmente equilibrada entre o capital e o trabalho, impediu uma eficaz institucionalização dos conflitos. Ao relativo défice de práticas de classe e à ausência de uma tradição autónoma de negociação entre o capital e o trabalho (Santos, 1993: 33), correspondeu um processo de juridificação das relações laborais levado a cabo pelo Estado que criou os espaços formais e institucionais de diálogo para uma comunidade negocial quase inexistente.

Fazendo-se uma integração e institucionalização formal dos conflitos de trabalho "por cima", a partir do Estado, sem correspondência directa com as práticas de relacionamento entre os parceiros sociais, abriu-se o caminho à politização dos resultados negociais. Por outro lado, o défice de organização dos parceiros sociais induz práticas e modelos estratégicos de negociação que não visam o objectivo da auto-regulação, mas sim suscitar algum tipo de intervenção estatal. Ou seja, os princípios normativos básicos em que assenta o sistema de resolução dos conflitos de trabalho e que traduzem a importância da auto-regulação e paridade das partes, não têm correspondência, o mais das vezes, com as práticas dos parceiros sociais. Os espaços formais de negociação reproduzem os

---

[91] Estou a pensar, quer nas teorias da desregulamentação, baseadas em análises de custo/benefício e na defesa da liberdade de concorrência, quer em propostas "intermédias" como o "controlo da auto-regulação" desenvolvido por Teubner (1987) ou o "relational program" de Wilke (1986). Sobre esta questão consultar Marques e Ferreira (1991).

efeitos da desigual distribuição de poder e recursos sociais inscritos na sociedade, num processo tutelado pelas políticas de orientação selectiva determinadas pelo Estado.

Ainda no que diz respeito ao sistema de resolução de conflitos individuais e colectivos, o período de consolidação democrática deu origem a um novo modelo que implicou a descorporativização das relações laborais e a consequente erosão do sistema administrativo de resolução de conflitos que se lhe encontrava associado. Mantendo-se a centralidade do Estado e a debilidade do diálogo social, o sistema de resolução de conflitos de trabalho emergente assume um carácter contraditório. No entanto, nele se reconhecem os traços típicos dos modernos sistemas de resolução de litígios, nomeadamente os que decorrem da pluralidade e coexistência de diferentes princípios de regulação e formas de resolução da conflitualidade: pluralismo jurídico; auto-regulação; informalização; intervenção estatal; e possibilidade de recurso para instâncias transnacionais como a OIT ou a UE.

Uma nota final e sinóptica a propósito do sistema português de relações laborais. A literatura tem estabelecido e identificado um conjunto de características específicas do nosso sistema de relações laborais (Ferreira e Costa, 1999) que são indissociáveis da situação em que se encontra o sistema de resolução da conflitualidade laboral. Elas consubstanciam os traços distintivos do sistema, quando comparado com os denominados modelos paradigmáticos dos sistemas de relações industriais estabelecidos nos EUA e países centrais da Europa no período do pós-guerra (Stoleroff, 1988; Crouch, 1993; Esping-Andersen, 2000). De entre elas destaco as seguintes: (1) a rápida sucessão e coexistência de diferentes modelos de regulação político-social; (2) o elevado grau de juridificação das relações laborais; (3) o carácter heterogéneo e por vezes contraditório das normas laborais; (4) a heterogeneidade do sistema de relações laborais; (5) uma deficiente institucionalização das formas de resolução dos conflitos de trabalho; (6) o modelo pluralista e competitivo de relacionamento intra e inter-organizações de interesses do trabalho e do capital; (7) a forte politização dos processos de negociação das condições de trabalho; (8) a ligação das organizações sindicais e patronais ao sistema partidário; (9) o desfasamento e a radicalização, quer do movimento sindical, quer do patronato português face aos seus congéneres europeus; (10) a centralidade do Estado na relação capital-trabalho, induzindo a estratégias negociais dos parceiros sociais, visando a intervenção estatal e a regulação heterónoma dos conflitos de trabalho, apesar do quadro jurídico e institucional assentar no princípio de autonomia das partes e na sua capacidade de auto-regulação; (11) o bloqueamento progressivo da negociação colectiva; (12) a forte heterogeneidade dos mercados de trabalho, dos sectores económicos e das formas e sistemas de organização da produção, decorrentes da coexistência de sistemas ou sub-sistemas diferenciados de relações laborais; (13) a conexão entre emprego e mão-de-obra intensiva; (14) a dependência tecnológica; (15) a subcontratação; (16) o *déficit* na área da formação e qualificação profissionais; (17) as questões da discriminação social e sexual.

2. As influências exógenas na constituição do sistema de resolução dos conflitos de trabalho

Começo por analisar o papel dos factores exógenos sobre o sistema nacional de resolução dos conflitos. Esta influência faz-se sentir do duplo ponto de vista da produção de referenciais normativos orientadores e da intervenção directa na resolução dos conflitos. Questão relevante, se considerarmos as transformações ocorridas na sociedade portuguesa e o seu impacto sobre o sistema de relações laborais. Com efeito, e ao contrário da maior parte dos exemplos colhidos para a análise comparativa, em que a institucionalização dos sistemas de relações laborais ocorreu no período do pós-guerra e encontrou a sua sustentabilidade no contexto de expansão dos Estados-Providência e de alargamento dos direitos de cidadania laboral e social, o sistema de relações laborais português foi sujeito ao curto-circuito histórico introduzido pelo 25 de Abril. A centralidade do Estado na regulação das relações laborais, herdada do corporativismo, ao ser confrontada com os processos de transição e consolidação para a democracia, evidenciou a necessidade de rever as funções e papéis desempenhados pelo Estado no domínio da arbitragem social dos conflitos de trabalho.

Em termos genéricos, pode afirmar-se que as influencias emergentes do espaço transnacional, inicialmente associadas às intervenções da OIT e mais tarde as decorrentes do processo de integração na União Europeia, visaram quase exclusivamente reduzir o peso da intervenção estatal nos conflitos de trabalho, sugerindo, por outro lado, uma maior participação da sociedade civil na composição da conflitualidade sócio-laboral.

Atendendo a que a integração na União Europeia apenas ocorreu em 1986, ao princípio comunitário da subsidariedade e à falta de harmonização entre os diversos sistemas nacionais de resolução dos conflitos laborais, a importância da OIT na orientação e fornecimento de quadros de referência para o sistema português de resolução dos conflitos adquire uma maior importância.

A interferência desta organização em matéria de resolução dos conflitos de trabalho reconhece-se no papel de orientação normativa e de legitimação política, facilitando a passagem entre o modelo de relações laborais herdado do Estado Novo e o modelo de relações laborais democrático. Permitiu, entre outros aspectos, legitimar a necessidade de redução da presença do Estado no sistema de relações laborais, chamando a atenção para o excessivo peso dos instrumentos administrativos na resolução dos conflitos e sublinhando a importância de se criarem formas de regulação da conflitualidade de base tripartida. O papel desempenhado pela OIT deve ser perspectivado como uma forma de "reequilibrar" a relação Estado/ /sociedade civil no contexto do sistema de resolução dos conflitos de trabalho, no pós-25 de Abril, sobretudo quando o que estava em causa era reposicionar o papel do Estado na sua função de arbitragem social visando diminuir o peso da sua intervenção.

No quadro do período da normalização marcado pelos princípios da Constituição de 1976 e dos processos eleitorais que se lhe seguiram, identifica-se no discurso político a necessidade de encontrar referenciais jurídico-laborais que enformem as reformas a introduzir no sistema de resolução dos conflitos de trabalho. Os programas dos governos constitucionais ao constituírem-se como contratos apresentados à sociedade são um bom indicador do sentido de mudança considerado necessário.

Da análise de conteúdo realizada tendo por objecto os programas de governo em matéria de resolução dos conflitos de trabalho resulta o seguinte: programa do 2.º Governo Constitucional (Mário Soares, 1978), encontram-se referências à OIT, em matéria alusiva às Comissões de Conciliação e Julgamento, salientando-se a necessidade da sua actividade conciliatória prosseguir "de acordo com a Constituição e o princípio do tripartismo preconizado desde sempre pela OIT". Também o programa do 3.º Governo Constitucional (Nobre da Costa, 1978), refere a necessidade de "rever o regime legal das relações colectivas de trabalho, com adaptação dos princípios consagrados na matéria pela OIT". Do mesmo modo, o programa do 4.º Governo Constitucional (Mota Pinto, 1979), sublinha a necessidade de prosseguir o processo de revisão dos diplomas fundamentais sobre as relações de trabalho "enquadrando-a numa linha de coerência em relação aos princípios informadores constitucionais e aos que decorrem dos instrumentos emanados pela OIT". No que diz respeito aos "mecanismos de resolução concertada dos conflitos colectivos de trabalho", sugere-se que estes se devem orientar "preferencialmente para o plano da prevenção dos conflitos e para o apoio técnico aos parceiros sociais, no contexto dos princípios apontados pela Convenção n.º 98 da OIT".[92] O 6.º Governo Constitucional (Sá Carneiro, 1980), no sentido de fomentar autonomia dos parceiros sociais sublinha a necessidade de proceder à "desintervenção administrativa" "quer através da institucionalização de métodos de participação tripartida, na linha do que se preconiza em vários instrumentos da OIT, quer ainda pela sua própria disponibilidade para um diálogo com os parceiros sociais no quadro de um consenso que consolide uma democracia verdadeiramente participada".

De uma forma concomitante à internalização dos princípios da OIT nos programas dos Governos, é solicitada a esta organização a elaboração de estudos sobre o sistema de relações laborais português que estiveram na base de propostas concretas apresentadas aos Governos.

Devem ser referidos a este propósito o estudo *Employment and basic needs in Portugal* (1979), a Missão Consultiva da OIT decorrente de um pedido de assistência técnica visando a revisão da legislação do trabalho (1979) e o *Rapport au Gouvernement du Portugal sur les travaux de la mission multidisciplinaire du PIACT* (1985). O pedido de assistência técnica à Organização Internacional do Trabalho antecedeu a publicação do Decreto-lei n.º 519/79 – o qual introduziu grandes modificações nas relações colectivas de trabalho – e teve como objecto de comentário o Decreto-lei n.º 164-A/76 de 28 de Fevereiro, então em vigor. Neste documento alude-se aos instrumentos previstos no Decreto-lei n.º 164-A/76 como forma de regular as relações colectivas de trabalho – convenções colectivas, decisões arbitrais e portarias. A primeira observação feita pela missão da OIT foi considerar elevado o número de portarias publicadas como meio de resolver os conflitos colectivos e diminuto o número de arbitragens voluntárias realizadas. Considerando-se a necessidade de retirar ao Governo o seu papel de árbitro final dos conflitos colectivos, a opinião do perito é a de que o decorrer eficaz da negociação pode até ficar atrofiado quando só um dos parceiros puder recorrer a um terceiro com poder para impor uma solução. Para que a nova legislação tenda a assegurar uma melhor aplicação da Convenção n.º 98, relativa ao direito de organização e à negociação colectiva, o

---

[92] Esta Convenção de 1949 refere-se ao direito de organização e negociação colectiva, foi adoptada na trigésima segunda sessão da OIT, tendo entrado em vigor em 18/07//1951. Foi ratificada por Portugal em 01/07/1964.

perito sugere que todos os novos processos de solução dos conflitos colectivos sejam concebidos não só como um apoio à negociação colectiva, mas também como métodos de solucionar esses conflitos.

Ainda a este propósito, a OIT considera mesmo que o problema fundamental que o Governo português enfrenta na escolha de um novo sistema de regulamentação é decidir entre um sistema de auto-regulação, ainda com o auxílio dos serviços de conciliação, mediação a arbitragem, ou estabelecer o recurso a uma instância de arbitragem independente.

De qualquer modo, reconhece-se que a revisão do sistema das relações colectivas deve passar por uma fase de transição, uma vez que "a tradição do envolvimento do Estado nos processos sociais e nos conflitos está demasiado arreigada e a preparação das organizações sócio-profissionais e das empresas para o uso exclusivo de mecanismos autónomos é incipiente para que possa encarar-se como eficaz uma radical inversão do sistema pela via legislativa".[93]

O perito teceu igualmente considerações várias sobre os órgãos de arbitragem, sobre o reforço da conciliação, sobre a necessidade de negociar de boa fé e sobre a lentidão dos tribunais de trabalho. As orientações da OIT repercutem-se num conjunto de projectos de diplomas sobre as relações de trabalho, com especial destaque para os que mencionam a possibilidade de criação de um Serviço Nacional de Mediação e Arbitragem e de Comissões de Conciliação e Arbitragem, com incidência na resolução de conflitos individuais e colectivos, medidas nunca levadas à prática de uma forma sistemática e coerente até aos dias de hoje. Apesar de nenhuma destas propostas ter encontrado acolhimento, o Decreto-lei n.º 519/79, que alterou o regime das relações colectivas de trabalho, introduziu profundas alterações tendo-se reduzido juridicamente o peso das formas de normalização estatal da conflitualidade laboral.

O documento-relatório ao Governo de Portugal sobre os trabalhos da missão multidisciplinar do PIACT 1987 também formula algumas linhas de orientação e de recomendação ao Governo português, sendo de destacar, no que respeita à função de conciliação, a transformação das comissões de conciliadores da Direcção-Geral das Relações Colectivas de Trabalho num colégio de conciliadores que benefeciariam de uma formação técnica reforçada e de uma independência plenamente garantida pelo legislador. Sugestão que não veio a ser acolhida.

---

[93] Cf. "Memorando e Projectos de diploma sobre o regime das relações colectivas de trabalho", Boletim do Trabalho e Emprego, Revisão de Legislação do Trabalho e Emprego, Separata 1, Lisboa, 11 de Junho de 1979.

Mais recentemente deve mencionar-se a crítica dirigida pela OIT ao mecanismo da arbitragem obrigatória prevista no Decreto-lei n.º 209/92, formulada pela Comissão de Liberdade Sindical e Negociação Colectiva em 1994, que teve como origem a queixa apresentada pela CGTP a este órgão da OIT. O ponto controvertido nesta modalidade de arbitragem, de acordo com o parecer da OIT, radica no facto de a legislação em apreço permitir a uma das partes em conflito ou aos poderes públicos impor unilateralmente o recurso à arbitragem obrigatória o que não favorece a negociação colectiva. Assim é solicitado ao Governo português que tome medidas para modificar a legislação relativa à arbitragem obrigatória "de modo que a legislação seja elaborada em conformidade com a Convenção n.º 98 e que as partes não possam decidir de outro modo, a não ser recorrendo conjuntamente à arbitragem obrigatória" (OIT/*Observation*, 1999).

O que parece resultar da análise dos documentos compulsados é de que existe uma recorrente ponderação das orientações da OIT, mesmo que estas não se traduzam em medidas legislativas e em reformas concretas. Neste sentido, é de sublinhar que as suas recomendações relativas à desintervenção estatal directa no domínio da resolução dos conflitos de trabalho continuam a ser pertinentes.

Se a interferência do espaço mundial e da dimensão transnacional se reveste de algum relevo para a formatação do sistema de resolução dos conflitos depois de 1974, o mesmo se poderá dizer a propósito da sua importância enquanto espaço ou contexto de resolução directa dos conflitos laborais verificados na sociedade portuguesa.

No que diz respeito às formas de intervenção directa consubstanciadas na possibilidade de recurso à OIT como tentativa de encontrar solução para os conflitos laborais nacionais são de referir os processos apresentados ao Comité de Liberdade Sindical. No âmbito dos sistemas de controlo desta organização, e independentemente dos mecanismos gerais aplicáveis a todas as convenções internacionais do trabalho, existem processos especiais para a protecção das normas e princípios sobre a liberdade sindical. O objectivo do Comité da Liberdade Sindical é o de proceder ao exame preliminar das queixas de violação dos direitos sindicais não sendo necessário o consentimento dos governos para a apreciação das queixas.

Deixando de lado a análise do processo de funcionamento e dos critérios seguidos pelo Comité da Liberdade Sindical, importa sublinhar o efeito que este exerceu sobre o sistema de relações laborais português depois de 1974. No quadro da sociedade democrática o princípio da liberdade sindical encontra plena consagração legal quer ao nível constitucional quer ao nível da legislação ordinária. Por isso mesmo as queixas apresentadas contra o Governo português assumem um valor paradigmático.[94]

Se considerarmos o período entre 1981 – momento em que é formulada a primeira queixa depois de 1974 – e 1998, verificamos que foram comunicados à OIT 22 queixas por violação de direitos sindicais. Estas queixas, de acordo com a proposta de Campos (1994), agrupam-se em três tipos de questões: negociação colectiva na função pública; ingerência do Estado na negociação colectiva; direito de livre constituição de associações sindicais.

Importa realçar que 13 das 22 queixas existentes são formuladas no período que decorre entre 1981 e 1986. São vários os factores que explicam a concentração num período de cinco anos da maioria das queixas existentes. O período em questão está associado a um contexto de crise económica com forte incidência no sistema de emprego e a fenómenos como o da adesão à CEE (1985), o segundo programa de estabilização do FMI (1983/84), o início de processos de reconversão industrial, mudanças resultantes da introdução de novas tecnologias. Para além destes factores que enfraquecem a acção reivindicativa dos trabalhadores acentua-se o pluralismo sindical e a competição entre a CGTP-IN e a UGT. Todos estes elementos concorrem para a hipótese de que as queixas apresentadas à OIT tenham funcionado como uma "válvula de segurança" da conflitualidade laboral num período de instabilidade no sistema de relações laborais em que se questionava o papel de regulação do Estado e aumentava o carácter pluralista do sistema de intermediação de interesses do lado do trabalho.

No que diz respeito à possibilidade de recurso para os órgãos da UE deve mencionar-se a apresentação de queixas à Comissão, por parte de sindicatos e associações patronais (nomeadamente no que diz respeito ao não cumprimento dos direitos emergentes da Carta Social Europeia), de recurso ao Tribunal Europeu (o qual tem desempenhado um papel importante na condenação do Estado português, no que diz respeito à morosidade de alguns processos na área laboral) e de intervenção do designado Comité de Conciliação da União Europeia, o qual assume um perfil mais institucional, no sentido que visa regular os conflitos que opõem a Comissão ao Parlamento, envolvendo os Estados-membros e as associações de interesses do trabalho e do capital (refira-se o caso da tentativa de harmonização dos horários dos médicos ao nível da União Europeia).

---

[94] No período anterior a 1974 foram formuladas nove queixas contra Portugal por violação dos direitos sindicais e trabalho forçado.

Finalmente, é ainda de assinalar a existência de regimes de relações laborais de excepção determinados pela influência transnacional, nomeadamente os que se encontram nos códigos de conduta e regulamentos das empresas multinacionais, nos acordos relativos às bases das Lajes nos Açores e de Beja, bem como, no acordo negociado para a instalação da Fábrica AutoEuropa, em Palmela. Em qualquer um dos casos mencionados estão previstas formas de resolução dos conflitos de trabalho, alternativos aos tribunais, existindo, por outro lado, um conjunto de compromissos reguladores das condições de trabalho que tornam menos directa a canalização desses conflitos para os dispositivos habitualmente previstos.

Outra modalidade de interferência transnacional nos conflitos nacionais está associada aos exemplos de solidariedade intersindicatos, a qual se manifesta no decorrer dos conflitos colectivos. A mobilização de sindicatos de outros países pode assumir a forma de cartas endereçadas às entidades patronais, aos governos e aos ministérios, ou mesmo a tomada de posições públicas. Por exemplo, o conflito emergente da Revisão da Convenção Colectiva, que opôs em 2000 o sindicato dos gráficos à associação da indústrias gráficas e transformadoras de papel, beneficiou do empenhamento dos sindicatos do mesmo ramo do Canadá, Brasil e Espanha na resolução de um conflito que não encontrava solução, nem através da greve, nem através dos processos de conciliação habituais. Neste sentido, tomaram posições públicas e pressionaram, o Governo, a administração do trabalho, e a entidade empregadora para que este conflito encontrasse a sua resolução. Com carácter paradigmático deve mencionar-se a tomada de posição dos sindicatos em vários países aquando da greve da *Renault* ocorrida em Vilvoorde, bem como, as acções conjuntas de unidade na acção, que cada vez mais vão acontecendo. Tal sucedeu na Cimeira de Lisboa, na Cimeira de Nice e na Cimeira de Barcelona. Esta mobilização de um novo internacionalismo sindical está cada vez mais relacionada com os processos de globalização. No entanto, pode afirmar-se que a interferência do espaço mundial na regulação directa dos conflitos de base nacional é escassa e publicamente pouco visível.

3. O sistema português de resolução dos conflitos de trabalho

Uma descrição sócio-jurídica das diferentes soluções para a regulação da conflitualidade laboral em Portugal permite distinguir sete mecanismos básicos de resolução dos conflitos de trabalho: (1) a conci-

Capítulo IV 149

liação, a mediação, a arbitragem (resolução de conflitos colectivos de interesses, embora previstos, mas não utilizados na resolução de conflitos individuais); (2) as comissões paritárias ligadas à negociação colectiva (resolução de conflitos colectivos de interpretação, na prática pouco utilizadas); (3) os tribunais de trabalho (resolução de conflitos individuais de trabalho e raramente conflitos colectivos de interpretação ou de integração); (4) a resolução de conflitos no local de trabalho por normas que regulamentam as relações sociais de produção; (5) a resolução de conflitos no local de trabalho pela acção da Inspecção do Trabalho; (6) a intervenção administrativa através de portarias de regulamentação de trabalho (**PRT**, na prática não utilizadas como forma de resolução dos conflitos colectivos de trabalho) e (7) a concertação social do duplo ponto de vista da produção normativa e da aplicação das normas relativas à arbitragem obrigatória.

Estes mecanismos de resolução de conflitos de trabalho são accionados em diferentes contextos sociais. Assim, a conciliação, a mediação, a arbitragem e as comissões paritárias, enquanto mecanismos constitutivos do sistema de relações laborais e da negociação colectiva, são utilizados para resolver conflitos colectivos. Os procedimentos ligados às relações de produção e à intervenção da Inspecção do Trabalho, desenvolvendo-se ao nível das organizações e das empresas, lidam com conflitos, individuais ou colectivos, que ocorrem no local de trabalho. Por seu lado, os tribunais de trabalho fazem parte do sistema legal e lidam com conflitos judicializados, individuais e colectivos. A intervenção administrativa através de portarias e o acompanhamento em sede de conciliação partem do sistema estatal-administrativo e lidam com conflitos colectivos. Por último a concertação social encontra-se associada a processos mais amplos de regulação e governação política, económica e social (Ferreira 2003; 2004).

Formalmente, no domínio das formas de resolução dos conflitos de trabalho coexistem soluções e procedimentos exigindo o envolvimento do Estado e dos parceiros sociais, configurando a existência de práticas de diálogo e concertação sociais. Deste modo, a gestão das situações conflituais é feita no quadro de um poder do Estado, que se expande por via de um "governo indirecto" e promove a regulação dos conflitos por via da informalização e da conciliação. No entanto, apesar da proliferação de mecanismos de composição dos conflitos fazendo apelo à regulação conjunta destes, envolvendo o Estado e os parceiros sociais, ou apenas os parceiros sociais de forma bilateral, na prática verifica-se uma situação paradoxal decorrente do facto de os conflitos individuais de trabalho encontrarem solução quase exclusiva através da adjudicação judicial e os conflitos colectivos serem encaminhados para a conciliação promovida pela administração do trabalho ou para os tribunais. Em qualquer dos casos estamos perante uma mesma tendência em que o Estado assume uma posição central na regulação da conflitualidade laboral, apesar da pluralidade de meios alternativos de resolução dos conflitos formalmente disponíveis.

3.1. As formas de resolução dos conflitos colectivos de trabalho

No quadro 1 identifico o resultado da articulação entre os princípios de regulação e as formas de resolução dos conflitos colectivos. A observação genérica a ser feita parte da constatação da existência de uma grande variedade de combinações entre os princípios sócio-políticos e os instrumentos de regulação da conflitualidade, que passo a analisar.

Tomando por referência o princípio de regulação de base estatal, na sua relação com a esfera informal, existe uma prática difusa de reuniões bilaterais ou tripartidas onde os gabinetes governamentais procuram conciliar os interesses desavindos pelo recurso à "mediação política informal". Em regra, essas reuniões assumem um carácter bilateral, procurando o poder político aproximar, através de sucessivos encontros, as posições das partes. Por outro lado, e no âmbito da administração do trabalho, os serviços do ex-IDICT desenvolvem um trabalho de conciliação ou mediação informal também com carácter bilateral. Em qualquer dos casos, estamos perante procedimentos de carácter excepcional.

Do cruzamento entre o princípio de regulação estatal e as formas de resolução dos conflitos formais não-judiciais, resulta o que designo por "magistério de influência ou pressão institucional". As tentativas de resolução dos conflitos através destes procedimentos assumem a forma de queixas endereçadas a órgãos de soberania – Assembleia da República, Presidência da República e Governo – e a órgãos independentes de fiscalização – Ministério Público, Provedoria de Justiça.

Em certas circunstâncias, a mediação política levada a cabo pelos Governos, sobrepõe-se à actividade conciliatória da administração do trabalho. As práticas de mediação política institucionais não podem ser enquadradas nas modalidades típicas de resolução dos conflitos de trabalho como a conciliação, mediação, arbitragem e emissão de PRT. No entanto, elas desempenham um papel importante na medida em que

Quadro 1
Conflitos colectivos

Princípios de regulação formas de resolução	Estado	Mercado	Comunidade	Associação
Judicial	Tribunal / Sentenças			
Formal não-- judicial	Portarias de Regulamentação do Trabalho / Administração do Trabalho Arbitragem obrigatória Queixas à Provedoria Reuniões da Administração do Trabalho em situação de greve ou de fixação de serviços mínimos Reuniões promovidas pela Administração do Trabalho Queixas ao Ministério Público Mediação política institucional Intervenção do Governo, Ministérios e Secretarias de Estado Queixas apresentadas a Grupos Parlamentares da Assembleia da República Queixas apresentadas à Presidência e Provedoria da República Intervenção da Inspecção do Trabalho.	Negociações directas bilaterais		Concertação social Concertação social / Comissões de Acompanhamento Comissões paritárias Sistemas paralelos (Portuários, Expo, Base das Lajes e Beja) Conciliação, mediação e arbitragem / AT Negociação colectiva / negociação directa Arbitragem *ad hoc* Conciliação, mediação, arbitragem voluntária
Informal	Mediação política informal (pedidos de audiência a gabinetes ministeriais, presidentes de câmara e governadores civis, intervenção política em processos de conciliação conduzidos pela Administração do Trabalho Auto-regulação sectorial promovida pela Inspecção de Trabalho	Acto de gestão unilateral Resignação / Procura suprimida	Autocomposição	Sistemas paralelos de negociação Cadernos reivindicativos Mediação por terceira parte associativa

podem influenciar a trajectória e o desfecho dos conflitos. Os conflitos emergentes no sector dos transportes e o acordo sobre a aplicação da lei das quarenta horas no sector têxtil e do vestuário são disto exemplos. As condições que propiciaram o surgimento dos acordos foram criadas através da mediação política levada a cabo pelos Secretários-de-Estado com responsabilidades na área do trabalho nos XIII e XIV Governos Constitucionais. Estes foram processos públicos amplamente divulgados pela imprensa. Destaco pelas suas implicações sócio-políticas os acordos em torno da designada "lei das quarenta horas" no sector têxtil. Neste caso, foi possível negociar dois convénios colectivos, o que não sucedia num dos casos há 12 anos e há 6 noutro. Recordo que as matérias laborais em causa eram alvo de grande controvérsia política. Para além disso, tinham repercussões directas no âmbito da negociação colectiva, contribuindo para o aumento da conflitualidade laboral, e também na actividade dos tribunais de trabalho. O contexto que então se vivia era marcado por uma actividade acrescida por parte da Inspecção do Trabalho na fiscalização da aplicação da lei pelas empresas, pelo aumento do número de acções intentadas junto dos tribunais e pelos constrangimentos da negociação colectiva. Foram muitas as situações em que as decisões dos tribunais passaram a ser utilizadas no âmbito de processos negociais, sendo a jurisprudência invocada como recurso argumentativo em matéria de revisão das con-venções colectivas. Com os acordos obteve-se um consenso laboral entre empregadores e sindicatos da CGTP, o que permitiu aliviar a actividade fiscalizadora da Inspecção de Trabalho e a pressão exercida sobre o judicial-laboral no seu esforço de racionalização jurídica de uma lei controversa.

No âmbito da articulação entre o princípio de regulação de base estatal e as formas de resolução dos conflitos, cumpre referir o papel desempenhado pelo sector judicial-laboral. Neste caso, a falta de efectividade das formas alternativas de resolução dos conflitos colectivos jurídicos ou de interpretação, como sucede com as comissões paritárias, induz a procura dos Tribunais de Trabalho (Ferreira, 1998). Confira-se a este propósito o gráfico n.º 1, resultado da pesquisa relativa à constituição, alterações e deliberações das comissões paritárias.

Igualmente importante é o papel desempenhado pela jurisprudência nos conflitos associados ao exercício do direito à greve, à fixação dos serviços mínimos, na interpretação de cláusulas das convenções colectivas ou no impacto sobre o sistema de relações laborais das sentenças proferidas no âmbito das designadas "acções piloto". Neste último caso,

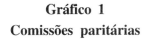

Gráfico 1
Comissões paritárias

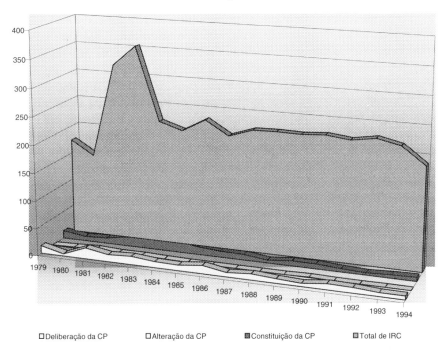

quer assumam a forma de acções individuais, coligação de autores ou litisconsórcio voluntário, as sentenças proferidas têm consequências para além do caso julgado visto serem invocadas em sede de negociação colectiva.[95] Por outro lado, os sindicatos prestam cada vez mais atenção aos resultados da actividade dos tribunais nos conflitos individuais optando por estratégias reivindicativas globais ou por intervenções ao nível das empresas escoradas na "legitimidade jurisprudencial." Dilui-se por esta via a tradicional distinção entre conflitos individuais e colectivos.

No domínio formal não-judicial e tendo por base o principio associativo, pode referir-se a título ilustrativo o acordo formal assinado entre os sindicatos e a administração da Parque Expo, supervisionado pela

---

[95] Conforme sucedeu no caso da designada "lei das quarenta horas" ou, mais genericamente, nas situações de concorrência entre convenções colectivas ou aplicação de portarias de extensão.

Inspecção do Trabalho. Este acordo reveste particular interesse porque, de entre os vários aspectos relacionados com as condições de trabalho nele vertidas, previam-se dispositivos de conciliação, mediação e arbitragem caso emergissem conflitos de trabalho individuais ou colectivos.

Nesta linha, fazendo apelo ao princípio associativo, mas partindo de uma iniciativa do Estado, deve também assinalar-se a auto-regulação sectorial promovida pela Inspecção do Trabalho envolvendo as organizações patronais e sindicais, metodologia que tem permitido a regulação e regularização das condições de trabalho, contribuindo para a diminuição da conflitualidade.[96] Também a institucionalização de sistemas paralelos e informais de negociação tendo por base a auto-regulação tem sido tentada sem sucesso. Refira-se que os casos conhecidos conflituam com o direito garantido constitucionalmente para a negociação colectiva. O exemplo mais conhecido é o da companhia de aviação Portugália em que a administração procurou implementar um sistema paralelo concorrente da negociação colectiva tentando afastar os sindicatos deste processo. Em sentido quase oposto vão, no entanto, os acordos celebrados na AutoEuropa, pela Comissão de Trabalhadores, com conhecimento sindical, e que "entram em vigor" após uma consulta referendária aos trabalhadores. Caso curioso é o da mediação por terceira parte associativa ocorrida no sector dos transportes. Com efeito, não tendo sido possível chegar a acordo em sede de conciliação promovida pela administração do trabalho, ocorreu a intervenção mediadora da associação patronal, tendo resultado desta mediação um acordo entre o sindicato e a empresa.

Tradicionalmente, a acção inspectiva na área colectiva, enquanto expressão do princípio de regulação de base estatal incide sobre cinco grandes áreas de intervenção: despedimentos colectivos; conflitos colectivos de direitos; salários em atraso; direitos dos representantes dos trabalhadores; e empresas com destacamento de trabalhadores ao abrigo dos regulamentos comunitários.

Relativamente aos processos de despedimento colectivo, a Inspecção-Geral do Trabalho[97] acompanha todos os processos formais e intervém e actua nas situações que configuram despedimentos colectivos ilícitos. No decurso do ano 2000, o IDICT/IGT registou 46 processos de despedimento colectivo, situando-se a maior parte na área geográfica de

---

[96] Foi o que sucedeu em sectores como o da segurança privada, limpezas e comunicação social.

[97] Doravante IGT.

Lisboa e Vale do Tejo (31), seguida do Norte (13). O número de trabalhadores despedidos ascendeu a 605, num universo de 2.613 trabalhadores das empresas que procederam a despedimentos. Os sectores de actividade com maior incidência inspectiva a nível dos despedimentos colectivos foram os sectores do comércio por grosso e a retalho (27%), têxtil, vestuário e calçado (16%) e das industrias alimentares e de bebidas (11%). Refira-se que, da intervenção inspectiva relacionada com despedimentos colectivos resultou o levantamento de 21 autos de notícia.

A IGT acompanha e actua igualmente nas situações em que está em causa o exercício de direitos de natureza colectiva e penaliza as situações ilegais existentes relacionadas com a ausência ou insuficiência de diálogo social. No ano 2000, e em resultado da acção inspectiva desenvolvida pela IGT, foram acompanhados 284 conflitos colectivos, sendo que 34% (95) incidiram em problemas de pagamento de salários e de prestações complementares. Os sectores de actividade em que estes conflitos mais se verificaram foram o sector têxtil, vestuário e calçado (30%) e a indústria metalúrgica (10%). O número de trabalhadores envolvidos estimou-se em cerca de 25.592, de um total de 47.525 trabalhadores ao serviço das respectivas empresas. Saliente-se que a IGT verificou e actuou, ainda, em quatro situações de violação da Lei da Greve (Coimbra, Figueira da Foz, Lisboa e Vila Real) tendo aplicado a estas situações as respectivas coimas.

Nos termos do artigo 15, n.º 1 da Lei n.º 17/86, de 14 de Junho, "compete à IGT averiguar por sua iniciativa, a requerimento de qualquer trabalhador ou organização representativa de trabalhadores da empresa, todas as situações que envolvem o não pagamento pontual das retribuições devidas a trabalhadores por conta de outrem, por período superior a 30 dias".[98] Durante o ano de 2000 foram efectuados 56 autos de averiguação de situações de salários em atraso, correspondendo ao mesmo número de empresas envolvendo 1.899 trabalhadores ao serviço. Registe-se que das 56 empresas em laboração, 7 estão paralisadas e 23 encerraram.

Ao considerar-se o número de empresas com salários em atraso por distrito destacam-se os distritos de Lisboa (26 empresas), Setúbal (7 empresas) e Porto (6 empresas). Estes três distritos, em 2000, concentraram 69,6% das empresas com salários em atraso. Os sectores de actividade

---

[98] A partir de 1-12-99, com a entrada em vigor do Novo Regime de Contra-Ordenações Laborais, o art.º 29 da Lei n.º 17/86 passou a ter uma nova redacção da qual se realça a tipificação desta infracção como contra-ordenação laboral grave de acordo com o disposto no art.º 17, da Lei n.º 118/99, de 11 de Agosto.

156   *Trabalho procura Justiça*

que concentraram maior número de empresas em situação de atraso salarial foram os seguintes: os sectores da indústria do vestuário e confecção (13 empresas), comércio a retalho (10 empresas).

A acção interventora da IGT nas empresas com destacamento de trabalhadores ao abrigo de regulamentos comunitários tem como objectivo assegurar o seu contributo para a regularização do fenómeno da colocação ilegal de trabalhadores em países comunitários, combater as formas de contratação em que se verifique a não-declaração de trabalhadores (à Administração do Trabalho, à Segurança Social e ao Sistema Fiscal) e as situações de dissimulação do contrato de trabalho.

3.1.1. O princípio de regulação de base estatal e as formas tradicionais de resolução dos conflitos

Para além das formas de resolução dos conflitos anteriormente assinaladas e de acordo com as hipóteses colocadas no início deste capítulo, assumem especial relevância sociológica os resultados das combinações entre o princípio de regulação de base estatal, as formas de resolução dos conflitos formais não-judiciais associadas aos meios tradicionais de composição dos litígios – conciliação, mediação, arbitragem e intervenção administrativa – e o princípio associativo ou do diálogo social, reconhecível nas estruturas de negociação colectiva e concertação social.

O papel desempenhado pelo Estado no sistema de resolução de conflitos colectivos de trabalho é particularmente visível em três áreas: na intervenção administrativa na fixação das condições de trabalho e ou resolução dos conflitos através das portarias de extensão e regulamentação; na actividade conciliatória levada a cabo pelo IDICT; e na criação de condições para o recurso à arbitragem.

As formas de resolução dos conflitos formais não-judiciais aplicáveis às relações colectivas do trabalho são muito marcadas pelas sucessivas alterações legislativas que balançavam entre empurrar o Estado para o centro dos conflitos ou a contrário reduziam a sua intervenção formal nos mesmos. Em finais da década de setenta a situação da negociação colectiva regista um estado de paralisia que se deve, em grande medida, ao facto de os sindicatos (Intersindical) não quererem fazer concessões aos empregadores, preferindo a intervenção directa do Governo nas relações labo-rais. Da incapacidade do capital e do trabalho conseguirem auto-regular a sua relação resulta um fluxo político reivindicativo, dirigido ao Estado, para que ele o faça. Disso são exemplos, a tentativa de solução dos múltiplos conflitos através de conciliações[99], a abundante emissão de portarias de regulamentação de trabalho, o elevado número de arbitragens realizadas e a conciliação obrigatória nos conflitos individuais. Apesar de ser esta a situação do sistema de relações laborais, o Estado foi alterando o seu padrão de intervenção nos conflitos colectivos.

A criação de condições institucionais e administrativas que facilitavam a modificação do papel regulador do Estado reconheceu-se, desde logo em 1978 com a publicação da lei orgânica do Ministério do Trabalho[100], onde se encontra uma indicação da "mudança de agulhas" do Estado face à relação com o capital e o trabalho. No novo diploma reprova-se a dinâmica anterior marcada pela "vocação intervencionista ou meramente administrativa, com preterição de uma capacidade técnica virada à definição e execução de uma política laboral adequada às novas realidades democráticas"[101]. Um ano depois é publicada a nova lei dos instrumentos de regulamentação colectiva (Decreto-lei n.º 519-C1/79 de 29 de Dezembro), a qual de acordo com alguns autores assume uma "matriz fortemente liberal" (Fernandes, 1991: 148). O diploma, devolvendo às partes a responsabilidade de se autoregularem[102], acarreta o consequente "apagamento dos processos clássicos de resolução dos conflitos colectivos de interesses" (Fernandes, 1991: 148) como a conciliação, a mediação e a arbitragem. Doravante, e em consonância com o espírito do novo diploma, o papel desempenhado pelo Estado na composição dos conflitos colectivos será cada vez mais pedagógico, residual e supletivo. O diploma contrapõe-se à anterior orientação estatal e aos quadros legais existentes até então nomeadamente ao Decreto-lei n.º 164--A/76 que preconizava uma maior intervenção estatal. Com efeito, na sequência do processo de transição democrático, e por se considerar necessária a existência de um corpo normativo que estruturasse os mecanismos disponíveis para a solução dos conflitos colectivos de trabalho, é publicado o Decreto-lei n.º 164-A/76 de 28 de Fevereiro. O artigo 13.º e seguintes do diploma previam a existência de mecanismos de conciliação, mediação e arbitragem para a resolução de conflitos que resultassem da celebração ou revisão de uma convenção colectiva. O diploma estabelecia, igualmente, que as convenções colectivas de trabalho podiam pre-

---

[99] Questão insistentemente referida por sindicalistas e Técnicos da Administração do Trabalho entrevistados.

[100] Decreto-lei n.º 47/78 de 21 de Março.

[101] Preâmbulo do Decreto-lei n.º 47/78 de 21 de Março.

[102] Preâmbulo do Decreto-lei n.º 519-C1/79 de 29 de Dezembro.

ver a constituição de comissões paritárias, formadas por igual número de representantes das entidades signatárias. Para além destes mecanismos, o diploma também dispunha que as condições de trabalho poderiam ser regulamentadas por portarias de regulamentação e extensão aplicando-se de acordo com esta última modalidade as convenções colectivas de trabalho e as decisões arbitrais a entidades patronais do mesmo sector económico e a trabalhadores da mesma profissão ou profissão análoga, desde que exercessem a sua actividade na área e âmbito naquelas fixado.

Por outro lado, considerou-se que a emissão de PRT apenas pudesse ser efectuada na impossibilidade de emissão de uma PE, se se verificasse a inexistência de associações sindicais ou patronais, a recusa reiterada de uma das partes em negociar ou a prática de actos ou manobras manifestamente dilactórias que impedissem o andamento normal do processo de negociação. Contudo, o Decreto-lei n.º 164-A/76 de 28 de Fevereiro não se revelou totalmente eficaz, principalmente pela amplitude assumida pela via administrativa de regulamentação do trabalho – as portarias, que ocupavam um lugar relevante enquanto meio de resolver os conflitos colectivos e conferiram ao sistema um elevado grau de intervencionismo estatal. Na prática, embora tenha sido adoptado um número considerável de convenções colectivas, o número de arbitragens voluntárias continuou a ser mínimo, a conciliação reduzia-se a uma formalidade a preencher perante os serviços competentes e as mediações realizadas eram escassas. Por outro lado, tornou-se também perceptível que, em parte, o sistema em vigor desresponsabilizou os parceiros na procura própria de compromissos, de molde a alcançar de negociações frutuosas. Assim, o principal objectivo do Governo ao rever as disposições em vigor foi "retirar ao Governo o seu papel de árbitro final dos conflitos colectivos – salvo nos sectores em que faltar a sindicalização – a fim de despolitizar a solução desses conflitos e de levar as partes interessadas a assumirem melhor as suas responsabilidades como parceiros das negociações colectivas".[103]

Já no quadro da constitucionalização dos direitos laborais, o Decreto-lei n.º 887/76 de 29 de Dezembro efectuou uma revisão parcial da regulamentação em vigor, com o objectivo de conferir uma maior eficácia e equilíbrio aos processos de contratação colectiva, nomeadamente através da possibilidade de tornar obrigatória a negociação conjunta e a conciliação.

---

[103] Cf. "Relatório sobre uma missão consultiva do BIT sobre a legislação do trabalho em Portugal", Boletim do Trabalho e Emprego, Revisão de Legislação do Trabalho e Emprego, Separata 1, Lisboa, 11 de Junho de 1979.

Sobreleva todavia o posterior Decreto-lei n.º 519-C1/79 de 29-12 (Lei dos Instrumentos de Regulamentação Colectiva de Trabalho) a que aludi, configurando-se como um importante instrumento no sentido de reposicionar o Estado face à composição dos conflitos laborais.[104] O diploma veio estabelecer um sistema inovador que se baseia, por um lado, na tentativa de devolução às partes do processo negocial, e em que é importante a sua responsabilização, e, por outro, no aperfeiçoamento e na melhoria da intervenção do Governo nesta matéria.[105] Sublinhe-se a propósito deste diploma que no *Memorando* que acompanhava o Projecto do Decreto-lei n.º 519-C1/79 de 29-12 se referia que a revisão do regime das relações colectivas de trabalho se devia pautar por opções fundamentais, de entre as quais se contava a instituição de um Serviço Nacional de Mediação e Arbitragem (SNMA), ao qual cabia facultar aos parceiros sociais "os meios de efectivação dos processos de resolução pacífica de conflitos, nomeadamente pela gestão de um quadro nacional de mediadores". Neste sentido foi apresentado um projecto em que se estrutura a composição e modo de funcionamento do SNMA. O que é certo é que o diploma que foi aprovado não consagrou o projectado SNMA, uma vez que, tal como se reconhece no Preâmbulo do Decreto-lei n.º 519-C1/79 de 29-12, "entendeu o Governo que se justificavam as críticas que foram tecidas a tal serviço pelas associações sindicais de cúpula".

Com a crescente diminuição da intervenção da administração do trabalho na composição de interesses entre empregadores e trabalhadores, procedeu-se a alterações ao Decreto-lei n.º 519-C/89 de 29-12. O projecto de diploma[106] que esteve na origem do Decreto-lei n.º 209/92 de 2 de Outubro chama a atenção para a necessidade de as partes aproveitarem as potencialidades do regime jurídico da arbitragem voluntária, entretanto

---

[104] Cf. Preâmbulo do Decreto-lei n.º 519/79 de 29-12.

[105] Posteriormente, o Decreto-lei n.º 87/89 de 23 de Março alterou o Decreto-lei n.º 519-C1/79 de 29-12 dado que ao contrário do que estava previsto no seu preâmbulo se fixaram prazos mínimos obrigatórios de vigência das convenções colectivas e das decisões arbitrais. Considera-se que (cf. Preâmbulo do Decreto-lei n.º 87/89 de 23 de Março), apesar de se procederem a alguns reajustamentos no que concerne à vigência das convenções colectivas e decisões arbitrais, as "razões de política macroeconómica associadas à necessidade de preservação da estabilidade das relações laborais não permitem ainda devolver integralmente aos parceiros sociais a livre fixação dos períodos mínimos de vigência".

[106] Consultar "Alterações ao Regime Jurídico das Relações Colectivas de Trabalho Instituído pelo Decreto-lei n.º 519-C1/79 de 29 de Dezembro", Separata 3 do Boletim do Trabalho e Emprego, Lisboa, 25 de Fevereiro de 1992.

aprovado pela Lei n.º 31/86 de 29 de Agosto.[107] O diploma cria um novo modelo para a arbitragem obrigatória nos casos em que "tendo-se frustrado a conciliação ou a mediação, as partes não acordem, no prazo de dois meses a contar do termo daquele processo em submeter o conflito a arbitragem voluntária" (art. 35.º).[108] Contudo, desde a sua publicação "os efeitos práticos destas alterações não se fizeram sentir (à excepção, talvez de alguma alteração procedimental no papel desempenhado pela administração do trabalho em sede de conciliação e pela criação de arbitragens regionais)".[109]

Outro aspecto relevante para a análise da combinação entre o princípio de regulação estatal e as formas de resolução dos conflitos formais não-judiciais é o da evolução das portarias de regulamentação de trabalho e das portarias de extensão. O período de 1974-1975 é marcado pela forte intervenção administrativa na fixação das condições de trabalho, o que se traduz no elevado número de portarias de regulamentação de trabalho (PRT) publicadas. Em muitos casos, a sua utilização substituía-se, pura e simplesmente, à negociação entre as partes, tendo muitos sectores de

---

[107] A este propósito refira-se que a Lei-quadro da Arbitragem Voluntária estabelece no seu art. 38.º que o Governo definirá o regime de outorga de competência a determinadas entidades para realizarem arbitragens voluntárias institucionalizadas.

[108] Refira-se também que o Acordo Económico e Social para 1991 refere como seus objectivos "conferir maior eficácia aos mecanismos para a dirimição dos conflitos negociais, nomeadamente através da institucionalização de um sistema de arbitragem independente e respeitado". Para o efeito, aponta-se como medida a adoptar a possibilidade de sujeição dos conflitos a uma arbitragem obrigatória quando tendo-se frustrado a conciliação e/ou a mediação as partes não requeiram a arbitragem voluntária no prazo de 2 meses a contar do termo daqueles processos.

[109] Mais recentemente, o Acordo de Concertação Social de Curto Prazo (1996), no capítulo respeitante à Política de Relações Laborais, parte da ideia de que a contratação colectiva se assume como o meio privilegiado de regulação dos interesses colectivos e de promoção do progresso social, obrigando-se o Governo, nomeadamente a promover a intervenção propositiva dos serviços de conciliação nos conflitos colectivos e a impulsionar a prática da arbitragem obrigatória. No Acordo de Concertação Estratégica 1996/1999, refere-se no seu capítulo I que "(...) as confederações sindicais e patronais comprometem-se a exercer a sua influência no sentido de que as negociações colectivas, a iniciar em 1997, ou posteriormente, contemplem, nomeadamente os seguintes temas: (...) mecanismos internos (a nível interno ou de sector) de resolução de conflitos individuais, nomeadamente a introdução da conciliação e arbitragem voluntária quanto a esses litígios". No mesmo documento os parceiros sociais comprometem-se a "estudar e apoiar a resolução de conflitos individuais ou colectivos por via de mecanismos de mediação, conciliação e arbitragem de carácter voluntário (...), serão analisados os obstáculos que se têm oposto à entrada em vigor dos mecanismos de arbitragem obrigatória e as limitações existentes nos serviços públicos de mediação e conciliação".

actividade visto as suas condições de trabalho reguladas deste modo durante anos consecutivos. Para além de serem utilizadas como forma de resolução dos conflitos, existem outros factores que explicam o elevado número de PRT emitidas nesse período. É o caso da sua utilização como forma de cobertura de zonas brancas da negociação colectiva, sobretudo no sector agrícola, e a emissão de PRT parciais, respeitantes apenas aos aspectos da negociação em que não houve acordo. Sucedeu igualmente em alguns casos que as PRT traduziram o resultado de um acordo firmado entre sindicatos e associações patronais, as quais entretanto se haviam auto-extinguido ou não obedeciam aos requisitos legais de representação, pelo que não se podia utilizar a via convencional de negociação. Embora nem todas as PRT emitidas se reportassem à solução de conflitos de trabalho, a sua utilização persistiu muito para além do período revolucionário, reflectindo um padrão de actuação estatal até 1979, caracterizado pela intervenção directa na composição dos conflitos de trabalho.

O processo de estabilização da sociedade portuguesa, marcado pelo surgimento do I Governo Constitucional e pela aprovação da Constituição Política de 1976, bem como a publicação de legislação restritiva à utilização de PRT[110], revela uma quebra significativa da intervenção administrativa na fixação das condições de trabalho. No entanto, será a partir de 1979 que, em definitivo, as PRT perdem expressão no sistema de resolução dos conflitos, exceptuando-se uma "recuperação" no período de governação do IX Governo Constitucional.[111] Desde então, as poucas portarias que são emitidas têm apenas o objectivo de cobrir zonas brancas da negociação, não resultando por isso de situações de conflito.

Seria, no entanto erróneo, supor-se que à nova orientação institucional e legislativa, apostada em retirar ao Estado o ónus de uma intervenção mais ou menos coerciva, se seguiu uma perda da centralidade do mesmo neste processo. Com efeito, à diminuição de portarias de regulamentação de trabalho corresponde um aumento substancial do número de portarias de extensão (PE).[112] Esta tendência é "aparentemente a expressão de uma

---

[110] Cf. Decreto-lei n.º 164/A – 76 de 28 de Fevereiro e Decreto-lei n.º 887/76 de 29 de Dezembro.

[111] Em 1979, são publicadas 19 PRT como forma de resolução de conflitos, em 1980, 11, em 1981, 5 e em 1982, 3. Em 1984, no período de governação do IX Governo, num total de 8 PRT publicadas, 5 foram resultantes de situações de conflito e 3 de cobertura de zonas brancas, enquanto que em 1985, num total de 14 PRT publicadas, 7 resultaram de situações de conflito e as outras 7 cobriram zonas brancas de negociação.

[112] Em 1979, foram emitidas 99 PE, em 1980, 113, e em 1981, 164.

162   *Trabalho procura Justiça*

política de 'desintervenção' e de maior aproveitamento dos resultados obtidos por negociação" (Fernandes, 1991: 195). Não se tratando de uma verdadeira perda de centralidade do Estado, parece ser mais correcto falar em alteração qualitativa da intervenção do Estado, que se recoloca estruturalmente numa outra posição. Com efeito, os dados evidenciam que a intervenção administrativa na regulamentação colectiva não baixou a partir de 1979, continuando a revelar valores elevados e, tendo mesmo, em 1985 e 1986, ultrapassado os valores de 1979 e 1980. Contudo, a lógica de intervenção administrativa a partir de 1979 é bem diferente da que caracterizou o período anterior.[113]

Como referido anteriormente, apesar de estarem previstos vários instrumentos formais não-judiciais visando a resolução dos conflitos de trabalho, a conciliação é a forma utilizada com carácter quase exclusivo (Ferrão *et al.*, 1991). Este subaproveitamento do sistema de resolução dos conflitos que coloca a conciliação em situação de monopólio explica-se, em parte, pelo facto de este ser o único nível de negociação assistida que pode ser accionado apenas por uma das partes envolvidas, enquanto que para se passar à fase de mediação ou arbitragem, é necessário que os

---

[113] Embora as PRT e as PE sejam ambas resultado do processo de juridificação da relação capital/trabalho, a prática da extensão de convénios traduz um princípio de base contratual, visto alargar o resultado de uma negociação já realizada. No entanto, o aparente desintervencionismo do mecanismo da extensão, pode ter como efeito dar expressão a um maior intervencionismo estatal. A escolha por um ou por outro tipo de intervenção tem consequências sociológicas, que ultrapassam a mera opção político-administrativa por uma visão mais liberalizante ou mais estatizante do papel do Estado na regulação da relação entre o capital e o trabalho. Se a opção pelas PE tem como "função manifesta" o aproveitamento dos resultados negociais entre os parceiros sociais, revelando uma intenção de desintervenção do Estado, a sua "função latente" revelará uma intenção de manutenção da intervenção do Estado, num quadro de mudança de modo de regulação através da promoção activa dos parceiros sociais dispostos à negociação e do desenvolvimento de práticas contratuais. Esta questão torna-se problemática num quadro de concorrência entre as duas grandes centrais sindicais sem regras sobre a representatividade dos parceiros sociais, sabendo-se que, em certos sectores de actividade, os sindicatos da CGTP dificilmente chegam a acordo, ou não chegam de todo, com os representantes do capital, enquanto que os sindicatos da UGT, apostados numa postura de um sindicalismo moderado, dialogante e de estratégia neocorporativa, tendem a concluir mais rapidamente acordos. Acrescente-se que "as portarias de extensão não têm de incidir sobre convenções ou acordos celebrados entre os sindicatos e associações mais representativos e não pressupõem o acordo delas" (Lucena e Gaspar, 1992: 178). Para além disso, na óptica dos sindicatos, as PE são publicadas com grandes atrasos (o que pode prejudicar materialmente os trabalhadores) e geram por vezes uma atitude de suspeição, que tem por base a escolha dos contratos objecto de extensão.

Quadro 2
Evolução das PRT e das PE

ANOS	PRT	PE	TOTAL
1977	33	70	103
1978	62	42	104
1979	64	99	163
1980	13	113	126
1981	12	164	176
1982	4	138	142
1983	4	105	109
1984	8	165	173
1985	14	200	214
1986	3	206	209
1987	1	151	152
1988	1	161	162
1989	1	158	159
1990	1	164	165
1991*	1	170	170,5
1992	1	175	176
1993	3	141	144
1994	1	155	156
1995	1	157	158
1996	3	174	177
1997	1	154	155
1998	-	132	132
1999	3	181	184
2000	1	144	145

*Média feita a partir dos anos 1990 e 1992
Fonte: Direcção-Geral das Condições de Trabalho

vários parceiros sociais assim o decidam conjuntamente. Até agora, os parceiros sociais têm-se recusado a entrar na fase de mediação, o mesmo sucedendo quanto à arbitragem. Nem as alterações introduzidas pelo Decreto-lei n.º 209/92, nomeadamente, na parte respeitante à arbitragem obrigatória, provocaram quaisquer modificações, nas práticas e relações entre os parceiros sociais.

Acompanhando o movimento de forte intervencionismo estatal do período de 1974-1976, que se prolongou até 1979, a conciliação traduz--se numa prática que revela um grande envolvimento por parte dos representantes da Administração do Trabalho nos conflitos.[114] A partir de 1979,

---

[114] Opinião partilhada quer por sindicalistas, quer por técnicos da Administração do Trabalho por nós entrevistados.

por força do novo enquadramento jurídico-institucional, a responsabilidade da conciliação e dos resultados negociais passou para os parceiros sociais. Apesar de a "palavra de ordem", desde então, ter sido a de devolver o processo negocial às partes e de se considerar que os parceiros sociais utilizavam muitas vezes a conciliação como instrumento de pressão sobre o Estado,[115] na óptica dos serviços de conciliação, foi-se institucionalizando uma prática de apresentação de propostas denominada "mediação informal". Nesse sentido, em 1990, dois anos antes da publicação do diploma que introduziu alterações à conciliação, aproximando-a formalmente da mediação, a DGRCT[116], por detectar um "certo esgotamento" do quadro legal então vigente, começou a desenvolver "algumas iniciativas no sentido de a função do conciliador se aproximar ou confundir com a posição do mediador; isto é, no sentido de o processo conciliatório poder enveredar pelo caminho da mediação, com a formulação de propostas tendencialmente globais de regularização dos litígios subjacentes ao pedido de conciliação", iniciativas essas que, no entanto, seriam "criteriosamente utilizadas".[117] Mas esta posição de princípio face à prática de conciliação, vai de par com os esforços da administração do trabalho para ajustar as suas funções "a um novo sistema de relações profissionais que, entretanto se foi estabelecendo, assente num maior protagonismo dos parceiros sociais e na consagração prática da sua autonomia e independência, e no aprofundamento do diálogo e da concertação social".[118] O resultado desta ligação entre os critérios que estão na base da intervenção, em sede de conciliação, e as orientações gerais da administração do trabalho é um "modelo pedagógico de conciliação". Estamos em presença de uma das políticas parcelares constitutivas do processo de transição nos modos de regulação social do Estado.

Em relatório elaborado pela Delegação de Lisboa da área das Relações Profissionais (1999), a conciliação é descrita como uma negociação assistida onde participa uma terceira entidade. Os parceiros sociais de acordo com a legislação em vigor têm liberdade para a ela recorrer ou sair da conciliação. O papel do conciliador é tentar que as partes voltem ao diálogo ou façam um acordo a partir dos seus próprios argumentos, ainda no domínio da vontade das partes evitando assim longos impasses

---

[115] Cf. Relatório Anual DGRCT (1986).

[116] Organismo da Administração do Trabalho com funções na área da prevenção e resolução dos conflitos de trabalho. Criado pelo Decreto-lei n.º 97/78.

[117] Relatório Anual DGRCT (1991: 10/11).

[118] Relatório de Actividades da DGRCT (1990: 2).

na negociação. Os conciliadores seguem a evolução dos processos em negociações directas, fazem contactos com parceiros sociais e ministérios da Tutela, como no caso das empresas públicas, e com os departamentos do MTS quando necessário.

A análise feita entre os anos de 1994 a 1999, em 558 casos de conciliação revela: (1) uma centralização das conciliações já que entre 1994 e 1998, 76,3% dos processos de conciliação ocorreram em Lisboa, tal como, aliás, acontece com os processos de negociação colectiva; (2) em 58,7% foram feitos acordos, ou seja, os objectivos propostos para a conciliação foram alcançados. Esses objectivos têm a ver quer com a retoma (ou início) de negociações directas quer com obtenção de acordos entre as partes sobre as matérias em negociação; (3) o número de conciliações solicitadas tem vindo a diminuir, embora o número de convenções publicadas se mantenha estável. A redução em 1999 (92 em 1997, 101 em 1998, 59 em 1999) é substancial embora possa ter a ver com o ciclo de vida das convenções que nem sempre é anual apesar da negociação salarial o ser; (4) o número de casos em que as partes voltam à negociação directa mantém-se estável com tendência para diminuir. Estando entre os 30,5 e os 40% do total de acordos entre 1995/98 desceu para 28,6% em 1999; (5) embora o número de convenções novas nos últimos anos tenha sido reduzido, o número de conciliações nestes casos é ínfimo; (6) a matéria salarial representa 80,2% das matérias acordadas em conciliação. O "âmbito" como 2.º tema (temporal, sectorial, geográfico ou sectorial) representa cerca de 7% dos tópicos em discussão; (7) nos últimos dois anos, e apesar da redução do número de conciliações em 1999, o número de tópicos que vêm a conciliação aumentou consideravelmente sobretudo respeitando as matérias como a definição de funções e ou o condicionamento da negociação salarial por outros tópicos de negociação (IDICT, 1999; EIRO, 2002).

Os factores que mais frequentemente originam frustração de acordo são: (1) o tema das mesas de negociação e negociações paralelas do lado sindical e patronal; (2) o facto de haver mais do que uma entidade a organizar o mesmo segmento de mercado de trabalho; (3) realização de um acordo com outras frentes, o qual tanto pode surgir da parte sindical como patronal (esta situação representa entre 30% a 50% dos não-acordos nos anos em análise); (4) em 50% dos casos a frustração da conciliação tem a ver com a matéria salarial e nos restantes casos deve-se ao facto de a matéria pecuniária ser condicionada a questões de flexibilidade ou a um acordo global envolvendo outras matérias.

Os dados constantes do relatório do IDICT corroboram as conclusões apresentadas em vários estudos que sublinham a importância dos constrangimentos exercidos pela situação da negociação colectiva e do estado do diálogo social sob a conciliação (Ferreira, 1993; 1994; 1998; 2003). Sem deixar de se observar a relevância das dimensões técnica e procedimental dependentes de variáveis político-administrativas (Ferreira, 1993; 1994), a conciliação no domínio laboral sofre igualmente com o impacto das transformações ocorridas nos sistemas de relações laborais e na regulação das condições de trabalho. A falta de efectividade e o não recurso à mediação e arbitragem aliados à inexistência de outras alternativas institucionais ou organizacionais ao actual modelo da conciliação fragilizam ainda mais as potencialidades deste instrumento de resolução dos conflitos.

Surgindo como um elo fraco num processo que está bloqueado o recurso à conciliação esgota o processo de composição dos conflitos. O conflito prosseguirá, eventualmente, com o recurso à greve – que funciona como forma de pressão na negociação – ou com a imposição unilateral pelas empresas das condições de trabalho através de actos de gestão. A tensão emergente dos conflitos colectivos ao não encontrar uma "válvula de escape" nem um eficaz mecanismo de regulação encontra na greve e no acto de gestão as duas formas limite de "composição dos litígios".

Na figura 1 identificam-se os elementos mais relevantes das formas tradicionais de resolução dos conflitos colectivos de trabalho numa situação de conflito emergente de negociação colectiva, bem como a trajectória e possíveis desempenhos do mesmo.

Figura 1
Trajectória de um conflito emergente da negociação colectiva

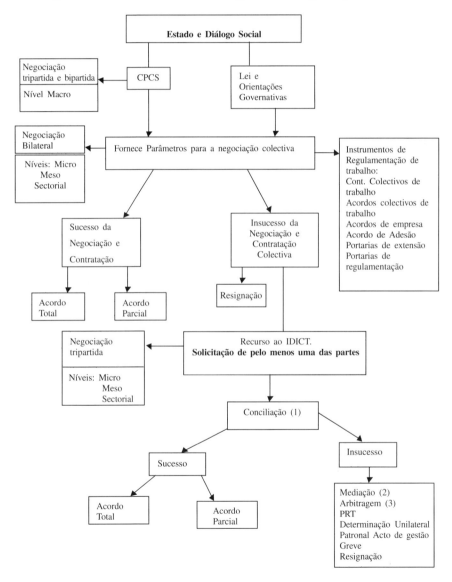

(1) – Na prática é a única forma de resolução de conflitos utilizada
(2) – A mediação não é utilizada pelos parceiros sociais
(3) – Na actualidade é raro o recurso à arbitragem

No gráfico 2 e quadro 3 identifico a dinâmica do sistema de relações laborais, do ponto de vista da evolução da negociação colectiva, do padrão de conflitualidade colectivo e do padrão de regulação dessa conflitualidade. Destaco os seguintes aspectos: em primeiro lugar, a diminuição do número de greves realizadas, as quais sofrem uma quebra abrupta a partir de meados da década de oitenta, ocorrendo, no entanto, uma certa recuperação a partir de 1989 para voltar a diminuir a partir de 1999. Em segundo lugar, a diminuição da conflitualidade colectiva parece corresponder a um aumento da via convencional sem que por isso tenha diminuído a intervenção estatal através da via administrativa. Em terceiro lugar, é clara a substituição das portarias de regulamentação de trabalho pelas portarias de extensão enquanto forma de intervenção estatal.

Gráfico 2
Instrumentos de regulamentação colectiva de trabalho

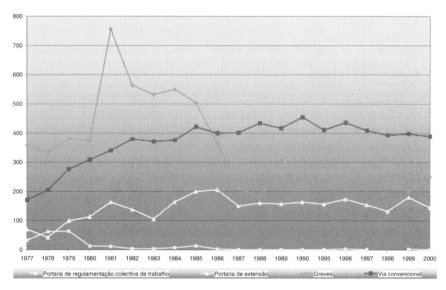

Fonte: MESS: Relatórios e Análises: Relatórios DGRCT e IDICT.

Quadro 3

Instrumentos	1979	1990	2000
PRT	64	1	1
Arbitragem	2	0	0
PE	99	164	144
Total da Via Convencional	*322*	455	389

Fonte: MESS: Relatórios e Análises: Relatórios DGRCT e IDICT.

3.1.2. A concertação social e as dificuldades de reforma das formas de resolução dos conflitos colectivos

Do sistema de resolução dos conflitos laborais fazem também parte os órgãos de concertação social resultantes da combinação entre o princípio da associação ou diálogo social e as formas de resolução dos conflitos formais não-judiciais. O contributo da concertação social para o sistema dá-se em três planos: o da produção normativa – acordos de concertação, negociação de protocolos, etc.; o da constituição de comissões de acompanhamento dos acordos com possível incidência nos conflitos colectivos; e, finalmente, o seu envolvimento nos processos de arbitragem obrigatória.

O surgimento da concertação social em Portugal é caracterizado pela ausência de diálogo social, pela inexperiência de participação dos interesses económicos organizados[119] e pelo peso do Estado no económico e no social. É este o contexto em que têm lugar duas experiências aparentemente com potencialidades de institucionalização da via da concertação mas que na prática permaneceram apagadas. Refiro-me ao Conselho Nacional do Plano e ao Conselho Nacional de Rendimentos e Preços. O Conselho de Rendimentos e Preços quase não chegou a funcionar e, dada a inexistência de uma verdadeira planificação, a operacio-

---

[119] Sobre associações de interesses em Portugal conferir entre outros M. Lucena e C. Gaspar (1987).

nalidade e a intervenção efectiva do Conselho Nacional do Plano mostrou-se sempre limitada.

O período é ainda marcado pelas deficiências de participação efectiva dos trabalhadores nos organismos previstos na Constituição e na Lei. Não admira, pois, que a ideia de construir um Conselho Permanente de Concertação Social encontrasse cepticismo ou até antagonismo da parte de alguns parceiros e de diversas correntes de opinião pública.[120]

Com efeito, tal iniciativa, que parte do Governo do Bloco Central PS/PSD (1983-85) e é reivindicada pelo Congresso da UGT de 1981, tem lugar em plena crise económica e no âmbito de uma política de rendimentos restritiva (justificada pela necessidade de controlar a inflação), suscitando dúvidas quanto à capacidade do Governo em levar as organizações de trabalhadores a assumirem compromissos a nível global. A falta de diálogo na sociedade portuguesa parecia condenar, à partida, este novo organismo, à semelhança dos seus antecessores.

Contudo, dez anos volvidos sobre a Revolução do 25 de Abril, o processo de consolidação da democracia defrontava-se com uma crise económica, que exigia soluções de compromisso, fazendo apelo à negociação e ao diálogo dos agentes económicos. Também a perspectiva da entrada na CEE agia como elemento potenciador de uma prática de concertação social, já que a política social comunitária insistia nos seus programas na participação crescente dos "parceiros sociais" nas decisões económicas e sociais da Comunidade e dos trabalhadores na vida das empresas.

Mas se estes dois factores convergiam para dar vida a um organismo como o CPCS, era ainda necessário que se ultrapassassem os bloqueios à institucionalização do diálogo social.

As negociações em torno do anteprojecto de Decreto-lei n.º apresentado pelo Governo em 27/12/83 põem em evidência uma postura empenhada da UGT[121], enquanto sofrem a contestação frontal da CGTP e provocam o cepticismo das Associações Patronais.[122]

---

[120] Sobre a institucionalização do CPCS, cf. Marques e Ferreira (1991).

[121] O desenvolvimento da UGT aparece, neste contexto, como elemento fundamental já que, privilegiando a via da negociação e a concertação, ela se constitui como um interlocutor válido, tendo tal organização iniciado já no princípio da década de 80 as primeiras reuniões bilaterais com as confederações patronais. Apesar de algumas críticas, a UGT manifestou o seu apoio, na generalidade, ao projecto do diploma, destacando que este correspondia às suas propostas e preocupações.

[122] Para mais desenvolvimentos sobre esta temática, consultar Ferreira (2003: 340 ss.).

A institucionalização da concertação social em Portugal, de um ponto de vista organizativo, é marcada por dois momentos. O primeiro inicia-se com a publicação do Decreto-lei n.º 74/84, de 02 de Março, relativo à criação do Conselho Permanente de Concertação Social. Na nota preambular do referido diploma alude-se à relevância das práticas de concertação em situações de crise económica e social e à necessidade de coordenação de esforços entre o Estado, trabalhadores e empregadores. A composição do Conselho ficou legalmente estabelecida de modo tripartido[123]: 6 membros do Governo; 6 representantes das Confederações Patronais (CAP-2, CIP-2 e CCP-2); 6 representantes das Confederações Sindicais (UGT-3 e CGTP-3).

Inicialmente, tanto as Confederações Patronais como as Centrais Sindicais entenderam que o peso do Governo, em termos estatutários, não era excessivo, atendendo "ao bloqueio do diálogo entre associações patronais e sindicais, ao peso do governo nas decisões políticas" (UGT); "ao carácter tripartido do conselho" (CGTP); "ao papel moderador do Estado na jovem democracia portuguesa" (CAP); "ao carácter rigorosamente tripartido" (CIP); "ao diálogo só ser possível tripartido" (CCP). Sublinhe-se, no entanto, que, após quatro anos de funcionamento, a generalidade dos "parceiros sociais" admitia que existiam dificuldades na produção de um verdadeiro equilíbrio e criticavam a excessiva governamentalização do CPCS. Crítica mantida até aos dias de hoje. Os "parceiros sociais" vêm, então, apontar o grande peso do Governo nas decisões do Conselho e as dificuldades de ele se comportar como um verdadeiro árbitro.

O segundo momento está associado à criação do Conselho Económico e Social (CES) no âmbito da segunda revisão constitucional, em 1989. Na base da proposta da sua criação estava a intenção de reunir num único órgão as funções do anterior Conselho Nacional do Plano, do Conselho dos Rendimentos e Preços e, embora de uma forma menos clara, do Conselho Permanente da Concertação Social. Foi definido como sendo o órgão de consulta e concertação no domínio das políticas económica e social, participando, igualmente, na elaboração dos planos de desenvolvimento económico e social. Verificou-se um alargamento dos interesses representados, incluindo-se, para além dos parceiros sociais, representantes de outras actividades económicas e sociais, das regiões autónomas e das autarquias locais, etc.

---

[123] A composição então fixada manteve-se inalterada até à entrada, em 2003, da Confederação de Turismo Português.

A questão de fundo foi saber se se deveria agrupar a concertação económica com a social no mesmo órgão ou se os dois tipos de concertação deveriam manter-se, organicamente, independentes, sendo que ficaríamos com uma concertação social em sentido "puro" no CPCS e com uma concertação económica, e apenas marginalmente social (com mistura ou mesmo preponderância da mera consulta), no CES. Note-se que mesmo as tendências integradoras de todas as funções no mesmo órgão não deixavam de reconhecer a necessidade de se conceder grande autonomia a uma comissão especializada que, dentro do CES, passasse a deter os poderes do CPCS. No figurino institucional consagrado embora mantendo-se a estrutura do CES, foi atribuída uma quase total autonomia à Comissão de Concertação Social. Manteve-se a estrutura de representação do Estado, dos trabalhadores e dos empregadores. No entanto, ao contrário do que sucede com as restantes comissões especializadas, as suas deliberações não carecem de aprovação pelo plenário (Art. 9.º, n.º 5, do DL 108/91 de 17 de Agosto).

Sem prejuízo de se reconhecer a especificidade e a autonomia de que goza a Comissão Permanente de Concertação Social, pode considerar-se que o Conselho Económico e Social constitui um exemplo de uma concertação em sentido amplo (misto de consulta e concertação), largamente aberto em matéria de funções e de composição muito alargada.

A experiência portuguesa dos pactos e da concertação social deve ser enquadrada no contexto das dinâmicas e transformações verificadas na sociedade portuguesa e no sistema de relações laborais, depois de 1974. A este propósito identifico quatro factores constrangedores dos modelos e das práticas de concertação social.

O primeiro reporta-se aos processos de transição e consolidação para a democracia. A experiência anterior à institucionalização da concertação social foi basicamente afectada pelo bloqueio nas relações entre sindicatos e associações patronais, resumindo-se o diálogo sócio-laboral à contratação colectiva. Atendendo à inadequação do perfil sócio-político dos parceiros sociais para a realização de pactos sociais, o Estado desempenhou um papel activo na criação de uma "sociedade civil secundária". Nesse sentido, utilizou a sua capacidade reguladora quer para criar espaços de actividade económica e social privada, de modo a transformar o capital num parceiro social, quer incentivando a divisão do movimento sindical em duas centrais sindicais, na expectativa de que uma delas teria o perfil adequado para a participação nos pactos.

O segundo relaciona-se com a situação de pluralismo sindical e patronal, emergente do sistema de representação de interesses. Identificam-se, neste sentido, três modelos sindicais. O primeiro é constituído por sindicatos profissionais, independentes, que recusam a pertença a qualquer uma das confederações sindicais e seguem uma prática reivindicativa centrada nos interesses profissionais dos seus associados. O segundo, representado pela CGTP-IN, segue uma prática reivindicativa classificada como sindicalismo de classe. O terceiro protagonizado pela UGT, identificado como um sindicalismo de negociação e de concertação. O associativismo patronal e empresarial traduz também situações de clivagem entre associações empresariais, preocupadas com a representação dos interesses económicos dos empresários e associações patronais preocupadas com a representação dos interesses sociais dos empresários, nomeadamente, com a negociação colectiva e a concertação social. Registe-se também a existência de um conjunto muito significativo de organizações patronais que não se encontram filiadas em nenhuma das confederações. Deste modo, o sistema de representação de interesses de trabalhadores e empregadores surge com um carácter algo instável e concorrencial, marcado pelos compromissos conjunturais e suscitando inúmeras dúvidas quanto ao seu grau de representatividade.

O terceiro encontra-se associado à situação económica e à adesão de Portugal à União Europeia (1986). O período entre 1982 e 1986 caracteriza-se pelo avolumar da situação de crise económica traduzida nas elevadas taxas de inflação e de desemprego. As políticas de austeridade, a diminuição do peso dos trabalhadores na distribuição do rendimento nacional, as descidas dos salários reais, os salários em atraso e os despedimentos são alguns dos muitos indícios da situação de crise económica que se encontrava associada à criação do Conselho Permanente de Concertação Social. A adesão de Portugal à União Europeia obrigou à aceitação de compromissos envolvendo trabalhadores e empregadores, sendo notória a diminuição do número de greves neste período. Assim, a integração na União Europeia concorreu favoravelmente para a implementação de práticas de concertação social.

Finalmente, o quarto diz respeito ao conteúdo e modelos de negociação decorrentes da concertação social onde é possível identificar três fases, as quais, grosso modo, correspondem a uma negociação sobre políticas de rendimentos e preços, a uma negociação de carácter económico e social mais abrangente e a uma negociação de "médio-alcance" de natureza temática. A primeira marcada pela negociação de acordos orientados fundamentalmente para a política de rendimentos (*Política de rendimentos para 1987*; *Acordo de Política de rendimentos para 1988; e Acordo de Política de Rendimentos para 1992*); a segunda envolvendo uma negociação global associando política de rendimentos, política fiscal, política económica, política laboral e de segurança social (*Acordo Económico e Social*, 1990; *Acordo de Segurança, Higiene e Saúde no Trabalho*, 1991; *Acordo de Política de Formação Profissional*, 1991; *Acordo de Concertação Social de Curto Prazo, 1996; Acordo de Concertação Estratégica* 1996-1999). Finalmente, a terceira fase, a negociação de acordos temáticos, de "médio alcance", orientados para aspectos concretos das relações laborais (*Acordo de Política de Emprego, Mercado de Trabalho, Educação e Formação*, 2001; *Acordo sobre Condições de Trabalho, Higiene e Segurança no Trabalho e Combate à Sinistralidade*, 2001; *Acordo sobre Segurança Social*, 2001). É importante sublinhar que os acordos temáticos ou de médio alcance são os únicos da história da concertação social portuguesa a serem subscritos por todos os parceiros sociais. Foi o que sucedeu em 1991 e em 2001 nas áreas da segurança, higiene e saúde no trabalho e emprego, educação e formação. Refira-se a grande dificuldade evidenciada na aplicação dos acordos com carácter global.

No que concerne à intervenção directa da concertação social na resolução dos conflitos de trabalho merecem menção as medidas que visam a prevenção e acompanhamento das situações de conflito. Quer o Acordo Económico e Social de 1990, quer o Acordo sobre a política de rendimentos de 1992 quer, mais recentemente, o Acordo de Concertação Social de Curto Prazo de 1996, ou o Acordo de Concertação Estratégica de 1996, prevêem comissões de acompanhamento. No entanto as opiniões acerca da sua eficácia, legitimidade e funcionamento assumem índoles muito diversas.

Igualmente problemático é o papel desempenhado pela concertação social em matéria de produção e aplicação de normas constitutivas do sistema de resolução de conflitos de trabalho. Várias foram as iniciativas tomadas no âmbito da concertação social visando a alteração ou melhoria das formas de resolução dos conflitos individuais e colectivos de trabalho. Retomando-se uma discussão que remonta aos debates públicos havidos em finais da década de setenta, acerca dos vários projectos de criação de serviços de conciliação e arbitragem, aborda-se, pelo menos desde 1989, no âmbito do CPCS, a possibilidade de regulamentação de um protocolo sobre a organização e funcionamento de centros de arbitragem e conciliação.

Capítulo IV 175

Resultados concretos transpareceram no Acordo Económico e Social de 1990, tendo vindo a ser posteriormente vazados no Decreto-lei n.º 209/92, o qual introduziu alterações nas formas de resolução dos conflitos de trabalho que vão desde a instituição da arbitragem obrigatória nos conflitos colectivos de trabalho, passando pela possibilidade de as convenções colectivas instituírem formas de conciliação, mediação e arbitragem nos conflitos emergentes das relações individuais de trabalho, até ao modo como se potenciou o papel da conciliação.[124]

No que diz respeito à arbitragem nos conflitos colectivos, no ACE de 1990 foi instituído o sistema de arbitragem obrigatório pelo Decreto-lei n.º 209/92.[125]

De entre as várias peças normativas que fazem parte do diploma é de destacar a que mais implicações tem para os governos, decorrente do facto de "a arbitragem obrigatória ser determinada pelo Ministério do Trabalho e da Solidariedade, a pedido de qualquer das partes ou mediante recomendação do CES, sendo que em relação a empresas públicas ou de capitais exclusivamente públicos, a arbitragem só pode ser determinada com base em recomendações do CES".

Apesar de aparentemente a arbitragem surgir como forma de auto--regulação dos conflitos o envolvimento político nesta matéria é evidente.

---

[124] O mais interessante é que, até 1998, os efeitos práticos destas alterações não se fizeram sentir, à excepção, talvez, de alguma alteração procedimental, no papel desempenhado pela Administração do Trabalho em sede de conciliação e na criação de Centros de Arbitragem Regionais.

[125] No que respeita às relações colectivas de trabalho, desde o período do Estado Novo que se pretende conferir uma maior importância aos princípios da informalização e auto-regulação. Com efeito, no quadro das reformas marcelistas, e mais concretamente, com a aprovação do Decreto-lei n.º 49.212 de 28 de Agosto de 1969, previa-se a possibilidade de recurso à arbitragem, para pôr termo às situações caracterizáveis como litigiosas. A Constituição de 1933 e o Estatuto Nacional do Trabalho, ao abolirem a luta de classes, elevaram a contratação colectiva ao meio por excelência para a resolução pacífica de litígios. Assumia particular relevo a existência de órgãos arbitrais de conciliação, que praticavam a conciliação e a arbitragem, o que permitia acolher uma nova sistematização da regulamentação colectiva de trabalho. De resto, considerava-se mesmo que o sistema então em vigor apenas tinha faltado na "exacta individualização dos órgãos arbitrais e de conciliação que a sua estrutura pressupõe, obrigando temporariamente a recorrer a fórmulas indirectas de intervenção conciliadora".

Posteriormente, o Decreto-lei n.º 492/70 de 22 de Outubro, veio suprimir algumas lacunas do anterior diploma, nomeadamente no que concerne ao funcionamento das comissões arbitrais, e obstar a que existissem quaisquer impedimentos que conduzissem à inutilização da tentativa de conciliação e da arbitragem.

Refira-se também que o estabelecimento do regime de arbitragem obrigatória é contraditório com o padrão formal de relacionamento e com as práticas seguidas pelos parceiros sociais em situação de conflito. Exceptuando-se os anos de 1976, 1977 e 1978, onde se registaram respectivamente 11, 7 e 8 arbitragens, nos restantes é raro, e na maior parte dos anos inexistente, o número de arbitragens realizadas.

As insuficiências do princípio do diálogo social estão bem patentes nos factores de bloqueio ao regime da arbitragem de que é exemplo a impossibilidade de constituição da lista de árbitros. A posição dos parceiros sociais tem sido um dos motivos impeditivos da falta de efectividade da arbitragem obrigatória já que, do ponto de vista formal, depende da existência da lista de árbitros.

Contraditoriamente, os parceiros sociais exprimem formalmente as suas preocupações a respeito da arbitragem obrigatória, como sucedeu no Acordo de Concertação Social de Curto Prazo 1996 e no ACE 1996 – para além das inúmeras discussões internas ocorridas no CPCS – sendo, no entanto, a sua atitude de grande contenção nesta matéria.[126]

Apesar da arbitragem obrigatória não funcionar, registam-se vários pedidos. Por exemplo, o sindicato dos Quadros Técnicos Bancários desenvolveu em 1998 pressão sobre o Governo para que a lista de árbitros fosse formada. Em Dezembro de 1999, o Sindicato Nacional Ferroviário da Revisão dirigiu-se ao Governo com a intenção de que o impasse da negociação colectiva com a CP-Caminhos de Ferro Portugueses fosse superado através da arbitragem. Algum tempo antes, este Sindicato pediu ao Presidente do CES que o Conselho recomendasse a arbitragem obrigatória com a referida empresa. O Presidente do CES não deu sequência ao pedido por duas ordens de razão: não se mostrava esgotado o mecanismo prévio da conciliação ou mediação e não existe a lista de árbitros o que inviabilizaria a eventual determinação de arbitragem obrigatória caso a empresa acabasse por não nomear o árbitro de

---

[126] Em Julho de 1999 o Governo solicitou aos parceiros sociais representados no CES que esclarecessem a sua posição sobre o tema da arbitragem obrigatória. Responderam a CCP, a CGTP e a UGT. A CCP afirmou o seu interesse em viabilizar a arbitragem obrigatória, recordando que algumas associações patronais do seu sector também já foram impedidas de a promover por não existir a lista de árbitros. A UGT declarou estar disponível para promover a formação da lista de árbitros. A CGTP afirma entender que a arbitragem obrigatória não seja uma forma legítima de resolução de conflitos colectivos, porque viola o direito de contratação colectiva. A CAP e a CIP não se pronunciaram sobre esta matéria.

parte. O Sindicato reclamou desta posição do Presidente do CES para o plenário do Conselho, que deliberou por unanimidade não atender o pedido do Sindicato.

Mais recentemente o Sindicato Nacional do Ensino Superior pediu ao Governo que fossem tomadas as medidas necessárias para a constituição da lista de árbitros prevista na lei, por forma a viabilizar o eventual recurso à arbitragem obrigatória no sector do ensino particular e cooperativo, existindo também uma queixa na Provedoria de Justiça sobre a falta da lista de árbitros.

Durante o processo de negociação do AES (1990), a ponderação da arbitragem obrigatória foi realizada tendo por base a sua articulação com as PRT. Aliás, o próprio AES (1990) previa a "revogação das normas que possibilitam a emissão de portarias de regulamentação de trabalho fora dos casos de inexistência de associações sindicais ou patronais". No entanto, tal não se veio a verificar sendo relevante trazer à colação o facto do Governo Regional da Madeira ter uma prática de intervenção nos conflitos laborais através de portarias de regulamentação de trabalho, o que seria posto em causa com a sua extinção.

Até à publicação do Código do Trabalho, o sistema de resolução dos conflitos colectivos de trabalho português é caracterizado por uma bicefalia normativa, dado coexistirem duas formas de resolução dos conflitos que se configuram como a última *ratio* para a resolução dos litígios.

Dos acordos negociados mais recentemente, transparece a necessidade de reforçar as intenções expressas anteriormente, como se pode constatar pela consulta, do acordo de Curto Prazo e do Acordo de Concertação Estratégica (1996), – a que se devem acrescentar as matérias respeitantes à melhoria da justiça e administração do trabalho, reforço da negociação colectiva e participação dos parceiros sociais e criação do Centro de Relações do Trabalho. No entanto, estas são matérias acerca das quais existe uma razoável dose de discordância entre os parceiros sociais e que deixa transparecer os limites das formas de produção do direito de base auto-reflexiva num quadro de desentendimento e de assimetria de poder.

Em meu entender qualquer ponderação sobre a arbitragem em Portugal deve atender aos seguintes elementos: (1) equilíbrio PRT – arbitragem obrigatória; (2) criação ou não de um Centro de Relações do Trabalho; (3) posição do Governo perante a OIT; (4) insistência para a emissão de PRT caso se revogue a lei da arbitragem; (5) recusa dos parceiros sociais em negociarem, em sede de concertação, a negociação de um acordo sobre o sistema de resolução de conflitos de trabalho; (6) os pedidos de arbitragem obrigatória são formulados sobretudo por sindicatos independentes que pedem arbitragens obrigatórias.

3.2. As formas de resolução dos conflitos individuais de trabalho

No quadro 4, identifico as formas de resolução dos conflitos individuais de trabalho. Apesar da oferta diversificada de instrumentos e princípios de regulação disponíveis, importa reiterar a importância assumida pela via judicial. Com efeito, a inefectividade das formas não-judicializadas, formais ou informais, na composição da litigação inter-individual, torna os tribunais de trabalho o espaço preferencial de resolução dos conflitos. A ausência de canais e espaços alternativos de composição dos conflitos faz com que o judicial-laboral fique sujeito a uma grande procura. Para além da adjudicação dos conflitos dirimidos por sentença, importa sublinhar o papel desempenhado pela conciliação judicial. Também a prática informal de conciliação protagonizada pelo Ministério Público se enquadra nesta perspectiva, tendo, no entanto, a particularidade de assumir a forma de uma conciliação informal. É neste contexto que o Ministério Público assume um papel muito relevante que ultrapassa as funções de patrocínio judiciário legalmente previstas. A estas questões voltarei nos próximos capítulos.

Quadro 4
Conflitos individuais

Princípios de Regulação / Formas de Resolução	Estado	Mercado	Comunidade	Associação
Judicial	Tribunal / Sentenças Tribunal / Conciliação Tribunal / Ministério Público (até 1985)			Tribunal / Juízes sociais
Formal não-judicial	Inspecção do trabalho			Negociação colectiva (Institucionalização de procedimentos de conciliação, mediação e arbitragem) Sistemas paralelos (Portuários, Expo, Bases das Lages e Beja) Centros de Arbitragem (Açores e Liga Portuguesa de Futebol) CCJ (até 1985) [Pré-judicial obrigatório]
Informal	Ministério Público (depois de 1985) Direcção-Geral das Relações Colectivas do Trabalho (até 1985) Direcção-Geral das Relações Colectivas do Trabalho (depois de 1985) Direcção-Geral das Relações Colectivas do Trabalho (até 1992) Inspecção de Trabalho	Conciliação / mediação em Gabinetes de Advogados Conciliação / mediação em recursos humanos /empresa Hierarquia / Poderes de facto / empresa / Resignação / Procura suprimida Notas de serviço Regulamentos das empresas	Auto-composição e tentativa espontânea de acordo bilateral Usos e costumes Mediação por terceira parte (colega, sindicalista, delegado sindical, recursos humanos, supervisores, quadros, etc.) Códigos de conduta Códigos de ética	Comissão de trabalhadores Delegado sindical Associações sindicais e patronais Códigos de conduta Códigos de ética

180   *Trabalho procura Justiça*

De acordo com a proposta do sistema de resolução dos conflitos individuais de trabalho, a intervenção da Inspecção-Geral do Trabalho nas empresas é também uma via de regulação das relações individuais de trabalho, categorizada como resultado da articulação entre o princípio de regulação estatal e as formas de resolução não-judiciais formais e informais. Apesar de à IGT não estar acometida legalmente uma função conciliatória, as práticas inspectivas acabam, nalgumas circunstâncias, por concorrer para a composição dos conflitos. Existe, assim, uma certa ambiguidade entre uma actuação formal e informal visando a resolução dos conflitos individuais no espaço da empresa.

Ainda no que diz respeito à administração do trabalho, pelo menos até 1992, era frequente realizarem-se conciliações nas delegações na Direcção-Geral das Relações Colectivas de Trabalho, prática que caiu em desuso. Antes de 1985, ainda durante o período de funcionamento das Comissões de Conciliação e Julgamento, são vários os relatórios de actividades da Administração do Trabalho que exprimem uma certa situação de concorrência entre este organismo e as referidas Comissões. Após a extinção destas, em 1985, mantém-se a intervenção conciliatória por parte da administração do trabalho realizada no quadro de uma certa contingência organizacional. Esta resulta das várias alterações às leis orgânicas da administração do trabalho, no sentido de a ligar à dimensão colectiva das relações de trabalho, com o consequente apagamento da sua intervenção no domínio da resolução dos conflitos individuais.

Quadro 5
IGT – Evolução dos pedidos de intervenção

Discriminação	1995	%	1996	%	1997	%	1998	%	1999	%	2000	%
Sindicatos	4.756	22,5	3.681	20,7	3.358	23,2	2.444	20,2	2.016	16,4	1.934	16,1
Trabalhadores	8.446	39,9	6.867	38,7	5.952	41,0	4.725	39,0	4.570	37,3	4.333	35,9
Empresas	981	4,6	729	4,1	514	3,5	635	5,2	1.129	9,2	1.796	14,9
Outros	6.998	33,0	6.490	36,5	4.679	32,3	4.308	35,6	4.552	37,1	3.981	33,1
Total	**21.181**	**100**	**17.767**	**100**	**14.503**	**100**	**12.112**	**100**	**12.267**	**100**	**12.044**	**100**

Fonte: IGT/2000.

Sendo certo que a administração do trabalho desempenha um papel de relevo no esclarecimento jurídico através da Linha Azul e da Inspecção do Trabalho, a sua intervenção directa nos conflitos individuais de trabalho assume um carácter restrito. Para além da ambiguidade que pode emergir da intervenção da inspecção na resolução dos conflitos individuais de trabalho, o padrão orgânico da Administração Pública do Trabalho vai no sentido de afastar a regulação deste tipo de conflitualidade da sua esfera de actuação. Por exemplo, a área das relações profissionais, como foi referido, só tratou de conflitos individuais enquanto deles se ocupavam também as extintas CCJ, passando a partir da criação do IDICT (1992), e por força do que dispõe a respectiva lei orgânica, a ser competente exclusivamente para tratar de conflitos colectivos. Difícil será também a intervenção formal da Inspecção do Trabalho, dado que, não sendo essa a sua missão específica, só actua quando para além do conflito individual existir uma infracção punível com coima ou multa. A actividade inspectiva está condicionada à "verificação presencial" da infracção como condição para a actuação coerciva, requisito limitador da actuação da IGT, visto na maior parte dos casos, o trabalhador já não se encontrar no local de trabalho onde teve origem o conflito. O afastamento dos trabalhadores em situação de conflito das instalações das empresas é prática recorrente o que em si mesmo pode constituir um obstáculo à realização dos direitos laborais. Acresce que, aquando das visitas da IGT às empresas, se o ou os trabalhadores não forem detentores de documentação cuja análise presencial confirme, na existência de uma infracção, fica impedida a formulação da queixa à IGT, podendo, eventualmente, os inspectores aconselharem o trabalhador a dirigir-se ao tribunal ou ao sindicato.

O princípio do mercado combina-se com diferentes modos informais de composição dos litígios, sendo de destacar o papel desempenhado pelos gabinetes de advogados, Direcções de Recursos Humanos e, em última análise, os poderes de facto que no espaço da empresa conduzem à regulação dos conflitos por resignação ou procura suprimida. Sobretudo nas grandes e médias empresas, onde em regra existem departamentos de recursos humanos e jurídicos, é frequente estes forçarem a composição dos conflitos.

Relativamente ao princípio da comunidade, em estreita conexão com a autocomposição dos litígios, ele assume um papel importante, mas de difícil captação. No entanto, de acordo com o inquérito realizado pelos autores do livro *Os tribunais na sociedade portuguesa* (Santos *et al.*, 1996: 638-639) evidencia-se o relevo da resolução dos conflitos por acordos espontâneos, sem recurso a qualquer tipo ou instrumento de composição dos conflitos.

Quanto ao princípio do diálogo social, traço caracterizador da estruturação das relações sociais no domínio laboral, evidencia uma das maiores fragilidades do sistema português de resolução dos conflitos de trabalho. O mau funcionamento e a débil institucionalização das formas de resolução dos conflitos, apelando à participação dos parceiros sociais, constituem um factor de bloqueio do sistema. O desinteresse pela figura dos juízes sociais, por intermédio dos quais os parceiros sociais poderiam participar na administração da justiça laboral, a incapacidade da negociação colectiva em instituir formas alternativas de resolução dos litígios, e a história problemática das Comissões de Conciliação e Julgamento de base tripartida, são exemplos reveladores da incapacidade de os parceiros sociais levarem a cabo, por si próprios, de forma bi- ou tripartida, a regulação dos seus conflitos.

Em contrapartida, a conciliação no domínio das relações laborais em Portugal funciona e obtém resultados palpáveis quando decorre em espaços públicos, como são os tribunais, em que a conciliação é uma autocomposição assistida no espaço de adjudicação judicial, isto é, em que a alternativa à conciliação pode ser uma sentença.[127] A evidenciar a fragilidade do princípio associativo, está também o debate recorrente, em sede de concertação social, tendo por objecto a constituição de Centros de Conciliação e Arbitragem, cujos resultados têm vindo a ser quase nulos. Neste domínio, e pela exemplaridade de que se reveste, merece especial menção o Centro de Arbitragem dos Conflitos de Trabalho dos Açores, cujo desempenho é a excepção à regra.[128]

Quanto aos quadros institucionais de resolução dos conflitos individuais de trabalho existentes desde 1975, até à data, remetem para problemáticas, como sejam: a da transferência da organização judicial-laboral da administração do trabalho para o sistema judicial, a da morosidade da justiça do trabalho, a do acesso à justiça laboral e a das formas de resolução dos conflitos de trabalho.

---

[127] Em média, 80% dos processos são resolvidos antes do julgamento.

[128] Se estabelecermos uma comparação entre o número de processos de contrato individual findos no Tribunal de Trabalho em 1998, na Região Autónoma dos Açores (140) e o número de processos findos submetidos ao Serviço Regional de Conciliação e Arbitragem (614), verificamos a sua importância.

Podem ainda assinalar-se alguns casos pontuais de previsão de instrumentos de resolução dos conflitos — Expo, acordo da Base das Lajes e Beja.

Capítulo IV 183

Se do ponto de vista da integração dos tribunais de trabalho no sistema judicial pouco há a acrescentar, visto corresponder às modificações estruturais inerentes aos processos de transição e consolidação democráticos, o mesmo já não se poderá dizer no que diz respeito às outras problemáticas.

Relativamente à questão da morosidade, é importante salientar que desde 1975 até anos muito recentes, este foi um problema crónico da administração da justiça laboral. Tomando por comparação a duração dos processos cíveis e dos processos laborais entre 1974 e 2000, calculada de acordo com a fórmula de Clarck e Merryman (cf. Capítulo VI), constata-se que só a partir de 1984 os processos laborais se tornaram mais céleres que os cíveis, por exemplo em 1979 a duração de um processo laboral era de 34 meses e de um processo cível de 13,9 meses e em 1981 os valores eram respectivamente de 28,7 e 18,6 meses. Este facto é muito importante porque a duração da resolução dos litígios constitui em si mesma uma forma de regulação da conflitualidade. Deste modo, a morosidade dos tribunais de trabalho portugueses configurou-se como uma forma de resolução dos litígios, quer porque os diferia no tempo, quer porque os valores acumulados dos pedidos nos processos geravam economias de escala para o sistema empresarial. O *gap* entre o tempo biográfico e o tempo da justiça[129] no domínio laboral tornou-se num "tempo altamente perverso", sobretudo, se pensarmos nos interesses sociais envolvidos, os quais estiveram sempre presentes nos princípios básicos das várias leis adjectivas laborais portuguesas.

No que respeita à questão do acesso, a alteração mais significativa decorreu da instituição do sistema de assistência judiciária extensível aos tribunais de trabalho (1977), o que correspondeu a uma ruptura com a situação vivida durante o período do Estado Novo.[130] Refira-se, no entanto, que no específico domínio do acesso ao direito do trabalho, várias foram as soluções de continuidade plasmadas nas leis processuais vindas a lume depois de 1974.

Os sindicatos neste domínio revelaram-se, desde sempre, um dos mais importantes facilitadores do acesso ao direito e justiça do trabalho por parte dos trabalhadores. Desde muito cedo, a questão do acesso à justiça do trabalho foi marcada pela situação vivida no movimento sindical no que diz respeito à sua força e à disponibilidade de recursos.

---

[129] Sobre esta questão, conferir III Capítulo.
[130] Consultar a este propósito o preâmbulo do Decreto-lei n.º 44/77 de 2 de Fevereiro.

Aludiu-se anteriormente ao modelo pluralista de relacionamento sindical enquanto indutor de comportamentos e estratégias negociais diferenciadas no domínio das relações colectivas de trabalho. Ele fez-se sentir, igualmente, no domínio do acesso à justiça, configurando diferentes atitudes negociais e diferentes culturas jurídicas. Mais recentemente, tem ocorrido um esbatimento desta diferenciação inter-sindicatos parecendo ganhar maior relevo na explicação das diferentes estratégias de litigação o factor cultura jurídica dos advogados.[131] Com efeito, tudo aponta para a crescente existência, nalguns tipos de acções, de lógicas diferenciadas de actuação entre os serviços dos contenciosos dos sindicatos e a lógica de actuação sindical.

De realçar o importante papel desempenhado pelo Ministério Público, o qual sempre procurou promover um acompanhamento em termos de esclarecimento jurídico e em termos da composição dos litígios. Esta prática do Ministério Público, que remonta ao período anterior a 1974, esteve depois desta data associada às tarefas conciliatórias das Comissões de Conciliação e Julgamento, mantendo-se após a extinção destas em 1985 através de procedimentos e práticas informais promotoras da conciliação. Acrescente-se igualmente o papel desempenhado pelo Ministério Público nos processos de acidentes de trabalho e no aconselhamento jurídico dos trabalhadores. A sua importância é também colocada em evidência quando se analisa a estrutura do patrocínio judiciário nos tribunais de trabalho e se constata que, nalguns casos, a intervenção do Ministério Público é superior a 60%.

No que diz respeito às formas de resolução dos conflitos emergentes do contrato de trabalho é de referir, desde logo, o papel desempenhado pelas formas alternativas de resolução dos conflitos e a instituição dos juízes sociais. Começando por estes últimos, assinale-se o atraso com que o Ministério da Justiça deu sequência ao Decreto-lei n.º 156/78 de 30 de Junho, que visava pôr em marcha esta forma de participação popular na administração da justiça. Isto apesar das associações sindicais terem procedido no prazo fixado à eleição e designação dos seus candidatos a juízes sociais (Correia, 1982: 81). Mais tarde, já sendo possível o recurso aos juízes sociais, a sua prática veio a revelar-se introdutória de morosidade nos tribunais de trabalho. Para além das considerações jurídicas que se possam tecer a propósito dos dispositivos processuais que permitam a

---

[131] Este é um aspecto referido por vários sindicalistas por nós entrevistados.

utilização desta forma de participação da sociedade civil na resolução dos conflitos individuais de trabalho, é de sublinhar o carácter mitigado e escasso que ela veio a assumir.

3.2.1. As formas alternativas de resolução de conflitos no domínio laboral (RAL)

As formas alternativas de resolução de conflitos são o último elemento do sistema de acesso activado fora dos tribunais que passo a analisar.

No domínio das relações individuais de trabalho têm sido levadas a cabo algumas experiências de resolução extrajudicial dos conflitos, com enquadramento institucional e normativo, sendo de referir as seguintes: a criação das comissões de conciliação e julgamento (CCJ) – extintas em 1985; as disposições contidas no DL n.º 209/92 de 02 de Outubro, relativas à conciliação, mediação e arbitragem aplicáveis aos conflitos individuais através da negociação colectiva; e o Serviço Regional de Conciliação e Arbitragem do Trabalho dos Açores.

3.2.1.1. As Comissões de Conciliação e Julgamento (CCJ)

Surgidas na sequência das antigas comissões corporativas, as CCJ instituídas pelo Decreto-lei n.º 463/75 de 27 de Agosto, visavam a tentativa de conciliação pré-judicial com o objectivo de introduzir uma maior celeridade processual através de um órgão jurisdicional tripartido. A história legislativa das CCJ, para além de muito problemática[132], gerou memórias muito distintas da sua actuação.[133] Elas estão, em articulação com a procura dos tribunais de trabalho nas questões emergentes de relações individuais de trabalho, relacionadas com o cumprimento dos contratos de trabalho sendo por isso um elemento importante na compreensão da mobilização dos tribunais de trabalho nos conflitos emergentes de acções declarativas. Instância de intervenção pré-judicial, a conciliação promovida pelas CCJ teve inicialmente um carácter obrigatório,

---

[132] As vicissitudes porque passaram as CCJ podem ser acompanhadas, do ponto de vista legislativo nos seguintes Decretos-lei: DL n.º 463/75 de 27 de Agosto, Portaria n.º 280/76 de 4 de Maio, DL n.º 736/75 de 23 de Dezembro, Lei n.º 82/77 de 6 de Dezembro, DL n.º 328/78 de 10 de Novembro e DL n.º 115/85 de 18 de Abril.

[133] Pelas entrevistas realizadas, fica bem clara a diferença de opinião sobre o funcionamento das CCJ.

vindo depois a perdê-lo, estando-lhes subjacente um princípio regulatório neocorporativista ainda que de base estatal.

As CCJ foram criadas pelo Decreto-lei n.º 463/75 de 27 de Agosto, diploma regulamentado pela Portaria n.º 280/76 de 4 de Maio, sendo um órgão de conciliação obrigatória, de competência genérica e judicatura obrigatória. As CCJ eram, no entanto, um órgão com competência limitada quanto ao valor, uma vez que tais órgãos, de acordo com o estipulado no art. 6.º do Decreto-lei n.º 463/75 de 27 de Agosto, tinham competência para tentar a conciliação em todas as questões emergentes das relações individuais de trabalho; julgar as questões emergentes das relações individuais de trabalho cujo valor não exceda 20.000$00, bem como aquelas que, independentemente do seu valor, lhes sejam submetidas por acordo das partes.[134] Com estas Comissões pretendia-se, de acordo com o teor do preâmbulo do Decreto-lei n.º 736/75 de 23 de Dezembro, reconhecer as vantagens de órgãos directamente ligados ao contexto real dos litígios, uma vez que "parece, ainda, particularmente oportuno experimentar um novo tipo de órgão jurisdicional em que se achassem representados os trabalhadores e as empresas", além das vantagens quanto à celeridade processual e à autenticidade dos resultados aí obtidos. De modo a atingir estes objectivos, as CCJ foram criadas com âmbito distrital e com composição tripartida (um presidente, nomeado pelo Ministério do Trabalho, licenciado em direito e sempre que possível agente do Ministério Público, e dois membros designados pelas partes signatárias das convenções colectivas correspondentes ou pelos sindicatos e associações patronais ou empresas competentes). Porém, apenas um par de anos mais tarde, as CCJ foram extintas enquanto órgão jurisdicional (Lei n.º 82/77 de 6 de Dezembro que aprovou a Lei Orgânica dos Tribunais Judiciais), em obediência aos princípios constitucionais. Com efeito, os artigos 205.º e 206.º da Constituição da República Portuguesa estabelecem que a função jurisdicional é da exclusiva competência dos tribunais. De igual forma, a alínea j) do artigo 167.º da CRP estabelece a competência exclusiva da Assembleia da República para legislar sobre a organização e competência dos tribunais. Embora perdendo competên-

---

[134] As suas competências foram alteradas pelo Decreto-lei n.º 736/75 de 23 de Dezembro dado terem surgido dúvidas sobre a limitação das competências das CCJ e dos tribunais de trabalho. O novo diploma revogou o Decreto-lei n.º 463/75 e atribui competências às CCJ para "julgar as questões emergentes das relações individuais de trabalho cujo valor não exceda o da alçada dos tribunais de primeira instância, como aquelas que, independentemente do valor, lhes sejam submetidas por acordo das partes.

cias, as CCJ continuaram a efectuar a conciliação e a arbitragem de litígios individuais de trabalho, vindo esta prática a ser reconhecida e consagrada pelo Decreto-lei n.º 328/78 de 10 de Novembro. Não obstante esta reestruturação de competências, foi sendo defendida a extinção das CCJ, o que acabou por suceder com a publicação do Decreto-lei n.º 115/85 de 18 de Abril.

A este respeito importa sublinhar duas ideias: a primeira, é a do elevado número de processos que deram entrada neste órgão pré-judicial durante o período da sua existência; a segunda é que não é visível a sua influência na evolução das acções declarativas de contrato de trabalho.

De acordo com os dados recolhidos no fundo Comum das CCJ, em 1976 deram entrada nas Comissões de Conciliação e Julgamento aproximadamente 40 mil processos. Este valor é muito relevante se atendermos ao facto de que entraram nesse mesmo ano nos tribunais de trabalho 29290 acções declarativas, 27.837 executivas e 35.747 transgressões.[135]

Em 1980 deram entrada 25.087 processos nas Comissões de Conciliação e Julgamento, tendo-se realizado 29.707 tentativas de conciliação. Desse total de 29.707, a conciliação foi obtida em 8.700 processos e frustrou-se em 21.007. Foram arquivados 6.112 processos. Para o mesmo período deram entrada 33.634 acções declarativas nos tribunais de trabalho. Em 1981 deram entrada nas CCJ 24.399 processos. Realizaram-se 21.669 conciliações, tendo esta sido obtida em 6.334 processos e frustrando-se em 15.335. Foram arquivados 2.093 processos. Para o mesmo período deram entrada 33.654 acções declarativas nos tribunais de trabalho.

Em 1983 deram entrada nas CCJ 24.399 processos. Realizaram-se 16.082 conciliações, tendo esta sido obtida em 5.387 processos. Foram arquivados 5.133 processos. Para o mesmo período deram entrada 33.210 acções declarativas nos tribunais de trabalho.

Os dados anteriormente referidos deixam bem claro o que anteriormente se afirmou a propósito das CCJ. Em primeiro lugar, a grande importância deste órgão pré-judicial, enquanto instância de resolução dos litígios emergentes do contrato de trabalho. Em segundo lugar, a sua relativa eficácia, se atendermos à percentagem de conciliações obtidas. Em terceiro lugar, a sua pouca interferência na procura dos tribunais de trabalho.

Pela análise do desempenho das CCJ (1974-1985) na sua relação com o movimento processual laboral verificou-se a seguinte situação. Apesar do elevado número de processos entrados nas CCJ, e não obstante

---

[135] Sobre a actividade das Comissões de Conciliação e Julgamento consultar Baptista (1982), Correia (1982) e Marques (1980).

a baixa taxa de sucesso desta instituição pré-judicial como forma de resolução dos conflitos emergentes de contrato individual de trabalho, o valor das acções declarativas entradas não é afectado.

Em relação a este último aspecto, seríamos levados a supor que uma boa parte dos processos entrados nas CCJ, em que se frustrou a conciliação, daria entrada nos tribunais de trabalho. Ora, tal não sucede. Por outro lado, recordamos que os dados dos processos entrados nos tribunais de trabalho dizem respeito à totalidade das acções declarativas, o que reduz ainda mais o alcance da procura dos tribunais de trabalho nas acções declarativas de contrato individual quando analisada do ponto de vista do total de acções declarativas entradas. Se tais elementos não fossem só por si suficientes para ilustrar o fenómeno social da "litigação desaparecida" nas acções de contrato de trabalho, acrescentaríamos ainda que nos autos subsequentes à extinção das CCJ (1985) não ocorreu nenhum *boom* de procura nas acções declarativas entradas nos anos de 1985, 1986, e 1987 (respectivamente 33.111, 35.877, 34.655 e 34.862) pouco diferem das acções entradas nos anos de 1976, 1979, 1980, 1981 e 1983 (respectivamente 29.290, 32.537, 33.634, 33.654 e 33.210).

O Código do Processo de Trabalho, aprovado pelo Decreto-lei n.º 272-A/81 de 30 de Dezembro, e que esteve em vigor até finais de 1999, previa nos seus artigos 49.º e 50.º a possibilidade da conciliação ter lugar na fase pré-judicial ou, em momento posterior, na fase judicial. No entanto, com a extinção das CCJ, pelo Decreto-lei n.º 115/85 de 18 de Abril, o art. 49.º foi revogado, deixando a conciliação prévia de ter carácter obrigatório, estando assim no domínio da vontade das partes. Desta forma, ficou relativizada a valorização que até à data tinha sido dada à conciliação pré-judicial.

3.2.1.2. A concertação social e a resolução extrajudicial dos conflitos individuais

Perante a inexistência de instrumentos de regulação da conflitualidade laboral fora dos tribunais, a problemática passou a fazer parte da agenda de trabalho do então Conselho Permanente de Concertação Social (1984). Pode mencionar-se o Protocolo de Acordo relativo à "arbitragem voluntária dos conflitos individuais de trabalho", onde os parceiros sociais referem, por um lado, que "o Governo e os Parceiros Sociais reconhecem as vantagens e virtualidades da resolução extrajudicial dos conflitos individuais de trabalho, quer para as partes directamente envolvidas, quer para a preservação da «paz social»" e, por outro, que a lei de enquadramento da arbitragem voluntária (Lei n.º 31/86 de 29 de Agosto) "é dotada de amplitude suficiente para abarcar as exigências de especificidade de tratamento de conflitos individuais de trabalho".

Em finais de 1989, o Governo enviou ao Conselho Permanente de Concertação Social um relatório intitulado "Considerações gerais da problemática da resolução extrajudicial dos conflitos individuais de trabalho", onde se apresentaram algumas das soluções que poderiam ser adoptadas na área da resolução dos conflitos individuais de trabalho, através da conciliação e da arbitragem, com especial destaque para esta última. As diversas organizações representadas assumiram posições divergentes face à questão colocada.[136] Tanto a UGT como a CGTP estavam de acordo na criação de tribunais arbitrais, embora não adoptassem posições inteiramente coincidentes face à forma como o Governo encarava este problema. Por um lado, a UGT entendia que a metodologia seguida não era a mais correcta, uma vez que a apresentação do documento devia ter sido antecedida de uma discussão, ao nível do CPCS, devendo o documento ter já referido aquilo que pensava dever ser o modelo português de arbitragem. Por outro lado, defendeu que a criação destes tribunais não eram uma prioridade da organização da justiça do trabalho, que passava, em primeiro lugar, pela revisão global do Código do Processo do Trabalho e pela reformulação da organização judiciária, não se podendo encarar a criação de tribunais arbitrais fora deste contexto. A CGTP acentuou as cautelas decorrentes da total ausência de tradição em Portugal para a solução arbitral de conflitos individuais de trabalho, chamando a atenção para dois aspectos. Em primeiro lugar, para a exclusão da competência destes tribunais da apreciação de questões que envolvam direitos indisponíveis dos trabalhadores. Em segundo lugar, alertou para a conveniência da intervenção conjunta do Ministério da Justiça e para a circunstância de estar em causa matéria da competência relativa da Assembleia da República.

A posição de princípio das confederações de empregadores quanto à necessidade de criação de tribunais arbitrais não era uniforme. A CAP entendia que não havia necessidade da institucionalização de formas de mediação e arbitragem e que era de todo inaceitável o ressurgimento de órgãos semelhantes às extintas Comissões de Conciliação e Julgamento.

---

[136] Cf. Relatório Síntese das Posições das Confederações sobre a Arbitragem na resolução dos conflitos individuais de trabalho, Maio de 1990.

Além disso, as associações patronais de agricultores não se encontravam em condições de assegurar a indicação de árbitros. A CCP sublinha as vantagens de vias de resolução alternativas à solução judicial dos conflitos, desde que se fundem sempre em formas de recurso voluntário. Por seu lado, a CIP afirmou duvidar da necessidade de criação de formas de composição extrajudicial de conflitos, adiantando só poder tomar uma posição definitiva depois de consultar as associações que a integram. Adiantou também que seguindo-se este caminho deveria ser dada preferência à conciliação em detrimento da arbitragem, relativamente à qual manifestou grandes reservas.

Posteriormente, foi celebrado um protocolo de acordo entre o governo, a UGT, a CCP e a CIP com vista à criação de dois Centros de Arbitragem Voluntária institucionalizados, com competência especializada em razão de matéria, um situado no Porto e outro em Lisboa, com a designação, respectivamente, de Centro de Arbitragem Voluntária de Conflitos Individuais de Trabalho de Lisboa e de Centro de Arbitragem Voluntária de Conflitos Individuais de Trabalho do Porto. Segundo o protocolo, os Centros tinham como objectivo a resolução de conflitos individuais de trabalho ocorridos na respectiva área, através da informação, conciliação, mediação e arbitragem. A submissão dos litígios aos Centros é de natureza puramente voluntária, dependendo da prévia celebração de convenção de arbitragem nos termos legais e obedecendo às regras estabelecidas no respectivo regulamento. A conciliação e a mediação eram realizadas por jurista/assistente de reconhecida competência e experiência no domínio das questões de trabalho, sendo assessorados por um representante sindical e por um representante patronal. A falta de indicação ou de comparência de qualquer destes representantes não constituía motivo de adiamento ou nulidade de qualquer acto ou diligência. A arbitragem era realizada por um árbitro, que seria juiz de direito e se as partes não renunciassem aos recursos, da decisão arbitral caberiam para o Tribunal da Relação os mesmos recursos associados a uma sentença proferida pelo Tribunal da Comarca; a submissão dos litígios aos Centros será de baixo custo para as partes, devendo este restringir-se aos encargos do processo na parte não coberta pela participação dos intervenientes do presente Protocolo, designadamente portes de correio e material de expediente, e ser aqueles encargos repartidos de acordos com as regras que constarão do regulamento de arbitragem.

A instalação dos Centros era assegurada por uma Comissão Instaladora, composta por um representante dos Ministérios da Justiça e do Emprego e da Segurança Social, que presidiria, um representante das Confederações Sindicais e um representante das Confederações Patronais.

No que respeita à participação dos intervenientes, o Ministério da Justiça asseguraria, sem encargos para os Centros, a nomeação do árbitro, bem como a sua remuneração, o apoio documental e o acesso a uma base de dados informatizada. O Ministério do Emprego e da Segurança Social asseguraria instalações adequadas e devidamente equipadas; a nomeação e remuneração de juristas-assistentes, para efeitos de informação, conciliação, mediação e preparação dos processos a submeter ao Tribunal Arbitral; a afectação dos funcionários administrativos necessários; a distribuição aos Centros dos Boletins do Trabalho e Emprego e de outras publicações. As confederações sindicais e patronais assegurariam a nomeação de assessores sindicais e patronais para efeitos de conciliação e mediação, suportando os respectivos encargos no contexto definido nos n.º 17 e 18; estimulariam a adesão dos trabalhadores e empregadores, designadamente através do lançamento de campanhas de sensibilização e de inserção de cláusulas adequadas em convenções colectivas de trabalho. Nas negociações que se seguiram foi ponto de debate a comparticipação financeira do Estado e dos restantes subscritores do Protocolo no projecto, o que conduziu a que apesar de todos estes esforços, nenhum destes centros chegou a entrar em funcionamento.

Na sequência do acordo económico-social negociado em 1991, criaram-se as condições formais necessárias tendentes à institucionalização de mecanismos de resolução extrajudicial dos conflitos individuais de trabalho, através da negociação colectiva. Neste sentido o DL n.º 209/92 de 02 de Outubro, prevê no seu artigo 5.º n.º 1 c) que as convenções colectivas podem regular "os processos de resolução de litígios emergentes de contratos individuais de trabalho celebrados entre entidades empregadoras e trabalhadores, instituindo mecanismos de conciliação, mediação e arbitragem".

No entanto, e de acordo com a análise de conteúdo das Convenções Colectivas publicadas no BTE (Boletim do Trabalho e Emprego) apenas numa convenção foram negociadas cláusulas relativas à resolução extrajudicial dos conflitos. É o caso do contrato colectivo de Hotelaria e Turismo da Região Norte. De acordo com os dados consultados entre 1999 e 2000 realizaram-se 40 conciliações tendo-se frustrado 60.[137]

---

[137] O documento estipula o seguinte: A presente comissão é constituída pela UNIHSNOR – União das Associações de Hotelaria e Restauração do Norte de Portugal

O processo de revisão do Código de Processo de Trabalho de 1999, apesar de ocorrer fora do âmbito da concertação social, beneficiou de um impulso dado pelas negociações entre os parceiros sociais na CPCS. No entanto, a desatenção e o retraimento face às formas alternativas de resolução de conflitos estão patentes no Código de Processo de Trabalho publicado em 1999 e actualmente em vigor (Decreto-lei n.º 480/99 de 9 de Novembro), onde apenas se prevê a conciliação das partes numa fase judicial. De facto, foi introduzida a realização de uma audiência de partes, logo após a apresentação da petição inicial e antes da contestação. Esta audiência visou "permitir uma mais fácil conciliação mediante acordo equitativo, visto o litígio ainda não se ter verdadeiramente sedimentado nem radicalizado e, desse modo, ser previsível uma maior disponibilidade das partes para o consenso, tanto mais que tudo se desenrolará já na presença mediadora do juiz".[138] A respeito do seu significado enquanto *momentum* de composição do litígio, o legislador alerta mesmo para o facto de que não se trata de "qualquer recuperação de experiências antigas, de resultados nefastos, designadamente da tentativa prejudicial de conciliação, ou que essa audiência tem como único objectivo a tentativa de conciliação das partes. Ao invés, ela visa também contribuir para a simplificação da tramitação e para a rápida definição do verdadeiro objecto do processo, funcionando como primeira e decisiva fase de

---

e a FSHOT – Federação dos Sindicatos da Hotelaria e Turismo de Portugal e visa a Resolução dos Conflitos Individuais e Colectivos das empresas do sector da Hotelaria, Restauração, Bebidas e Jogo da Região Norte. Participará nesta comissão um representante da UNIHSNOR, um representante da FSHOT, um representante da entidade empregadora, o trabalhador ou dois representantes dos trabalhadores no caso de conflito colectivo. A comissão reunirá na primeira segunda-feira de cada mês, pelas 16 horas, sempre que uma das partes o solicite, com o mínimo de dez dias de antecedência. O local da Reunião será, alternadamente, na sede da UNIHSNOR e na da FESHOT, no Porto. A parte convocante indicará, para além da identificação da empresa ou dos trabalhadores, concretamente a razão do conflito existente. A parte convocada convocará a empresa ou o trabalhador, ou os trabalhadores, conforme o caso, enviando-lhes, conjuntamente, a convocatória com o pedido fundamentado da outra parte. No caso de faltar qualquer das partes presume-se não haver vontade de resolver o conflito no âmbito desta comissão e por conseguinte não haverá nova convocação, salvo se ambas as partes acordarem. De cada reunião será lavrada uma acta e assinada pelas partes. No caso de ser obtido um acordo e este não for cumprido, por qualquer das partes, no todo ou em parte, considera-se sem efeito e dá direito à parte contrária de exigir, nos termos legais, a totalidade dos créditos pedidos. Esta comissão entra em funcionamento cinco dias após a sua constituição e terá a duração de 12 meses, prorrogáveis se as partes o entenderem.

[138] Cf. Preâmbulo do Decreto-lei n.º 480/99 de 9 de Novembro.

Capítulo IV   193

saneamento e como factor de diminuição da trama burocrática inerente a qualquer processo"[139].[140]

3.2.1.3. O Serviço Regional de Conciliação e Arbitragem do Trabalho dos Açores

O Serviço Regional de Conciliação e Arbitragem do Trabalho dos Açores é uma entidade que promove extrajudicialmente a resolução de litígios laborais. Criado pelo Decreto Legislativo Regional n.º 24/88/A, de 19 de Maio, o Serviço Regional de Conciliação e Arbitragem (SERCAT) foi autorizado pelo despacho ministerial de 3 de Fevereiro de 1989, a criar um Centro de Arbitragem no âmbito dos litígios laborais, extensivo a todo o território da Região Autónoma dos Açores e sediado em Ponta Delgada. O Serviço Regional de Conciliação e Arbitragem do Trabalho, consolidou-se como uma estrutura essencial na resolução dos conflitos individuais de trabalho e, desta forma, veio colmatar a grave lacuna existente neste domínio, produzida pela opção de extinguir as Comissões de Conciliação e Julgamento (CCJ). Neste sentido, e se tivermos em consideração o preâmbulo do Decreto Legislativo (n.º 24/88/A, de 19 de Maio), a necessidade da criação deste serviço, derivou do facto de o Decreto-lei n.º 115/85, de 18 de Abril, ter concretizado a operação de extinguir as CCJ, e ter revogado também o artigo 49.º do antecedente Código de Processo de Trabalho, que estabelecia a obrigatoriedade da realização da tentativa prévia de conciliação, antes da propositura da acção emergente do contrato individual de trabalho. Perante o descontentamento de muitas entidades, nomeadamente sindicais, em relação à extinção das CCJ, a Assembleia Legislativa Regional dos Açores decretou a criação do Serviço Regional de Conciliação e Arbitragem do Trabalho.[141] O recurso a este serviço regional de carácter facultativo, visa a realização de tentativas de conciliação e de arbitragem. O serviço regional é a única instituição em Portugal a efectuar a conciliação e a arbitragem de litígios emergentes das relações de trabalho, de facto, é a única excepção ao vazio institucional vivido no nosso país neste domínio.

---

[139] *Idem.*

[140] De entre as críticas surgidas devido ao excessivo número de tentativas obrigatórias de conciliação, pode mencionar-se o Parecer do Conselho Superior do Ministério Público acerca do anteprojecto de Proposta de Lei para a revisão do Código de Processo de Trabalho, Boletim do Conselho Superior do Ministério Público n.º 22.

[141] Nos termos da alínea a) do artigo 229.º da Constituição (1.ª Revisão 1982).

Como se pode comprovar de seguida, o Centro de Arbitragem dos Conflitos de Trabalho dos Açores resulta da combinação de dois princípios de regulação, o princípio estatal e o princípio associativo. Este serviço é uma forma de resolução formal não-judicial de conflitos laborais individuais, no qual as soluções e os procedimentos exigem o envolvimento do Estado e dos parceiros sociais.

O Serviço Regional de Conciliação e Arbitragem do Trabalho é um organismo de composição tripartida (governo, representantes dos empregadores e dos trabalhadores) estando integrado na Secretaria Regional do Trabalho (SRT), no entanto, possui autonomia técnica e independência. As suas atribuições são as seguintes: a) realizar diligências de conciliação nos conflitos individuais de trabalho que lhe sejam submetidos de forma voluntária; b) realizar arbitragens voluntárias institucionalizadas, nos termos da lei (artigo 2.º do Decreto Legislativo Regional n.º 24/88/A).

No que concerne à estrutura orgânica do serviço regional, este é constituído por três *Comissões de Conciliação e Arbitragem* (CCA), sediadas em Angra do Heroísmo, Horta e Ponta Delgada. Todavia, por razões de comodidade das populações, ou no caso de o movimento processual o aconselhar, as CCA podem desenvolver a sua acção fora da sede, podendo igualmente, serem constituídas Comissões noutras ilhas.

As CCA são compostas por um representante do SRT, que presidirá, e por dois vogais em representação paritária dos trabalhadores e das entidades empregadoras (artigo 5.º do Decreto Legislativo Regional n.º 24/ /88/A). Os presidentes são nomeados pelo Secretário Regional do Trabalho, pelo período de dois anos, devem possuir habilitações adequadas e experiência profissional no domínio das questões do trabalho, não sendo determinante o facto de estes estarem vinculados à função pública. Os vogais efectivos e suplentes são indicados aos serviços locais da Direcção-Geral do Trabalho por cada associação patronal e sindical que tenha associados na área de actuação da respectiva CCA. O mandato dos vogais das CCA tem a duração de dois anos, sem prejuízo da sua renovação.

As Comissões de Conciliação e Arbitragem, segundo o (artigo 17.º do Decreto Legislativo Regional n.º 24/88/A) funcionam em cada caso, com os vogais designados pelas estruturas associativas, tais como: as associações patronal e sindical representativas do sector de actividade em que se inserir o conflito; associações que representam as partes, no caso de existir num sector de actividade mais do que uma associação patronal ou sindical; quaisquer associações do sector, se porventura as partes não estiverem filiadas em nenhuma delas; ou pelas associações representativas do sector de actividade com a qual tenham maior afinidade, isto no caso de não existirem associações patronais ou sindicais no sector em que se insere o conflito.

As CCA só devem reunir na presença do presidente e dos vogais, podendo, todavia, funcionar apenas com o presidente ou com o presidente e um dos vogais em determinada situações, previstas pelo legislador regional.[142] Também no processo de tomada de decisão é visível a articulação entre os princípios de regulação estatal e associativo. Relativamente às decisões e deliberações das CCA, estas são tomadas por maioria, podendo a parte vencida consignar em acta a sua deliberação de voto (artigo 19.º do Decreto Legislativo n.º 24/88/A).

O processo de tentativa de conciliação é iniciado com o requerimento do interessado. No caso da tentativa de conciliação não produzir qualquer efeito, ou independentemente desta, as partes podem recorrer à arbitragem, visando prevenir ou resolver conflitos laborais. As partes podem fazer-se representar por pessoas por elas mandatadas, não sendo obrigatória a constituição de advogado. Nas CCA encontramos uma abordagem técnico-jurídica objectiva do conflito com a qual, as partes podem contar independentemente da obtenção do acordo. Desta forma, as Comissões de Conciliação dispõem das condições necessárias para ajuizar qual a melhor solução para o litígio o que vem comprovar que o seu carácter eminentemente voluntário das diligências não é um factor perturbador da adesão ao serviço. Relativamente às decisões proferidas pelas CCA, elas são vinculativas e têm força executiva, ou seja o seu cumprimento é obrigatório.

Em 1996, o Decreto Legislativo Regional n.º 29/96/A de 13 de Novembro, veio alterar o anterior Decreto Legislativo n.º 24/88/A de 19 de Maio, onde foi decretado a criação do SERCAT. Este diploma foi criado com o intuito de se proceder ao ajuste de alguns aspectos, em especial no sentido de acentuar o carácter voluntário deste serviço na resolução dos litígios. Antes de se proceder às devidas alterações foram ouvidas as associações sindicais e patronais de acordo com a legislação em vigor. As alterações incidiram sobretudo, na redacção dos artigos 19.º, 29.º e 30.º

---

[142] Previstas nas alíneas 2a) 2b) e 2c) do artigo 18.º do Decreto Legislativo Regional n.º 24/88/A.

do Estatuto de Serviço Regional de Conciliação e Arbitragem do Trabalho, aprovado pelo Decreto Legislativo Regional n.º 24/88/A, de 19 de Maio. No âmbito destas alterações foram também revogados os artigos 31.º e 38.º do mesmo estatuto.

O artigo 22.º do Estatuto do SERCAT determina que a apresentação do pedido de conciliação suspende os prazos de prescrição e de caducidade, e no caso de não se chegar a acordo, voltarão a decorrer 30 dias após a data em que teve lugar a tentativa de conciliação ou, em qualquer caso, decorridos 60 dias sobre a entrada do pedido sem que a diligência anterior se tenha realizado. Esta norma foi desaplicada numa decisão recorrida, relativa ao processo n.º 27/97, tendo sido recusada a sua aplicação com fundamento em inconstitucionalidade do artigo 22.º do Estatuto do SERCAT. Este artigo, ao estabelecer, como consequência do eventual recurso facultativo pelos interessados à realização da tentativa extrajudicial de conciliação nos conflitos individuais de trabalho, um regime especial de suspensão do prazo de prescrição e de caducidade para o exercício dos direitos, vai contra o estabelecido na lei geral, isto porque, viola o preceituado nos artigos 115.º, n.º 3 e 4 e 229.º, n.º 1, alínea a) da Constituição da República Portuguesa, na versão da Revisão Constitucional de 1982[143] (Acórdão n.º 408/98).

A actividade das CCA procurou desde logo, garantir a prática contínua de diálogo paritário entre estruturas associativas dos empregadores e dos trabalhadores locais, de forma a encontrarem o desejável consenso entre as partes envolvidas em controvérsias. Assim, de forma sempre crescente, a actividade das CCA foi-se afirmando como um dos instrumentos mais idóneos para responder a qualquer conflito individual de trabalho. Para a sua afirmação contribuíram a gratuítidade que reveste a sua intervenção e a imediata capacidade de resposta às solicitações apresentadas, sendo este último aspecto o mais relevante. A participação efectiva das partes, pela sua adesão voluntária, a celeridade e segurança pro-

---

[143] Artigo 115.º - 3. "Os decretos legislativos regionais versam sobre matérias de interesse específico para as respectivas regiões e não reservadas à Assembleia da República ou ao Governo, não podendo dispor contra as leis gerais da República, sem prejuízo do disposto na alínea a) do n.º 1 do artigo 229.º. 4. "São leis gerais da República as leis e os Decretos-lei cuja razão de ser envolva a sua aplicação sem reservas a todo o território nacional."

Artigo 229.º 1.º a) "Legislar, com respeito da Constituição e das leis gerais da República, em matérias de interesse específico para as regiões que não estejam reservadas à competência própria dos órgãos de soberania;"

cessuais, a simplicidade e a gratuítidade ou redução de custas constituem vantagens do Serviço Regional de Conciliação e Arbitragem do Trabalho. Há que realçar a crescente procura deste serviço e os elevados índices de conciliações obtidas.

Em Portugal são raras as formas alternativas de resolução de conflitos que não contemplam o princípio de regulação estatal.[144] O SERCAT, enquanto organismo de composição tripartido, constitui um excelente exemplo do hibridismo e articulação de diferentes princípios de regulação (estatal, associativo). Como constatei anteriormente, o Estado desempenha um importante papel na administração do trabalho, é responsável pelo financiamento do SERCAT, nomeia os árbitros e está no processo de decisão. Quanto aos parceiros sociais, para além de fazerem parte da composição deste organismo, nomeiam os vogais e, desta forma, estão também representados no processo de decisão.

No ano de 1989 iniciou-se a actividade das Comissões de Conciliação e Arbitragem. No primeiro ano de actividade deste serviço, foram solicitadas na região autónoma dos Açores 195 diligências de conciliação, das quais, se realizaram 143, destas 116 terminaram em acordo (81,2%), sendo as restantes tentativas de conciliações frustradas (27). O que se traduziu em valores restituídos aos trabalhadores requerentes na ordem dos 8.756.802$00.

No quadro 6 assinalam-se os valores relativos ao número de processos entrados, findos e pendentes do Serviço Regional de Conciliação e Arbitragem de Trabalho entre 1997 e 2000. No período em apreço, o total de processos entrados no SERCAT foi elevado (2425). Constata-se que o número de processos findos foi superior ao número de processos entrados, excepto em 2000. Em 1998, registou-se um decréscimo de processos entrados se compararmos com o ano anterior, tal como em 2000 em relação ao ano de 1999.

O ano em que deram entrada mais processos no SERCAT foi em 1997 (619), no entanto foi em 1999 que terminaram mais processos (629) tendo o número de processos pendentes diminuído em 1999 (38) e em 2000 (26). Registe-se que neste último ano verificou-se um decréscimo do número de processos entrados, findos e pendentes, redução pouco significativa, se compararmos com a actividade do serviço em anos transactos.

---

[144] Apenas na negociação colectiva.

Quadro 6
N.º de processos entrados, findos e pendentes no Serviço Regional de Conciliação e Arbitragem de Trabalho

N.º de Processos	1997	1998	1999	2000
Entrados	619	596	617	593
Findos	628	614	629	586
Pendentes	65	56	38	26

Fonte: Gabinete de Estudos e Planeamento do Ministério da Justiça.

Através da análise do quadro 7 podemos verificar que uma percentagem significativa dos processos que deram entrada no SERCAT foram solucionados através da tentativa de conciliação. Por exemplo, em 1997 foram realizadas 240 conciliações, que corresponde a 38,2% dos processos entrados, e em 2000 realizaram-se 218 conciliações, ou seja, 37,1% dos processos entrados nesse ano. Contudo, a maioria dos processos termina por outros motivos, como por exemplo em 2000, em que 52,2% dos processos terminaram por outros motivos. No período compreendido entre 1997 e 2000 não foi solucionado nenhum litígio através do recurso à arbitragem. Quanto ao número de desistências este é pouco significativo no intervalo de tempo em análise.

Quadro 7
Processos findos, segundo o motivo do termo no SERCAT (1997- 2000)

Motivo	1997	%	1998	%	1999	%	2000	%
Conciliação	240	38,2	210	34,2	215	34,2	218	37,1
Arbitragem								
Incompetência								
Desistência	60	9,6	68	11,1	74	11,8	61	
Outros motivos	328	52,2	336	54,7	340	54	307	52,3
Total	628	100	614	100	629	100	586	100

Fonte: Gabinete de Estudos e Planeamento do Ministério da Justiça.

Capítulo IV 199

O número de informações prestadas pelo SERCAT em 2000 foi considerável: registaram-se 469 informações, sendo 260 (55%) escritas e 119 (25%) pessoais. De facto, em 2000, o total de informações prestadas disparou em relação aos anos anteriores. Em 1999 foram prestadas 153 informações pessoais e em 1998 foram prestadas 157.

Quadro 8
Informações prestadas pelo SERCAT

	1997	%	1998	%	1999	%	2000	%
Escritas	--	--	--	--	--	--	260	55
Pessoais	--	--	157	100	153	100	119	25
Telefónicas	--	--	--	--	--	--	90	19.2
Total	--	--	157	100	153	100	469	100

Fonte: Gabinete de Estudos e Planeamento do Ministério da Justiça.

Do total de conciliações entre 1989 e 1998 foram solicitadas 4.888 tendo sido realizadas 3.266 destas resultaram 2.212 acordos. De salientar que, em 1996 se verificou o maior número de conciliações solicitadas (821), seguido do ano de 1995 com 715 solicitações, foi neste ano que se realizaram mais conciliações (534) e também onde se obteve maior número de acordos (370). Assim, na maior partes das tentativas de conciliação realizadas as partes chegaram a acordo.

Quadro 9
Actividade do SERCAT em termos de conciliações

	1989	1990	1991	1993	1994	1995	1996	1997	1998
Conciliações solicitadas	195	247	305	630	715	757	821	622	596
Conciliações realizadas	143	178	204	440	478	534	520	402	367
Acordos alcançados	116	136	162	305	317	370	356	240	210

Fonte: Direcção de Serviços do Trabalho do Governo Regional dos Açores.

O recurso ao processo conciliatório como forma célere e gratuita de resolução de conflitos individuais de trabalho acentuou-se em 1995, tendo sido o serviço solicitado a intervir em 757 processos, dos quais foram realizadas 534 tentativas de conciliação. Das conciliações realizadas chegou-se a acordo em 370 casos. A partir de 1996 registou-se uma redução de requerimentos ou de conciliações solicitadas e similarmente uma redução dos processos findos por conciliação. Esta tendência manteve-se até 1998. Contudo, a eficácia das CCA não deixa de ser significativa.

Quadro 10
A arbitragem laboral e acções de contrato individual de trabalho na Região Autónoma dos Açores (1997-1998)

Serviço Regional Conc. e Arbitragem do Trabalho				Tribunal de Trabalho de Ponta Delgada			
1997	1998	1999	2000	1997	1998	1999	2000
628	614	629	586	104	72	59	52

Fonte: Gabinete de Estudos e Planeamento do Ministério da Justiça.

Da análise do Quadro 10, podemos estabelecer uma comparação entre o volume de processos de contrato individual findos no SERCAT e no Tribunal de Trabalho de Ponta Delgada no período compreendido entre 1997 e 2000. Verificamos que o número de processos findos submetidos ao Serviço Regional de Conciliação e Arbitragem do Trabalho é muito superior ao número de processos findos no Tribunal de Trabalho de Ponta Delgada.

No período de funcionamento das CCA verifica-se uma procura crescente destes serviços. O SERCAT, ainda que numa vertente puramente conciliatória tem-se mostrado um dos instrumentos mais eficazes de resolução de litígios individuais de trabalho. É um importante serviço na eliminação da conflitualidade laboral. O índice de eficácia de intervenção das CCA é significativo (resultados positivos). Apesar do decréscimo de acções solicitadas e consequentemente findas em 1997 e em 1998, mantém-se o significativo índice de eficácia de intervenção das CCA.

Vocacionado para a resolução dos conflitos individuais de trabalho, o SERCAT procura actuar de forma desburocratizada e célere, sem quaisquer encargos para os interessados, explicando-se assim o sempre crescente número de solicitações de intervenção deste serviço. No âmbito da actividade desenvolvida pelo SERCAT, o processo de composição dos litígios é devolvida às entidades patronais e às associações sindicais a resolução dos eventuais conflitos individuais de trabalho no quadro de uma certa forma de diálogo social.[145]

---

[145] Apesar de existirem opiniões favoráveis à dinamização de formas extrajudiciais de resolução dos conflitos de trabalho, conforme se pode apurar da análise das opiniões

Conclusão

O recurso ao modelo de análise dos sistemas de resolução da conflitualidade proposto no presente capítulo colocou em evidência o carácter plural dos princípios e formas de resolução dos litígios emergentes das relações laborais. A heterogeneidade e a diversidade de soluções apelando ao envolvimento dos diferentes parceiros sociais são traços caracterizadores dos processos através dos quais ocorre a regulação dos interesses sócio-laborais antagónicos.

Na sociedade portuguesa, o recurso ao modelo permitiu concluir pela existência de um duplo sistema de resolução dos conflitos: o sistema virtual ou semântico que decorre dos enquadramentos processuais, normativos e institucionais formais e o sistema real que emerge das práticas e relações laborais concretas. Não obstante as múltiplas formas e soluções previstas para a regulação dos conflitos laborais, as persistentes barreiras no domínio do acesso ao direito do trabalho, a procura suprimida e o recurso quase exclusivo à conciliação (no caso dos conflitos colectivos) e aos tribunais de trabalho (no caso dos conflitos individuais), são as características típicas do nosso sistema de resolução dos conflitos laborais. Sociologicamente, este sistema caracteriza-se pelos seguintes aspectos: (1) primazia do princípio de regulação estatal sobre os restantes; (2) predomínio das formas judiciais de resolução dos conflitos; (3) tendência para a autocomposição e fuga ao conflito, o que pode ocultar procura potencial, suprimida ou reprimida.

A principal consequência desta situação é a predominância dos princípios de regulação de base estatal, os quais acentuam o carácter antagonístico e adversarial da composição dos litígios. Por outro lado, a fragilidade do princípio associativo tem impedido encontrar soluções que tenham por base o diálogo social, a cooperação e a resolução de conflitos segundo o princípio ganhador/ganhador.

Os parceiros sociais deveriam, assim, ajustar as expectativas associadas à negociação e à regulação dos conflitos, tornando mais previsíveis os seus comportamentos. Neste sentido, tornar o sistema de resolução dos conflitos laborais num sistema internamente coordenado e de confiança afigura-se como crucial no actual momento. No entanto, e

---

dos vários actores judiciários, deve, no entanto, ressalvar-se que os advogados mais próximos dos sindicatos colocam reservas à solução do SERCAT, por considerarem ser um modelo demasiado próximo das CCJ: "(...) Duvido que a solução dos Açores constitua um modelo a seguir, já que aquele é o modelo que foi contestado e extinto no Continente a seguir ao 25 de Abril" (Advz).

como também foi assinalado, o sistema de resolução dos conflitos laborais português é um sistema débil e bloqueado. Sendo débil, está mais aberto às pressões exógenas, ao papel desempenhado pelo Estado, à situação da economia nacional e aos poderes de facto. Estando bloqueado, impede a organização e coordenação internas, promove a inefectividade dos direitos laborais e permite os comportamentos oportunistas. Esta é uma questão perturbante, tanto mais que as formas de resolução dos conflitos laborais fazem parte do núcleo duro dos sistemas de relações laborais e são peças fundamentais para tornar mais democráticas e mais cívicas essas relações.

Admitindo que é nas situações de conflito social que as sociedades melhor exprimem as suas estruturas profundas, a actual situação do sistema de resolução dos conflitos de trabalho em Portugal é ilustrativa das dificuldades dos parceiros sociais em lidar com o conflito. É por isso que, do meu ponto de vista, se torna relevante que a agenda política do mundo do trabalho inclua a questão da regulação da conflitualidade dado ela expressar uma dimensão fundamental das relações sociais e da vida em sociedade. Entre uma alteração dos quadros institucionais ou um aprofundamento dos que existem actualmente, coloca-se um vasto "campo de possíveis". Qualquer uma das opções que se tome não se traduzirá em resultados concretos se, simultaneamente, não ocorrer uma alteração substancial das práticas dos parceiros sociais, Estado incluído, e se não se esclarecer a relação entre o mundo do trabalho e o interesse geral da sociedade. Esta problemática radica numa concepção do direito laboral e da justiça como questões políticas que dizem respeito à sociedade como um todo. Torna-se necessário que ocorra um *"empowerment"* da normatividade laboral e das relações sociais que conduza a um aumento do exercício da cidadania.

Ao longo da análise demonstrei que o sistema de resolução dos conflitos de trabalho português não tem uma agenda consequente e integrada, assentando antes numa produção contraditória de normas e discursos marcada por três tendências.

A primeira é a da "inflação reformista" patente na sucessão de diplomas e modelos de resolução de conflitos surgidos desde 1974. Nesta dinâmica normativa são vários os casos de falta de coordenação e de integração entre as várias soluções propostas. Por exemplo, o Código de Processo de Trabalho de 1999 demarca-se das formas alternativas de resolução dos litígios e do diálogo social potenciando, por outro lado, a conciliação judicial conduzida pelos juízes; o Decreto-lei n.º 209/92 de 2 de Outubro apela ao diálogo social bipartido como modo de produção de formas alternativas de resolução dos litígios individuais de trabalho e o Centro de Conciliação e Arbitragem dos Açores apoia-se no diálogo social tripartido como metodologia para a composição dos litígios.

A segunda é a da tensão semântica entre os diferentes princípios de regulação. Por um lado, identifica-se uma retórica persistente visando a promoção do diálogo social e das formas não-judiciais de resolução dos conflitos (como a conciliação, a mediação e a arbitragem) prevalecendo, na prática, a intervenção estatal directa nos conflitos de trabalho individuais e colectivos através de actos administrativos e da intervenção dos tribunais (bicefalia regulatória).

Finalmente, a terceira resulta do padrão de relacionamento entre o Estado e os parceiros sociais. A recorrente falta de efectividade das soluções tendo por base o diálogo social e das formas não judiciais de resolução dos litígios é consequência da falta de impulso político por parte do Estado e das posições ambíguas dos parceiros sociais. Estes últimos, apesar de sustentarem a necessidade de promoção daqueles princípios e formas de composição dos conflitos, contribuem, através das suas práticas negociais, para a manutenção da centralidade do Estado no sistema de resolução dos litígios (por acção ou omissão na regulação dos conflitos de trabalho).

O recurso à OIT foi um importante factor de legitimação das opções políticas seguidas para o mundo do trabalho sobretudo nas décadas de setenta e de oitenta. Independentemente do facto dos Governos serem de esquerda ou de direita, a opção político-normativa em matéria de resolução dos conflitos de trabalho foi clara: substituir a intervenção estatal directa na regulação das condições de trabalho por princípios de regulação de base tripartida ou auto-regulatória. Os resultados alcançados nos estudos sobre o sistema de resolução dos conflitos de trabalho português (Ferreira, 1993, 1994, 1998) demonstraram, no entanto, que o mesmo continua a evidenciar um grande peso do Estado e a debilidade da sociedade civil.

Na actualidade e do ponto de vista normativo e institucional, as formas de resolução dos dissídios laborais portugueses seguem um padrão em tudo semelhante às principais tendências globais que neste domínio de fazem sentir e às quais nos reportámos na primeira parte do texto, exceptuando-se o papel atribuído ao Ministério Público no patrocínio oficioso[146] dos trabalhadores.

---

[146] Com efeito, de acordo com um estudo comparado sobre as jurisdições do trabalho, realizado em 1990, Portugal é o único país da UE em que o patrocínio oficioso dos trabalhadores e suas famílias é exercido pelo Ministério Público.

No que especificamente diz respeito ao sistema de resolução dos conflitos individuais de trabalho, pode ainda fazer-se a seguinte observação. Desde 1975 até à actualidade, existem formas de resolução dos litígios alternativas aos tribunais, cujos elementos foram assumindo, ao longo do tempo, as mais diversas formas, nunca se tendo encontrado uma forma agilizada e efectiva de as articular com a justiça laboral.

A figura dos juízes sociais nos tribunais de trabalho, as Comissões de Conciliação e Julgamento, os Centros de Arbitragem e a possibilidade das convenções colectivas promoverem formas de conciliação, mediação e arbitragem para a resolução dos conflitos individuais de trabalho configuram a existência de princípios de resolução dos conflitos tendo por base o diálogo social bipartido ou tripartido requerendo, em qualquer dos casos, a participação e empenhamento dos parceiros sociais. Também estes exemplos de falta de efectividade são resultado da cultura laboral adversarial do nosso sistema de relações laborais.

Em suma, são as características do específico processo de institucionalização dos conflitos de trabalho em Portugal que conduzem à falta de efectividade das instituições e organismos onde é requerida a participação e intervenção dos parceiros sociais. Como tem sido demonstrado, em Portugal existe uma forte dificuldade em implementar formas de participação e intervenção dos parceiros sociais, tanto no que se refere às formas de participação indirecta e democracia industrial, como às formas de participação directa.[147] Este é um atavismo do sistema de relações laborais português que constrange todas as propostas de alteração do mesmo.

---

[147] Cf., a este propósito, Kovács (1994), Cristóvam (1995), Krieger (1995) e Marques (1996).

CAPÍTULO V

O discurso jurídico e as normas processuais laborais

Introdução

No capítulo anterior caracterizei o sistema de resolução de conflitos de trabalho português e assinalei a importância e centralidade dos tribunais de trabalho, no âmbito da regulação da conflitualidade laboral.

De par com as articulações que se estabelecem entre o judicial-laboral e os restantes elementos do sistema, o desempenho dos tribunais de trabalho é afectado por factores endógenos ao sistema judicial, nestes se incluindo as normas processuais. Este foi um dos argumentos apresentados no capítulo teórico dedicado aos tribunais de trabalho, nomeadamente, quando sustentei a ideia de que as relações sociais conflituais depois de se tornarem relações jurídicas, assumem-se como relações judiciais, de acordo com os critérios utilizados na legislação processual. De um ponto de vista sócio-jurídico, a hipótese teórica é a de que o processo funciona como "redutor da complexidade" e "conflitualidade sociais", ao estabelecer os procedimentos para a resolução dos litígios e a legitimidade dos actores sociais e instituições envolvidas nos conflitos de trabalho.

Considerei assim pertinente debruçar-me sobre o papel desempenhado pela lei processual laboral como instrumento de filtragem e também de articulação entre as tendências e transformações sociais verificadas na sociedade e na actividade dos tribunais de trabalho. É por esta razão que o presente capítulo antecede a análise do desempenho dos tribunais de trabalho realizada nos capítulos seguintes, cujo principal objectivo é o de caracterizar, com maior grau de especificidade, quer a actividade interna dos tribunais, quer as articulações estabelecidas com os contextos externos aos níveis macro, meso e micro-sociológicos.

O processo de trabalho, ao estabelecer os quadros social e judicial onde se desenvolvem os processos de interacção sócio-jurídica entre os vários actores sociais, torna-se um elemento imprescindível no seio desta

206 *Trabalho procura Justiça*

investigação, que atende a cinco dimensões: (1) os mobilizadores dos tribunais; (2) as fontes dos conflitos laborais; (3) a resolução dos conflitos pelos tribunais; (4) a duração dos processos judiciais; (5) e o acesso à resolução dos litígios.[148]

A legislação processual portuguesa, apesar de recorrer em muitos aspectos à lei processual civil, tem características específicas. A actuação do Estado e sindicatos como representantes dos trabalhadores; o peso da conciliação judicial; a existência de mecanismos alternativos de resolução dos litígios; e o recurso a princípios gerais como o da celeridade, simplicidade de tramitação, imediação, igualdade real entre as partes[149], condenação *extra vel ultra petitum,* são algumas das suas notas caracterizadoras.[150]

Outro aspecto que reforça o interesse pela análise sócio-jurídica do processo de trabalho resulta do que se pode designar por uma certa tendência reformista neste domínio. A história legislativa regista em Portugal a existência de quatro Códigos de Processos de Trabalho. O primeiro, surgido em 1940, pelo DL n.º 30.910 de 23 de Novembro. O segundo código, herdado do período do Estado Novo, publicado pelo DL n.º 45.497 de 30 de Dezembro de 1963. Em 1979, durante o V Governo Constitucional, tendo como Primeira-Ministra Maria de Lurdes Pintasilgo, procedeu-se à primeira reforma processual laboral no contexto da sociedade portuguesa democrática. Entendeu-se então publicar um novo Código de Processo de Trabalho. No entanto, a sua entrada em vigor foi sendo sucessivamente adiada até ser suspensa. O terceiro Código surgiu com o DL n.º 272-A/81 de 30 de Setembro, na vigência do VIII Governo Cons-

---

[148] A problemática do acesso ao direito e justiça laborais é analisada de uma forma autónoma no VIII capítulo. Assim sendo, os aspectos normativos e sociológicos conexos a esta questão são remetidos para esse capítulo. Partindo de uma concepção ampla do acesso, tal como ficou definida no terceiro capítulo, identifico os vários elementos constitutivos do sistema de acesso ao direito e justiça laborais e atendo, entre outras questões, ao impacto da reforma do processo de trabalho nas práticas concretas dos actores sociais, ao papel "facilitador" desempenhado pelos sindicatos e Ministério Público.

[149] O princípio da igualdade real das partes pressupõe a existência de mecanismos processuais que permitam ao trabalhador litigar em condições de igualdade de facto com o empregador. Para tal deve existir uma assistência judiciária "integral e eficiente", baseada na acção dos "contenciosos sindicais", bem como num patrocínio qualificado do Ministério Público (Silva, 1979: 36).

[150] Segundo José Rodrigues da Silva, o processo obedece a princípios fundamentais como a independência do tribunal, o direito de defesa do réu e a igualdade absoluta ou relativa das partes (Silva, 1979).

titucional, liderado por Francisco Pinto Balsemão. Finalmente, o actual Código de Processo de Trabalho, DL n.º 480/99 de 9 de Novembro, publicado na vigência do XIV Governo Constitucional, liderado por António Guterres, resultante do compromisso acordado em sede de concertação social, nomeadamente no Acordo de Concertação Estratégica celebrado em 1996 e do programa de governo.

Este capítulo relativo ao discurso jurídico e às normas processuais laborais, encontra-se organizado da seguinte forma: em primeiro lugar, através da análise de conteúdo da legislação adjectiva, identifico algumas das propriedades típicas do processo de trabalho, cujos reflexos se fazem sentir no desempenho dos tribunais de trabalho; em segundo lugar, apresento e analiso os resultados obtidos pela metodologia do *focus group*, estruturado em torno das aplicações e práticas judiciais concretas dos operadores judiciários.[151]

O principal objectivo da análise da legislação processual e do discurso jurídico dos actores sociais é o de criar condições de visibilidade sociológica sobre a forma como a legislação processual laboral, enquanto quadro de referência para a acção jurídica, se articula com as práticas sociais efectivas, dos operadores judiciários.[152]

1. Síntese legislativa das normas e códigos de processo de trabalho em Portugal

Os tribunais de trabalho e as normas processuais enquadradoras da conflitualidade laboral encontraram expressão na sociedade portuguesa em finais do século XIX. Os então designados Tribunais de Árbitros Avindores constituíram uma nova experiência em matéria de direito do trabalho, acompanhando uma tendência que se desenvolveu em toda a Europa (OIT, 1935). A criação dos Tribunais de Árbitros Avindores surge no contexto dos processos de industrialização e de proletarização associados à Revolução Industrial.

---

[151] A análise de conteúdo da legislação processual e os resultados das entrevistas e do *focus group* relativos ao acesso ao direito e justiça laborais são apresentados no VIII capítulo.

[152] Lebre de Freitas socorrendo-se da posição defendida por Castro Mendes (Castro Mendes, DPC, Cit. I – pag. 35-140) sustenta que a análise do conceito "processo civil" faz-se mediante a análise dos seus elementos fundamentais – estrutura; função; objecto e os sujeitos do processo civil.

A este primeiro momento do processo de juridificação das relações laborais estão associadas influências como a da questão social, a da doutrina social da Igreja, a da tendência crescente para a criação de coligações e, a pouco e pouco, de sindicatos, a da proliferação de conflitos laborais, resultantes, não só da violação das normas do contrato de trabalho, mas também da interpretação e aplicação da quase inexistente legislação laboral. Em síntese, a agudização da luta de classes, concorreu para a necessidade de criação e funcionamento de uma estrutura apaziguadora, conciliadora e amortecedora dos conflitos laborais (Correia, 1982: 69). O impulso normativo para a criação destes tribunais em Portugal[153] surge, em 1889, com um diploma legal, *a Carta de lei de 14 de Agosto* desse mesmo ano, regulada por sucessivos diplomas, que autorizava o Governo a criar os Tribunais de Árbitros Avindores. A Carta de Lei 14 de Agosto de 1889, constituiu a primeira referência normativa a um órgão encarregado de resolver litígios laborais individuais, tendo em simultâneo tornado possível reconhecer a existência formal dos conflitos laborais.

Segundo o artigo n.º 2 da referida Carta de Lei, a principal competência dos Tribunais de Árbitros Avindores era a resolução de todas as controvérsias emergentes do contrato de trabalho: relativas à execução de contratos ou convenções de serviços; em assuntos comerciais ou industriais, entre patrões e operários, ou entre empregados entre si, quando trabalhassem para o mesmo patrão; e especialmente as que diziam respeito a salários, horas de trabalho, entre outras derivadas do contrato individual de trabalho, qualquer que fosse o valor da causa.

A tensão entre formas de resolução dos conflitos individuais e colectivos patenteia-se desde cedo. Por exemplo, em 1909 Adolfo Lima referia que se devia observar a distinção entre duas qualidades de tribunais existentes, "uma tem por especial competência julgar os conflitos individuais entre operários e patrões; a outra que julga sobretudo os conflitos colectivos. Os primeiros são os Tribunais de Árbitros Avindores, também de tribunais operários ou industriais. Os segundos, têm um lugar próprio no estudo das leis complementares do contrato de trabalho e no contrato colectivo de trabalho (Lima, 1909: 244-252).

---

[153] Segundo Castro Mendes, «Direito do Trabalho», há notícias de que nas cortes de Elvas realizadas em 1481, foram exigidos juízes avindores e que tal pedido só viria a ser satisfeito em 1516 (Correia, 1982: 62).

Enquadrando-se na primeira categoria, a principal competência dos Tribunais de Árbitros Avindores era julgar conflitos individuais[154] entre operários e patrões – o seu objectivo residia, essencialmente, na realização da conciliação e da arbitragem. De acordo com a Carta de Lei de 14 de Agosto, foi introduzida a obrigatoriedade da tentativa de conciliação prévia, marcando-se, desde logo, uma clara opção entre formas voluntárias e compulsivas de conciliação.

Os Tribunais de Árbitros Avindores eram compostos por um presidente, por dois vice-presidentes e por um par de vogais nunca inferior a oito nem superior a dezasseis. Tanto o presidente, como os vice-presidentes deviam ser nomeados pelo governo, de entre sete cidadãos estranhos às classes directamente envolvidas nas controvérsias, propostos pela respectiva câmara municipal. Apenas o presidente e os vice-presidentes deviam prestar juramento.

A eleição dos vogais era feita de forma indirecta, metade dos vogais eram eleitos por um colégio de operários ou empregados, das indústrias sujeitas à jurisdição do tribunal (Veiga, 2000: 66). Os vogais são eleitos por um período de dois anos, sendo substituídos anualmente por metade em cada um dos grupos, porém são reelegíveis indefinidamente.

Como referia Adolfo Lima, os tribunais operários em geral, eram compostos de patrões e de operários, em igual número. Deste modo, apresentavam uma composição paritária semelhante aos *Conseils de Prud'hommes* em França e eram presididos quer alternadamente por um patrão ou por um operário, quer por um árbitro, magistrado ou notável, estranho às classes (Lima, 1909: 245). De salientar que a composição destes tribunais tinha uma origem marcada e intencionalmente de classe (Campos, 1982: 68). Refira-se também que a opção por uma legitimidade moral emergente das estruturas profissionais em detrimento da legitimidade sacralizada dos "iniciados" (juristas) encontra-se expressa no artigo n.º 10 da Carta de 14 de Agosto de 1889, nos termos do qual não eram admitidos advogados nos Tribunais de Árbitros Avindores. As partes pleiteavam pessoalmente e só em casos excepcionais, considerados graves, é que podiam ser representados por outros industriais ou operários como procuradores (Veiga, 2000).

---

[154] Noutros países, estes tribunais têm também competência para intervir nos conflitos colectivos. Por exemplo na Alemanha, os tribunais operários estavam organizados de modo a poderem ser adaptados aos contratos colectivos.

Os Tribunais de Árbitros Avindores tinham dois tipos de atribuições: as atribuições essenciais ou normais e as atribuições excepcionais (Lima, 1909: 250). As atribuições essenciais assentavam na tentativa de judicatura, que é a principal, e na tentativa de conciliação prévia. A função de judicatura era exercida pelo Tribunal Pleno, enquanto que a função de conciliação era exercida por dois membros delegados do tribunal, presididos pelo presidente do tribunal.

Para além das atribuições referidas, era também da competência destes tribunais: vigiar o modo como se executavam as leis e regulamentos respeitantes à indústria; receber queixas e repreender disciplinarmente os patrões, os seus operários, pelo esquecimento das normas de equidade, respeito e obediência, que deviam presidir nas relações; levantar autos, enviá-los para as autoridades competentes, quando as transgressões fossem consideradas muito graves e que exigissem a intervenção do juiz criminal ou apenas da acção policial.

Quanto à sua jurisdição era uma «jurisdição puramente industrial, o seu único fim era a resolução de litígios entre o patrão (chefe) que tivesse a gestão de uma oficina industrial ou de uma fábrica e os seus operários ou subordinados, relacionados apenas com as cláusulas do contrato de trabalho.

Os Tribunais de Árbitros Avindores não tinham competência para julgar litígios entre um patrão e um trabalhador que não fosse subordinado, ou seja, que não fizesse parte do pessoal fabril.[155] O recurso era admissível, independentemente do valor em causa, se tivesse por fundamento a violação de regras de competência internacional, em razão da matéria e da hierarquia, ou a ofensa do caso julgado.

A criação dos Tribunais de Árbitros Avindores em diversos locais dependia da sua requisição, por parte dos centros industriais ou da reclamação destes por parte das respectivas corporações administrativas, ao Governo (Lima, 1909: 248). Cada um deles abrangia a área dos respectivos municípios e as funções por eles prestadas eram gratuitas.[156] Estes tribunais podiam funcionar como "câmaras sindicais", quando requerido pela maioria dos operários ou pelo respectivo patrão, de forma a tomarem conhecimento das reclamações contra o contrato de trabalho em vigor e emitirem o seu parecer quanto à oportunidade e equidade, que porventura

---

[155] Por exemplo, o caso de um desenhador de uma fábrica.

[156] Os vogais operários tinham o benefício de serem isentos da contribuição industrial durante um ou mais anos em que desempenharem essa função.

assistam a essas relações, sem carácter executivo (excepto no caso de as partes terem chegado previamente a um acordo). As sentenças destes tribunais executavam-se nos próprios autos.

O primeiro Tribunal de Árbitros Avindores em Portugal foi criado em Lisboa no ano de 1893 e posteriormente em Coimbra, na Covilhã, no Porto, em Lourenço Marques, em Setúbal e em Vila Nova de Gaia. Todos estes tribunais tinham, essencialmente, a mesma composição e a mesma competência.

As opiniões acerca da acção dos Tribunais de Árbitros Avindores são de certa forma favoráveis, embora existam autores que considerem que os resultados da experiência não foram apreciáveis (Moreira, 1998: 215). As faltas apontadas à instituição residiam, essencialmente, na "lentidão de funcionamento"[157] e no facto de a justiça dos avindores ser estéril. Apesar, das reclamações apresentadas contra a morosidade no julgamento das causas destes tribunais terem fundamento, existem referências relativas à acção benéfica dos Tribunais de Árbitros Avindores (Cabral, 1977: 186). A título exemplificativo, e socorrendo-me do inquérito sobre "A Situação do Operário"[158] realizado em 1910, citado por Villaverde Cabral (1977), o Tribunal de Árbitros Avindores criado no Porto, prestou relevantes serviços às classes trabalhadoras e, em geral, os resultados obtidos do seu funcionamento foram de um grande alcance social.

Em 1933 é extinta a organização judiciária do trabalho composto, não só pelos Tribunais de Árbitros Avindores, mas também pelos Tribunais dos Desastres no Trabalho e pelos Tribunais de Previdência Social. São, então, criados os Tribunais de Trabalho. Estes sucederam os Tribunais dos Árbitros Avindores, (que funcionaram no período compreendido entre 1889-1933), ficando a reger-se pelo mesmo regulamento.

---

[157] Em 1904, o Tribunal de Árbitros Avindores de Lisboa recebeu 431 reclamações e julgou 306. De todas as reclamações resolvidas obteve-se conciliação em 42 processos e 18 autores desistiram dos seus processos (Correia, 1982: 72).

[158] O governo, em portaria de 26 de Novembro de 1909, determinou que se procedesse, por via das associações a uma inquirição sobre a situação do operariado e da indústria Nacional (Cabral, 1977: 169). O questionário da repartição do Trabalho Industrial, permitiu satisfazer, por um lado, os pedidos de muitas associações de classe, desejosas de se valorizarem pelos seus serviços, aos votos do Congresso Nacional Operário, e por outro lado, satisfazer os desejos expressos diversas vezes por esta repartição. O apuramento das respostas ficou a cargo do chefe da repartição, o Eng.º José de Oliveira Simões e foi realizado em 10 de Agosto de 1911.

Como demonstraram algumas das investigações dedicadas ao estudo da produção e aplicação do direito do trabalho no período do Estado Novo[159], torna-se fundamental fazer referência à Constituição Política de 1933 e ao Estatuto de Trabalho Nacional – ETN, presente no Decreto-lei n.º 23.048 de 23 de Setembro, desse mesmo ano. Com a entrada em vigor da Constituição de 1933 e com a publicação do ETN, assiste-se ao nascimento de um novo ciclo político-legislativo, no que concerne à regulação dos conflitos laborais individuais e colectivos (Ferreira, 1993).

A Constituição Política de 1933, consagrava um conjunto de princípios fundamentais, um deles constante no seu artigo 39.º. Tratava-se do direito de recorrer à conciliação e à arbitragem na resolução dos conflitos de trabalho, não sendo permitida a suspensão da actividade por qualquer das partes com o fim de fazer vingar os respectivos interesses.

Na versão renovada do Código que regulava o processo e o funcionamento dos tribunais do trabalho, os conflitos laborais individuais – que eram amortecidos no âmbito das Delegações do Instituto Nacional do Trabalho e Previdência (INTP) (Moreira 2000: 215) –, mereceram um enquadramento genérico. Nos termos do artigo 11.º do Código, os tribunais do trabalho estavam encarregados de realizar a conciliação em todas as controvérsias da sua competência. Em matéria de *conciliação obrigatória,* estava estabelecido no Decreto-lei n.º 43.179, a seguinte orientação: nenhuma acção emergente do contrato individual de trabalho, deveria seguir sem a tentativa prévia de conciliação, levada a efeito pelos delegados ou pelos subdelegados dos Tribunais de Trabalho ou perante a Comissão Corporativa da respectiva actividade.

Em 1933, o Estatuto de Trabalho Nacional atribuiu funções conciliatórias e arbitrais aos juízes dos tribunais de trabalho no que respeita à litigiosidade individual entre patrões e operários. Deste modo, na resolução de litígios individuais de trabalho, preconizava-se que a conciliação extrajudicial e os actos conciliatórios devidamente homologados constituíam título exequível perante os tribunais de trabalho (Moreira, 2000: 216). A este propósito refira-se que mais tarde, em 1940, o código do processo dos tribunais de trabalho, estabeleceu que os litígios destes tribunais podiam ser objecto de arbitragem voluntária.

---

[159] Em Ferreira (1993) encontra-se informação bibliográfica pormenorizada sobre a literatura relativa à produção e aplicação do direito do trabalho no período do Estado Novo.

No que diz respeito às Comissões Corporativas, estas eram compostas por representantes do INTP, que presidiam, e também por representantes das entidades interessadas. O corporativismo autoritário e estatal do Estado Novo admitia, assim, formalmente, o tripartismo como forma de regulação dos (não existentes formalmente) conflitos individuais de trabalho. As Comissões Corporativas tinham como atribuições, entre outras, a realização de tentativas de conciliação pré-judicial[160] nos litígios laborais individuais.

O primeiro Código de Processo dos Tribunais de Trabalho surgiu na mesma altura em que foi aprovado o Estatuto dos Tribunais de Trabalho, pelo DL n.º 30.910 de 23 de Novembro de 1940, legislação publicada no seguimento da aprovação do Código do Processo Civil de 1939. O Código de Processo Civil de 1939 marcava já um "avanço significativo no campo das instituições processuais", tendo como um dos seus princípios informadores "a simplificação do formalismo processual e moderação das consequências da sua não-observância".[161] No entanto, o Código de 1940 foi-se revelando progressivamente ineficaz. Com efeito, e de acordo com o preâmbulo do DL n.º 44.129 de 1961, as normas então vigentes enunciavam princípios e regras desajustadas à realidade, assistindo-se a uma excessiva duração dos processos, fruto de uma tramitação processual comparada muitas vezes a um emaranhado de mecanismos processuais onde imperava a burocratização do processo.[162] Reconhecia-se, assim, a necessidade de reformar a lei processual adjectiva civil, por forma a dar resposta aos novos problemas, adaptando-a às novas realidades da época, às exigências dos tempos modernos e defendendo a "ideia de simplificar e acelerar os termos das acções, a fim de garantir aos interessados, sem prejuízo do necessário acerto e ponderação das decisões judiciais, a justiça pronta e expedita de que o país ainda hoje carece, a despeito de todos os progressos alcançados nesse aspecto".[163]

---

[160] Em 1947, a tentativa de conciliação era facultativa.

[161] Preâmbulo do Decreto-lei n.º 44.129 de 28 de Dezembro de 1961.

[162] Já em 1928 José Alberto dos Reis se pronunciava em relação à morosidade processual civil nestes termos "há questões que se arrastam nos tribunais durante 10, 15 ou 20 anos! Há pleitos que se movem única e simplesmente para cansar e moer o adversário, afim de obter dele uma composição! (...) Mas não andaremos muito longe da verdade computando em 5 anos o lapso de tempo que uma acção cível ordinária demora, em média, a percorrer as duas instâncias e o grau de revista". (Processo Ordinário e sumário, vol. I) Teresa Vaz, R.O.A., ano 55, Dezembro de 1995.

[163] Preâmbulo do Decreto-lei n.º 44.129 de 28 de Dezembro de 1961.

214   *Trabalho procura Justiça*

Neste contexto, e face ao carácter supletivo do processo comum civil, tornou-se necessário adaptar o processo laboral, tal como se encontrava previsto no Código de 1940, às modificações na lei adjectiva civil. Estas alterações eram indispensáveis atendendo às necessidades de actualização da legislação processual, nomeadamente em matéria referente à orgânica e funcionamento dos serviços judiciais.

Para além das alterações decorrentes dos ajustamentos internos ao sistema judicial, a reforma processual laboral procurou acompanhar os desenvolvimentos entretanto verificados no direito do trabalho, "sempre mais rigoroso nos seus imperativos de celeridade e simplicidade processuais, incompatíveis com algumas das fórmulas usadas, directamente responsáveis pelo entorpecimento da justiça".[164]

Na sequência das reformas do Estatuto dos Tribunais do Trabalho e da publicação do Código de Processo Civil em 1961, surge o novo Código de Processo de Trabalho, de 1963. Para além de manter as linhas dominantes dos modernos princípios processuais este código utiliza-as e reforça-as "na medida adequada e indispensável às necessidades da justiça social, designadamente no que respeita à celeridade, simplicidade de tramitação e imediação".[165]

Identificam-se, entre outras, quatro inovações processuais no Código de Processo de Trabalho de 1963. Em primeiro lugar, a obrigatoriedade, antes da propositura da acção, da tentativa de conciliação. Existia já a prática de uma tentativa prévia de conciliação das partes perante as Comissões Corporativas, fruto das disposições do DL n.º 43179 de 23-9-60. Também o Ministério Público seguia uma prática semelhante ao tentar a conciliação entre as partes antes da acção dar entrada em tribunal. Neste sentido, o Código reforça as práticas conciliatórias enunciadas no Código de Processo de Trabalho de 1940 (cf. artigo 33.º), com a finalidade de obter uma maior economia processual.[166]

---

[164] Preâmbulo do Decreto-lei n.º 45.497 de 30 de Dezembro de 1963.

[165] Dizia-se no prefácio do Código de Processo de Trabalho de 1963, que " a justiça do trabalho tem de ser rápida, sob pena de não ser justiça, já que as questões que lhe estão sujeitas não se compadecem com delongas ou demoras".

[166] A tentativa de conciliação era presidida pelos serviços de conciliação do trabalho ou pelo Ministério Público que exerce funções junto do tribunal de trabalho competente para a acção. Os serviços existentes à altura eram as Comissões Corporativas instituídas pelo DL n.º 43.179 de 23-12-1960, (alterado pelo DL n.º 45.690 de 27-4-1964) e funcionavam em centros industriais, mas com mobilidade para se deslocarem às próprias empresas quando tal fosse necessário. O Código considerava que elas tinham "condições de que o juiz não dispõe para um melhor conhecimento técnico das actividades, bem como

Em segundo lugar, a ligação das formas de processos às alçadas e à intervenção do tribunal colectivo. As formas de processo declarativo comum eram três: a ordinária, a sumária e a sumaríssima. Para a ordinária contava unicamente o valor da acção. Para as formas sumária e sumaríssima, além do valor da acção, teria de se tomar em consideração a natureza da questão a decidir. O Código cabimentou a generalização do processo sumário face à "exigência de celeridade nestas acções (não só para sanear o ambiente social, como para evitar demoras no recebimento de importâncias que têm quase carácter de alimentos, de tal forma ao trabalhador despedido é necessário o pagamento das indemnizações ou importâncias em dívida para viver até à obtenção de emprego), a simplicidade jurídica da grande maioria das questões que se debatem nestes processos e a natureza das provas a utilizar".[167]

Em terceiro lugar, em matéria de execução oficiosa, face ao não cumprimento da sentença e passado um mês sobre o seu trânsito em julgado, o autor é logo notificado para nomear bens à penhora. Esses bens devem ser os necessários para o pagamento da dívida e das custas do processo (cf. artigo 87.º CPT). Tal é justificado pelo facto das sentenças condenatórias "dizerem respeito a salários ou indemnizações devidas a trabalhadores, aqueles e estas sempre com natureza que muito os aproxima dos alimentos. Pretende-se, por esse modo, que o trabalhador, que tem muitas vezes dificuldades em vir ao tribunal do trabalho, veja executada a sentença sem os prejuízos de tempo que até aqui se verificam, tempo que, para ele, significa normalmente salário".[168]

Em quarto e último lugar, e no respeitante ao processo emergente de acidente de trabalho e doença profissional, estabeleceu-se a divisão do processo em duas fases: uma conciliatória e uma contenciosa (cf. artigo 97.º ss.). Esta divisão introduz, assim, um princípio análogo ao previsto para os conflitos emergentes de contrato de trabalho, em que se prevê uma tentativa prévia e obrigatória de conciliação entre as partes. A fase contenciosa divide-se em vários processos ou apensos que correm em simultâneo ou separadamente, visando-se minimizar os sucessivos adia-

---

do ambiente social que aí reina e do sentido das palavras e das atitudes em cada meio de trabalho podendo por isso efectuar uma valoração mais perfeita das ocorrências e uma reconstituição dos factos, mais próxima das realidades". A competência do Ministério Público existia, unicamente, a título subsidiário, uma vez que só intervinha caso as comissões corporativas não existissem.

[167] Prefácio do Código de Processo de Trabalho de 1963.
[168] Preâmbulo do Decreto-lei n.º 45.497 de 30 de Dezembro de 1963.

mentos e a consequente demora na resolução dos processos. Autonomizam-se processos como a fixação da incapacidade do sinistrado ou doente, ou a determinação da entidade responsável. No caso da fixação da incapacidade, a verificação é uma "questão puramente técnica e não se vê motivo para que entorpeça o processo principal (...). A separação no processo de uma questão puramente técnica e de outra a que o trabalhador é alheio clarifica a acção e imprime-lhe maior celeridade".[169]

Se no período do Estado Novo o processualismo laboral manteve a identidade e autonomia normativa perante o paradigma processual civilista, também é um facto a registar a circunstância de a experiência dos árbitros avindores, enquanto espaço de regulação emergente de um princípio de economia moral das profissões que permita a aplicação do princípio da equidade ter sido substituída por tribunais de trabalho subsidiários do sistema judicial tradicional. A ligação dos tribunais e do direito do trabalho ao núcleo duro do paradigma civilista ficou então institucionalizada. A autonomia do direito e da justiça laborais deixaram de ter como referência um modelo externo à administração da justiça passando o problema da autonomia do direito do trabalho a centrar-se na sua diferença e especialidade face ao paradigma *ius civilístico*.

No âmbito dos processos de transição e consolidação da democracia portuguesa os quadros jurídicos e institucionais sofreram alterações profundas, cuja expressão máxima se reconhece na aprovação da Constituição de 1976. A designada Constituição laboral consagrou a tutela dos interesses dos trabalhadores, posteriormente vazada no direito substantivo. As novas condições político-sociais conduziram a uma maior procura do judicial-laboral verificando-se a progressiva desadequação do direito adjectivo.[170] Assim, face às novas realidades político-sociais e ao avolumar dos processos entrados, a duração na resolução dos conflitos laborais agrava-se. A morosidade da justiça do trabalho trivializa-se levando a que se considere a elevada duração dos processos laborais como um factor inerente às próprias relações laborais.[171]

---

[169] *Ibidem.*

[170] No entender de João Correia em "Justiça do Trabalho" Vítor Marques (1980: 102) verifica-se uma predominância de normas corporativas a que corresponde um "direito privatístico, que não só é típico de uma sociedade capitalista mas é antes um direito corporativo com fortes ingredientes estaduais".

[171] Como veremos mais adiante e de acordo com a aplicação da Fórmula de Clarck e Merryman em 1975, 1976, 1977 e 1978 um processo laboral demorava em média 48,7, 30,8, 26,2 e 31,5 meses a ter resolução. Em Marques encontramos alguma informação a propósito da morosidade na justiça laboral no pós-25 de Abril de 1974.

Capítulo V

A reforma do processo laboral afigurava-se como inevitável, atendendo à situação experimentada pelo sistema de relações laborais na sua relação com o sistema judicial. Em 1979, durante o V Governo Constitucional é aprovado um novo Código de Processo de Trabalho. O projecto é desde logo alvo das mais variadas críticas[172], por não levar a cabo a tão desejada reforma de fundo na lei laboral adjectiva, acabando mesmo a sua entrada em vigor por ser suspensa. No entanto, entende Leite Ferreira (1996: 293) que "as novas ideias do diploma não deixaram de impressionar o legislador da lei adjectiva comum que as acolheu e vazou depois no CPC através do DL 242/85 de 9 de Julho".[173]

Em 1981 entra, finalmente, em vigor o novo Código de Processo de Trabalho.[174] Este texto legal teve por referência o diploma legal de 1979, bem como o próprio diploma de 1963. A celeridade na resolução dos litígios surge de novo como um dos grandes objectivos da reforma do processo de trabalho, fruto uma vez mais do reconhecimento da precaridade económica de quem tem como único meio de sobrevivência o rendimento que lhe advém do trabalho. À celeridade na resolução dos litígios não poderá deixar de estar associada o "levar mais longe a simplificação do processo de trabalho"[175], simplicidade alcançada anteriormente em larga escala no processo laboral, existindo mesmo quem defenda que "no processo de trabalho se operou já tão intensa simplificação que pouco ou nada há já para ser simplificado" (Silva, 1991: 35), considerando-se até que em certos aspectos o juiz não tem os poderes/deveres quanto às diligências a efectuar para a obtenção da prova e apuramento da verdade (conforme disposto no actual Código ao invés do previsto no artigo 35 n.º 3 do Código de 1963).

Nesta discussão evidencia-se a tensão existente entre a segurança jurídica e a celeridade do sistema judicial. Assim, considera-se que a simplificação do processo é somente um primeiro passo para alcançar o

---

[172] Em Marques (1980) algumas observações são feitas a este propósito.

[173] Leite Ferreira, Código de Processo de Trabalho (1996: 293).

[174] O início de vigência deste código foi sendo sucessivamente prorrogado, começando a vigorar a 1 de Outubro de 1981, com a Lei 48/80 de 26 de Dezembro. Tal facto deveu-se fundamentalmente à revisão do CPC, entendendo o Ministério da Justiça que não era aconselhável a entrada em vigor do CPT (Preambulo do DL 272-A/81 de 30 de Setembro). No preambulo do DL n.º 272-A/81 justifica-se, ainda, esta prorrogação da entrada em vigor do diploma visto haver a necessidade de um debate público do novo Código.

[175] Preâmbulo do Decreto-lei n.º 272-A/79 de 30 de Setembro.

objectivo final da obtenção de eficácia processual. De entre as inovações da nova lei refira-se, desde logo, a diminuição das formas de processo comum com o desaparecimento do processo sumaríssimo, dado o seu reduzido alcance prático.[176] Entre outras novidades, o novo diploma concebeu a suspensão do despedimento como uma verdadeira providência cautelar[177] caracterizada pela urgência, dependência da causa a que respeita e confere ao juiz singular competência para julgar qualquer tipo de processos.[178]

O Código de 1981 introduziu, ainda, medidas que visavam induzir uma menor duração dos processos. Em primeiro lugar, a não intervenção do tribunal colectivo, sendo o regime-regra o julgamento das causas por um juiz singular. A própria intervenção dos juízes sociais nunca chegou a funcionar em pleno, uma vez que a sua intervenção revelou grandes dificuldades e era motivo para inevitáveis adiamentos, o que induzia a morosidade na resolução dos litígios. Em segundo lugar, a supressão da realização de uma audiência preparatória depois de terminar a fase dos articulados. No Código de 1940 a audiência era obrigatória, enquanto que no de 1963 ela não tinha lugar, mas o juiz poderia sempre marcá-la com o propósito de obter o acordo das partes caso elas ainda não tivessem sido chamadas para tal efeito. Como refere Leite Ferreira, a razão deste supримento (1996: 294) prende-se com o facto de o legislador, "dominado por preocupações de prontidão e economia, não ter visto com bons olhos a audiência preparatória nos moldes em que a configurou o CPC". E acrescenta o autor, parece que com fundadas razões, pois a experiência ensina que "a finalidade essencial da audiência preparatória que lhe dava o CPC, como regra geral nunca era atingida".

A análise comparativa das várias leis processuais estudadas até agora permite identificar um elemento comum e estruturador da legislação adjectiva laboral: o do incremento de celeridade processual. A este propósito são de sublinhar três aspectos. O primeiro prende-se com o facto da audiência de discussão e julgamento só poder ser adiada uma única vez (cf. artigo 34.º do primeiro Código de Processo de Trabalho,

---

[176] Cf. Artigo 47.º do Decreto-lei n.º 272-A/81, de 30 de Setembro.

[177] Cf. Artigo 38.º do Decreto-lei n.º 272-A/81, de 30 de Setembro.

[178] O regime é, agora, o contrário ao estabelecido no Código de 1963, uma vez que a intervenção do colectivo de juízes só tem lugar se as partes o requererem. Cabe ao juiz singular a instrução, discussão e julgamento da causa e é ele quem dirige a tentativa de conciliação e não o agente do Ministério Público.

artigo 65.º do Código de 1963 e artigo 65.º, n.º 2 do Código de 1981) e para tal, desde 1963, ser necessário o acordo das partes e estas terem para esse efeito de invocar um motivo justificativo. O acordo é pronunciado no momento da abertura da audiência e discussão e julgamento, não sendo possível as partes juntarem anteriormente documento para o efeito.

O segundo resulta do facto de, no processo declarativo sumário, os documentos e rol de testemunhas serem oferecidos e quaisquer diligências serem requeridas nos articulados, ou seja, como refere o próprio texto legal, "com a petição e contestação são oferecidos os documentos e as testemunhas e requeridas quaisquer outras diligências de prova" (cf. artigo 82.º, n.º 1 do Código de 1963 e 86.º, n.º 3 do actual Código).

O terceiro, e igualmente no processo declarativo sumário, no que respeita à prova testemunhal, as testemunhas são apresentadas pelas partes na audiência de discussão e julgamento, não sendo por isso necessária a sua notificação (artigo 88.º, n.º 2 do CPT 1981 e 82.º, n.º 2 do Código de 1963).

A par destas disposições, a lei processual laboral incorpora outras disposições que conduzem a uma menor duração dos processos como "a redução de prazos para a prática de actos processuais, as regras da cumulação inicial e sucessiva de pedidos e causas do pedir consagrados nos artigos 30.º e 31.º, a norma sobre apensação da acção diferenciada da contida no artigo 275.º do CPC, a diferente tramitação prevista em fase de recurso, e eficácia e rapidez com que é tratado o processo de execução, o regime das citações e notificações, o processo declarativo comum único, etc."[179].[180]

---

[179] Prontuário do Direito do Trabalho n.º 48 do Centro de Estudos Judiciários.

[180] Indicador significativo e sintomático da relevância das disposições processuais laborais é o facto de o actual Código de Processo Civil (com as modificações introduzidas pelo Decreto-lei n.º 180/96 de 25 de Setembro) ter incorporado algumas delas, entre as quais se destacam: a previsão de foros alternativos (art.º 74.º) para efeito de competência territorial, situação já prevista nos art.º 15.º e 16.º do Código de Processo de Trabalho; a possibilidade de convite à sanação da falta do pressuposto processual da ilegitimidade prevista no n.º 2 do art.º 265.º que aproveitou em parte o já disposto na al. b) do art.º 29.º do Código de Processo de Trabalho; ambas as partes poderem ser convidadas a corrigir articulados, al. a) e b) do n.º e n.º 3 do art.º 508.º do Código de Processo Civil, situação prevista na al. c) do art.º 29 do Código do Processo de Trabalho; o recurso oficioso a factos instrumentais não alegados pelas partes, mas resultantes da discussão e instrução da causa (n.º 2 do art.º 264.º que transpôs em parte o já previsto no n.º 1 do art.º 66.º do Código de Processo de Trabalho); o tribunal passa a deter poder de intervenção na detecção de bens a penhorar, (art.º 837.º-A) situação já prevista no n.º 2 do art.º 93.º do

2. O actual Código de Processo de Trabalho – DL n.º 480/99 de 9 de Novembro: identificação das principais categorias processuais

A mais recente reforma processual laboral plasmou-se no Decreto--lei n.º 480/99 de 9 de Novembro. Acompanhando, uma vez mais as modificações da legislação processual civil e em resultado das discussões ocorridas em sede de concertação social[181], o XIV Governo Constitucional fez aprovar o actual Código de Processo de Trabalho.[182]

Da análise do conteúdo do actual Código, nomeadamente do seu preâmbulo, resulta a identificação dos pressupostos e inovações orientadores da reforma, dos quais retive as seguintes categorias.

(1) Com o actual Código procedeu-se à eliminação de algumas normas, nomeadamente, as relativas a citações e notificações, entre outras, já amplamente consagradas no Código de Processo Civil, e como não--específicas do CPT conduziam a grandes confusões e dificuldades. Procedeu-se ainda à equiparação dos sinistrados em acidentes de trabalho e dos doentes profissionais com os respectivos beneficiários legais nos termos do artigo 100.º e seguintes do diploma.

Código de Processo de Trabalho. A par das grandes linhas mestras orientadoras no novo Código de Processo Civil aprovado pelo Decreto-lei n.º 329-A/95 um dos objectivos é igualmente imprimir uma maior celeridade e eficácia ao processo e ao mesmo tempo tornar mais justo o resultado da intervenção do tribunal, pois "ter-se-á de perspectivar o processo civil como um modelo de simplicidade e de concisão, apto a funcionar como um instrumento, como um meio de ser alcançada a verdade material pela aplicação do direito substantivo e não como um estereótipo autista que por si próprio contempla e impede que seja perseguida a justiça, afinal o que os cidadãos apenas pretendem quando vão a juízo" (cf. Preâmbulo do Decreto-lei n.º 329-A/95).

[181] No Acordo de Concertação Estratégica estipulou-se "tendo em vista a melhoria da justiça e da administração do trabalho são acordadas as seguintes medidas: (...) criação pelo Governo de uma Comissão de revisão do CPT, cujos trabalhos são dirigidos à definição de condições de celeridade e de eficiência que são inerentes à justiça laboral".

[182] No preâmbulo do novo Código refere-se que "a reforma do processo laboral, integrando-se nos planos de concertação estratégica, justifica-se, quer porque, entretanto, foram substanciais as modificações introduzidas na legislação processual civil, quer porque há um novo contexto das relações jurídico-laborais. Assim, para além de desarmonias com a nova legislação processual civil, em que nem sempre se torna fácil estabelecer a distinção entre a subsidiariedade da sua aplicação ou a especialidade do direito processual do trabalho, entretanto modificado, houve todo um percurso social e legislativo, com incidências no mundo juslaboral, que arcaizou ou tomou inidóneas ou menos apropriadas algumas previsões normativas, reclamando-se, por isso mesmo, a introdução de preceitos de compatibilização com as novas realidades.

(2) Refiram-se também as significativas alterações relativas à legitimidade das associações sindicais. O texto legal veio ampliar os termos do exercício do direito das referidas associações em representação e substituição dos trabalhadores. No entanto, e de acordo com o referido diploma, quer na norma, quer no corpo do preâmbulo, os poderes conferidos às associações sindicais ficam condicionados à prévia anuência do trabalhador representado ou substituído, à sua qualidade de associado do sindicato respectivo e à violação dos direitos individuais em causa. Ainda neste domínio procederam-se a algumas alterações relativas à intervenção como assistentes das associações patronais e sindicais, em processos relativos a interesses individuais dos associados, exigindo, nestes casos, a prévia aceitação escrita dos interessados.

(3) Relativamente à representação e patrocínio judiciário pelo Ministério Público, clarearam-se apenas algumas situações, concretamente quando é que a intervenção é feita a título de representação e quando é que se verifica verdadeiro patrocínio. Assim, admite-se como princípio que o patrocínio judiciário de trabalhadores por conta de outrem e seus familiares, sendo por princípio atribuído a advogados, nestas situações e segundo o actual diploma, o patrocínio, exercido pelo Ministério Público é tido como uma garantia acrescida dos trabalhadores, podendo o trabalhador, sem quaisquer reservas, aderir ao regime geral do apoio judiciário. Segundo o novo Código, a intervenção acessória do MP mantém-se, tendo em conta razões e interesses de ordem pública, ainda que cesse a sua representação ou patrocínio e ainda naqueles casos em que esta representação ou patrocínio tenha sido exercida desde o inicio da lide por advogado.

O novo texto legal determinou que em sede de recurso o Ministério Público, quando não intervenha como representante ou patrono das partes, possa emitir parecer sobre o sentido da decisão, respeitando sempre o princípio do contraditório.

(4) Relativamente às citações e notificações, indo de encontro ao preconizado também ao nível do processo civil, verificaram-se as alterações de monta no que respeita ao regime das citações e notificações, ressalvando-se sempre as especificidades atinentes ao processo laboral.

(5) No Código de Processo de Trabalho de 1981 encontrava-se consagrado o princípio da cumulação inicial de pedidos, justificando-se com base numa ideia de garantia de pacificação social. No entanto, o actual Código optou por romper com este princípio. Ele era um factor de constrangimento do trabalhador na luta pelos seus direitos, porque o obrigava a alargar o litígio a factos não-lesivos do seu estatuto de trabalhador.

(6) Com o actual texto legal eliminaram-se as limitações à desistência do pedido e à efectivação da transacção. Estas apenas podiam ter lugar em audiência de conciliação.

(7) As alterações introduzidas no processo declarativo comum, respeitando o principio da adequação ao CPC (sem esquecer as especificidades próprias da litigação laboral). Institui-se uma única forma de processo comum (suprimindo as duas formas até agora previstas – sumário e ordinário – diferenciadas unicamente pelo valor da causa), com tramitação simplificada.

(8) Ainda no campo do processo comum, surge uma alteração inovadora que consiste na introdução de uma tentativa de conciliação judicial obrigatória, após a entrada da Petição Inicial (PI) e antes da contestação. Pretende-se, ainda num momento embrionário, chegar a um acordo, presumindo-se uma maior "disponibilidade" das partes para esse mesmo acordo. A presença mediadora do juiz, que na cultura e na prática judiciárias portuguesas surgem como elementos preponderantes na resolução do conflito, funda-se quer seja pela imparcialidade que lhe é reconhecível, quer seja pela força normativa que o *ius imperium* lhe confere.

(9) Indo de encontro ao estipulado na revisão do CPC, também no CPT se reforça a primazia do tribunal singular, atribuindo às partes o direito de requererem sempre a gravação da audiência de julgamento.

(10) De acordo com o CPC, também no CPT se eliminam os casos de cominação plena, impondo-se um princípio de conhecimento do mérito da causa. Relativamente aos recursos, as alterações reforçam a ideia de que no domínio civil, como no domínio laboral, há sempre possibilidade de recurso para a Relação, tendo em conta a natureza dos valores em questão. Facto significativo é o de que as alterações vêm alargar essa possibilidade às causas relativas à determinação da categoria profissional. Houve ainda uma clarificação relativamente à alegação e interposição de recurso em 2ª Instância.

(11) No domínio do processo executivo e indo de encontro ao já preconizado no Código de Processo Civil (e por remissão para este texto) alarga-se o leque de títulos executivos. É o caso, por exemplo, dos autos de conciliação (foro laboral) que passam a ter tramitação idêntica à execução baseada em sentença para pagamento de quantia certa.

(12) Relativamente ao processo especial de acidente de trabalho e doença profissional e respectivos incidentes, as alterações introduzidas visam sobretudo precisar o modo de exercício das funções do Ministério Público.

Capítulo V 223

(13) Quanto ao processo especial de impugnação de despedimento colectivo inseriram-se alguns esclarecimentos e precisões relativamente às funções/estatuto dos assessores técnicos. As normas do referido processo passaram a constar do articulado do Código. Também neste processo e devido à complexidade das suas questões, o legislador entendeu ser necessário a existência de uma audiência preliminar (nos mesmos termos do artigo 508.º do CPC).

(14) Ainda no domínio dos processos especiais e relativamente ao processo especial de impugnação de decisão disciplinar, o Tribunal pode substituir-se à entidade do poder disciplinar, fixando ele a medida disciplinar que considera adequada.

(15) Reconhece-se uma persistente tensão na actividade conciliatória desenvolvida nos tribunais de trabalho que repousa na contraposição entre as conciliações orientadas pelo princípio da equidade e as conciliações orientadas pelo princípio da legalidade. O nosso ordenamento processual tem privilegiado a actividade conciliatória judicial em detrimento da conciliação não judicial.

Neste sentido o actual CPT, aprovado pelo DL n.º 480/99 de 9 de Novembro consagra nos seus artigos 51.º, 52.º, 53.º a realização obrigatória de uma tentativa de conciliação em várias fases processuais.

A tentativa de conciliação numa fase embrionária do processo (logo após a entrada da Petição Inicial) levantou alguma celeuma entre os operadores judiciários (Ordem dos Advogados, Conselho Superior de Magistratura, Sindicato dos Magistrados, ASMP, SMMP e entrevistados do painel), porquanto considerarem que neste momento processual, quando o litígio ainda está "demasiado aceso" nenhuma das partes se encontra disponível para chegar a um acordo.

Genericamente, a posição do legislador face à importância da conciliação é valorizada positivamente pelos actores judiciais, no entanto, o problema suscitado é o do *timing* da conciliação.

Outra questão levantada diz respeito à obrigatoriedade da conciliação. Sendo um acordo um acto inerentemente livre, questiona-se a legitimidade de revestir a conciliação carácter obrigatório. Segundo a opinião de vários operadores judiciários, a obrigatoriedade da conciliação, traduzir-se-á numa perda de tempo e na agudização do conflito, conduzindo este fenómeno a um desgaste na relação interpartes.

Independentemente das mudanças políticas, institucionais e jurídicas ocorridas na sociedade portuguesa o peso da conciliação como forma de regulação da conflitualidade interindividual no domínio laboral foi sempre grande. Ainda que tendo presente a diferença de contextos e o significado político do papel desempenhado pelo Estado autoritário corporativo e o papel desempenhado pelo Estado democrático na resolução dos conflitos individuais de trabalho, regista-se o relevo atribuído à conciliação. Nesta matéria observa-se, no entanto, que foi durante o período do Estado corporativo que a conciliação extrajudicial assumiu maior relevo através da acção das Comissões Corporativas, tendo a sua importância diminuído depois de 1974, como foi atestado pelas vicissitudes do percurso histórico das Comissões de Conciliação e Julgamento que acabaram por ser extintas em 1985.

A experiência portuguesa no domínio da resolução dos conflitos individuais (e também dos colectivos) é marcada no quadro da sociedade do pós-25 de Abril pelo recurso à conciliação judicial. Mesmo as conciliações informais, levadas a cabo pelo Ministério Público, ocorrem no espaço do tribunal e não podem ser dissociadas do poder conferido aos magistrados do Ministério Público pelo *ius imperium*. Deste ponto de vista, a reforma do Código de Processo de Trabalho ao reforçar o peso da conciliação judicial, apresenta-se como uma mudança na continuidade das práticas judiciais. Reenvio o leitor para o que ficou dito no capítulo anterior a propósito dos constrangimentos existentes no nosso sistema de relações laborais que têm impedido a implementação de formas alternativas de resolução de conflitos e a desinformalização da justiça laboral. Em síntese, as soluções processuais encontradas reiteram e reforçam o uso da conciliação judicial não se tendo rompido, até hoje, com uma tradição de intervenção estatal directa na resolução dos conflitos sob a forma de autocomposição tutelada estatalmente.[183]

---

[183] Nem todos os direitos podem ser objecto de um processo de conciliação e de arbitragem. De entre os direitos subtraídos ao âmbito da conciliação e arbitragem encontram-se os denominados direitos indisponíveis, isto é, os direitos que não são susceptíveis de ser objecto de actos de disposição por parte do seu titular. São direitos "acerca dos quais a vontade das partes é ineficaz ou para os constituir ou extinguir, ou para constituir ou extinguir uma situação plenamente equivalente à do seu exercício". A Lei n.º 31/86 de 29-8 referente à Arbitragem Voluntária, no seu art. 1.º, n.º 1, refere, igualmente, que não pode ser alvo de convenção de arbitragem qualquer litígio que respeite a direitos indisponíveis.

Por exemplo, é irrenunciável o direito ao salário dada a necessidade de proteger a parte contratualmente mais desfavorecida – o trabalhador – dada a sua subordinação em relação à entidade patronal. No entanto, uma vez finda a relação laboral, cessando a relação entre empregador e trabalhador, existe a possibilidade de renúncia do direito às retribuições que porventura sejam devidas. As prestações pecuniárias vincendas, não sendo já a contrapartida da prestação de trabalho, não se situam no campo da indisponibilidade

Capítulo V

3. Perspectivas e discurso dos operadores judiciários sobre as normas processuais laborais

No presente tópico desenvolvo uma análise de conteúdo centrada no discurso dos participantes no *group focus* ou painel, envolvendo juízes, magistrados do Ministério Público e advogados.[184] Faço-a com uma dupla preocupação. Em primeiro lugar, pretendo retomar as características do processo de trabalho e confrontar os actores judiciários com essas especificidades normativas. Em segundo lugar, ao fazer este confronto pretendo identificar as práticas judiciais associadas à aplicação do CPT.[185]

A análise de conteúdo das intervenções permite sinalizar as opiniões dominantes e dominadas, a unanimidade e a pluralidade de opiniões dos vários actores judiciários dentro da profissão a que pertencem e entre as três profissões.[186] Procuro, deste modo, captar os pontos de convergência e de divergência, às zonas de tensão e de consenso reveladas pelos participantes relativamente à cultura jurídica laboral.

Na preparação do painel e da análise de conteúdo recorri ao estudo apresentado nos tópicos anteriores relativo ao enquadramento normativo e às leis processuais laborais. Para além disso, estudei os pareceres emitidos pelo Conselho Superior do Ministério Público, Conselho Superior de Magistratura, Associação Sindical de Juízes Portugueses, Ordem

---

absoluta, por lhes não subjazerem razões de interesse e ordem pública, não respeitarem a interesses supraindividuais, pelo que não estão cobertas pela inderrogabilidade do art.º 69.º do CPT. (Cf. Ac. STJ, 4/4/86, BMJ 356.º-183). Para além do direito ao salário são ainda considerados direitos indisponíveis o direito ao repouso e aos lazeres, o direito ao descanso semanal, o direito a férias, o direito a uma prestação do trabalho em condições condignas, o direito e justa reparação quando sejam vitimas de acidente de trabalho ou doença profissional.

[184] O painel realizou-se a 15 de Junho de 2002, no âmbito das actividades do OPJ (Observatório Permanente da Justiça Portuguesa) tendo sido composto por juízes, por magistrados do Ministério Público e por advogados. O painel foi por mim moderado, enquanto responsável pela área laboral do OPJ.

[185] O *focus group*, também designado de "entrevista de grupo focalizada", é uma técnica de investigação em ciências sociais desenvolvida por Robert Merton. É utilizada para recolher um conjunto de opiniões que surgem da confrontação e da discussão de diversos temas. A *focused interview* permite analisar as reacções de um sujeito numa situação particular (Berthier, 1998). A entrevista deve ser organizada pelo investigador através, de um guião onde constem os temas a abordar.

[186] As citações dos discursos dos operadores judiciários são identificadas por J, MP e Adv, querendo significar, respectivamente, juiz, magistrado do Ministério Público e advogado, seguido de um número atribuído a cada um dos intervenientes.

dos Advogados (CSMP, CSM, ASJP, OA), bem como os de vários parceiros sociais.

A metodologia dos painéis permite registar num contexto de dinâmica interaccional as opiniões, atitudes, e representações sociais dos operadores judiciários. Seleccionei um leque diversificado de actores sociais, cujas experiências profissionais e trajectórias pessoais traduzem atitudes e práticas judiciais diversificadas. Por exemplo, advogados, cuja experiência profissional passa pelo patrocínio de trabalhadores ou de empresas, magistrados e advogados, cuja actividade profissional se desenrola em tribunais com padrões de litigiosidade diferenciados e contextos socio-económicos distintos. Deste modo, creio que o recurso à metodologia dos painéis é um elemento importante a ter em consideração quando se trata de proceder à avaliação do impacto de qualquer reforma introduzida no sistema judicial.

A realização do painel, tendo por objectivo a análise da reforma da nova legislação adjectiva laboral, constitui uma forma de avaliar as especificidades de implementação e o grau de efectividade das reformas legislativas preconizadas.

A planificação da discussão foi organizada em torno da seguinte agenda de trabalhos, dividida em quatro pontos:

(I) Comentários sobre alguns indicadores da actividade e funcionamento dos tribunais de trabalho;

(II) Debate sobre o impacto da reforma do CPT nos seguintes aspectos:

a) Qual o impacto emergente da consagração de mais momentos de conciliação no processo laboral (maior número de tentativas obrigatórias de conciliação, audiência de partes, etc.);

b) Vantagens e desvantagens da existência de um processo declarativo comum único (ter-se-á reduzido o número de processos entrados nos tribunais?);

c) As vantagens e desvantagens da audiência de discussão e julgamento em tribunal singular;

d) Que avaliação fazer da figura dos juízes sociais?

e) Quais as consequências práticas do alargamento da legitimidade das associações sindicais em representação e substituição dos trabalhadores no processos de trabalho?

(III) Debate sobre as medidas a tomar para melhorar a justiça do trabalho, nomeadamente promover mais oferta da justiça, mais facilitação do acesso e maior celeridade.

Importa referir a este respeito a experiência dos Açores e o seu Centro de Arbitragem e Conciliação e a possibilidade da negociação colectiva instituir formas de conciliação, mediação e arbitragem para os conflitos individuais de trabalho, prevista desde 1992.

(IV) Debate sobre o direito, os tribunais e os acidentes de trabalho. As acções de acidentes de trabalho mobilizaram cada vez mais a actividade do judicial-laboral. Que consequências e soluções para a actividade da Administração da justiça traz esta problemática?

Como forma de organização e sistematização das matérias a discutir utilizei a seguinte agenda temática: (1) a reforma do CPT conduziu a uma melhor justiça do trabalho? (2) que medidas tomar para melhorar a justiça do trabalho, nomeadamente, promover mais oferta de justiça, mais facilitação do acesso e maior celeridade? (3) o direito, os tribunais e os acidentes de trabalho.

Privilegiei no decurso do debate os seguintes vectores: a conciliação no processo laboral; a audiência de partes; a existência de um processo declarativo único; o tribunal singular; a heterogeneidade no desempenho dos tribunais de trabalho; as formas alternativas de resolução dos conflitos; e os juízes sociais.[187]

3.1. A conciliação obrigatória

Sendo a conciliação uma característica típica da composição de litígios no mundo laboral e constatando que no âmbito da revisão do CPT, actualmente em vigor, ela sai reforçada, procurei junto dos intervenientes do painel identificar as suas posições no que a esta matéria diz respeito.

De uma forma genérica a conciliação judicial regulada no CPT – artigos 51.º; 62.º 70.º e 508-A do CPC – é valorizada positivamente, correspondendo de resto a uma prática judicial bem interiorizada por parte dos actores judiciais intervenientes nos processos. Com efeito, e de acordo com as intervenções do J4 e de A1 pode mesmo assinalar-se a existência de uma expectativa de conciliação ou propensão para a conciliação típica do domínio laboral enquanto forma de composição dos litígios.

---

[187] O reforço da legitimidade das associações sindicais; o papel do Ministério Público e a figura da providência cautelar em matéria de segurança, higiéne e saúde no trabalho (SHST) são questões retomadas no VIII capítulo relativo ao acesso ao direito e justiça laborais.

J4 Eu noto que as pessoas vão cada vez mais ao Tribunal do Trabalho, já com a ideia, de que efectivamente haverá uma tentativa prévia de conciliação, as pessoas já sabem disso, o comum do trabalhador, o comum da entidade patronal, já sabe que haverá essa tentativa de conciliação e agora ainda mais acentuada com a audiência de partes. As pessoas sabem que o julgamento acaba por ser a última instância de resolução do conflito.

Adv4 A experiência que eu tenho em Direito do Trabalho, é que a grande parte dos meus processos, na generalidade dos casos, 90% dos meus processos patrocino entidades patronais, resolvem-se no dia da audiência de julgamento, eu costumo dizer "que é nessa altura que a fruta cai de madura", isto é, as partes até aí estão com a ideia que tem testemunhas que vão provar isto, que vão provar aquilo, o autor pensa que o direito está todo do seu lado ou o Advogado também lhe incutiu essa ideia, o réu está absolutamente convencido que estão a ser violados os seus direitos e que o autor lhe está a exigir aquilo que não deve e o Advogado se calhar também lhe diz: vamos ver como é, e depois quando chega ao dia do julgamento está ali um problema (...).

Mas nalguns casos, a tentativa de conciliação prévia, dirime logo esse litígio, a entidade patronal acaba por chegar a acordo com o trabalhador.

Adv2 Agora, se eu tiver que participar na formação da vontade, de acordo com as regras do actual processo, em que há uma comunidade de trabalho, que não foi inventada, sequer, pelos portugueses, essa comunidade de trabalho visa o quê? Satisfazer o concreto litígio, obter uma solução para o concreto litígio que foi colocado ao Estado através dos cidadãos (...). Eu não ponho nenhuma acção que não convide a parte contrária a conciliar-se. Nenhuma.

Conforme referi anteriormente a propósito das diferentes modalidades de conciliação, identificam-se duas grandes tensões neste domínio. A primeira, é a que contrapõe a conciliação extrajudicial, cujo processo de tomada de decisão tem por base o princípio da equidade, típica das formas extrajudiciais de resolução dos conflitos, à conciliação judicial, realizada no âmbito de uma acção judicial, cujo processo de tomada de decisão, apesar de aproximar as posições das partes assenta no princípio da legalidade.

Por outro lado, é importante sublinhar que a conciliação/transacção judicial encontra como alternativa no tribunal a resolução do conflito por adjudicação, através de sentença. Neste sentido, o encontro de vontades ou o diálogo social, de que resulta a conciliação, no âmbito de um litígio presente no tribunal, é constrangido pelo tradicional paradigma adversarial de que resultará uma decisão soma nula.

Em Portugal, as práticas de conciliação no domínio laboral parecem estar dependentes da invocação do poder de conciliar, circunstância nem sempre valorizada positivamente por parte de todos os intervenientes no processo. Por exemplo, a autocomposição assistida do conflito por via da conciliação, através de advogado, não produz os mesmos efeitos que a conciliação ancorada no *ius imperium* do juiz ou do Ministério Público. A este propósito confira-se as seguintes opiniões. De acordo com um parecer do SMMP e relativamente à tentativa de conciliação obrigatória, considera que "voltam os males de que enfermava o art.º 49.º do CPT...". No referido preâmbulo do DL n.º 115/85 de 18 de Abril, afirmava-se que "não é pelo recurso obrigatório às CCJ que elas (as partes), necessariamente, se conciliam. Aliás não deixa de ser paradoxal que, sendo por sua natureza livre o conciliar-se, seja obrigatório requerer a conciliação". Acrescentam "verificamos que o seu funcionamento representa um factor de delonga incompatível com o princípio da celeridade subjacente do processo de trabalho".

A ASJP, relativamente à eficácia da tentativa de conciliação, diz ter algumas dúvidas, porquanto "mostra a experiência forense que a conciliação em processo laboral resulta bem à boca do julgamento e quando o réu vê iminente a espada da justiça".

Os intervenientes do painel, no que a esta matéria diz respeito, pronunciaram-se da seguinte forma:

> *Adv2 (...) o MP pode fazer, seja por virtude da teorização dos seus poderes, seja por virtude do exercício concreto dos poderes que tem como MP, o que é certo é que chama a parte e a parte vem, e se eu chamar não vem.*

> *Adv2 E portanto, foram aqui dados vários exemplos, eu tenho um caso concreto de um Tribunal, onde o Juiz fez duas audiências de partes, uma teve três sessões, a outra teve duas sessões e houve*

mesmo conciliação, mas não foi tomada como uma audiência de partes, foi tomada como uma tentativa de conciliação. Uma das audiências foi interrompida uma ou duas vezes, a outra foi interrompida uma vez e estivemos ali até conseguirmos mesmo conciliar, fomos quase que obrigados a encontrar uma solução de conciliação para aquela questão, aliás o Juiz dizia: "Este tipo de problemas que envolve trabalho extraordinário, férias, coisas desse tipo, eu aqui não faço julgamento de coisa nenhuma dessas, aqui concilia-se tudo, demore muito ou pouco tempo, não há nenhuma razão para julgar esse tipo de situações e portanto aqui temos que conciliar". Portanto, eu creio que este é um exemplo extremo, mas haverá outras situações semelhantes, é um exemplo significativo.

Adv1 (...) mas há magistrados que pressionam, por exemplo naquele caso que eu contei, os colegas daquela comarca chamam ao Tribunal de Trabalho, "o espremedor". Mas é óbvio que eu estou a contar com estes três aspectos, não quero aqui pôr o ónus no Juiz, não é disso que se trata, não tenho sequer essa intenção. É claro que é antes da audiência, que normalmente se fazem as conciliações.

Outro aspecto referido foi o do papel desempenhado pelos advogados na actividade conciliatória, num contexto, segundo Adv2, de "menor" participação do MP nas acções de contrato.

Adv2 Entretanto verifica-se que também há um crescimento do número e há também uma maior intervenção dos advogados nos processos, por contrapartida a uma menor intervenção do Ministério Público nos processos. Eu creio que o aumento das conciliações, tem alguma coisa a ver com isso, com uma maior participação dos advogados e com o facto de se ter vindo a desviar algumas das acções do Ministério Público, porque o Ministério Público conciliava muitas coisas, resolvia muitas coisas, antes de propor a acção. E portanto, como há uma diminuição da intervenção do Ministério Público a passagem para o advogado, no fundo reflecte-se depois nos tribunais, vai aparecer nos Tribunais.

Outra questão problemática, no âmbito dos processos de conciliação, é a dos resultados obtidos, nomeadamente, por parte dos sindicatos e trabalhadores. São conhecidas as reservas suscitadas por Guiguini à conciliação no domínio laboral e as observações formuladas a propósito da "conciliação repressiva" por Boaventura de Sousa Santos. A respeito desta problemática a observação de Adv1 é particularmente significativa:

> **Adv1** *Uma das críticas grandes que os sindicatos fazem, se nós estivermos numa assembleia onde estejam presentes dirigentes sindicais, a primeira coisa que vão dizer em relação às conciliações é que são extremamente negativas, não deviam de haver conciliações. Nas conciliações há um pedido, como normalmente o pedido é reduzido substancialmente, em alguns casos, a noção com que os sindicatos ficam, é que aquilo é extremamente negativo, não deviam de haver conciliações. É uma posição de carácter muito geral, não tendo em conta o caso concreto, mas é uma posição que se ouve com alguma frequência em reuniões sindicais, exactamente por isso, o juiz pressiona e as partes são pressionadas, ou porque sentem que naquela altura não têm a prova suficiente para se sentirem seguras ou porque o juiz também pressiona, ou porque é o próprio advogado que diz: "olhe veja lá o Sr. pode ficar aqui uma temporada grande à espera de uma solução, porque entretanto isto depois tem recurso e vai ficar aqui uma quantidade de tempo, pondere lá aí as diversas questões do problema para poder decidir-se".*

Para um dos advogados os métodos usados para chegar à conciliação podem ser exagerados, como tem demonstrado a sua experiência.

> **Adv1** *Mas, também não esqueço que há magistrados que exer-cem uma pressão excessiva com vista à conciliação. Isso tem a ver com a necessidade que eles também sentem de resolver os assuntos que lhe são levados em tempo razoável. Por exemplo, no caso que eu contei os colegas chamam ao tribunal de trabalho "o espremedor". E isso é significativo.*

3.2. A audiência de partes

A audiência de partes constitui a principal novidade no actual CPT. Desde do início que este instituto suscitou as mais diversas reacções, as quais, em regra, assumiram uma dimensão crítica. Com efeito, a análise dos pareceres do CSM, CSMP, SMMP, da OA, ASJP, bem como, os dos parceiros sociais, evidenciou as objecções colocadas à figura da audiência de partes. Confiramos algumas das reservas mais suscitadas: o SMMP declara que "a imposição de uma audiência de partes repõe em vigor o art.º 49.º do anterior CPT, revogado pelo DL n.º 115/85 de 18 de Abril".

A ASJP considera ser esta uma "diligência inútil, meramente dilatória, que constituirá um passo atrás na almejada celeridade processual laboral". Afirmam ser preferível o regime vigente (1981). O juiz manda citar imediatamente o réu para contestar, caminhando-se rapidamente para o julgamento, aqui sim, havendo possibilidade de êxito para a tentativa de conciliação. Assim evita-se o "desgaste das partes" e afasta-se a ideia de que a tentativa de conciliação possa vir a transformar-se num "autêntico massacre" para as partes. Defendem igualmente que ao réu deve ser enviado duplicado da petição inicial, porque desconhecendo a pretensão do autor mais difícil será o acordo".

A análise dos pareceres revela a discordância relativamente à tentativa obrigatória de conciliação por parte do juiz aquando da audiência de partes, porquanto considera que a circunstância do réu desconhecer a petição inicial obstaculiza a tomada de posição ou o encontro de vontades nesta diligência.

As objecções anteriormente identificadas nos documentos analisados, traduzem uma atitude de resistência e de relutância relativamente aos resultados processuais obtidos por via do recurso à audiência de partes.

A estas resistências iniciais aludiram os seguintes intervenientes:

> *Adv2 Para uma certa faixa da advocacia e uma certa faixa da magistratura, a audiência de partes, foi recebida como uma "entorse" processual, que era escusada e como se vê não é escusada." (...) a audiência de partes foi criada com vista a agendar cronolo-gicamente, a organizar, a sistematizar e a esquematizar todos os actos relevantes ou mais relevantes do processo até ao julgamento. Esta reforma apostou na discricionaridade do juiz, foi isso que se quis.*

> *MP1 (...) a minha discordância contra a criação desta figura, no entanto tenho que reconhecer que decorridos estes anos, não me parece que seja uma figura processual com contornos tão negativos quanto a achava então, posso ainda adiantar que consultei vários colegas antes de vir para aqui, embora de forma informal*

*e não sistemática, no sentido de saber qual é a sua posição quanto
a esta figura processual e todos eles foram praticamente unânimes
e favoráveis a esta fase processual. Sendo assim, no meu ponto de
vista, acho que será efectivamente, uma figura processual a manter, no entanto, deverá do meu ponto de vista ser "burilada".*

Apesar das resistências iniciais, as opiniões expressas pelos actores
judiciais durante o painel revelam uma aceitação desta figura processual.
No entanto, verificamos a existência de matérias relativamente às quais
existem divergências. Desde logo, identifica-se como factor de perturba-
ção da audiência de partes a grande diversidade de entendimentos e de
práticas judiciais relativamente à interpretação do artigo 54.º do CPT.

Os dois factores que mais concorrem para a falta de uniformização
da audiência de partes são, por um lado, o entendimento da audiência de
partes apenas como acto conciliatória e, por outro lado, a oportunidade
do momento processual.

> **Adv4** *É evidente, que na minha opinião, se a audiência de partes,
> visou uma actuação ou uma intervenção desta natureza, afigura-
> -se-me, que não será muito lógico, que naquela fase do processo,
> em que pelo uma das partes, o réu, ainda não tem bem conheci-
> mento do processo, em que ainda não terá bem uma posição a
> definir e se ela serve para o Juiz formular uma ideia de conjunto
> acerca do processo, só quando vier a contestação, é que poderá
> emitir todos os seus juízos. Se ela visa, uma tentativa de concilia-
> ção, como forma de dirimir logo, à partida, o litígio, seria quase
> o reeditar das antigas comissões de conciliação e julgamento, se
> ela é vista nessa perspectiva, pode ser profícua. Eu diria que 10%
> dos meus processos resolvem-se na audiência de partes, 70% no
> dia do julgamento e 20% na audiência de julgamento.*

> **Adv2** *(...) ao longo dos tempos, relativamente a esta matéria, o
> retracto que foi aqui feito corresponde ao retracto que eu próprio
> tenho da situação. As situações são muitíssimo variadas e de uma
> maneira geral a audiência de partes foi interpretada como sendo
> uma tentativa de conciliação, na maioria das situações, o que não
> significa que não existam depois, casos pontuais onde isso não
> sucede, mas de uma maneira geral, foi interpretada e ainda con-
> tinua a ser interpretada, como uma oportunidade de conciliar as
> partes».*

MP2 (...) Eventualmente, só 20% dos casos, que necessitavam de patrocínio, é que iriam dar uma acção, tanto iriam dar uma acção, por isso também, a minha posição céptica relativamente a esta audiência de partes. Pelo menos da parte do Ministério Público, eu sabia que não iam dar nada, se tivessem que dar alguma coisa já tinham dado, e por outro lado, mesmo se tivessem que dar alguma coisa, só muito mais tarde, quando o fruto estivesse mesmo maduro e pronto a cair e o fruto estaria maduro, na data do julgamento.

Ainda no que diz respeito à audiência de partes, mais concretamente ao momento processual, os intervenientes do painel mostraram sérias reservas.

MP3 Tenho a impressão que se houvesse uma audiência de partes com duas marcações, ela funcionava melhor, à segunda fazia-se. Era capaz de ser mais eficaz.

Adv3 Aliás, está consagrado em todo o moderno processo civil, e no processo de trabalho o princípio da dupla audiência. De facto, tem que haver duas audiências e isso não foi inventado. Está descoberto como sendo, digamos, um método mais adequado à substância do litígio, em função do processo de formação da vontade de todos os que integram essa comunidade de trabalho.

J1 (...) eu confesso, ia ouvindo, ia sentindo e entrava para esta diligência com um estado de espírito um pouco "... isto não se consegue ...", o réu não tomou a sua posição, o autor, enfim. Muitas vezes os advogados apareciam e o réu dizia "senhora doutora, reservo para momento posterior a tomada de posição, porque estou a ser confrontado agora".

Adv2 Eu fiquei admiradíssimo quando os meus colegas que patrocinavam acções pelo lado dos sindicatos se opuseram à audiência de partes. Porquê? Porque, de facto, aquilo significava a intervenção do advogado o mais cedo possível, a intervenção do juiz o mais cedo possível, o processo de formação de vontade de todos era muitíssimo mais perfeito e em torno da questão substantiva, e não tanto das questões formais. Evitava-se aquilo que o Observatório da Justiça chamou muito bem, e vou repetir "movimento aparente nos processos". Isso para mim era fundamental.

Capítulo V 235

Adv3 *(...) era vantajosa outra arquitectura da audiência de partes e outra arquitectura de todo o conjunto da conciliação. Não vou esplanar isto, porque não acho que esta tenha sido a melhor solução. Não tem resultados. O fazer 10%, 15% ou 20% é uma vantagem relativa, face aos atrasos que provoca no andamento normal dos demais processos que não têm conciliação nenhuma, a não ser em fase posterior à contestação. Portanto, estou em desacordo com a estrutura. Continuo a entender que isto não devia ser um facto consumado e devia discutir-se em profundidade para alterar a estrutura.*

J3 *Portanto, essa discussão mereceria algum acompanhamento, para que ela ganhasse uma outra força, ou então desistir dessa ideia. Deve vincar-se também a ideia de que ela é um mero ordenamento dos actos processuais subsequentes. Também se pode evoluir, e estou essencialmente a falar no ponto 3, de medidas que podem ser tomadas.*

Os operadores judiciais participantes nos painéis sugeriram algumas propostas no sentido de conferir a esta audiência de partes maior virtualidade processual. A saber:

J2 *Eu entendo que este artigo 54.º, até pelos problemas que eu tive com ele, que deveria talvez merecer um vincar de sentido. Se esta audiência pode evoluir no sentido de que resolva muito mais casos logo naquele momento, é preciso que ela ganhe um aspecto fundamental, que é o da confissão de factos. Até que ponto é que a confissão de factos pode ser importante ou não para esta audiência.*

Adv1 *O outro aspecto da audiência de partes, sobre o qual me iria pronunciar, diz respeito à grande confusão que tem surgido, acerca da obrigatoriedade da comparência das partes em tribunal. Como é que elas se podem fazer representar? O que é que têm que fazer quando não comparecem? Tenho encontrado uma divergência de decisões, tenho encontrado tudo quanto é pos-sível e imaginário neste domínio. Então afigura-se-me, se o espirito do legislador quando criou a novidade da audiência de partes, era no sentido de tentar aproximar as partes e dirimir o litígio, é evidente que* *com a obrigatoriedade das partes em Tribunal, aquela está equacionada de uma forma séria. O Código fala de maneira a não permitir: "eu não vou, vai o Sr. Dr. por mim". O réu é notificado para comparecer na audiência de partes, mas normalmente nem sabe do que se trata, a não ser que seja uma empresa com experiência do foro laboral, que manda logo a notificação para o Advogado. É evidente que a audiência de partes, afigura-se e bem no Código de Processo de Trabalho, como uma coisa séria, é para as partes aparecerem e para o legal representante da empresa aparecer pessoalmente.*

3.3. Processo declarativo comum único

Outra alteração do processo laboral estudada é a consagração de uma única forma de processo comum – suprimindo as duas formas até agora previstas – ordinária e sumária – com tramitação simplificada, à semelhança do que acontece no CPC. Sobre esta matéria, confiramos o conteúdo de alguns pareceres.

As alterações ao processo declarativo comum, indo de encontro ao já preconizado no CPC, mas sem nunca pôr de parte as especificidades do processo laboral, são de vulto. Institui-se uma única forma de processo comum, suprimindo as duas formas até agora previstas – ordinária e sumária – com tramitação simplificada.

Para a OA, a consagração de uma única forma de processo comum é no mínimo discutível. Ele levanta sérias dúvidas quanto a esta opção do legislador.

Para o CSM, a consagração de uma única forma de processo é ilusória, fictício, tendo em conta o estipulado nos artigos 62.º, n.º 3, e art.º 68.º.

Para o CSMP e também para a CGTP, a tramitação estipulada para aquela forma de processo poderá provocar eventualmente um excessivo número de tentativas de conciliação (pelo menos três) acarretando uma sobrecarga para as partes e para o tribunal.

Segundo alguns autores a consagração de uma única forma de processo é no mínimo discutível.

Apesar das objecções assinaladas, os intervenientes do painel mostraram bastante convergência no que concerne a esta matéria.

J4 Em relação ao processo declarativo comum único, eu sou adepto de que, a partir do momento que haja uma forma de processo única para certo tipo de acções é sempre positivo. Se pegar-

mos no código anterior, onde tínhamos acções ordinárias e acções sumárias, com as diferenciações que tinha, nomeadamente, e penso que era a solução até mais violenta, a nível da verificação das testemunhas – no processo sumário, por regra, eram apresentadas pela parte, só não o seriam, seriam notificadas, no caso de impossibilidade de comparência – isto conduzia a situações de bastante "violência", de que me dei conta. As pessoas não eram alertadas para o facto de terem que apresentar as testemunhas. Chegava-se muitas vezes, até em acções de acidentes de trabalho, ao julgamento, à audiência e não havia uma única testemunha. Devo confessar que cometia aqui uma pequena ilegalidade: eu adiava. Apesar de não haver notificação das testemunhas, entendia que a verdade material devia prevalecer sobre o formal e adiava. Avisava as pessoas que da próxima vez tinham que trazer as testemunhas. A partir do momento em que existe o processo declarativo comum único, obviamente que estes inconvenientes desaparecem. Poderão surgir outros, porque não há soluções perfeitas ou definitivas, mas à partida este tipo de situações está ultrapassado.

J1 Quanto à questão do processo declarativo comum único, nas vantagens, subscrevo o que o ilustre colega disse, porque realmente também sinto isso. Fazer a conta-gotas o julgamento é mau para as pessoas, para a expectativa do Autor, para a própria entidade patronal, não é bom para ninguém. Nessa parte concordo consigo.

Adv4 Processo declarativo comum único, até de acordo com o que já disse há pouco, estou absolutamente de acordo. (...) inclino-me, aliás, defendo isso há muito tempo, inclusive para que acabem as bases instrutórias em todo o lado.

3.4. Tribunal singular / tribunal colectivo

Indo de encontro ao estipulado na revisão do CPC, também no CPT se reforça a primazia do tribunal singular, ao consagrar que a "instrução, discussão e julgamento da causa incumbem ao tribunal singular". "A instrução, discussão e julgamento da causa incumbem ao tribunal colectivo nas causas de valor superior à alçada da Relação, desde que qualquer das partes o requeira e nenhuma tenha requerido a gravação da audiência" (cf. Artigo 68.º do DL n.º 480/99 de 9 de Novembro).

O CSMP veio afirmar que, com esta medida, se colocam em causa os objectivos definidos para o processo laboral de celeridade, simplicidade e eficácia. Considera que com esta regra se introduzem elementos susceptíveis de criar morosidade, porquanto se levarmos em consideração que os tribunais de trabalho funcionam na sua maioria com apenas 1 ou 2 juízes.

Propõe a revisão da norma e adianta que caso não tenha sido requerida a gravação, a intervenção do colectivo só se faça quando qualquer uma das partes a requeira.

Para o SMMP a intervenção do tribunal colectivo só deve ocorrer quando requerida por qualquer uma das partes. Considera que os direitos das partes ficarão devidamente salvaguardados se se prever a possibilidade de qualquer delas requerer a gravação ou a intervenção do colectivo.

A ASJP, quanto à intervenção do tribunal colectivo no processo laboral, considera bastante satisfatório o sistema vigente desde 1981, não vislumbrando razões para a sua alteração. Sustenta que, em nome da celeridade processual, a intervenção do colectivo apenas ocorra quando requerida por uma das partes. Afirmam que os direitos destas estão devidamente salvaguardados com a possibilidade de requererem a gravação.

Quanto a esta medida os intervenientes do painel mostraram total aceitação, por considerarem que um juiz singular "julga tão bem ou melhor que um tribunal colectivo". Alguns afirmam mesmo ser o tribunal colectivo.

> **Adv2** *(...) uma desresponsabilização anímica, psicológica e até efectiva dos juízes relativamente ao caso. Quando aparecem três juízes à minha frente, eu prefiro sempre um juiz sozinho. É evidente que há aqui, também, uma mal formação genética do nosso Estado, que é de facto não haver uma dupla instância de matéria de facto. Isto é, eu apostava no juiz singular, sempre apostei no juiz singular, mas também entendo que isto deve ser complementado com uma dupla instância.*
>
> *Eu prefiro um juiz singular a um tribunal colectivo. Sai muito caro ao Estado pagar a três juízes. Os "asas", rarissimamente estão com a atenção. Quem de facto está a julgar é o juiz presidente, por essas razões todas prefiro o juiz singular. Gosto mais de ter só um juiz, falar com um juiz, apreciar as questões com esse juiz, apreciar como é que o juiz está a dirigir a audiência. Quando é um tribunal colectivo rarissimamente vejo vantagens nisso. De facto, sempre apostei no juiz singular. Nunca me incomodei com aquelas grandes questões que se levantaram da dupla garantia do tribunal colectivo.*

Capítulo V

Adv3 *Julgamento em Tribunal Singular, não sei se requeri na minha vida três ou quatro julgamentos em Tribunal Colectivo. Acho que é uma inutilidade. O julgamento por juiz singular, no meu ponto de vista, é mais eficaz e faz-se justiça da mesma maneira ou melhor, até porque não há a fantasia de que os outros estão a ouvir e não estão a ouvir nada, Às vezes até prejudica porque interrompem, porque conversam. Com a conversa distraem aquele que devia estar a ouvir. Nas alegações conversam; divertem-se todos e nós não estamos a fazer lá nada.*

3.5. Formas alternativas de resolução de conflitos

A conciliação, como já foi referido, desempenha um papel fundamental na resolução dos conflitos laborais. O legislador, tendo em conta este fenómeno, na última revisão ao Código de Processo de Trabalho, consagrou expressamente a obrigatoriedade de três tentativas de conciliação no decorrer do processo. Pode afirmar-se que o legislador valorizou a conciliação como modo "formal" de resolução dos litígios laborais mas não atendeu, no entanto, de forma análoga à conciliação judicial e aos outros meios alternativos de resolução dos conflitos laborais. Da análise das normas processuais laborais actualmente em vigor, verifica-se que o legislador, em momento algum, consagrou de forma clara e expressa a existência de formas extrajudiciais de resolução de conflitos, opção tomada ao arrepio das tendências de informalização e desjudicialização na resolução dos conflitos.

No entanto, para os actores judiciários entrevistados não repugna a existência de um instrumento extrajudicial que permita mais facilmente e de forma célere resolver o litígio. Neste sentido,

Adv4 *Eu admito, a eventualidade de, havendo um instrumento que permita uma tentativa de conciliação extrajudicial, se calhar, sem a intervenção dos advogados, não é que esteja excluída a intervenção dos advogados, mas extrajudicialmente, há um momento em que os advogados de parte a parte ainda não intervêm, muitos dos conflitos que iriam ser dirimidos nem sequer chegariam aos tribunais.*

Verifica-se alguma uniformidade nas opiniões quanto ao facto de poderem existir instrumentos que possam contribuir para a resolução dos litígios fora dos tribunais.

> **Adv4** *Se houvesse uma forma de chamar as partes por via não judicial, estou convencido que muitos processos se resolviam imediatamente sem se recorrer aos Tribunais. É o que acontece em sede do IDICT, com as contra-ordenações laborais. Há muitas contra-ordenações laborais que nem sequer chegam a ser contestadas, porque através daquela forma que existe da presença das partes, grande parte dos problemas resolve-se.*

Mesmo em sectores tradicionalmente contrários a estas formas de resolução dos litígios, como sejam os sindicatos, verifica-se actualmente uma certa abertura a estes procedimentos.

> **Adv1** *Posso afirmar que, ao contrário da ideia que se formou, os sindicatos não são contra a criação de um sistema actualizado e participado de resolução extrajudicial de conflitos de trabalho. É claro que o sistema a criar só poderá apreciar questões de baixa complexidade e, ainda assim, com recurso para os tribunais. Mas um tal sistema, poderia resolver rapidamente muitos problemas que hoje entopem os tribunais de trabalho. Duvido que a solução dos Açores constitua um modelo a seguir já que aquele é o modelo que foi contestado e extinto no continente a seguir ao 25 de Abril.*
>
> *(...) Se discutirmos este tema com dirigentes sindicais, a primeira coisa que ouviremos dizer é que as conciliações servem apenas os interesses das entidades patronais. É uma posição que eu não subscrevo totalmente, mas à qual reconheço alguma razão. Há conciliações boas para os trabalhadores quando a prova de que dispõem não é apoiada em colegas de trabalho que têm muitas dificuldades em testemunhar por receio de sofrerem represálias nos locais de trabalho. Nestes casos, a conciliação pode ser a melhor solução embora não seja feita justiça. E é esse sentimento de injustiça que leva os sindicalistas a reagirem negativamente a todas as conciliações. Estes têm a ideia de que o juiz é o principal responsável por tão grande número de processos findos por conciliação. Objectivamente a situação não é essa. As partes preferem uma solução rápida ainda que menos satisfatória.*

No que a esta matéria diz respeito, os advogados poderão ter uma palavra a dizer. Estes têm todas as condições para poderem actuar junto das partes no sentido de alcançar a resolução "amigável" do conflito.

Adv2 *Relativamente às acções que ponho, convido sempre a parte contrária a conciliar-se antes de propor a acção. Sempre. 100%. Como tal, se as partes vêm, vêm, se não, "santa paciência", ponho a acção. Se tiver colega, então, muito mais. Vou até à náusea para tentar o acordo e não ir para tribunal. O tribunal de facto é um mal necessário. Mal no sentido positivo do termo.*

3.6. Heterogeneidade no desempenho dos tribunais

A hipótese da actividade dos tribunais não assumir um padrão homogéneo foi por mim abordada através do conceito de espaços da justiça. Mais adiante retomarei esta temática ilustrando a dimensão quantitativa do fenómeno com recurso à informação constante na base de dados do GPLP.

Esta é uma característica de cultura jurídica-laboral e da Administração da justiça do trabalho a que estão particularmente atentos os actores judiciários.

Numa análise às intervenções dos operadores judiciários entrevistados constatamos que existe da parte dos tribunais de trabalho uma diferenciação de interpretação das normas processuais, bem como igual diferenciação na aplicação das mesmas. Segundo estes tal pode ficar a dever-se, fundamentalmente, à falta de diálogo verificada entre todos aqueles que actuam ao nível do judicial laboral. Tal fenómeno pode ainda ficar a dever-se, na opinião de alguns, à falta de uma cultura juslaboralista no sistema judicial laboral português.

Sobre este assunto deixo a opinião de alguns dos entrevistados.

> **MP1** *A lei substantiva está cheia de presunções legais, nomeadamente nos acidentes de trabalho, que o juiz com uma formação eminentemente civilista, efectivamente tende a ignorar e a aplicar o regime geral do ónus da prova, o que efectivamente prejudica, e de que maneira, principalmente os sinistrados e trabalhadores que justificam a existência do direito de trabalho, porquanto só assim se salvaguarda de facto o princípio da igualdade real das partes.*

> **MP5** *A versatilidade do CPT dá azo, aquilo que nós agora ouvimos e que eu costumo dizer, se calhar com uma margem de erro muito elevada ou até com erro, que em cada Tribunal de Trabalho, se os colegas repararem, há uma prática judiciária diferente, por*

242   *Trabalho procura Justiça*

isso é que o Adv4 com a experiência que tem de vários Tribunais deu conta de um conjunto de situações diferentes. Isto vai entroncar-se na questão que o MP3 há pouco falou, que tem a ver com a formação e com o gosto que os magistrados judiciais que trabalham no Tribunal de Trabalho, o Ministério Público e os Advogados, têm pelas questões ligadas ao Direito do Trabalho. É esse gosto que leva a que mais do que diferença de interpretação como há pouco aqui se falou, não se trata de um problema de diferença de interpretação, trata-se de um problema de passar a haver aquilo que não há, e que eu sei que em Espanha há, que é um debate conjunto entre magistrados. Nós não somos mais de 150, entre magistrados e advogados, os advogados que trabalham na área laboral são cerca de 200 ou 300, em todo o País. Se houvesse um encontro de Direito do Trabalho, que permitisse trocar impressões como aqui estamos a trocar, provavelmente, muitas das questões que aqui foram colocadas, seriam resolvidas.

Adv4 *São todas estas as dúvidas que a redacção do actual Código de Processo do Trabalho, (...) há uma babilónia completa em termos de interpretações do que isto é, podendo-se dizer: «cada cabeça sua sentença.*

3.7. Juízes sociais

A participação popular na administração da justiça, ou de outro modo dito, a existência de formas de resolução de conflitos, fazendo apelo ao paradigma neocorporativo ou ao princípio do diálogo social, são elementos típicos e transversais à maioria dos sistemas de resolução dos conflitos de trabalho.

Tive já oportunidade de caracterizar a situação negativa do diálogo social em Portugal e é à luz dessa avaliação que podemos compreender a reduzida importância atribuída à figura dos juízes sociais. Será bom recordar que a participação de "juízes leigos" ou "Árbitros de Parte" poderiam, em tese, concorrer para decisões mais justas e próximas da realidade material dos litigantes.

A figura dos juízes sociais encontra-se consagrada no artigo 72.°, n.° 5.° do Código de Processo de Trabalho. No entanto, há quem questione o porquê da sua consagração, visto, na prática, estes desempenharem um papel quase nulo.

Para a maioria dos entrevistados a figura dos juízes sociais, tal como se encontra actualmente não faz sentido. Assim, para grande parte a ideia e o princípio associado aos juízes sociais é de manter. Defendem que o sistema deve ser alterado e deve proporcionar-se formação adequada aos juízes sociais, por forma a que estes, a existirem, possam participar activamente na realização da justiça.

J3 Quanto aos juízes sociais, eu tenho uma boa experiência do júri em crime. Tenho uma muito boa experiência e, se calhar, a minha transição civilística para o sistema laboral, podia ser ajudada se os juízes sociais funcionassem em pleno. Portanto, o argumento de que eles não funcionam, porque o sistema está morto, está adormecido, se calhar o seu fomento, a sua revitalização ajudava os próprios juízes. Porque aspectos da empresa e aspectos dos trabalhadores adquirem-se mas a custo. Portanto, eu próprio tive que sofrer com um ou outro erro, uma ou outra situação, que provavelmente poderia ser evitado se alguém me trouxesse o contributo da perspectiva empresarial, ou da perspectiva do trabalhador. Se calhar o juiz social poderia dar essa ajuda. Como? Por exemplo, ao contrário do que se possa imaginar, a experiência que eu tive do júri em processo-crime, é interessante notar que as pessoas no julgamento de facto, não têm qualquer tipo de diferença com os juízes, digamos, técnicos. O problema começa quando traz uma ou outra interrogação relativamente à questão jurídica. Agora, sobre se a pessoa virou à direita, ou se virou à esquerda. Se pôs o capacete de protecção ou não pôs, aí as pessoas podem trazer a tal perspectiva de quem está a viver do outro lado, porque o juiz tem essa dificuldade de não ter vivido, eventualmente, o outro lado.

J1 os juízes sociais no nosso país, da experiência que eu tenho tido, não funciona, não existe. Aqui no tribunal de trabalho, senhor doutor. Estou a falar da minha experiência. Já fiz alguns julgamentos e as pessoas, em primeiro lugar é uma questão, também da nossa preparação cívica, enquanto portugueses, enquanto pessoas, vão normalmente contrafeitas..."isto demora muito tempo. Não se importa de me explicar esta questão? Olhe que eu não percebi!" Falta de preparação cultural; falta de formação, falta de empenho. Normalmente, atestados médicos a dizer que não podem comparecer e um grande arrastamento, relativamente à nossa postura de julgadores.

Adv2 *Os juízes sociais tiveram uma fortíssima intervenção em 1975. Desde então para cá a descaracterização da desactivação, a neutralização dos juízes sociais levou a uma situação, que é aquela que se vive hoje. Os juízes sociais não existem, não têm cultura cívica, não são preparados, não têm formação, não têm nada, portanto, não se trata isso a sério. Das duas uma, ou mantêm ou extinguem. Mas se mantêm, mantêm a sério. Para manter o que está hoje, é um arremedo de intervenção e de participação, no plano da administração da justiça é melhor acabar com isto. Isto é uma completa "bandalheira", uma completa desautorização da função cívica dos cidadãos nos tribunais e como tal, o Estado tem que ser sério. Das duas uma: ou isto é a sério e faz e há juízes sociais eleitos, bienalmente eleitos, ou então acaba-se com o instituto. Isto é uma degradação do próprio cidadão e da imagem do cidadão na administração da justiça.*

Adv1 *Em relação aos juízes sociais, eu (...) considero que é um assunto que vale a pena debater a fim de se encontrar uma solução adequada, tendo em conta que o que todos buscamos é um bom sistema, que seja célere e que faça justiça. Penso que os juízes sociais podem desempenhar um papel útil se lhe forem proporcionadas as condições mínimas necessárias e indispensáveis ao exercício da sua missão. Não se pode pensar que algum dia tenhamos um sistema de justiça com juízes sociais a cumprirem a sua missão (ou outros) sem que lhe seja dada formação e sem condições para exercerem as suas funções. Não sei se o debate deve ser centrado na questão de saber se se trata de "participação do povo na justiça", se mais na bondade de um sistema que integre juízes sociais, no papel que estes podem desempenhar e como o podem desempenhar.*

MP5 *Admito, e é um pensamento que eu estou a ter aqui, neste momento, que estes vinte anos, vinte e cinco anos de experiência, não foram felizes. Devem ser ultrapassados. Mas levanto eu o projecto: a ideia que subjaz aos juízes sociais não deve ser retomada, quando se fala tanto na necessidade de alargar a cidadania.*

MP4 *O princípio dos juízes sociais para mim é uma ideia que funciona nalgumas jurisdições, pelo menos nalguns tribunais. Há* *juízes que viveram experiências positivas nessa área. Lembro-me do juiz de trabalho, que diz que a experiência que ele teve em Setúbal foi boa. Se calhar, por mérito dele, mas ele teve. A Constituição falava em juízes sociais. A participação dos juízes sociais não é uma ideia tão pródiga. É uma invenção da CRP. Fala: podem ser criados e aponta nesse sentido. A questão é nós todos como comunidade, criarmos condições para que os juízes sociais possam desempenhar verdadeiramente o seu papel. Porque se for para ser assim, obviamente. E também não quero o sistema brasileiro, porque como sabem no Brasil proliferam os sindicatos, criam-se sindicatos a torto e a direito, por causa dos juízes sociais, porque isto dá reformas. Dá reformas. Eles estão lá dois anos e ficam com uma reforma grande. Essa questão do Brasil é complicada e não era o modelo que eu gostaria de ter aqui. Os juízes sociais como ideia, como princípio não me merecem uma única crítica.*

Conclusão

A síntese histórico-legislativa desenvolvida permitiu concluir pela existência de elementos estruturais e recorrentes no domínio processual laboral. Com efeito, e de um ponto de vista estritamente formal e jurídico, as normas enquadradoras da conflitualidade laboral registam características específicas, independentemente da forma de Estado, do regime político e sistema económico. É óbvio, que de um ponto de vista sócio-político, a produção e aplicação das normas é indissociável dos contextos em que ocorre. Por exemplo, não é possível comparar a "história de vida" de um conflito de trabalho, seja ele individual ou colectivo, ocorrido no período do Estado Novo corporativo, com as trajectórias dos conflitos laborais emergentes na sociedade democrática.

Ainda assim, observando-se a legislação processual, parece poder-se concluir que o legislador sempre conferiu formalmente, sem violar o princípio da igualdade de partes, maior protecção ao trabalhador, partindo do princípio que a relação jurídico-laboral é, em si mesma, desigual o que faz com que ao processo de produção normativa seja atribuído um maior garantismo para com o trabalhador. Pretende o legislador estabelecer uma igualdade real na relação jurídica laboral. Esta linha orientadora projecta-se também no outro lado da tutela – a do direito substantivo. Da concatenação entre a tutela adjectiva e substantiva surge a preocupação de garantir a tutela substantiva através da optimização de um "tempo justo" na tutela adjectiva, de que resulte a redução da duração dos processos.

É assim que, progressivamente, a legislação processual tem vindo a estabelecer mecanismos de desformalização, simplificação e aceleração da justiça "*in action*", objectivo sempre presente na linha evolutiva da legislação processual laboral, a ponto de se poder afirmar que existe de certa maneira um "*continuum*" garantístico entre a lei material e a lei processual no âmbito dos litígios laborais, com o intuito de reforçar a protecção do trabalhador.

Neste sentido, pode sustentar-se que o problema da morosidade, no âmbito das relações laborais, se coloca, pelas suas implicações sociais, num plano diferente das outras áreas processuais. O problema da duração dos processos laborais poderá estar assim a montante ou a jusante dessas soluções. Segundo alguns juristas como Lopes Cardoso parece que, deste modo, a lei processual apenas poderá acompanhar a evolução da realidade laboral e aperfeiçoar os seus mecanismos jurídicos, uma vez que, a lei adjectiva laboral tem-se demarcado da lei processual civil, pois que, "pelo menos num aspecto, os Códigos de Processo Laboral estiveram sempre um passo à frente do Código de Processo Civil, num ponto extremamente relevante que é o da celeridade da justiça" (Cardoso, 1994: 22).

Quanto às características estruturais do processo de trabalho, elas foram detalhadas na primeira parte deste capítulo. Ainda assim, sublinharia a existência de duas marcas distintivas. (1) A opção pela conciliação judicial como forma típica de composição dos conflitos. (2) E a existência de mecanismos tendentes a tornar mais céleres as acções laborais. A cultura jus-laboral portuguesa é marcada pela "conciliação jurisprudencial" em detrimento da conciliação tendo por base a equidade. O princípio da legalidade sobrepõe-se, assim, ao princípio da equidade. O significado sociológico das opções normativas e das práticas sociais que precludem os critérios de justiça como equidade é o de que os parceiros sociais e os operadores judiciais se revelam incapazes para renegociar as condições de trabalho sem recorrerem às leis e ao direito positivo. A ausência de uma cultura de negociação sócio-laboral amadurecida e responsável sustenta e reproduz as condições necessárias à manutenção das normas e práticas associadas à conciliação judicial.

Consequentemente, as experiências de resolução extrajudicial dos conflitos dificilmente se compaginam com a preferência pelas soluções de base jurisdicional. Neste sentido, as reformas processuais, mesmo as ocorridas depois de 1974, não têm promovido a existência de formas alternativas de resolução dos conflitos eficazes.

Quanto aos resultados obtidos através da metodologia do *focus group*, creio ser de sublinhar as seguintes ideias: genericamente, todos os participantes formularam um juízo positivo a propósito das características específicas do processo de trabalho; muitos chegam mesmo a argumentar que seria desejável que o processo civil "aprendesse" com o processo de trabalho.

No que diz respeito às formas alternativas de resolução dos conflitos, não se registou nenhuma discordância de fundo. No entanto, e apesar de algumas opiniões irem no sentido da promoção deste tipo de mecanismos, ficou também evidente que a opção, neste domínio, é pela conciliação judicial, por mim já definida como autocomposição assistida no espaço público do tribunal, em que a alternativa à conciliação é uma sentença, ou, como refere enfaticamente um dos entrevistados *«os meus processos»* resolvem-se no dia da audiência de julgamento *«por conciliação»*. «Eu costumo dizer que é nessa altura que "a fruta cai de madura"».

O facto de estarmos perante um processo de ajustamento normativo e de socialização das práticas judiciais devido à existência de um novo CPT, permitiu evidenciar o desfasamento, muitas vezes verificado, entre os novos quadros de referência normativa e a prática judicial concreta.

Com efeito, esta fase de aplicação do código é particularmente delicada e conforme à tendência estabelecida na literatura sócio-jurídica versando a temática. Estamos perante um processo de ajustamento normativo e de socialização das práticas judiciais, nos termos do qual é frequente registar-se um *gap* ou desfasamento entre os novos quadros de referência normativos e a prática judicial concreta, sendo assim difícil medir com rigor o grau de efectividade dos novos dispositivos legais.

A apropriação e socialização das normas, não sendo imediata e não existindo mecanismos de monitarização das alterações legislativas, produz um efeito de dissonância entre as práticas judiciais rotinizadas e interiorizadas e os novos instrumentos normativos, de que resulta muitas vezes a confusão na aplicação das normas. Por exemplo, a audiência de partes, é entendida, frequentemente, como mais um acto conciliatório, não o sendo processualmente. Outro exemplo em que se desvaloriza o novo instituto da audiência de partes é o do relato do caso de um juiz que marca várias audiências de partes para a mesma hora.

A heterogeneidade do desempenho da administração da justiça laboral que procuro retratar com o conceito de "espaços da justiça laboral", que será retomado na sua expressão quantitativa no próximo capítulo, encontra evidência substantiva em algumas das intervenções. Por exemplo, enquanto em alguns casos, a audiência de partes é entendida como uma formalidade processual, noutros casos é vista como uma verdadeira audiência de discussão e julgamento, podendo prorrogar-se por várias sessões.

A debilidade do princípio associativo e do diálogo social e a preferência por formas de regulação de base estatal encontra o seu fundamento na "apetência" dos actores sociais pela adjudicação do conflito com "juízes profissionais" em detrimento dos juízes sociais. A falta de interesse por este instituto processual, que permite envolver sindicatos e associações patronais na resolução dos conflitos através de "juízes leigos" é partilhada por todos os operadores judiciários, neles se incluindo os advogados de sindicatos.

CAPÍTULO VI

As dinâmicas sócio-laborais
e a oferta e procura de justiça laboral

Introdução

O objectivo deste capítulo é o de analisar as relações existentes entre as dinâmicas sócio-laborais e o padrão de procura e de oferta de justiça laboral. A observação sociológica da actividade dos tribunais, na perspectiva da dinâmica da oferta e da procura, revela a existência de diferentes ciclos e períodos no desempenho do sistema judicial. Na identificação destas macro tendências privilegia-se o indicador "movimento processual", definindo-se este como a variação no montante de processos entrados, pendentes e findos (Santos *et al.*, 1996).[188] A procura de justiça define-se como o conjunto de conflitos levados aos tribunais, expressos pelo número de acções entradas no sistema judicial. Por sua vez, a oferta corresponde à resposta do sistema medida pelo volume de processos pendentes e findos e pela duração das acções intentadas. A análise do movimento processual possibilita a identificação das tendências do sistema judicial do duplo ponto de vista da sua estrutura interna e da relação que estabelece com os factores contextuais.

---

[188] No movimento são contabilizadas todas as acções e "processos autónomos", de que são exemplo as cartas precatórias. Incluem-se, portanto, quer os processos que terminam num determinado tribunal, quer os que transitam para outro tribunal. Contabilizam-se, igualmente, os processos laborais que correm em tribunais não especializados. Esta é a razão pela qual existe uma diferença nos totais nacionais das acções laborais consoante estes se obtenham pelo somatório dos processos findos em cada um dos tribunais de trabalho ou pelo somatório das diferentes acções laborais findas. Como se verá adiante, a diferença entre os dois valores é estatisticamente pouco relevante. O número de processos findos, considerados do ponto de vista do movimento processual, é, assim, superior no mesmo ano, ao número de processos findos caracterizados (Santos *et al.*, 1996: 103).

Tem-se sustentado que a evolução e a dinâmica processuais dos tribunais de trabalho estão necessariamente relacionadas com as transformações contextuais, quer estas digam respeito a variáveis exógenas ou a variáveis endógenas. Tal como o próprio nome indica, os factores exógenos são exteriores ao sistema, e dizem respeito às "transformações sociais, económicas, políticas e culturais e ao seu impacto na administração da justiça, em geral, e no movimento processual em particular" (Santos *et al.* 1996: 104). Os factores exógenos assumem um carácter muito diversificado, podendo consistir, por exemplo, em aspectos como os do desenvolvimento económico, variação da população, industrialização e urbanização, mudança de regime político, cultura local e sua propensão à litigação, acessibilidade do tribunal, grau de consciência de direitos, etc. Quanto aos factores endógenos, estes dizem respeito a alterações legislativas (substantivas ou processuais), a alterações institucionais e a alterações técnicas.

Admite-se que o "movimento dos processos entrados" é, sobretudo, influenciado pelos factores exógenos nacionais e locais e, por factores endógenos, como alterações legislativas substantivas e processuais. Para além da importância dos factores exógenos e endógenos sobre o movimento dos processos entrados, considera-se ainda que, no caso das alterações no movimento dos processos pendentes e findos "que não são mera consequência do crescimento ou diminuição dos processos entrados, a sua explicação tenderá a assentar, sobretudo, em factores endógenos, de natureza legislativa processual ou de natureza institucional e técnica" (Santos *et al.*, 1996: 104).

No estudo das articulações existentes entre as dinâmicas sócio-laborais e os padrões de procura e de oferta dos tribunais de trabalho, utilizo três estratégias analíticas. A primeira consiste na análise interna da estrutura do movimento processual recorrendo à desagregação das tendências gerais por áreas judiciais e, dentro destas, por tipo de acção. Este procedimento permite situar o movimento processual laboral na dinâmica processual global dos tribunais portugueses e comparar a evolução das acções laborais. Com a noção de movimento processual discriminado definida como a variação no montante dos processos entrados, pendentes e findos por tipo de acção analisam-se os diferentes tipos de acções laborais.

A segunda baseia-se na análise da resposta do sistema judicial laboral observada através do índice de eficiência laboral e dos prazos de duração das acções de trabalho. Retomo o conceito de tempos da justiça, desenvolvido no enquadramento teórico deste livro, bem como alguns dos aspectos do Código do Processo de Trabalho estudados anteriormente. Partindo da elaboração do fluxograma de uma acção laboral declarativa comum, distingo entre a duração necessária de um processo – prazo razoável de um processo – e morosidade – duração irrazoável ou excessiva dos processos.

A terceira estratégia assenta na captação dos padrões de relacionamento entre a actividade dos tribunais e os factores externos que a podem influenciar. Na contextualização das dinâmicas processuais, utilizo dados relativos ao desenvolvimento socioeconómico, ao sistema de relações laborais e ao mercado de trabalho. Partindo de um nível de análise macro-sociológico, as comparações e relações estabelecidas entre as dinâmicas processuais e as variáveis exógenas nacionais e locais permitem aferir o grau de influência externo sobre a actividade dos tribunais de trabalho.

A perspectiva sócio-jurídica dos diferentes tipos de acções constantes do processo de trabalho é outro aspecto a salientar. Enquanto expressão do processo de juridificação das relações laborais, as acções de trabalho reportam-se a diferentes elementos societais. Assim, as acções declarativas de que fazem parte as acções de contrato individual de trabalho e de acidentes de trabalho são particularmente sensíveis às dinâmicas e flutuações económicas, às transformações e composição do mercado de trabalho e às condições e ambientes em que o trabalho é prestado. As acções de transgressão (a que acresce a actividade da inspecção de trabalho) remetem para aspectos relacionados com o controle e fiscalização das relações laborais, enquanto as acções executivas remetem para a problemática da efectividade das decisões dos tribunais de primeira instância.

A metodologia de análise dos tribunais de trabalho teve por base a construção de matrizes de correspondências entre fontes de informação internas (Gabinete de Política Legislativa e Planeamento do Ministério da Justiça, Estatísticas da Justiça) e externas (Instituto Nacional de Estatística, Ministério do Trabalho e da Solidariedade) ao sistema judicial que condensam informações endógenas e exógenas aos tribunais de trabalho, contribuindo para a contextualização dos fenómenos sócio-jurídicos laborais. Por outro lado permitem estabelecer o padrão de relacionamento entre a evolução e funcionamento dos tribunais de trabalho na sociedade portuguesa e as dinâmicas emergentes dos sistemas económico, político e jurídico.

A captação da diferenciação interna do desempenho do judicial--laboral conduziu à análise da administração da justiça do trabalho como justiça local conceptualizada como vários "espaços de justiça" relativamente autónomos entre si. Através deste procedimento, articula-se a actividade local dos tribunais de trabalho enquanto espaços de resolução de conflitos com os contextos sociais em que operam relacionando-se assim o espaço ou território judicial com os espaços e territórios económico-sociais.

Uma observação final a propósito das séries longas da justiça. As estatísticas da justiça foram realizadas pelo Instituto Nacional de Estatística até 1982 e, desde então, pelo GPLP. Em virtude das mudanças frequentes nos sistemas de notação, não é possível obter, para análises muito detalhadas, dados comparáveis longitudinalmente em séries temporais muito longas. No entanto, para o nível macro-sociológico utilizado neste capítulo, é possível estabelecer séries longas para o período em análise.

1. A estrutura do movimento processual: evolução dos processos pendentes, entrados e findos

A estrutura interna do movimento processual geral e laboral encontra-se no quadro 1. A partir deste, é possível comparar em termos absolutos a evolução total de processos pendentes, entrados e findos no país, durante o período que decorre entre 1970 e 2002, compreendendo os processos cíveis, penais (apenas em fase de julgamento), de trabalho e tutelares. O facto saliente a registar é o de que se está perante uma tendência evolutiva caracterizada, globalmente, por um aumento da evolução total dos processos considerados.

Quadro 1
Movimento processual geral e laboral (1970 – 2002)

	Movimento Processual Geral			Movimento Laboral		
	Pendentes 1 Janeiro	Entrados	Findos	Pendentes 1 Janeiro	Entrados	Findos
1970	98.669	140.331	143.457	42.801	32.154	33.494
1971	95.543	154.439	141.655	41.461	39.076	28.478
1972	108.327	159.365	146.545	52.059	41.162	32.828
1973	121.147	159.026	154.847	60.393	44.773	38.224
1974	125.326	148.494	132.232	66.942	41.127	31.280
1975	141.588	178.993	132.672	76.789	52.304	25.522
1976	281.088	254.295	221.728	189.139	92.874	79.072
1977	313.655	258.752	246.168	202.941	82.959	89.831
1978	326.239	263.828	234.411	196.069	55.640	69.454
1979	355.656	254.251	231.505	182.255	53.168	61.433
1980	378.402	259.297	229.974	173.990	61.045	63.684
1981	407.725	247.367	246.219	171.351	56.197	67.017
1982	408.957	264.365	266.757	160.615	46.936	71.341
1983	409.559	311.736	284.540	136.431	52.108	71.622
1984	433.430	363.560	294.761	116.355	49.965	67.983
1985	498.822	366.295	320.558	96.485	54.584	64.162
1986	534.474	335.122	351.108	81.461	47.849	62.049
1987	513.185	340.016	329.064	67.035	43.447	53.580
1988	539.532	319.033	343.764	56.789	43.818	50.518
1989	499.610	352.905	359.342	50.267	50.100	52.894
1990	483.956	356.013	332.548	47.885	44.405	46.580
1991	468.248	393.791	370.155	52.547	45.822	50.558
1992	441.892	435.465	401.602	39.913	50.568	47.618
1993	464.211	508.126	409.886	42.885	60.455	54.250
1994	533.564	604.372	523.527	46.757	56.903	62.340
1995	604.855	565.448	453.639	39.966	56.776	50.317
1996	715.128	608.109	486.525	46.350	59.550	54.482
1997	844.813	632.038	520.882	51.344	60.264	57.582
1998	1.016.507	652.463	550.943	53.683	61.086	59.190
1999	1.108.759	669.334	613.912	55.330	58.511	62.868
2000	1.153.902	663.719	633.454	50.373	68.296	65.134
2001	1.196.942	682.800	619.540	52.765	67.316	67.913
2002	1.250.236	738.882	657.889	51.621	72.806	69.796

Fonte: Estatísticas da Justiça.

Entre 1970 e 2002, regista-se um crescimento acentuado no número global de processos entrados: 140.331 processos (excluindo tutelares e transgressões de trabalho) em 1970 e 738.882 (abrangendo todas as espécies processuais) em 2002. Note-se igualmente o acréscimo do total de acções laborais entradas no período em apreço. Em 1970, deram entrada nos tribunais de trabalho 32.154 acções, sendo este valor de 72.806 em 2002, o que corresponde a um aumento percentual de 226,4. Refira-se também que o total de acções de trabalho regista um aumento significativo entre 1999 e 2000 que se traduz num acréscimo de 9.785 processos, correspondente a um aumento percentual de 116,6.

A dinâmica de mobilização do sistema judicial entre 1970 e 2002, de acordo com os processos entrados segundo o tipo – cíveis, penais em fase de julgamento, laborais e tutelares – evidencia que é a litigação cível a que induz a variação na procura de tutela judicial, ocupando, em qualquer dos anos do período em apreço, a maior parcela de mobilização dos tribunais. A litigação penal apresenta uma tendência para aumentar, mantendo-se constantes os processos tutelares. Com efeito, de acordo com Santos *et al.* (1996: 134, 230), as acções declarativas cíveis revelam uma consistente tendência para aumentarem. Da sua análise resulta a identificação da grande estabilidade da estrutura básica da litigação cível a qual se reparte por quatro grandes áreas de conflitualidade social e/ou económica que são por ordem decrescente de importância: cobrança de dívidas, relações entre cônjuges, relações entre inquilinos e senhorios, litígios de propriedade e acidentes de viação (*ibid*: 229). Para além do fenómeno da certificação e da obrigatoriedade do recurso ao tribunal, como sucede no caso das acções de dívida e de divórcio, a litigação cível regista um grande peso de pessoas colectivas, nomeadamente as empresas creditícias.

Analisando o quadro 1 e o gráfico 1, observa-se que, em termos absolutos, a dinâmica do movimento processual laboral é caracterizada por duas tendências: a ocorrência de picos de procura, nomeadamente em 1980 (61.045), 1993 (60.455), 1997 (60.264), 1998 (61.086), 2000 (68.296) e 2002 (72.806); e o aumento consistente do movimento processual laboral a partir da década de noventa. São igualmente frequentes as variações anuais que traduzem um aumento ou uma diminuição da procura dos tribunais de trabalho de um ano para o outro.

Deve referir-se que, até finais da década de oitenta, os processos pendentes exerceram uma grande pressão sobre os tribunais de trabalho, situação que veio a ser regularizada somente na década de 90.

Apesar de se verificar um aumento da procura, a taxa de eficiência no domínio da administração da justiça laboral tem vindo a aumentar (cf. gráfico 1).

Gráfico 1
Movimento laboral (1970-2002)

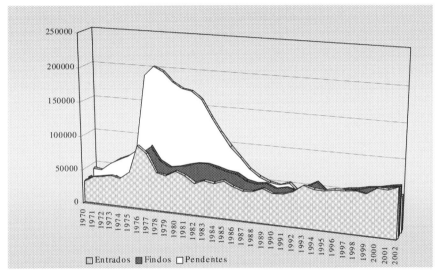

Fonte: Estatísticas da Justiça.

A variação nos processos laborais entrados entre 1975 e 1976 não resulta, como se poderia pensar, das consequências emergentes do processo de transição para a democracia, devendo-se apenas à inclusão na série estatística das transgressões de trabalho. Em 1976 foram contabilizados como processos entrados 92.874 e, em 1977, 82.959. Levando-se em consideração o efeito estatístico referido anteriormente, é de sublinhar que, em 2002, ocorreu a entrada do maior número de processos nos tribunais de trabalho após 1974 (72.806).

Tomando por unidade de análise o conjunto de acções declarativas, executivas e de transgressões entradas entre 1970 e 2002 (cf. Quadro 2), identificam-se dois perfis evolutivos diferenciados. O primeiro é o do aumento consistente e acentuado das acções declarativas. O segundo é o da clara diminuição das acções de transgressão acompanhada de uma diminuição das acções executivas, ainda que estas, em regra, evoluam de uma forma indexada às acções declarativas até ao ano 2000. Os anos de 1975, 1976 e 1977 configuram momentos de alguma excepcionalidade dado que o valor das acções executivas esteve muito próximo do valor das acções declarativas.

Quadro 2
Processos entrados na justiça laboral

	Declarativas	Executivas	Transgressões
1970	17.776	14.378	.
1971	21.943	17.133	.
1972	19.714	21.448	.
1973	23.150	21.623	.
1974	23.608	17.519	.
1975	28.258	24.046	.
1976	29.290	27.837	35.747
1977	32.412	34.399	16.148
1978	31.492	13.578	10.570
1979	32.537	12.455	8.176
1980	33.637	15.921	11.487
1981	33.654	14.802	7.741
1982	29.265	10.395	7.276
1983	33.210	13.048	5.850
1984	33.111	11.974	4.880
1985	35.877	11.391	7.316
1986	34.655	8.359	4.835
1987	34.862	6.631	1.954
1988	35.609	6.183	2.026
1989	40.813	7.383	1.904
1990	35.641	6.547	2.217
1991	37.413	6.763	1.646
1992	40.397	8.631	1.540
1993	44.426	14.263	1.766
1994	44.217	11.329	1.357
1995	43.453	12.034	1.289
1996	42.194	15.964	1.392
1997	41.469	17.474	1.321
1998	41.848	17.905	1.333
1999	43.799	13.436	1.276
2000	58.533	9.081	682
2001	57.776	8.855	685
2002	63.836	7.712	1.258

Fonte: Estatísticas da Justiça.

A evolução das acções declarativas, com algumas variações, apresenta uma tendência crescente ao longo das três últimas décadas. Muito significativo é o seu aumento nos anos de 2000, 2001 e 2002, respectivamente com 58.533, 57.776 e 63.836 acções entradas, valores superiores a qualquer um dos registados em anos anteriores, mesmo nos momentos de maior procura dos tribunais de trabalho. Em situação diversa encontra-se a evolução das acções executivas ao sofrerem uma quebra a partir de 1977. De mencionar também que, a partir de 2000, esta quebra é ainda mais significativa. Em qualquer um dos casos considerados, as alterações processuais introduzidas em 2000 não parecem ser factor justificativo das alterações registadas. No que diz respeito às acções executivas pode colocar-se a hipótese de a sua diminuição se encontrar relacionada com o aumento dos processos de falências de empresas e subsequentes percursos processuais desta conflitualidade.

As acções declarativas entradas em 1970 correspondem a 17.776 processos, em 1975, a 28.258, em 1985, a 35.877, em 1995, a 43.453 e, em 2002 a 63.836, o que corresponde a uma acentuada dinâmica de crescimento. Por exemplo, a taxa de variação entre o número de processos entrados em 1970 e 2002 foi de 359,1%, sendo o seu valor para os anos de 1975, 1985, 1995 e 2000, respectivamente, de 207,1%, 163,1%, 134,7% e 329,2%.

Quanto às acções executivas, os valores absolutos revelam a existência de cinco ciclos: um de crescimento situado entre 1970 (14.378) e 1977 (34.399); um de estabilização entre 1978 e 1985, em que o número de acções entrados se situa entre as 10.395 (1982) e as 15.921 (1980); um novo ciclo de estabilização entre 1986 e 1992, com valores inferiores ao anterior situados aproximadamente entre os 6.000 e os 8.600 processos entrados; um novo ciclo de crescimento entre 1993 e 1999 com valores situados entre os 11.329 (1994) e os 17.905 (1998); e, finalmente, o início de um ciclo de diminuição do número de acções a partir de 2000.

O quadro 2 demonstra os percursos evolutivos entre os diferentes tipos de acção. As acções declarativas tornaram-se, após 1977, na principal fonte de procura dos tribunais de trabalho. As acções executivas, apesar de diminuírem em termos absolutos, mantêm uma relação dependente da evolução das acções declarativas, sobretudo nos momentos de maior intensidade de procura das acções declarativas, exceptuam-se, no entanto, os anos situados entre 1986 e 1992 e os anos a partir de 2000. Uma observação ainda a propósito da diminuição dos processos de transgressão para referir que tal fica a dever-se a factores endógenos ao sistema judicial, mais concretamente, às alterações legislativas introduzidas no direito substantivo pelo Decreto-lei n.º 491/85, de 26 de Novembro, que desjudicializou em matéria de transgressão laboral, tendo concomitantemente procedido à administrativização dos ilícitos laborais.

De acordo com o mapa dos processos entrados constante da base de dados do GPLP, no ano de 2002 registou-se a seguinte distribuição por tipo de acção: acções de AT (22.340), acções de CIT (14 424), incidentes em acções de AT e doenças profissionais (22.460), execuções (7.712), outras acções de trabalho (816), acções de cobrança de dívidas (3.007), suspensão de despedimento (319), outros procedimentos cautelares (396), acções de doenças profissionais (30), processos de contencioso das instituições de previdência (13), acções de impugnação de despedimento colectivo (31), protecção de segurança, higiene e saúde no trabalho (0).

Recorrendo à mesma fonte, identifico no gráfico 2 as tendências de evolução entre 1990 e 2002 das acções declarativas de contrato individual de trabalho e de acidentes de trabalho. Estes dois tipos de acções são as que mais mobilizam a actividade dos tribunais de trabalho. Em 1990, as acções de acidentes de trabalho eram quase o dobro das acções de contrato individual. Contudo, em meados da década, os valores dos dois níveis de procura coincidiram, para depois de 1996 voltarem a afastar-se. No ano de 2002, deram entrada 22.340 processos de acidentes de trabalho (o valor mais elevado desde 1990) e 14.424 processos de contrato. O aumento do número de acções de acidentes de trabalho resulta da acção conjugada da elevada taxa de incidência de acidentes de trabalho portuguesa e das alterações legislativas substantivas e processuais entretanto ocorridas. Note-se, que o aumento das acções de contrato individual de trabalho no ano de 2002, apesar de corresponder a um aumento brusco, não atinge os valores máximos registados entre os anos de 1993 e 1997, período marcado por um forte aumento do volume do contencioso laboral nos litígios emergentes da relação individual de trabalho. Entre 1998 e 2001 ocorre uma tendência de decréscimo da litigação tendo por base o contrato de trabalho seguida, conforme referido, pelo aumento verificado no ano de 2002.

Gráfico 2
Acções entradas de acidentes de trabalho
e de contrato individual de trabalho

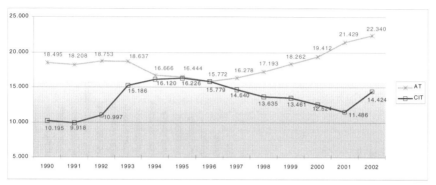

Fonte: GPLP.

2. A resposta do sistema judicial ao aumento da procura

2.1. A eficiência do sistema judicial

A eficiência do sistema judicial tem como indicador a relação entre os processos entrados e os findos, sem contar com os processos pendentes. Simulando a inexistência de processos acumulados, procura-se ver com esta análise a capacidade de resposta do sistema à variação de procura em cada ano. Observa-se que em determinados anos, o sistema judicial não só se mostra capaz de resolver os processos entrados, como absorve situações acumuladas.

Pelo contrário, em outros anos o sistema mostra-se mais ou menos incapaz de dar resposta às solicitações da procura desse ano, provocando essa incapacidade um aumento das situações de procura insatisfeita e de processos acumulados. De acordo com estudos levados a cabo pelo OPJ, em 1970, 1982, 1986, 1988, 1989, a oferta do sistema satisfaz a procura desses anos e mais do que isso, ainda absorve uma parte das situações acumuladas. Nos restantes anos, a oferta (ou seja, o número de processos findos) não consegue dar resposta ao volume de processos entrados. Os períodos de pior comportamento do sistema são os de 1975 a 1980, 1983 a 1985 e 1990 a 1996. Trata-se de anos em que houve maior aumento de procura de tutela judicial, tal como os anos de maior eficiência correspondem aos anos de menor procura. Por sua vez, o movimento processual laboral tende, a partir de 1976, a responder genericamente de uma forma mais eficaz em relação à procura (Ferreira, 2001b).

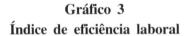

Gráfico 3
Índice de eficiência laboral

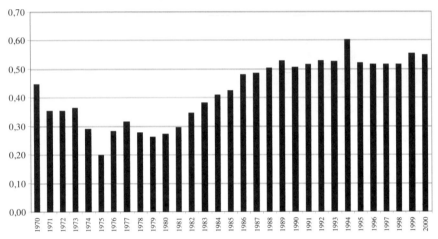

Fonte: Estatísticas da Justiça.

O índice de eficiência laboral (número de processos findos sobre os pendentes mais os entrados) permite visualizar o aumento de eficiência dos tribunais de trabalho, mais acentuado a partir de 1986, e que tem vindo a aumentar de forma relativamente constante. A eficiência do sistema em matéria laboral não pode ser dissociada da tendência registada na evolução da procura, sendo assim de referir que, apesar do número de processos entrados ter vindo a aumentar, a eficiência do sistema laboral é elevada.

2.2. Morosidade judicial e duração dos processos

Outra metodologia utilizada na análise da eficiência do sistema judicial baseia-se no estudo da duração processual das acções.[189] Consi-

---

[189] Como fontes de informação recorri às Estatísticas da Justiça e da Base de Dados do GPLP, bem como às entrevistas realizadas a operadores do sistema judicial laboral. Na base de dados do GPLP, as datas de início e de termo dos processos laborais findos são importantes elementos para o estudo da morosidade.

derando que a data de início do processo coincide com a data da propositura da acção e que a data do termo da acção corresponde, por sua vez, à decisão em primeira instância, torna-se possível aferir a duração processual em primeira instância. No entanto, esta metodologia é portadora de uma limitação, dado que, a morosidade processual real é aquela que decorre entre o início do processo e a resolução efectiva do litígio. Como já foi assinalado, "a sua medição deveria ser efectuada desde o início do processo até à resolução definitiva do litígio, seja em primeira instância ou em fase de recurso, ou até mesmo em sede de cumprimento coercivo dessa decisão através de um processo executivo" (Santos *et al.,* 1996: 400). Esta abordagem do estudo da morosidade é, efectivamente, aquela que melhor capta as implicações sociológicas decorrentes do efeito útil de uma decisão judicial. Só assim é possível comparar o tempo do processo judicial com o tempo social em que ocorrem as relações e interacções sociais que estão associadas a situações de conflitos sociais judicializados.

Conforme referi anteriormente, o mundo do trabalho é particularmente sensível a este aspecto da vida judicial, atendendo às consequências decorrentes de um prolongamento excessivo da intervenção do sistema judicial, nas suas várias instâncias, para a resolução dos litígios. Todavia, este tipo de análise é dificultada pela metodologia utilizada nas estatísticas da justiça, as quais registam em separado a duração das acções declarativas e das acções executivas. Com efeito, considera-se como data do termo das acções declarativas a data da decisão em primeira instância, não sendo por isso possível (através desta fonte) saber em que casos houve recurso e qual a duração real desse litígio. O mesmo sucede no caso das acções executivas, que são objecto de um tratamento estatístico autonomizado, existindo um boletim próprio para o seu registo. Torna-se por isso necessário, numa primeira abordagem genérica ao estudo dos prazos da justiça do trabalho, conhecer o número de processos que terminam sem recurso e sem necessidade de acção executiva.

Considerando a relação entre as acções de contrato individual de trabalho (CIT) e acidentes de trabalho (AT) por um lado, e as acções executivas e os recursos, por outro, constata-se que as acções executivas findas entre 1989 e 2000 apresentam uma variação entre os 6,1% e os 12,2% das acções de CIT e AT findas no mesmo período (cf. quadro 3).

Quadro 3
Relação entre as acções de AT e CIT, e as executivas e recursos

	1989	1990	1991	1992	1993	1994	1995	1996	1997	1998	1999	2000
CIT	10220	10156	10307	10038	11337	15210	14269	14333	14359	13416	12683	13652
AT	13409	14437	15539	16367	15051	15991	12587	12372	12545	12935	14025	15326
Total de CIT e AT	23629	24593	25846	26405	26388	31201	26856	26705	28901	28349	28707	30978
Execuções	1443	2108	2299	2061	2226	2559	2654	2930	2907	3270	3513	3586
Recursos	3116	1440	1361	1438	1551	1384	1383	1483	2028	2094	1887	2184

	1989	1990	1991	1992	1993	1994	1995	1996	1997	1998	1999	2000
Execuções	6,1	8,6	8,9	7,8	8,4	8,2	9,9	11,0	10,1	11,5	12,2	11,6
Recursos	13,2	5,9	5,3	5,4	5,9	4,4	5,1	5,6	7,0	7,4	6,6	7,1
Outros Processos Findos	80,7	85,5	85,8	86,8	85,7	87,4	85,0	83,4	82,9	81,1	81,2	81,4

Fonte: GPLP.

Note-se que as acções executivas a que me reporto não dizem respeito ao total global das acções executivas, mas sim às acções executivas correspondentes a "dívidas de salários, diferenças salariais e indemnizações por despedimento" e a "dívidas de indemnizações ou pensão em acidentes de trabalho ou doenças profissionais", pois só assim podemos estabelecer a relação existente entre as acções de CIT e de AT e as acções executivas que se lhes podem seguir. Como se sabe, da Tabela de Execuções de Trabalho fazem parte, para além das já referidas anteriormente, as acções executivas respeitantes a "falta de pagamento de custas", "falta de pagamento de multas ou coimas", "dívidas de contribuições às instituições de previdência", "dívidas hospitalares", "dívidas aos organismos sindicais", "dívidas a serviços de conciliação do trabalho" e "outros fundamentos", que aqui não são contabilizadas.

No que diz respeito à relação entre as acções de CIT e AT e os recursos entrados[190], constata-se que no período entre 1989 e 2000, os recursos variam, aproximadamente, entre os 13% e os 4%.[191] Atendendo ao que anteriormente ficou dito, pode afirmar-se que o estudo da duração processual real, aqui efectuado, corresponde a uma média de 86% do total dos processos findos.

---

[190] Consideramos como total dos recursos entrados os recursos de apelação, de agravo e outros.

[191] Atendo apenas às acções declarativas de CIT e de AT por serem as mais expressivas do ponto de vista quantitativo, enquanto mobilizadoras dos tribunais de trabalho.

Capítulo VI

Na análise da morosidade processual é usual recorrer à denominada fórmula de Clarck e Merryman:

$$D = \frac{Pt + Ft}{Jt + Wt} -1$$

Nesta fórmula, "D" representa o número de anos de duração do processo; "Pt" o número de processos pendentes do ano t; "Ft" o número de processos entrados no ano t; Jt o número de processos objecto de sentença no ano t; e Wt o número de processos de alguma forma terminados no ano t" (Santos *et al.*, 1996: 403). Apesar das suas limitações, esta fórmula tem a vantagem de permitir a comparação da morosidade entre sistemas judiciais diferentes e, dentro do mesmo sistema judicial, entre diferentes áreas de administração da justiça.

Quadro 4
Evolução da morosidade laboral: 1974-2000

	Movimento processual laboral			Fórmula da morosidade		Movimento processual cível			Fórmula da morosidade	
	Pendentes	Entrados	Findos	C. e Merryman	Meses	Pendentes	Entrados	Findos	C. e Merryman	Meses
1974	66 942	41 127	31 280	2,5	29,5	48 145	86 560	81 567	0,7	7,8
1975	76 789	52 304	25 522	4,1	48,7	53 138	95 262	83 269	0,8	9,4
1976	189 139	92 874	79 072	2,6	30,8	65 131	108 915	94 475	0,8	10,1
1977	202 941	82 959	89 831	2,2	26,2	79 571	115 863	105 753	0,8	10,2
1978	196 069	55 640	69 454	2,6	31,5	89 681	141 928	111 721	1,1	12,9
1979	182 255	53 168	61 433	2,8	34,0	119 888	139 653	120 447	1,2	13,9
1980	173 990	61 045	63 684	2,7	32,3	139 094	136 772	117 147	1,4	16,3
1981	171 351	56 197	67 017	2,4	28,7	158 719	137 285	116 238	1,5	18,6
1982	160 615	46 936	71 341	1,9	22,9	179 766	156 095	137 554	1,4	17,3
1983	136 431	52 108	71 622	1,6	19,6	200 751	190 618	153 952	1,5	18,5
1984	116 355	49 965	67 983	1,4	17,4	234 995	228 234	166 559	1,8	21,4
1985	96 485	54 584	64 162	1,4	16,3	296 222	217 258	183 571	1,8	21,6
1986	81 461	47 849	62 049	1,1	13,0	327 643	196 827	201 307	1,6	19,3
1987	67 035	43 447	53 580	1,1	12,7	320 436	200 923	196 534	1,7	19,8
1988	56 789	43 818	50 518	1,0	11,9	327 488	189 919	214 117	1,4	17,0
1989	50 267	50 100	52 894	0,9	10,8	303 326	201 552	217 250	1,3	15,9
1990	47 885	44 405	46 580	1,0	11,8	286 819	203 331	203 319	1,4	16,9
1991	52 547	45 822	50 558	0,9	11,3	260 461	225 953	217 396	1,2	14,3
1992	39 913	50 568	47 618	0,9	10,8	252 727	266 123	237 689	1,2	14,2
1993	42 885	60 455	54 250	0,9	10,9	279 634	312 241	253 419	1,3	16,0
1994	46 757	56 903	62 340	0,7	8,0	330 788	405 034	333 068	1,2	14,5
1995	39 966	56 776	50 317	0,9	11,1	402 465	368 961	288 339	1,7	20,1
1996	46 350	59 550	54 482	0,9	11,3	483 134	412 073	316 727	1,8	21,9
1997	51 231	60 097	57 422	0,7	8,3	587 031	484 972	340 276	1,9	22,8
1998	53 562	60 829	58 994	0,7	8,6	732 507	455 872	342 580	2,2	26,0
1999	55 149	58 260	62 652	0,6	7,2	844 672	457 991	394 249	2,0	24,3
2000	50 174	67 848	64 827	0,6	7,7	904 429	450 288	422 423	1,9	23,3

Fonte: GPLP.

A morosidade laboral, de acordo com a fórmula de Clarck e Merryman (cf. quadro 4), evoluiu da seguinte forma entre 1974 e 2000: em 1974 a duração dos processos laborais era de 29,5 meses, tendo-se verificado em 1975 um aumento muito significativo para 48,7 meses. Desde então, ocorreu um decréscimo progressivo no tempo de duração dos processos laborais. Confrontem-se os 30,8 meses, em 1976, com os 7,7, em 2000.

Os processos cíveis evidenciam uma tendência inversa à dos processos laborais. Assim, enquanto que no início da década de 70 os processos cíveis eram mais céleres do que os laborais, quando chegamos à década de 90 os processos laborais são já mais rápidos do que os cíveis. Confrontem-se os 7,8 meses de duração em 1974, com os 23,3 de 2000.

Outra metodologia utilizada no estudo da morosidade consiste na análise comparativa do desempenho dos tribunais numa mesma área da administração da justiça. Com efeito, podem-se agrupar respostas diferenciadas por parte dos tribunais de trabalho face à questão da duração judicial dos processos, sendo mesmo possível construir classes de desempenho médio.

No quadro 5 hierarquizei os tribunais de trabalho[192] pelos valores médios em dias respeitantes aos prazos de duração de processos de CIT em primeira instância, para os anos de 1989 a 2001. Em termos globais, a primeira observação a registar é a de que diminui a média do número de dias necessários para a resolução dos litígios emergentes das acções de CIT. Em termos de média nacional, em 1989 eram necessários 599,8 dias, valor que diminui para 300,3 dias em 2001. Por outro lado, aumenta o número de tribunais onde a duração média em dias é inferior à da média nacional. Apesar da melhoria significativa, continua a ser contrastante a média de dias necessária para a resolução dos litígios em diferentes tribunais. Confira-se, por exemplo, os 618,7 dias do Tribunal das Caldas da Rainha com os 88,8 dias do Tribunal de Beja.

---

[192] Da totalidade dos tribunais de trabalho, nem todos se encontram instalados. Se alguns nunca o foram (como por exemplo Abrantes, Águeda, Amadora, Póvoa de Varzim ou Santiago do Cacém), outros há que o foram posteriormente, como é o caso do de Gondomar. No período considerado, verificaram-se ainda situações de extinção de juízos. Deste modo, os quadros com as hierarquias de tribunais podem apresentar variações na sua constituição consoante a ausência ou inclusão de tribunais que tenham sido entretanto instalados. É necessário ter em conta que em algumas situações surgem dados respeitantes a tribunais que não se encontram instalados, o que se pode atribuir a erro estatístico.

Quadro 5
Médias, em dias, para processos de CIT por tribunal (1989 e 2001)

Média 1989		Média 2001	
Funchal	1 771,1	Caldas da Rainha	618,7
Leiria	1 246,0	Bragança	500,2
Setúbal	809,1	Lisboa	476,6
Figueira da Foz	808,3	Setúbal	443,7
Torres Vedras	766,8	Vila Real	427,5
Lisboa	766,5	Sintra	423,7
Santarém	709,1	Santa Maria da Feira	403,7
Vila Nova de Famalicão	706,6	Cascais	403,3
Guimarães	677,9	Torres Vedras	402,4
Vila Real	675,6	Porto	396,5
Sintra	666,1	Vila Franca de Xira	391,0
Cascais	651,5	Abrantes	307,6
Guarda	641,0	**Nacional**	**300,3**
Tomar	629,7	Viana do Castelo	297,6
Évora	611,0	Évora	295,6
Covilhã	609,5	Barreiro	271,3
Nacional	**599,8**	Funchal	271,1
Viseu	522,6	Coimbra	268,5
Beja	520,3	Viseu	268,1
Faro	506,7	Portimão	262,0
Caldas da Rainha	502,5	Águeda	258,6
Portimão	494,7	Faro	250,9
Santa Maria da Feira	485,0	Loures	246,1
Porto	447,2	Guimarães	239,8
Ponta Delgada	446,8	Vila Nova de Gaia	225,8
Barreiro	429,5	Maia	216,8
Portalegre	415,1	Santo Tirso	211,9
Santo Tirso	403,4	Penafiel	206,6
Aveiro	396,8	Guarda	205,0
Lamego	395,0	Almada	204,5
Coimbra	386,9	Valongo	200,6
Oliveira de Azemeis	386,4	Aveiro	186,2
Viana do Castelo	379,6	Ponta Delgada	186,0
Matosinhos	377,6	Barcelos	178,4
Vila Nova de Gaia	368,2	Castelo Branco	177,1
Loures	365,6	Lamego	174,4
Castelo Branco	349,0	Matosinhos	174,0
Braga	338,8	Santarém	150,9
Maia	327,5	Gondomar	148,7
Penafiel	322,2	Vila Nova de Famalicão	147,1
Barcelos	316,3	Braga	145,1
Vila Franca de Xira	249,1	Leiria	141,4
Almada	228,1	Figueira da Foz	140,8
Bragança	204,2	Tomar	115,7
Abrantes		Covilhã	114,2
Águeda		Portalegre	107,7
Gondomar		Oliveira de Azemeis	103,0
Valongo		Beja	88,8

Fonte: GPLP.

Em síntese, partindo da análise da hierarquização dos tribunais de trabalho de primeira instância em função dos prazos médios que os mesmos necessitam para a resolução de processos de CIT, é possível concluir o seguinte: em primeiro lugar, é notória a melhoria da capacidade de resposta dos tribunais de trabalho do ponto de vista da morosidade/celeridade, tomando como termos de comparação os anos de 1989 e 2001; em segundo lugar, ocorre uma diferenciação das respostas locais assente nas discrepâncias encontradas na comparação entre os vários tribunais. Embora exista o que se pode designar por padrão médio de resposta do sistema judicial-laboral face à questão dos prazos de resolução dos processos laborais findos, a este estão associadas situações localizadas de respostas díspares.

De seguida apresenta-se o fluxograma de uma acção laboral declarativa comum correspondente à modelização "ideal-típica" da duração de uma acção deste tipo, estabelecendo-se deste modo o tempo útil da duração processual. Na construção do fluxograma utilizam-se os seguintes pressupostos:

a) As partes e as testemunhas residem na comarca;

b) As partes, os funcionários e os magistrados praticam todos os actos judiciais no último dia do prazo legal;

c) Entre o dia do despacho que marca a audiência de discussão e julgamento e o julgamento decorrem 30 dias úteis;

d) Não há qualquer adiamento do julgamento ou suspensão da instância;

e) O julgamento da matéria de facto e a resposta aos requisitos são efectuados no mesmo dia;

f) O autor é o trabalhador, sendo o réu a entidade patronal.

A verificarem-se as condições estabelecidas, a acção declarativa comum duraria, desde a sua propositura até à leitura da sentença, 107 dias úteis. Sublinho, no entanto, que esta é uma formalização, onde não se verificam quaisquer atrasos processuais de secretaria, ou quaisquer comportamentos, incidentais ou não, causados pelas partes.

O tempo útil de 107 dias obteve-se com a aplicação das regras do actual Código de Processo de Trabalho. A aplicação da mesma metodologia ao Código de Processo de Trabalho, em vigor até 1999, revela que a actual tramitação ganha relativamente à anterior acção declarativa comum cerca de 100 dias e relativamente à acção declarativa sumária cerca de 20 dias. Segundo estudos realizados por Ferreira (1998), uma acção declarativa ordinária poderia demorar até à leitura de sentença cerca de 211 dias úteis, enquanto que uma acção declarativa sumária poderia demorar desde a sua propositura até à leitura da sentença 120 dias úteis.

A construção teórica da duração dos processos deve distinguir a duração necessária do processo – o "prazo razoável" necessário à defesa dos direitos individuais e colectivos dos cidadãos – da morosidade, ou seja, toda a duração irrazoável ou excessiva do processo desnecessária à defesa das partes, geralmente ocasionada pelos intervenientes processuais (advogados, magistrados, peritos, funcionários, entre outros). Refira-se que, nos termos do anterior CPT, as acções declarativas sumárias representavam a larga maioria das acções de contrato individual de trabalho, por exemplo, de 1989 a 1996, as acções declarativas sumárias correspondiam a 95,8%, 93,4%, 91,8%, 90,6%, 89,2%, 87,4%, 84,4% e 82,5% do total de processos laborais de contratos individuais de trabalho findos nos tribunais. É de notar a sua relativa celeridade quando se compara os 120 dias úteis de que necessitava com os 320 dias de uma acção declarativa cível com processo comum sob a forma ordinária. Esta constatação poderá ser, desde logo, e em comparação nomeadamente com o processo civil, um importante indicador e ponto de partida para a análise da duração das acções nos tribunais portugueses. Estes dados vêm reforçar a ideia que o tempo do processo laboral, mais ou menos célere, resulta de uma tramitação processual própria, autónoma, onde o processo surge como o principal instrumento de resolução dos conflitos laborais. Questão indissociável do instituto da transacção e dos momentos de conciliação, aspectos reforçados pela revisão do processo de trabalho que, na sua actual versão, obriga a uma tentativa de conciliação judicial logo no início do processo e consagra a realização de mais duas tentativas de conciliação durante o processo.

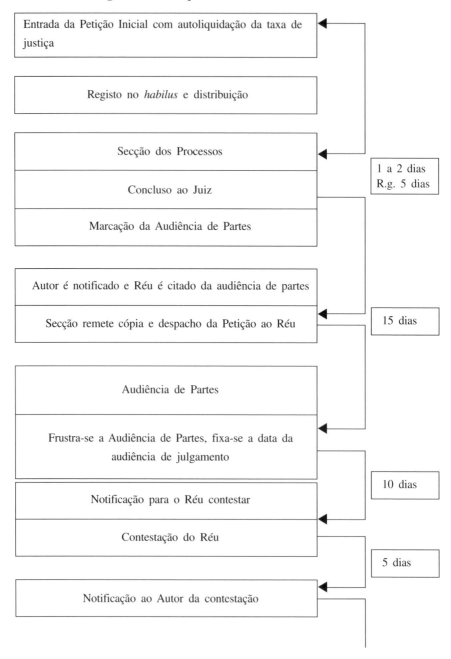

Capítulo VI

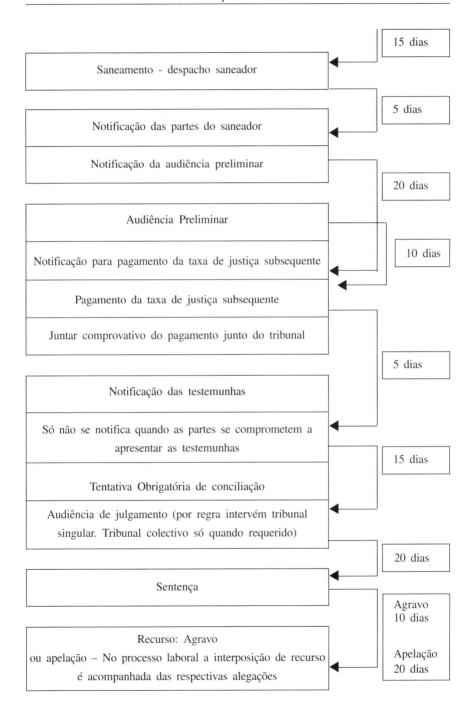

2.3. Taxas de resolução (ou de sobrevivência) das acções de contrato individual de trabalho e de acidentes de trabalho

A análise da morosidade/celeridade das acções de CIT e AT atende à informação respeitante ao ano de início e ao ano de termo incluída nos verbetes estatísticos do GPLP. A partir dessa informação construí uma tipologia assente em cinco escalões de duração: processos cuja duração ocorre até 1 ano; processos cuja duração ocorre de 1 a 2 anos; processos cuja duração ocorre de 2 a 3 anos; processos cuja duração ocorre de 3 a 5 anos; e processos com duração igual ou superior a 5 anos.

A duração dos processos de CIT, organizada por escalões de duração (gráfico 4), revela o aumento significativo do número de processos terminados nos prazos até 1 ano e de 1 a 2 anos. Por exemplo, em 1989, as acções mais céleres totalizavam 58,3% e terminaram durante o primeiro ano em que foram intentadas. Na mesma situação encontram-se 74,7% das acções findas no ano de 2001. Por outro lado, e para o ano de 2001, 90,8% das acções findaram no prazo de dois anos, enquanto que em 1989, o seu valor era de 76,2%.

Gráfico 4
Escalões de morosidade dos CIT

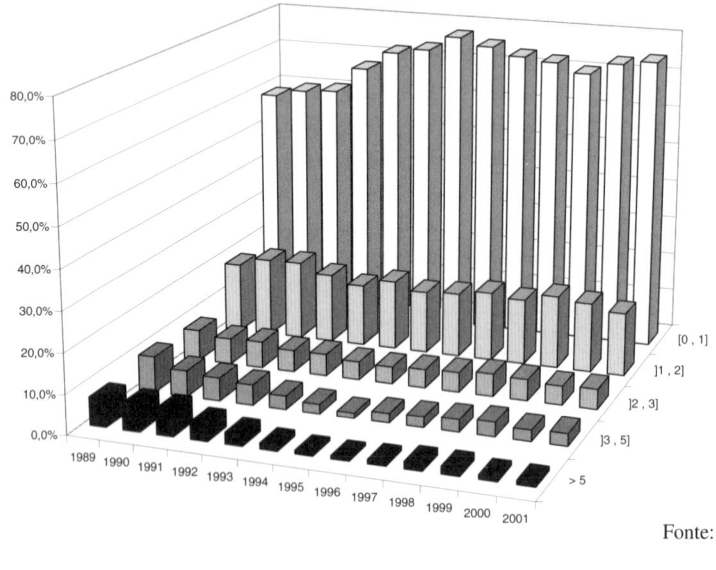

Fonte: GPLP.

Verifica-se também uma diminuição do número de processos resolvidos entre 2 e 5 anos (correspondendo ao terceiro e ao quarto escalão) que, em 2001, perfazem, no seu conjunto, 8,2%, enquanto que em 1989 totalizavam 16,7%. As acções de duração igual ou superior a 5 anos correspondem, em 2001, a 1% do total de processos, enquanto que em 1989, o seu valor era de 7,1%. Deste modo, decresce de uma forma acentuada o número de processos cuja resolução se verifica no escalão igual ou superior a 5 anos.[193]

A entrada em vigor do novo Código de Processo de Trabalho, em 1999, torna oportuna a avaliação do seu impacto sobre a duração processual do ponto de vista quantitativo. Nesse sentido, seleccionei os processos entrados e findos nos três anos imediatamente anteriores e posteriores à entrada em vigor do diploma. No gráfico 5 identifico, para os anos de 1997 a 1999 e 2000 a 2002, o número de processos entrados e findos no ano. Os anos escolhidos correspondem, conforme referi, aos três últimos anos de vigência do Decreto-lei n.º 272-A/81, de 30 de Setembro, e aos três primeiros anos de aplicação do Decreto-lei n.º 480/99, de 9 de Novembro.

Gráfico 5
Processos entrados e findos: 1997-2002

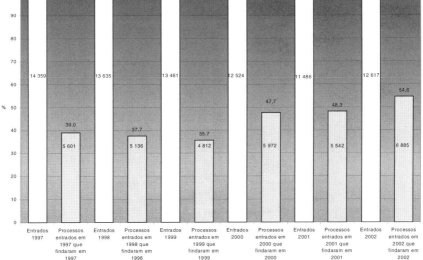

Fonte: GPLP.

---

[193] Apesar desta evolução positiva, são vários os registos de processos muito morosos. Ver a este propósito *Sub Judice*: Justiça e sociedade, Novembro de 1993.

Na análise do gráfico 5, verifica-se um aumento do número de processos resolvidos no prazo até 1 ano, efeito da aplicação do novo Código de Processo de Trabalho. Assim, e de acordo com os dados registados em 1997, 1998 e 1999, a percentagem de processos entrados e findos no ano foram de 38,3%, 37,7% e 35,7%, valores que aumentam para 47,7% e 48,3% e 47,7% nos três anos seguintes.

Quanto às acções de AT (gráfico 6), ressalta que, exceptuando-se os anos de 1991 e 1992, mais de 70 % dos processos encontram resolução até 1 ano. Saliente-se igualmente que, mais de 90 % das acções, nos 13 anos em análise, se resolvem nos escalões até 1 ano e de 1 a 2 anos. Em 2001, 76% das acções de acidentes de trabalho tiveram uma duração igual ou inferior a 1 ano. Enquanto que 17,1% das acções tiveram como duração um período situado entre 1 e 2 anos. Os processos de duração superior a 5 anos tendem a diminuir. Em termos absolutos, o seu valor foi, em 1989, de 363 processos, correspondendo a 2,7% do total de processos findos, registando-se em 2001, 122 processos, correspondendo a 0,7% em iguais circunstâncias.

Gráfico 6
Escalões de morosidade dos AT

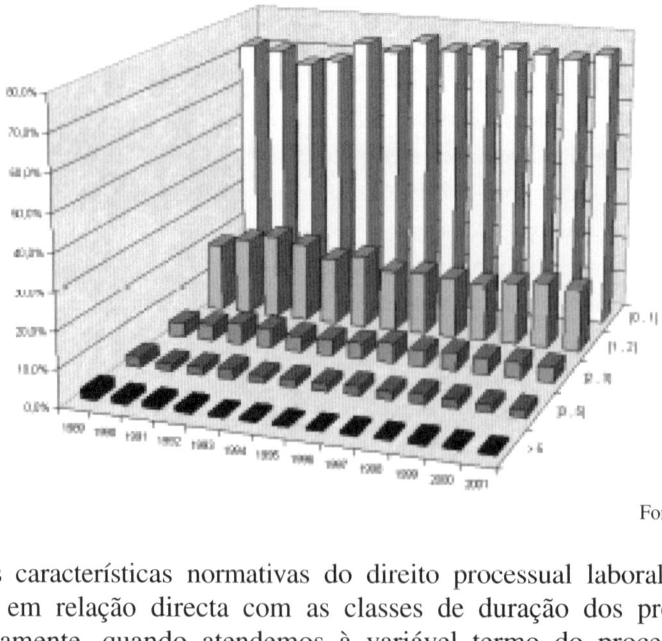

Fonte: GPLP.

As características normativas do direito processual laboral encontram-se em relação directa com as classes de duração dos processos, nomeadamente, quando atendemos à variável termo do processo. No gráfico 7 cruzam-se os escalões de duração das acções de contrato individual de trabalho com o termo do processo. Como seria de esperar, a relação entre a duração e o termo dos processos revela que os processos findos antes do julgamento concluem-se mais rapidamente do que os processos findos por julgamento. Tal fica a dever-se à circunstância de os processos findos antes do julgamento tornarem desnecessária outra fase processual, a qual logicamente, acarretaria maior demora.

Os termos desistência e transacção que, de um ponto de vista sociológico, configuram situações de conciliação, quando adicionados, evidenciam o seu potencial indutor de uma resolução mais célere dos litígios. À medida que as classes de duração dos processos CIT aumentam, diminui a expressão da composição conciliatória dos conflitos e aumenta, correlativamente, o peso da fase de julgamento.[194]

**Gráfico 7
Termo do Processo CIT (2001)**

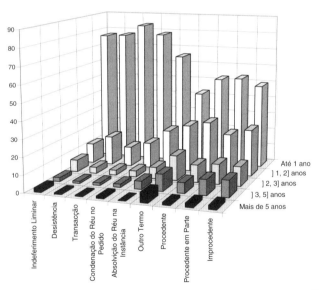

Fonte: GPLP.

---

[194] De igual modo, as acções de AT exprimem a importância da conciliação na regulação dos conflitos. Acresce a obrigatoriedade da fase conciliatória nas acções emergentes do processo declarativo de acidentes de trabalho e doenças profissionais. Também aqui se patenteia a relação já estabelecida entre a duração dos processos e o seu termo, sendo de destacar a importância da conciliação.

3. Dinâmicas sócio-laborais nacionais e locais e a procura judicial

A estrutura interna da actividade dos tribunais de trabalho foi analisada anteriormente, tomando como indicadores a evolução do movimento processual e o prazo de duração das acções declarativas de acidentes de trabalho e de contrato individual de trabalho. Pretendo agora estudar a dinâmica do judicial-laboral nas últimas três décadas, atendendo aos factores contextuais cuja influência se faz sentir sobre a sua actividade. Para a demonstração das relações estabelecidas entre os tribunais e os contextos em que operam, utilizo dois níveis de análise. O nível macro-social, que numa perspectiva dinâmica estuda a evolução das acções laborais, e o nível local, onde a actividade dos tribunais é relacionada com dinâmicas locais do mercado de trabalho.

O conceito de sectores de actividade tem sido utilizado para caracterizar a estrutura económica das sociedades contemporâneas. A tendência geral, identificada nos países desenvolvidos, é marcada pela diminuição do peso do sector primário e aumento do sector terciário, ocorrendo uma variação, de país para país, do peso do sector secundário. As teorias do pós-industrialismo, surgidas nos anos 60 e 70 do século XX, estudadas por Daniel Bell e Alain Touraine, alertavam para o avanço nas economias modernas do sector terciário, o qual, segundo as análises mais recentes desenvolvidas por Castells e Aoyama (1994), entre muitos outros, foi evidenciando a necessidade de distinguir subsectores no interior do sector terciário, como o da informação (designado por "quaternário"), ou a progressão de profissões terciárias na agricultura, na indústria, etc.

Deixando de lado a análise interna dos sectores de actividade e centrando a atenção na sua relação com a procura dos tribunais de trabalho, reconhecem-se alguns elementos convergentes entre as respectivas dinâmicas. Assim, ao relacionar-se a evolução do total de acções laborais entradas com os sectores de actividade, o dado mais significativo a reter é o da relação existente entre a evolução dos processos laborais entrados e a evolução do sector terciário. Sabendo-se que, em 1974, os três sectores de actividade apresentavam valores sensivelmente idênticos, após esta data, seguiram linhas evolutivas diferenciadas. O sector primário passou de 35%, em 1974, para 12,7% em 1999, sendo que, e para o mesmo período, o sector terciário passou de 32,2% para 52,2%. O sector secundário, no período de referência, manteve-se com algumas variações: de 32,8%, em 1974, passou para 35,1% em 1999. No entanto, a ligação

Capítulo VI 275

das dinâmicas de crescimento do sector terciário e o aumento do total das acções laborais entradas é relativizada pelos dados da procura desagregada dos tribunais. Por exemplo, apesar da população empregada no sector terciário contribuir para o aumento da litigação laboral, as actividades económicas e as profissões associadas ao sector secundário são as que continuam, em termos absolutos, a procurar mais os tribunais. Deve ainda salientar-se que, no domínio das acções declarativas de acidentes de trabalho, são as profissões e as actividades económicas ligadas ao sector secundário as que revelam uma maior procura dos tribunais de trabalho (cf. capítulo seguinte). A baixa mobilização dos tribunais no sector primário está relacionada com a significativa diminuição do seu peso no total da economia.

No quadro de uma perspectiva geral das transformações políticas, económicas e laborais ocorridas depois de 1974, têm sido sugeridas diferentes tipologias e propostas de periodização. De acordo com essas propostas por mim estudadas noutros locais (Ferreira, 1993, 1999 e 2003), é possível estabelecer, em traços gerais, a existência de quatro grandes ciclos com incidência no mundo laboral. O primeiro situa-se entre 1976 e 1986 e é marcadamente desfavorável aos trabalhadores. Entre 1976 e 1981, ocorreu um recuo dos direitos sociais dos trabalhadores, levando a uma perda de peso por parte destes na distribuição do rendimento nacional e consequente recuperação da parte dos rendimentos das empresas e do capital. As políticas estatais, configurando um padrão de selectividade negativa relativamente ao trabalho permitiram alterações no sentido da flexibilidade ou precariedade de que são exemplos: a legislação sobre os contratos a prazo, o trabalho temporário, a subcontratação, o trabalho ao domicílio, as situações de salário em atraso e a contenção dos aumentos salariais (Santos, 1990: 151 ss.). Como chama a atenção José Reis (1992), na análise desta nova fase não se pode deixar de ter em consideração o facto novo que é a "irrupção" do desemprego na economia portuguesa. A experiência de um desemprego massivo e prolongado era fenómeno desconhecido da sociedade portuguesa até então (Rodrigues, 1992: 101).

Outros exemplos da alteração das políticas estatais laborais que haviam sido de selectividade positiva para os trabalhadores no período revolucionário, encontram-se na contenção salarial e no condicionamento da negociação colectiva. Os salários em atraso, os débitos patronais à segurança social, o bloqueamento da justiça laboral e a passividade da inspecção do trabalho são outros traços deste período (Santos, 1990).

O subperíodo de 1982 a 1986 é marcado pelos sintomas de crise económica que se reflectem fortemente no sistema de emprego acompanhados das influências do programa de estabilização do FMI (1983), da continuação das políticas de austeridade, da adesão à CEE (1986), do agravamento das ameaças de desemprego, do início dos processos de reconversão industrial e das mudanças resultantes da introdução de novas tecnologias. Estes factores concorreram para o desenvolvimento de comportamentos defensivos por parte dos trabalhadores, causando um enfraquecimento da acção reinvindicativa e divisões no seio do movimento sindical. Como refere Marinús Pires de Lima "o esgotamento do modo de travagem das tensões no mercado do emprego é claro a partir de 1982. A procura de novo emprego passa a ser o elemento dominante do desemprego" (Lima, 1991: 917).

O segundo período, situado entre 1987 e 1990, é caracterizado por duas tendências: pela diminuição do desemprego, em parte obtido à custa do aumento dos contratos a prazo, do emprego precário, do *part-time*, etc., e pela diminuição da contratação a prazo, em 1990, que parece indicar que a melhoria do número de postos de trabalho não se verificou apenas em termos quantitativos mas também em termos qualitativos (Lima, 1991: 927). A taxa de desemprego portuguesa em 1990 é uma das menores dos países da CEE, o que coincide com a aproximação da taxa de salário real à evolução tendencial de longo-prazo da produtividade, sugerindo a existência de uma situação equilibrada (Lima, 1991: 927). Quando confrontado com a mobilização dos tribunais de trabalho, verifica-se que neste período o número de acções declarativas entradas aumenta, por relação ao período anterior.

Ao terceiro período é associada a ideia do recrudescimento da crise entre 1991 e 1993. O aprofundamento da flexibilização das condições de trabalho, o aumento do desemprego, a contenção salarial e os despedimentos colectivos são características deste momento. Os dados do sistema judicial revelam a tendência de aumento do número de acções declarativas entradas mais evidente a partir de 1992.

Desde então, e tendo em conta as flutuações económicas, reconhecem-se sinais positivos na evolução do mercado de trabalho: diminuição da taxa de inflação, diminuição do desemprego, aumento da taxa de emprego. Durante este período, as acções declarativas decrescem até 1998, subindo desde então.

Admitindo-se a existência de um processo de convergência entre as lógicas de transformação políticas, económicas e laborais e as lógicas de mobilização judicial, os indicadores estatísticos que de seguida se apresentam evidenciam a necessidade de prudência quanto a esta matéria, evitando nomeadamente, a tentação de estabelecer nexos causais directos entre as dinâmicas de transformação políticas, económicas, sociais e laborais e as dinâmicas do judicial-laboral.

Passo a analisar o padrão de relacionamento entre elementos contextuais e a mobilização dos tribunais de trabalho.

3.1. Dinâmicas sócio-laborais e a mobilização dos tribunais de trabalho

No gráfico 8 utilizo como indicadores das dinâmicas sócio-judiciais os rácios resultantes do número de processos laborais entrados pela população residente e pela população activa, entre os anos de 1974 e 2002.

Os dois indicadores apresentam uma tendência de decréscimo acentuado até ao início da década de 90. Assim, o número de processos laborais entrados pela população activa em 1976 é de 23 processos por cada mil activos, enquanto em 1990 este valor é de 9,4. No caso da população residente, e para os mesmos anos, os valores são, respectivamente, 10,2 e 4,5. Esta situação inverte-se após este momento, embora a nova tendência seja de um acréscimo relativamente estável. Por exemplo, para o indicador número de processos entrados pela população activa em 1992, o valor é de 11,2 processos por cada mil activos, atingindo os 14,1 processos por cada mil activos em 2002.

Quanto à população residente, regista-se uma tendência semelhante de acréscimo pouco acentuado. Em 1992, registam-se 5,4 processos por cada mil residentes, enquanto em 2002 o valor é de 7,4.

Atendendo à grande estabilidade dos valores relativos à população residente e à população activa, nos períodos considerados, conclui-se que as variações dos indicadores dependem quase exclusivamente da dinâmica do movimento processual laboral.

Gráfico 8
Total de processos laborais entrados por população activa e residente

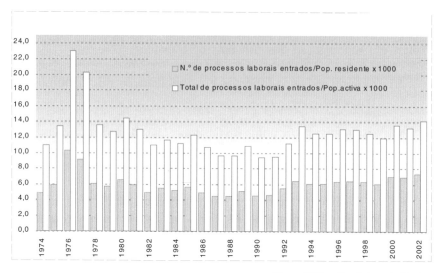

Fonte: INE e Estatísticas da Justiça.

No gráfico seguinte, e para o período 1974-2002, comparam-se as evoluções do PIB e do total das acções laborais entradas. Embora não se reconheça uma indexação entre a evolução das duas variáreis, pode referir-se que nos períodos em que a evolução do PIB é mais favorável parece ocorrer um fenómeno de contenção ou mesmo de redução da procura dos tribunais de trabalho. Salvaguardando-se as diferenças existentes entre as várias modalidades de acções laborais, às quais presidem lógicas de litigância diferenciadas, o aumento do PIB parece induzir uma menor propensão para a litigiosidade laboral.

Gráfico 9
Evoluções do PIB e do total das acções laborais entradas

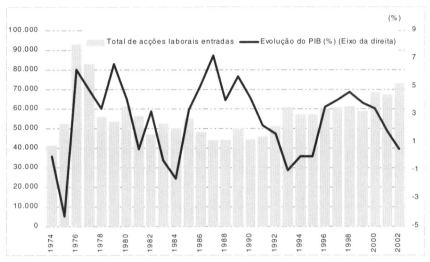

Fonte: INE e Estatísticas da Justiça.

No gráfico 10 compara-se o total das acções declarativas laborais entradas nos tribunais de trabalho com os indicadores relação emprego/população e taxa de desconforto. No cálculo da relação emprego/população, considerei a proporção entre a população empregada com mais de quinze anos e a população total. Quanto ao indicador taxa de desconforto, é recorrentemente utilizado por especialistas da área das relações industriais, como Colin Crouch, com resultados interessantes na interpretação das tendências nos sistemas de relações laborais (cf. Crouch, 1993). O indicador resulta da adição entre a taxa de inflação e a taxa de desemprego. A conjugação da taxa de inflação e da taxa de desemprego no indicador compósito taxa de desconforto permite desenvolver uma análise dinâmica das situações mais ou menos favoráveis ao mercado de trabalho.

No período em apreço, e no que diz respeito à relação emprego/população, verifica-se um aumento pouco significativo até 2000, seguido de um período de quase estagnação até 2002. Quanto à taxa de desconforto, o seu comportamento é marcado por um período de turbulência até 1983, seguido de um visível decréscimo até 1999, invertendo-se esta situação desde então. Assim, a partir de 1999, coincidem a estagnação da relação emprego/população com o aumento da taxa de desconforto.

Gráfico 10
Acções declarativas laborais entradas nos tribunais de trabalho, relação emprego/população e taxa de desconforto

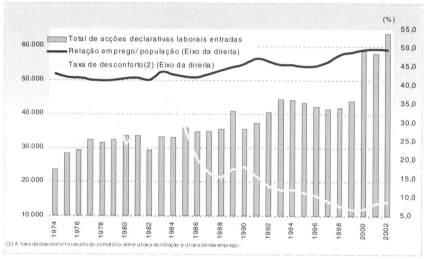

Fonte: INE e Estatísticas da Justiça.

As acções declarativas evidenciam uma tendência de aumento pouco acentuado até 1994, um ligeiro decréscimo até 1998 e um crescimento muito expressivo até 2002. De um ponto de vista comparativo, a relação entre os três indicadores revela a existência de três períodos: um primeiro período até 1994, em que não é claro o padrão de articulação; um segundo período entre 1995 e 1998, em que ao decréscimo da taxa de desconforto e ao aumento da relação emprego/população corresponde um decréscimo do número de acções declarativas entradas; e, finalmente, um terceiro período de sinal contrário ao anterior, marcado pelo aumento muito acentuado das acções declarativas que parecem ser empurradas pelo aumento da taxa de desconforto e da estagnação da relação emprego/população.

No gráfico 11 comparam-se as acções declarativas entradas no período 1974-2002 com as variáveis emprego/população e taxa de desemprego. De acordo com a análise efectuada, parece verificar-se a existência de uma relação entre as três variáveis, nos termos da qual, os aumentos da taxa de desemprego combinados com a diminuição ou estagnação da relação emprego/população resultam num aumento das acções declarativas entradas. Esta relação entre as variáveis em apreço é particularmente visível a partir de 2000, dado interessante, quando comparado com a situação da Alemanha. De acordo com as análises desenvolvidas por Giuseppe Bertola *et al.* (2001), existe uma relação indexada entre a evolução do desemprego e a taxa de litigação, relação essa que se traduz no aumento concomitante do desemprego e do número de acções intentadas e vice-versa. Em Portugal, esta relação, conforme referido, é mais significativa a partir de 2000.

Gráfico 11
Acções declarativas entradas no período, emprego/população e taxa de desemprego (1974-2002)

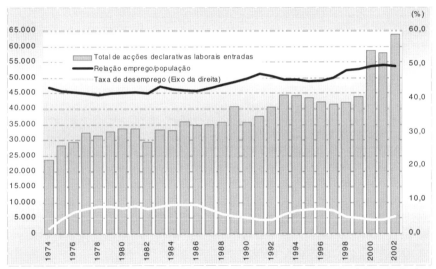

Fonte: INE e Estatísticas da Justiça.

Tomo, de seguida, como unidade de análise, as acções declarativas de contrato individual de trabalho entradas nos tribunais, para o período de 1992 a 2002. As acções de contrato individual de trabalho, de um ponto de vista sociológico, têm a dupla vantagem de remeterem, por um lado, para os aspectos estruturantes das relações individuais de trabalho, permitindo, por outro lado, precisar o padrão de articulação entre os contextos sócio-laborais e a mobilização dos tribunais de trabalho

No gráfico 12 assinalam-se as acções declarativas de contrato entradas por cada mil trabalhadores por conta de outrem (TCO). De salientar que em 1994 e 1995, anos em que os litígios emergentes da relação individual de trabalho foram mais intensos, intentaram-se 5,3 acções por cada mil TCO. Os valores mais baixos registaram-se em 1992 e 2001, respectivamente com 3,4 e 3,2 acções entradas por cada mil TCO. Num comentário geral, é de referir a tendência de crescimento das acções entradas, embora com oscilações entre 1992 e 2002. Entre 1997 e 1998 há uma redução acentuada de 0,7. De 2001 para 2002 está-se perante uma situação equivalente à ocorrida entre 1992 e 1993, com um aumento no crescimento das acções de 0,8 e 1,5, respectivamente.

Gráfico 12
Acções declarativas de contrato entradas por cada mil TCO

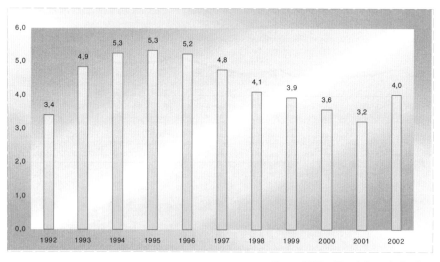

Fonte: INE e Estatísticas da Justiça.

De um ponto de vista sociológico, não se afigura muito relevante acentuar a contraposição entre conflitos individuais e conflitos colectivos de trabalho, dado o carácter estrutural assumido pela conflitualidade sócio-laboral no quadro das sociedades capitalistas. No entanto, pode adquirir relevância analítica atender a esta distinção quando se pretende comparar a conflitualidade colectiva associada ao fenómeno greve com a litigiosidade interindividual traduzida na mobilização dos tribunais. Assim, no gráfico 13 compara-se, para o período de 1990 a 2002, o número de acções declarativas de contrato entradas nos tribunais de trabalho com o número de trabalhadores em greve. Os dados apontam para a existência de três situações. A primeira corresponde aos anos de 1990 a 1992, período em que se registou um maior número de trabalhadores em greve, mas tendo como contraponto na litigiosidade interindividual o menor valor de acções intentadas. A segunda é a dos anos de 1993 a 1996, período em que se verificou uma redução significativa do número de trabalhadores em greve, atingindo-se os valores mais elevados nos litígios individuais. Finalmente, a terceira situação reporta-se ao ano de 2002, momento em que o número de trabalhadores em greve é dos mais baixos, sendo o número de acções entradas relativamente elevado. Sem prejuízo de se reconhecerem as diferenças subjacentes às lógicas de acção colectiva e individual, ao tipo e objectos das reivindicações e conflitos e aos específicos elementos contextuais em que ocorrem as relações laborais, considera-se que existe uma relação inversa entre o número de trabalhadores em greve e o número de acções de contrato individual de trabalho entradas nos tribunais.

Gráfico 13
Acções declarativas de contrato de trabalho entradas e trabalhadores em greve

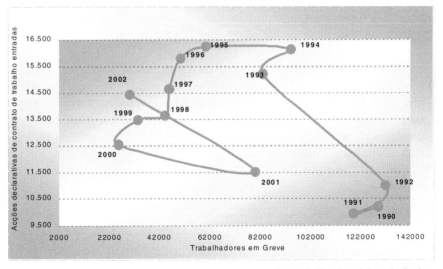

Fonte: INE e Estatísticas da Justiça.

Estabeleci anteriormente a existência de uma tendência, de acordo com a qual, os aumentos da taxa de desemprego combinados com a diminuição ou estagnação da relação emprego/população tendem a resultar num aumento das acções declarativas entradas. Sabendo-se do carácter compósito do indicador total das acções declarativas, já que ele contém distintos tipos de acções – contrato individual de trabalho, acidentes de trabalho e outras acções laborais –, pretendo agora determinar se o padrão de articulação anteriormente identificado permanece ou não válido quando se tomam por unidade de análise as acções de contrato individual de trabalho.

No gráfico 14, e para o período de 1992-2002, comparam-se as evoluções das acções declarativas de contrato de trabalho entradas, a relação emprego-população, a percentagem de trabalhadores a termo certo e a taxa de desemprego. De acordo com os dados, pode afirmar-se o seguinte: à medida que aumenta a relação emprego/população e diminui a taxa de desemprego, há uma tendência para a redução das acções entradas. O aumento da relação emprego/população é influenciado pelo aumento dos TCO a termo certo logo, o crescimento da população empregada fica a dever-se ao aumento dos estatutos laborais com carácter precário, diminuindo a pressão do desemprego. O facto de existir mais população empregada com carácter precário pode conduzir ao reconhecimento de uma relação inversa entre a precariedade e a mobilização dos tribunais. Note-se ainda que o ano de 2002 evidencia alguma especificidade, dado que a estagnação da relação emprego/população é acompanhada da tendência de aumento dos TCO a termo certo, da taxa de desemprego e das acções declarativas de contrato de trabalho. Se continuarmos a admitir que não serão os contratos a termo os grandes mobilizadores dos tribunais, estaremos então perante uma conflitualidade emergente da estrutura dos contratos por tempo indeterminado, o que poderá significar um aumento da crise mesmo entre os trabalhadores detentores de vínculos contratuais mais estáveis. Como veremos no próximo capítulo, os principais objectos de acção emergentes dos litígios individuais assentam na suspensão do despedimento e em questões pecuniárias.

Gráfico 14
Evolução das acções de CIT entradas, relação emprego/população, percentagem de trabalhadores a termo certo e taxa de desemprego

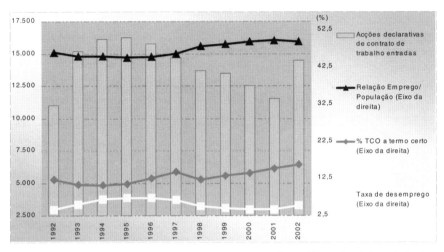

Fonte: INE e Estatísticas da Justiça.

No gráfico 15 identificam-se as linhas de tendência das variáveis atrás mencionadas. A evolução da linha de tendência da taxa de crescimento das acções declarativas de contrato individual de trabalho está em sintonia com a evolução da linha de tendência da taxa de crescimento do desemprego, não obstante existir uma aumento na linha de crescimento dos TCO. Deste modo, afigura-se como relevante a articulação desemprego/mobilização dos tribunais, isto é, quando há situações de menos desemprego, é menor o número de acções intentadas e vice-versa.

Gráfico 15
Linhas de tendência da taxa de crescimento das acções declarativas de CIT, da taxa de crescimento do desemprego e do crescimento dos TCO

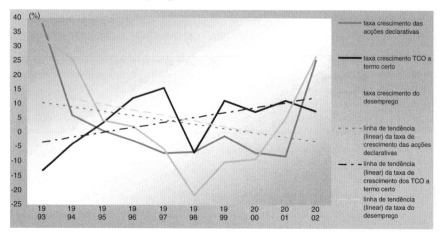

Fonte: INE e Estatísticas da Justiça.

Pretendo ainda discutir, relativamente às acções declarativas de contrato de trabalho, a relação que se pode estabelecer entre elas e os despedimentos colectivos. Como é sabido, o Decreto-lei n.º 64-A/89 de 27 de Fevereiro, coloca um conjunto de restrições no acesso aos tribunais aos trabalhadores individualmente considerados alvo de despedimentos colectivos, situação que não se alterou com a publicação do Código do Trabalho. Deste modo, pode presumir-se que existe uma procura potencial dos tribunais de trabalho por parte dos trabalhadores envolvidos em despedimentos colectivos. No gráfico seguinte, e para os anos de 1994 a 2002, comparam-se duas situações, a do número de acções de contrato de trabalho entradas nos tribunais e a das acções que, hipoteticamente, dariam entrada nos tribunais caso não existissem restrições legais. Se estes conflitos potenciais resultassem em conflitos efectivos, estaríamos, nalguns anos, perante acréscimos nos padrões de litigiosidade muito apreciáveis. Por exemplo, em 1994, teriam dado entrada nos tribunais de trabalho mais 23,5% de acções e em 2002 mais 18,3%. O cenário avançado constitui um bom exemplo de como a mobilização dos tribunais pode estar dependente de factores endógenos ao sistema como é, neste caso, a legislação relativa à cessação do contrato de trabalho.

Gráfico 16
N.º de acções de CIT entradas nos tribunais e acções que dariam entrada nos tribunais caso não existissem restrições legais

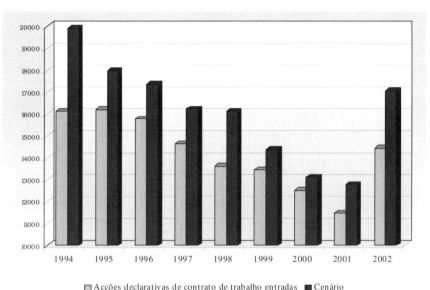

☐ Acções declarativas de contrato de trabalho entradas ■ Cenário

Cenário: total de acções de contrato e dos trabalhadores envolvidos em despedimentos colectivos

A última questão a analisar neste tópico diz respeito às acções de acidentes de trabalho. As acções de acidentes de trabalho estão em relação directa com o fenómeno da sinistralidade laboral, constituindo um bom ponto de partida para a análise do fenómeno mais amplo dos riscos profissionais. À semelhança das acções de contrato individual de trabalho, também as acções de acidentes de trabalho serão alvo de uma análise detalhada no próximo capítulo. De momento pretendo chamar a atenção para alguns dados que me parecem ser relevantes.

No gráfico 17 calculou-se o número de acções entradas de acidentes de trabalho por cada mil acidentes de trabalho. O aspecto mais relevante passa pela identificação da crescente evolução das acções de acidentes de trabalho por cada mil acidentes de trabalho, tendo-se atingido o valor mais elevado em 2000 com 91,7 acções, embora o ano de 1995 também tenha tido um valor expressivo, com 80,7 acções intentadas por cada mil acidentes de trabalho. Ocorre, no entanto, uma forte discrepância entre os acidentes de trabalho verificados e as acções de acidentes de trabalho, facto explicável pelo enquadramento legal que determina a transformação de um sinistro laboral numa acção declarativa de acidente de trabalho.

Gráfico 17
Número de acções entradas de AT por cada mil acidentes de trabalho

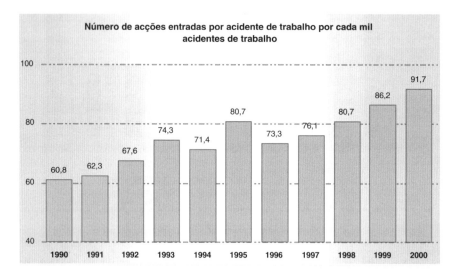

Fonte: Estatísticas da Justiça.

No gráfico 18 comparam-se as acções entradas por acidentes de trabalho, os acidentes de trabalho e a relação emprego/população, para o período entre 1990 e 2001. Ocorre uma tendência de indexação entre a evolução da mobilização dos tribunais em acções de acidentes de trabalho e o total dos acidentes de trabalho. Por outro lado, a evolução das acções e dos sinistros laborais é influenciada pelo aumento da relação emprego/população. Ou seja, ao existirem mais trabalhadores com emprego, há mais pessoas expostas a riscos de acidentes de trabalho e mais acções de acidentes de trabalho.

Gráfico 18
Acções entradas por AT, acidentes de trabalho e relação emprego/população

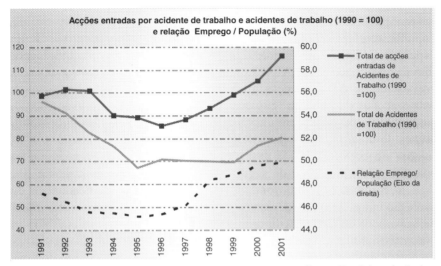

Fonte: Estatísticas da Justiça.

3.2. As dinâmicas locais e a procura dos tribunais de trabalho

Depois de ter relacionado a mobilização dos tribunais com algumas dimensões sócio-económicas, procuro agora demonstrar que a sua actividade também regista uma variação local. O fenómeno da diferenciação interna da procura dos tribunais de trabalho é captado pela noção de "espaços da justiça local".

De entre os factores susceptíveis de introduzirem uma variação local no desempenho do judicial-laboral identifico os seguintes: a cultura jurídica local, o padrão de resposta local do tribunal de trabalho, a inserção em meio rural ou urbano; a localização no litoral ou interior; "os sistemas produtivos locais" (Reis, 1992) em que se integram; as particularidades do mercado de trabalho local; a existência ou não de situações de crise económica sectorial ou regional; a capacidade organizativa dos sindicatos e associações patronais; a actuação da Inspecção-Geral do Trabalho e a cultura e identidades profissionais. O peso de cada um destes factores na explicação da actividade local dos tribunais de trabalho é variável e resulta das diferentes combinações entre os factores anteriormente mencionados. A partir desta perspectiva de análise equaciona-se a problemática da diferenciação interna das respostas do judicial-laboral e do reconhecimento dos tribunais de trabalho como espaços de administração da justiça relativamente autónomos entre si.

A análise dos processos entrados por tribunal de trabalho, revela a centralidade do Tribunal de Trabalho de Lisboa por comparação com o resto do país. Ao darem entrada no Tribunal de Trabalho de Lisboa 8.143 processos em 2001, o que representa 12,2% do total de processos entrados nesse ano, o Tribunal de Lisboa destaca-se de todos os outros pelo seu volume processual. Também o Tribunal de Trabalho do Porto, com mais de 4.478 processos entrados nesse ano, assume uma importante centralidade no contexto da litigação nacional. Ao agregar o volume de processos entrados nos tribunais de trabalho que fazem parte da área da grande Lisboa[195], sai reforçada a imagem da concentração espacial da procura de justiça laboral. Assim, os cinco tribunais de trabalho que constituem a área da grande Lisboa absorvem 17% do total de processos entrados, acentuando-se a assimetria relativamente ao resto do país.

Gráfico 19
Percentagem de processos entrados nos tribunais de trabalho da grande Lisboa e do grande Porto

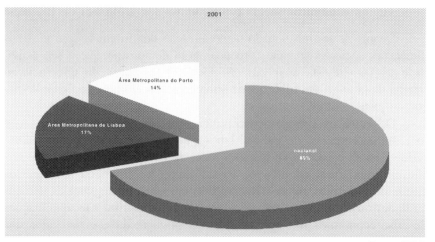

Fonte: GPLP.

---

[195] A determinação da área da grande Lisboa, bem como a área do grande Porto, é feita com base na delimitação regional estabelecida pelas NUTS, mais concretamente pelas unidades de análise de nível III (Decreto-lei n.º 46/89 de 15 de Fevereiro). Assim,

Recorrendo ainda à geo-referenciação, desenvolveram-se dois mapas dos processos entrados por tribunal para as acções de acidentes de trabalho e de contrato individual de trabalho para o ano de 2002. Os tribunais foram agrupados de acordo com cinco classes (0; 1 a 250; 251 a 500; 501 a 1000 e 1000 a 2000).

Gráfico 20
Mapas dos processos entrados por tribunal para as acções CIT e AT (2002)

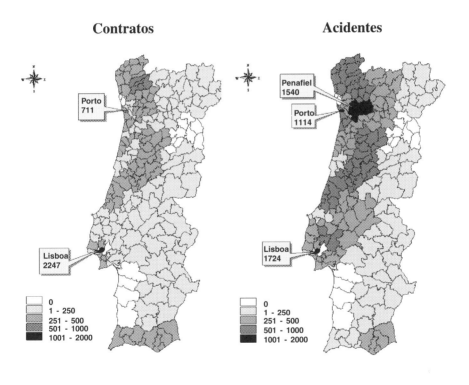

a área da grande Lisboa é constituída por sete municípios: Amadora, Cascais, Lisboa, Loures, Oeiras, Sintra e Vila Franca de Xira. Por sua vez, a área do grande Porto tem nove municípios: Espinho, Gondomar, Maia, Matosinhos, Porto, Póvoa de Varzim, Valongo, Vila do Conde e Vila Nova de Gaia. Fazendo uma equivalência entre os municípios e o espaço de competência dos tribunais de trabalho, temos na área da grande Lisboa 5 tribunais de trabalho (Cascais, Lisboa, Loures, Sintra e Vila Nova de Gaia), e na área do grande Porto 6 (Gondomar, Maia, Matosinhos, Porto, Valongo, Vila Nova de Gaia).

Como se pode constatar, o Tribunal de Trabalho de Lisboa absorve o maior número de processos de contrato de trabalho, sendo igualmente de destacar o elevado número de processos entrados nos Tribunais de Trabalho do Porto e de Braga. Importa destacar o elevado valor do número de acções entradas no Tribunal de Trabalho de Lisboa (2.247) por relação ao Tribunal de Trabalho do Porto, o segundo classificado em número de acções entradas (711). Em termos gerais, a distribuição dos processos pelos diferentes tribunais de trabalho do país deixa perceber a existência da contraposição entre o litoral e o interior, dado a procura ser mais forte nas zonas do litoral norte e sul. As zonas do interior são relativamente homogéneas quanto ao padrão de mobilização dos tribunais de trabalho em litígios emergentes do contrato de trabalho. Os cálculos relativos aos processos de CIT entrados e findos nos diferentes tribunais de trabalho revelam a existência de uma situação de equilíbrio entre a oferta e a procura dado que, em todos os tribunais, o número de processos entrados é muito aproximado ao número de processos findos. As percentagens relativas à distribuição do número de processos por tribunal de trabalho sublinha as tendências anteriormente descritas, nomeadamente a que diz respeito à situação peculiar do Tribunal de Trabalho de Lisboa relativamente à litigiosidade emergente das acções de CIT. A concentração deste tipo de acções no Tribunal de Trabalho de Lisboa (2.247 num total 13.931 processos entrados em 2002, correspondem a 16,1%) valor muito superior ao encontrado para o segundo tribunal de trabalho com maior número deste tipo de acções, o do Porto, onde apenas deram entrada 5,1% do total de acções entradas de CIT.

Ainda em termos percentuais, é de referir os elevados valores encontrados para os Tribunais de Trabalho de Braga, Penafiel, Vila Nova de Gaia, Leiria e Almada que representam, respectivamente, 4,4%, 3,3%, 3,3%, 3,5% e 3,1% do total nacional. Valores expressivos reconhecem-se ainda nos Tribunais de Trabalho de Matosinhos, Viseu, Aveiro, Coimbra, Barcelos e Loures que representam, respectivamente, 2,6%, 2,8%, 2,9%, 2,8%, 2,7% e 2,4%. Os tribunais que apresentam valores de mobilização inferiores a 1% são os seguintes: Caldas da Rainha (0,9), Funchal (0,8), Portalegre (0,8), Torres Vedras (0,8), Bragança (0,7), Valongo (0,6) e Ponta Delgada (0,5).

No que diz respeito às acções de acidentes de trabalho, está-se perante uma distribuição diferente da das acções de contrato. Assim, num total de 21.472 acções entradas a nível nacional, destaca-se o número de acções entradas no Tribunal de Trabalho de Lisboa (1.724), seguido do Tribunal de Trabalho de Penafiel (1.540) e do Tribunal de Trabalho do

Porto (1.114). A distribuição espacial desta litigação revela um peso muito significativo no litoral a norte do Tejo e na zona leste do Algarve. A análise por tribunal das acções entradas e findas revela também a existência de uma situação de parificação entre a oferta e a procura, dado que o número de processos entrados é muito próximo do número de processos findos, por exemplo, os três tribunais onde se regista o maior número de processos entrados são também os tribunais onde findam mais processos: Lisboa (8% de processos entrados em 2002 e 9% de processos findos), Penafiel (7,2% de processos entrados e 7,1% de processos findos) e Porto (5,2% de processos entrados e 4,9% de processos findos). Os Tribunais de Trabalho de Matosinhos, Santa Maria da Feira, Vila Nova de Gaia, Coimbra e Braga apresentam valores elevados de mobilização nas acções de AT, respectivamente, 3,8%, 3,4%, 3,7%, 3,1% e 3,2%. Os tribunais de trabalho com valores abaixo de 1% no total da litigação são os seguintes: Bragança (0,9), Beja (0,8), Castelo Branco (0,7), Portalegre (0,7) e Covilhã (0,6).

Como forma de avaliar a importância local dos tribunais de trabalho, do ponto de vista do mercado de trabalho local, relacionei o volume das acções laborais com os trabalhadores por conta de outrem constantes dos Quadros de Pessoal.

O estudo da distribuição dos processos entrados por tipo de acção e pelos vários tribunais de trabalho, permite qualificar com maior rigor as relações que se estabelecem entre os tribunais de trabalho e os respectivos contextos locais. No quadro 6 encontra-se o resultado da hierarquização dos tribunais de acordo com os valores obtidos pela seguinte fórmula:

$$\frac{\text{Tipos de acções findas por tribunal de trabalho}}{\text{Trabalhadores por conta de outrem}} \times 100 = \text{Intensidade local da resposta}$$

Exceptuando-se as acções executivas, as acções de contrato individual de trabalho e as acções de acidentes de trabalho estão, predominantemente, associadas a autores que se encontram juridicamente na situação de trabalhadores dependentes.[196] Por este facto, afigurou-se acertado assu-

---

[196] De forma directa como sucede nas acções de contrato individual de trabalho, em que os autores são maioritariamente pessoas singulares, ou de forma indirecta, no caso dos acidentes de trabalho, em que as acções são interpostas sobretudo por seguradoras.

mir como denominador do indicador do peso local do tipo de litigação laboral, o valor dos trabalhadores por conta de outrem (TCO), apurado para as zonas de competência dos respectivos tribunais de trabalho.[197]

No quadro 6 encontram-se hierarquizados os tribunais por processos entrados por tipo de acção e por trabalhadores por conta de outrem. A primeira observação a fazer é a de que existe uma descoincidência entre as hierarquizações dos vários tribunais de trabalho em função do tipo de litigação. No que diz respeito às diferentes acções findas por 100 TCO, a centralidade atribuída ao Tribunal de Trabalho de Lisboa nas acções de contrato individual de trabalho esbate-se quando os seus valores absolutos são ponderados pelos TCO. Apesar de nas acções de contrato individual de trabalho Lisboa deter o valor mais elevado de acções entradas em termos absolutos, quando feita a sua ponderação pelos TCO relativiza-se essa centralidade.

Ainda no que diz respeito às acções de contrato, o Tribunal de Trabalho de Gondomar, com 1,22 acções por cada 100 TCO é o tribunal onde ocorrem maior número de litígios, seguido pelos tribunais de Barcelos

---

[197] Para além da confrontação entre a orgânica judicial e a informação contida na base de dados do GPLP e Quadros de Pessoal, foi necessário estabelecer um protocolo que permitisse realizar a articulação entre a informação produzida pelo sistema judicial com a informação oriunda de outras fontes. Perante a necessidade de conseguir dados sociais de contextualização, que naturalmente não estão organizados segundo o âmbito de competência dos tribunais de trabalho, teve que se proceder a uma fragmentação do espaço em que actuam os mesmos, por forma a recolher informação passível de ser utilizada conjuntamente com os dados locais da justiça laboral. Tendo em conta que os dados estatísticos espacialmente mais relevantes para este estudo são os dos concelhos, foi essa a unidade de análise administrativa utilizada. Neste sentido, apuraram-se quais as unidades concelhias que se encontram no âmbito de competência de determinado tribunal de trabalho. Para isso, identificaram-se quais as comarcas que constituem os vários tribunais de trabalho, tendo consultado a síntese dos mapas II, III e VI do DL n.º 214/88 onde se estabelece a correspondência entre tribunais de trabalho e comarcas. De seguida foram desagregadas as comarcas por concelhos, pois verificaram-se muitos casos em que a uma comarca corresponde mais do que um concelho, e noutros casos, em que um concelho se fragmenta por mais do que uma comarca. Para esta tarefa foi seguido o mapa da divisão judicial, onde, para além de estarem referenciados os limites das comarcas, se indicam a que comarcas pertencem os concelhos que o não são.

Se por um lado se desagregou o âmbito espacial dos tribunais de trabalho para aceder aos concelhos, por outro lado procedeu-se em sentido inverso agregando a informação estatística de nível concelhio, por forma a articulá-la com os respectivos tribunais de trabalho. Foi através desta operação sequencial de desagregação das escalas espaciais e da agregação estatística de âmbito territorial, que se obtiveram os elementos de contextualização que permitiram enquadrar a actividade dos tribunais de trabalho.

Quadro 6
Processos entrados por tipo de acção, por trabalhadores por conta de outrem (2002)

Acidentes		Contratos		Execuções	
Lamego	2,14	Gondomar	1,22	Beja	0,72
Abrantes	1,76	Barcelos	0,94	Évora	0,70
Matosinhos	1,73	Braga	0,90	Bragança	0,69
Penafiel	1,73	Guarda	0,88	Vila Real	0,60
Gondomar	1,69	Castelo Branco	0,87	Guarda	0,59
Valongo	1,68	Aveiro	0,86	Vila Nova de Famalicão	0,56
Bragança	1,35	Vila Real	0,85	Figueira da Foz	0,52
Guarda	1,34	Covilhã	0,81	Abrantes	0,52
Viana do Castelo	1,33	Lamego	0,80	Gondomar	0,51
Vila Real	1,30	Matosinhos	0,77	Braga	0,51
Barcelos	1,30	Viseu	0,76	Tomar	0,50
Gaia	1,29	Gaia	0,74	Viseu	0,50
Santarém	1,26	Almada	0,74	Covilhã	0,49
Santa Maria da Feira	1,19	Vila Nova de Famalicão	0,73	Maia	0,45
Viseu	1,08	Viana do Castelo	0,68	Santo Tirso	0,45
Santo Tirso	1,07	Portalegre	0,66	Lamego	0,43
Aveiro	1,04	Águeda	0,66	Aveiro	0,40
Vila Nova de Famalicão	1,03	Porto	0,63	Matosinhos	0,38
Braga	1,01	Beja	0,62	Coimbra	0,35
Porto	0,99	Bragança	0,61	Penafiel	0,34
Vila Franca de Xira	0,98	Abrantes	0,61	Portalegre	0,33
Caldas da Rainha	0,97	Leiria	0,60	Gaia	0,33
Figueira da Foz	0,94	Maia	0,58	Viana do Castelo	0,33
Tomar	0,94	Lisboa	0,56	Santarém	0,32
Oliveira de Azeméis	0,94	Santarém	0,56	Almada	0,31
Maia	0,93	Valongo	0,55	Funchal	0,31
Portalegre	0,93	Cascais	0,55	Barcelos	0,27
Torres Vedras	0,92	Loures	0,54	Caldas da Rainha	0,26
Setúbal	0,92	Figueira da Foz	0,54	Loures	0,26
Águeda	0,89	Faro	0,53	Águeda	0,25
Coimbra	0,84	Penafiel	0,52	Vila Franca de Xira	0,24
Beja	0,81	Setúbal	0,51	Santa Maria da Feira	0,22
Almada	0,79	Tomar	0,51	Barreiro	0,22
Castelo Branco	0,78	Portimão	0,51	Faro	0,22
Ponta Delgada	0,77	Coimbra	0,49	Valongo	0,22
Leiria	0,72	Caldas da Rainha	0,48	Oliveira de Azeméis	0,21
Loures	0,71	Santo Tirso	0,46	Porto	0,21
Covilhã	0,67	Oliveira de Azeméis	0,46	Castelo Branco	0,18
Sintra	0,62	Sintra	0,45	Ponta Delgada	0,17
Évora	0,58	Santa Maria da Feira	0,42	Setúbal	0,17
Cascais	0,57	Évora	0,34	Lisboa	0,17
Faro	0,57	Vila Franca de Xira	0,29	Torres Vedras	0,13
Portimão	0,45	Torres Vedras	0,27	Leiria	0,13
Lisboa	0,43	Ponta Delgada	0,23	Cascais	0,09
Funchal	0,40	Barreiro	0,21	Sintra	0,09
Barreiro	0,29	Funchal	0,20	Portimão	0,08

Fonte: GPLP e Quadros de Pessoal.

(0,94), Braga (0,90), Guarda (0,88), Castelo Branco (0,87) e Aveiro (0,86). Os últimos seis tribunais resultantes desta hierarquização são, por ordem decrescente, Évora (0,34), Vila Franca de Xira (0.29), Torres Vedras (0,27), Ponta Delgada (0,23), Barreiro (0,21) e Funchal (0,20). Também as acções de acidentes de trabalho, quando calculadas levando em consideração os valores relativos aos trabalhadores por conta de outrem, apresentam uma distribuição muito distinta da encontrada em termos absolutos. Assim, o Tribunal de Trabalho de Lamego, com 2,14 acções de acidentes de trabalho por cada 100 TCO substitui o Tribunal de Trabalho de Lisboa. O Tribunal de Trabalho de Matosinhos é o único que ocupa um lugar semelhante, quer se considere a distribuição em termos absolutos, quer em termos ponderados. Ainda no que diz respeito às acções de acidentes de trabalho, cabe destacar os valores registados nos Tribunais de Trabalho de Abrantes (1,76), Penafiel (1,73), Gondomar (1,69) e Valongo (1,68).

Em síntese, parece ser relevante a identificação da descoincidência entre a centralidade dos tribunais conferida pelo volume processual e a centralidade dos tribunais conferida pela intensidade da conflitualidade e judicialização dos litígios laborais. O significado sociológico da judicialização e da propensão para a litigação varia localmente de acordo com o tipo de acções que mobilizam a actividade dos tribunais. Com esta breve análise dos tribunais de trabalho ao nível local, pretendi demonstrar a existência de dois dos elementos constitutivos dos espaços da justiça laboral: a diferenciação interna das respostas do judicial-laboral e a importância dos factores locais para a constituição do que se pode designar por territórios, espaços locais da justiça laboral ou sistemas de justiça laboral locais. É evidente que a investigação cabal dos espaços da justiça laboral local só estará completa quando for possível elaborar um mapa de correspondências entre os factores económicos, sociais, políticos, culturais, endógenos e exógenos aos tribunais, e a actividade e desempenho destes.

Conclusão

Ao longo deste capítulo procurei caracterizar a estrutura e a dinâmica internas da actividade dos tribunais de trabalho, bem como, contextualizar o seu desempenho, atendendo a algumas variáveis do sistema de relações laborais e do mercado de trabalho. A tendência do movimento processual laboral, de 1974 a 2002, indicia o crescente aumento da procura em termos absolutos. Este crescimento, no entanto, não acompanha o *boom* de litigação ocorrido nos domínios cível e penal, pelo que, uma primeira conclusão a retirar é a de que não é na administração da justiça do trabalho que se reconhecem os traços caracterizadores da designada crise da justiça, entendida do ponto de vista do crescimento quantitativo do número de acções intentadas.

A desagregação do movimento processual por tipo de acção permite detectar a pressão exercida pelas acções declarativas no total da procura dos tribunais de trabalho. Efectivamente, são elas as grandes indutoras do crescimento do volume processual nos tribunais de trabalho, dado que, as acções executivas e de transgressão tendem a diminuir ao longo do período considerado.

Os picos de procura, nos anos de 1975, 1976 e 1977, relativamente ao total das acções entradas, poderiam sugerir a existência de um nexo causal entre o processo de transição para a democracia e a criação de condições para a expressão de atitudes reivindicativas conducentes à efectivação dos direitos laborais. No entanto, tais picos de procura são apenas resultado de um efeito estatístico derivado da contabilização das acções de transgressão no movimento processual laboral. Aliás, creio não ser despropositado admitir que o período da crise revolucionária apelava mais a uma conflitualidade de carácter colectivo, associada à actividade dos movimentos sociais e sindicais então existentes, do que à propensão para a litigação interindividual.

Quero ainda referir que o crescimento das acções declarativas tem assentado, nos últimos anos, nas acções de acidentes de trabalho e doenças profissionais. Para além das alterações legislativas deve-se, igualmente, atender à taxa de incidência dos acidentes de trabalho e à sinistralidade laboral em Portugal, das mais altas na Europa, como factores justificativos desta situação.

A oferta da justiça laboral tomou como principal indicador a duração processual. A este respeito, os tribunais de trabalho apresentam melhores performances do que em qualquer outra área da administração da justiça. Os dados revelam que a justiça do trabalho é a que mais rapidamente responde às solicitações da procura. Deste ponto de vista, a justiça laboral é aquela que comparativamente mais aproxima a duração processual das expectativas dos cidadãos, sendo, no entanto, discutível considerar-se o prazo até um ano, o primeiro da tipologia proposta, como razoável para a resolução dos litígios laborais.

A forma de resolução dos litígios e a duração dos processos são dois aspectos que devem ser sublinhados. Os dados demonstram a relação existente entre o princípio da transacção e a maior celeridade na resolução dos litígios. Efectivamente, sempre que a composição do conflito é feita por conciliação judicial, a duração dos processos é menor. Uma vez mais, é de realçar o efeito das normas adjectivas laborais que, ao assumirem simultaneamente os princípios da celeridade, da simplicidade de tramitação e da valorização da conciliação, induzem uma resposta mais rápida dos tribunais de trabalho de primeira instância.

Os resultados obtidos pela articulação entre as dinâmicas judiciais-laborais e as dinâmicas sócio-laborais permitem estabelecer algumas tendências de que resulta uma melhor compreensão do padrão de mobilização e de litigação dos tribunais de trabalho. Se por um lado, as variáveis demográficas, população residente e população activa consideradas no seu total, não influenciam directamente a dinâmica do judicial-laboral, já o mesmo não sucede com as variáveis do mercado de trabalho e do sistema de relações laborais. Por exemplo, pude estabelecer uma conexão entre a relação emprego/população, a taxa de desemprego e o número de acções declarativas entradas, nos termos da qual, a diminuição da primeira e o aumento da segunda produzem efeitos no aumento da procura da jurisdição laboral. De igual modo, também as acções de contrato individual de trabalho se revelam sensíveis à influência da taxa de desemprego e à relação emprego/população.

Por outro lado, e para concluir, quero ainda sublinhar o padrão de relacionamento existente entre a evolução do sistema de relações laborais, o direito do trabalho e a procura dos tribunais. Como se demonstrou, as alterações legislativas no domínio das transgressões e os índices de sinistralidade laboral têm efeitos quase imediatos sobre a evolução da procura nas acções de transgressão e o elevado número de acidentes de trabalho. Comprova-se, assim, a hipótese colocada no início do capítulo, de que as variações bruscas no movimento processual se devem, em regra, a alterações endógenas ao sistema judicial ou a fenómenos exógenos muito persistentes. Mais complexa é a relação existente entre a evolução do sistema de relações laborais e a procura dos tribunais de trabalho. Ainda assim, e de uma forma consequente com o que acima ficou dito a propósito da situação do mercado de trabalho, pode afirmar-se que os momentos de maior crise do sistema de relações laborais, nomeadamente quando envolvem a estagnação da relação emprego/população e o aumento da taxa de desemprego, correspondem a um aumento da procura dos tribunais de trabalho.

CAPÍTULO VII

A litigação nas acções de contrato individual de trabalho e de acidentes de trabalho

Introdução

Após ter analisado, no capítulo anterior, as dinâmicas sócio-laborais e as tendências de oferta e procura de justiça laboral nas últimas três décadas, estudo agora a estrutura da litigação das acções de contrato individual de trabalho e de acidentes de trabalho. O capítulo tem um duplo objectivo: em primeiro lugar, caracterizar a estrutura interna e a dinâmica da litigação associada às acções declarativas de contrato individual de trabalho (CIT) e de acidentes de trabalho (AT) e, em segundo lugar, relacionar o padrão de litigação emergente dos conflitos laborais com elementos do sistema de relações laborais e do mercado de trabalho.

Os traços estruturais do padrão de litigação estabelecem-se partindo da identificação dos mobilizadores dos tribunais, dos objectos dos conflitos que originam os litígios judiciais e da forma como ocorre a resolução desses conflitos.

Uma das principais fontes utilizadas foi a base de dados estatísticos oficiais produzida pelo Gabinete de Política Legislativa e Planeamento (GPLP) disponível a partir de 1989, e constituída a partir dos verbetes de notação sobre a actividade judicial, preenchidos pelos funcionários judiciais.[198] A informação obtida a partir dos boletins de notação estatística

---

[198] O tratamento informático e estatístico dos dados do GPLP foi efectuado segundo um plano, cuja primeira fase consistiu na identificação e selecção dos vários boletins de notação. A partir dos objectivos analíticos, seleccionei os que dizem respeito à justiça laboral. 1. Boletim para acções de Contratos Individuais e Trabalho; 2. Boletim para acções de Acidentes de Trabalho; 3. Boletim para acções de Execução; 4. Boletim para outras Acções; 5. Boletim para arguido em Transgressão. Após seleccionados os boletins de notação estatística respeitantes à justiça laboral, procedeu-se à sua transferência e conversão. Recorrendo às soluções encontradas no âmbito do Observatório Permanente

refere-se a processos findos e a processos entrados (na primeira instância). No entanto, só para os processos findos é possível caracterizar os conflitos por objecto, profissão, actividade económica, sexo, termo do processo, etc.[199]

Para além dos dados estatísticos do GPLP, outras bases de dados foram utilizadas. Assim, e no que diz respeito à duração dos processos e ao perfil social dos mobilizadores dos tribunais, analizaram-se as informações contidas nos livros de porta dos tribunais e juízos. A partir dessa informação, relativa a processos entrados, foi construída uma base de dados. Pretendendo caracterizar sociologicamente a estrutura de conci-liação judicial e a relação existente entre o tipo de contratos de trabalho e a mobilização dos tribunais, desenvolvi dois breves casos de estudo de petições e autos de conciliação de acções de contrato individual de trabalho nos Tribunais de Trabalho de Lisboa e de Oliveira de Azeméis.

---

da Justiça Portuguesa, traduziram-se todos os ficheiros para um formato ASCII, considerado como denominador comum, que permitisse a colocação dos dados em qualquer outro computador e programa. Uma vez recebidos, os ficheiros foram traduzidos para formato dBase, o que permitiu manipular cada ficheiro de uma forma quase livre, quer com o próprio dBase e Clipper, quer, sobretudo, com o programa estatístico SPSS.

[199] Uma das principais preocupações na elaboração de estudos em que uma das principais fontes de informação é a base de dados do GPLP, prende-se com a questão da fiabilidade dos elementos que dela constam. Tal facto tem sido questionado por operadores do sistema em geral e, sobretudo, por magistrados e suas associações profissionais. Esta preocupação resulta do reconhecimento da existência de deficiências nos processos de preenchimento e recolha dos boletins de notação estatística. O estudo da validação dos dados do GPLP foi efectuado no Tribunal de Trabalho de Coimbra e incidiu em boletins de notação estatística de contrato individual de trabalho. Nestes boletins foram seleccionados os campos da profissão do autor e a actividade económica do réu. A importância do campo respeitante à profissão do autor e à actividade económica do réu é relevante, enquanto interface entre a análise interna e externa dos tribunais de trabalho, isto é, enquanto mediadores entre o contexto em que funcionam os tribunais de trabalho e a actividade dos tribunais de trabalho. Possibilitou-se, com este procedimento, a identificação da margem de erro resultante da articulação entre fontes de informação externa ao sistema judicial e a informação disponibilizada por este. A metodologia utilizada consistiu em seleccionar aleatoriamente, a partir da base de dados, processos de contrato individual de trabalho. Após essa selecção procedeu--se à sua análise e respectivo preenchimento do boletim de notação estatística. Uma vez preenchido o boletim, confrontei os dados recolhidos com os dados do boletim preenchido pelos funcionários, disponíveis na base de dados do GPLP. Pela confrontação dos resultados verifiquei que os dados estatísticos oficiais continham 13,3% de informações erradas.

Da estratégia metodológica consta ainda o recurso às matrizes de análise da justiça do trabalho a que me referi no capítulo anterior. Neste capítulo, utilizei o nível de análise sectorial atendendo sobretudo à Classificação de Actividades Económicas (CAE) e à Classificação Nacional das Profissões (CNP). A leitura dos elementos constantes destas matrizes permitiu testar algumas das hipóteses subjacentes à investigação, nomeadamente, as que consideram que o padrão de litigação e cultura jurídicas se articulam com variáveis do sistema de relações laborais e do mercado de trabalho.

O capítulo encontra-se dividido em três partes. No primeiro, atende-se à estrutura da litigação nas acções de contrato individual de trabalho e de acidentes de trabalho, na óptica da resolução dos conflitos e do termo do processo nos tribunais. Na segunda e na terceira, identificam-se para as acções de contrato individual de trabalho e de acidentes de trabalho, os actores sociais envolvidos nos litígios e relaciona-se a mobilização dos tribunais com a actividade económica, as profissões, o sexo, a dimensão das empresas, o desemprego, o tipo de contratos, a taxa de rotatividade, taxa de sindicalização, a negociação colectiva, as greves, etc.

1. A estrutura da litigação nas acções de contrato individual de trabalho e de acidentes de trabalho: a resolução dos conflitos e o termo do processo nos tribunais de trabalho

A análise da resolução dos conflitos laborais pelos tribunais de trabalho estrutura-se da seguinte forma: em primeiro lugar, apresentam-se dados comparativos relativos à mobilização dos tribunais de trabalho em diferentes países; em segundo, e com o intuito de determinar a relação existente entre a procura real e a procura potencial, recorre-se à metodologia da pirâmide dos conflitos aplicada às acções de contrato individual de trabalho e de acidentes de trabalho; em terceiro lugar, identifica-se o modo como os processos findam nos tribunais de trabalho atendendo à variável termo do processo e, finalmente, assinalam-se as principais fontes de conflito associadas às acções de contratos de trabalho e acidentes de trabalho.

1.1. O papel dos tribunais e a flexibilidade/rigidez da protecção no emprego

A análise comparada das estruturas de litigação e dos padrões de mobilização dos tribunais de trabalho é um exercício difícil devido às especificidades legislativas (adjectivas e substantivas), às diferentes dinâmicas e características dos sistemas de relações laborais e, finalmente, às dificuldades resultantes da compatibilização das fontes quantitativas e qualitativas a utilizar.

As razões anteriormente apontadas são, seguramente, responsáveis pela ausência de estudos comparativos tendo por objecto a interferência do judicial-laboral na regulação dos mercados de trabalho dada a dificuldade de desenvolver estudos sobre o papel dos tribunais de trabalho não contextualizados nacionalmente pelas dimensões política, económica, social e cultural que estão na base da articulação entre os sistemas judiciais e os sistemas de relações laborais.

Em resultado desta dificuldade, as discussões versando as grandes linhas político-normativas dos processos de transformação do mundo do trabalho expressas no âmbito da OCDE e da Estratégia Europeia para o Emprego têm dificuldade em ultrapassar o carácter prepositivo de princípios orientadores em prejuízo de uma avaliação centrada nos efeitos globais da regulação concreta das relações laborais que incorpore os fenómenos da aplicação e da efectividade das normas laborais.

Se na comparação de modelos de resolução de conflitos sublinhei a importância da obra desenvolvida por Fernando Valdés Dal-Ré (2003) pela sua actualidade, impõe-se a necessidade de mencionar os estudos desenvolvidos por Giuseppe Bertola, Tito Boeri e Sandrine Cazes (1999, 2001a) a propósito da comparação de estruturas de litigação e de padrões de mobilização dos tribunais de trabalho em diferentes países. As investigações destes autores deram um contributo fundamental para a análise do papel desempenhado pelos mecanismos de aplicação da normatividade laboral na regulação concreta das relações laborais, interpelando o cânone dos estudos apresentados pela OCDE a propósito, nomeadamente, da legislação relativa à protecção do emprego.

O trabalho destes autores veio trazer uma nova luz sobre as relações existentes entre as funções políticas, instrumentais e simbólicas desempenhadas pelos tribunais de trabalho (estudadas no terceiro capítulo) e a rigidez/flexibilidade resultante da aplicação do direito laboral pelos tribu-

Capítulo VII 303

nais. O senso comum jurídico, sobretudo nos países de cultura jurídica continental, tende a alimentar a ideia de que os tribunais de trabalho tomam decisões maioritariamente favoráveis aos trabalhadores tornando--se a sua actividade, por esta razão, num factor de rigidez do mercado de trabalho. Esquecendo uma análise dos custos da cidadania incorporando as questões da coesão e da integração social, a discussão acerca dos custos do exercício dos direitos dos trabalhadores tende a hiper valori-zar os aspectos relacionados com os custos de ajustamento do mercado de trabalho, concebendo-se o direito do trabalho como um factor de produção.

Neste sentido, a fórmula da OCDE visando o incremento de econo-mias não-inflaccionistas e do crescimento do emprego assenta na promo-ção de mercados de trabalho flexíveis e eficientes onde sejam introduzi-das medidas de flexibilização salarial e da legislação de protecção do emprego. No que concerne à flexibilização dos custos salariais e do tra-balho destaca-se a importância dada à qualificação, particularmente entre os trabalhadores mais jovens. Relativamente à legislação de protecção do emprego, propõe-se uma orientação de matriz liberal visando a redução dos instrumentos legislativos com carácter proteccionista, identificando como principal problema a rigidez legislativa, contrapondo-lhe as propos-tas para flexibilizar a legislação de protecção do emprego (LPE). O ar-gumento apresentado é o de que a legislação proteccionista, além de restringir a flexibilidade e o poder de despedimento dos empregadores, retirando capacidade competitiva às empresas, não responde eficazmente aos desejos de estabilidade e segurança do trabalhador.[200]

---

[200] Desde o início dos anos noventa do século passado até aos dias de hoje, as recomendações e linhas orientadoras da OCDE têm mantido um padrão relativamente homogéneo, salientando-se os seguintes aspectos: 1. Políticas macroeconómicas e estru-turais que encorajem o crescimento sem inflação; 2. Criação e difusão de know-how tecnológico; 3. Aumento da flexibilidade do tempo de trabalho; 4. Facilidade na criação e expansão de empresas; 5. Flexibilização dos custos salariais de acordo com condições locais e níveis individuais de qualificação; 6. Reformas na segurança do emprego, ou seja, redução da legislação de protecção do emprego (LPE); 7. Reforço das políticas activas do mercado de emprego e da sua efectividade; 8. Desenvolver as qualificações da força de trabalho através de mudanças extensivas nos sistemas de educação e formação; 9. Refor-mas dos benefícios e sistema de impostos do desemprego para que a equidade não seja atingida à custa dos mercados de emprego eficientes; 10. Reforço da competitividade do mercado de produtos para reduzir tendências monopolistas (Casey, 2004: 334). Todavia nos relatórios Perspectives de l' Emploi de l'OCDE, 2004 e 2005, registam-se algumas alterações. Em 2004 os aspectos mais importantes que são assinalados tocam em questões

No entanto, em resultado da conjugação das transformações legislativas ocorridas nas décadas de 80 e 90 conducentes ao incremento da flexibilidade legal e do aumento das formas de trabalho atípico, informal e ilegal ocorreu um aumento da complexidade do status jurídico dos novos regimes contratuais e a expansão da precaridade laboral, aumentando a pressão e centralidade dos tribunais na aplicação e racionalização normativa, confrontando-os por esta via com os fenómenos da exclusão e do risco social.

De acordo com os estudos desenvolvidos por Giuseppe Bertola e colegas, a avaliação da flexibilidade ou da rigidez da legislação de protecção do emprego deve atender aos mecanismos de aplicação e efectividade dos direitos. Partindo deste pressuposto, a análise sublinha a importância dos factores sócio-jurídicos que fazem variar a real capacidade de regulação normativa e a interferência dos tribunais na regulação e nas práticas laborais. O modo como se combinam dando origem aos específicos padrões nacionais de litigação e de mobilização dos tribunais é uma das questões sublinhadas.

De entre os aspectos a serem observados na relação entre a actividade do judicial-laboral e a efectividade, podem mencionar-se a responsabilidade social dos juízes e da administração pública, o papel atribuído à legislação, as dificuldades na produção da prova, as custas judiciais, o papel atribuído à jurisprudência, a situação global do sistema de resolução dos conflitos e, em especial, o papel atribuído à conciliação (judicial/ /não-judicial; obrigatória/voluntária), os níveis de emprego e de desemprego, a taxa de sindicalização, o volume de emprego, a dimensão das empresas e o estado da negociação colectiva.

Conforme referido no início deste tópico, a análise do papel desempenhado pelos tribunais de trabalho, no âmbito dos processos de transformação e de crise dos sistemas de relações laborais e do direito do trabalho, adquire uma relevância acrescida sobretudo nas situações em que está em causa a tensão flexibilização/rigidez da protecção dos trabalhadores. Segundo estudos desenvolvidos por Giuseppe Bertola

---

como: as remunerações e fixação de níveis salariais e os horários e tempos de trabalho; as políticas de protecção do emprego e reformas da LPE; a educação e formação profissional; e o problema do se privilegiam questões como: o ajustamento dos mercados de emprego; o problema da supressão do emprego resultante dos encerramentos e deslocalizações; as disparidades regionais e o fenómeno da mobilidade; incentivos financeiros à criação de emprego; e a performance dos serviços públicos de emprego (SPE).

et al. (2001), as discussões em torno da protecção do emprego, desenvolvidas ao nível internacional pela OCDE, têm-se centrado em aspectos como o da definição do despedimento sem justa causa, da cessação do contrato de trabalho por razões económicas, do período de notificação, da autorização administrativa para o despedimento e pela consulta aos sindicatos ou representantes dos trabalhadores. No entanto, a estas análises tem faltado a ponderação da interferência da actividade judicial, cuja relevância é de destacar perante o aumento, ao longo da década de 80, das formas atípicas de emprego associadas à contratação a termo, ao trabalho temporário, aos falsos autónomos, ao desemprego, etc.

As análises comparativas são dificultadas pelo baixo grau de confiança estatística nos dados comparativos porquanto as diferentes culturas jurídicas, os diferentes padrões de litigação e a diferenciação entre os vários sistemas de relações laborais determinam a forte variabilidade entre as específicas situações nacionais. Por exemplo, são factores complicadores a existência ou não de formas alternativas de resolução dos conflitos ou a competência material dos tribunais de trabalho para conhecerem determinado tipo de conflitos.

Salvaguardando-se as especificidades nacionais dos vários sistemas de relações laborais, judiciais e padrões de litigação, a partir do quadro 1 desenvolvo um exercício comparativo do papel desempenhado pelo judicial. Para além dos diferentes padrões de conflitualidade registados, que são mais elevados em países como a França, a Espanha, a Alemanha e Portugal, parece existir uma relação entre a procura dos tribunais e o grau de rigidez da legislação laboral. Os países do sul da Europa (exceptuando-se a Itália), e ainda a Alemanha e a França, detentores de uma legislação de protecção do emprego mais rígida (OCDE, Employment Outlook, 1999, 2000), contrapõem-se a países com legislações menos restritivas, como os EUA, o Canadá, o Reino Unido e a Nova Zelândia. O primeiro grupo de países regista uma maior conflitualidade judicial do que os países do segundo grupo com um baixo número de acções intentadas.

Por outro lado, existem também diferenças quanto às decisões favoráveis aos trabalhadores. Sem esquecer a existência de dificuldades metodológicas relativas às estimativas e às fontes estatísticas judiciais, ocorre que os países onde os tribunais se envolvem mais frequentemente em disputas laborais são também os que registam percentagens mais elevadas de decisões favoráveis aos trabalhadores. Menos clara é a inter-

Quadro 1
O papel dos tribunais e a flexibilidade/rigidez da protecção no emprego

	N.º de casos que chegaram a tribunal/ empregados (%)	% de casos ganhos pelos trabalhadores	Definição de despedimento sem justa causa (1)	Extensão da reintegração no mercado de trabalho (2)	Cobertura do subsídio de desemprego (3)
UE					
Áustria	0,007	n.a.	1	1	n.a.
Dinamarca	0,004	n.a.	0	1	85
França	0,510	74	1,5	0	44
Alemanha	0,510 (4)	n.a.	2	1,5	64
Irlanda	0,11	16	0	1	69
Itália	0,05	51	0	2	19
Holanda	n.a.	n.a.	1,5	1	38
Espanha	0,545	72	2	0	29
Reino Unido	0,18	38	0	0	62
Portugal	**0,384 (10)**	**36 (9)**	**2**	**2,5**	**75 (8)**
AMÉRICA DO NORTE					
Canadá	0,08	48	0	1	n.a.
EUA	0,021 (6)	48 (7)	0	0,5	n.a.
OCEANIA					
Austrália	0,15	57	0	1,5	n.a.
Nova Zelândia	0,06	62	0	1	n.a.

Adaptado de Bertolla, 2001.[201]

---

[201] **Notas:**
(1) OCDE, 1999:
> 0 = quando o desempenho dos trabalhadores ou a redução do trabalho é motivo adequado e suficiente para o despedimento;
> 1 = quando valores sociais, idade ou ocupação do trabalho influenciam a escolha dos trabalhadores a despedir;
> 2 = quando uma transferência ou readmissão, para adaptar o trabalhador a postos de trabalho diferentes, pode ser considerada prioridade para o despedimento;
> 3 = quando o desempenho dos trabalhadores não é justificação para despedimento com justa causa.

(2) OCDE, 1999:
> A reintegração no mercado de trabalho é realizada após despedimento sem

ferência da variável taxa de cobertura do subsídio de desemprego sobre as decisões dos tribunais. Por exemplo, a última coluna do quadro, mostra que países com elevadas percentagens de decisões favoráveis aos trabalhadores, tendem a ser caracterizados por uma baixa taxa de cobertura de desemprego. Todavia, países como o Reino Unido e a Irlanda, onde os tribunais decidem favoravelmente aos trabalhadores em pelo menos metade dos casos, o subsídio de desemprego cobre uma grande proporção de desempregados. Neste item, Portugal assume uma posição atípica visto conjugar, de uma forma clara, um elevado número de decisões favoráveis aos trabalhadores e uma elevada taxa de subsídio de desemprego.

Como decorre dos comentários anteriormente feitos, Portugal revela, comparativamente, uma elevada rigidez na legislação relativa ao despedimento (segundo os parâmetros da OCDE), um elevado número de acções intentadas e uma elevada percentagem de acções favoráveis aos trabalhadores. No entanto, são evidentes as limitações emergentes das interpretações feitas até agora sobre a rigidez da legislação laboral e a actividade dos tribunais. Elas desatendem a aspectos centrais da regula-

---

justa causa, e o trabalhador tem a possibilidade de ser reintegrado mesmo contra a vontade do empregador.

1 = quando esta opção raramente está disponível para o trabalhador;
2 = quando está disponível regularmente;
3 = quando está sempre disponível;

(3) Percentagem de desempregados que recebem o subsídio de desemprego, segundo o Inquérito à Força de Trabalho da CE (ver OCDE, 1994a, capítulo 6)
(4) 1990 para a Alemanha
(5) Apenas o Quebec.
(6) 1991 para os EUA.
(7) Baseado num inquérito nacional às decisões dos tribunais de trabalho favoráveis aos queixosos, relativamente a despedimentos injustos entre 1988 a 1995 (Departamento dos Assuntos Nacionais, 1998).
(8) Instituto de Gestão Financeira da Segurança Social, para o ano de 1993.
(9) GPLP, 1997. A percentagem de casos ganhos para os trabalhadores nos tribunais de trabalho diz respeito às situações em que ocorreu a condenação do réu no pedido e em que a sentença foi favorável no todo ou em parte ao trabalhador. Utilizaram-se os dados dos processos findos em 1997 atendendo ao facto de que a taxa de resolução das acções declarativas de contrato individual de trabalho encontrarem resolução em cerca de 80% no prazo de 2 anos.
(10) Gabinete de Política Legislativa e Planeamento (1995), considerou-se apenas o número de acções declarativas de contrato individual de trabalho entradas nos tribunais.

308   *Trabalho procura Justiça*

ção das relações laborais, da actividade interna dos tribunais e do contexto de mobilização e de litigação dos tribunais de trabalho portugueses.

Recorrendo à *European Data Base on Judicial Systems* (2000), onde se apresentam dados comparativos relativos ao número de processos entrados ponderados pela população residente, para o ano de 1995, constata-se o seguinte: no caso da Áustria, o valor é de 454,8; Inglaterra e País de Gales apresentam o valor de 210,3; França, 158,9; Alemanha, 768,4; Itália, 341,2; Holanda, 72; Espanha, 446,1; e Portugal, 572,3 ou 163,6 consoante se considere o total das acções laborais entradas ou o total das acções declarativas de contrato individual de trabalho entradas. Admitindo que este último valor se afigura como mais ajustado para uma comparação internacional, dado que, por exemplo, nalguns dos países considerados as acções de acidentes de trabalho e de transgressão não correm nos tribunais de trabalho, enquanto que outros apenas apreciam questões relativas ao contrato de trabalho, pode considerar-se que, nesta comparação, Portugal evidencia uma baixa propensão para a litigação nos conflitos resultantes da relação individual de trabalho *stricto senso*.

As comparações estatísticas internacionais em matéria de justiça não estão ainda suficientemente harmonizadas para que seja possível, com segurança, determinar padrões de litigação. Se se tomar apenas como valor indicativo o que anteriormente foi referido, pode considerar-se que Portugal regista uma situação atípica na relação existente entre decisões favoráveis aos trabalhadores e a taxa de subsídio de desemprego e uma propensão para a litigação baixa, de um ponto de vista comparativo. Sem prejuízo das observações de índole comparativa apresentadas anteriormente, o cânone de avaliação da protecção do emprego da OCDE tem insistido, no que diz respeito a Portugal, na rigidez da legislação laboral e nos custos de ajustamento do mercado de trabalho, nomeadamente nos custos resultantes dos processos de despedimento[202] (Varejão e Portugal, 2003, 2004; Cabral e Pinheiro, 2003).

Muito recentemente, Jérôme Gautié (2005), tendo como fonte os dados da OCDE de 2004, chamava a atenção para o facto de Portugal apresentar os índices de protecção ao emprego mais elevados impediti-

---

[202] A título ilustrativo, refiram-se as flutuações verificadas nos montantes envolvidos nos diferentes tipos de acções laborais. Por exemplo, as acções de CIT registaram em 2000 e em 2001 o valor de 145.502.890 e 148.423.699 euros, correspondendo respectivamente a 0,13% e 0,12% do valor do PIB. As acções de AT, no mesmo período, registaram o valor de 122.247.879 e 129.724.881 euros, correspondendo respectivamente a 0,11% e 0,11% do PIB. Ainda para o mesmo período, as acções de execução correspondiam a 0,03% e 0,02% do PIB.

vos, de acordo com o autor, de uma reforma "flexissecuritária" do nosso mercado de trabalho.

Insisti, anteriormente, na necessidade de relativizar as conclusões da retórica vigorosa em torno da questão da rigidez dos direitos laborais, sobretudo aquela que é introduzida pela ponderação da actividade judicial. Entre nós, António Dornelas tem insistido na necessidade de não aceitar acriticamente a lógica argumentativa da OCDE. Desde logo por lhe parecer existir uma contradição entre o grau de rigidez da legislação laboral portuguesa, tal como é avaliado pela OCDE, e o facto de os níveis de emprego e de desemprego que caracterizam a nossa sociedade serem muito superiores ao que predizem as proposições daquela organização internacional. Este autor formulou a hipótese de que a contradição entre, por um lado, os altos níveis de emprego e os baixos níveis de desemprego e, por outro lado, o elevado grau de rigidez da legislação laboral, se deveria quer a problemas de fiabilidade e de pertinência do indicador mais usado pela OCDE, quer às características do sistema de relações laborais português (Dornelas, 1989: 1999a e 1999b; 2001; 2003; 2004).[203] No que diz respeito a esta última dimensão, e ainda segundo o mesmo autor (Dornelas, 1999a: 52-53, 2001: 99, 2003: 136), torna-se necessário ter em conta o seguinte conjunto de factores: (1) os altos níveis de incumprimento da legislação laboral por muitas empresas; (2) os padrões de atipicidade do emprego, que variam quer horizontalmente (sectores económicos), quer verticalmente (níveis ocupacionais), o que influencia a adaptabilidade dos sistemas de relações laborais e as possibilidades dos trabalhadores e das empresas enfrentarem, dentro do quadro normativo vigente, os ciclos económicos; (3) a maior ou menor capacidade da contratação colectiva de trabalho enfrentar os dilemas da flexibilidade em domínios como a adaptabilidade do tempo de trabalho, o acesso à qualificação e a ligação dos sistemas de classificação profissional à qualificação efectiva dos trabalhadores; (4) a maior ou menor capacidade dos trabalhadores reivindicarem o cumprimento dos seus direitos e o maior

---

[203] De acordo com António Dornelas, são dois os tipos de problemas que se colocam ao indicador usado pela OCDE: em primeiro lugar, a dificuldade legal e o custo do despedimento não "medem" adequadamente o grau de rigidez de um dado sistema laboral porque, como a própria OCDE veio a reconhecer, mesmo no plano legal, há outras dimensões a considerar; em segundo lugar, é preciso ter em conta a distância que separa a letra da lei das práticas sociais, já que os usos que daquelas fazem os seus destinatários variam com os países, as regiões, os sectores e a posição social, para só citar algumas das fontes de variação (Cf. Dornelas, 2003 e 2004).

ou menor grau de respeito por esses direitos, que variam em função das estratégias patronais e da eficácia da administração do trabalho.

Pela minha parte, proponho uma interpelação às teses liberais desestruturantes dos direitos laborais por via da prevalência do princípio do mercado e dos paradigmas jurídicos que lhe são mais afeiçoados em detrimento do princípio de que o trabalho não é uma mercadoria e, não o sendo, a ele se lhe não deveriam aplicar as regras gerais do direito civil e das obrigações. Na fundamentação desse questionamento, recorro uma vez mais, aos trabalhos de Giuseppe Bertola, Tito Boeri e Sandrine Cazes (1999, 2001a) e, em especial, aos estudos acerca do papel do judicial-laboral desenvolvidos por José Eduardo Faria (1995, 1999, 2000, 2002, 2002a) onde fica clara a importância das dimensões contextuais na administração da justiça laboral e, muito especialmente, os impactos resultantes da interinfluência entre o sistema de relações laborais e o judicial-laboral.

Recuperando os elementos do modelo de análise da actividade do judicial-laboral assinalados no terceiro capítulo, identifico como primeira linha de questionamento da propalada rigidez da legislação laboral e do papel conservador dos tribunais de trabalho a resultante da avaliação da efectividade da normatividade laboral quando confrontada com a regulação e organização prática das relações laborais. Ponderadas as características do mercado de trabalho, do sistema de relações laborais e da própria justiça laboral, identificam-se com maior rigor as estruturas de litigação e os padrões de mobilização dos tribunais facilitadoras ou obstaculizadoras da efectividade jus-laboral. Nesse sentido, desenvolvo nos tópicos 2 e 3 do presente capítulo uma análise contextualizada das acções de contrato individual de trabalho e de acidentes de trabalho atendendo ao volume de emprego, à dimensão das empresas, à situação da negociação colectiva, à estrutura contratual laboral, à profissão, à actividade económica, ao sexo, à sindicalização e à conflitualidade colectiva. A este conjunto de factores, está associada a regulação concreta das relações laborais estabelecendo-se, por esta via, a relação entre a actividade judicial e as relações laborais.

A segunda, que analiso no tópico 1, está associada ao grande peso da conciliação como forma predominante de composição dos litígios nos tribunais de trabalho. O elevado peso da transacção e da conciliação será, porventura, o facto mais evidente a questionar o estereótipo de uma justiça do trabalho maioritariamente favorável ao trabalhador e dificultadora das necessidades competitivas das empresas. A conciliação, independentemente do contexto em que ocorre, corresponde à passagem da lógica adversarial associada aos resultados de soma nula para a lógica do diálogo e da negociação associada aos resultados ganhador-ganhador. Esta visão harmoniosa da composição dos litígios não pode ser aceite de uma forma acrítica. A análise qualitativa dos processos de conciliação conduz ao questionamento desta optimização do diálogo no espaço do tribunal considerando-se, a discrepância existente entre as petições dos autores e os resultados da conciliação. Sem prejuízo do reconhecimento da importância das estratégias advogatícias, acresce ao anteriormente referido o peso determinante do juiz na condução do processo conciliatório. Nos casos em que ocorra um forte desequilíbrio entre os direitos reivindicados e o acordado em sede de conciliação poder-se-á estar em presença de uma situação em que a conciliação concorre para a flexibilização dos direitos laborais e em que o juízo de equidade se torna num consentimento desequilibrado.

Finalmente, a problemática da flexibilidade/rigidez da legislação pode ainda ser perspectivada a partir da actividade fiscalizadora e repressiva do Estado no controle da legalidade nas relações laborais. Neste domínio, proponho dois indicadores construídos com base na actividade da inspecção do trabalho e no número de acções de transgressão entradas nos tribunais.

Gráfico 1
Contra-ordenações instruídas, actividade da inspecção, acções de transgressão e contra-ordenações entradas (1990-2000)

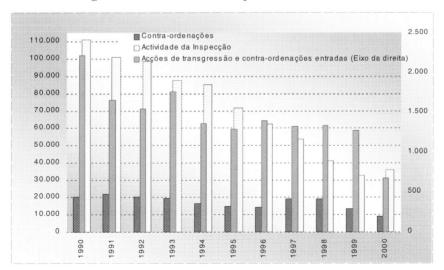

Fonte: GPLP e Quadros de Pessoal do Ministério do Trabalho e Segurança Social.

312 *Trabalho procura Justiça*

Ao compararem-se para os anos entre 1990 e 2000 as contra-ordenações instruídas pela inspecção de trabalho, a actividade da inspecção e as acções de transgressão e de contra-ordenação entradas nos tribunais ponderadas pelo número de empresas (cf. gráfico 1), evidencia-se o recuo da dimensão fiscalizadora do Estado. Veja-se o que ocorre com a evolução dos ilícitos contra-ordenacionais, entre 1997 e 2000, resultantes da actividade inspectiva (Relatório IGT, 2001) e com os principais objectos das acções de transgressão findas nos tribunais.[204] O total de ilícitos contra-ordenacionais resultantes da actividade da IGT variaram entre os 19.014 em 1998, e os 8.717 em 2000. Por outro lado, o objecto de acção "relações de trabalho", constante do boletim de notação estatística transgressões laborais do GPLP, revela uma grande variação. Por exemplo, o seu valor mais elevado foi de 79,6% em 1992 e o seu valor mais baixo foi de 51,2% em 2001.

Sem esquecer que a actividade da inspecção do trabalho e dos tribunais se desenvolve em domínios preventivos como o da auto-regulação sectorial ou o da informação e consulta jurídicas, os dados indiciam a diminuição da função repressiva e fiscalizadora por parte do Estado, cujo alcance fica ainda mais limitado quando se atende ao sector informal da economia e ao trabalho clandestino. Em suma, a diminuição da intensidade da fiscalização cria condições para uma regulação das relações de trabalho desfavorável aos trabalhadores na medida em que deixa espaço à regulação flexível e unilateral do trabalho por parte das empresas.

1.2. As pirâmides dos conflitos das acções declarativas de contrato individual de trabalho e de acidentes de trabalho

As funções instrumentais dos tribunais estão directamente relacionadas com o papel por eles desempenhado na resolução dos conflitos. A actividade do judicial laboral na regulação dos conflitos laborais reflecte a polarização existente entre a típica situação de adjudicação consubstanciada na forma de sentença favorável a uma das partes (decisão de soma nula) e a transacção/conciliação judiciais, enquanto expressão do papel desempenhado pelos operadores judiciários na obtenção de um resultado "consensual" em que a alternativa à conciliação é a sentença.

---

[204] A diminuição deste tipo de acções foi muito acentuada, a partir da década de oitenta, o que se deveu sobretudo a medidas legislativas conducentes à desjudicialização deste tipo de litígios.

Se é certo que os tribunais de trabalho não correspondem ao "grau zero" da resolução dos litígios, nem o desempenho judicial ocorre num "vazio social", também é verdade que a inefectividade ou inexistência de "válvulas de segurança" anteriores ao tribunal constrangem as suas funções. A judicialização dos conflitos laborais traduz uma alteração qualitativa na tentativa de composição dos litígios. Todavia, face à situação anteriormente exposta, os tribunais tendem a assumir-se como o equivalente funcional de uma estrutura ausente de formas alternativas de resolução dos conflitos. Como ficou demonstrado pelos resultados do *focus group*, o papel da conciliação judicial, como forma típica de composição dos litígios, não decorre apenas das orientações normativas da legislação adjectiva (indutoras da conciliação), mas também, das expectativas e motivações de todos os actores judiciais que não encontram tradução fora do sistema judicial.

No estudo levado a cabo por Boaventura de Sousa Santos *et al.* (1996) conclui-se pela identificação de uma tendência na sociedade portuguesa para a autocomposição. Segundo este estudo, parte-se da hipótese de que a sociedade portuguesa é rica em mecanismos informais de resolução de litígios, apresentando-se, por isso, como autocompositiva.[205] Relacionada com a resolução informal dos conflitos através da autocomposição está a problemática da discrepância entre a procura efectiva e a procura potencial da justiça laboral que se torna sociologicamente visível quando perspectivada através da "pirâmide dos conflitos" e pela análise

---

[205] Com base nos resultados do inquérito relativo a "representações sociais sobre os tribunais, o direito e litigiosidade", cujo objectivo era "determinar as trajectórias do processo de resolução dos litígios através da identificação dos mecanismos usados prioritariamente e dos mecanismos como solução de recurso", retiraram-se as seguintes conclusões acerca da resolução de conflitos reais: predomínio dos mecanismos não-oficiais como forma de resolução dos litígios; os mecanismos não-oficiais quando usados prioritariamente têm uma taxa de sucesso mais elevada que a dos mecanismos oficiais; é a maior ou menor confiança na eficácia dos mecanismos não-oficiais que determina a opção, menos ou mais provável pela inacção; os mecanismos oficiais estão demasiado longe das opções prioritárias dos cidadãos para condicionarem só por si a inacção; na nossa sociedade a eventual erosão da eficácia dos mecanismos não oficiais, pode mais provavelmente conduzir ao reforço da propensão à inacção. A consideração dos tribunais como opção hipotética para a resolução dos litígios veio revelar a distância dos cidadãos inquiridos em relação ao sistema judicial. Em direito do trabalho as razões apontadas vão desde a hostilidade ao oficial (com 22%), a inacessibilidade (com 37%) e a inadequação da via oficial (com 40%). Nos conflitos de trabalho, a preferência pela via não-oficial foi de 55,6%, só se recorrendo ao tribunal quando as outras vias se mostraram indisponíveis. Note-se que se verificou a inexistência de inacção em questões laborais.

das "condições de recurso ou não recurso à justiça".[206] Ainda de acordo com a investigação sobre os tribunais na sociedade portuguesa admite-se "que o padrão de litigiosidade em Portugal é relativamente baixo e que, do conjunto da litigiosidade, apenas uma pequeníssima fracção chega aos tribunais" (Santos *et al.*, 1996: 9, 190) verificando-se "uma grande discrepância entre a procura efectiva dos tribunais e a procura potencial". Ela reforça-se ainda mais pela ausência de alternativas à resolução judicial dos litígios.

A pirâmide dos conflitos é constituída na base pelas situações potencial ou efectivamente litigiosas, e no topo pelos litígios que foram resolvidos pelos tribunais. Destacam-se duas ideias importantes nesta abordagem: a primeira é a de que, em princípio, a trajectória das alternativas vai, normalmente, dos mecanismos não-oficiais para os oficiais ou dos mecanismos informais para os formais, sendo por essa razão que os tribunais surgem graficamente no «topo»; a outra ideia é a de que "o topo da pirâmide, por assim dizer, a ponta do *iceberg* é, em si mesma, minúscula em relação à parte submersa do *iceberg*", do que decorre a dificuldade do seu estudo (Santos *et al.,* 1996). O recurso à metodologia da pirâmide dos conflitos permite determinar, com algum rigor, a litigiosidade laboral que fica fora dela. De acordo com a hipótese de trabalho, é de supor que existe um diminuto recurso aos tribunais não acedendo assim uma parte significativa da litigiosidade interindividual emergente das relações de trabalho à justiça laboral.

1.2.1. A pirâmide das acções de contrato individual de trabalho

Na construção da pirâmide dos contratos individuais de trabalho, uma primeira observação a fazer diz respeito à dificuldade em definir a sua base. Existem, em meu entender, três opções para a definição da base da pirâmide. A primeira constitui-se a partir dos valores relativos aos trabalhadores por conta de outrem (TCO) tendo como fontes o inquérito ao emprego do INE ou os Quadros de Pessoal do Ministério do Trabalho. A segunda, constrói-se a partir dos valores relativos à população empregada de acordo com a informação disponibilizada pelo INE. A terceira procura fazer uma aproximação ao fenómeno da atipicidade e considera para além dos trabalhadores por conta de outrem as categorias

---

[206] A este propósito consultar Blankenburg, 1994; Felstiner, Abel, Sarat, 1980; Santos *et al.,* 1996; Wouters e Loon, 1990, 1992.

Gráfico 2
Pirâmide dos litígios de contrato individual de trabalho
(2000)

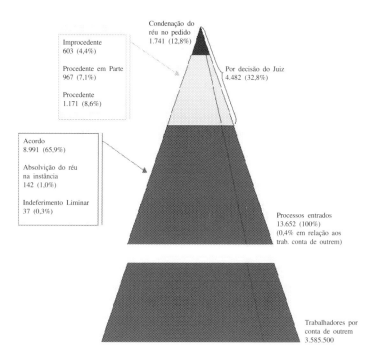

Fonte: INE; GPLP.

dos contratos de prestação de serviços, trabalho sazonal, trabalho pontual e os trabalhadores por conta própria sem pessoas ao serviço (cf. Inquérito ao emprego do INE). No primeiro caso, está-se perante as típicas relações de trabalho dependente estabelecidas no sector estruturado da economia e que, de um ponto de vista legal, são aquelas cuja regulação através do direito do trabalho estatal se faz sentir de uma forma directa por constituírem formalmente o seu objecto de intervenção. No segundo e terceiro casos, ao alargar-se a base da pirâmide incluem-se ainda que, indirectamente, as situações contratuais atípicas, os falsos trabalhadores autónomos e mais genericamente as formas de flexibilidade laboral não reguladas pelo direito do trabalho. O alargamento da base da pirâmide torna ainda mais expressivo o desfasamento existente entre a procura potencial e a procura efectiva.[207]

Na construção da pirâmide dos litígios de contrato individual de trabalho para o ano de 2000, optou-se por utilizar os valores relativos aos trabalhadores por conta de outrem do INE. A pequena percentagem de processos que efectivamente chegam ao tribunal de trabalho, tomando por base os TCO, 0,4%, em 2000, permite avançar a hipótese de que os restantes 99,6% de conflitos potenciais se resolvam por inexistência, por resignação ou por autocomposição.

O mundo do trabalho parece reflectir no plano formal uma tendência para a normalização contratual, ou seja, uma tendência para os contratos ou situações de trabalho poderem absorver e regular os conflitos latentes e manifestos sem ocorrer a sua judicialização. Todavia, as observações feitas a propósito do contexto socioeconómico, bem como o estado do sistema de relações laborais globalmente considerado evidenciam que os valores registados só por defeito podem reflectir os verdadeiros valores da procura dos tribunais por parte dos trabalhadores. Acresce o facto de na base da pirâmide não estarem contabilizadas as relações de trabalho associadas às zonas de exclusão do di-reito de trabalho (emergentes da inefectividade das leis laborais, do sector não estruturado da economia, das limitações das fronteiras normativas do direito do trabalho e das situações contratuais atípicas).

Da análise da pirâmide resulta o seguinte: do total de processos entrados verifica-se que uma ínfima parte é resolvida, desde logo, por indeferimento liminar (0,3%) e por decisão técnica do juiz (12,8%), entendendo-se esta como a condenação do réu no pedido na instância. O grosso da fatia (65,9%) vai para o acordo, no qual se inclui também, além da transacção, a desistência. Finalmente, verifica-se que o processo pode terminar por decisão do juiz de quatro formas diferentes: condenação do réu no pedido (12,8%), pedido procedente (8,6%), pedido procedente em parte (7,1%) ou pedido improcedente (4,4%). Os valores do topo da pirâmide correspondem à condenação do réu no pedido ainda que qualquer um dos outros casos corresponda também à decisão final do juiz.

---

[207] O facto de se assumirem os TCO ou a população empregada como situações de potencial conflito laboral, não quer dizer que esses conflitos existam efectivamente. No entanto, perante a impossibilidade de haver registos sobre o número efectivo de conflitos existentes – e que seria, esta sim, a base da pirâmide – assume-se como base as relações laborais potencialmente geradoras de litigação, das quais, as que se transformam em processos que efectivamente vão a tribunal são apenas uma pequena percentagem.

1.2.2. A pirâmide das acções de acidentes de trabalho

A análise da pirâmide dos processos de acidentes de trabalho contribui para reforçar o que anteriormente foi dito a propósito da existência de um *gap* entre a procura potencial e a procura efectiva dos tribunais de trabalho.

Gráfico 3
Pirâmide dos litígios de acidentes de trabalho (2000)

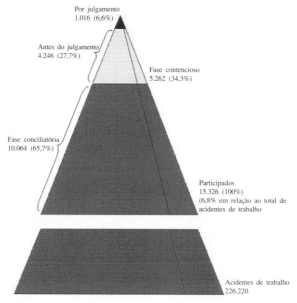

Fonte: INE; GPLP.

No gráfico 3 encontramos representada a pirâmide da litigiosidade associada a processos de acidente de trabalho, compondo a base da pirâmide o total de acidentes de trabalho participados à administração do trabalho.

Em primeiro lugar, há a salientar um elevado número de acidentes de trabalho que não são alvo de participação judicial (93,2%). Esta situação deve-se ao regime legal relativo à participação dos acidentes de trabalho (cf. 3.1.). Isto explica o facto de só 6,8% dos acidentes de trabalho serem participados. Deste universo de 6,8%, resolvem-se na fase conciliatória 65,7%. Posteriormente, tem lugar a fase contenciosa e, nesta, mas antes do julgamento, são resolvidos 27,7% dos processos. Apenas 6,6% do total de processos participados são resolvidos em sede de julgamento.

318 *Trabalho procura Justiça*

Em suma, da análise da pirâmide é importante salientar a existência de uma grande procura potencial que decorre do total dos acidentes de trabalho verificados (226.220 acidentes) e o reduzido número de acidentes de trabalho participados que fica a dever-se a questões processuais. Deste modo, o processo funciona aqui como um "redutor da complexidade", regulando o acesso aos tribunais.

1.3. O termo do processo nas acções de contrato individual de trabalho: o padrão de litigação nacional

Com o estudo dos termos dos processos a nível nacional é possível estabelecer o seu padrão de litigação. Trata-se, portanto, de identificar as regularidades emergentes da forma de resolução pelos tribunais dos conflitos de contrato individual de trabalho.[208]

Tendo presente a mudança qualitativa que acarreta a transformação de uma relação laboral conflitual numa relação laboral conflitual judicializada, os diferentes termos dos processos, enquanto exemplos de *justice in action*, dão origem a um conjunto de mediatizações sociais nas quais é possível reconhecer dimensões e níveis sociais associados aos conflitos individuais de trabalho, como sejam: o simbólico (cultura jurídica laboral); o institucional (tribunais de trabalho); o normativo (direito adjectivo laboral e cível); o interindividual (relações de trabalho entre empregadores e empregados; papel do juiz na condução do processo, estratégias advocatícias, etc.).

No estudo das formas de resolução dos conflitos utilizo uma metodologia de análise que assenta em quatro perspectivas.[209] A primeira associa aos termos dos processos diferentes aspectos sócio-jurídicos das relações de trabalho judicializadas. Assim, considero que o termo indeferimento liminar corresponde à "oferta recusada", porque a acção foi indevidamente interposta ou porque não existe direito aplicável (cf. Santos *et al.*, 1996). Os termos desistência e transacção exprimem as situações em que as partes chegam a acordo, com maior ou menor intervenção dos juízes, num registo conciliador por parte destes últimos. O termo condenação do réu no pedido reflecte, entre outras coisas, o carácter tenso das relações sociais que se

---

[208] Apesar dos conflitos terem como factor comum o terem dado entrada no subsistema judicial-laboral, parto da hipótese de que os vários termos dos processos são indicadores sociológicos que nos permitem inferir do estado das relações entre trabalhadores e empregadores, das práticas forenses laborais e da capacidade dos enquadramentos normativos para orientarem e regularem as práticas e relações sociais judicializadas.

[209] Acompanhamos de perto a metodologia utilizada por Santos *et al.*, 1996: 152 e seguintes.

judicializam. Neste caso, os conflitos são levados até ao limite do que é processualmente admissível, o que pode ser visto como uma forma de prolongar o conflito por "todos os meios" e de demorar o seu desfecho. Os termos pelo julgamento remetem para as situações em que a adjudicação corresponde a uma sentença, sendo sobretudo o papel e a interpretação do juiz que determinam o desfecho do litígio.

A segunda divide os litígios com base na dimensão dos recursos despendidos pelo tribunal para a sua resolução. Com este propósito separo as acções conforme elas findam antes ou pelo julgamento. Considero que a dispensa de julgamento, quer porque as partes chegaram a acordo, quer porque a acção não foi contestada, representa uma menor mobilização de recursos do que a decisão pelo julgamento. Na decisão pelo julgamento, as partes utilizam o máximo possível de recursos judiciais na primeira instância.[210]

A terceira perspectiva, divide os litígios conforme a solução foi obtida por acordo entre as partes ou resultou de uma decisão do tribunal proferida antes ou no julgamento. As situações de acordo incluem, para além da transacção, os casos de desistência e no caso da litigação cível, inclui-se também o termo inutilidade superveniente da lide. Admite-se que estas soluções configuram acordos ou satisfação do pedido pelo réu sem que este tenha sido coagido por uma sentença. Como contraponto às situações de acordo, coloco a sentença proferida antes do julgamento nos casos de condenação do réu no pedido ou de absolvição da instância ou, após o julgamento, podendo neste caso a decisão ser procedente no todo ou em parte ou desfavorável/improcedente ao autor. Como bem lembram Santos *et al.* (1996), esta última perspectiva, que contrapõe o acordo entre as partes à decisão do tribunal proferida antes ou no julgamento, marca a fronteira sociológica entre o entendimento das partes (ainda que já dentro do tribunal) e a necessidade de uma autoridade judicial para resolver uma situação litigiosa.[211]

A quarta perspectiva utilizada divide os litígios conforme a sua solução resulta de um "processo de conciliação" ou de uma decisão do

---

[210] A separação em causa não tem significado em certo tipo de acções de que são exemplo as acções de expropriação por utilidade pública e as expropriação por utilidade pública amigáveis, as quais terminam necessariamente por sentença sem que haja propriamente um julgamento ou de outro modo dito sem que o litígio se tenha realmente prolongado até essa fase.

[211] O indeferimento liminar não é considerado nesta caracterização já que representa "a oferta recusada", não tendo o tribunal acolhido esta procura por razões técnicas.

tribunal proferida em julgamento. No âmbito da conciliação incluí apenas o termo transacção, por entender que esta situação é a que melhor exprime a intermediação e o papel conciliador de uma terceira parte, o juiz. À conciliação contrapus a sentença proferida pelo julgamento, por admitir que será nestes casos que fica mais notório o papel adjudicativo do tribunal. Esta última perspectiva marca por sua vez a fronteira sociológica entre a função conciliatória (ainda que já dentro do tribunal) e a adjudicação na sua forma mais clara (proferir de sentença).

O modo como findaram os processos de contrato individual de trabalho, entre os anos de 1989 e 2001, encontra-se registado no quadro respeitante ao termo do processo nas acções declarativas de contrato individual de trabalho (cf. quadro 2).

Quadro 2
Termo dos processos de CIT – 1989/2001

	1989		1990		1991		1992		1993		1994		1995	
	n.º	%	n.º	%	n.º	%	n.º	%	n.º	%	n.º	%	n.º	%
Findo antes do julgamento por: Indeferimento Liminar	35	0,3	32	0,3	37	0,4	34	0,3	47	0,4	37	0,2	78	0,5
Findo antes do julgamento por: Desistência	1 736	17,0	1 803	17,8	1 570	15,2	1 429	14,2	1 089	9,6	1 218	8,0	956	6,7
Findo antes do julgamento por: Transacção	3 574	35,0	3 454	34,0	3 749	36,4	3 604	35,9	4 355	38,4	5 350	35,2	5 648	39,6
Findo antes do julgamento por: Condenação do Réu	1 617	15,8	1 666	16,4	1 689	16,4	1 989	19,8	2 864	25,3	4 404	29,0	3 788	26,5
Findo antes do julgamento por: Absolvição do Réu	137	1,3	79	0,8	110	1,1	116	1,2	96	0,8	124	0,8	107	0,7
Findo antes do julgamento por: Outro Termo	580	5,7	539	5,3	444	4,3	477	4,8	388	3,4	508	3,3	730	5,1
Pelo julgamento: Procedente	1 314	12,9	1 361	13,4	1 413	13,7	1 257	12,5	1 388	12,2	2 117	13,9	1 634	11,5
Pelo julgamento: Procedente em Parte	565	5,5	550	5,4	618	6,0	550	5,5	584	5,2	824	5,4	821	5,8
Pelo julgamento: Improcedente	662	6,5	672	6,6	677	6,6	582	5,8	526	4,6	627	4,1	507	3,6
Total	10 220	100,0	10 156	100,0	10 307	100,0	10 038	100,0	11 337	100,0	15 209	100,0	14 269	100,0

	1996		1997		1998		1999		2000		2001	
	n.º	%	n.º	%	n.º	%	n.º	%	n.º	%	n.º	%
Findo antes do julgamento por: Indeferimento Liminar	41	0,3	33	0,2	42	0,3	66	0,5	37	0,3	43	0,4
Findo antes do julgamento por: Desistência	913	6,4	830	5,8	706	5,3	698	5,5	799	5,9	715	6,0
Findo antes do julgamento por: Transacção	5 972	41,7	5 926	41,3	5 766	43,0	5 637	44,4	7 625	55,9	6 702	56,1
Findo antes do julgamento por: Condenação do Réu	3 468	24,2	3 355	23,4	3 298	24,6	2 816	22,2	1 741	12,8	1 518	12,7
Findo antes do julgamento por: Absolvição do Réu	131	0,9	245	1,7	158	1,2	177	1,4	142	1,0	151	1,3
Findo antes do julgamento por: Outro Termo	785	5,5	771	5,4	632	4,7	611	4,8	567	4,2	399	3,3
Pelo julgamento: Procedente	1 558	10,9	1 674	11,7	1 330	9,9	1 221	9,6	1 171	8,6	983	8,2
Pelo julgamento: Procedente em Parte	780	5,4	850	5,9	852	6,4	910	7,2	967	7,1	925	7,7
Pelo julgamento: Improcedente	685	4,8	675	4,7	632	4,7	547	4,3	603	4,4	512	4,3
Total	14 333	100,0	14 359	100,0	13 416	100,0	12 683	100,0	13 652	100,0	11 948	100,0

Fonte: GPLP.

Os traços mais significativos detectáveis a propósito dos termos dos processos entre 1989 e 2001 são: (1) o elevado número de processos que findam antes do julgamento por transacção e por condenação do réu no pedido e (2) os casos que findam pelo julgamento, sendo nestes de realçar o valor dos processos em que a acção é julgada procedente. Do ponto de vista da evolução destes termos, entre 1989 e 2001, é de mencionar: o aumento do termo transacção de 35% em 1989, para 56,1% em 2001; a evolução irregular do termo findo antes do julgamento por condenação do réu; a diminuição do termo pelo julgamento procedente a partir de 1995 (11,5% em 1995 e 8,2% em 2001); o crescimento relativo, a partir de 1998, do termo julgamento procedente em parte (5,5% em 1998 e 7,7%, em 2001); a tendência decrescente do número de processos findos antes do julgamento por desistência; finalmente, a estabilidade do termo julgamento improcedente que, exceptuando-se os anos de 1989 a 1992, tende a fixar-se entre os 4% e os 5%.

A análise da estrutura dos termos dos processos findos antes do julgamento revela a importância dos termos transacção, condenação do réu e desistência. De um ponto de vista dinâmico, parece ser possível estabelecer uma relação entre os termos transacção e condenação do réu, no sentido de que quando um aumenta o outro diminui. Paralelamente, a progressiva diminuição das desistências parece também concorrer para o aumento do termo transacção (cf. gráfico 4).

Gráfico 4
Termo do processo – CIT (1989-2001)

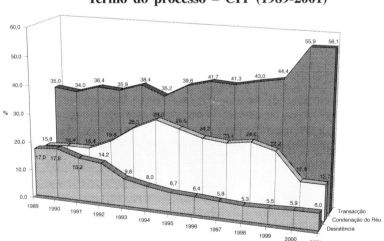

Fonte: GPLP.

No gráfico 5, identificam-se, para o período de 1989 a 2001, os termos do processo, agrupando-os em duas categorias: antes do julgamento e pelo julgamento. Realce-se a importância do valor dos processos findos antes do julgamento, quando comparados com o valor dos processos findos pelo julgamento, respectivamente, 73,8% e 26,2% para o ano de 2001.

Gráfico 5
Termo do processo – CIT (1989-2001)

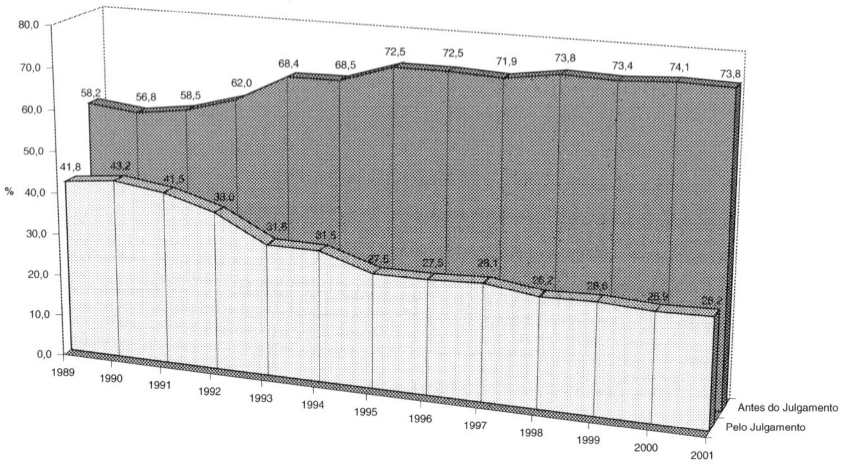

Fonte: GPLP.

Na óptica da satisfação total da reivindicação do autor, o somatório dos termos condenação do réu no pedido e findo pelo julgamento procedente regista um valor apreciável, o que exprime uma tendência para os tribunais de trabalho decidirem favoravelmente em relação às pretensões do autor. Por exemplo, este valor foi de 20,9% em 2001. Esta análise reforça-se pela fraca expressão dos termos absolvição do réu na instância e findo pelo julgamento improcedente com 5,6% em 2001. No entanto, se considerarmos o valor percentual das decisões favoráveis aos trabalhadores, entre 1989 e 2001, incluindo neste indicador as que resultam da condenação do réu no pedido, sentença julgada procedente em parte e sentença julgada procedente, detecta-se uma forte diminuição nos anos de 2000 e 2001. Por exemplo, o seu valor foi em 1989 de 34,2%, em 1994 de 48,3% e em 2001 de 28,6%.

O baixo valor dos processos que findam por indeferimento liminar, que correspondem ao que já foi designado por "oferta recusada", reflecte o elevado grau de penetração no subsistema judicial-laboral deste tipo de litigação.

A reforma da legislação adjectiva laboral, implementada pelo novo Código de Processo de Trabalho (CPT), publicado pelo Decreto-lei n.º 480/99, de 9 de Novembro, entrado em vigor em Janeiro de 2000, veio reforçar as disposições relativas à conciliação. Procurei testar os efeitos da sua aplicação, utilizando como indicador o registo dos processos entrados e findos no próprio ano para os anos de 1997, 1998, 1999, 2000, 2001e 2002, correspondentes aos dois últimos anos de aplicação do Decreto-lei n.º 272/81, de 30 de Setembro, e aos dois primeiros anos de aplicação do novo CPT.

A utilização dos processos entrados e findos no próprio ano, como indicador sócio-jurídico do impacto da reforma, permite despistar o efeito da contabilização do total dos processos findos anualmente o qual distorceria os resultados. Assim, e tomando como unidade de análise os processos entrados e findos no ano, comparei os diferentes termos dos processos de contrato individual de trabalho (cf. quadro 3).

A variação homóloga entre o termo transacção e condenação do réu permite averiguar que a percentagem de transacções obtidas é mais elevada após 2000 e tende a aumentar. Os valores registados são de 44% em 1997, 42,8% para 1998 e 44,6% para 1999, sendo que em 2000, 2001 e 2002 se cifram em 66,2%, 68,2% e 70,9% respectivamente. Paralelamente, ocorre uma diminuição dos valores relativos à condenação do réu, 31,9%, 36,9% e 33,3%, respectivamente, em 1997, 1998 e 1999, e 13,6% em 2000 e 2001 e 12,7% em 2002. Também o termo procedente tende a diminuir nos períodos 1997-1999 e 2000-2002. Confrontem-se os 7,6% registados em 1997 com os 3,5% de 2002.

Quadro 3
Termo dos processos entrados e findos no próprio ano

Termo dos Processos entrados e findos no próprio ano em 1997, 1998, 1999, 2000, 2001 e 2002 - Cit

	1997		1998		1999		2000		2001		2002	
	nº	%	nº	%	nº	%	nº	%	nº	%	nº	%
Indeferimento Liminar	13	0,2	22	0,4	21	0,4	19	0,3	26	0,5	21	0,3
Desistência	359	6,4	291	5,7	325	6,8	368	6,2	318	5,7	390	5,7
Transacção	2 462	44,0	2 198	42,8	2 147	44,6	3 953	66,2	3 777	68,2	4 884	70,9
Condenação do Réu	1 784	31,9	1 895	36,9	1 603	33,3	813	13,6	754	13,6	872	12,7
Absolvição do Réu	94	1,7	55	1,1	58	1,2	41	0,7	47	0,8	41	0,6
Outro Termo	149	2,7	126	2,5	140	2,9	136	2,3	102	1,8	100	1,5
Procedente	423	7,6	270	5,3	252	5,2	329	5,5	186	3,4	244	3,5
Procedente em Parte	188	3,4	166	3,2	178	3,7	190	3,2	226	4,1	212	3,1
Improcedente	129	2,3	113	2,2	88	1,8	123	2,1	106	1,9	121	1,8
Total	5 601	100,0	5 136	100,0	4 812	100,0	5 972	100,0	5 542	100,0	6 885	100,0

Fonte: GPLP.

A aplicação das disposições relativas à conciliação consignadas no CPT estão a produzir resultados acentuando-se a tendência para a conciliação judicial nos tribunais de trabalho.

Sem prejuízo de poder concluir pela existência de um padrão bem definido no domínio laboral de resolução dos conflitos, existem três dimensões que com ele se relacionam e que passo a salientar. A primeira traduz-se no facto de este padrão não ser afectado nem pelo tipo de litígios entrados nos tribunais nem pelo perfil sócio-profissional dos autores. No que diz respeito a esta última variável, quero sublinhar que as profissões se distribuem homogeneamente pelos quatro principais termos das acções de contrato individual de trabalho. Parece que as normas processuais e o padrão de resolução dos conflitos pelos tribunais de trabalho influenciam mais o desfecho do processo do que os sistemas de trabalho, a organização da produção e as culturas profissionais dos autores. O efeito uniformizador induzido pelo padrão de resolução dos conflitos nos tribunais determina o desfecho dos conflitos. Se existem atitudes distintas por parte dos trabalhadores no que importa à resolução dos conflitos individuais de trabalho elas ocorrem antes do conflito se judicializar e chegar ao tribunal. Após a entrada do conflito laboral no judicial o seu desfecho é previsível.

A segunda reside na diferenciação interna da resposta dos tribunais de trabalho quando comparados entre si. O padrão nacional da forma de resolução dos conflitos de contrato individual de trabalho é constituído pelo apuramento total dos dados respeitantes ao campo termo do processo dos boletins de notação estatística do GPLP. No entanto, qualquer indagação que tome como unidade de análise cada um dos tribunais de trabalho *de per si* constata que os desvios em relação ao padrão nacional são significativos. A análise de cada um dos termos do processo revela a desigual distribuição destes em cada um dos tribunais considerados.

Se a nível nacional a resposta do sistema judicial-laboral é consonante com as características típicas que normalmente estão associadas ao direito do trabalho e à sua forma de resolução dos conflitos, quando passamos para o nível de análise local outros padrões de litigação e outras formas de composição dos conflitos individuais de trabalho se desvelam. A esta diferenciação corresponde a heterogeneidade da resposta da justiça laboral ao "peço justiça" (cf. quadro 4).

Quadro 4
Contratos individuais de trabalho: forma como o processo finda (2002)

	Findos Antes do Julgamento						Findos Por Julgamento			Total
	Indeferimento Limiar	Desistência	Transacção	Condenação do Réu no Pedido	Absolvição do Réu na Instância	Outro Termo	Procedente	Procedente em Parte	Improcedente	
Abrantes	1,0	7,1	55,1	10,2	4,1	3,1	4,1	7,1	8,2	100,0
Águeda	0,0	0,5	40,4	43,2	0,5	0,0	2,8	10,8	1,9	100,0
Almada	0,3	5,0	74,9	10,8	0,8	2,1	2,4	1,8	1,8	100,0
Aveiro	0,0	4,7	74,4	11,8	1,5	1,2	4,1	1,5	0,9	100,0
Barcelos	0,0	1,7	77,2	10,3	0,3	1,3	2,6	4,0	2,6	100,0
Barreiro	0,5	3,7	48,4	10,6	0,5	10,1	13,8	8,8	3,7	100,0
Beja	0,0	9,0	67,2	6,0	0,0	4,5	6,7	0,7	6,0	100,0
Braga	0,0	3,5	69,2	12,6	0,4	1,1	4,4	6,6	2,4	100,0
Bragança	0,0	7,5	78,5	9,7	1,1	1,1	0,0	1,1	1,1	100,0
Caldas da Rainha	2,8	1,9	39,6	25,5	0,0	4,7	6,6	17,9	0,9	100,0
Cascais	0,0	4,3	54,9	9,8	1,2	4,3	8,5	9,8	7,3	100,0
Castelo Branco	0,0	3,5	65,9	8,2	1,2	0,0	8,2	8,2	4,7	100,0
Coimbra	0,0	4,3	62,1	6,3	0,3	2,3	8,6	10,9	5,2	100,0
Covilhã	0,0	6,7	47,1	31,9	0,8	1,7	5,9	3,4	2,5	100,0
Évora	1,4	5,4	57,1	14,3	3,4	8,8	3,4	3,4	2,7	100,0
Faro	0,4	9,3	71,3	9,7	0,7	4,1	2,2	1,9	0,4	100,0
Figueira da Foz	0,0	6,5	54,8	21,0	0,8	1,6	7,3	4,8	3,2	100,0
Funchal	0,0	13,7	38,9	12,6	2,1	1,1	24,2	3,2	4,2	100,0
Gondomar	0,0	1,3	79,8	7,3	0,4	2,1	0,9	4,3	3,9	100,0
Guarda	0,0	4,1	67,5	18,7	0,8	5,7	0,8	1,6	0,8	100,0
Guimarães	0,0	4,8	72,3	9,5	0,7	3,2	5,4	3,2	0,9	100,0
Lamego	0,0	5,4	64,9	13,5	0,9	0,0	6,3	5,4	3,6	100,0
Leiria	0,0	3,2	68,9	14,0	0,0	5,5	2,1	3,2	3,2	100,0
Lisboa	0,2	6,1	49,4	9,7	2,0	4,2	10,2	9,8	8,4	100,0
Loures	0,7	2,9	62,5	10,1	0,7	2,9	7,6	7,2	5,4	100,0
Maia	0,0	4,7	32,8	34,4	1,0	8,3	7,3	7,3	4,2	100,0
Matosinhos	0,0	5,0	66,7	11,3	0,0	1,6	6,0	7,1	2,4	100,0
Oliveira de Azeméis	0,6	12,2	57,6	12,2	0,6	2,3	7,6	2,3	4,7	100,0
Penafiel	0,0	4,2	71,4	9,6	0,9	8,4	2,6	1,4	1,4	100,0
Ponta Delgada	2,0	2,0	47,1	11,8	5,9	0,0	2,0	15,7	13,7	100,0
Portalegre	0,0	3,3	42,4	17,4	2,2	2,2	17,4	12,0	3,3	100,0
Portimão	0,4	4,0	72,7	9,7	0,0	0,4	3,5	5,7	3,5	100,0
Porto	0,8	5,2	55,7	10,0	1,9	4,2	8,9	6,8	6,6	100,0
Santa Maria da Feira	0,0	11,8	32,8	19,9	0,0	0,0	17,2	16,2	2,0	100,0
Santarém	0,5	8,4	66,3	14,2	0,0	1,1	2,1	3,7	3,7	100,0
Santo Tirso	0,0	2,4	26,5	7,1	0,6	1,8	31,8	24,7	5,3	100,0
Setúbal	0,0	1,5	63,2	16,2	2,5	2,9	10,8	0,5	2,5	100,0
Sintra	0,9	5,3	67,5	7,9	1,8	4,4	1,8	3,5	7,0	100,0
Tomar	0,0	11,4	73,8	13,4	0,0	1,3	0,0	0,0	0,0	100,0
Torres Vedras	0,0	8,8	49,5	6,6	1,1	1,1	15,4	15,4	2,2	100,0
Valongo	1,1	6,3	72,6	7,4	0,0	6,3	2,1	2,1	2,1	100,0
Viana do Castelo	0,0	2,8	69,2	18,9	0,0	1,4	2,1	3,5	2,1	100,0
Vila Franca de Xira	0,0	9,4	81,2	3,9	0,6	2,8	1,7	0,6	0,0	100,0
Vila Nova de Famalicão	0,0	1,1	71,7	16,7	0,4	0,7	2,6	4,1	2,6	100,0
Vila Nova de Gaia	0,7	3,2	52,7	15,3	0,2	3,5	7,4	8,9	7,9	100,0
Vila Real	0,0	4,6	68,8	11,6	0,6	0,6	6,9	5,2	1,7	100,0
Viseu	0,3	5,0	67,8	15,2	0,3	1,8	4,4	4,1	1,2	100,0
Total	0,2	5,1	60,5	12,6	1,0	5,2	6,8	6,5	4,1	100,0

Pela análise do quadro parece ser evidente que os tribunais, enquanto "espaço público" em que se desenrolam as relações de trabalho, traduzem, em certos casos, um desvio em relação ao padrão nacional. Do ponto de vista sociológico, a identificação de padrões locais de actuação dos tribunais nas relações e práticas sociais no mundo do trabalho concorre para o reconhecimento da importância dos factores sócio-jurídicos locais na administração da justiça laboral.

Finalmente, em terceiro lugar, a função instrumental dos tribunais de trabalho relativamente à composição dos litígios converge no reconhecimento da existência de um padrão bem definido de recurso à conciliação. No entanto, algumas questões se colocam a este propósito. Em 1998, levei a cabo dois estudos nos Tribunais de Trabalho de Lisboa e de Oliveira de Azeméis. Nessa investigação entre outras matérias analisadas debrucei-me sobre os resultados dos processos findos por conciliação. Apliquei a técnica da análise de conteúdo às petições dos autores e aos autos de conciliação. As conclusões a que então cheguei foram debatidas e referidas quer no âmbito do *focus group*, quer nas entrevistas realizadas aos vários actores judiciais, entre 2000 e 2002. Apesar do estudo ter sido efectuado há cinco anos, as indicações qualitativas entretanto recolhidas corroboram os resultados a que então cheguei.

No que se refere à conciliação no domínio laboral, o papel desempenhado pelo magistrado judicial ultrapassa em muito a estrita perspectivação jurídica do litígio. Contrariamente ao que sucede no domínio da teoria legal tradicional, onde predominam os princípios da subsunção lógica e subsunção racional-formal susceptíveis de desatenderem às consequências para as partes da aplicação das normas, o direito do trabalho e a sua justiça tendem a incorporar, quer na fase da produção, quer na fase da aplicação do direito, considerações extralegais. Por esse facto, o domínio laboral é, certamente, um dos que mais solicita por parte dos operadores do sistema judicial uma sensibilidade sociológica, não se reconduzindo as suas decisões apenas ao *quid iuris* dos litígios laborais. A análise dos processos de conciliação revelou, para além dos casos em que ocorre um certo equilíbrio entre o pedido dos autores e o acordado durante o processo de conciliação, a existência de três situações. Em primeiro lugar, as situações de desistência total do pedido. Em segundo lugar, as situações de acordo extrajudicial e, finalmente, as situações de desistência parcial do pedido. Várias são as razões que concorrem para a explicação dos resultados obtidos. Para além da dimensão processual e dos factores socioeconómicos associados à conciliação, existem micro factores que podem ser accionados segundo lógicas de racionalidade e motivação diferentes. De entre eles são de destacar as estratégias advocatícias de negociação e a existência de vantagens fiscais para as partes. A existência ou não de uma cultura jurídica de acordos, os riscos da produção de prova e o protagonismo dos juízes são, igualmente, factores susceptíveis de influenciarem a estrutura da conciliação no domínio laboral. Em termos gerais, os resultados apontam no sentido da existência de uma discrepância entre o que é peticionado pelos autores e o que é acordado em sede de conciliação. Aparentemente, este resultado poderá reforçar as preocupações expressas a propósito da conciliação a que aludi no terceiro capítulo.

Outra inferência que os resultados permitem realizar é a de que existe uma tendência para a reprivatização dos conflitos individuais de trabalho através dos processos de conciliação. Com efeito, para além dos casos em que nos próprios processos se refere a existência de acordos extrajudiciais, a estes também estão associados muitos processos em que ocorrem desistências totais dos pedidos. No quadro desta reflexão, a conciliação parece assumir-se como um interface social que faz o trânsito entre o espaço público e o espaço privado. Os conflitos de trabalho ao judicializarem-se dão entrada no espaço público do tribunal e através da conciliação podem reprivatizar-se. Por este facto, e uma vez mais, o papel dos juízes parece-me ser determinante na promoção da conciliação. O facto da conciliação judicial se poder definir como uma autocomposição assistida no espaço público do tribunal, em que a alternativa à conciliação é uma sentença, não deixa dúvidas sobre a centralidade e importância do papel desempenhado pelos magistrados.

1.4. O termo do processo nas acções de acidentes de trabalho

O processo especial de acidente de trabalho é composto por duas fases processuais. O processo inicia-se pela fase conciliatória, cujo objectivo é alcançar o acordo entre as partes. Quando essa finalidade não é conseguida, o processo prolonga-se para a fase contenciosa.

Atendendo aos quadros 5 e 6, observa-se que os processos findam na sua grande maioria na fase conciliatória.

Quadro 5
Termo na fase conciliatória

	1989		1990		1991		1992		1993		1994		1995	
	nº	%	nº	%	nº	%	nº	%	nº	%	nº	%	nº	%
Por Conciliação	10 451	97,1	10 980	94,7	11 585	95,1	11 724	94,8	10 627	95,0	10 606	93,7	8 188	93,4
Por Outro Motivo	314	2,9	611	5,3	602	4,9	644	5,2	561	5,0	716	6,3	578	6,6
Total	10 765	100,0	11 591	100,0	12 187	100,0	12 368	100,0	11 188	100,0	11 322	100,0	8 766	100,0

	1996		1997		1998		1999		2000		2001	
	nº	%	nº	%	nº	%	nº	%	nº	%	nº	%
Por Conciliação	7 682	92,7	8 012	93,4	7 802	91,7	8 311	89,8	9 021	89,6	10 310	90,2
Por Outro Motivo	603	7,3	564	6,6	707	8,3	939	10,2	1 043	10,4	1 124	9,8
Total	8 285	100,0	8 576	100,0	8 509	100,0	9 250	100,0	10 064	100,0	11 434	100,0

Fonte: GPLP.

Quadro 6
Termo do processo na fase contenciosa

	1989		1990		1991		1992		1993		1994		1995	
	nº	%	nº	%	nº	%	nº	%	nº	%	nº	%	nº	%
Conciliação	458	17,3	501	17,6	554	16,5	568	14,2	542	14,0	512	11,0	455	11,9
Condenação do Réu no Pedido	385	14,6	924	32,5	1 144	34,1	1 420	35,5	1 300	33,7	1 753	37,6	1 382	36,2
Outro Termo	331	12,5	482	16,9	766	22,9	956	23,9	997	25,8	1 306	28,0	996	26,1
Pedido Procedente	850	32,1	484	17,0	533	15,9	618	15,5	526	13,6	586	12,6	513	13,4
Pedido Procedente em Parte	318	12,0	207	7,3	155	4,6	236	5,9	258	6,7	316	6,8	257	6,7
Pedido Improcedente	302	11,4	248	8,7	200	6,0	201	5,0	240	6,2	192	4,1	218	5,7
Total	2 644	100,0	2 846	100,0	3 352	100,0	3 999	100,0	3 863	100,0	4 665	100,0	3 821	100,0

	1996		1997		1998		1999		2000		2001	
	nº	%	nº	%	nº	%	nº	%	nº	%	nº	%
Conciliação	627	15,3	661	16,7	714	16,1	563	11,8	704	13,4	617	12,1
Condenação do Réu no Pedido	1 765	43,2	1 625	40,9	1 933	43,7	2 256	47,2	2 454	46,6	2 412	47,2
Outro Termo	826	20,2	817	20,6	971	21,9	1 039	21,8	1 088	20,7	1 261	24,7
Pedido Procedente	494	12,1	480	12,1	415	9,4	480	10,1	563	10,7	439	8,6
Pedido Procedente em Parte	195	4,8	187	4,7	194	4,4	225	4,7	220	4,2	233	4,6
Pedido Improcedente	180	4,4	199	5,0	199	4,5	212	4,4	233	4,4	153	3,0
Total	4 087	100,0	3 969	100,0	4 426	100,0	4 775	100,0	5 262	100,0	5 115	100,0

Fonte: GPLP.

Quando os processos findam pelo julgamento, e tomando como exemplo o ano de 2001, é de realçar a maior expressão quantitativa dos processos findos por condenação do réu no pedido (47,2%), outro termo (24,7%), conciliação (12,1%) e pedido procedente (8,6%).

Os dados referentes à resolução dos conflitos em processos de acidentes de trabalho são também ilustrativos da capacidade dos instrumentos processuais para determinarem o termo do litígio, nomeadamente, do instituto da conciliação.

Tal como se verifica nas normas processuais aplicáveis aos processos emergentes de contrato individual de trabalho, também nos processos emergentes de acidente de trabalho o legislador privilegiou a autocomposição dos litígios. Estes dividem-se em duas fases: a fase conciliatória e a fase contenciosa.[212] O processo inicia-se pela fase conciliatória, que é obrigatória, e que tem por base a participação do acidente de trabalho. A fase conciliatória tem como finalidade a composição amigável do conflito acerca dos direitos e obrigações que assistem a cada uma das partes. Assim, esta fase funciona, no fundo, como aplicação do mesmo princípio da tentativa prévia de conciliação que se fixava para os litígios emergentes de contrato individual de trabalho, antes da revogação do artigo 49.º do CPT pelo DL n.º 115/85 de 18-04, uma vez que as questões não podiam seguir para juízo sem antes ter lugar a realização da tentativa prévia de conciliação.

Esta fase do processo é presidida pelo Ministério Público, tendo, no entanto, o acordo entre as partes de ser homologado pelo juiz, visto que como lhe compete a defesa dos direitos dos trabalhadores, é natural que lhe "seja confiada a fase do processo em que se averigua qual o grau de incapacidade do sinistrado ou doente, o salário que auferia e a redução que sofreu na sua capacidade geral de ganho".[213]

A fase contenciosa tem lugar sempre que as partes não cheguem a acordo, o juiz não homologue o acordo ou não se tenha verificado a tentativa de conciliação. Esta fase, cuja orientação cabe ao juiz, inicia-se com a petição inicial ou com um simples requerimento da parte e culmina com a sentença final.

---

[212] Esta divisão do processo em duas fases estava já prevista no anterior Código de Processo de Trabalho, aprovado pelo DL n.º 45.497, de 30-12 de 1963. O Código apresenta como justificação para esta divisão o facto de "na maior parte dos casos, as acções emergentes de acidentes de trabalho e doença profissional, que por força da lei têm de ser presentes ao tribunal de trabalho, não darem lugar a uma questão em sentido próprio, pois o sinistrado e entidade patronal nada mais pretenderem do que a definição dos direitos de um e dos deveres do outro, indispensável à realização do acordo legal".

[213] Preâmbulo do Decreto n.º 45.497.

1.5. Os conflitos emergentes do contrato individual de trabalho e dos acidentes de trabalho

Do ponto de vista sociológico os conflitos são relações sociais que estão na base de processos de interacção e de práticas sociais, cuja expressão sócio-jurídica adquire as mais variadas formas. À pluralidade das relações sociais conflituais corresponde, quer uma pluralidade de fontes e objectos de conflitos, quer uma pluralidade de modos de resolução, de entre os quais a via judicial não é sequer a privilegiada. Efectivamente, as relações sociais judicializadas correspondem a um relacionamento "formalizado", "diferenciado" e "funcional", assente em papéis definidos e na tipificação jurídica dos objectos dos conflitos.

As relações sociais judicializadas configuram diferentes situações de conflito laboral. Fazendo uma regressão das consequências jurídicas para as causas sociológicas dos litígios é possível localizar as suas fontes no contexto das relações laborais em que emergem.

Gráfico 6
Processos de contrato individual de trabalho entrados em 1999 e findos em 2001 por objecto de acção

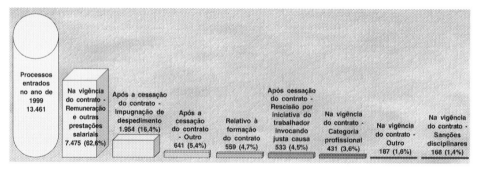

Fonte: GPLP.

No gráfico 6 distribui-se o total de processos de CIT entrados pelos diferentes tipos/objectos de acção que estiveram na sua origem. A concentração da litigação em torno de matérias relativas às remunerações e prestações salariais e à impugnação do despedimento exprimem os dois traços estruturais internalizados na relação individual de trabalho: o da dependência económica dos trabalhadores, cuja única fonte de rendimento é o salário; e o da necessidade de preservar o vínculo laboral enquanto factor de integração social e política. O reduzido valor das acções que têm por base a rescisão do contrato por iniciativa do trabalhador invocando justa causa, deve ser associado às acções relativas à formação do contrato já que, em qualquer dos casos, está em causa uma vez mais a manutenção do emprego. Recordo as observações feitas no terceiro capítulo, onde chamei a atenção para a relação existente entre os fenómenos do risco, da insegurança e do medo na área laboral, os quais encontram no binómio dependência económica/necessidade de integração social (ou de não exclusão) a "chave" da decisão e motivação para litigar ou não. A este respeito, deve ainda relevar-se os problemas decorrentes do ónus da prova e de, em regra, o processo de despedimento assumir características orais. Por exemplo, e como refere um dos Procuradores do Ministério Público entrevistado

> *(...) aí funciona o ónus da prova, quer dizer, vamos supor que normalmente nós teremos 80% das situações em que os despedimentos são orais, portanto não há processo disciplinar. Como é que se vê aqui o ónus da prova? Quem tem que provar que foi despedido é o trabalhador (...) e desta prova vai depender todo o pedido a nível de salários e de indemnização. Ora um despedimento oral, ou seja, quando uma entidade patronal se chega junto de um trabalhador em certo dia, ou então chama-o ao escritório, e diz-lhe para se ir embora por determinada razão (...) isto é um caso que se repete em eventualmente 70% das situações e onde não há prova. Que prova é que o trabalhador apresenta? Bem ele pode dizer que se não compareceu ao local de trabalho foi porque foi despedido, ou então diz que os seus colegas sabem que foi despedido (...) mas depois os colegas não sabem nada, não sabem que conversa houve com o patrão.* [214]

O despedimento é também sentido como um litígio associado ao núcleo duro do debate em torno da flexibilidade/rigidez da legislação laboral. Vale a pena atender às seguintes observações de um advogado

> *Agora que as leis de trabalho têm de ser mais flexíveis têm. O despedimento de trabalhadores terá de ser feito não no sentido de despedir por 'dá cá aquela palha', mas o processo deverá tornar--se mais célere. Por outro lado, os trabalhadores têm que ter a*

---

[214] Entrevista realizada a Procurador do Ministério Público em 2001.

332   *Trabalho procura Justiça*

noção de que não podem agarrar-se eternamente a um emprego, porque isso, infelizmente, não vai ter futuro daqui a 10 ou 20 anos. E portanto tem que haver legislação que facilite a situação do trabalho mas que também proteja o trabalhador, que não aniquile os seus direitos. [215]

Para além da grande dicotomia que opõe as situações de conflito experimentadas com a manutenção do vínculo contratual e permanência do trabalhador no espaço da empresa às situações de ruptura do vínculo contratual e saída do trabalhador do espaço da empresa, muitas outras situações conflituais estão na base da litigação laboral. De entre elas, são de destacar as que têm origem na formação do contrato, na categoria profissional, nas sanções disciplinares e na rescisão por iniciativa do trabalhador invocando justa causa.[216] Saliento que as acções tendo por objecto remunerações e outras prestações salariais (56,6% em 2001) e a impugnação do despedimento (22,6% em 2001) são aquelas que denotam valores mais elevados no recurso à assistência judiciária. As acções que revelam menor recurso à assistência judiciária são acções que o trabalhador propõe ainda na vigência do contrato, subsistindo um vínculo contratual entre a entidade empregadora e o trabalhador. Tal facto confere ao trabalhador uma certa capacidade financeira, o que leva a que seja dificultada a obtenção do benefício do apoio judiciário (cf. artigo n.º 20.º Decreto-lei n.º 387-B/87, de 29 de Dezembro, alterado pelo Decreto-lei n.º 30-E/2000, de 20 de Dezembro), em virtude de não estarem reunidos os requisitos para a sua atribuição. As acções em que existe maior procura da assistência judiciária são acções intentadas após a cessação do vínculo contratual, encontrando-se, frequentemente, o trabalhador privado da sua principal, senão única, fonte de rendimento que lhe permita custear as despesas do processo.

No quadro 7 identificam-se os vários objectos de acção nas acções de contrato individual de trabalho, entre 1989 e 2001. Os objectos de acção remuneração e prestações salariais e impugnação do despedimento enquadram-se no que se designa por litígios de "alta intensidade", onde

---

[215] Entrevista realizada a advogado em 2002.

[216] Refira-se, no entanto, que segundo os critérios de notação estatística do GPLP, cada boletim de acção de contrato individual de trabalho admite resposta múltipla no campo respeitante ao objecto de acção. Logo, cada boletim pode ter por base mais do que um objecto de acção.

Quadro 7
Objecto de acção – acções de contrato individual de trabalho

	1989		1990		1991		1992		1993		1994		1995	
	n.º	%	n.º	%	n.º	%	n.º	%	n.º	%	n.º	%	n.º	%
Relativo à formação do contrato	830	6,3	887	6,8	1 072	8,2	1 372	10,5	1 669	11,0	1 682	8,6	1 219	6,9
Na vigência do contrato - Categoria profissional	529	4,0	516	3,9	559	4,3	378	2,9	382	2,5	540	2,8	310	1,8
Na vigência do contrato - Remunerações e outras prestações salariais	6 440	49,1	6 427	49,0	6 485	49,7	6 795	51,8	8 077	53,1	10 713	54,6	9 157	51,8
Na vigência do contrato - Sanções disciplinares	329	2,5	344	2,6	294	2,3	285	2,2	212	1,4	243	1,2	270	1,5
Na vigência do contrato - Outro	580	4,4	475	3,6	345	2,6	391	3,0	315	2,1	393	2,0	483	2,7
Após cessação do contrato - Impugnação de despedimento	2 580	19,7	2 951	22,5	2 776	21,3	2 618	20,0	3 095	20,3	3 943	20,1	3 870	21,9
Após cessação do contrato - Rescisão por iniciativa do trabalhador invocando justa causa	1 024	7,8	819	6,2	775	5,9	654	5,0	883	5,8	1 394	7,1	1 099	6,2
Após cessação do contrato - Outro	798	6,1	702	5,4	749	5,7	613	4,7	578	3,8	702	3,6	1 256	7,1
Total	13 110	100,0	13 121	100,0	13 055	100,0	13 106	100,0	15 211	100,0	19 610	100,0	17 664	100,0

	1996		1997		1998		1999		2000		2001	
	n.º	%	n.º	%	n.º	%	n.º	%	n.º	%	n.º	%
Relativo à formação do contrato	1 355	7,7	1 407	7,8	1 630	9,6	1 396	8,9	1 052	6,4	559	4,0
Na vigência do contrato - Categoria profissional	284	1,6	256	1,4	266	1,6	205	1,3	420	2,5	495	3,5
Na vigência do contrato - Remunerações e outras prestações salariais	9 756	55,5	10 559	58,2	9 607	56,6	8 656	55,1	9 206	55,6	8 035	56,9
Na vigência do contrato - Sanções disciplinares	250	1,4	224	1,2	159	0,9	174	1,1	204	1,2	254	1,8
Na vigência do contrato - Outro	303	1,7	416	2,3	420	2,5	439	2,8	390	2,4	194	1,4
Após cessação do contrato - Impugnação de despedimento	3 670	20,9	3 443	19,0	3 241	19,1	3 021	19,2	3 229	19,5	3 043	21,5
Após cessação do contrato - Rescisão por iniciativa do trabalhador invocando justa causa	1 154	6,6	1 120	6,2	827	4,9	994	6,3	1 010	6,1	784	5,6
Após cessação do contrato - Outro	822	4,7	726	4,0	834	4,9	817	5,2	1 033	6,2	757	5,4
Total	17 594	100,0	18 151	100,0	16 984	100,0	15 702	100,0	16 544	100,0	14 121	100,0

Fonte: GPLP.

as partes têm perspectivas diferentes sobre o âmbito dos seus direitos ou obrigações" (cf. Santos *et al.*, 1996).[217] Os litígios de alta intensidade correspondem a uma radicalização das situações de conflito, configurando, em qualquer dos casos, uma litigação de base defensiva reveladora da parte contratualmente mais débil na relação de trabalho.

Tendo em conta o total dos doze anos em causa, elaborei o quadro do padrão nacional dos objectos de acção. Os oito primeiros códigos referem-se aos processos em que apenas é declarado um objecto de acção.

---

[217] Eles contrapõem-se ao que se designa por litígios de "baixa intensidade". Os litígios de baixa densidade são "falsos litígios, isto é, aqueles em que o tribunal tem uma função puramente de certificação (Santos *et al.*, 1996).

334   *Trabalho procura Justiça*

Os restantes quatro códigos resultam das combinações dos objectos de acção mais frequentemente registados nos boletins de notação estatística do GPLP.[218]

Quadro 8
Objectos de acção mais referidos – acções de CIT
(1989-2001)

	n.º	%
(1) Relativo à formação do contrato	2 308	1,4
(2) Na vigência do contrato - Categoria profissional	2 472	1,5
(3) Na vigência do contrato - Remunerações e outras prestações salariais	76 953	47,6
(4) Na vigência do contrato - Sanções disciplinares	2 172	1,3
(5) Na vigência do contrato - Outro	4 191	2,6
(6) Após cessação do contrato - Impugnação de despedimento	22 484	13,9
(7) Após cessação do contrato - Rescisão por iniciativa do trabalhador invocando justa causa	6 106	3,8
(8) Após cessação do contrato - Outro	8 064	5,0
(1+3) Relativo à formação do contrato + Remunerações e outras prestações salariais	7 672	4,7
(3+6) Remunerações e outras prestações salariais + Impugnação de despedimento	13 585	8,4
(3+7) Remunerações e outras prestações salariais + Rescisão por iniciativa do trabalhador invocando justa causa	4 452	2,8
(1+3+6) Relativo à formação do contrato + Remunerações e outras prestações salariais + Impugnação de despedimento	2 335	1,4
Os objectos de acção *de per si* mais as 4 combinações mais referidas	152 794	94,4
Total de objectos de acção	161 809	

Fonte: GPLP.

Pela leitura do quadro 8 verifica-se que os objectos de acção mais referidos surgem isoladamente e dizem respeito a remunerações e outras prestações salariais, com 47,6%, e à impugnação do despedimento com 13,9%. Estes dois objectos de acção, considerados isoladamente, são a expressão quantitativa do núcleo duro da litigação emergente das acções de contrato individual de trabalho.

Os valores encontrados para o objecto de acção impugnação do despedimento devem ainda ser confrontados com o objecto de acção suspen-

---

[218] Atendendo ao facto do campo referente ao objecto da acção do Boletim de Notação Estatística do GPLP admitir resposta múltipla, torna-se pertinente verificar não só o tipo de relacionamento que existe entre os vários objectos da acção, mas também os casos em que os objectos de acção considerados *de per si* surgem isoladamente.

Capítulo VII 335

são do despedimento do boletim de notação estatística do GPLP – outras acções. Em qualquer dos casos, está em causa a manutenção do vínculo laboral. Se no primeiro caso estamos perante um conflito cuja judicialização ocorre após a "saída" do trabalhador do espaço da empresa, no segundo caso, estamos perante uma judicialização – sob a forma de providência cautelar – que pretende suspender o efeito imediato do despedimento. Registe-se, no entanto, a fraca expressão quantitativa das acções entradas que têm por objecto a suspensão do despedimento[219], quando comparada com a impugnação do despedimento. Em termos absolutos, as primeiras, entre 1990 e 2001, variam entre as 266 e as 458 acções intentadas.

Refira-se, no entanto, que as quatro principais combinações de objectos, tomando como referência o nível nacional, têm sempre presente o objecto remunerações e outras prestações salariais. Este objecto coexiste com o objecto referente à formação do contrato em 4,8%, com a impugnação do despedimento em 8,2%, com a rescisão por parte do trabalhador invocando justa causa em 3,1%, e, finalmente, com uma combinação com três objectos de acção em 1,9 % dos processos.[220]

---

[219] O processo de suspensão do despedimento é uma providência cautelar. Como refere Antunes Varela, estas "visam impedir que durante a pendência de qualquer acção declarativa ou executiva, que a situação de facto se altere de modo a que a sentença nela proferida sendo favorável, perca toda a sua eficácia ou parte dela". Consumada a ruptura da relação laboral por iniciativa da entidade patronal, o trabalhador dispõe desta providência cautelar com a qual pretende evitar consequências negativas que lhe advêm do facto de ter perdido o seu posto de trabalho, assegurando a manutenção do vínculo contratual. A partir do momento em que é despedido, o trabalhador dispõe de 5 dias para requerer ao tribunal a suspensão do despedimento (cf. art. 14.º do DL n.º 64-A/89 de 27-2). Apresentado este pedido, o juiz, proferirá despacho num prazo de 48 horas. A decisão perante o requerimento do trabalhador implicará um juízo de probabilidade de êxito e do prejuízo que a demora do julgamento implicará. O despacho designará dia para audição das partes que deverá realizar-se num prazo de 15 dias. A entidade patronal é notificada para no prazo que fixar, apresentar o processo disciplinar (cf. art. 38.º e 42.º do CPT). O juiz tentará a conciliação e, se esta não resultar, ouvidas as partes, proferirá decisão no prazo de 15 dias. A suspensão será decretada se não tiver sido instaurado processo disciplinar, se o processo disciplinar for nulo, e se o tribunal, ponderadas todas as circunstâncias relevantes, concluir pela probabilidade de inexistência de justa causa do despedimento do trabalhador.

[220] Se se atender ao total dos objectos de acção que surgem isoladamente, isto é, correspondendo a situações em que no preenchimento do boletim de notação estatística do GPLP se regista apenas um objecto de acção, verifico que o seu valor é de 76%. Ou seja, em cerca de três quartos do total dos objectos de acção registados não há lugar ao preenchimento de mais de um objecto de acção. O valor remanescente (24%) corresponde aos boletins de notação estatística que registaram mais do que um objecto de acção em processos de contrato individual de trabalho.

336   *Trabalho procura Justiça*

Os valores encontrados para o objecto da acção impugnação do despedimento, considerado isoladamente ou combinado com o objecto da acção remunerações e outras prestações salariais, corresponderão às situações de conflito laboral judicializado após a cessação unilateral do contrato. Estamos perante casos em que o trabalhador intenta a acção encontrando-se fora do espaço da empresa.

A análise qualitativa corrobora os elementos quantitativos a que aludi anteriormente. De acordo com a investigação levada a cabo no Tribunal de Trabalho de Lisboa em 2002, que consistiu na análise de conteúdo de uma amostra de 30% dos processos findos em 1999, atendendo à petição inicial, concluo pelo grande peso das acções que envolviam litígios relativos às questões pecuniárias e indemnizações, à declaração de ilicitude do despedimento, ou à declaração da nulidade do contrato a prazo. Evitar o despedimento ou demonstrar a situação de subordinação face às entidades patronais são os principais objectos das acções intentadas. A reintegração do trabalhador no seu posto de trabalho tem uma fraca expressão com 6,4%. A situação em causa é bem ilustrada pela transcrição de uma das sentenças analisadas:

> *parece-nos a nós que, salvo o devido respeito que nos merece opinião contrária superiormente abalizada, a ré se tem servido da legislação sobre contratos a termo para ter ao seu dispor o autor durante alguns anos e posteriormente dispensá-lo sem invocação de justa causa como a lei exige.*

Os dados reforçam a ideia da centralidade da litigação emergente do contrato individual de trabalho em torno de questões que a sociologia do trabalho e a disciplina das relações industriais identificam como reivindicações económicas ou quantitativas e contrárias ao despedimento. Também de acordo com o inquérito desenvolvido pelo Observatório Permanente da Justiça Portuguesa junto dos sindicatos (2001) para aferir da sua intervenção no domínio da conflitualidade individual se identificam como assuntos mais frequentes os despedimentos e as cessações de contrato e, em menor escala, as questões relativas às categorias profissionais, às diferenças salariais e aos processos disciplinares.

Em relação ao objecto de acção nos processos de acidente de trabalho, são de fazer duas observações prévias. Em primeiro lugar, no Boletim de Notação Estatística do GPLP, só há lugar à discriminação do objecto de acção quando o processo se prolonga para a fase contenciosa. Em segundo lugar, o preenchimento do objecto de acção admite resposta múltipla.

Como vimos anteriormente (cf. termo dos processos de acidente de trabalho), a maioria dos processos findam na fase conciliatória (por conciliação entre as partes), sendo por isso reduzida a expressão quantitativa do objecto de acção. Tendo este factor em consideração, podemos, no entanto, identificar os principais objectos de acção na fase contenciosa. Assim, pela observação do quadro 9, identificamos como principal fonte de conflito, as acções cujo objecto respeita à "fixação da incapacidade" do sinistrado. Estas acções correspondiam em 2001 a 76% dos objectos da acção.

Quadro 9
Objecto de acção – acidentes de trabalho

	1989		1990		1991		1992		1993		1994		1995	
	nº	%	nº	%	nº	%	nº	%	nº	%	nº	%	nº	%
Existência e caracterização do acidente	99	3,6	132	4,5	153	4,4	213	5,1	242	5,8	227	4,4	175	4,3
Nexo de causalidade acidente/lesão	66	2,4	104	3,5	118	3,4	165	4,0	213	5,1	302	5,9	221	5,4
Determinação do responsável	76	2,8	126	4,3	217	6,3	234	5,6	199	4,8	294	5,8	279	6,8
Determinação do salário	57	2,1	77	2,6	98	2,8	132	3,2	131	3,2	201	3,9	105	2,6
Fixação da incapacidade	1 239	45,1	2 290	77,7	2 651	77,1	3 275	78,7	3 201	77,3	3 920	76,8	3 179	77,6
Outro objecto	1 211	44,1	218	7,4	202	5,9	142	3,4	156	3,8	158	3,1	139	3,4
Total	2 748	100,0	2 947	100,0	3 439	100,0	4 161	100,0	4 142	100,0	5 102	100,0	4 098	100,0

	1996		1997		1998		1999		2000		2001	
	nº	%	nº	%	nº	%	nº	%	nº	%	nº	%
Existência e caracterização do acidente	183	4,0	173	4,0	141	3,0	157	3,1	216	3,7	142	2,5
Nexo de causalidade acidente/lesão	673	14,8	398	9,1	303	6,4	306	6,0	482	8,3	427	7,5
Determinação do responsável	326	7,2	296	6,8	339	7,1	338	6,6	360	6,2	384	6,8
Determinação do salário	141	3,1	141	3,2	124	2,6	135	2,7	166	2,8	116	2,0
Fixação da incapacidade	3 083	67,8	3 169	72,5	3 583	75,5	3 897	76,6	4 293	73,6	4 316	76,0
Outro objecto	140	3,1	193	4,4	255	5,4	253	5,0	316	5,4	291	5,1
Total	4 546	100,0	4 370	100,0	4 745	100,0	5 086	100,0	5 833	100,0	5 676	100,0

Fonte: GPLP.

Tomando como referência os anos de 1989 a 2001, verificamos que o número absoluto de processos com este objecto tem registado um significativo aumento. Em 1989 findaram 1.239 processos, correspondendo a 45,1% do total; e em 2001, findaram 4.316, correspondendo a 76% do total.

Os valores encontrados para o que é identificado como "outro objecto", sobretudo em 1989, surgem bastante inflacionados. Tal facto fica a deve-se, em nossa opinião, a problemas no preenchimento dos verbetes de notação estatística, consequência do "descarregar" de processos nesta categoria residual.

2. Os actores sociais e a mobilização da justiça laboral nas acções de contrato individual de trabalho: dos autores trabalhadores às empresas rés

Em Ferreira (2003), sublinhei a importância sociológica das acções de contrato individual de trabalho dado ser possível a partir delas estabelecer o padrão de inter-influências existente entre a estrutura do mercado de trabalho e a administração da justiça laboral. As acções de contrato individual de trabalho são, pelas suas características sócio-jurídicas, as que se mostram mais sensíveis aos ajustamentos e transformações da normatividade e relações laborais, desde logo porque de entre os vários conflitos consubstanciados neste tipo de acções, encontra-se o despedimento, porventura, o litígio judicial que melhor traduz as características estruturais das relações de trabalho.

Ao expressarem os conflitos emergentes da regulação jurídica da relação individual de trabalho, as acções declarativas de contrato de trabalho possibilitam a construção de um modelo de análise da inserção dos tribunais de trabalho nos contextos sociológicos das relações laborais, ao identificarem-se as correspondências estabelecidas entre a estrutura empresarial, a estrutura do mercado de trabalho, a estrutura contratual laboral e os mobilizadores dos tribunais.

A caracterização da actividade dos tribunais de trabalho é feita, a partir das seguintes variáveis: profissão dos autores e actividade económica dos réus, dimensão das empresas, taxa de incidência da litigação por profissões, desigualdades sociais em função do sexo, estrutura contratual e taxa de rotatividade, taxa de cobertura da negociação colectiva e taxa de sindicalização.

Como foi referido no início deste capítulo, o recurso a este modelo de análise permite questionar as teses da rigidez do mercado de trabalho associada às normas relativas ao despedimento e à própria actividade dos tribunais de trabalho, ao demonstrar a importância da flexibilização fáctica na mobilização e acesso dos tribunais.

2.1. Sujeitos processuais, profissão dos autores e actividade económica dos réus

O estudo dos mobilizadores dos tribunais de trabalho é particularmente importante pois através da sua análise desvela-se, com clareza, a relação existente entre o padrão de litigação dos tribunais e os factores socioeconómicos contextuais que afectam a sua actividade.[221] No gráfico 7 assinala-se a distribuição das acções conforme o mobilizador do tribunal (autor da acção), ou aquele que por ele é mobilizado (o réu), sejam pessoa singular ou pessoa colectiva. Os autores das acções de contrato individual de trabalho são, maioritariamente, pessoas singulares, sendo escassa a expressão quantitativa de autores cuja natureza jurídica é pessoa colectiva. Assim, e para os anos de 1993 e 2001, os valores dos autores pessoas singulares representam, em regra, cerca de 100% do total dos autores nessas acções.[222]

Gráfico 7
Autores pessoas singulares e autores pessoas colectivas nas acções de contrato individual de trabalho

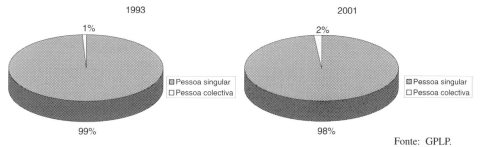

Fonte: GPLP.

Estes valores constituem o primeiro indicador de que a estrutura das relações laborais encontra tradução judicial, nomeadamente no que tange à desigual distribuição de poder entre empregadores e trabalhadores. As características sócio-jurídicas subjacentes às relações laborais fazem com que, nos tribunais de trabalho, os autores sejam pessoas singulares, na sua maioria trabalhadores por conta de outrem, que intentam acções contra as entidades patronais, sendo os réus pessoas colectivas cuja natureza jurídica assume, predominantemente, a figura de "sociedades". A posição ocupada pelos actores sociais na estrutura de litigação destes tribunais revela que são as pessoas singulares as que, maioritariamente, litigam contra as pessoas colectivas. No gráfico 8, para os anos de 1991 e 2001,

---

[221] Na litigação laboral existem áreas de "recurso obrigatório" ao tribunal, como sucede no caso dos acidentes de trabalho em que a participação é obrigatória segundo certas circunstâncias.

[222] O facto dos mobilizadores dos tribunais de trabalho serem essencialmente pessoas singulares destoa do perfil dos autores cíveis. Todavia, não estamos perante uma ocorrência totalmente alheia à litigação cível, pois, neste tipo de litigação, também existem acções interpostas, maioritariamente, por pessoas singulares, designadamente acções de divórcio, separação de pessoas e bens e outras acções sobre o estado das pessoas.

identificam-se os sujeitos processuais envolvidos nos litígios laborais, ficando claro, uma vez mais, que a estrutura dos conflitos é constituída por pessoas singulares que intentam acções contra pessoas colectivas, isto é, trabalhadores que intentam acções contra empregadores.

Gráfico 8
Sujeitos processuais envolvidos nos litígios laborais

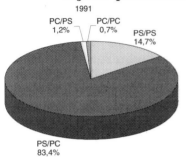 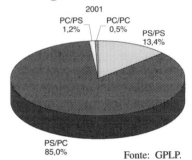

Fonte: GPLP.

Apesar das limitações apontadas às análises sociológicas centradas nas categorias profissionais formais (Estanque e Mendes, 1998) o estudo da estrutura das profissões dos autores nas acções de contrato individual de trabalho constitui um importante elemento de caracterização sócio--jurídica dos mobilizadores dos tribunais de trabalho. Tendo por base a diferenciação sócio-profissional é possível vincular reciprocamente as mudanças e tendências do mercado de trabalho e as mudanças e tendências na estrutura da procura do judicial-laboral.[223] A análise das profissões dos autores (série harmonizada 1989-2001) – quadro 10 – revela a existência de profissões com uma forte expressão na procura dos tribunais, como sejam: os operários qualificados especializados e não especializados; os trabalhadores especializados de serviços, desportos e actividades recreativas; os empregados de escritório; comerciantes e vendedores; e os trabalhadores de transportes e comunicações.

---

[223] Na análise da estrutura das profissões nos tribunais, utilizei os dados relativos aos autores constantes dos boletins de notação do GPLP. Importa referir que a Classificação Nacional das Profissões (CNP) registou uma quebra de série em 1994, tendo por base as alterações da *Classification Internationale des Professions- Bureau International du Travail* (CITP-88). Devido a este facto e com o propósito de assegurar uma série estatística entre 1989 e 2001 procedi à agregação dos valores constantes na base de dados do GPLP, levando em linha de conta a tabela de conversão disponibilizada pela actual CNP. Pode considerar-se que a conversão é metodologicamente válida ao nível mais agregado da CNP. Neste estudo das articulações entre as categorias profissionais e a mobilização dos tribunais considerei, igualmente, os valores da anterior e da actual CNP.

Capítulo VII

Quadro 10
Profissão dos autores pessoas singulares de acções de contratos individuais de trabalho

	1989		1990		1991		1992		1993		1994		1995	
	n.º	%	n.º	%	n.º	%	n.º	%	n.º	%	n.º	%	n.º	%
Prof. liberais, técnicos e equiparados	410	4,2	455	4,6	441	4,4	429	4,4	467	4,2	596	3,9	462	3,3
Dir. dos quadros administrativos e superiores	150	1,5	124	1,3	163	1,6	187	1,9	191	1,7	218	1,4	221	1,6
Empregados de escritório	918	9,3	1 024	10,4	1 132	11,2	1 033	10,5	1 101	9,8	1 577	10,4	1 513	10,7
Comerciantes e vendedores	828	8,4	924	9,3	999	9,9	885	9,0	1 055	9,4	1 453	9,6	1 511	10,7
Agric., pescas, silvi. e trabalhadores equiparados	289	2,9	313	3,2	267	2,6	309	3,2	287	2,6	441	2,9	338	2,4
Mineiros, operá. de pedreiras e equiparados	5	0,1	15	0,2	18	0,2	24	0,2	24	0,2	21	0,1	116	0,8
Traba. dos transportes e das comunicações	695	7,1	776	7,8	709	7,0	692	7,1	784	7,0	1 153	7,6	1 162	8,2
Operá. qualificados especializados e não especial.	4 464	45,4	4 015	40,6	4 210	41,6	4 251	43,4	5 238	46,6	6 989	46,2	5 913	41,7
Trab. especi. serviços,desport. e activ. recreativas	1 361	13,8	1 754	17,7	1 683	16,6	1 559	15,9	1 688	15,0	2 094	13,8	2 365	16,7
Profissão mal definida ou ignorada	505	5,1	265	2,7	312	3,1	330	3,4	287	2,6	390	2,6	404	2,8
Desempregados	63	0,6	57	0,6	46	0,5	34	0,3	60	0,5	99	0,7	111	0,8
Estudantes	5	0,1	2	0,0	2	0,0					14	0,1	3	0,0
Domésticas	83	0,8	63	0,6	17	0,2	28	0,3	16	0,1	40	0,3	27	0,2
Reformados	44	0,4	34	0,3	101	1,0	33	0,3	51	0,5	40	0,3	39	0,3
Não especificada	20	0,2	72	0,7	12	0,1								
Total	9 840	100,0	9 893	100,0	10 112	100,0	9 794	100,0	11 249	100,0	15 125	100,0	14 185	100,0

	1996		1997		1998		1999		2000		2001	
	n.º	%	n.º	%	n.º	%	n.º	%	n.º	%	n.º	%
Prof. liberais, técnicos e equiparados	1 434	10,1	1 652	11,6	1 488	11,3	1 270	10,3	1 460	11,0	1 345	11,4
Dir. dos quadros administrativos e superiores	178	1,3	210	1,5	218	1,7	199	1,6	246	1,9	302	2,6
Empregados de escritório	1 090	7,7	1 059	7,4	944	7,1	876	7,1	855	6,4	679	5,8
Comerciantes e vendedores	1 851	13,1	1 991	14,0	2 023	15,3	1 853	15,0	1 949	14,7	1 829	15,6
Agric., pescas, silvi. e trabalhadores equiparados	265	1,9	257	1,8	246	1,9	218	1,8	222	1,7	171	1,5
Mineiros, operá. de pedreiras e equiparados												
Traba. dos transportes e das comunicações	978	6,9	985	6,9	941	7,1	988	8,0	999	7,5	889	7,6
Operá. qualificados especializados e não especial.	5 942	41,9	5 521	38,8	4 710	35,7	4 305	34,7	4 381	32,9	3 558	30,3
Trab. especi. serviços,desport. e activ. recreativas	2 071	14,6	1 917	13,5	1 987	15,0	1 819	14,7	2 096	15,8	1 848	15,7
Profissão mal definida ou ignorada	300	2,1	523	3,7	512	3,9	664	5,4	938	7,1	977	8,3
Desempregados	34	0,2	59	0,4	79	0,6	96	0,8	89	0,7	73	0,6
Estudantes	2	0,0	4	0,0	4	0,0	5	0,0	5	0,0	10	0,1
Domésticas	17	0,1	20	0,1	21	0,2	50	0,4	40	0,3	49	0,4
Reformados	16	0,1	39	0,3	30	0,2	44	0,4	15	0,1	18	0,2
Não especificada	4	0,0	7	0,0	3	0,0	3	0,0	2	0,0	4	0,0
Total	14 182	100,0	14 244	100,0	13 206	100,0	12 390	100,0	13 297	100,0	11 752	100,0

Fonte: GPLP.

Os operários qualificados, especializados e não-especializados, destacam-se em qualquer dos anos considerados, correspondendo o valor das acções de CIT, por eles interpostas, a quase metade das acções que chegam aos tribunais. No entanto, a análise dos valores percentuais das profissões mobilizadoras da actividade dos tribunais de trabalho, realizada numa perspectiva dinâmica, deixa perceber a existência de uma tendência de recomposição na estrutura das profissões, associada a uma crescente terciarização dos conflitos laborais e a uma diminuição relativa da litigiosidade no sector

342   *Trabalho procura Justiça*

industrial. Por exemplo, em 1990, os operários qualificados especializados e não-especializados, representavam 40,6% do total das profissões, enquanto que em 2001, o seu valor era de 30,3%. Por outro lado, as profissões liberais e quadros técnicos e superiores registavam, em 1990, o valor de 4,6%, passando a registar, em 2001, o valor de 11,4%.

Confiram-se os dados das acções de CIT distribuídas segundo a CNP utilizada até 1995 e a actual, que reiteram as tendências verificadas anteriormente.

Quadro 11
CIT – Profissão dos autores (1989-1995)

	1989		1990		1991		1992		1993		1994		1995	
	nº	%	nº	%	nº	%	nº	%	nº	%	nº	%	nº	%
Pes.exer.prof.lib.téc.e equiparados	410	4,3	455	4,7	441	4,4	429	4,4	467	4,2	596	4,0	462	3,3
Dir.pes.quad.admi e superiores	150	1,6	124	1,3	163	1,6	187	1,9	191	1,7	218	1,5	221	1,6
Empregados de escritório	918	9,5	1 024	10,6	1 132	11,4	1 033	10,7	1 101	9,9	1 577	10,6	1 513	10,8
Comerciantes e vendedores	828	8,6	924	9,6	999	10,1	885	9,1	1 055	9,5	1 453	9,7	1 511	10,8
Agric.,pes.,silv.e tra.equiparados	289	3,0	313	3,2	267	2,7	309	3,2	287	2,6	441	3,0	338	2,4
Minei.,oper.de pedr.e equiparados	5	0,1	15	0,2	18	0,2	24	0,2	24	0,2	21	0,1	116	0,8
Traba. dos trans. e das comunicações	695	7,2	776	8,0	709	7,1	692	7,1	784	7,0	1 153	7,7	1 162	8,3
Oper.qual.,esp. e não especializados	4 464	46,4	4 015	41,5	4 210	42,4	4 251	43,8	5 238	47,1	6 989	46,8	5 913	42,2
Trab.esp.ser.,desp.e act.recreativas	1 361	14,1	1 754	18,1	1 683	16,9	1 559	16,1	1 688	15,2	2 094	14,0	2 365	16,9
Pes.com prof.mal defi. ou ignorada	505	5,2	265	2,7	312	3,1	330	3,4	287	2,6	390	2,6	404	2,9
Total	9 625	100,0	9 665	100,0	9 934	100,0	9 699	100,0	11 122	100,0	14 932	100,0	14 005	100,0

Fonte: GPLP.

Quadro 12
CIT – Profissão dos autores (1996-2001)

	1996		1997		1998		1999		2000		2001	
	nº	%	nº	%	nº	%	nº	%	nº	%	nº	%
Prof. Desconhecida ou ignorada	300	2,1	523	3,7	512	3,9	664	5,4	938	7,1	977	8,4
Quadros Superiores da Administração Pública, Dirigentes e Quadros Superiores de Empresa	178	1,3	210	1,5	218	1,7	199	1,6	246	1,9	302	2,6
Especialistas das Profissões Intelectuais e Científicas	363	2,6	372	2,6	370	2,8	373	3,1	470	3,6	422	3,6
Técnicos e Profissionais de Nível Intermédio	1 071	7,6	1 280	9,1	1 118	8,6	897	7,4	990	7,5	923	8,0
Pessoal Administrativo e Similares	1 470	10,4	1 346	9,5	1 305	10,0	1 273	10,4	1 239	9,4	965	8,3
Pessoal dos Serviços e Vendedores	2 263	16,0	2 211	15,7	2 255	17,3	2 047	16,8	2 324	17,7	2 264	19,5
Agricultores e Trabalhadores Qualificados da Agricultura e Pescas	229	1,6	225	1,6	207	1,6	199	1,6	196	1,5	166	1,4
Operários, Artífices e Trabalhadores Similares	5 148	36,5	4 532	32,1	3 765	28,8	3 797	31,1	3 773	28,7	2 998	25,8
Operadores de Instalações e Máquinas e Trabalhadores da Montagem	1 424	10,1	1 308	9,3	1 211	9,3	1 176	9,6	1 175	8,9	1 039	9,0
Trabalhadores não Qualificados	1 663	11,8	2 108	14,9	2 108	16,1	1 567	12,9	1 795	13,7	1 542	13,3
Total	14 109	100,0	14 115	100,0	13 069	100,0	12 192	100,0	13 146	100,0	11 598	100,0

Fonte: GPLP.

Por exemplo, no quadro 11, são os operários qualificados especializados e não-especializados os principais mobilizadores dos tribunais, secundados pelos trabalhadores especializados de serviços, de desportos e de actividades recreativas, comerciantes, vendedores e empregados de escritório. No quadro 12, são os operários, artífices e trabalhadores similares os que surgem como principais mobilizadores dos tribunais, ainda que o seu valor percentual tenda a diminuir. Sobem, por outro lado, os valores relativos ao pessoal dos serviços, vendedores e trabalhadores não-qualificados.

Debrucemo-nos agora sobre o perfil socioeconómico dos actores sociais réus que são, essencialmente, empresas. Os réus nos processos de contrato individual de trabalho são, maioritariamente, categorizados como pessoas colectivas, sendo diminutos os valores respeitantes ao código das profissões, existindo uma diferença quantitativa bastante significativa entre os réus pessoas colectivas e os réus pessoas singulares. Em termos percentuais, e para os anos de 1993 e 2001, os réus pessoas colectivas correspondem, respectivamente, a 85% e 87% do total dos réus nas acções de contrato individual de trabalho.

Gráfico 9
Réus pessoas singulares e réus pessoas colectivas nas acções de contrato individual de trabalho

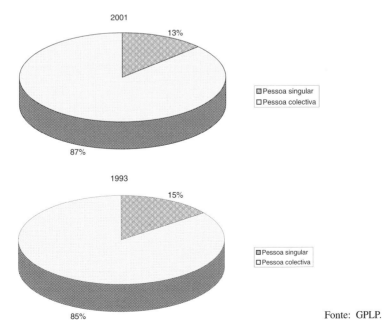

Fonte: GPLP.

Os dados estatísticos disponíveis que permitem a caracterização dos réus pessoas colectivas são de dois tipos: a natureza jurídica e a actividade económica das empresas. Quanto à natureza jurídica, as pessoas colectivas rés são predominantemente sociedades. Em 1989, o seu valor era de 87,7%, atingindo os 93,7% em 2001. É de notar, igualmente, que as empresas públicas que em 1989 detinham uma fatia de 8,6% do total dos réus pessoa colectiva registaram, em 2001, uma diminuição muito significativa, atingindo os 0,4% daquele total.

Gostaria de sublinhar que, de acordo com os dados relativos à estrutura empresarial do sector estruturado da economia, os empresários em nome individual com pessoas ao serviço constituem cerca de 55% do total das empresas e representam, aproximadamente, 17% do volume de emprego (INE; Quadros de Pessoal). Parece, assim, poder concluir-se pela existência nos tribunais de trabalho de uma sobre-representação das sociedades enquanto réus pessoas colectivas e de uma subrepresentação dos réus pessoas singulares que assumem a forma de empresários em nome individual.

Quadro 13
Natureza jurídica das empresas rés – acções de contrato individual de trabalho

	1989		1990		1991		1992		1993		1994		1995	
	n.º	%	n.º	%	n.º	%	n.º	%	n.º	%	n.º	%	n.º	%
Pessoas colectivas de direito público	76	0,9	94	1,1	88	1,0	76	0,9	57	0,6	72	0,5	96	0,8
Empresas Públicas	716	8,6	611	7,4	570	6,6	418	5,0	274	2,8	232	1,7	114	0,9
Associações ou fundações	154	1,9	187	2,3	234	2,7	271	3,2	285	2,9	339	2,5	319	2,6
Cooperativa	71	0,9	96	1,2	135	1,6	97	1,2	75	0,8	170	1,3	151	1,2
Sociedade	7 296	87,7	7 310	88,1	7 627	87,9	7 511	89,7	8 987	92,9	12 482	93,9	11 617	94,3
Ministério Público	3	0,0	1	0,0	2	0,0					2	0,0		
Situação mal definida	1	0,0	3	0,0	21	0,2	1	0,0	1	0,0	1	0,0	17	0,1
Total	8 317	100,0	8 302	100,0	8 677	100,0	8 374	100,0	9 679	100,0	13 298	100,0	12 314	100,0

	1996		1997		1998		1999		2000		2001	
	n.º	%	n.º	%	n.º	%	n.º	%	n.º	%	n.º	%
Pessoas colectivas de direito público	238	1,9	162	1,3	119	1,0	137	1,3	133	1,1	140	1,4
Empresas Públicas	146	1,2	151	1,2	137	1,2	75	0,7	81	0,7	45	0,4
Associações ou fundações	348	2,8	450	3,7	402	3,5	313	2,9	388	3,3	375	3,7
Cooperativa	79	0,6	65	0,5	89	0,8	79	0,7	88	0,8	68	0,7
Sociedade	11 521	93,4	11 425	93,2	10 634	93,3	10 196	94,4	10 971	94,1	9 575	93,7
Ministério Público					2	0,0	1	0,0				
Situação mal definida	2	0,0	5	0,0	12	0,1	3	0,0			11	0,1
Total	12 334	100,0	12 258	100,0	11 395	100,0	10 804	100,0	11 661	100,0	10 214	100,0

Fonte: GPLP.

Capítulo VII

Outro elemento caracterizador dos réus pessoas colectivas é a actividade económica.[224] O código CAE 3, correspondente às indústrias transformadoras, foi o que assumiu, até 1998, maior expressão quantitativa no total das actividades económicas dos réus (quadro 14). Também as actividades respeitantes ao comércio por grosso e a retalho, restaurantes e hotéis, apresentaram valores significativos, sempre superiores a 20% do total das actividades económicas evidenciando nalguns anos os valores mais elevados. Refira-se, ainda, a pouca expressão no total da litigação da agricultura, silvicultura, caça e pesca, da electricidade, gás e água.

Quadro 14
Actividade económica dos réus pessoas colectivas – acções de CIT

	1989		1990		1991		1992		1993		1994		1995	
	n.º	%	n.º	%	n.º	%	n.º	%	n.º	%	n.º	%	n.º	%
Agricultura, silvicultura, caça e pesca	203	2,5	134	1,6	141	1,6	175	2,1	184	1,9	386	2,9	258	2,1
Indústrias extractivas	30	0,4	14	0,2	32	0,4	24	0,3	39	0,4	57	0,4	147	1,2
Indústrias Transformadoras	3 558	43,5	4 023	49,0	4 067	47,5	3 772	45,7	4 770	49,7	5 740	43,5	4 824	39,5
Electricidade, gás e água	25	0,3	56	0,7	35	0,4	36	0,4	22	0,2	46	0,3	37	0,3
Construção e obras públicas	669	8,2	482	5,9	437	5,1	527	6,4	488	5,1	846	6,4	1 003	8,2
Comércio por grosso e retalho, restaurantes e hotéis	1 996	24,4	1 847	22,5	2 060	24,1	1 955	23,7	2 220	23,1	3 548	26,9	3 474	28,5
Transportes, armazenagem e comunicações	577	7,1	574	7,0	567	6,6	549	6,7	624	6,5	989	7,5	905	7,4
Bancos e outras instit. financeiras	286	3,5	295	3,6	304	3,6	280	3,4	260	2,7	614	4,7	566	4,6
Serviços prestados à colectivi., sev. sociais e serv. pess.	827	10,1	786	9,6	920	10,7	934	11,3	994	10,4	960	7,3	994	8,1
Total	8 171	100,0	8 211	100,0	8 563	100,0	8 252	100,0	9 601	100,0	13 186	100,0	12 208	100,0

	1996		1997		1998		1999		2000		2001	
	n.º	%	n.º	%	n.º	%	n.º	%	n.º	%	n.º	%
Agricultura, silvicultura, caça e pesca	188	1,5	211	1,7	188	1,7	397	3,7	181	1,6	123	1,2
Indústrias extractivas	37	0,3	76	0,6	53	0,5	48	0,4	20	0,2	16	0,2
Indústrias Transformadoras	4 767	39,0	4 320	35,8	3 673	32,8	3 237	30,0	3 662	31,9	2 829	28,3
Electricidade, gás e água	30	0,2	53	0,4	47	0,4	57	0,5	87	0,8	42	0,4
Construção e obras públicas	968	7,9	1 042	8,6	870	7,8	813	7,5	731	6,4	679	6,8
Comércio por grosso e retalho, restaurantes e hotéis	3 618	29,6	3 506	29,0	3 472	31,0	3 443	31,9	3 594	31,3	3 412	34,2
Transportes, armazenagem e comunicações	846	6,9	1 029	8,5	1 037	9,3	869	8,0	981	8,5	960	9,6
Bancos e outras instit. financeiras	607	5,0	705	5,8	592	5,3	739	6,8	934	8,1	978	9,8
Serviços prestados à colectivi., sev. sociais e serv. pess.	1 162	9,5	1 130	9,4	1 261	11,3	1 200	11,1	1 295	11,3	944	9,5
Total	12 223	100,0	12 072	100,0	11 193	100,0	10 803	100,0	11 485	100,0	9 983	100,0

Fonte: GPLP.

---

[224] A este propósito deve referir-se que de uma forma semelhante à que ocorreu na CNP, também em 1995 a classificação das actividades económicas sofreu uma alteração que implicou uma quebra de série. Contudo, no sentido de obter uma série longa da relação da actividade económica dos réus pessoas colectivas procedi à conversão, o mais rigorosa possível, entre a CAE Rev. 1 e a CAE Rev. 2. Acrescente-se que a base de dados do GPLP só passou a utilizar a CAE Rev. 2 a partir de 2000.

346 *Trabalho procura Justiça*

Do ponto de vista da dinâmica da actividade económica dos réus, verificam-se três situações. A primeira resulta da perda progressiva de peso das indústrias transformadoras no conjunto das actividades económicas. Comparem-se, a este respeito, os 45,5% e os 49% registados nos anos de 1989 e 1990, com os 28,3% registados em 2001. A segunda, traduz o aumento do comércio por grosso e a retalho, restaurantes e hotéis no conjunto das actividades económicas. Confrontem-se, a este propósito, os 24,4% registados em 1989 ou os 29% verificados em 1997, com os 34,2% de 2001. Finalmente, refira-se o aumento da litigação associada à banca e outras instituições financeiras, com 3,5% em 1989, e 9,8% em 2001.

2.2. Dimensão das empresas, estrutura contratual, taxa de rotatividade, conflitualidade colectiva e propensão para a litigação

Os comentários feitos anteriormente a propósito da evolução da actividade económica dos réus pessoas colectivas convidam, uma vez mais, à interpelação do fenómeno da tercerização na óptica do seu impacto sobre o padrão de mobilização dos tribunais de trabalho (cf. Capítulo VI, ponto 3). Os valores expressivos que têm vindo a assumir as actividades económicas do terciário estão patentes na estrutura da população empregada por sectores de actividade – em 2000, 12,6 para o primário; 35,1 para o secundário e 52,3 para o terciário – sendo acompanhados pelas tendências de desindustrialização e criação liquidas de emprego pelo terciário.

Tal fenómeno, como lembra José Eduardo Faria (1995, 2000) é configurador de uma importante linha de questionamento dos mecanismos regulatórios tradicionais dos sistemas de relações laborais. A flexibilidade operativa associada ao sector dos serviços, bem como os critérios de aferição da produtividade e a especificidade da organização do trabalho enfatizam a necessidade de formas mais maleáveis de contratação e formalização das relações laborais em moldes diferentes da que existe no sector industrial. Deste modo, a capacidade de regulação e de interferência nas relações laborais da normatividade laboral clássica, assente no emprego industrial, é posta em causa pelo crescente peso das relações de trabalho surgidas no sector dos serviços. O processo de transição do paradigma fordista (ou da produção em massa) para o paradigma pós-fordista (ou da especialização flexível), mais afeiçoado ao sector dos serviços, coloca em causa as fronteiras das organizações tradicionais e das formas de emprego, nomeadamente, através da maior autonomia das empresas e dos seus planos de gestão de pessoal.[225]

Também as transformações ocorridas na dimensão da estrutura empresarial têm implicações para o modelo clássico de direito do trabalho. Com efeito, o pressuposto de que o direito do trabalho regula, fundamentalmente, relações laborais em grandes empresas com uma forte concentração de mão-de-obra, é relativizado pelo aumento da importância das empresas de menor dimensão.[226] Daí que surjam as interrogações no sentido de saber se a legislação laboral deve ser aplicada às pequenas e médias empresas, ou se devem existir normas específicas para as empresas desta dimensão (Servais, 1994: 119). No caso português existem exemplos de legislação específica aplicável às pequenas e médias empresas no processo de despedimento, no regime das contra-ordenações, em matéria de segurança, saúde e higiene no trabalho e nas modalidades de participação, informação e consulta dos trabalhadores (como sucede com os comités de empresa e nos despedimentos colectivos).

As estruturas de litigação onde se esperaria encontrar o reflexo das transformações da recomposição sectorial da economia e respectiva

---

[225] No espaço da União Europeia, os serviços empregam 68% dos trabalhadores por conta de outrem na totalidade da estrutura sectorial do emprego. Dois factores devem ser ponderados na análise desta tendência de recomposição sectorial. O primeiro reporta-se à discrepância registada no peso assumido pelo sector dos serviços nos países da União Europeia, variando entre os 72% da Holanda, os 74% da Suécia e Reino Unido, os 58% de Portugal, os 63% da Itália ou os 63% da Dinamarca. O segundo refere-se à diferenciação interna que o sector dos serviços evidencia, visto não ser homogéneo na forma como emprega os trabalhadores por conta de outrem, havendo variações significativas entre o comércio e reparações com 13% e a intermediação financeira com 2%. EUROSTAT (2000), Inquérito à Força de Trabalho. Bruxelas.

[226] Ao nível da União Europeia estima-se que as pequenas e médias empresas representem 99,8%, do conjunto de todas as empresas, sendo o seu número absoluto de 18 milhões, correspondendo o seu volume de negócios a 55%. Quanto à sua estrutura ocupacional, envolvem 66% da mão-de-obra, empregam mais mulheres do que as grandes empresas, empregam mais trabalhadores a tempo parcial que as grandes empresas, o seu pessoal é mais jovem do que o das grandes empresas, em muitos sectores os níveis de educação e de formação são baixos, tendendo os empregos nas pequenas e médias empresas a ser menos estáveis do que nas grandes empresas. Eurostat (2000): Les réseaux appremants – La coopération entre PME au service de la competitivité», Série Inovations, n. .º 10, Bélgica, 5.

transposição para o judicial-laboral devem, no entanto, ser observadas de uma forma cuidadosa. A principal razão prende-se com a heterogeneidade existente entre os vários sectores de actividade, mesmo entre aqueles que estão integrados em cada um dos grandes grupos de actividade económica.[227]

A heterogeneidade dos vários sectores de actividade económica é um factor influenciador da mobilização dos tribunais de trabalho. De uma forma autónoma ou em combinação, as dimensões constitutivas de diferenciação intersectorial produzem estruturas diferenciadas de litigação e de mobilização do judicial-laboral. Admite-se, assim, que as especificidades sectoriais dão origem a padrões de procura dos tribunais de trabalho que variam de acordo com variáveis como a cultura jurídico-laboral, o volume de emprego, a estrutura contratual-laboral, a sindicalização e a conflitualidade intra e inter-sectorial.

A dimensão das empresas é um aspecto crucial da estrutura empresarial[228], devendo ser mencionada, a este propósito, a expansão das pequenas, médias e micro empresas. Nos quadros 15 e 16 relacionam-se as acções declarativas de contrato individual de trabalho em 2002 com as empresas por escalão de dimensão e os TCO por dimensão das empresas. Os litígios de contrato individual de trabalho são mais frequentes nos

---

[227] Como se sabe, não existe, até à data, uma definição oficial do sector dos serviços. No entanto, aceita-se como convenção que as indústrias extractivas, as transformadoras, a produção e distribuição de electricidade, gás e água e a construção são actividades do sector secundário. No designado sector dos serviços incluem-se todas as actividades identificadas pela CAE a partir da construção, ou seja, comércio por grosso e retalho, reparação de veículos automóveis; alojamento e restauração; transportes, armazenagem e comunicações; actividades financeiras; actividades imobiliárias, alugueres e serviços prestados às empresas; administração pública; educação; saúde e acção social; outras actividades de serviços colectivos, sociais e pessoais; e organizações internacionais. Em termos de grandes sectores de actividade: primário, secundário e terciário, o sector dos serviços é equiparado ao terciário.

[228] Na sequência da recomendação da Comissão Europeia n.º 96/280/CE, de 3 de Abril, no sentido de uniformizar os critérios de classificação das empresas, o Observatório Europeu das PME (1996) sugere a seguinte tipologia: (1) muito pequenas empresas – aquelas que empregam menos de 10 trabalhadores, podendo envolver apenas um trabalhador independente; (2) pequenas empresas – as que empregam entre 10 e 49 assalariados; (3) médias empresas – aquelas com 50 a 249 trabalhadores. (cf. Relatório Relações Sócio-laborais em micro e pequenas empresas, Lisboa 2000: 9). Refira-se, no entanto, que o Plano Nacional de Emprego identifica as pequenas empresas como sendo aquelas com 10 a 99 trabalhadores.

Quadro 15
Acções declarativas findas de CIT e dimensão das empresas
por actividade económica (2002)

Portugal (%)	Acções Declarativas de CIT	Empresas por dimensão		
		Total	< 10 pessoas	10 a 249 pessoas ao serviço	250 e + pessoas ao serviço
Total	**10.897=100%**	**299.790=100%**	**250.143=100%**	**48.819=100%**	**828=100%**
A Agricultura, produção animal, caça e silvicultura	1,0	3,6	3,9	2,1	0,2
B Pesca	0,1	0,1	0,1	0,2	0,2
C Indústrias extrativas	0,3	0,3	0,3	0,8	0,2
D Indústrias transformadoras	26,6	15,5	12,4	30,8	38,5
E Produção e distribuição de electricidade, gás e água	0,4	0,0	0,0	0,1	0,7
F Construção	7,9	15,4	14,9	17,8	8,5
G Comércio (grosso/retalho), rep. veículos e bens uso pessoal	26,9	30,4	32,2	21,2	11,0
H Alojamento e restauração	5,2	11,2	12,1	6,8	4,3
1 Transportes, armazenagem e comunicações	9,6	4,2	4,4	3,4	7,0
J Actividades financeiras	2,1	0,6	0,6	0,7	4,2
K Activ. imobiliárias, alugueres e serviços prestados a empresa	8,1	9,6	10,3	6,3	15,1
L Administração pública, defesa e segurança social obrigatória	0,6	0,1	0,1	0,4	1,0
M Educação	2,0	1,1	0,8	2,3	1,3
N Saúde e acção social	1,2	3,6	3,3	4,8	3,7
O Outras actividades de serviços colectivos, sociais, pessoais	6,3	4,3	4,7	2,3	3,9
P Famílias com empregados domésticos	0,0	-	-	-	-
Q Organismos internacionais e out. inst. extraterritoriais	-	0,0	0,0	0,0	0,0
Z Actividade ignorada ou não especificada	1,8	-	-	-	-

Fonte: GLP/MJ, DGEEP/MTSS-Quadros de Pessoal.

sectores com valores mais elevados quanto ao número de empresas e ao número de trabalhadores, ilustrando o efeito da pressão sectorial exercida pelo volume de emprego e densidade empresarial na actividade dos tribunais de trabalho. Assim, os principais mobilizadores dos tribunais de trabalho são as indústrias transformadoras (com 26,6% de acções; 15,5% do total de empresas e 29,3% do volume de emprego) e o comércio por grosso e a retalho e reparação de veículos e bens de uso pessoal (com 26,9%; 30,4% e 19,6%, respectivamente).

As indústrias transformadoras apresentam uma maior concentração de empresas no escalão 250 e mais pessoas ao serviço (38,5%) e uma menor concentração na classe menos de 10 pessoas (12,4%). Relativamente ao volume de emprego, apresenta uma maior concentração de mão-de-obra em empresas de classe de dimensão 250 e mais pessoas ao serviço (27,8%) e 10 a 249 pessoas ao serviço (36,3%) e menor participação de mão-de-obra nas empresas com menos de 10 pessoas ao

Quadro 16
Acções declarativas findas de CIT e trabalhadores por conta de outrem segundo a dimensão das empresas, por actividade económica (2002)

Portugal (%)	Acções Declarativas de CIT	Trabalhadores por conta de outrem			
		Total	< 10 pessoas	10 a 249 pessoas ao serviço	250 e + pessoas ao serviço
Total	**10.897=100%**	**2.564.966=100%**	**605.069=100%**	**1.322.026=100%**	**637.871=100%**
A Agricultura, produção animal, caça e silvicultura	1,0	1,8	3,7	1,7	0,1
B Pesca	0,1	0,2	0,1	0,2	0,2
C Indústrias extractivas	0,3	0,5	0,4	0,8	0,2
D Indústrias transformadoras	26,6	29,3	15,4	36,3	27,8
E Produção e distribuição de electricidade, gás e água	0,4	0,5	0,0	0,1	1,8
F Construção	7,9	13,2	17,7	14,4	6,2
G Comércio (grosso/retalho), rep. veículos e bens uso pessoal	26,9	19,6	29,8	17,8	13,5
H Alojamento e restauração	5,2	6,7	11,7	5,6	4,3
1 Transportes, armazenagem e comunicações	9,6	5,9	3,1	3,7	13,0
J Actividades financeiras	2,1	3,1	0,5	1,2	9,6
K Activ. imobiliárias, alugueres e serviços prestados a empresa	8,1	9,5	8,7	7,0	15,3
L Administração pública, defesa e segurança social obrigatória	0,6	0,6	0,1	0,4	1,4
M Educação	2,0	1,8	1,1	2,6	0,7
N Saúde e acção social	1,2	4,4	3,4	5,8	2,6
O Outras actividades de serviços colectivos, sociais, pessoais	6,3	3,0	4,2	2,4	3,2
P Famílias com empregados domésticos	0,0	-	-	-	-
Q Organismos internacionais e out. inst. extraterritoriais	-	0,0	0,0	0,0	0,0
Z Actividade ignorada ou não especificada	1,8	-	-	-	-

Fonte: GLP/MJ, DGEEP/MTSS-Quadros de Pessoal.

serviço (15,4%). Quanto ao comércio por grosso e a retalho e reparação de veículos e bens de uso pessoal, ocorre uma maior concentração de empresas na classe de dimensão menos de 10 pessoas (32,2%) e uma menor concentração na classe 250 e mais pessoas ao serviço (11%). Relativamente ao volume de emprego, ocorre uma maior concentração de mão-de-obra em empresas de classe de dimensão menos de 10 pessoas ao serviço (29,8%) e uma menor participação de mão-de-obra com 250 e mais pessoas ao serviço (13,5%).

Pode assim supor-se que ocorram no sector das indústrias transformadoras um maior volume de litígios envolvendo empresas de maior dimensão, enquanto no sector do comércio por grosso e a retalho e reparação de veículos e bens de uso pessoal é provável que se verifique uma maior litigiosidade nas empresas de menor dimensão.

A organização do mercado de trabalho envolve dimensões relativas à estrutura contratual laboral incluindo-se nesta os diferentes regimes contratuais e as modalidades de saída e de entrada dos trabalhadores nas empresas. A este propósito, é usual mencionar os designados "pontos de rigidez no mercado de trabalho português". No entanto, esta avaliação do mercado de trabalho presta pouca atenção à regulação global das relações laborais, nomeadamente ao relevo que assumem entre nós os contratos não permanentes, as formas de trabalho atípicas e o trabalho informal.

A contratação a termo é usualmente tomada como um indicador de flexibilidade contratual. A este regime contratual estão ligadas a falta de segurança e o risco contratual dos trabalhadores por conta de outrem envolvidos nesta prestação laboral. Com efeito, apesar do elevado número de trabalhadores possuidores de um contrato sem termo, uma das características predominantes do mercado de trabalho em Portugal é a atipicidade ou falta de sustentabilidade de uma parte significativa do emprego existente (Capucha et al., 2003: 21), encontrando-se-lhe associada uma função particular nos mecanismos de ajustamento que têm marcado a evolução do mercado de trabalho sendo, porventura, como alguns sugerem, "a contra face da elevada mobilidade das empresas que encerram e abrem actividade com grande facilidade" (Capucha et al., 2003: 21).

As razões subjacentes aos movimentos de entrada e de saída dos trabalhadores nas empresas também deixam perceber a importância dos factores relativos à instabilidade das relações laborais. Por exemplo, segundo os dados do INE as três principais razões de distribuição dos desempregados por razão da procura de emprego são o fim de um contrato de duração limitada (24,2%), o despedimento individual (19,9%) e o despedimento colectivo/encerramento de empresa (16,7%) (cf. INE, Inquérito ao Emprego, 2004). Por sua vez, o Balanço Social identifica como principais motivos de saída dos trabalhadores das empresas a cessação do contrato a termo certo (34,3%) e a antecipação do contrato a termo certo (26,6%) (DETEFP/MSST, 2001/2).

Levando uma vez mais em consideração a heterogeneidade sectorial das actividades económicas e as respectivas especificidades dos regimes de contratação e das formas de organização do trabalho – com veremos impeditivas do reconhecimento de tendências gerais transversais aos diferentes sectores – no quadro 17 comparam-se as acções de contrato individual de trabalho com os contratos de trabalho permanentes, contratos não permanentes (incluindo-se nestes os contratos a termo, trabalhadores colocados por empresas de trabalho temporário, contratos de prestação de

352   *Trabalho procura Justiça*

serviços a recibos verdes e outras situações) e a taxa de rotatividade, resultante do movimento de entradas e saídas nos estabelecimentos (incorporando as razões de entradas e saídas em relação ao emprego total – DETEFP/MSST, Inquérito ao Emprego Estruturado).

Quadro 17
Acções declarativas findas de CIT, trabalhadores por conta de outrem por CAE segundo o tipo de contrato (2002)

Portugal (%)	Acções Declarativas de CIT	TCO (4.º Trim. 2002)		Taxa de Rotatividade (%)
		C/ contrato permanente (%)	C/ contrato não permanente [1] (%)	4.º Trim. 2002
Total	100	82,2	17,8	8,5
A Agricultura, produção animal, caça e silvicultura	1,0	-	-	-
B Pesca	0,1	86,9	13,1	*
C Indústrias extractivas	0,3	85,9	14,1	7,9
D Indústrias transformadoras	26,6	86,9	13,1	7,1
E Produção e distribuição de electricidade, gás e água	0,4	93,7	6,3	7,6
F Construção	7,9	73,1	26,9	9,3
G Comércio (grosso/retalho), rep. veículos e bens uso pessoal	26,9	83,7	16,3	7,9
H Alojamento e restauração	5,2	76,2	23,8	11,8
1 Transportes, armazenagem e comunicações	9,6	87,2	12,8	9,8
J Actividades financeiras	2,1	93,1	6,9	7,5
K Activ. imobiliárias, alugueres e serviços prestados a empresa	8,1	76,6	23,4	13,4
L Administração pública, defesa e segurança social obrigatória	0,6	-	-	-
M Educação	2,0	69,5	30,5	8,6
N Saúde e acção social	1,2	71,6	28,4	5,8
O Outras actividades de serviços colectivos, sociais, pessoais	6,3	74,8	25,2	9,3
P Famílias com empregados domésticos	0,0	-	-	-
Q Organismos internacionais e out. inst. extraterritoriais	-	-	-	-
Z Actividade ignorada ou não especificada	1,8	-	-	-

Fonte: GLP/MJ, DGEEP/MTSS-Inquérito ao Emprego Estruturado.

* valor não disponível
(1) Contratos não permanentes inclui "Com contratos a termo", "Colocados por empresas de trabalho temporário", "Com contrato de prestação de serviço e a recibos verdes" e "Outras situações".

Os dois principais mobilizadores dos tribunais – indústrias transformadoras e comércio por grosso e a retalho e reparação de veículos e bens de uso pessoal – evidenciam a existência de uma relação semelhante entre contratos permanentes, contratos não permanentes e taxa de rotatividade. Nestas duas situações, são elevados os valores dos contratos permanentes, não sendo elevada a taxa de rotatividade. Deste modo, o padrão de mobilização dos tribunais não varia em função dos sectores de

Capítulo VII 353

actividade – secundário e terciário – adquirindo maior pertinência explicativa a variável estrutura contratual laboral.

As propriedades específicas dos sectores de actividade, na sua combinação com o padrão de mobilização dos tribunais de trabalho ficam, uma vez mais, patentes nas seguintes situações. A primeira diz respeito às actividades ligadas ao alojamento e restauração e às actividades imobiliárias, alugueres e serviços prestados a empresas que conjugam, concomitantemente, elevados valores de contratos não permanentes e as maiores taxas de rotatividade, sem que tal se traduza numa acentuada procura dos tribunais. A segunda situação diz respeito às actividades financeiras que detém os maiores valores de contratos permanentes e uma taxa de rotatividade não elevada, sendo reduzida a litigação neste sector de actividade. Em contrapartida, o sector da construção, o maior em contratação não permanente, apresenta valores mais elevados de conflitualidade.

Parece, assim, poder concluir-se que exceptuando o caso dos dois grandes mobilizadores do judicial-laboral, que apresentam características aproximadas na estrutura contratual-laboral, se torna difícil estabelecer a existência de uma variação na estrutura da litigação transversal aos restantes sectores de actividade.

Isolando-se a variável contratos não permanentes na sua relação com a mobilização dos tribunais nas acções de contrato individual de trabalho, verifica-se genericamente que os sectores com valores de contratação não permanente mais elevados apresentam valores de litigação mais reduzidos.

As relações laborais constrangidas estruturalmente pelos predicados da precariedade e da insegurança no emprego são aquelas onde é menor a conflitualidade interindividual e a procura dos tribunais. A regulação dos conflitos potenciais far-se-á, então, por via da procura suprimida e pelo cerceamento da capacidade reivindicativa dos trabalhadores mesmo quando os direitos laborais sejam violados. Nestes termos, os contratos a termo, aplicados de acordo com os princípios legais que os orientam, desempenham uma dupla função na regulação das relações de trabalho. A função manifesta reside na flexibilização por via legal do mercado de trabalho. A função latente é a de constranger a conflitualidade laboral, ao indiciar a atipicidade e precariedade sectoriais.

A análise quantitativa anteriormente realizada é corroborada pelo estudo da estrutura contratual na sua relação com o padrão de litigação objecto de um estudo de caso realizado no Tribunal de Trabalho de Lisboa em 2002. Nesse sentido, recolhi uma amostra de cerca de 35% dos processos findos nos anos de 1990 e 1999 (cf. quadro 18).

Quadro 18
Acção declarativa de CIT segundo o vínculo contratual

Vinculação contratual	1990 %	1999 %
Contratos de trabalho permanente ou por tempo indeterminado	67%	67,1%
Contratos de trabalho com termo ou a prazo	31,5%	24,6%
Outras situações	1,5%	8,3%
Total	100%	100%

Fonte: Tribunal de Trabalho de Lisboa.

Os dados mais relevantes a salientar são, em primeiro lugar, o do maior número de acções interpostas tendo por base contratos por tempo indeterminado e, em segundo lugar, a variação, entretanto ocorrida, entre os contratos a termo e as outras situações. Tomando como referência o ano de 1999, é de registar o aumento simultâneo da conflitualidade associada à contratação a termo e às outras situações, incluindo-se nestas, as prestações de serviços, o trabalho temporário e os "falsos autónomos" (recibos verdes). Quando comparamos o ano de 1999 com o ano de 1990 damo-nos conta de que à diminuição da contratação a termo corresponde um aumento das outras situações. Sem ser possível discriminar por actividade económica ou por profissão o tipo de contratos em causa, não posso proceder à comparação com a informação estatística utilizada anteriormente. No entanto, a análise qualitativa complementa os resultados obtidos na análise quantitativa.

A conflitualidade laboral intra e inter-sectorial e a mobilização reivindicativa dos trabalhadores são elementos relevantes na análise da estrutura de litigação presente nos tribunais de trabalho. No que diz respeito aos dados disponíveis sobre as greves (DGEEP/MTSS – Greves – Anual 2002), a observação de fundo a fazer diz respeito à relação existente entre a dimensão das empresas e o fenómeno grevista. É um facto bem estabelecido que o número de empresas em greve, o número de trabalhadores em greve e o número de dias de trabalho perdidos são mais elevados nas empresas de maior dimensão. Assim, e para o ano de 2002, nas empresas com mais de 200 trabalhadores estiveram envolvidos 80,1% de trabalhadores em greves, verificaram-se 80% dos dias perdidos em greves e realizaram-se 56,6% do total das greves.

Por actividade económica, os sectores mais conflituosos são o das indústrias transformadoras, averbando 56% das greves, 45,3% dos trabalhadores em greve e 49,9% dos dias de trabalho perdidos e o dos transportes, armazenagem e comunicações registou 23,2%; 37,4% e 29,5%, respectivamente. Sectores onde são conhecidos os elevados índices de sindicalização (Cerdeira, 1995) e onde ocorrem, como vimos, os valores mais elevados de conflitualidade colectiva. Para além disso, estes dois sectores registam valores elevados de litigiosidade individual, sendo particularmente visível no caso da indústria transformadora a conjugação do mesmo sinal das variáveis relativas à mobilização dos tribunais, conflitualidade colectiva e taxas de sindicalização. O sector dos transportes, armazenagens e comunicações, apesar dos 5,9% que representa no total dos trabalhadores por conta de outrem, evidencia uma forte propensão para a eclosão de conflitos individuais e colectivos.

Por sua vez, o sector do comércio por grosso, a retalho, reparação de veículos e bens de uso pessoal, o segundo maior mobilizador dos tribunais de trabalho, evidencia valores mais baixos de conflitualidade colectiva (2,2% do número de trabalhadores em greve e 4,4% de greves), verificando-se uma discrepância entre a litigiosidade individual e a mobilização colectiva. Porventura, o facto de ocorrer neste sector uma concentração de empresas e de trabalhadores em empresas de menor dimensão, em simultâneo, contribuirá para a menor mobilização colectiva dos trabalhadores e induzirá uma maior conflitualidade individual.

No quadro 19 comparam-se as taxas de incidência das acções declarativas de contrato individual de trabalho e dos trabalhadores em greve por mil TCO. Reiteram-se algumas tendências anteriormente apontadas. O sector dos transportes, armazenagens e comunicações apresenta o segundo maior valor no número de acções intentadas (6,9) e o segundo maior valor de trabalhadores em greve (199,4). Quanto ao comércio, o terceiro maior no número de litígios individuais por cada mil TCO (5,8), apresenta um número muito reduzido de trabalhadores em greve (3,6). Relativamente às indústrias transformadoras, e anulado o efeito quantitativo resultante do volume de emprego, atenua-se o padrão de conflitualidade individual e colectiva (3,9 acções e 48,4 trabalhadores em greve). Finalmente, mencionam-se os casos das outras actividades de serviços colectivos, sociais e pessoais com o valor mais elevado de litigiosidade individual (8,8 acções) e um baixo valor de trabalhadores em greve (7,7) e o das indústrias extractivas com uma elevada taxa de incidência de trabalhadores em greve (57,9) e uma baixa taxa de incidência de conflitos individuais (2).

Quadro 19
Taxa de incidência de acções declarativas de CIT e de Greves, por 1000 TCO (2002)

Portugal	Taxa de incidência de acções declarativas de CIT, por 1000 TCO	Taxa de incidência de trabalhadores em greve, por 1000 TCO
Total	**4,2**	**31,3**
A Agricultura, produção animal, caça e silvicultura	2,4	-
B Pesca	1,9	46,4
C Indústrias extrativas	2,0	57,9
D Indústrias transformadoras	3,9	48,4
E Produção e distribuição de electricidade, gás e água	3,4	217,7
F Construção	2,6	0,3
G Comércio (grosso/retalho), rep. veículos e bens uso pessoal	5,8	3,6
H Alojamento e restauração	3,3	8,2
1 Transportes, armazenagem e comunicações	6,9	199,4
J Actividades financeiras	2,9	-
K Activ. imobiliárias, alugueres e serviços prestados a empresa	3,7	15,2
L Administração pública, defesa e segurança social obrigatória	4,0	(1)
M Educação	4,7	4,3
N Saúde e acção social	1,1	17,6
O Outras actividades de serviços colectivos, sociais, pessoais	8,8	7,7
P Famílias com empregados domésticos	-	
Q Organismos internacionais e out. inst. extraterritoriais	-	
Z Actividade ignorada ou não especificada	-	

Fonte: GLP/MJ, DGEEP/MTSS-Quadros de Pessoal, DGEEP/MTSS-Greves.

(1) A operação estatística das Greves não abrange a Administração Pública.

Uma vez mais, a análise sectorial, neste caso de confrontação entre os padrões de conflitualidade colectiva e individual, evidencia a importância da diferenciação inter-sectorial para a mobilização do judicial-laboral. Sem prejuízo do estabelecimento de algumas relações entre variáveis exógenas e a actividade dos tribunais, reitera-se a ideia da não existência de uma tendência global entre a procura dos tribunais de trabalho e as actividades económicas, devendo encontrar-se nos elementos constitutivos das especificidades sectoriais os factores determinantes da procura de justiça laboral.

2.3. A propensão para a litigação na sua relação com a negociação colectiva

Outra forma de relacionar o sistema de relações laborais e o sistema judicial e de articular as dimensões individual e colectiva das relações laborais passa pela questão da negociação colectiva. Do mesmo modo que se pode afirmar que existe uma relação entre a individualização das relações laborais e dos litígios individuais e a contratação a termo, também se admite que a taxa de cobertura da negociação colectiva pode influenciar a conflitualidade laboral, na medida em que indica o reforço ou a fragmentação do colectivo dos trabalhadores e a aplicação ou não das normas constantes dos convénios colectivos.

Como é sabido, as mudanças nos regimes e condições de trabalho encontram na negociação colectiva a fonte de direito e o instrumento de regulação das relações laborais privilegiado. Deste modo, importa aferir o efeito da taxa de cobertura da negociação colectiva sobre a procura dos tribunais.

O quadro 20 compara a taxa de cobertura da negociação colectiva com as acções de contrato individual de trabalho por CAE, entre 1996 e 2001. Em termos gerais, a diminuição da taxa de cobertura da nego-ciação colectiva é acompanhada pela diminuição do número de acções interpostas. Note-se, no entanto, que esta tendência não é homogénea em todos os sectores de actividade. Ainda assim, pode estabelecer-se uma relação proporcional entre a diminuição da taxa de cobertura da negociação colectiva e a diminuição das acções de contrato individual de trabalho.

Apesar do quadro apenas se reportar aos valores absolutos do número de acções findas de contrato de trabalho, referi no capítulo anterior a tendência para a diminuição dos processos de contrato individual de trabalho entrados. Com efeito, o aumento das acções declarativas entradas tem sido induzido, nos últimos anos, pelo crescimento das acções de acidentes de

Quadro 20
Quadros da negociação colectiva

CAE	1996 N.º de acções CIT	1996 Taxa de cobertura	1997 N.º de acções CIT	1997 Taxa de cobertura	1998 N.º de acções CIT	1998 Taxa de cobertura	1999 N.º de acções CIT	1999 Taxa de cobertura	2000 N.º de acções CIT	2000 Taxa de cobertura	2001 N.º de acções CIT	2001 Taxa de cobertura
Total	**12.322**	**84,4**	**12.240**	**72,5**	**11.383**	**71,7**	**10.792**	**71,7**	**11.640**	**71,1**	**10.142**	**66,2**
A - Agric. prod. ani.	161	69,1	142	31,6	143	68,5	145	65,3	152	22,7	89	32,3
B - Pesca	21	30,0	64	29,1	41	24,2	14	38,5	22	23,6	32	21,4
c - Indústrias extra.	37	73,8	69	84,3	52	86,2	45	83,6	17	83,6	15	28,7
D - Indústrias transf.	4.766	90,9	4.318	67,2	3.670	74,0	3.237	57,8	3.659	64,8	2.828	58,3
E - Prod. e dist. elec.	30	2,6	52	2,7	47	3,2	57	0	85	0	42	0
F - Construção	965	97,5	1.040	98,4	869	97,7	811	96,2	730	96,2	677	97,0
G - Comér.p/ grosso	3.020	70,0	2.904	81,6	2.779	89,8	2.891	86,2	3.049	91,0	2.896	66,3
H - Alojam. e restaur.	597	99,3	602	49,9	693	43,6	552	91,3	545	82,4	516	69,1
I - Transp. am. e c.	846	65,4	1.029	60,4	1.037	36,7	869	71,0	980	49,7	960	44,1
J - Activ. financeiras	265	97,9	222	99,3	154	98,9	241	89,8	310	90,7	220	99,1
K - Activ. imob. alug.	342	92,7	483	63,1	437	70,2	498	68,6	624	70,5	758	68,0
L - Adm. pública, def	157	-	104	-	82	-	90	-	92	-	97	-
M - Educação	187	100,0	167	100,0	155	55,8	204	50,1	236	48,0	254	50,9
N - Saúde e acção s.	100	23,0	95	97,2	84	20,5	86	18,4	110	18,5	136	94,2
O - Outras actividad.	718	55,8	764	60,2	934	67,0	817	65,1	857	42,8	454	79,9
P - Famil. c/ emp. d.	-	-	-	-	1	-	-	-	-	-	3	-
Q - Organis. intern.	-	-	-	-	5	-	3	-	-	-	-	-
00 - Actividade ignor	110	-	185	-	200	-	232	-	172	-	165	-
Sect. s/ contratação colectiva	-	128,6	-	63,6	-	0	-	121,1	-	59,0	-	64,1

Fonte: Direcção-Geral das Condições de Trabalho/MTS – DETEFP/MTS, Quadros de Pessoal.

Nota: A taxa de cobertura obteve-se neste caso pela comparação entre o número de trabalhadores abrangidos pelos IRCT's publicados em cada ano e os trabalhadores abrangidos pelos IRCT em vigor constantes dos quadros de pessoal por actividades.

trabalho. Deste modo, a taxa de cobertura da negociação colectiva, enquanto indicador indirecto da capacidade negocial dos sindicatos e indicador directo da importância regulatória das convenções colectivas sobre as relações individuais de trabalho, conduz a duas situações: a primeira, é a de que a diminuição da taxa de cobertura da negociação colectiva é correlativa da diminuição da conflitualidade interindividual na esfera laboral; a segunda, é a de que os conflitos individuais de trabalho podem progressivamente encontrar na Lei do Contrato Individual de Trabalho o suporte normativo a partir do qual se judicializam os conflitos (exceptuando-se os casos em que são emitidas portarias de extensão e de regulamentação).

2.4. As acções de contrato individual de trabalho e a profissão e o sexo dos autores

Até este momento, apresentei os dados relativos à actividade económica dos réus constantes da base de dados do GPLP. Proponho-me agora analisar a estrutura profissional dos autores mobilizadores dos tribunais, confrontando-a com a estrutura profissional do mercado de trabalho.

Neste sentido, procedi ao cálculo da taxa de incidência ou propensão para a litigação nas acções de contrato individual de trabalho para o ano de 2001. Com este indicador, pode fazer-se uma análise das profissões com maior propensão para litigar.

Os resultados mais salientes revelam que, relativamente ao total, as profissões que evidenciam uma maior propensão para litigar são, por ordem decrescente: outras profissões não especificadas (6,8), pessoal dos serviços e vendedores (6,4), operários, artífices e trabalhadores similares (4,9) e quadros superiores da administração pública, dirigentes e quadros superiores de empresa (4,7). O pessoal administrativo e similares e os operários de instalações, de máquinas e trabalhadores de montagem, respectivamente, com 2,5 e 3,6, são as profissões que apresentam valores mais baixos. Deste modo, os valores encontrados para o indicador taxa de incidência ou propensão para a litigação por profissão evidenciam a tendência para uma maior mobilização dos tribunais por parte das profissões e dos serviços, ainda que acompanhadas pelas profissões do sector industrial (Gráfico 10).

Gráfico 10
Contratos individuais de trabalho, propensão para a litigação por profissão

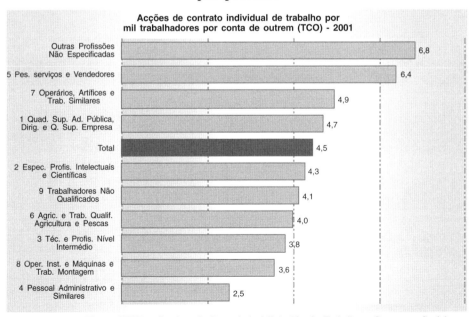

Fonte: GPLP e Quadros de Pessoal do Ministério do Trabalho e Segurança Social.

Por outro lado, o elevado peso das outras profissões não especificadas pode ser resultado de uma deficiente tradução estatística da realidade associada ao preenchimento estatístico. Com efeito, o aumento das outras profissões não especificadas, concomitante aos dados do GPLP e dos Quadros de Pessoal do Ministério do Trabalho e da Segurança Social, pode resultar de um efeito estatístico que tem por base o desconhecimento ou a insensibilidade dos responsáveis pelo preenchimento de tal informação. Mas, por outro lado, pode também significar a emergência de relações de trabalho atípicas não compagináveis com os elementos de notação estatística utilizados.

No gráfico 11 calculou-se a taxa de incidência das acções de contrato individual de trabalho por profissão do autor por 1000 TCO entre 1996 e 2001. As tendências de mobilização dos tribunais por parte das diferentes profissões são, também aqui, facilmente visualizáveis. Como dado mais significativo, sublinho a diminuição generalizada da litigiosidade. Significativas são a diminuição da litigiosidade relacionada com a

Gráfico 11

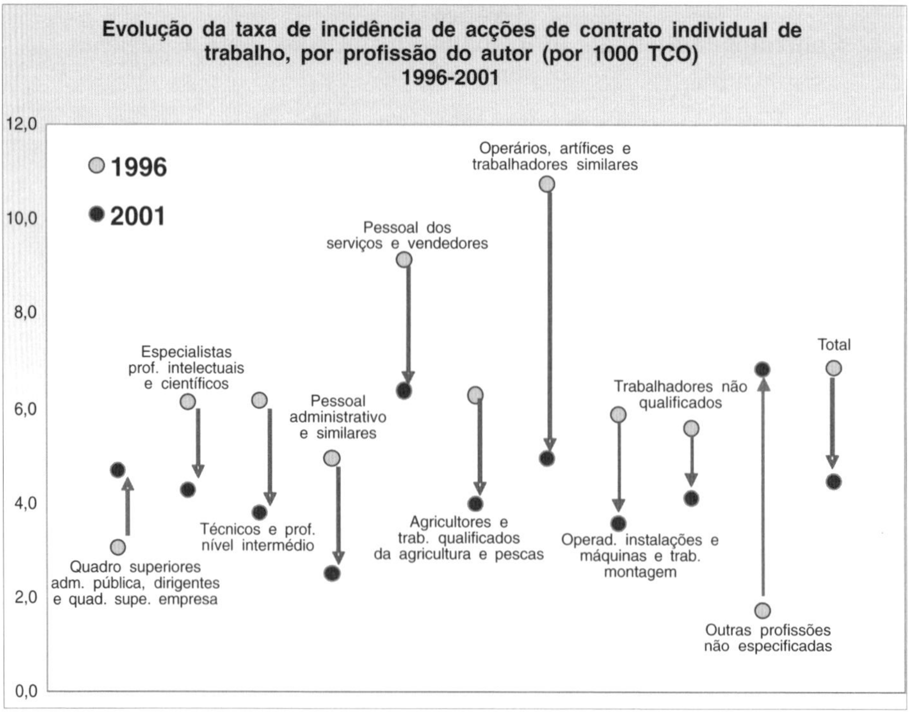

Evolução da taxa de incidência de acções de contrato individual de trabalho, por profissão do autor (por 1000 TCO) 1996-2001

Fonte: GPLP e Quadros de Pessoal do Ministério do Trabalho e Segurança Social.

profissão dos operários, artífices e trabalhadores similares e o aumento da litigiosidade associada às outras profissões não especificadas e aos quadros superiores da administração pública, dirigentes e quadros de empresas. Pode afirmar-se que o aumento dos conflitos associados aos trabalhadores mais qualificados acompanha a diminuição dos conflitos dos trabalhadores menos qualificados e especializados.

Atendendo à distribuição por sexo dos autores nas acções declarativas de contrato individual de trabalho, duas tendências são de sublinhar. A primeira é a da predominância masculina dos autores. A segunda prende-se com a crescente feminização na procura dos tribunais nas acções de contrato individual de trabalho sendo muito notório o aumento das acções intentadas por mulheres. Por exemplo, em 1989 este valor era de 39,4% o que contrasta com os 47,7% registados em 2000 ou com os 45,7% de 2002. Paralelamente os autores do sexo masculino apresentam uma evolução de sinal contrário aos autores do sexo feminino. Assim, em 1989, 60,6% das acções foram intentadas por homens, sendo este valor de 52,3% em 2000 e de 54,3% em 2002. Apesar das variações anuais e das diferenças ainda registadas entre os valores dos mobilizadores dos sexos feminino e masculino, tudo indica estarmos perante uma tendência de convergência na procura dos tribunais entre os dois sexos.

Mas qual o significado sociológico da mobilização dos tribunais por homens e mulheres no contexto das desigualdades sociais tendo por base o sexo? Estaremos perante uma alteração qualitativa da estrutura da litigação que terá passado a incluir questões relacionadas com a discriminação salarial, com as categorias profissionais, com a maternidade e paternidade, etc.?

Creio que a demonstração pela negativa das interrogações colocadas reside nos resultados substantivos das amostras de processos recolhidos nos tribunais e nas entrevistas realizadas. Não existem ou são praticamente nulas as acções conexas com este tipo de problemáticas. Como refere um advogado

> *na maior parte das vezes, e eu estou a falar com uma senhora à minha frente, as mulheres têm medo de accionar as empresas e muitas vezes têm motivo para isso. Têm medo de accionar as empresas, porque têm medo de perder os postos de trabalho, porque muitas delas são mães e o único rendimento da família.*[229]

---

[229] Entrevista realizada a advogado de sindicato em 2002.

As trabalhadoras que demandam os tribunais fazem-no pelas mesmas razões que os homens. A este propósito um magistrado do Ministério Público referia que

> *a discriminação das mulheres no mercado de trabalho não chega aos tribunais (...) só chega se eventualmente integrar um processo de despedimento (...) não me recordo que alguma vez o tribunal se tivesse pronunciado especificamente sobre a discriminação das mulheres.*[230]

No gráfico 12, apresenta-se a evolução percentual das acções de contrato intentadas por mulheres e por homens no período compreendido entre os anos de 1989 e 2002.

Gráfico 12

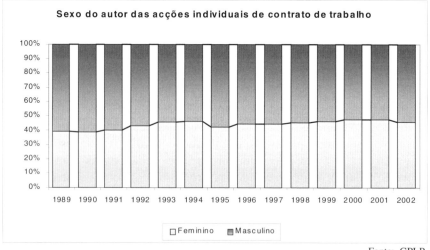

Fonte: GPLP.

A linha indicadora da tendência de mobilização dos autores deixa bem patente a existência de dois períodos na evolução da procura dos tribunais de trabalho por parte das trabalhadoras. O primeiro decorre entre 1989 e 1994 e é marcado pelo crescimento percentual de acções intentadas por mulheres. Após uma quebra verificada em 1995, identifica-se um segundo período onde parece ocorrer um equilíbrio entre os dois sexos na mobilização dos tribunais.

---

[230] Entrevista realizada a um Procurador do Ministério Público em 2001.

Observe-se, de seguida, o resultado do cruzamento das variáveis relativas à distribuição por sexo dos autores das acções declarativas de contrato individual de trabalho com a estrutura das profissões (gráficos 13 a 16).

Nos gráficos seguintes calculou-se a percentagem das acções declarativas de contrato individual de trabalho intentadas por mulheres e homens, por profissão, entre os anos de 1996 e 2001.Deste modo, e a partir da combinação entre as variáveis sexo e profissão dos autores, elaborou-se uma tipologia da estrutura interna dos autores mobilizadores dos tribunais onde se identificam quatro tipos de situações.

A primeira situação, diz respeito às profissões dos quadros superiores da Administração Pública, dirigentes e quadros superiores de empresa, especialistas das profissões intelectuais e científicas e técnicos e profissionais de nível intermédio (gráfico 13) que são aquelas em que a percentagem média de acções intentadas por mulheres tem vindo a aumentar significativamente entre 1996 e 2001 (ainda que os valores relativos às acções intentadas por homens continuem a ser significativamente superiores). Assim, na categoria profissional dos quadros superiores da Administração Pública, dirigentes e quadros superiores de empresa, e durante o período em apreço, as acções intentadas por autoras do sexo feminino corresponderam respectivamente a 16,9%, 19%, 25,2%, 29,6%, 28% e 32,1%. Quanto à categoria dos especialistas das profissões intelec-

Gráfico 13
CIT/autor/sexo/profissão
1996-2001

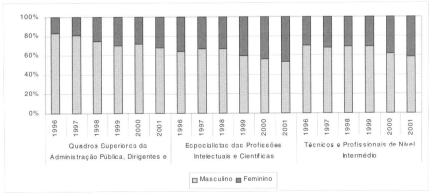

Fonte: GPLP.

tuais e científicas, os valores registados foram os seguintes: 36,1%, 33,6%, 33%, 40,8%, 43,8% e 46,9%. A categoria profissional dos técnicos profissionais de nível intermédio apresenta os seguintes valores: 29,4%, 31,7%, 31%, 30,8%, 38,3% e 41,8%.

A segunda situação (gráfico 14) envolve as profissões ligadas ao pessoal administrativo e similares, ao pessoal dos serviços e vendedores e aos trabalhadores não-qualificados. Nestes grupos profissionais os valores das autoras mulheres são sempre superiores aos valores registados para os autores do sexo masculino, evidenciando para além disso uma estabilidade ao longo dos anos observados. Assim, e no que diz respeito ao pessoal administrativo e similares, registam-se os seguintes valores entre 1996 e 2001 nas acções intentadas por mulheres: 62,3%, 58,7%, 62,3%, 61,8%, 64,5% e 63%. Quanto ao pessoal dos serviços e vendedores, os valores encontrados são os seguintes: 57%, 59%, 56,5%, 60,5%, 59,7% e 61,9%. Para os trabalhadores não-qualificados, registam-se os seguintes valores: 60,4%, 58,9%, 60,8%, 61,6%, 62,9% e 57,8%.

Gráfico 14
CIT/autor/sexo/profissão
1996-2001

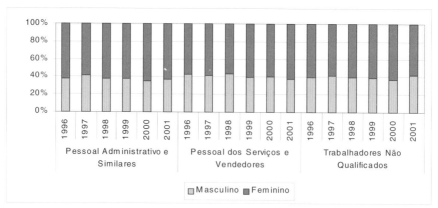

Fonte: GPLP.

A terceira situação (gráfico 15) está associada às categorias profissionais em que os valores percentuais das acções intentadas por homens são mais elevados, não ocorrendo alterações significativas no período em apreço. Estão neste caso os agricultores e trabalhadores qualificados da agricultura e pescas e os operadores de instalações e máquinas e trabalhadores da montagem.[231] Os valores registados para os autores do sexo masculino são, respectivamente para cada uma das profissões, os seguintes: 69,9%, 78,7%, 74,4%, 73,4%, 72,4% e 74,7%; 90,6%, 90,9%, 91,2%, 92,9% 90,9% e 92,9%.

**Gráfico 15
CIT/Autor/Sexo/Profissão
1996-2001**

Fonte: GPLP.

Finalmente, a quarta situação (gráfico 16) relaciona-se com os casos em que os valores percentuais das acções intentadas por homens são sempre ligeiramente superiores aos das mulheres. Estão neste caso os operários, artífices e trabalhadores similares e as profissões desconhecidas ou ignoradas. Os valores registados para os autores do sexo masculino são, respectivamente para cada uma das profissões, os seguintes: 57%, 56,8%, 57,1%, 55,4%, 54,7% e 54,8%; 59,3%, 64,1%, 57,4%, 59,6%, 56,7% e 55,9%.

---

[231] Na análise do cruzamento entre as variáveis sexo e profissão do autor, considerei a série 1996-2001 que utiliza a CNP-94. Refira-se no entanto que *mutatis mutandis* igual caracterização se aplica às profissões categorizadas pela CNP-80. Por exemplo, é elevado o número de autores do sexo masculino em profissões como a dos operários especializados e não-especializados, trabalhadores dos transportes e comunicações, mineiros e operários de pedreiras, trabalhadores agrícolas, pesca e silvicultura e dirigentes e quadros administrativos superiores. Em contrapartida é elevada ou pelo menos equilibrada a propositura de acções de homens e mulheres nas profissões de empregados de escritório, comerciantes e vendedores trabalhadores especializados, serviços, desportos e actividades recreativas.

Gráfico 16
CIT/autor/sexo/profissão
1996-2001

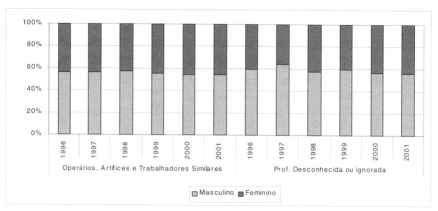

Fonte: GPLP.

A tipologia e os dados anteriormente referidos têm por base a informação relativa à actividade dos tribunais quando perspectivada de acordo com as variáveis sexo e profissão. Esta é uma grelha de análise relevante para o estudo da dinâmica interna do funcionamento dos tribunais que tem a capacidade de captar, quando ocorram, as variações na actividade judicial. Todavia, esta análise apresenta limitações quando se pretende proceder à articulação entre as dinâmicas endógenas e exógenas ao funcionamento dos tribunais. No entanto, o facto dos Boletins de Notação Estatística do GPLP, relativos aos processos findos, disporem de um campo de notação relativo às profissões que utiliza a Classificação Nacional das Profissões (CNP), permite o confronto com outras fontes estatísticas. Torna-se assim possível desenvolver análises que resultam, nomeadamente, do cruzamento da informação das estatísticas judiciais com os dados disponíveis relativos à segregação por género no mercado de trabalho de acordo com a CNP.

Neste sentido, procedeu-se ao cotejo dos dados das estatísticas judiciais com a informação disponível no INE e no DEEP. Da comparação entre a estrutura das profissões dos mobilizadores dos tribunais e a estrutura das profissões no mercado de trabalho, realça-se como significativo o facto de existir uma convergência entre as profissões onde é mais evidente a concentração das mulheres empregadas e as profissões que fazem parte da segunda situação de mobilização dos tribunais, caracterizada pelo facto das acções serem maioritariamente intentadas por mulheres. Neste caso, considera-se que o padrão de mobilização dos tribunais pelas mulheres nas acções de contrato individual de trabalho é isomórfico da sua concentração no mercado de trabalho. De acordo com os dados disponíveis, são quase 64% as mulheres empregadas em apenas quatro profissões em 2003: pessoal dos serviços e vendedores (20,2%), trabalhadores não-qualificados (17,7%), pessoal administrativo e similares (13,3%) e agricultores e trabalhadores qualificados da agricultura e pescas (12,4%). Estas profissões, exceptuando-se o caso dos agricultores e trabalhadores qualificados da agricultura e pescas, são coincidentes com as profissões onde o valor percentual das acções envolvendo trabalhadoras é mais elevado.

As taxas de feminização por profissão parecem igualmente relacionar-se com as tendências de mobilização por sexo dos tribunais de trabalho. Com efeito, as taxas de feminização mais elevadas no mercado de trabalho coincidem com as profissões em que se tem registado ou um aumento percentual significativo das acções ou em que é maioritária a mobilização dos tribunais pelas mulheres. Por exemplo, as profissões de pessoal dos serviços e vendedores, trabalhadores não-qualificados, pessoal administrativo e similares, com taxas de feminização de 68,8%, 62,8% e 62,1%, inserem-se na situação das acções intentadas maioritariamente por mulheres. A categoria porfissional dos especialistas das profissões intelectuais e científicas com uma taxa de feminização de 61,2%, insere-se na situação em que ocorre um aumento significativo das acções intentadas por mulheres, (cf. 2003, INE, *Estatísticas do Emprego*).

2.4.1. Propensão para a litigação por sexo e profissão

Sendo relevante estabelecer o padrão de mobilização dos tribunais de acordo com as variáveis sexo e profissão mas atendendo à estrutura por sexo e profissão do mercado de trabalho desenvolveram-se os seguintes indicadores de síntese.

O primeiro é a taxa de incidência ou propensão para a litigação em função do sexo e da profissão. A taxa de incidência das acções de contrato individual de trabalho por sexo e por profissão deflaciona, assim, o efeito quantitativo da procura por sexo e profissão dos tribunais e evidencia as situações em que as mulheres registam uma maior propensão para a litigação do que os homens. Este é um indicador que estabelece a relação existente entre mulheres ou homens por profissão que intentaram acções no total dos TCO relativamente ao total dos TCO mulheres ou homens nessa mesma profissão.[232]

No gráfico 17 procede-se à distribuição das taxas de incidência por profissão para o ano de 1999. Os cálculos realizados permitem descortinar a existência de taxas de incidência diferenciadas por sexo e por profissão. Por exemplo, em 1999 as profissões em que é mais elevado o número de processos intentados por cada mil TCO mulheres são, por ordem decrescente, as seguintes: operários, artífices e trabalhadores similares (9,4); pessoal dos serviços e vendedores (6) e trabalhadores não--qualificados (5,6).

Gráfico 17
Contratos individuais de trabalho
Propensão para a litigação por sexo e por profissão – 1999
(por 1000 TCO)

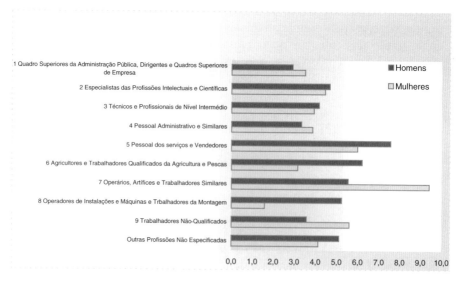

Fonte: GPLP e DEEP.

---

[232] Para o cálculo do indicador utilizou-se a seguinte fórmula:

$$\frac{\text{N.º total de processos findos de contrato individual de trabalho por sexo e por profissão}}{\text{N.º total de trabalhadores por conta de outrem por sexo e por profissão}} \times 1000$$

As profissões do pessoal dos serviços e vendedores (7,6) e dos agricultores e trabalhadores qualificados da agricultura e pescas (6,2) apresentam as taxas de incidência mais elevadas entre os homens.

De referir ainda que as profissões dos operários, artífices e trabalhadores similares; dos trabalhadores não qualificados, do pessoal administrativo e similares e dos quadros superiores são aquelas em que as mulheres evidenciam taxas de incidência superiores às dos homens.

2.4.2. Propensão para a litigação segundo o sexo

O segundo indicador calculado é o que resulta da articulação entre as acções intentadas por mulheres e por homens e a estrutura sexual dos trabalhadores por conta de outrem. Obtém-se, deste modo, a taxa de incidência ou propensão para a litigação nas acções de contrato individual de trabalho de acordo com a variável sexo. O padrão de litigação por sexo resulta da combinação entre o peso dos autores do sexo feminino e do sexo masculino com a estrutura sexual dos trabalhadores por conta de outrem (TCO) (gráfico 18).[233]

Gráfico 18
Propensão para a litigação por sexo
(por 1000 TCO) 1990-2001

Fontes: GPLP e DEEP.

[233] Para o cálculo do indicador utilizou-se a seguinte fórmula:

$$\frac{\text{N.º total de processos findos de contrato individual de trabalho por sexo e por ano}}{\text{N.º total de trabalhadores por conta de outrem de outrem por sexo}} \times 1000 = \begin{array}{l}\text{Diferenciação por género da}\\ \text{propensão para a litigação ou}\\ \text{judicialização nas acções de}\\ \text{contrato individual de trabalho}\end{array}$$

Recorreu-se aos Quadros de Pessoal (DEEP) para a obtenção dos valores relativos aos TCO.

370 *Trabalho procura Justiça*

A taxa de incidência revela a existência de um desequilíbrio entre mulheres e homens na judicialização dos conflitos emergentes das acções de contrato individual de trabalho. Os anos de 1993 e 1994 registam as maiores diferenças nas taxas de incidência de mulheres e de homens, respectivamente de 6,1 e 4,5 e de 8,1 e 6,1 acções intentadas por cada mil trabalhadoras/es por conta de outrem.

O facto das mulheres terem sempre uma taxa de incidência superior à dos homens em qualquer dos anos em apreço é muito significativo por quanto, de acordo com a forma de cálculo, a taxa de incidência despista o efeito dos valores absolutos na comparação da estrutura do mercado de trabalho com a estrutura dos mobilizadores dos tribunais. Sabendo-se que, em termos absolutos, existem mais homens do que mulheres na população empregada por conta de outrem, reforça-se o que anteriormente se referiu. Reitere-se assim o dado de que as mulheres mobilizam mais os tribunais do que os homens em termos relativos nas acções de contrato individual de trabalho.

2.4.3. Evolução das mulheres no mercado de trabalho

O terceiro indicador utilizado procura captar a evolução das dinâmicas judiciais e do mercado de trabalho numa base comparativa. No gráfico 19 compara-se a evolução do peso das mulheres no mercado de trabalho com a evolução do peso das mulheres litigantes nas acções de contrato individual de trabalho. Sublinhe-se, uma vez mais, antes de proceder a este exercício comparativo, que os valores relativos às mulheres litigantes correspondem a processos findos, pelo que poderemos estar ou não em presença de acções intentadas no próprio ano.[234]

Da análise do gráfico 19 resulta o seguinte: (1) o peso das mulheres no total dos TCO tem vindo a aumentar; (2) este aumento repercute-se na mobilização dos tribunais por a ele se encontrar associado o crescente aumento do volume processual; (3) entre 1989 e 1994 ocorre um crescimento brusco do volume processual; (4) este aumento é mais acentuado entre 1992 e 1994; (5) em 1995 o volume processual e o peso das mulheres nos TCO tende a equilibrar-se, 42% e 41%, respectivamente;

---

[234] Ainda assim, e de acordo com as análises feitas à morosidade judicial das acções de contrato individual de trabalho, tem-se concluído pelo aumento do índice de eficiência laboral, por exemplo para o ano de 1989, 76,2% das acções findaram no prazo de dois anos, sendo este valor de 90,8% para o ano de 2001 (Ferreira, 2003: 469).

(6) existe uma estabilidade entre o volume processual e o peso das mulheres nos TCO em 1996 e 1997; (7) a partir de 1997 ocorre um novo aumento do volume processual apesar de se manter relativamente estável o peso das mulheres nos TCO.

Em termos gerais, é possível estabelecer uma relação comparativa entre o peso das mulheres no mercado de trabalho e o peso das mulheres litigantes.

Apesar das variações anuais na mobilização dos tribunais, por parte das trabalhadoras, estarem sujeitas a dinâmicas judiciais específicas que podem determinar o momento da propositura da acção, é inequívoca a relação existente entre a sua progressão e a evolução das taxas de actividade e de emprego femininas.

Recorde-se que a taxa de actividade feminina conheceu em Portugal uma progressão que continua a manter-se nos anos mais recentes. Entre 1995 e 2003 aumentou 3,8% face a um crescimento da taxa de actividade masculina de 2,3%. A taxa de emprego apresenta uma tendência de crescimento mais evidente no caso das mulheres – 54% em 1995, 59,4% em 1999, 60,8% em 2002. Quanto à participação das mulheres no mercado de trabalho, medida pelo número de trabalhadores por conta de outrem, verifica-se que o crescimento do número total de trabalhadores entre 1991 e 1999 (+ 13%) foi muito mais importante nas mulheres (+ 27%) do que nos homens (+ 4%).

Gráfico 19
Comparação entre o peso das mulheres no emprego (TCO) e na litigação (%)

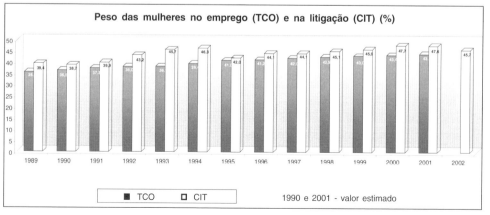

Fontes: GPLP e DEEP.

2.5. Relação entre desemprego e acções CIT

O quarto e último indicador procura relacionar a mobilização dos tribunais nas acções de CIT com o desemprego.

No quadro 21 relacionam-se as acções de contrato com o desemprego registado por profissões, segundo o sexo para o ano de 2001. Na análise da distribuição das acções por profissão verifica-se que o maior peso está nos outros operários e trabalhadores similares (14,9%), com uma maior incidência nas acções intentadas por mulheres (20,5%). Quanto ao pessoal de serviços protecção e segurança que representam 13,3% do total das acções intentadas ocorre, uma vez mais, uma desigual distribuição entre homens e mulheres envolvidos nos litígios, respectivamente, 8,6% e 18,5%. Finalmente, no caso dos trabalhadores não-qualificados dos serviços o número total de acções intentadas pelas mulheres 14,5% é superior ao dos homens com 9,6%. A elevada taxa de feminização destas profissões inflaciona o número de acções intentadas por mulheres. Contrariamente, o maior peso dos homens está na profissão dos condutores de veículos e equipamentos móveis, com 14,1%, resultado da elevada densidade masculina desta profissão.

Fazendo a comparação com os valores do desemprego registados, a distribuição é coincidente excepção feita aos empregados de escritório. Assim, os empregados de escritório registam no conjunto do desemprego um valor elevado: 13,3% para o total; 11,5% para os homens e 14,5% para as mulheres. No entanto, a esta profissão corresponde apenas 5,8% do total das acções.

Os dados sugerem a existência de uma relação muito estreita entre a mobilização dos tribunais e o desemprego registado por sexo. As profissões que mais mobilizam os tribunais são as que registam valores mais elevados de desemprego, onde a taxa de feminização é elevada e, em geral, o nível de habilitação e/ou de qualificação é baixo.

Ainda se analisarmos as acções intentadas pelas mulheres, verifica-se que existem casos em que o seu peso é significativamente superior ao dos homens e ao total. Estão neste caso as seguintes profissões: empregados de escritório (4.1), empregados de recepção, caixas (4.2), pessoal dos serviços, protecção e segurança (5.1), manequins, vendedores (5.2), outros operários e trabalhadores similares (7.4), trabalhadores não-qualificados dos serviços (9.1). Fazendo a comparação destas profissões com o desemprego registado, a situação é coincidente, ou seja, é também nestas mesmas profissões que o peso das mulheres inscritas em situação de desemprego assume um valor que se afasta bastante do valor dos homens e do total.

Quadro 21
Acções CIT findas e desemprego registado, por profissões segundo o sexo – 2001

CNP	ACÇÕES DE CIT (%)			DESEMPREGO REGISTADO DEZ. 01 (%)		
	TOTAL	H	M	TOTAL	H	M
TOTAL	100	100	100	100	100	100
1.1 Quadros Superiores –A. P.	0,0	0,0	0,0	0,0	0,0	0,0
1.2 Directores de Empresa	0,9	1,2	0,5	1,1	2,1	0,5
1.3 Direct. e gerentes - peq. e.	1,7	2,1	1,2	0,2	0,3	0,1
2.1 Espec. ciências físicas	0,9	1,2	0,6	0,9	1,5	0,6
2.2 E. ciências- vida, prof. saúde	0,6	0,5	0,6	0,5	0,4	0,5
2.3 Docentes – sec.,sup. prof. s.	0,5	0,4	0,7	1,4	0,8	1,7
2.4 Outros espec. – intel. e cient.	1,6	1,5	1,6	2,9	2,3	3,2
3.1 Tecn. nível interm. – fís. q. e.	2,5	3,0	2,0	2,5	4,9	1,0
3.2 Prof. nível inter.- vida, saúde	0,2	0,2	0,3	0,3	0,2	0,3
3.3 Prof. nível intermédio- ensino	1,5	0,9	2,1	0,4	0,2	0,5
3.4 Outros téc. prof. nível interm.	3,6	4,6	2,4	4,5	7,2	2,8
4.1 Empregados de escritório	5,8	3,7	8,0	13,3	11,5	14,5
4.2 Emp.- recepção, caixas, b. s.	2,4	2,1	2,8	2,6	1,4	3,5
5.1 Pessoal-serviços prot. e seg.	13,3	8,6	18,5	10,3	5,0	13,7
5.2 Manequins, vend., demonst.	6,0	5,4	6,6	7,5	3,2	10,2
6.1 Trab. qualif.-agricult. e pesca	1,4	2,0	0,8	3,9	3,1	4,4
6.2 Agricult. e pescad. - subsist.	0,0	0,0	0,0	0,0	0,0	0,0
7.1 Oper.e trab. simil –ext.,c.civil	6,1	9,9	1,9	3,3	8,2	0,1
7.2 Trab.-metalurgia, met. e sim.	4,1	6,4	1,5	3,8	9,0	0,4
7.3 Mec. prec. ol. vidr., artes gra.	0,4	0,5	0,3	1,1	1,3	1,0
7.4 Outros operários e trab. simil	14,9	9,8	20,5	6,1	3,5	7,9
8.1 Operad.-instalações fixas	0,2	0,4	0,0	0,7	1,6	0,1
8.2 Operad.-máq. e trab. montag	1,1	1,2	0,9	5,8	5,8	5,8
8.3 Conductor-veíc. e eq. móveis	7,6	14,1	0,4	3,9	9,8	0,2
9.1 Trab. n qual.-serviços e com.	9,6	5,2	14,5	13,7	7,1	18,0
9.2 Trab. n qualif.-agric. e pesca	0,0	0,0	0,1	0,4	0,3	0,4
9.3 Trab. n qual.-minas e c. civil	3,5	5,3	1,5	8,9	9,3	8,6
9.9 Outros	9,6	9,6	9,6	0,0	0,0	0,0

Fonte: GPLP/MJ, MSST/ IEFP – Direcção de Serviços de Estudos.

3. Os actores sociais e a mobilização da justiça laboral nas acções de acidentes de trabalho

As acções de acidentes de trabalho são um indicador sociológico da articulação existente entre as condições de trabalho e riscos profissionais e a actividade da administração da justiça laboral. Elas lidam de perto com aspectos relacionados com a designada sociedade de risco no domínio das relações laborais. A problemática dos riscos profissionais tem conhecido, em tempos recentes, importantes desenvolvimentos associados aos debates sobre "o trabalho decente", "estratégia europeia para o emprego" e "qualidade do trabalho e do emprego". Na verdade, as alterações na organização do trabalho e as novas tecnologias têm contribuído para agravar os riscos profissionais.

Para além do que se pode designar por "velhos riscos profissionais" entendidos como os que estão presentes desde a constituição dos sistemas de relações laborais, os "novos riscos profissionais" parecem resultar da simultaneidade existente entre as mudanças ocorridas na organização do trabalho e as preocupações com a qualidade do emprego e condições de vida (Ferreira, 2003). Da conjugação entre os novos e os velhos riscos profissionais, surge um conjunto de situações onde constam pro-blemas de saúde relacionados com o trabalho que, muitas vezes, de uma forma dramática resultam em morte. Exemplos destas questões são os problemas de ordem muscular – dores de costas, nos braços e nas pernas; de ordem psicossocial – o stress laboral, a que se juntam outros que apesar de não serem propriamente problemas de saúde, têm um efeito directo ou indirecto sobre esta, e sobre a qualidade de vida, como é o caso do assédio moral e outras formas de violência no trabalho. Convirá esclarecer que alguns dos "novos riscos" correspondem, em bom rigor, a tarefas antigas de produção industrial (por exemplo, o trabalho monótono ou repetitivo ou a movimentação manual) (Ferreira, 2003).

O domínio dos riscos profissionais, à semelhança do que ocorre na estrutura do mercado de trabalho, apresenta características de segregação profissional em função do sexo, reflectindo a estrutura da composição sexual das profissões. Esta é uma área sócio-laboral em que ocorre uma razoável discrepância entre novos/velhos riscos profissionais e consequente tradução jurídico-judicial dos mesmos. Apesar das inúmeras notícias e estudos corroborarem a existência de graves problemas de assédio moral e de outras formas de violência no trabalho, são escassas as acções intentadas a propósito destes fenómenos sócio-laborais. É certo que a jurisprudência tem sido chamada a decidir sobre problemas como sejam o assédio sexual e o designado "colocar na prateleira" o trabalhador. No entanto a estrutura de litigação emergente das acções de acidentes de trabalho revela que a mobilização dos tribunais ocorre no que convencionalmente se designa por "velhos riscos profissionais".

Uma característica distintiva desta estrutura de litigação assenta no facto de serem maioritariamente homens a interpor acções de acidentes de trabalho, sendo esta uma característica fundamental deste tipo de conflitualidade. Os dramas humanos associados às acções de acidentes de trabalho não são compagináveis com um discurso simplista a propósito das formas de discriminação directa e indirecta das mulheres no mercado de trabalho.

Neste capítulo, caracteriza-se a actividade dos tribunais nas acções de acidentes de trabalho atendendo à profissão do sinistrado, à entidade que participa o acidente, o local do acidente e o sexo dos sinistrados.

Para além dos dados internos ao sistema judicial, construí um conjunto de indicadores resultantes da articulação entre os dados relativos às acções de acidentes de trabalho e variáveis, que se estruturam em torno dos seguintes vectores: acções de acidentes e acidentes de trabalho, profissão e sexo dos sinistrados, propensão para a litigação segundo o sexo e a profissão do autor, taxas de incidência.

3.1. Caracterização dos sujeitos processuais nos processos de acidentes de trabalho

Na discussão da rigidez da protecção ao emprego e do papel desempenhado pelos tribunais de trabalho, deve também considerar-se o factor condições de trabalho, perspectivado na óptica dos riscos profissionais que tem como indicador clássico a sinistralidade laboral.[235] É conhecida a extensão do fenómeno no contexto do sistema de relações laborais português. Portugal é o país, de acordo com os dados do Eurostat (1998), que apresenta a segunda maior taxa de incidência de sinistros laborais – 5.505 por cada 100.000 membros de população empregada –, registando-se em Espanha o valor de 7.073 e na Bélgica de 5.112, respectivamente, os países que ocupam o primeiro e o terceiro lugares. Em termos abso-

---

[235] Conforme referi as discussões em torno dos riscos profissionais não se reconduzem exclusivamente ao fenómeno dos acidentes de trabalho. Partindo da distinção entre novos e velhos riscos profissionais, alarga-se o leque de matérias envolvendo questões como as doenças profissionais, o stress, o assédio moral, psicológico e sexual, etc.

376   *Trabalho procura Justiça*

lutos, e para o período entre 1989 e 2000, o número de acidentes registados pelo DETEFP variou entre os 314.686 em 1989, e os 204.273 em 1995. Quanto ao número de acidentes mortais, a sua oscilação para o período em apreço varia entre os 253 em 1993, e os 368 casos em 2000.[236] Embora a distribuição por actividade económica, por profissão, por idade, por tipo de contrato e por sexo revele acentuadas diferenças na intensidade do fenómeno, é incontornável a sua expressão pública. Ele é lesivo da dignidade e integridade física e psicológica dos trabalhadores. Em sentido amplo, considero que a problemática dos riscos profissionais pela sua gravidade e injustiça social constitui uma linha de questionamento da "rigidez" da lei do despedimento.

A sinistralidade laboral, por outro lado, interage de uma forma directa com o desempenho dos tribunais de trabalho. Como se conferirá adiante, o elevado valor dos acidentes de trabalho reflecte-se num acréscimo da actividade dos tribunais de trabalho portugueses, quer do ponto de vista quantitativo, quer do ponto de vista do envolvimento do Ministério Público que assume carácter obrigatório no acompanhamento deste tipo de acções. Aliás, e como tive oportunidade de referir no capítulo anterior, o grande aumento das acções de acidentes de trabalho é acompanhado pela diminuição das acções de contrato de trabalho o que significa existirem menos conflitos conexos com os despedimentos.

As observações feitas a propósito da rigidez do despedimento e da intervenção dos tribunais de trabalho têm como contraponto a flexibilidade da segurança e das condições de trabalho. Tomando por referência o ano de 2000, em média, morre um trabalhador por dia em Portugal.

De acordo com a legislação aplicável até à entrada em vigor do Código do Trabalho as acções de acidentes de trabalho resultam, como decorre do disposto no art.º 18.º do Decreto-lei n.º 143/99 de 30 de Abril, de acidentes de trabalho em que tenha ocorrido a morte, incapacidade permanente ou incapacidade temporária superior a 12 meses.

Segundo o relatório anual de actividades da Inspecção-Geral do Trabalho (2001), nos acidentes de trabalho está incluída uma percentagem que tem a sua origem nos riscos associados à condução e trânsito na via pública (acidentes provocados por meios de transporte) que, em regra, não resultam de níveis de insegurança nos locais de trabalho, e que não são objecto de inquérito pela Inspecção do Trabalho admitindo-se, no

---

[236] São conhecidas as limitações e diferenças quanto ao cálculo de acidentes de trabalho de acordo com as diferentes fontes e aos níveis internacional e nacional.

entanto, que dão um contributo elevado para o número da sinistralidade grave e mortal.

Para além dos acidentes, que a Inspecção-Geral do Trabalho desconhece mas que chegam aos tribunais, ocorre uma outra discrepância relativamente aos acidentes em sectores específicos, como as pescas, a administração pública, a pirotecnia e a agricultura (trabalhadores autónomos) onde nem sempre tem havido competências legais para a Inspecção-Geral do Trabalho proceder a inquéritos de acidentes de trabalho.

Pela análise do quadro 22, podem identificar-se os principais mobilizadores dos tribunais nas acções de acidente de trabalho. Como se pode observar, é a entidade seguradora que apresenta valores mais expressivos em qualquer dos anos referenciados, seguindo-se os sinistrados. Em 2001, a entidade seguradora e o sinistrado participam, respectivamente, 79,6% e 16,6% das acções de acidentes de trabalho, entradas no tribunal.

O elevado valor das entidades seguradoras, enquanto mobilizadoras dos tribunais, decorre da obrigação legal da entidade patronal de transferir a responsabilidade da participação do acidente de trabalho ou doença profissional à entidade seguradora.

Quadro 22
Entidade participante

	1989		1990		1991		1992		1993		1994		1995	
	n°	%	n°	%	n°	%	n°	%	n°	%	n°	%	n°	%
Sinistrado	2126	15,9	2281	15,8	2448	15,8	2686	16,4	2676	17,8	2433	15,2	2463	19,5
Entidade Seguradora	10822	80,7	11705	81,1	12518	80,6	13185	80,6	11947	79,4	13160	82,3	9782	77,7
Entidade Patronal	111	0,8	122	0,8	143	0,9	138	0,8	98	0,7	89	0,6	91	0,7
Outra	350	2,6	329	2,3	430	2,8	358	2,2	330	2,2	309	1,9	261	2,1
Total	13409	100,0	14437	100,0	15539	100,0	16367	100,0	15051	100,0	15991	100,0	12597	100,0

	1996		1997		1998		1999		2000		2001	
	n°	%	n°	%	n°	%	n°	%	n°	%	n°	%
Sinistrado	2592	21,0	2652	21,1	2868	22,2	3353	23,9	2974	19,4	2749	16,6
Entidade Seguradora	9402	76,0	9548	76,1	9658	74,7	10220	72,9	11697	76,3	13113	79,2
Entidade Patronal	85	0,7	67	0,5	64	0,5	81	0,6	81	0,5	65	0,4
Outra	293	2,4	278	2,2	345	2,7	371	2,6	574	3,7	622	3,8
Total	12372	100,0	12545	100,0	12935	100,0	14025	100,0	15326	100,0	16549	100,0

Fonte: GPLP.

Ao tribunal de trabalho chegam participações de acidentes de trabalho por diversas vias. De acordo com o artigo 14.º do DL n.º 360/71, de 21-8, que aprovou o Regulamento da Lei dos Acidentes de Trabalho e Doenças Profissionais, a vítima deve participar o acidente de trabalho, verbalmente ou por escrito, a não ser que a entidade patronal tenha presenciado o acidente ou dele tenha conhecimento por interposta pessoa. A participação deve ser feita à entidade patronal, ou pessoa que a represente, no prazo de 48 horas, excepto se o estado da vítima não lho permitir. Neste caso, os familiares beneficiários legais de pensões devem fazê-lo.

Caso a entidade patronal não tenha transferido a responsabilidade da participação do acidente para a entidade seguradora, deve participar o acidente de trabalho directamente ao tribunal competente, no prazo de 8 dias a contar do seu conhecimento (artigo 16.º). No caso do acidente ter resultado na morte do trabalhador, essa participação deve ser feita de imediato (artigo 16.º, n.º 3). Caso a entidade patronal tenha transferido a responsabilidade da participação para a entidade seguradora, deve comunicar-lhe o acidente (artigo 15.º). Esta comunicação é um dever contratual, que deve ser cumprido no prazo de 24 horas a contar do conhecimento do acidente de trabalho.

As entidades seguradoras são obrigadas a participar os acidentes de trabalho ao tribunal competente em três situações: Em primeiro lugar, é obrigatória a comunicação imediata dos acidentes de trabalho de que tenha resultado a morte do trabalhador (artigo 18.º). Esta comunicação não dispensa a participação por escrito no prazo de 8 dias a contar do seu falecimento. No caso do falecimento do sinistrado, também as instituições hospitalares, assistenciais ou prisionais devem fazer, sem demora, uma comunicação por telegrama (ou fax) ao tribunal competente, conforme o disposto no artigo 22.º.

Em segundo lugar, nos acidentes de trabalho de que tenha resultado incapacidade permanente, a comunicação deve ser efectuada num espaço de 8 dias a partir da alta do acidentado. Por fim, a terceira situação diz respeito à participação dos acidentes de trabalho de que tenha resultado uma incapacidade temporária que exceda os 12 meses (artigo 18.º) e que deve ser feita, igualmente, no prazo de 8 dias.

Apesar do artigo 15.º do DL n.º 360/71 considerar que existem entidades patronais que não transferem a responsabilidade, o seguro de acidentes de trabalho, de acordo com a Base XLIII, n.º 1, da Lei n.º 2.127, de 3-8-1969[237], é obrigatório. No entanto, há excepções ao princípio do

---

[237] A falta de seguro constitui contra-ordenação punível com coima (cf. art. 44.º do DL n.º 491/85 de 26-11).

seguro obrigatório, como é o caso de ser reconhecida capacidade à entidade patronal para cobrir os respectivos riscos (cf. artigo n.º 1 da Base XLIII e artigo 69.º do DL n.º 360/71). Por outro lado, a lei reconhece "capacidade económica" para procederem ao seguro do seu pessoal, nomeadamente, o Estado e seus serviços personalizados, câmaras municipais e serviços municipalizados e pessoas colectivas de utilidade pública administrativa geral ou local.[238]

Assim, é natural que na quase totalidade dos processos de acidente de trabalho o sinistrado se encontre segurado (cf. quadro 23 respeitante ao seguro).

Quadro 23
A existência de seguro nas acções de acidentes de trabalho

	1989		1990		1991		1992		1993		1994		1995	
	n°	%	n°	%	n°	%	n°	%	n°	%	n°	%	n°	%
Sim	12 963	96,7	13 768	95,4	14 681	94,5	15 372	93,9	14 222	94,5	15 176	94,9	11 831	94,0
Não	322	2,4	402	2,8	371	2,4	341	2,1	363	2,4	330	2,1	320	2,5
Em parte	124	0,9	267	1,8	487	3,1	654	4,0	466	3,1	485	3,0	436	3,5
Total	13 409	100,0	14 437	100,0	15 539	100,0	16 367	100,0	15 051	100,0	15 991	100,0	12 587	100,0

	1996		1997		1998		1999		2000		2001	
	n°	%	n°	%	n°	%	n°	%	n°	%	n°	%
Sim	11 728	94,8	12 012	95,8	12 411	95,9	13 441	95,8	14 742	96,2	15 970	96,5
Não	338	2,7	283	2,3	279	2,2	314	2,2	354	2,3	294	1,8
Em parte	306	2,5	250	2,0	245	1,9	270	1,9	230	1,5	285	1,7
Total	12 372	100,0	12 545	100,0	12 935	100,0	14 025	100,0	15 326	100,0	16 549	100,0

Fonte: GPLP.

3.2. Acções de acidentes de trabalho segundo a profissão dos sinistrados

O estudo da estrutura das profissões dos sinistrados nas acções de acidentes de trabalho é um elemento de caracterização sócio-jurídica relevante para a temática dos riscos profissionais, na sua articulação com

---

[238] Outras entidades podem igualmente ser dispensadas do seguro, sendo, no entanto, necessária a averiguação das garantias dadas (cf. art. 69.º do DL n.º 360/71 de 21-8).

a actividade dos tribunais de trabalho.[239] Em termos gerais, é possível estabelecer a existência de uma relação recíproca entre as categorias profissionais dos sinistrados envolvidos em acções de acidentes de trabalho e a distribuição por profissões da sinistralidade laboral, registada nas estatísticas da administração do trabalho.

Um primeiro exercício de interpretação passa pela avaliação dos dados relativos à profissão dos sinistrados constantes nas acções de acidentes de trabalho confrontando-se estes, posteriormente, com os dados disponíveis relativos à profissão dos trabalhadores envolvidos em acidentes de trabalho, de acordo com os dados registados pelo DEEP.

De acordo com os valores do quadro 24, relativo às acções de acidentes de trabalho segundo a distribuição da profissão do sinistrado, as profissões dos sinistrados que apresentam valores mais elevados, quando se considera o valor total entre 1996 e 2001, são as seguintes: Operários,

Quadro 24
Acções de acidente de trabalho, segundo a profissão do sinistrado (%)

	1996		1997		1998		1999		2000		2001		total	
	n.º	%	n.º	%	n.º	%	n.º	%	n.º	%	n.º	%	n.º	%
Prof. desconhecida ou ignorada	78	0,6	95	0,8	114	0,9	143	1,0	266	1,7	463	2,8	1159	1,4
Q. sup ad. pública, dirigentes	162	1,3	201	1,6	197	1,5	240	1,7	260	1,7	539	3,3	1599	1,9
Esp. profissões intelect. científ.	84	0,7	96	0,8	88	0,7	101	0,7	106	0,7	146	0,9	612	0,7
Téc. prof. nível intermédio	278	2,3	366	2,9	412	3,2	450	3,2	440	2,9	474	2,9	2420	2,9
Pessoal administrativo e similares	408	3,3	411	3,3	390	3,0	436	3,1	426	2,8	506	3,1	2577	3,1
Pessoal dos serviços e vendedores	610	4,9	612	4,9	622	4,8	711	5,1	825	5,4	1114	6,8	4494	5,4
Agric. Trab. qualif. agric. pescas	919	7,4	680	5,4	729	5,6	776	5,5	841	5,5	979	5,9	4924	5,9
Oper., artífices e trab. similares	6661	53,9	6152	49,1	6305	48,8	7215	51,5	7729	50,5	7852	47,6	41914	50,1
Oper. inst. máq. trab. montagem	1649	13,4	1573	12,6	1572	12,2	1679	12,0	1575	10,3	1703	10,3	9751	11,7
Trab. não qualificados	1499	12,1	2343	18,7	2499	19,3	2253	16,1	2850	18,6	2722	16,5	14166	16,9
Total	12348	100	12529	100	12928	100	14004	100	15318	100	16498	100	83625	100

Fonte: GPLP.

---

[239] Para a análise por profissão foi utilizada a Classificação Nacional de Profissões (CNP) a um dígito.

artífices e trabalhadores similares, 41.914 acções, que representam cerca de 50,1%; seguindo-se os Trabalhadores não-qualificados, com 14.166 acções, que representam 16,9% e os Operadores de instalações e máquinas e trabalhadores da montagem, com 9.751, que representam 11,7%. Entre as profissões que apresentam valores menos expres-sivos encontram-se, por ordem decrescente: Agricultores e trabalhadores da agricultura e pescas 4.924 (5,9%), Pessoal dos serviços e vendedores 4.494 (5,4%), Pessoal administrativo e similares 2.577 (3,1%), Técnicos e profissionais de nível intermédio 2.420 (2,9%), Quadros Superiores da Administração Pública e Dirigentes, com 1.599 (1,9%), Profissões desconhecidas ou ignoradas 1.159 (1,4%) e Especialistas das Profissões Intelectuais e Científicas 612 (0,7%).

Observando-se a evolução das acções associadas às profissões que apresentam valores mais elevados verifica-se que, no que diz respeito aos Operários, artífices e trabalhadores similares, ocorreu de 1996 até 1998 um decréscimo, passando de 53,9% para 48,8%, denotando nos dois anos seguintes um aumento quebrado em 2001 (em 1999, 51,5%, e em 2001, 47,6%). No que diz respeito aos Trabalhadores não-qualificados é de destacar os 19,3% atingidos em 1998 (valor máximo), contrapondo-se com os 12,1% em 1996 (valor mínimo). Por fim, e no que diz respeito aos Operadores de instalações e máquinas têm-se assistido a um decréscimo constante ao longo dos anos em análise.

Relativamente às restantes profissões dos sinistrados registados em acções de acidentes de trabalho, é de assinalar que, apesar dos valores percentuais serem pouco significativos, denota-se um ligeiro aumento nos Quadros Superiores da Administração Pública (1,3%, em 1996 e 3,3% em 2001) e no Pessoal dos serviços e vendedores (4,9% em 1996 para 6,8% em 2001).

No quadro 25, apresentam-se os valores relativos à profissão dos sinistrados tendo por base a série harmonizada 1989-2001, utilizada anteriormente no estudo dos contratos de trabalho. Uma vez mais, se constata que, na grande maioria, são operários qualificados, especializados e não-especializados que registam maior número de sinistros. Tomando como referência o período entre 1989 e 2001, verifica-se que representam mais de 60% do total de litigantes (exceptuando-se 2001, com 59,9%).

Nos casos de profissionais liberais, técnicos e equiparados, ocorrem aumentos significativos: 0,5% em 1989, *versus* 3,% em 2001. Nos quadros administrativos e superiores 0,6% em 1989, *versus* 3,3% em 2001 e nos comerciantes e vendedores 2,4% em 1989, *versus* 7,4% em 2001.

Quadro 25
Profissão dos sinistrados

	1989		1990		1991		1992		1993		1994		1995	
	n.º	%	n.º	%	n.º	%	n.º	%	n.º	%	n.º	%	n.º	%
Prof. liberais, técnicos e equiparados	68	0,5	127	0,9	125	0,8	137	0,8	160	1,1	154	1,0	142	1,1
Dir. dos quadros administrativos e superiores	82	0,6	165	1,1	152	1,0	197	1,2	208	1,4	206	1,3	146	1,2
Empregados de escritório	306	2,3	360	2,5	413	2,7	492	3,0	419	2,8	504	3,2	384	3,1
Comerciantes e vendedores	322	2,4	323	2,2	443	2,9	439	2,7	505	3,4	498	3,1	433	3,4
Agric., pescas, silvi. e trabalhadores equiparados	1 150	8,6	1 399	9,7	1 499	9,6	1 468	9,0	1 335	8,9	1 283	8,0	933	7,4
Mineiros, operá.de pedreiras e equiparados	68	0,5	118	0,8	134	0,9	117	0,7	66	0,4	86	0,5	58	0,5
Traba. dos transportes e das comunicações	1 004	7,5	1 086	7,5	1 176	7,6	1 187	7,3	1 160	7,7	1 228	7,7	1 065	8,5
Operá. qualificados especializados e não especial.	9 194	68,6	9 358	64,8	10 422	67,1	11 139	68,1	10 130	67,3	10 808	67,6	8 350	66,3
Trab. especi. serviços,desport. e activ. recreativas	952	7,1	1 173	8,1	911	5,9	996	6,1	936	6,2	1 002	6,3	911	7,2
Profissão mal definida ou ignorada	222	1,7	266	1,8	230	1,5	154	0,9	103	0,7	182	1,1	137	1,1
Desempregados	5	0,0			4	0,0	1	0,0	3	0,0	4	0,0	1	0,0
Estudantes	2	0,0	3	0,0	2	0,0	3	0,0	2	0,0	4	0,0	1	0,0
Domésticas	25	0,2	39	0,3	21	0,1	30	0,2	22	0,1	25	0,2	23	0,2
Reformados	2	0,0	2	0,0	2	0,0	2	0,0	2	0,0	1	0,0	2	0,0
Inválidos	1	0,0									3	0,0	1	0,0
Não especificada	6	0,0	18	0,1	5	0,0	5	0,0			1	0,0		
Total	13 409	100,0	14 437	100,0	15 539	100,0	16 367	100,0	15 051	100,0	15 989	100,0	12 587	100,0

	1996		1997		1998		1999		2000		2001	
	n.º	%	n.º	%	n.º	%	n.º	%	n.º	%	n.º	%
Prof. liberais, técnicos e equiparados	362	2,9	462	3,7	500	3,9	551	3,9	546	3,6	620	3,7
Dir. dos quadros administrativos e superiores	162	1,3	201	1,6	197	1,5	240	1,7	260	1,7	539	3,3
Empregados de escritório	315	2,5	333	2,7	307	2,4	324	2,3	321	2,1	400	2,4
Comerciantes e vendedores	882	7,1	1 048	8,4	1 036	8,0	1 104	7,9	1 275	8,3	1 222	7,4
Agric., pescas, silvi. e trabalhadores equiparados	994	8,0	785	6,3	846	6,5	888	6,3	974	6,4	1 034	6,2
Mineiros, operá.de pedreiras e equiparados												
Traba. dos transportes e das comunicações	1 066	8,6	924	7,4	1 050	8,1	1 213	8,6	1 198	7,8	1 361	8,2
Operá. qualificados especializados e não especial.	7 968	64,4	8 143	64,9	8 336	64,4	8 889	63,4	9 739	63,5	9 915	59,9
Trab. especi. serviços,desport. e activ. recreativas	521	4,2	538	4,3	542	4,2	652	4,6	739	4,8	944	5,7
Profissão mal definida ou ignorada	78	0,6	95	0,8	114	0,9	143	1,0	266	1,7	463	2,8
Desempregados			1	0,0	1	0,0					3	0,0
Estudantes							4	0,0	1	0,0	3	0,0
Domésticas	18	0,1	7	0,1	5	0,0	13	0,1	6	0,0	37	0,2
Reformados	2	0,0	2	0,0			2	0,0			6	0,0
Inválidos												
Não especificada	4	0,0	6	0,0	1	0,0	2	0,0	1	0,0	2	0,0
Total	12 372	100,0	12 545	100,0	12 935	100,0	14 025	100,0	15 326	100,0	16 549	100,0

Fonte: GPLP.

Pode conferir-se, pela análise do quadro 25, que as restantes activi-dades profissionais têm menor expressão, não atingindo em nenhum dos anos valores superiores a 10%.

Ao confrontar estes dados com as Estatísticas dos Acidentes de Trabalho referentes ao ano de 2000 (DEEP), conclui-se pelo carácter

Capítulo VII 383

isomórfico existente entre a mobilização dos tribunais de trabalho em acções de acidentes de trabalho e a incidência do fenómeno no sistema de relações laborais. Assim, de acordo com os dados disponibilizados pelo DEEP, as profissões que no ano de 2000 mais acidentes sofreram foram os Operários, artífices e trabalhadores similares (101.301) os Trabalhadores não-qualificados (35.870) e os Operadores de Instalações e máquinas e trabalhadores da montagem (28.607). Estas são, conforme registado, as profissões que, quer em termos absolutos, quer em termos relativos, mais mobilizam os tribunais.

No quadro seguinte comparam-se, para o ano de 2000, os valores percentuais das acções de acidentes de trabalho e dos acidentes de trabalho. Como se pode observar, existe uma correspondência entre a forma como se distribuem as profissões quer pelas acções quer pela ocorrência dos acidentes de trabalho.

Quadro 26
Acções de acidentes de trabalho e acidentes de trabalho (2000)

Profissões	Acções de Acidentes de Trabalho	Acidentes de trabalho
1 Quadro superiores da adm.pública, dirigentes e quad.superiores de empresa	1,7	3,1
2 Especialistas das profissões intelectuais e científicas	0,7	0,7
3 Técnicos e profissionais de nível intermédio	2,9	2,2
4 Pessoal administrativo e similares	2,8	3,3
5 Pessoal dos serviços e vendedores	5,4	6,7
6 Agricultores e trab.qualificados da agricultura e pescas	5,5	3,6
7 Operários, artífices e trabalhadores similares	50,5	43,3
8 Operadores de instalações e máquinas e trab.da montagem	10,3	12,2
9 Trabalhadores não qualificados	18,6	15,3
Outras profissões não especificadas	1,7	9,7
Total	**100,0**	**100,0**

Fonte: GPLP, DEEP/MSST-Acidentes de Trabalho.

3.3. A propensão para a litigação segundo a profissão do autor

No gráfico seguinte calculei, para o ano 2000, o número de acções findas de acidentes de trabalho por cada mil acidentes de trabalho, segundo a profissão.

Os agricultores e trabalhadores qualificados da agricultura e pescas apresentam um valor muito elevado de acções de acidentes de trabalho por cada mil acidentes de trabalho (100,4), sendo acompanhados pelos técnicos e profissionais de nível intermédio (84,9) e pelos trabalhadores não-qualificados (79,5). Note-se que estas profissões evidenciam uma taxa de incidência superior à dos operários, artífices e trabalhadores similares, profissão que, em termos absolutos, mais mobiliza os tribunais de trabalho. Também os especialistas das profissões intelectuais e científicas patenteiam uma taxa de incidência elevada, muito discrepante do valor que representam no total das acções de acidentes de trabalho.

Gráfico 20

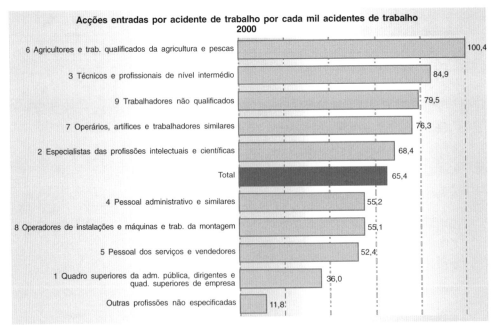

Fonte: GPLP.

3.4. Local e causa externa do acidente

No quadro 27 encontra-se identificado o local onde ocorre o acidente. Na sua grande maioria, os acidentes de trabalho acontecem na fábrica. Em 1989, o valor percentual dos acidentes nas fábricas foi de 41,6% e em 2001 de 37,8% do total de acidentes laborais. São, igualmente, de assinalar os valores relativos aos acidentes ocorridos na construção civil e na via pública, registando os primeiros 17,3% em 1989, e 23,4% em 2001, e os segundos 13,8% em 1989 e 19,7% em 2001. Numa perspectiva evolutiva, tanto os acidentes na construção civil como os acidentes na via pública têm vindo a aumentar, diminuindo, em contrapartida, o número de acidentes nas fábricas.

Quadro 27
Local do acidente

	1989		1990		1991		1992		1993		1994		1995	
	nº	%	nº	%	nº	%	nº	%	nº	%	nº	%	nº	%
Fábrica	5 584	41,6	5 924	41,0	6 139	39,5	6 758	41,3	6 102	40,5	6 272	39,2	5 038	40,0
Campo	1 130	8,4	1 278	8,9	1 322	8,5	1 292	7,9	1 139	7,6	1 175	7,3	934	7,4
Construcção Cívil	2 325	17,3	2 658	18,4	3 029	19,5	3 122	19,1	2 946	19,6	3 193	20,0	2 579	20,5
Via Pública	1 844	13,8	2 082	14,4	2 429	15,6	2 576	15,7	2 542	16,9	2 677	16,7	2 080	16,5
Outra ou n.e.	2 526	18,8	2 495	17,3	2 620	16,9	2 619	16,0	2 322	15,4	2 673	16,7	1 956	15,5
Total	13 409	100,0	14 437	100,0	15 539	100,0	16 367	100,0	15 051	100,0	15 990	100,0	12 587	100,0

	1996		1997		1998		1999		2000		2001	
	nº	%	nº	%	nº	%	nº	%	nº	%	nº	%
Fábrica	4 936	39,9	4 854	38,7	4 986	38,5	5 173	36,9	5 807	37,9	6 250	37,8
Campo	847	6,8	689	5,5	703	5,4	713	5,1	791	5,2	821	5,0
Construcção Cívil	2 492	20,1	2 845	22,7	3 060	23,7	3 155	22,5	3 476	22,7	3 871	23,4
Via Pública	2 065	16,7	2 043	16,3	2 055	15,9	2 250	16,0	2 311	15,1	2 339	14,1
Outra ou n.e.	2 032	16,4	2 114	16,9	2 131	16,5	2 734	19,5	2 941	19,2	3 268	19,7
Total	12 372	100,0	12 545	100,0	12 935	100,0	14 025	100,0	15 326	100,0	16 549	100,0

Fonte: GPLP.

Debrucemo-nos, agora, sobre as causas externas do acidente (cf. quadro 28). A principal causa dos acidentes de trabalho é a queda do sinistrado. Em 1989, representaram 23,6%, e em 2001, 20,5%. Surgem, depois, os acidentes de trabalho causados por máquinas, 23,7% em 1989

386   *Trabalho procura Justiça*

e 20,5% em 2001. Finalmente, são de destacar os acidentes causados por queda de materiais ou utensílios e por ferramentas, com valores superiores a 10% nos anos considerados (cf. quadro 28).

Quadro 28
Causa externa do acidente

	1989		1990		1991		1992		1993		1994		1995	
	nº	%	nº	%	nº	%	nº	%	nº	%	nº	%	nº	%
Ferramenta	1 786	13,3	1 922	13,3	1 940	12,5	2 150	13,1	1 871	12,4	1 995	12,5	1 443	11,5
Máquina	3 173	23,7	3 301	22,9	3 385	21,8	3 657	22,3	3 265	21,7	3 329	20,8	2 946	23,4
Corrente Eléctrica	122	0,9	107	0,7	168	1,1	158	1,0	177	1,2	141	0,9	142	1,1
Queda do Sinistrado	4 277	31,9	4 774	33,1	5 134	33,0	5 255	32,1	4 845	32,2	5 265	32,9	4 041	32,1
Queda de Materiais ou Utensílios	1 574	11,7	1 644	11,4	1 843	11,9	1 878	11,5	1 755	11,7	1 864	11,7	1 539	12,2
Outra	2 476	18,5	2 689	18,6	3 069	19,8	3 269	20,0	3 138	20,8	3 395	21,2	2 476	19,7
Total	13 408	100,0	14 437	100,0	15 539	100,0	16 367	100,0	15 051	100,0	15 989	100,0	12 587	100,0

	1996		1997		1998		1999		2000		2001	
	nº	%	nº	%	nº	%	nº	%	nº	%	nº	%
Ferramenta	1 308	10,6	1 501	12,0	1 545	11,9	1 640	11,7	1 724	11,2	1 730	10,5
Máquina	2 826	22,8	2 735	21,8	2 833	21,9	3 032	21,6	3 316	21,6	3 390	20,5
Corrente Eléctrica	128	1,0	135	1,1	121	0,9	138	1,0	126	0,8	169	1,0
Queda do Sinistrado	4 099	32,9	4 118	32,8	4 471	34,6	4 700	33,5	5 295	34,5	5 835	35,3
Queda de Materiais ou Utensílios	1 538	12,4	1 475	11,8	1 426	11,0	1 451	10,3	1 672	10,9	1 823	11,0
Outra	2 503	20,2	2 581	20,6	2 539	19,6	3 064	21,8	3 193	20,8	3 602	21,8
Total	12 372	100,0	12 545	100,0	12 935	100,0	14 025	100,0	15 326	100,0	16 549	100,0

Fonte: GPLP.

3.5. As acções de acidentes de trabalho e o sexo do sinistrado

No que respeita ao sinistrado, é de realçar que são os indivíduos do sexo masculino as principais vítimas. Em 2001 as acções de acidentes de trabalho correspondentes aos homens representam 82,7% enquanto que as das mulheres representam 17,3% (cf. quadro 29 e gráfico 21).

É, no entanto, de referir o aumento do número de acidentes de trabalho em que o sinistrado é do sexo feminino. Em 1989, as mulheres estiveram envolvidas em 1.462 acções de acidentes de trabalho, correspondentes a 10,9% do total de acções, e em 2001, em 2.861, o que correspondeu a 17,3%. Esta tendência para o aumento do número de acções de acidentes de trabalho envolvendo mulheres vai-se consolidando ao longo da década de 90.

Quadro 29
Sexo dos sinistrados – acções de acidentes de trabalho

	1989		1990		1991		1992		1993		1994		1995	
	n.º	%	n.º	%	n.º	%	n.º	%	n.º	%	n.º	%	n.º	%
Masculino	11 947	89,1	12 563	87,0	13 552	87,2	14 172	86,6	12 969	86,2	13 694	85,6	10 794	85,8
Feminino	1 462	10,9	1 874	13,0	1 987	12,8	2 195	13,4	2 082	13,8	2 297	14,4	1 793	14,2
Total	13 409	100,0	14 437	100,0	15 539	100,0	16 367	100,0	15 051	100,0	15 991	100,0	12 587	100,0

	1996		1997		1998		1999		2000		2001	
	n.º	%	n.º	%	n.º	%	n.º	%	n.º	%	n.º	%
Masculino	10 530	85,1	10 588	84,4	10 804	83,5	11 700	83,4	12 724	83,0	13 688	82,7
Feminino	1 842	14,9	1 957	15,6	2 131	16,5	2 325	16,6	2 602	17,0	2 861	17,3
Total	12 372	100,0	12 545	100,0	12 935	100,0	14 025	100,0	15 326	100,0	16 549	100,0

Fonte: GPLP.

Gráfico 21
Sexo dos sinistrados – acções de acidentes de trabalho

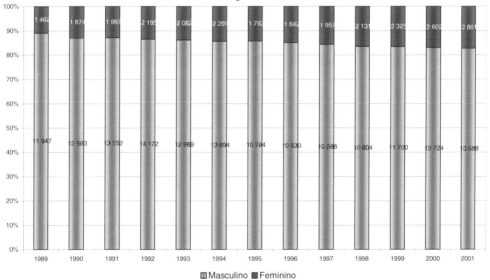

Fonte: GPLP.

Os dados apresentados no quadro 30 registam, para o período compreendido entre 1989 e 2001, os valores absolutos e percentuais de acções findas de acidentes de trabalho segundo o sexo do sinistrado.

388   *Trabalho procura Justiça*

A análise destes dados revela, entre 1989 e 2001, a existência de duas grandes tendências. A primeira, diz respeito à predominância masculina dos sinistrados. Por exemplo, em 1990 das 14.437 acções findas, 12.563 envolveram homens e apenas 1.874 mulheres, o que corresponde respectivamente a 87% e 13% do total de acções. Em 2001, as acções findas tinham 13.688 sinistrados homens, correspondentes a 82,7%, e 2.861 mulheres, correspondentes a 17,3%. A desigual distribuição sexual dos sinistrados nas acções de acidentes de trabalho é uma característica bem estabelecida e distintiva deste tipo de litigação. Para qualquer dos anos considerados, o número de acções envolvendo homens é sempre superior ao das mulheres.

A segunda tendência prende-se com a crescente feminização dos sinistrados nas acções de acidentes de trabalho, tendência que se vem consolidando ao longo da década de 90.[240] Por exemplo, em 1989, o valor das acções envolvendo mulheres é 10,9%, a que se contrapõem, em 2001, os 17,3%. Concomitantemente, regista-se uma diminuição em termos percentuais do número de acções envolvendo homens, 89,1% em 1989 e 82,7% em 2001.

No que diz respeito à evolução global dos processos, verifica-se que, de 1989 a 1994, se assistiu a um aumento do número total de acções, que entre 1995 até 1998 ocorreu uma diminuição, aumentando de novo o volume processual a partir de 2000, sendo mesmo de assinalar que o ano de 2001 regista o valor mais elevado no número de acções findas.

---

[240] Em relação ao objecto de acção nos processos de acidente de trabalho, são de fazer duas observações prévias. Em primeiro lugar, no Boletim de Notação Estatística do GPLP, só há lugar à discriminação do objecto de acção quando o processo se prolonga para a fase contenciosa. Em segundo lugar, o preenchimento do objecto de acção admite resposta múltipla. Os objectos de acção de acidente de trabalho são: existência e caracterização do acidente; nexo de causalidade do acidente/lesão; determinação do responsável; determinação do salário; fixação da incapacidade e outro objecto. Identifica-se como principal fonte de conflito as acções cujo objecto diz respeito à "fixação da incapacidade" do sinistrado. Estas acções correspondiam no ano de 2001 a 76% do total dos objectos de acção. Tomando como referência os anos de 1989 e 2001, verificamos que o número absoluto de processos com este objecto têm registado um significativo aumento. Em 1989 findaram 1.239 processos, o que correspondeu a 45,1% do total; já em 2001, findaram 4.316, correspondendo a 76% do total.

Quadro 30
Acções laborais de acidente de trabalho
segundo o sexo

	MASCULINO		FEMININO		
	N.º	%	N.º	%	Total
1989	11947	89,1	1462	10,9	13409
1990	12563	87,0	1874	13,0	14437
1991	13552	87,2	1987	12,8	15539
1992	14172	86,6	2195	13,4	16367
1993	12969	86,2	2082	13,8	15051
1994	13694	85,6	2297	14,4	15991
1995	10794	85,8	1793	14,2	12587
1996	10530	85,1	1842	14,9	12372
1997	10588	84,4	1957	15,6	12545
1998	10804	83,5	2131	16,5	12935
1999	11700	83,4	2325	16,6	14025
2000	12724	83,0	2602	17,0	15326
2001	13688	82,7	2861	17,3	16549
Total	**159725**	**85,4**	**27408**	**14,6**	**187133**

Fonte: GPLP.

No gráfico 22 encontra-se registada a dinâmica associada ao volume processual, em termos absolutos, das acções de acidentes de trabalho findas, segundo o sexo, sendo de sublinhar a diminuição dos sinistrados homens em 1994 e o aumento do número de acções com sinistrados mulheres e homens a partir do ano de 2000.

Gráfico 22
Total de acções laborais de acidente de trabalho segundo o sexo

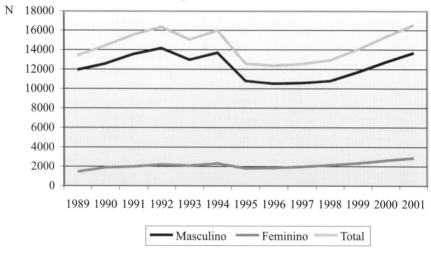

Fonte: GPLP.
Fonte: GPLP.

3.6. Acções de acidente de trabalho por profissão segundo o sexo

Outra forma de se proceder à análise da relação existente entre a actividade dos tribunais de trabalho e o fenómeno da sinistralidade laboral passa pelo cruzamento das variáveis: profissão do sinistrado e sexo do sinistrado. No quadro 31 registam-se os valores percentuais, para o período compreendido entre 1996 e 2001, relativos às acções de acidentes de trabalho segundo a profissão do autor e o sexo em percentagem.

As acções de acidentes de trabalho analisadas por sexo do sinistrado permitem identificar três tipos de situações. Em primeiro lugar, verifica-se que nas profissões dos Quadros superiores da Administração Pública, nos Especialistas das profissões intelectuais e científicas, nos Técnicos e profissionais de nível intermédio e no Pessoal administrativo tem vindo a aumentar significativamente o número de acções interpostas por mulheres, ainda que as acções intentadas por homens sejam sempre superiores.

Quadro 31
Acções de acidente de trabalho segundo a profissão do autor e o sexo

	1996				1997				1998				1999				2000				2001			
	H		M		H		M		H		M		H		M		H		M		H		M	
	N.º	%	N.º	%	N.º	%	N.º	%	N.º	%	N.º	%	N.º	%	N.º	%	N.º	%	N.º	%	N.º	%	N.º	%
Prof. desconhecida ou ignorada	59	75,6	19	24,4	78	82,1	17	17,9	80	70,2	34	29,8	107	74,8	36	25,2	196	73,7	70	26,3	375	81,0	88	19,0
Q. sup ad. pública, dirigentes	142	87,7	20	12,3	172	85,6	29	14,4	176	89,3	21	10,7	202	84,2	38	15,8	222	85,4	38	14,6	463	85,9	76	141,1
Esp. profissões intelect. cientif.	63	75,0	21	25,0	66	68,8	30	31,3	61	69,3	27	30,7	70	69,3	31	30,7	80	75,5	26	24,5	101	69,2	45	30,8
Téc. prof. nível intermédio	229	82,4	49	17,6	289	79,0	77	21,0	352	85,4	60	14,6	371	82,4	79	17,6	342	77,7	98	22,3	360	75,9	114	24,1
Pessoal administrativo e similares	293	71,8	115	28,2	276	67,2	135	32,8	256	65,6	134	34,4	283	64,9	153	35,1	268	62,9	158	37,1	340	67,2	166	32,8
Pessoal dos serviços e vendedores	356	58,4	254	41,6	337	55,1	275	44,9	348	55,9	274	44,1	407	57,2	304	42,8	457	55,4	368	44,6	586	52,6	528	47,4
Agric. Trab. qualif. agric. pescas	724	78,8	195	21,2	538	79,1	142	20,9	570	78,2	159	21,8	604	77,8	172	22,2	668	79,4	173	20,6	772	78,9	207	21,1
Oper., artífices e trab. similares	6.047	90,8	614	9,2	5.581	90,7	571	9,3	5.632	89,3	673	10,7	6.432	89,1	783	10,9	6.927	89,6	802	10,4	7.011	89,3	841	10,7
Oper. inst. máq. Trab. montagem	1.559	94,5	90	5,5	1.489	94,7	84	5,3	1.486	94,5	86	5,5	1.587	94,5	92	5,5	1.513	96,1	62	3,9	1.627	95,5	76	4,5
Trab. não qualificados	1.053	70,2	446	29,8	1.756	74,9	587	25,1	1.842	73,7	657	26,3	1.631	72,4	622	27,6	2.049	71,9	801	28,1	2.040	74,9	682	25,1

Fonte: GPLP.

Em segundo lugar, há a destacar o facto de, na profissão Pessoal dos serviços e vendedores, a diferença percentual entre os sinistrados homens e mulheres ser aproximada.

Em terceiro lugar, as restantes profissões cuja diferença entre os autores homens e mulheres se manteve bastante significativa com predominância dos primeiros ao longo dos anos observados.

3.7. A propensão para a litigação segundo a profissão e o sexo do autor

A mobilização dos tribunais de trabalho nos conflitos que resultam das acções de acidentes de trabalho também pode ser confrontada com a estrutura sexual do mercado de trabalho, de modo a estabelecer segundo o sexo a propensão para a litigação ou taxa de incidência dos sinistrados (Gráfico 23).

Gráfico 23
Acções de acidente de trabalho

Fonte: GPLP e DEEP.

Capítulo VII 393

Sobressaem, uma vez mais, os valores superiores do número de acções envolvendo homens em todas as categorias profissionais. Com efeito, e apesar dos aumentos das taxas de actividade e de emprego femininas resultarem na presença cada vez maior de mulheres TCO no mercado de trabalho e em todas as profissões, tal não tem implicado o aumento da propensão para a litigação no domínio da sinistralidade laboral. Nalgumas profissões, como é o caso dos agricultores e trabalhadores qualificados da agricultura e pescas e dos operários, artífices e trabalhadores similares é muito significativa a diferença entre mulheres e homens.

A comparação entre o peso das mulheres nas acções de acidentes de trabalho com a posição que ocupam nas acções de contrato individual de trabalho evidencia a grande discrepância existente na mobilização dos tribunais nos dois tipos de acções. Confrontem-se, os valores muito acima dos 40% registados nas acções de contrato individual de trabalho com os valores registados nas acções de acidentes de trabalho.

Quadro 32
Comparação entre as acções de contrato e acidentes de trabalho envolvendo mulheres

		1989	1990	1991	1992	1993	1994	1995	1996	1997	1998	1999	2000	2001
Mulheres	Contratos	39,4	38,7	39,9	43,2	45,7	46,3	42	44,1	44,1	45,1	45,9	47,7	47,6
(%)	Acidentes	10,9	13	12,8	13,4	13,8	14,4	14,2	14,9	15,6	16,5	16,6	17	17,3

Fonte: GPLP.

Nos gráficos seguintes procuro obter um indicador mais refinado da relação existente entre as acções de acidentes de trabalho e o fenómeno da sinistralidade laboral, calculando o número de acções findas por acidentes de trabalho por cada mil acidentes de trabalho, ocorridos em 2000, segundo o sexo.

No gráfico 24 calculo as acções entradas por cada mil acidentes de trabalho com mulheres. Destacam-se as profissões que apresentam valores superiores ao total, como são as categorias dos agricultores e trabalhadores qualificados da agricultura e pescas (111), dos operários, artífices e trabalhadores similares (102,5), dos técnicos e profissionais de nível intermédio (93,9) e dos trabalhadores não-qualificados (73,7). Quanto às

Gráfico 24

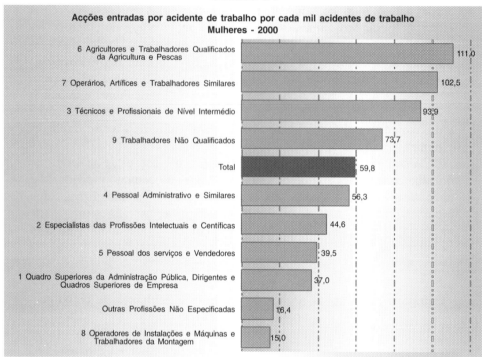

Fonte: GPLP.

profissões cujos valores se situam abaixo do total, elas são as seguintes: pessoal administrativo e similares (56,3), especialistas das profissões intelectuais e científicas (44,6), pessoal dos serviços e vendedores (39,5), quadros superiores da Administração Pública, dirigentes e quadros superiores de empresa (37), outras profissões não especificadas (16,4) e operadores de instalações e máquinas e trabalhadores da montagem (15).

No gráfico 25, onde foram calculadas as acções entradas por acidentes de trabalho por cada mil acidentes de trabalho homens – 2000, devem salientar-se as categorias profissionais cujos valores se situam acima do total: agricultores e trabalhadores qualificados da agricultura e pescas (98,1), especialistas das profissões intelectuais e científicas (82,9), técnicos e profissionais de nível intermédio (82,7), trabalhadores não-qualificados (82,1), operários, artífices e trabalhadores profissionais (74,2) e pessoal dos serviços e vendedores (71,2). Quanto às categorias profissionais que se situam abaixo deste valor médio, encontram-se os operadores de instalações e máquinas e trabalhadores da montagem (61,9), pessoal

Gráfico 25

**Acções entradas por acidente de trabalho por cada mil acidentes de trabalho
Homens - 2000**

Fonte: GPLP.

administrativo e similares (54,5), quadros superiores da Administração Pública e dirigentes e quadros superiores de empresa (35,8) e outras profissões não especificadas (10,7).

Da comparação entre a distribuição das acções no caso das mulheres e dos homens, apresentada nos gráficos anteriores, algumas observações devem ser feitas. A primeira, diz respeito à convergência, na categoria dos agricultores e trabalhadores qualificados da agricultura e pescas, do maior número de acções intentadas por mulheres e por homens por cada mil acidentes de trabalho. Em qualquer um dos casos, os valores são, como já referi, muito elevados. A segunda observação é respeitante às posições ocupadas pelas profissões dos operários, artífices e trabalhadores similares, no caso das mulheres, e dos especialistas das profissões intelectuais e científicas, no caso dos homens. Elas remetem para contextos profissionais muito distintos, devendo mencionar-se o facto de serem os homens que registam, na categoria dos especialistas das profissões intelectuais e científicas, o segundo valor mais elevado no total da distribuição das acções intentadas por homens, enquanto que no caso das mu-lheres, tal posição é ocupada pela profissão dos operários, artífices e trabalhadores similares. A terceira observação é de que existe novamente uma convergência entre mulheres e homens nas categorias dos técnicos e profissionais de nível intermédio e dos trabalhadores não-qualificados que ocupam as mesmas posições, a terceira e a quarta, na estrutura da distribuição das acções. Relativamente às restantes profissões é de registar que no caso das mulheres os valores se situam abaixo do valor total. Nos homens o grupo do pessoal dos serviços e vendedores ocupa uma quinta posição com valor superior ao total. Finalmente, ocorre uma convergência entre os valores de homens e de mulheres no caso dos quadros superiores da administração pública, dirigentes e quadros superiores.

Conclusão

Neste capítulo, o padrão de litigação e de mobilização dos tribunais de trabalho foram estudados tomando como unidade de análise as acções declarativas de contrato individual de trabalho consideradas do duplo ponto de vista da sua estrutura e dinâmicas internas e da sua relação com as variáveis contextuais emergentes do sistema de relações laborais e do mercado de trabalho. A opção por este tipo de acções (que, de par com as acções de acidentes de trabalho são as principais mobilizadoras da actividade do judicial-laboral em Portugal) teve como critério as propriedades sócio-jurídicas de que são portadoras. Ao reflectirem a existência de uma estrutura de litigação assente essencialmente nas situações de conflito laboral em que estão em causa questões relacionadas com o despedimento e com aspectos de natureza salarial e pecuniária, elas tornam-se um indicador sociológico privilegiado da interferência do judicial na regulação da tensão risco/segurança nas áreas sociais do emprego, do rendimento e da conformação do poder patronal.

Na avaliação global do papel dos tribunais na resolução dos conflitos resultantes da relação individual de trabalho cheguei a duas conclusões. A primeira, é a de que eles revelam no desempenho das suas funções instrumentais uma dupla centralidade. Em primeiro lugar, o que designo de centralidade por ausência de alternativas no contexto do sistema de resolução dos conflitos. A inexistência ou a inefectividade das formas alternativas de resolução dos conflitos, estudada em detalhe no sexto capítulo, deixa perceber o carácter quase exclusivo do recurso aos tribunais enquanto instrumento de regulação da conflitualidade laboral interindividual. Neste sentido, os tribunais de trabalho podem considerar--se elementos centrais no âmbito do sistema de resolução dos conflitos individuais de trabalho. Em segundo lugar, a centralidade da conciliação judicial enquanto via privilegiada para a resolução dos conflitos. Apesar da diversidade de soluções processuais disponíveis para pôr termo aos processos, a conciliação assume um valor muito elevado não sendo influenciada por variáveis exógenas como as profissões, a actividade económica ou o sexo. Se é certo que as leis processuais laborais são indutoras da conciliação, também é certo, de acordo com os resultados empíricos obtidos, que os actores judiciais interiorizaram e são socializados numa cultura judicial de conciliação. A expressividade das práticas judiciais conciliatórias estão em grande medida ligadas à "compulsão" para a conciliação sendo este o resultado esperado ou a "profecia que se cumpre por si própria" no âmbito do que já designei por autocomposição assistida no espaço público do tribunal em que a alternativa à conciliação é uma sentença judicial.

A segunda conclusão visa contrariar as teses que aludem à rigidez do mercado de trabalho introduzida pela legislação e pela actividade dos tribunais no domínio das relações individuais de trabalho. Os resultados obtidos pela aplicação do conjunto de indicadores quantitativos e qualitativos atestam a existência de uma flexibilidade fáctica emergente das característcas do mercado de trabalho, da estrutura empresarial e do sistema de relações laborais. A regulação das relações laborais associada a essas características concorre para a supressão ou resignação da conflitualidade interindividual. Neste sentido, afirmo que o reconhecimento da flexibilidade fáctica desconstrói a retórica da rigidez da regulação dos conflitos interindividuais. Sem deixar de considerar o impacto diferenciado sobre a actividade dos tribunais de trabalho decorrente da heterogeneidade e especificidades dos diferentes sectores de actividade, foi possível identificar algumas situações paradigmáticas. A mobilização do judicial-laboral sofre com o efeito de concentração empresarial e volume de emprego nalgumas actividades económicas, como sucede com as indústrias transformadoras e o comércio por grosso e a retalho, reparação de veículos automóveis e serviços. A dimensão das empresas mostrou-se igualmente uma variável relevante na procura dos tribunais de trabalho. Embora a estrutura contratual laboral, na sua relação com a estrutura de litigação por actividades económicas, não conduza ao reconhecimento de tendências transversais – dada a relevância das especificidades sectoriais –

foi possível, nalgumas situações, reconhecer o impacto negativo sobre a procura dos tribunais emergentes das tendências do mercado de trabalho. Como se viu, as situações mais desfavoráveis para o mercado de trabalho, conjugando a desaceleração da relação emprego/população com o aumento da taxa de desemprego conduzem a uma menor mobilização dos tribunais. Também a contratação a termo e a taxa de rotatividade estão nalguns casos em relação inversa com a conflitualidade e mobilização dos tribunais, o que significa que a precariedade se constitui em factor de constrangimento e de supressão da procura.

Outros aspectos foram ainda sublinhados no capítulo. O recurso à metodologia da pirâmide dos conflitos permitiu desvelar o número limitado de acções que dão entrada nos tribunais em relação aos valores dos trabalhadores por conta de outrem e população empregada, indiciando a existência de barreiras ao acesso ao judicial.

Ocorre também uma estratificação sócio-económica da litigação. Como demonstrei, verifica-se uma relação entre os conflitos judicializados e as características empresariais dos réus. Estes são maioritariamente sociedades que correspondem a empresas de maior dimensão. De fora ficam, de uma maneira geral, as micro e as pequenas empresas que, no entanto, têm uma grande expressão na estrutura do tecido empresarial. A profissão dos autores e as actividades económicas dos réus mostraram-se variáveis importantes na procura dos tribunais de trabalho. Foi possível identificar profissões mais propensas a litigar do que outras, como sucede no caso dos operários, bem como sectores de actividade onde a judicialização dos conflitos individuais de trabalho é mais provável, como sucede, por exemplo, nas indústrias transformadoras. A análise global da estrutura sócio-profissional dos mobilizadores dos tribunais demonstrou a existência de duas tendências: a do progessivo aumento dos conflitos emergentes das profissões do terciário e a diminuição do número de litígios associados às profissões do sector secundário as quais, no entanto, continuam a ser as que maior expressão quantitativa têm no total da litigação.

A actividade dos tribunais de trabalho na sua relação com a composição sexual do mercado de trabalho é marcada pelas elevadas taxas de feminização da litigação. Efectivamente, as mulheres estão cada vez mais presentes na mobilização dos tribunais, tendendo o seu número a aumentar nas profissões dos quadros superiores, especialistas intelectuais e científicos, técnicos e profissionais de nível intermédio e a ser superior à dos homens nos grupos profissionais com maiores índices de segregação sexual, como sejam, o pessoal administrativo, dos serviços e vendedores

Capítulo VII 399

e os trabalhadores não-qualificados. Contudo, o padrão de mobilização dos tribunais por parte das mulheres tem como origem conflitos onde se reconhecem apenas os tradicionais litígios emergentes da relação individual de trabalho, partilhados por homens e por mulheres.

O núcleo duro dos conflitos caracterizadores do padrão de litigação nas acções de contrato individual de trabalho está relacionado com o objecto da acção remunerações e outras prestações salariais e com a impugnação do despedimento. Assim sendo, identifico por omissão a existência de uma estrutura de litigação ausente constituída por conflitos como os da discriminação sexual, protecção da maternidade e paternidade, trabalho clandestino e a escassez de litígios associados às categorias profissionais, à contratação a termo, às sanções disciplinares, etc.

Quanto às acções de acidentes de trabalho, são de sintetizar as seguintes conclusões. Os autores, nas acções de acidentes de trabalho, são maioritariamente homens, exercendo a profissão de operários especializados e não especializados, representando acima de 60% do total de litigantes. No entanto, verificam-se aumentos significativos nas profissões liberais, técnicos e equiparados, quadros administrativos e superiores, comerciantes e vendedores. Os acidentes de trabalho ocorrem, na sua grande maioria, nas fábricas e construção civil, representando mais de 61,2% do total das acções de acidentes de trabalho. Neste domínio de litigação, o principal objecto de acção diz respeito à fixação da incapacidade, representando em 2001, o valor de 76% do total dos objectos de processos findos. A grande maioria dos processos encontram resolução na fase conciliatória. Por exemplo, relativamente ao ano de 2001, dos processos que passam à fase contenciosa, 47,2% findam por condenação do réu no pedido.

Entre 1989 e 2001, é possível identificar duas grandes tendências na estrutura sexual dos sinistrados. A primeira diz respeito à predominância masculina dos trabalhadores envolvidos neste tipo de acções. A desigual distribuição por sexo dos sinistrados nas acções de acidentes de trabalho é uma característica bem estabelecida e distintiva deste tipo de litigação. Para qualquer dos anos considerados, o número de acções envolvendo homens é sempre superior ao das mulheres. A segunda tendência prende-se com a crescente feminização dos sinistrados nas acções de acidentes de trabalho, tendência que se vem consolidando ao longo da década de 90.

CAPÍTULO VIII

O acesso ao direito e à justiça laborais

Introdução

O objectivo deste capítulo é o de analisar o sistema de acesso ao direito e justiça laborais na sociedade portuguesa. De acordo com a fundamentação teórica desenvolvida, parto de uma concepção ampla da noção de acesso não restringindo o estudo apenas à capacidade para aceder aos tribunais e obter deles a resolução de um conflito. Procuro, por isso, identificar os diferentes mecanismos facilitadores do acesso ao direito e à regulação dos conflitos, cujo conjunto constitui o sistema de acesso ao direito e à justiça laborais.

À semelhança do que ocorre no domínio da resolução dos conflitos, existem factores endógenos e exógenos ao sistema que constituem barreiras impeditivas do acesso ao direito e justiça laborais. A tensão existente entre a facilitação do acesso e as barreiras é estudada de acordo com duas orientações analíticas. A primeira, é a de que a especificidade das relações laborais e do direito do trabalho se reconhece também na área do acesso. Ela está patente por exemplo, no papel desempenhado pelos sindicatos e pelo Ministério Público enquanto elementos facilitadores do acesso, nas normas reguladoras do apoio judiciário e do patrocínio dos trabalhadores, na actuação da administração do trabalho e nas formas alternativas de resolução dos conflitos (RAL). A segunda, é a de que o acesso ao direito e justiça na área laboral deixa transparecer a tensão existente entre diferentes tipos de regulação sócio-política. Dois exemplos apenas como ilustração. O primeiro, emerge das posições assumidas pelo Ministério Público e pela Ordem dos Advogados, nomeadamente quando esta reclama para si a exclusividade do patrocínio judiciário dos trabalhadores, optando por privilegiar o princípio do mercado e a dimensão privada como elementos estruturantes do modelo de acesso. O segundo, fica patente no modo como a debilidade do princípio associativo e do diálogo social, ao concorrer para a fraqueza das formas alternativas de resolução dos conflitos, promove a centralidade do princípio de regulação de base estatal e dentro deste o do papel desempenhado pelos tribunais.

Por outro lado, e como assinalado anteriormente, o sistema não consegue reduzir o *gap* existente entre a procura potencial e a procura real de direito e de justiça. São muitos os factores que impedem os trabalhadores de reconhecerem o seu envolvimento numa situação de conflito ou a existência de uma "lesão" dos seus direitos, e que afectam a capacidade de mobilização dos tribunais quando este reconhecimento ocorre.

1. O sistema de acesso ao direito e à justiça laborais em Portugal depois de 1974

O sistema de acesso ao direito e justiça laborais mantém uma estreita relação de articulação e de interdependência com as normas gerais aplicáveis ao acesso ao direito e aos tribunais e, sobretudo, com o sistema de regulação e resolução dos conflitos de trabalho. Neste sistema regista-se a dupla centralidade dos tribunais de trabalho decorrente da circunstância de se situarem no topo da pirâmide da litigação e de serem materialmente a principal forma de resolução da conflitualidade laboral individual. O recurso a uma concepção ampla do acesso que envolve as diferentes modalidades de informação, consulta e patrocínio judiciário e as formas alternativas de resolução dos conflitos torna mais clara a relação existente entre as formas de resolução dos conflitos e os mecanismos de acesso ao direito.

Quando caracterizados do ponto de vista do espaço social em que estão inseridos, os elementos do sistema de acesso podem agrupar-se em dois tipos: (1) os que são accionados no espaço exterior ao tribunal, como sucede com a Administração do Trabalho, organizações sindicais e formas alternativas de resolução dos conflitos; (2) e os que se relacionam directamente com o espaço do tribunal, como é o caso da assistência judiciária e do papel desempenhado pelo Ministério Público na jurisdição laboral.

No quadro 1 articulam-se os princípios de regulação sócio-política com as diferentes modalidades de acesso ao direito. A principal nota caracterizadora reside na grande importância do Estado enquanto facilitador do acesso. Na estrutura administrativa do Estado e para os

Capítulo VIII 403

domínios da informação e consulta jurídicas encontram-se os serviços prestados pelo Instituto para o Desenvolvimento e Inspecção das Condições de Trabalho (IDICT) através da Linha Azul (serviço de informação telefónica) e pela Inspecção-Geral do Trabalho. Ainda que em combinação com o princípio do diálogo, o Estado fornece os enquadramentos institucionais e organizacionais a dois outros elementos do sistema de acesso com carácter tripartido. A Comissão para a Igualdade no Trabalho e Emprego, vocacionada para a intervenção nos conflitos de trabalho associados à discriminação em razão do sexo, e o Serviço Regional de Conciliação e Arbitragem do Trabalho, organismo tripartido a funcionar na Região Autónoma dos Açores a quem cabe proceder à conciliação e arbitragem voluntárias dos conflitos emergentes do contrato de trabalho (estudado no quarto capítulo).

Quadro 1
Sistema de acesso ao direito e justiça laboral

Princípios de regulação/ Formas de acesso	Estado		Mercado	Comunidade	Associação
	Judicial	Administração			
Informação	MP	IDICT (Linha Azul e Inspecção-Geral do Trabalho); CITE;	Empresas (dever de informação ao trabalhador sobre as condições contratuais); Advogados; Solicitadores; Outras profissões jurídicas;	Sindicatos	CITE
Consulta	MP; Nomeação de Advogado;	IDICT (Inspecção-Geral do Trabalho); CITE;	Advogados; Solicitadores; Outras profissões jurídicas;	Sindicatos	CITE
Patrocínio	MP; Patrocínio oficioso;		Advogados;	Sindicatos (advogados)	
RAL		Centro de Arbitragem dos Açores			Centro de Arbitragem dos Açores; Negociação Colectiva, institucio-nalização de formas de conciliação, mediação e arbitragem aplicáveis aos conflitos individuais.

No âmbito da legislação relativa ao acesso, saliento o papel desempenhado pelo Ministério Público na informação, consulta e patrocínio judiciário dos trabalhadores. Nas esferas legislativa e judicial existem também as possibilidades de nomeação de advogado, do patrocínio oficioso e da redução ou isenção de custas judiciais, factores potenciadores do acesso aos tribunais.

Os advogados, solicitadores e outras profissões jurídicas constituem uma oferta de acesso ao direito emergente do princípio do mercado, cuja procura parte essencialmente de empresas e empregadores. O dever de informação ao trabalhador sobre as condições aplicáveis ao contrato ou à relação de trabalho por parte da entidade patronal[241], a efectivar-se nas relações sociais concretas, tocaria virtualmente todas as relações laborais estabelecidas no sector estruturado da economia. No entanto, este diploma legal conhece elevados graus de inefectividade, a que se devem juntar as relações laborais atípicas e ilegais.

Nucleados no princípio de regulação da comunidade, os sindicatos são um elemento facilitador do acesso ao direito e aos tribunais de grande relevo. Uma das funções por eles desempenhadas é a da prestação de serviços aos seus associados, sendo de destacar neste domínio a disponibilização de serviços jurídicos. A generalidade dos sindicatos dispõe de gabinetes jurídicos que intervêm a pedido dos seus membros nas situações de conflito laboral. Se muitas vezes os sindicatos através das "acções-piloto" fazem uma utilização estratégica dos conflitos individuais integrando-os nos processos de reivindicação e de negociação colectivas, estes acompanham igualmente os conflitos individuais de trabalho surgidos no quotidiano das relações laborais. Aliás, existe uma relação estreita entre a taxa de sindicalização e a mobilização dos tribunais de trabalho. No entanto, não deve esquecer-se a desigual distribuição de recursos financeiros e organizativos entre eles, podendo suceder que a maior fragilidade nestes domínios tenha como consequência uma menor qualidade na defesa dos interesses dos trabalhadores.

Uma observação final a propósito das formas alternativas de resolução dos conflitos analisadas anteriormente. Conforme referi, as formas alternativas de resolução dos conflitos estão estreitamente relacionadas com a capacidade de regulação do princípio do diálogo social de *per si* ou com o modo como ele se combina com o princípio de regulação estatal. No que a esta matéria diz respeito, o sistema de acesso no do-

---

[241] Decreto-lei n.º 5/94, de 11 de Janeiro.

mínio laboral evidencia as fragilidades do diálogo social. Mercê do tipo de relacionamento existente entre Estado e parceiros sociais, depois de 1974, não foi possível proceder à institucionalização e promoção das formas alternativas de resolução dos conflitos. Os maus resultados do tripartismo e da auto-regulação ficam patentes no insucesso das Comissões de Conciliação e Julgamento, nos obstáculos à participação e intermediação dos representantes dos trabalhadores na resolução dos conflitos nos locais de trabalho, na incapacidade da negociação colectiva em institucionalizar formas de conciliação, mediação e arbitragem, e na falta de sequência dada em sede de concertação social aos protocolos que possibilitariam a criação de centros de conciliação e arbitragem. Estes factores não permitiram a constituição de uma "justiça doce" (Bonafé--Schmitt, 1992) mais próxima das relações de trabalho conflituais, e por isso mais acessível.

A falta de consensualização dos parceiros sociais sobre as formas de resolução dos conflitos alternativos aos tribunais – como sucede de resto em muitas outras áreas das relações de trabalho –, indo de par com a tendência por parte dos mesmos para reclamarem a manutenção de modelos de intervencionismo estatal, concorre para que no domínio do acesso à justiça laboral a parte mais frágil – os trabalhadores – encontre nas associações sindicais, no Ministério Público e na Administração do Trabalho instâncias facilitadoras fundamentais do acesso ao direito e à justiça do trabalho.

Passo de seguida a analisar cada um dos elementos do sistema de acesso ao direito e justiça laborais, utilizando como critério a trajectória que vai da sociedade civil até ao Estado. Assim, começo por estudar, em primeiro lugar, o papel desempenhado pelos sindicatos na facilitação do acesso. Em segundo lugar, a actividade da administração do trabalho, concluindo com a avaliação do espaço dos tribunais no domínio do acesso.

1.1. As associações sindicais enquanto elementos facilitadores de acesso ao direito e à justiça: do acompanhamento reactivo aos desafios da proactividade

De par com as tradicionais funções políticas e de negociação colectiva, os sindicatos sempre tiveram um importante papel no acompanhamento dos conflitos individuais de trabalho. Para aferir da importância das organizações sindicais na facilitação do acesso realizou-se, em 2001, no âmbito do Observatório Permanente da Justiça Portuguesa um inquérito coordenado por João Pedroso junto destas organizações (Pedroso, Trincão e Dias, 2001b).[242]

A esmagadora maioria dos sindicatos que responderam ao inquérito afirmaram apoiar juridicamente os trabalhadores nas fases de consulta, apoio e patrocínio judiciário dos seus associados (cf. quadro 2). Apenas dois deles afirmaram não prestar serviços jurídicos de consulta e apoio judiciário e três responderam mesmo que não prestam acompanhamento. Apesar de no movimento sindical se manterem centrais as actividades ligadas à dimensão colectiva do sistema de relações laborais, presta-se cada vez mais atenção à relação individual de trabalho. Actualmente, as questões jurídicas relacionadas com o contrato individual de trabalho ocupam uma percentagem bastante grande do esforço e do tempo despendido pelos sindicatos nas suas actividades quotidianas.

Quadro 2
Apoio judiciário

Consulta jurídica			Apoio judiciário			Acompanhamento		
	n.º	%		n.º	%		n.º	%
Sim	83	97,6	Sim	83	97,6	Sim	82	96,5
Não	2	2,4	Não	2	2,4	Não	3	3,5
Total	**85**	**100,0**	**Total**	**85**	**100,0**	**Total**	**85**	**100,0**

Fonte: OPJ, 2002.

---

[242] O inquérito foi enviado a 301 organismos sindicais, tendo-se obtido cerca de 28% de respostas (85). Deve referir-se que, através de informações disponibilizadas informalmente, se verifica que alguns dos sindicatos contactados têm uma actividade bastante reduzida ou estão, inclusivamente, inactivos. Detectaram-se, ainda, casos de mudança de residência e de natureza jurídica, situação que inviabilizou igualmente a resposta. Recordo que, de acordo com a informação existente relativa às estruturas sindicais portuguesas, se estima que em 1995 existissem 464 associações sindicais (388 sindicatos, 29 federações, 42 uniões e 5 confederações). O inquérito aos sindicatos partiu de duas listagens provenientes da União-Geral dos Trabalhadores (UGT) e da Confederação Geral dos Trabalhadores Portugueses (CGTP-Intersindical Nacional). A estas duas juntaram-se os sindicatos e associações sindicais independentes que foi possível identificar a partir de listagens de moradas gerais e de *sites* da internet.

408   *Trabalho procura Justiça*

De acordo com os resultados obtidos, o apoio judiciário proporcionado pelos sindicatos é, na generalidade, prestado de forma gratuita (89,4%). Apenas quatro sindicatos afirmaram cobrar algum valor pelo serviço jurídico disponibilizado. Quanto às condições de acesso dos trabalhadores aos serviços jurídicos dos sindicatos, é de realçar a forte expressão dos que não colocam nenhum limite ao acesso por parte dos seus filiados (76,5%).

Outra fonte de informação utilizada foi o levantamento realizado, em Dezembro de 1999, pela União dos Sindicatos de Lisboa/CGTP-IN. De acordo com este estudo, encontravam-se nos contenciosos dos sindicatos 1077 casos envolvendo 213 empresas, aguardando resolução dos tribunais cerca de 168 casos. Os 1077 casos em contencioso correspondem a 8,03% do total de processos entrados no Tribunal de Trabalho de Lisboa, em 1999 (8650 processos).

O patrocínio efectuado pelos sindicatos é, como seria de esperar, inferior ao número de consultas e informações prestadas, visto nem todas as consultas resultarem em acções judiciais. O total dos patrocínios levados a cabo pelos sindicatos que responderam ao inquérito correspondem a 0,14% do total de acções declarativas entradas, em 2000, nos tribunais de trabalho. Por outro lado, eles representam 18,3% do total das acções declarativas (contratos individuais de trabalho – CIT – e acidentes de trabalho – AT's) findas em 2000, cujo patrocínio esteve a cargo de advogado.[243]

Ainda de acordo como inquérito levado a cabo pelos colegas João Pedroso, João Paulo Dias e Catarina Trincão, a análise do número de juristas que os sindicatos disponibilizam, a tempo parcial ou inteiro, é igualmente um indicador da capacidade de resposta dos serviços jurídicos. Duas ideias a este propósito. A primeira é a de que a grande maioria dos sindicatos não possui juristas a tempo inteiro (86,6%), optando pela contratação de serviços a tempo parcial. A segunda, indicia que os sindicatos que demonstraram menor actividade em termos de consultas e de

---

[243] De uma forma semelhante ao que sucede com as organizações sindicais, também as associações empresariais disponibilizam serviços de aconselhamento e apoio jurídico aos seus associados. A grande maioria das associações empresariais que responderam ao inquérito lançado pelo OPJP afirmou dispor de serviços de consulta jurídica para os seus associados (96,2%), baixando um pouco no que respeita à concessão de apoio judiciário (92,3%). O acompanhamento das acções em tribunal é apenas efectuado por menos de metade das associações (42,3%). Estes dados demonstram a responsabilidade assumida pelas associações empresariais, estando estas competências inseridas dentro das suas funções.

patrocínios jurídicos, poderão ser os mesmos que afirmam não possuir juristas contratados, quer a tempo inteiro, quer a tempo parcial. Cerca de 63% dos sindicatos possuem apenas um ou dois juristas a tempo parcial, existindo muito poucos sindicatos com cinco ou mais juristas a tempo parcial (8,3%) e/ou a tempo inteiro (3,7%). Por fim, a dispersão de juristas ilustra o efeito resultante das diferenças de recursos e dimensão dos sindicatos. Contudo, de 10,7% dos sindicatos que responderam ao inquérito declararem não possuir contratos com juristas.[244]

O reconhecimento do importante papel que as estruturas sindicais desempenham, enquanto facilitadoras do acesso à justiça para os trabalhadores, teve como tradução processual a consagração jurídica de poderes no domínio da legitimidade na propositura das acções em substituição e representação dos trabalhadores. Por exemplo, o Código de Processo de Trabalho (CPT), em vigor até 1999, previa a possibilidade de os organismos sindicais e patronais serem "parte legítima como autores nas acções respeitantes aos interesses colectivos cuja tutela lhes esteja atribuída por lei". Estes podem ainda representar ou substituir os trabalhadores quando a entidade patronal actue contra trabalhadores que exerçam funções de delegados sindicais ou qualquer outro cargo na associação sindical, ou ainda quando, por força de um instrumento de regulamentação colectiva de trabalho, a entidade patronal retire direitos aos trabalhadores representados pelos sindicatos. Por último, as associações sindicais poderão intervir como assistentes dos seus associados nas acções relativas a direitos individuais dos trabalhadores, ou acções das entidades patronais, somente quando estejam em causa direitos disponíveis e haja uma declaração escrita de aceitação dessa intervenção por parte dos interessados (cf. artigo 6.º do Decreto-lei n.º 272-A/81, de 30 de Setembro).

O actual CPT clarificou e ampliou o direito de acção das associações sindicais na representação e substituição dos trabalhadores (cf. artigo 5.º do Decreto-lei n.º 480/99, de 9 de Novembro). No entanto, esta faculdade fica condicionada à prévia anuência do trabalhador representado ou substituído à qualidade de associado do sindicato que o representa e à violação dos direitos em causa. Clarificaram-se, igualmente, os ter-

---

[244] Uma grande percentagem destes serviços ao ser questionadas sobre se presta apoio jurídico noutras áreas além da laboral respondeu afirmativamente (38,8%), embora 58,8% tivessem afirmado não o fazer. O valor referente aos que disponibilizam esses serviços indicia uma preocupação na defesa dos direitos dos trabalhadores, que vai mais além da vida laboral.

mos da intervenção das associações patronais e sindicais nas acções em que estejam em causa interesses individuais dos seus associados. Exige-se, no entanto, a prévia aceitação escrita dos interessados.

A ampliação da legitimidade activa concedida aos sindicatos provocou diferentes reacções junto dos operadores judiciários e dos parceiros sociais. Em 1999, ainda no período de discussão em torno do projecto do novo CPT, os parceiros sociais pronunciaram-se relativamente ao exercício do direito de acção das associações sindicais em representação e substituição dos trabalhadores. A UGT considerou não ser exigível a autorização do trabalhador, pois poderia retirar a eficácia que se pretendia atribuir à norma. A mesma organização defendeu que, sempre que na petição inicial se invocasse a qualidade de associado do trabalhador, o sindicato res-pectivo poderia constituir-se como assistente. Afirmou ainda que qualquer subscritor de convenção colectiva de trabalho poderia assumir autonomamente os interesses individuais dos trabalhadores, quando disso tivesse conhecimento. As associações patronais suscitaram algumas questões relativamente a esta faculdade atribuída às associações sindicais. Para a Confederação da Indústria Portuguesa (CIP) ela levanta algumas questões, uma vez que rejeita que o trabalhador assuma apenas o papel de assistente, caso haja intervenção de advogado. Por sua vez, a Confederação de Comércio Portuguesa (CCP) sublinhou a necessidade de alargar os poderes conferidos aos sindicatos e às associações sindicais patronais.

O reforço da actividade judicial dos sindicatos é ainda reiterado pelo protagonismo que lhes é conferido no domínio dos riscos profissionais. Assim, a figura da providência cautelar relativa à segurança, saúde e higiene no trabalho, surgida *ex-nuovo* no actual CPT (artigo 44.º)[245] prevê que quando se verifiquem situações que coloquem em risco sério e iminente a segurança, higiene e saúde dos trabalhadores estes, os seus representantes ou quaisquer outras entidades competentes, devem despoletar as providências que se mostrem adequadas a afastar ou prevenir tais riscos.

---

[245] Consagra o artigo 44.º, "1. Sempre que as instalações, locais e processos de trabalho se revelem susceptíveis de pôr em perigo, sério e iminente a segurança, higiene ou saúde dos trabalhadores, para além do risco iminente à perigosidade do trabalho a prestar, podem estes, individual ou colectivamente, bem como os seus representantes, requerer ao tribunal as providências que, em função da gravidade da situação e das demais circunstâncias do caso, se mostrem adequadas a prevenir ou afastar aquele perigo. 2. O requerimento das providências a que se refere o número anterior não prejudica o dever de actuação de quaisquer outras autoridades competentes".

A génese desta norma decorre de um ajustamento às orientações comunitárias em matéria de segurança, higiene e saúde no trabalho, adquirindo um especial relevo no contexto nacional. Tendo em conta a taxa de incidência de acidentes de trabalho e doenças profissionais, o legislador criou um processo destinado à salvaguarda da protecção destes valores – uma providência cautelar relativa às questões da segurança, higiene e saúde no trabalho.

Também nesta matéria as posições dos parceiros sociais e dos operadores judiciários divergiram. A Associação Sindical de Juizes Portugueses (ASJP), relativamente a esta questão, e tendo em conta a sua especialidade, considerou que deveria ficar expressamente consagrada a possibilidade de audição do requerido (nos termos do artigo 385.º do Código de Processo Civil), mas só após o exame realizado pela IGT. Considerou ainda que estando presente a entidade patronal o juiz deveria sempre tentar a conciliação das partes, preferível à resolução coactiva. Crítica mais acesa partiu da CIP, levantando "sérias reservas" devido à imprecisão e generalidade do seu âmbito.

A conjugação do alargamento da legitimidade das associações sindicais para representarem os trabalhadores com o instituto da providência cautelar em matéria de segurança, saúde e higiene no trabalho, conferiu objectivamente aos sindicatos uma maior capacidade de penetração no sistema judicial. Estamos perante uma reivindicação do movimento sindical expressa em sede de concertação social, a qual traduz a crescente preocupação das organizações sindicais na sua articulação com a administração da justiça laboral e a atenção prestada aos conflitos emergentes da relação individual de trabalho.

Em síntese, pode afirmar-se que as alterações legislativas, entretanto introduzidas, reforçaram o poder de actuação e intervenção dos sindicatos junto das empresas, facilitando do mesmo modo o seu relacionamento com o judicial-laboral. No entanto, apesar das expectativas criadas em torno das alterações legislativas em causa, dois anos após a entrada em vigor do novo CPT, tudo indica estar-se perante uma situação de subaproveitamento das potencialidades que a lei encerra. Confiram-se a este propósito as observações feitas por alguns dos operadores judiciários participantes no *focus group*.

> *J3 (...) não tenho tido nem julgamentos em tribunal colectivo, nem tenho acções propostas por sindicatos de espécie alguma.*
> *Há uma coisa que me espanta neste país, quando se levanta tanta questão de falta de segurança e condições de higiene no tra-*

balho, em Aveiro, onde há tanta construção civil (isto é dirigido aos sindicatos)... ainda não houve uma única acção – é claro que eu não estou aqui a pedir que me metam muitos processos – providência cautelar, prevista no código relativa às condições de trabalho.

Adv1 *Sobre o alargamento da legitimidade das associações sindicais e sobre a tal providência cautelar, sobre higiene e segurança no trabalho, eu acho que há um défice muito grande por parte das associações sindicais. As associações sindicais não intervêm nos tribunais, no pleno gozo das suas faculdades, na plenitude dos seus poderes, na plenitude das suas potencialidades.*
(...) Quanto ao alargamento da legitimidade, esse alargamento foi feito na base de uma deliberação do Conselho Económico e Social. Foi feito, até com algumas preocupações, especialmente na legitimidade para substituir ou representar os trabalhadores. Isto pressupõe a autorização, pressupõe a inscrição, pressupõe o direito de associação. Há uma certa "regredisse", que de facto tem desincentivado, um pouco, a intervenção das associações sindicais. O certo é que também não tenho reparado que haja, mesmo assim, um aproveitamento das potencialidades que este incentivo contém. Embora sejam diminutas, relativamente aquilo que está na filosofia de um código penal constitucional, o facto é que não me parece que as associações sindicais tenham utilizado isso para regular algum conflito colectivo, que existem nalguns círculos, nalgumas empresas. De facto, as associações sindicais não se têm servido desta nova faculdade do artigo 5.º.
Nós pensamos "isto agora vai ser um 'boom' de providências cautelares", vão processar as empresas todas. As associações sindicais, de facto não estão ali.

Adv3 *Quanto ao alargamento da legitimidade das associações sindicais, efectivamente tenho tido algum trabalho a convencer os sindicatos para que tenham mais intervenção. Mas, de facto, nem dos sindicatos se tem nenhuma colaboração. É um esforço quase inglório convencê-los. Provavelmente no futuro, com mais persuasão...*

Os motivos justificativos da falta de efectividade dos novos dispositivos processuais parecem residir numa dupla resistência de práticas e procedimentos dos actores sociais. Por um lado, os sindicatos não têm conseguido ultrapassar uma atitude de inércia na sua função de facilitação do acesso ao direito e à justiça, o que faz com que continuem a orientar a sua relação com o judicial-laboral tendo por referência o anterior padrão de actuação. Por outro lado, parece suceder que os operadores judiciais não estão suficientemente socializados relativamente às alterações preconizadas, o que faz com que continuem, de uma forma rotinizada, a interpretar as novas disposições normativas à luz das práticas judiciais anteriores.

> **Adv2** *Uma outra inovação do Código que os sindicatos viram com entusiasmo foi o alargamento da legitimidade das associações sindicais. De resto esta foi, durante muito tempo, uma reivindicação sindical que veio a ter consagração no acordo de Concertação Estratégica por proposta sindical. A finalidade era a de conceder aos sindicatos um poder reforçado que lhes permitisse intervir – propondo acções – em situações em que, estando em causa a violação de direitos dos trabalhadores numa determinada empresa, com carácter de generalidade, estes não estejam em condições de "dar a cara". A justificação para o alargamento da legitimidade activa dos sindicatos é a enorme precarização dos vínculos laborais. Nestes casos os trabalhadores têm receio de perderem o emprego se praticarem algum acto entendido pela entidade patronal como sendo uma forma de afrontamento. Assim, os sindicatos poderiam substituí-los, desde que obtida a concordância dos mesmos, ainda que tácita, mantendo-os a coberto de qualquer represália. Infelizmente também aqui não se sente grande evolução. As razões da inércia são de diverso tipo, a começar por alguma inacção dos próprios sindicatos. Todavia, eu tenho conhecimento que foram propostas algumas acções ao abrigo da disposição em causa que morreram no seu início. Na verdade, a exemplo do que se passou e continua a passar com a audiência de partes, também em relação a esta inovação os tribunais não reagiram adequadamente. Suponho mesmo que continuaram a raciocinar como se quase nada se tivesse passado. Também aqui não se ousou perceber a profundidade da mudança que foi operada no artigo 5.º. Por falta de debate com os operadores judiciários? Por falta da tal formação contínua de que já falei? Porque a jurisprudência é por natureza conservadora e tem medo de arriscar? Porque os advogados também não apreenderam a profundidade da mudança que se queria operar? Talvez a inércia que se verifica resulte um pouco de tudo isto.*

A resistência do judicial-laboral às alterações, entretanto introduzidas, têm necessariamente de ser alvo de uma observação crítica. É que se, por um lado, os contenciosos dos sindicatos têm dificuldade em "fugir" ao padrão de litigação rotinizado, por outro lado, a insensibilidade às mudanças por parte das magistraturas pode anular as potencialidades das inovações legislativas. Muito significativa me parece ser a seguinte transcrição:

Adv2 Por exemplo: estou a lembrar-me de uma acção que um determinado sindicato propôs ao abrigo da nova disposição do Código. O sindicato fez tudo o que devia fazer; obteve o acordo dos trabalhadores, mediante comunicação por correio registado, com aviso de recepção, na sequência, aliás, de reuniões que realizou com todos eles. Toda a prova foi junta, nomeadamente os avisos de recepção. Todavia, a senhora juíza do tribunal em causa, antes de marcar a audiência de partes notificou os trabalhadores individualmente para comparecerem pessoalmente, com a finalidade de confirmarem, ou não, o interesse do prosseguimento da acção. Resultado, a maioria dos trabalhadores disse que não queria nada da empresa e a acção morreu ali. É claro que a acção morreu por mérito ou demérito da senhora juíza, mas não antes dos trabalhadores lavrarem um veemente protesto junto do sindicato. A senhora juíza, involuntariamente, não duvido, "matou" a acção e a empresa manteve o seu quadro de excedentes a caminho do desemprego, facto que ocorreu pouco tempo depois, após negociações individualizadas que conduziram a rescisões por "mútuo acordo". Este grupo de trabalhadores, que havia sido colocado em situação de inactividade (na prateleira, como é comum dizer-se), e que por esta razão não queriam afrontar directamente a empresa, ficaram desempregados. Também aqui não houve justiça. Mas não é o único caso. Conheço uma segunda acção, mais recente, que teve mais ou menos a mesma sorte. Com esta forma de trabalhar não vamos lá. Com estes resultados não podem pedir-se responsabilidades nem aos advogados, nem aos sindicatos. No fundo, não se percebeu o sentido da inovação do artigo 5.º Sei que a finalidade do alargamento da legitimidade activa dos sindicatos era proporcionar um meio eficaz de efectivação das leis do trabalho em ambiente de precaridade, em que os trabalhadores se sentem sem capacidade para afrontar a entidade patronal. Suponho que a redacção encontrada é suficientemente clara. Não tenho tanta certeza que esteja a ser bem lida.

Adv2 *Em relação à legitimidade das associações sindicais, aí há algumas acções. Reacções têm sido também muito diversas. Em primeiro lugar, eu acho que em algumas situações se continua a raciocinar em termos do código antigo, isto é, muita gente não percebeu a mudança e a profundidade da mudança que foi operada no artigo 5.º. E não percebeu, da parte dos advogados talvez menos, porque os advogados tiveram acesso a uma discussão prévia nisto, mas também da parte dos próprios juizes.*

Adv2 *Em relação à providência cautelar relativa à Saúde, Segurança e Higiene no Trabalho, prevista no artigo 46.º do Código revisto, eu diria que existe muita vontade e pouca capacidade para a pôr em prática.*

MP4 *não é preciso fazer um grande esforço, penso eu, até nas noticias que vieram ultimamente nos jornais, de um relatório do IDICT sobre o que se passa, na siderurgia nacional, temos dados mais do que exemplares para se propor uma providência.*

As transcrições anteriormente utilizadas exprimem algumas das limitações e desafios que se colocam ao movimento sindical. Atendendo à situação do sistema de relações laborais português não se entende a demissão dos sindicatos na sua interacção com o sistema judicial, existindo objectivamente a possibilidade de uma acção sindical, não no sentido clássico de mobilização colectiva, mas de uma acção sindical junto dos tribunais. O efeito simbólico das sentenças que venham a ser proferidas na sequência da invocação dos artigos 5.º e 44.º do CPT será enorme pela gravidade das questões laborais em causa. Para além disso, invoquei, mais de uma vez ao longo deste trabalho, as "acções-piloto" que tanto podem assumir a forma de acção declarativa individual, litisconsórcio ou coligação de autores, como recursos invocáveis e utilizados pelos sindicatos na negociação colectiva. É conhecido o valor paradigmático das sentenças relativas à "lei das quarenta horas" e à "inversão do ónus da prova" nas acções envolvendo contratos a termo.

As alterações legislativas no domínio processual, e a opinião sobre elas vertida pelos operadores judiciários, revelam que as associações sindicais reúnem as condições legais para poderem desempenhar um papel fundamental no sistema de acesso ao direito e à justiça junto dos trabalhadores. É certo que os sindicatos têm expresso dificuldades de funcionamento na sua articulação com o sistema judicial, nomeadamente em matéria relativa à morosidade do processo executivo e dificuldades na produção de prova. Acrescem ainda as dificuldades financeiras, referentes ao funcionamento dos sindicatos e às custas judiciais.

No entanto, o não recurso pelas associações sindicais aos novos meios processuais torna-se ainda mais preocupante quando se combina a insensibilidade sindical a novos domínios de litigação. Refiro, a este propósito, o facto da inércia dos contenciosos sindicais em matéria relativa à discriminação entre mulheres e homens no domínio laboral. O não aproveitamento das disposições contidas na Lei n.º 105/97, de 13 de Setembro, que veio reconhecer às associações sindicais legitimidade activa para propor acções tendentes a provar qualquer prática discriminatória, é outro indicador da litigação de rotina da actividade sindical.

Também os tribunais podem contribuir através da sua actuação para o aprofundamento ou cerceamento dos dispositivos processuais. Como vimos, os bloqueios e os desvios aos instrumentos de facilitação do acesso podem surgir nos próprios tribunais, como ficou atestado pelas entrevistas realizadas. Pela sua exemplaridade, recordo o processo citado por um advogado sindical que envolvia o artigo 5.º do CPT, em que os trabalhadores foram individualmente notificados, tornando inefectiva esta norma e criando uma situação de medo junto dos trabalhadores expostos à retaliação por parte da entidade patronal.

Às associações sindicais está acometida a obrigação, fundadora de todo o movimento sindical, de proteger os trabalhadores. Dentro destas funções, elas têm de ser estruturas orientadoras dos seus associados na consulta, apoio jurídico, e patrocínios judiciários. Contudo, na medida em que tais faculdades não sejam utilizadas os conflitos individuais perdem parte da sua capacidade reivindicativa, podendo, por esta via, questionar-se a função facilitadora do acesso por parte dos sindicatos. Torna-se urgente que o movimento sindical esgote, de uma forma consequente, todas as capacidades que a lei lhe confere na defesa das trabalhadoras e dos trabalhadores nas questões relacionadas com os conflitos individuais de trabalho.

Capítulo VIII   417

1.2. A Administração do Trabalho e a informação e consulta jurídicas

1.2.1. O Instituto de Desenvolvimento e Inspecção das Condições de Trabalho (IDICT) e a necessidade de expansão das suas actividades

Em consonância com as orientações da Organização Internacional do Trabalho (OIT), no que diz respeito à disponibilização de informação e esclarecimento a trabalhadores e empregadores[246], o IDICT, através da Inspecção-Geral do Trabalho (IGT), oferece um serviço de atendimento aos cidadãos em matéria de relações laborais. Está-se perante um elemento facilitador do acesso ao direito e à justiça, com um razoável volume de solicitações.

Quadro 3
Atendimento ao público
(1990-2000)

Discriminação	1990	%	1991	%	1992	%	1993	%	1994	%
Total utilizadores	197.926	100	215.353	100	221.931	100	211.386	100	208.584	100
Trabalhadores	115.794	58,5	123.997	57,6	137.083	61,8	140.363	66,4	141.366	67,8
Entidade empregadora	76.396	38,6	84.717	39,3	78.648	35,4	65.907	31,2	61.963	29,7
Outros	5.736	2,9	6.639	3,1	6.200	2,8	5.116	2,4	5.255	2,5
Assuntos	391.852		452.479		461.902		479.678		511.036	
Reclamações	4.959		4.490		4.768		4.852		3.372	

1995	%	1996	%	1997	%	1998	%	1999	%	2000	%
234.808	100	251.152	100	234.496	100	198.711	100	201.978	100	197.662	100
162.397	69,2	175.673	69,9	166.340	70,9	135.720	68,3	142.850	70,7	139.060	70,4
66.031	28,1	68.414	27,2	61.396	26,2	53.453	26,9	49.343	24,7	47.443	24
6.380	2,7	7.065	2,9	6.760	2,9	9.339	4,7	9.785	4,9	11.159	5,6
608.244		645.478		655.319		557.296		558.062		554.732	
2.641		1.742		3.556		6.027		3.294		1.401	

Fonte: Inspecção-Geral do Trabalho, IDICT.

Os serviços do IDICT, através da Inspecção-Geral do Trabalho, atendem anualmente um número bastante considerável de utentes, sejam trabalhadores ou entidades empregadoras. A análise do período compreendido entre 1990 e 2000 demonstra uma evolução relativamente estável, mantendo-se, em média, na ordem dos 215.000 atendimentos anuais, com oscilações

---

[246] Ver Convenções n.º 81, de 1947; n.º 129 de 1969; e as Recomendações n.º 81 de 1947 e n.º 133 de 1969.

entre os 197.996 no ano de 1990, e os 251.152 no ano de 1996 (cf. quadro 3). A maioria dos utilizadores são trabalhadores. A procura destes serviços tende a evoluir, fixando-se em valores próximos dos 70% nos últimos cinco anos. As entidades empregadoras registam um decréscimo na década analisada, embora em 1991 e 1996 tenha ocorrido um ligeiro crescimento.

Quadro 4
Assuntos mais frequentes

Assunto	1990	%	1991	%	1992	%	1993	%	1994	%
Horário	44.974	11,5	57.102	12,6	63.739	13,8	51.039	10,6	49.298	9,6
Férias	48.590	12,4	57.991	12	57.211	12,4	64.048	13,4	66.604	13
Remuneração	44.851	11,4	47.652	10,5	53.083	11,5	51.707	10,8	53.999	10,6
Subsídio férias	45.205	11,5	53.390	11,8	50.109	10,8	57.252	11,9	60.725	11,9
Despedimento	34.640	8,9	30.062	8,6	43.228	9,4	49.407	10,3	52.894	10,4
Total	218.260	55,6	255.197	57,9	267.369	57,9	273.453	57	283.520	55,5

1995	%	1996	%	1997	%	1998	%	1999	%	2000	%
78.183	12,9	78.753	12,2	83.340	12,7	50.868	9,2	38.831	6,6	36.945	6,7
75.525	12,4	73.972	11,5	79.522	12,2	67.496	12,1	78.683	13,4	67.665	12,2
60.120	9,9	62.420	9,7	67.365	10,3	61.344	11	59.893	10,2	52.307	9,4
69.708	11,5	74.882	11,6	78.081	11,9	64.892	11,6	74.240	12,6	63.335	11,4
55.979	9,2	57.726	8,9	53.053	8,1	47.383	8,5	51.519	8,8	50.432	9,1
339.515	55,9	347.753	53,9	361.361	55,2	291.983	52,4	303.166	51,6	270.684	48,8

Fonte: Inspecção-Geral do Trabalho, IDICT.

Os assuntos registados nos serviços de atendimento prendem-se com questões relativas ao horário de trabalho, férias, remuneração, subsídio de férias e despedimento (cf. quadro 4). A sua variação ao longo destes dez anos não é muito significativa. O único assunto que registou uma ligeira queda, e apenas nos dois últimos anos, foi o item referente aos horários de trabalho, que passou de uma média de 11% para os 6,6%, facto que se encontra relacionado com a clarificação das alterações legislativas introduzidas em matéria de fixação do tempo de trabalho. Os outros itens mantiveram, ainda que com ligeiras oscilações, os mesmos valores com variações que nunca ultrapassaram os 2%.

1.2.2. O IDICT na Loja do Cidadão de Lisboa

As Lojas do Cidadão vieram facilitar o acesso dos cidadãos aos mais diversos serviços da Administração Pública. Também o IDICT está representado nestas lojas, através da Inspecção-Geral do Trabalho, proporcionando aos utentes uma maior facilidade no esclarecimento de dúvidas na área laboral. Actualmente, existem seis Lojas do Cidadão onde o IDICT está representado. O número de consulentes no ano 2000 que se dirigiu ao serviço da IGT, na Loja do Cidadão de Lisboa, foi de 15.124 (7,7% do total dos atendimentos registados nos serviços do IDICT), totalizando um total de informações de 66.869 (12% do total nacional). Estes números demonstram a importância deste serviço e a sua utilidade, quer no descongestionamento dos serviços do IDICT, quer dos tribunais, visto que a maior parte dos esclarecimentos acabam por não ter seguimento em termos de acção judicial. O número de assuntos colocados por utilizador é de 5,2%, valor muito superior ao registado a nível nacional, que se situa nos 2,8%, como se observou atrás. Isto significa que os consulentes da Loja do Cidadão colocam quase o dobro das questões dos que vão aos serviços tradicionais da IGT. Uma possível explicação para esta discrepância poderá residir no ambiente mais informal das Lojas do Cidadão, o qual contrastará com o peso institucional de um atendimento efectivado no âmbito das estruturas tradicionais da Inspecção-Geral do Trabalho.

Os assuntos mais frequentes colocados aos serviços da IGT nas Lojas do Cidadão foram os relativos às férias e subsídios de férias, subsídio de natal, despedimentos e contratos a termo. A hierarquia dos cinco assuntos mais importantes é diferente da registada a nível nacional, saindo os itens referentes a horários de trabalho e remunerações, para entrar em as questões relacionadas com os subsídios de férias e contratos a termo.

Os sectores de actividade mais representados dizem respeito às áreas onde a fragilidade das relações laborais se manifesta com maior acuidade e onde, em regra, os trabalhadores possuem menos habilitações e qualificações. É o que ocorre no comércio a retalho, hotelaria, construção civil, serviços domésticos e limpeza. Refira-se que os empregadores destes sectores são os que mais infracções às leis laborais cometem, de acordo com os dados da IGT.

A procura dos serviços do IDICT para a informação aos cidadãos sobre o direito do trabalho funciona como uma primeira instância de informação jurídica, antes mesmo do trabalhador/empregador darem início ao litígio e, consequentemente, procurarem os serviços do Ministério Público, dos sindicatos ou de um advogado.

Tendo em conta o peso dos atendimentos aos trabalhadores prestado pelos serviços do IDICT, no total dos trabalhadores por conta de outrem (TCO), a sua importância fica sem patente. Por exemplo, em 1990 a percentagem de TCO no total de atendimentos aos trabalhadores era de 3,7%, em 1996 registou-se o valor mais elevado (5,8%), seguido do ano de 1997 (5,4%). Estes valores quando confrontados com os 0,3% ou os 0,4% de TCO que intentam acções junto dos tribunais de trabalho evidenciam alguma relevância, na medida em que podemos admitir que terá sido por via da informação e consulta jurídicas prestadas pela IGT que se despistaram algumas situações de conflito. Daqui resulta que o contributo da actividade da IGT nos domínios da informação e da consulta jurídicas é relevante. Todavia, pode admitir-se que a actividade do IDICT seria mais eficaz e útil caso ocorre-se no âmbito de um paradigma preventivo da resolução dos conflitos. Apesar das mudanças institucionais, actualmente em curso na Administração do Trabalho, a especialização funcional da área das relações profissionais nos conflitos colectivos e a função fiscalizadora da IGT das relações individuais e colectivas, necessita de uma clarificação. De acordo com a perspectiva utilizada, a questão do acesso ao direito coloca-se quer no plano das relações individuais de trabalho, quer no plano das relações colectivas de trabalho. Por exemplo, é conhecida a falta de assistência dada pelo IDICT à negociação colectiva em fase de negociações directas e a insipiência das fundamentações económicas, obrigatórias por lei, em sede de conciliação. Torna-se urgente a promoção da actividade da Administração do Trabalho nos domínios da informação e consultas jurídicas aos níveis individual e colectivo. Esse poderá ser o contributo consequente da Administração do Trabalho para a consolidação de um paradigma preventivo no âmbito da resolução dos conflitos de trabalho.

1.2.3. Comissão para a Igualdade no Trabalho e no Emprego (CITE)

A Comissão para a Igualdade no Trabalho e no Emprego (CITE) é uma entidade de composição tripartida, que tem por objectivo dinamizar a aplicação da legislação em matéria de combate à discriminação de promoção de igualdade de oportunidades entre homens e mulheres no emprego, na formação profissional e no trabalho, tanto no sector privado como no sector público. A CITE apresenta a seguinte constituição: dois representantes do Ministério do Trabalho e da Solidariedade, um dos quais preside; um representante do Ministério do Equipamento, Planeamento e da Administração do Território; um representante do membro do Governo, que tiver a seu cargo a Função Pública; um representante da Comissão para a Igualdade e para os Direitos das Mulheres; dois representantes das associações sindicais; dois representantes das associações patronais.

A fim de combater as desigualdades que ainda hoje subsistem no mundo do trabalho a CITE participa nos trabalhos de concepção e execução do Plano Nacional de Emprego, estando representada no Grupo de Trabalho do Ministério da Segurança Social e do Trabalho e na Comissão Interministerial de Acompanhamento do Plano Nacional de Emprego. Colabora igualmente na elaboração e execução do Plano Nacional para a Igualdade, no que se reporta às matérias incluídas na sua área de competências: trabalho, emprego, formação profissional, protecção da maternidade e da paternidade e conciliação da vida familiar com a actividade profissional. Com o mesmo objectivo de combater as desigualdades no mercado de trabalho, encontra-se também representada no Grupo de Trabalho para Acompanhamento do Plano Nacional de Acção para a Inclusão. E, de acordo com a legislação em vigor, colabora também com a IGT sempre que seja necessário, acompanhando as visitas aos locais de trabalho, elaborando pareceres quando solicitados e comunicando à IGT todas as situações de alegada discriminação entre homens e mulheres.

De entre as atribuições da Comissão, destacam-se: (1) a promoção do estudo das questões relacionadas com a discriminação das mulheres no trabalho e no emprego; (2) a divulgação de legislação sobre a igualdade no trabalho e no emprego; (3) e a emissão de pareceres sobre casos concretos em matéria de igualdade no trabalho e no emprego. Neste contexto, e em função das suas atribuições, a actividade da CITE desenvolve-se essencialmente nos seguintes domínios: a) prestação de informação jurídica e divulgação de profissionais de direito, de grupos estratégicos, das empresas, dos trabalhadores e das trabalhadoras e da opinião pública (através da Linha Verde, atendimento presencial, resposta a pedidos de informação por fax, carta ou e-mail); b) aprofundamento do diálogo social; c) atendimento, tratamento de queixas e emissão de pareceres; d) promoção do cumprimento das normas em vigor; e) promoção de acções de sensibilização e de formação de grupos estratégicos, das empresas e do grande público; f) avaliação da situação e promoção e dinamização de novos instrumentos de natureza legislativa ou outra; g) promoção de um melhor conhecimento de diversos aspectos da situação de facto, através da encomenda de estudos a especialistas.

A CITE tem ainda o papel de emitir pareceres sobre as decisões de despedimento tomadas pela entidade patronal. Sempre que surge uma situação de despedimento, a entidade patronal deve solicitar o parecer da CITE que será, depois de analisado o caso, favorável ou desfavorável.

A Lei n.º 4/84, de 5 de Abril, dispunha que o despedimento da trabalhadora carece sempre de parecer da Comissão. Mais tarde, o art.º 14.º da Lei n.º 105/97, de 13 de Setembro, estabelece que "todas as decisões serão enviadas à Comissão para a Igualdade no Trabalho e no Emprego, que organizará um registo das mesmas". Os pareceres a emitir pela CITE podem ser solicitados pela entidade patronal, pelo trabalhador e igualmente pela entidade sindical que representa os trabalhadores.

De acordo com os dados recolhidos junto da CITE, o aumento do número de informações jurídicas prestadas em 1999, mais do dobro que os anos anteriores, contrariamente ao que se poderia pensar, não se ficou a dever a um maior número de solicitações por parte das mulheres. Com efeito, para este aumento contribuíram as solicitações por parte dos homens, para esclarecimentos sobre as alterações legais em matéria de licença de paternidade.

No que diz respeito ao serviço de atendimento jurídico, especializado sobre os direitos em matéria de igualdade entre mulheres e homens no emprego, no trabalho e na formação profissional, sobre protecção da maternidade e da paternidade e sobre conciliação da actividade profissional com a vida familiar, assume especial importância o atendimento através da Linha Verde. No ano de 2003, esta linha contabilizou cerca de o 4770 chamadas. As informações solicitadas incidiram predominantemente sobre licença por paternidade, licença parental, dispensas para amamentação/aleitação e organização do tempo de trabalho. De salientar o elevado número de homens que contactam a CITE através desta linha.

Além do serviço referido no número anterior, a CITE disponibiliza um serviço de informação e de resposta a consultas que lhe são dirigidas, por fax, via postal ou electrónica, sobre os direitos em matéria de igualdade entre mulheres e homens no emprego, no trabalho e na formação profissional, sobre protecção da maternidade e da paternidade e sobre conciliação da actividade profissional com a vida familiar. Durante o ano de 2003, foram elaboradas e enviadas cerca de 300 respostas a pedidos de esclarecimento através dos meios acima referidos. Relativamente ao atendimento presencial, os técnicos juristas da CITE receberam cerca de 200 pessoas.

Quanto aos motivos que levam as pessoas a contactarem com a CITE (isto tendo em conta, igualmente, que também a entidade empregadora a contacta com a intenção de pedir o seu parecer prévio, relativo a determinada questão) vão desde o pedido de simples informação, ao pedido de conselhos até à própria queixa. Quanto a estas últimas, no quadro que se segue, pode ver-se em pormenor como se distribuem, nos três anos em questão:

Quadro 5
Análise e tratamento de queixas

ANO	
1997	Entraram 41 queixas e pedidos de parecer, dos quais 18 correspondem a intenção de despedimento de trabalhadora grávida, puérpera ou lactante.
1998	Entradas 42 queixas e pedidos de parecer prévio a despedimento de trabalhadora grávida, puérpera ou lactante, das quais 77% conexas com discriminação em função da maternidade: 15 (36%) pedidos de parecer prévio e 17 (41%) correspondendo a outras questões relativas à maternidade. As queixas por discriminação nas condições de trabalho significaram 7% e as relativas a discriminação na carreira profissional 5%.
1999	Entradas 64 queixas e 13 pedidos de parecer prévio a despedimento de trabalhadora grávida, puérpera ou lactante. Foram emitidos 24 pareceres, dos quais 13 prévios (54,2%) e 6 relativos a outros casos de discriminação em função da maternidade (25%), num total de 79,2% conexos com discriminação em função da maternidade. Os pareceres por discriminação salarial corresponderam a 8% (2) e relativos a discriminação nas condições de trabalho significaram 45% (1).

Fonte: CITE, Relatório de actividades.

De acordo com o último relatório de actividades da CITE, relativo ao ano de 2003, ocorreram as seguintes intervenções. Aprovação de 63 pareceres que se distribuem da seguinte forma: (1) 39 nos termos do artigo 10.º do Decreto-Lei n.º 230/2000, de 23 de Setembro (Parecer prévio ao despedimento de trabalhadoras grávidas, puérperas e lactantes); (2) 15 nos termos dos artigos 17.º e 18.º do Decreto-Lei n.º 230/2000, de 23 de Setembro (Parecer no caso de intenção de recusa, por parte do empregador, da concessão de regimes de trabalho a tempo parcial, em horário flexível ou em jornada contínua; (3) 9 pareceres que tratam das seguintes questões: licença por maternidade (2); discriminação salarial (1); licença parental e licença especial (3); horários de trabalho (2); assédio sexual no local de trabalho (1).

Gráfico 1
Evolução do número de pareceres emitidos pela CITE (1979-2003)

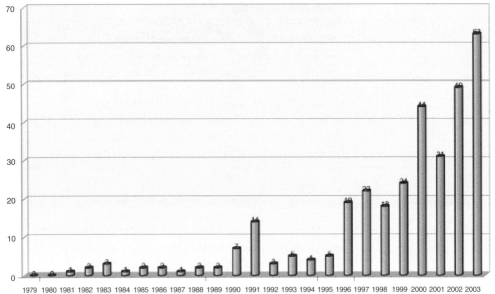

Fonte: CITE.

A importância da actividade da CITE para o sistema de acesso relativo aos direitos de igualdade e não discriminação em função do sexo é indiscutível. A CITE é, no domínio das relações laborais, a instituição cujas funções e intervenção se dirigem especificamente ao combate à discriminação em matéria de promoção de igualdade de oportunidades entre homens e mulheres no emprego. Sublinhe-se, todavia, que a importância de uma instituição como a CITE para o sistema de acesso é mais qualitativa do que quantitativa, visto lidar com *leading cases*, que pelo seu valor paradigmático podem influenciar as práticas dos actores sociais envolvidos contribuindo, deste modo, para a consolidação de uma cultura laboral respeitadora dos direitos das mulheres. Por outro lado, a legislação que enquadra a sua actividade leva-nos a considerar que, nos casos dos despedimentos das grávidas, funciona como uma instância "pré-judicial".

Capítulo VIII 425

Considerando os valores relativos à situação das mulheres no mercado de trabalho e os índices de segregação e de discriminação, a actividade quantitativa da CITE conduz a algumas constatações, de entre as quais se sublinha a que resulta do facto da violação maciça dos direitos das mulheres não estar na base de uma correspondente procura institucional. Uma das formas de potenciar a actuação da CITE passará pelo seu maior contributo para um paradigma preventivo de resolução dos conflitos. Para tal, torna-se necessário que, para além de manter as suas actuais funções, evolua para uma instância extrajudicial de resolução de conflitos, tendo por base as desigualdades sexuais, aproveitando o seu carácter tripartido e o princípio do diálogo social que lhe subjazem. De resto, as sugestões emanadas quer pela OIT quer pela UE vão no mesmo sentido (Ferreira, 2005).

2. Os tribunais e o sistema de acesso ao direito e à justiça

2.1. Enquadramento jurídico-normativo do acesso à justiça laboral

Em Portugal, a assistência judiciária propriamente dita foi implementada pela Lei n.º 7/70, de 9 de Junho, conjugada com o Decreto-lei n.º 572/70, de 18 de Novembro. Mais tarde, ocorreu a constitucionalização do direito do acesso ao direito e aos tribunais. O art. 20.º da Constituição da República Portuguesa consagra o acesso ao direito e aos tribunais. A actual concepção foi introduzida no nosso ordenamento jurídico pela revisão de 1982 e 1989, expressando um conceito mais alargado relativamente à redacção da Constituição da República Portuguesa de 1976. Com ela, pretendeu-se não só garantir o acesso de todos os cidadãos à via judiciária, mas também a adopção de medidas tendentes à existência de um melhor conhecimento da lei e dos limites dos direitos dos cidadãos.

No que respeita aos sistemas de acesso ao direito e aos tribunais, o Decreto-lei n.º 387-B/87, de 29 de Dezembro[247], na sequência do

---

[247] O Decreto-lei n.º 387-B/87, de 29-12, revogou a Lei n.º 7/70, de 9-6, que conjugada com o Decreto-lei n.º 562/70, que a regulamenta, introduziu a assistência judiciária em Portugal. A actual lei encontra-se regulamentada pelo Decreto-lei n.º 391/88, de 20-10 e foi alterada pela Lei n.º 46/96, de 3-9.

estatuído na Constituição da República Portuguesa, não restringiu o instituto do acesso à assistência judiciária.[248] Segundo esta norma, o acesso abarca três realidades distintas: a informação jurídica, a consulta jurídica e o apoio judiciário passando os cidadãos a dispor de informação e consultas jurídicas gratuitas. Para atingir esse objectivo, o Estado prevê o desenvolvimento de um conjunto de acções e mecanismos sistematizados de informação e de protecção jurídicas, tendentes a levar a cabo a aproximação do Direito e da Justiça aos cidadãos.[249] O apoio judiciário compreendia a dispensa de despesas judiciais (dispensa total ou parcial de preparos e custas) e o patrocínio judiciário, englobando as modalidades de nomeação de patrono e a dispensa do pagamento dos serviços de patrono nomeado, que pode ser advogado, advogado estagiário ou solicitador. A norma então em vigor consagrava igualmente o direito de livre escolha do patrono, permitindo ao requerente do apoio judiciário a indicação de advogado, advogado estagiário ou solicitador que pretende que o represente em tribunal (cf. artigos 32º, 50º e 52º).[250]

De acordo com a proposta de Pedroso (2002), a figura 1 sistematiza e organiza os vários elementos constitutivos do enquadramento normativo relativo ao acesso ao direito e aos tribunais em Portugal. O actual sistema de acesso ao direito e aos tribunais, regulado pela Lei n.º 30-E/2000 de 20 de Dezembro, não se confina à assistência judiciária. Engloba duas realidades distintas: a informação jurídica e a protecção jurídica. Além disso, consagra normas relativas ao regime especial a aplicar ao processo penal e as normas gerais e finais.

---

[248] Sobre o conceito de assistência judiciária, apoio judiciário e acesso à justiça consultar (Pedroso 2002).

[249] Para uma melhor informação visou-se a criação de serviços de acolhimento e serviços judiciários nos tribunais. Para a consulta jurídica, o Ministério da Justiça, em coordenação com a Ordem dos Advogados, pretendeu criar gabinetes de consulta jurídica que cobrissem, gradualmente, todo o território nacional. A própria consulta pode compreender a realização de diligências extrajudiciais, comportar mecanismos informais de conciliação e incluir juízos sobre a viabilidade da acção.

[250] O regime do apoio judiciário aplicava-se a todos os tribunais que integrassem as categorias previstas no art. 211.º da Constituição da República Portuguesa (Tribunal Constitucional, Supremo Tribunal de Justiça, Tribunais da Relação, Tribunais Judiciais de 1.ª e 2.ª Instância, Supremo Tribunal de Justiça, Tribunais Administrativos e Fiscais de 1.ª e 2.ª Instância, Tribunal de Contas, Tribunais Militares e Tribunais Arbitrais), em qualquer estado da causa, a todas as formas do processo (cf. art. 16.º), a qualquer posição que o requerente ocupe na causa, independentemente do facto de ter sido concedido à parte contrária (cf. art. 17.º) e mantém-se para efeitos de recurso.

Figura 1
O acesso ao direito e aos tribunais em Portugal

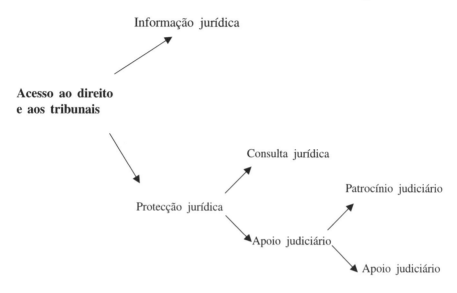

Fonte: Pedroso, Trincão e Dias, 2002.

A protecção jurídica reveste-se, por sua vez, de duas modalidades: a consulta jurídica e o apoio judiciário. Este instituto encontra-se intimamente relacionado com a ideia de Estado de Direito, só compreendido onde os cidadãos tenham a noção dos seus direitos, protecção jurídica adequada e onde se tutele a sua pretensão de acesso aos tribunais, por forma a atingir a igualdade entre os cidadãos no acesso à justiça. O objectivo da Lei n.º 30-E/2000, de 20 de Dezembro[251], concretamente no que diz respeito ao regime de apoio judiciário, encontra-se no artigo 1.º da Lei, reconhecendo o legislador que não são apenas obstáculos de natureza económica que impedem ou dificultam o acesso ao direito e aos tribunais, mas também os que derivam da degradação sociocultural ou psicológica (Costa, 2001: 18). O acesso à justiça comporta uma dupla vertente, pois garante a defesa de direitos e impõe ao Estado o dever de assegurar que ninguém fique impedido de aceder à justiça para defesa

---

[251] Os artigos sem referência de lei são da Lei n.º 30-E/2000, de 20 de Dezembro.

428   *Trabalho procura Justiça*

dos seus interesses, por insuficiência económica, de forma a ser respeitado o princípio fundamental da igualdade. No sistema de acesso ao direito e aos tribunais, a lei, no artigo 1.º, ao referir-se ao conhecimento do direito, engloba a informação jurídica, e ao referir a intenção de fazer valer e defender direitos abarca a consulta jurídica e o apoio judiciário.

O regime do acesso ao direito e aos tribunais tem em vista proteger não apenas os mais carenciados economicamente, mas também quem se encontra em situações de desigualdade no recurso aos tribunais por circunstâncias ocasionais.[252] No n.º 2 do artigo 1.º são concretizados os objectivos estabelecidos no n.º 1, para o que terão de ser desenvolvidas "acções e mecanismos sistematizados de informação jurídica e de protecção jurídica". O acesso ao direito e aos tribunais compreende, assim, quer a informação jurídica, quer a protecção jurídica. Por seu lado, a protecção jurídica engloba a consulta jurídica e o apoio judiciário.[253]

Com a Lei n.º 30-E/2000 (artigo 2.º), o acesso ao direito e aos tribunais continuou a ser uma responsabilidade do Estado. Tal responsabilidade será cumprida através de "cooperação com instituições representativas das profissões forenses", isto é, a Ordem dos Advogados e a Câmara dos Solicitadores. As normas hoje em vigor, relativamente ao acesso dos cidadãos aos tribunais, consagram claramente que estes devem dispor de informação e consultas jurídicas gratuitas. O referido diploma consagra, nos seus artigos 4.º e 5.º, a obrigatoriedade do Estado realizar acções com vista a tornar conhecido o direito e o ordenamento jurídico. Para tal, têm sido criados, ainda que de forma gradual, serviços de acolhimento junto dos tribunais e serviços judiciários. Nos termos do artigo 7.º, têm direito a protecção jurídica os cidadãos nacionais e os da União Europeia, quando comprovada a sua debilidade económica para fazerem face aos encargos emergentes do processo judicial. Têm ainda direito a protecção judiciária os estrangeiros e apátridas que residam habitualmente em Portugal, bem como aos estrangeiros não residentes em Portugal, desde que, o mesmo princípio seja aplicado aos portugueses

---

[252] Cf. Ac. da Relação de Évora, de 16-02-95, *in* BMJ, n.º 444, pág. 725.

[253] A informação e a consulta jurídica ficam dependentes de futuras acções da Administração e das organizações profissionais forenses. Em diplomas específicos, designadamente de cariz profissional, encontram-se normas relativas ao apoio judiciário (*v.g.* Estatuto da Ordem dos Advogados, Estatuto dos Eleitos Locais, relativamente aos próprios eleitos, Parecer do Conselho Consultivo da Procuradoria-Geral da República, Lei Orgânica da Polícia Judiciária, Estatuto da Ordem dos Médicos, relativamente e respectivamente aos seus membros).

pelas leis dos respectivos Estados. Não só as entidades privadas têm direito a apoio judiciário, nos termos do artigo 7.º da referida norma, mas também as pessoas colectivas têm esse direito, desde que façam prova do direito por si alegado.

No que respeita ao apoio judiciário, este abrange a dispensa de despesas judiciais (dispensa total ou parcial de preparos e custas) e o patrocínio judiciário – nomeação de patrono e a dispensa do pagamento dos serviços de patrono nomeado, que pode ser advogado, advogado estagiário ou solicitador. A actual legislação consagra igualmente o direito de livre escolha do patrono, permitindo ao requerente do apoio judiciário a indicação de advogado, advogado-estagiário ou solicitador que pretende que o represente em tribunal (artigo 17.º, 32.º, 50.º). O regime em vigor apli-ca-se a todos os tribunais, ou seja, os que integram as categorias previstas no art.º 209.º da Constituição da República Portuguesa (Tribunal Constitucional, Supremo Tribunal de Justiça, Tribunais da Relação, Tribunais Judiciais de 1.ª e 2.ª Instância, Supremo Tribunal de Justiça, Tribunais Administrativos e Fiscais de 1.ª e 2.ª Instância, Tribunal de Contas, Tribunais Militares, Tribunais Arbitrais e Julgados de Paz), em qualquer estado da causa, a todas as formas do processo (cf. art. 16.º), a qualquer posição que o requerente ocupe na causa, independentemente do facto de ter sido concedido à parte contrária (cf. art. 17.º) e mantém-se para efeitos de recurso.

Ainda segundo os estudos desenvolvidos por Pedroso *et al.* 2002 em Portugal, pode dividir-se a consagração legal de acesso ao direito e aos tribunais através do regime de apoio judiciário em três períodos: (1) o primeiro em 1970, com a publicação da Lei n.º 7/70, de 9 de Junho; (2) o segundo, na década de 80 com o Decreto-lei n.º 387-B/87; (3) e o terceiro em 2000, com a Lei n.º 30-E/2000, de 20 de Dezembro. Com esta norma procedeu-se à desjudicialização do processo, atribuindo-se a sua concessão aos serviços da Segurança Social, e tentou dignificar-se o patrocínio judiciário, ao estipular-se que a Ordem dos Advogados nomeia apenas advogados nos processos em que a lei o exija.

2.2. O papel do Ministério Público e a tensão entre os princípios de regulação estatal e do mercado

No âmbito do sistema de acesso ao direito e justiça laborais, o Ministério Público desempenha um papel de grande relevo. As funções que lhe estão atribuídas têm como fundamento normativo o Estatuto do Ministério Público e o Código de Processo de Trabalho. O Estatuto do

Ministério Público (EMP) de 1998, na alínea d) do artigo 3.º, determina que é da competência deste órgão o exercício do patrocínio oficioso dos trabalhadores e de suas famílias, na defesa dos seus direitos de carácter social. O actual Código de Processo de Trabalho (CPT), aprovado pelo Decreto-Lei n.º 480/99, de 9 de Novembro, mantendo anteriores disposições processuais, refere no preâmbulo que, em matéria de direito de trabalho, o Ministério Público pode intervir a título de representação e prestar patrocínio judiciário.

A importância concedida pelo Ministério Público à jurisdição laboral reflecte-se na sua actividade. Por exemplo, no Relatório Anual da Procuradoria-Geral da República (2000) refere-se que a área em que o Ministério Público tem assumido papel de grande relevo é a da jurisdição laboral. Após uma época em que a consulta jurídica em matéria juslaboral pertencia essencialmente aos sindicatos, ocorreu a transferência dessa actividade para o Ministério Público, quer pela diminuição do número de trabalhadores sindicalizados, quer pelo melhor conhecimento da actividade desenvolvida por esta magistratura no acesso ao direito e aos tribunais. O atendimento público tornou-se, deste modo, numa das principais actividades a desenvolver pelo magistrado nesta área, reduzindo-se o seu papel, por vezes, à mera informação jurídica, sem necessidade de requerer qualquer providência judicial, ou a uma muito conseguida tentativa de resolução extrajudicial dos conflitos.

Quanto à intervenção a título de representação, o CPT optou por uma formulação genérica que permite "abranger todas as pessoas e entidades previstas no respectivo Estatuto e em outros diplomas que a consagrem". Já na intervenção a título de "patrocínio judiciário dos trabalhadores por conta de outrem e seus familiares, por interesses de ordem social e laboral, e tendo em atenção que a actividade de patrocínio é, por princípio, reservada aos advogados, opta-se por considerar o patrocínio pelo Ministério Público, nessas situações, como uma garantia acrescida dos trabalhadores no acesso ao direito, muito embora sem qualquer primazia face ao mandato judicial ou ao regime de apoio judiciário, ao qual poderão aceder, segundo a sua livre opção e desde que verificados os respectivos pressupostos". A jurisdição laboral prevê normas especiais que atribuem a representação oficiosa a outras entidades que não os profissionais forenses, como é o caso do Ministério Público. De acordo com o estipulado nos artigos 6.º e 7.º do CPT são patrocinados pelo Ministério Público "o Estado e demais pessoas e entidades previstas na Lei", nomeadamente os trabalhadores e seus familiares.

O Ministério Público pode e deve recusar o patrocínio sempre que considere infundada a pretensão do trabalhador, ou quando verifique a possibilidade do trabalhador recorrer aos serviços de contencioso da associação sindical que o representa (cf. artigo 8º). Nos termos do artigo 9º do CPT, o patrocínio pelo Ministério Público cessa quando o trabalhador constitui mandatário. No entanto, a sua actuação não cessa. Nos termos da Lei Orgânica do Ministério Público (LOMP), o patrocínio pelo Ministério Público nestas situações deve ser visto como uma garantia acrescida – princípio garantístico de acesso ao direito conferido ao trabalhador. Pode ainda afirmar-se que a intervenção acessória do Ministério Público nestas situações se mantém, visto estarem em causa interesses de ordem pública.

A atribuição ao Ministério Público do patrocínio dos trabalhadores e de suas famílias visa um interesse social baseado na protecção do trabalho e na defesa de pessoas a que o Estado reconhece uma posição de fragilidade. Consiste, nas palavras de Cunha Rodrigues, numa "reminiscência tutelar cujas representações sociais tiveram, noutras épocas, diferentes destinatários e, nomeadamente, os fracos, os órfãos e as viúvas" (1999b: 170). Tal reminiscência, uma vez recuperada pelo Estado corporativo, logo adquiriu consistência. Os dias de hoje mostram como o Estado-Social ou Estado-Providência convive com esta solução e como é necessária, designadamente, em ciclos de depressão económica e de enfraquecimento do movimento associativo. Ao contrário do patrocínio exercido por advogado, "o Ministério Público exerce um papel legalmente vinculado, gratuito, geral e subsidiário" (Rodrigues, 1999: 170). É, no entanto, no processo especial de acidente de trabalho e doença profissional que o Ministério Público detém um papel fulcral na decisão da causa. Este processo inicia-se com uma fase conciliatória dirigida obrigatoriamente pelo Ministério Público (Cf. art. 99.º ss.). Este facto pode encontrar razão de ser, tendo em conta os interesses e direitos em causa, que são como já foi afirmado interesses de ordem pública e direitos fundamentais dos trabalhadores. O Ministério Público pode ainda patrocinar oficiosamente o sinistrado em fase contenciosa desde que este o requeira.

Na actualidade, as funções facilitadoras do acesso por parte do Ministério Público na área laboral têm vindo a estar no centro das discussões em torno de diferentes modelos e concepções de acesso ao direito e justiça. Por um lado, encontra-se a Ordem dos Advogados, defendendo a "privatização" das funções do Ministério Público a serem desempenhadas por advogados. Esta posição tem tido algum acolhimento junto dos poderes públicos, embora, até à data, nenhum governo tenha assumido

432   *Trabalho procura Justiça*

com clareza a retirada do Ministério Público dos tribunais de trabalho. Por outro lado, encontra-se o próprio Ministério Público, nomeadamente os procuradores com responsabilidades em matéria laboral, que sustentam a manutenção das actuais funções. As organizações representativas dos trabalhadores mantêm uma posição aberta no que a esta matéria diz respeito. Contudo, de acordo com as entrevistas realizadas a advogados de sindicatos e sindicalistas, a tendência é a de preservar as funções de patrocínio do Ministério Público.

O facto de ser uma função herdada do Estado Corporativo fez com que, durante algum tempo, as críticas visando a actividade do Ministério Público na área laboral recaíssem sobre a continuidade corporativa que lhe subjaz. No entanto, autores como João Rato (2002) têm defendido a tese de que a actividade do Ministério Público, no contexto da sociedade portuguesa do pós-25 de Abril, não é comparável de modo algum com o seu desempenho na vigência do Estado Corporativo. O patrocínio promovido pelo Ministério Público na área laboral a trabalhadores e seus familiares não assenta "no tantas vezes apregoado paternalismo excessivo", tendo em conta a "menoridade (económica ou outra) daquele grupo de cidadãos", traduzindo-se, antes, na defesa dos interesses envolvidos.[254] É neste sentido que o autor sublinha o facto de se estar em presença de direitos fundamentais, sendo por isso essencial a sua salvaguarda para a prossecução dos princípios democráticos do próprio Estado de Direito. Face aos que consideram que o patrocínio promovido pelo Ministério Público viola o princípio da igualdade dos cidadãos perante a lei – cfr. o artigo 13.º da Constituição da República Portuguesa – contrapõe João Rato a jurisprudência do Tribunal Constitucional relativa a este princípio, referindo o Acórdão n.º 313/89, de 9 de Março: "o principio da igualdade exige que se trate por igual o que é essencialmente igual e desigual o que é essencialmente desigual".[255]

A divergência quanto aos modelos de facilitação do acesso no domínio laboral podem estruturar-se em torno de três dimensões. A primeira é

---

[254] "Essa natureza implicará, como seu corolário lógico, que o mesmo patrocínio se estenda a qualquer trabalhador, independentemente, da sua condição económica e social, credo, raça, nacionalidade, etc., por força da aplicação conjugada dos artigos 9.º, 12.º, 13.º, 15.º, 18.º, 20.º, 53.º e ss da CRP, constituindo seu único limite o da pretensão poder ser apreciada pelos tribunais portugueses.

[255] Cf. João Rato *in* "A democracia, a igualdade dos cidadãos e o Ministério Público. Ministério Público, representação social e mediação. O caso peculiar da Jurisdição laboral, no V Congresso do Ministério Público".

a da discordância acerca do modelo de acesso ao direito e à justiça. A segunda assenta no entendimento do conceito de igualdade de partes no domínio das relações de trabalho. A terceira reside na legitimidade do Ministério Público na resolução informal dos conflitos.

Quanto ao primeiro aspecto, a Ordem dos Advogados tem defendido a criação de um Instituto da Advocacia e de Acesso ao Direito, que permitiria aos advogados mais velhos assegurar a formação dos mais novos e a responsabilizarem-se pelo funcionamento do apoio judiciário.[256] O Instituto de Advocacia, em termos gerais, deveria "impulsionar a criação de condições para que mais jovens advogados possam arriscar optar pela profissão liberal, estruturando-a, pelo menos na primeira fase da sua vida profissional, em contratos para o acesso ao direito a celebrar numa base plurianual com o Instituto. O Instituto de Advocacia irá também cooperar com os Conselhos Distritais e com as Delegações na formação dos estagiários, através dos Patronos Formadores que coordenará".[257]

---

[256] As conclusões do V Congresso dos Advogados Portugueses defendem igualmente a criação de um Instituto de Acesso ao Direito, com características semelhantes às expostas neste programa. Em entrevista (*Expresso*, 4/5/2002), o Bastonário José Miguel Júdice considera que existe actualmente um consenso político à volta da ideia da criação do Instituto da Advocacia, depois do PCP e BE admitirem este modelo e o PSD recuar na ideia do defensor público. O sistema deve ainda ser complementado com outras medidas, entre as quais se salientam: a criação de mecanismos de controlo e fiscalização contra as fraudes na obtenção e concessão do apoio judiciário; a criação do Instituto da Advocacia para gerir e organizar a contratualização do patrocínio oficioso; a contratualização das verbas, entre o Ministério da Justiça e a Ordem dos Advogados, através do Instituto da Advocacia, com base num programa quinquenal, ficando a Ordem responsável pela gestão das verbas; a actualização das tabelas de honorários, que deverão passar a incluir critérios como a gravidade social das causas para assuntos criminais e sociais; a criação de um Regulamento do Acesso ao Direito, em diálogo com o Ministério da Justiça; e a luta contra a procuradoria ilícita.

[257] A Ministra da Justiça, em 2002, assumiu parcialmente esta ideia, designando esta entidade de Instituto de Acesso ao Direito. No V Congresso da Ordem dos Advogados, foi apresentada uma comunicação assinada por treze advogados (liderada pelo Dr. Miguel Bastos, director do Gabinete de Consulta Jurídica de Lisboa), intitulada "Um instituto de acesso ao direito e à profissão". Neste artigo, defendem que este organismo deve ter "autonomia administrativa e financeira, com uma estrutura profissionalizada e formadores semi-profissionalizados, no seio da Ordem, que congregue as atribuições da formação inicial e contínua, do apoio judiciário e da consulta jurídica, dotado, pelo Estado, dos meios necessários para o efeito (...) capaz de garantir, em simultâneo, o exercício com qualidade dos serviços prestados à comunidade, o nível necessário a uma plena formação dos candidatos à advocacia e o apoio daqueles que pretendem de facto vir a exercer tal profissão. Tratar-se-á de um organismo a implementar a nível nacional com uma organização

Face a esta proposta de privatização do acesso, a posição dos procuradores do Ministério Público com responsabilidades na área laboral evidencia algum cepticismo, sugerindo-se que se discuta:

> **MP5** (...) *se a actual forma de acesso ao direito satisfaz ou não satisfaz ...antes de desmobilizar, de forma a que se diga que o Ministério Público deixa de ter intervenção nas acções em representação dos trabalhadores.*

Antes mesmo de polarizar a discussão em torno de um modelo privado/semi-público ou estatal de acesso ao direito, torna-se imprescindível saber *"se o modelo do* Ministério Público *está a responder ou não está a responder às solicitações."* **MP1**

> **MP4** (...) *o actual Bastonário da Ordem dos Advogados, em quem acredito que seja também por uma questão de princípio, fez um estudo sobre saídas profissionais, encomendado por alguém há tempos, onde se apontava como uma das hipóteses de saídas profissionais pelos advogados, a retirada do Ministério Público do patrocínio. Portanto, isto agora gerou (...) alguma celeuma mas eu não acredito, sinceramente que seja isso. Acredito que o modelo de Ministério Público, a que eu aderi por acaso, tinha também já o patrocínio dos trabalhadores. Eu continuo a defender que ele pode existir. O patrocínio do Ministério Público cai de maduro por si, basta que se criem alternativas eficazes de patrocínio aos trabalhadores. Quando os trabalhadores sentirem que há outras alternativas, o Ministério Público deixa de propor acções. Não tenham dúvidas disso (...).*

Posição mais crítica assumem outros procuradores quando referem que a proposta da Ordem dos Advogados mais não é do que

> **MP3** (...) *uma questão de mercado de trabalho, penso eu. Não vai resolver problema nenhum. Manifestamente, não vai resolver problema nenhum.*

---

desconcentrada, com estruturas regionais, que, sem prejuízo da uniformização das linhas essenciais, respeite e valorize as especificidades próprias de cada tipo de advocacia, nas suas componentes organizativas, técnicas e de dimensão".

O segundo aspecto controvertido reside nos diferentes entendimentos sobre o conceito de igualdade das partes no domínio das relações de trabalho.

Do ponto de vista dos advogados, a posição mais extremada encontra-se na tese defendida pelo advogado António Marinho Pinto:

> *(...) as normas do Código de Processo do Trabalho (artigos. 6.º a 9.º) que prevêem tal patrocínio, bem como as do Estatuto do Ministério Público, que lhe impõem esse dever (nomeadamente o art. 5.º al. d)) violam os artigos 13.º, 20.º, 204.º e 208.º da Constituição da República Portuguesa" (Pinto, 2002). Segundo o mesmo autor, "existirá sempre uma desigualdade entre as partes quando uma delas é patrocinada por um magistrado que, estatutariamente, não pode estar na mesma posição processual do mandatário da outra. Essa desigualdade de tratamento torna-se, assim, particularmente chocante, quando iluminada pelo regime do apoio judiciário em vigor. É que, estabelecendo o próprio Estado para a generalidade dos cidadãos um regime de apoio judiciário que inclui o pagamento dos serviços do advogado, não se compreende que para outros cidadãos fixe um regime especial de apoio judiciário". (...) de facto, não se vislumbram quais os especiais valores ou bens jurídicos que o Estado procura acautelar com o patrocínio do Ministério Público nas acções do foro laboral. (...) Além de que uma tal discrepância ao pretender um tratamento de favor para uma classe de cidadãos, viola flagrantemente o princípio da igualdade estatuído no art. 13.º, bem como o princípio do acesso ao direito incito no art. 20.º, ambos da CRP, já que trata desigualmente cidadãos em função da sua condição social e exclui as pessoas que não sejam trabalhadores do mesmo modelo de acesso ao direito que admite para estes. Uma tal situação encerra outrossim (...) uma ideia desqualificadora da função dos advogados em geral, não os considerando idóneos ou pelo menos tão idóneos como o MP, para conduzir aquele patrocínio – assim violando também o estatuído no art. 208.º da CRP, com a redacção resultante da revisão de 1997. (Pinto, 2002)*

O advogado refere ainda que

> *(...) Será que se justifica a intervenção (como advogados) de uma magistratura no patrocínio forense de um estrato social em causas*

do foro privado, cujo conteúdo está na absoluta disponibilidade das partes? Será que se justifica essa intervenção numa ordem jurídica que dispõe de um razoável sistema de apoio judiciário e de acesso ao direito, que permite a qualquer cidadão beneficiar, em todos os tribunais, da dispensa total do pagamento de custas e que permite a qualquer cidadão, independentemente da sua posição processual escolher, sem custos, o advogado que o patrocine em qualquer causa, em qualquer tribunal? Não seria melhor o Estado libertar os magistrados do Ministério Público para as suas verdadeiras funções de garantes da legalidade democrática em vez de os transformar em advogados e pagar melhor aos verdadeiros advogados que intervêm no patrocínio oficioso?

Os argumentos expendidos pelo advogado António Marinho Pinto não são, no entanto, partilhados por toda a classe. Neste sentido, o **Adv4** refere que

(...) Em relação ao Ministério Público, os meus colegas advogados que me perdoem, mas eu tenho uma opinião que se me afigura, que o papel do Ministério Público é relevante no que diz respeito ao patrocínio do trabalhador e será uma obrigação do próprio Estado. É a parte mais desfavorecida. Aquele que financeiramente tem mais dificuldades de acesso à justiça; é a parte que é menos esclarecida nessa matéria (...).

Em discordância frontal com a noção de igualdade das partes defendida por alguns advogados estão muitos procuradores. A este propósito afirmam que *"(...) a intervenção do MP, nesta área, prende-se com o principio da igualdade real das partes (...)"* **MP1**.

O princípio da igualdade pressupõe consonância normativa entre o direito adjectivo e o direito substantivo, de contrário promove-se o desequilíbrio e a inefectividade das normas. Neste sentido, João Rato (2002) afirma que "não bastavam leis substantivas diferentes, tornando-se imperioso que a elas se associassem leis processuais adequadas a dar-lhes efectividade e os mecanismos judiciários especializados indispensáveis à sua correcta interpretação e aplicação".

Esta ideia de que a presença do Ministério Público nos tribunais de trabalho está associada ao princípio da igualdade material das partes

Capítulo VIII 437

– contrariando-se, assim, a defesa do princípio da igualdade formal – é também sublinhada quando se refere que

> **MP3** *(...) a única protecção que resta ao trabalhador é mesmo o Ministério Público. É o Ministério Público perante as seguradoras; é o Ministério Público nos exames médicos; é o Ministério Público no controlo das incapacidades temporárias e é, muitas vezes, nestas questões em que o trabalhador não tem sindicato, já foi à Inspecção do Trabalho disseram-lhe a mesma coisa, já foi ao advogado que lhe disse "eu não percebo nada disso, vá para o tribunal de trabalho" e só lá estamos nós.*

A terceira dimensão diz respeito à capacidade e legitimidade do Ministério Público na resolução informal dos conflitos. A este propósito, é oportuno referir que o Ministério Público tem uma prática bem enraizada de regulação dos conflitos, que se traduz materialmente pela "convocação" das entidades patronais e/ou seus representantes no sentido de solucionar os litígios por acordo. Esta prática judicial não tem ancoragem processual. Todavia, os estudos de caso desenvolvidos nos tribunais de trabalho de Lisboa, Coimbra e Oliveira de Azeméis, bem como as entrevistas realizadas junto de operadores judiciais, sublinham a importância do procedimento. Ele é, no entanto, questionado sobretudo pelos advogados.

> **Adv1** *(...) o Ministério Público tem uma faculdade, relativamente à abordagem do conflito de trabalho que nós os advogados não temos. O Ministério Público tem uma abordagem, que não sei se é lícita ou não é. Também não vou discutir isso agora. Essa faculdade consiste em chamar a parte contrária ao seu gabinete. Nós os advogados não temos essa faculdade, em princípio. (...) O Ministério Público age nessa dupla função de Ministério Público e de agente de patrocínio do interesse da parte. Essa dupla função não é simbiótica ... Eu não posso usar isso enquanto advogado».(...) Isso significa que aquilo que o Ministério Público pode fazer, seja por virtude da teorização dos seus poderes, seja por virtude do exercício concreto dos poderes que tem como Ministério Público, o que é certo é que chama a parte e a parte vem, e se eu chamar não vem. Eu não ponho nenhuma acção que não convide a parte contrária a conciliar-se. Nenhuma (...) O sentimento que se tem quando se fala com responsáveis, quer da Pro-*

curadoria Geral da República, quer do Minsitério da Justiça, é que os Magistrados do Ministério Público não estão a desenvolver as suas funções primárias, fundamentais de investigação criminal. Nós queremos dar o contributo ideológico, digamos assim, para que o Ministério Público regresse às suas funções fundamentais, prioritárias, paradigmáticas e sejam entregues aos advogados a função natural de propor acções em tribunal. Para libertar o Ministério Público (...) segundo nos dizem os responsáveis não chegam para as encomendas. Então se não chegam para as encomendas, o Ministério Público que deixe de exercer funções que são próprias da advocacia, essencialmente próprias da advocacia e passe a desempenhar funções que são essencialmente próprias do Ministério Público. No fundo é este o contributo que a Ordem está a querer dar.

Posição diametralmente oposta acerca da capacidade do Ministério Público na resolução informal dos conflitos é assumida pela totalidade dos procuradores entrevistados.

Em resposta à observação feita por um dirigente da Ordem dos Advogados, pronunciou-se da seguinte forma um procurador:

MP1 A intervenção do Ministério Público nesta área prende-se com o princípio da igualdade real das partes. É essa a razão de ser. E peço desculpa ao senhor Dr. mas discordo totalmente da sua posição, porquanto o argumento que adianta é, a meu ver, muito frágil porque só diz "o Ministério Público não tem meios e portanto reserve-se para a área penal". Quando a questão não está aí. A questão tem a ver com o modelo existente. O que temos que ver é se o modelo, tal como está gizado na lei, responde e se o outro que se propõe em alternativa responde melhor. Esta é que é a questão.
(...) O senhor ADV. deu um argumento muito importante a favor do modelo de MP. Referiu que o Ministério Público convoca a outra parte para uma tentativa prévia de conciliação e que esta comparece devido ao estatuto de que o Ministério Público goza. Trata-se de uma potencialidade que deve ser aproveitada. De facto, normalmente, a entidade patronal comparece, apesar de ser convocada através de aviso postal simples e não ser obrigada a comparecer. O Ministério Público faz isso num processo chamado administra-

tivo. A parte contrária vem se quer, se não quer não vem. No caso de se frustrar a tentativa de conciliação, de imediato toma declarações ao trabalhador, que não tem assim que vir duas vezes ao tribunal. E, de qualquer modo, tinha que vir para prestar declarações com vista à recolha de elementos para propositura da acção emergente de contrato de trabalho. Este procedimento tem a virtualidade de: evitar, como já disse, que se inunde o tribunal com mais uma acção, Ao passo que, como diz o Dr. ADV1, e bem, se a entidade patronal for convocada para comparecer no escritório do advogado que patrocina o trabalhador, normalmente não vai, o que obriga, por regra, à instauração da respectiva acção.
Ora, temos que ver se este modelo – o patrocínio dos trabalhadores pelo Ministério Público – deve ser potenciado mediante estudos objectivos e não exclui-lo pura e simplesmente, com o fraco argumento de que o Ministério Público não tem quadros. A falta de quadros é uma a questão meramente lateral.

Ainda no mesmo sentido, para o **MP3**

A convicção nas virtualidades desta forma de resolução dos conflitos por parte do Ministério Público conduz mesmo à proposta de que esta venha a ser institucionalizada e regulamentada. Acho que, de facto, não tem que passar por nenhuma norma de processo de trabalho. Acho que devia passar por uma norma no estatuto do Ministério Público, ou seja, o Ministério Público devia poder convocar qualquer entidade para comparecer, sob pena de multa. Qualquer procedimento no âmbito das suas funções. Agora, não é assim. Acho que não se deve instituir nenhum mecanismo prévio de conciliação obrigatória. Deve ser como é agora. As pessoas se quiserem vão, se não quiserem não vão. Fica, mais ou menos por isso.

Também o **MP5** considera oportuno converter em letra de lei esta faculdade do Ministério Público, uma vez que se trata de uma prática generalizada. Assim, para o **MP5**

Agora, há uma questão que deve ser colocada, há pouco referi-me a ela: é se, até para obviar aquilo que o senhor doutor à bocado disse relativamente à ética, ao código deontológico, ao cumprimento das regras deontológicas, por parte dos advogados, quando

440 *Trabalho procura Justiça*

propõem uma acção, porque é que o legislador não pensou, ou pelo menos não converteu em letra de lei aquela que é uma prática generalizada, agora, nos tribunais de trabalho, do Ministério Público chamar as entidades patronais para tentar resolver o litígio, antes, inclusive, do julgamento. Tínhamos uma norma anteriormente na base do qual os apoiávamos, que era com as Comissões de Conciliação e Julgamento, mas isso agora desapareceu. Não existe agora grande argumento a não ser a rotina, a não ser a prática estabelecida.

As posições dos operadores judiciários, anteriormente referidas, traduzem as diferentes concepções acerca do sistema de acesso ao direito e à justiça na área laboral. Assim, a condição estrutural de cada um dos entrevistados é determinante na defesa dos diferentes modelos de acesso. Em causa está a opção por um modelo cujo impulso parte do Estado, consubstanciado na actuação do Ministério Público, por contraposição a um modelo privado ou semi-público, nos termos do qual a tutela dos direitos dos trabalhadores não sindicalizados ficaria a cargo de advogados, retirando-se ao Estado, através do Ministério Público, a capacidade de patrocínio dos trabalhadores.

2.3. O patrocínio judiciário das partes nas acções de contrato individual de trabalho e acidentes de trabalho

As dimensões anteriormente identificadas podem ser perspectivadas atendendo às dinâmicas do patrocínio judiciário registadas nos tribunais de trabalho. Por patrocínio judiciário entende-se a "representação das partes em juízo por profissionais do foro (advogados, advogados-estagiários e solicitadores) na condução e orientação técnico-jurídica do processo" (cf. Prata: 1998). Atenda-se ainda que, de acordo como o art. 32.º do Código do Processo Civil (CPC), é obrigatória a constituição de advogado nas causas de competência de tribunal com alçada em que seja admissível recurso ordinário; nas causas em que seja admissível recurso, independentemente do valor; nos recursos e nas causas propostas nos tribunais superiores. Quando não é necessária a constituição de advogado, a representação pode ser levada a cabo pelas próprias partes ou estas serem representadas por advogados-estagiários ou por solicitadores (cf. art.º 34.º do CPC).

Nas acções de contrato individual de trabalho, sempre que o autor trabalhador pretenda ver tutelados os seus direitos pelo tribunal de traba-

Capítulo VIII 441

lho, opta, preferencialmente, por ser representado por advogado, registando esta procura valores superiores a 70%, entre 1989 e 2001 (cf. quadro 6). O advogado pode ser um advogado particular ou pertencer aos serviços do contencioso da associação sindical da qual o trabalhador é membro. Em 1989 e 2001, respectivamente, 80,8% e 79,9% dos autores escolhem a representação por intermédio de advogado. Para os mesmos anos, os patrocínios assegurados pelo Ministério Público correspondem a 18% e a 19,8% (cf. gráfico 2).

Quadro 6
Patrocínio do autor – CIT

	1989		1990		1991		1992		1993		1994		1995	
	nº	%	nº	%	nº	%	nº	%	nº	%	nº	%	nº	%
Advogado	7 797	80,8	7 573	78,0	7 632	76,9	7 256	75,0	7 861	71,4	10 536	71,0	9 724	70,0
Ministério Público	1 740	18,0	2 053	21,2	2 251	22,7	2 329	24,1	3 131	28,4	4 286	28,9	4 152	29,9
Outro	115	1,2	80	0,8	40	0,4	87	0,9	16	0,1	17	0,1	16	0,1
Total	9 652	100,0	9 706	100,0	9 923	100,0	9 672	100,0	11 008	100,0	14 839	100,0	13 892	100,0

	1996		1997		1998		1999		2000		2001	
	nº	%	nº	%	nº	%	nº	%	nº	%	nº	%
Advogado	9 827	71,0	9 884	70,5	9 306	70,4	8 792	70,2	10 049	74,4	9 483	79,9
Ministério Público	3 995	28,9	4 106	29,3	3 873	29,3	3 693	29,5	3 403	25,2	2 354	19,8
Outro	25	0,2	28	0,2	34	0,3	46	0,4	58	0,4	36	0,3
Total	13 847	100,0	14 018	100,0	13 213	100,0	12 531	100,0	13 510	100,0	11 873	100,0

Fonte: GPLP.

A dinâmica do patrocínio judiciário dos autores, entre 1989 e 2002, encontra-se registada no gráfico 2. Apesar do patrocínio judiciário assegurado por advogados ser maioritário em qualquer um dos anos considerados, o Ministério Público desempenha igualmente uma importante função no patrocínio judiciário dos autores, nos conflitos emergentes das relações individuais de trabalho. Considerando-se a estrutura do patrocínio judiciário dos autores numa perspectiva dinâmica, reconhecem-se três fases: a primeira situa-se entre 1989 e 1992 e é marcada pelo aumento progressivo das acções patrocinada pelo Ministério Público (18% em 1989 e 24,1% em 1992). A segunda abrange o período de 1993 a 1999, sendo marcada por percentagens de patrocínio do Ministério Público no total das acções intentadas que variam entre um mínimo de 28,4% em 1993 e um máximo de 29,9% em 1995. A terceira, com início a partir de

2000, deixa perceber a forte diminuição percentual das acções intentadas pelo Ministério Público (25,2% em 2000, 19,8% em 2001 e 15,6% em 2002). Em 2002 registou-se o menor valor percentual de acções intentadas pelo Ministério Público de toda a série estatística analisada.

Esta última tendência de menor propositura de acções de CIT por parte do MP deve ser equacionada atendendo ao seguinte conjunto de aspectos contextuais que, de uma forma ou de outra, poderão concorrer para a explicação do abrandamento da intervenção do MP neste domínio de litigação: posicionamento da OA com a tomada de posições relativamente às saídas profissionais e à criação do Instituto de Acesso ao Direito (IAD); alteração ao estatuto e lei orgânica do MP (Lei n.º 60/98, 27 de Agosto); e alterações à lei do apoio judiciário e regime de acesso aos tribunais.

Gráfico 2
Patrocínio judiciário do autor:
acções de CIT

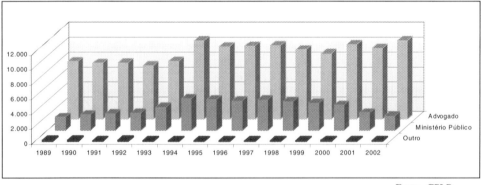

Fonte: GPLP.

A comparação entre a estrutura das profissões mobilizadoras dos tribunais e a estrutura do patrocínio judiciário por profissão constitui um indicador relevante da importância do Ministério Público na representação dos trabalhadores. De acordo com os dados apresentados em Ferreira (2003), considerando-se os anos de 1996 a 2001, as profissões dos agricultores e trabalhadores qualificados da agricultura e pescas, dos trabalhadores não qualificados, do pessoal dos serviços e vendedores e de profissão desconhecida ou ignorada beneficiam do patrocínio do Ministério Público em valores percentuais elevados, que chegam a atingir os 48,4% nos agricultores e trabalhadores qualificados da agricultura e pescas em 1996, os 39,5% no pessoal dos serviços e vendedores em 1997, os 38% nos trabalhadores não qualificados e os 37,5% na profissão desconhecida ou ignorada em 1996.

Quanto aos operários, artífices e trabalhadores similares registam valores próximos dos 30%, em alguns anos, enquanto o pessoal administrativo e similares se situa em valores acima dos 25%. Os quadros superiores da administração pública, dirigentes e quadros superiores de empresa, os especialistas das profissões intelectuais e científicas e os técnicos e profissionais de nível intermédio registam um menor patrocínio do Ministério Público. Ainda assim, os valores mais elevados ocorrem em 1998 com 19% na primeira categoria, em 2000 com 11,3% na segunda, e em 1998 com 17% na terceira categoria.

Atendendo às características laborais das profissões em causa, relativamente aos níveis de habilitação de qualificações e salariais, a relevância do patrocínio do Ministério Público parece estar em relação directa com a segmentação do mercado de trabalho. As profissões que nele ocupam uma posição mais frágil são as que mais solicitam o patrocínio do Ministério Público.

Considerando-se a importância do Ministério Público no patrocínio dos trabalhadores, e atendendo ao efeito quantitativo da diminuição do número de acções de contrato individual de trabalho intentadas, o seu envolvimento neste tipo de litígios tende a diminuir entre 1996 e 2001 em todas as profissões.

A situação dos réus/empresas neste tipo de acções revela que escolhem, preferencialmente, para a sua representação em juízo os advogados. Em 1989, 88,1% dos réus escolhia ser representado por advogado, cifrando-se este valor em 2001 nos 76%, correspondendo a 7.556 e 8.593 processos, respectivamente. A esta situação está associado o poder económico das empresas rés, que lhes permite custear as despesas judiciais sem recorrer à assistência judiciária. Por outro lado, algumas das sociedades possuem serviços de contencioso próprios, assegurando desta forma a representação das empresas em tribunal.

Situação peculiar é a das acções de acidentes de trabalho que, por razões processuais, exigem o envolvimento do Ministério Público. De acordo com a informação contida na base de dados do GPLP para as acções de acidentes de trabalho, os sinistrados e os seus beneficiários legais foram, na esmagadora maioria dos processos, mais de 90% entre 1989 e

2001 patrocinados pelo Ministério Público (cf. gráfico 3). É importante realçar o papel desempenhado pelo Ministério Público, que assume a dupla função de representar o sinistrado e de presidir à fase conciliatória

Gráfico 3
Patrocínio judiciário: acções de acidentes de trabalho

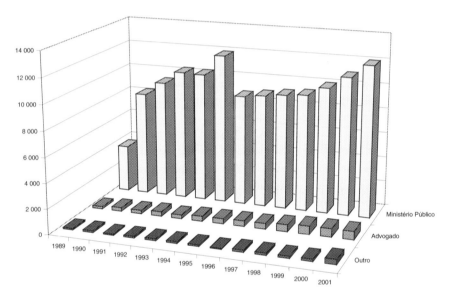

Fonte: GPLP

do processo. Deste modo, desempenha o papel de órgão do Estado e de defensor do interesse público. O Ministério Público é obrigado legalmente a desempenhar um expressivo trabalho judicial no domínio da sinistralidade laboral, o que contrasta com a sua actual intervenção na litigação emergente de processos de contrato individual de trabalho.[258]

---

[258] No âmbito do OPJ desenvolveu-se, em 2002, um estudo de caso no Tribunal de Trabalho de Coimbra, com o propósito de aferir da importância do Ministério Público enquanto elemento facilitador do acesso ao direito e à justiça laborais. Neste tribunal, o Ministério Público presta um serviço de atendimento diário ao público, especificamente nos casos que se prendem com questões emergentes dos contratos individuais de trabalho e dos acidentes de trabalho. Neste serviço, o utente é atendido por um funcionário que preenche uma ficha de atendimento com a identificação pessoal do utente, os motivos da consulta ou

Confrontem-se a este respeito, por exemplo, os 12.091 processos findos de acidentes de trabalho, correspondendo a 91,9% do total de processos de acidentes de trabalho findos em 2001, em que ocorreram intervenções do Ministério Público, com os 2.354 processos, correspondendo a 19,8% dos processos findos de contrato individual de trabalho nesse ano, em que o patrocínio judiciário foi levado a cabo pelo Ministério Público.

Nos anos entre 1989 e 2001, o réu é representado nas acções de acidente de trabalho, na maioria dos processos, pelo que é identificado por "outro" e não por advogado ou pelo Ministério Público (cf. gráfico 4). É de realçar, nesta representação, o papel dos representantes legais das empresas rés e das companhias de seguros. Entre 1989 e 2001, a escolha do "outro" situava-se em valores entre 66,4% em 1989, e 80,6% em 2001.

---

da informação, o resumo da informação e o tempo gasto. Nos casos em que o utente seja sindicalizado, o funcionário deverá encaminhá-lo para os serviços de contencioso sindical, visto que estes casos são motivo de recusa de patrocínio oficioso por parte do Ministério Público. Caso o utente opte pelo patrocínio oficioso do Ministério Público ser-lhe-á entregue uma minuta onde constam os elementos necessários à propositura da acção e o prazo de prescrição, para que possa reunir toda a documentação necessária, após o que deverá regressar ao tribunal e preencher nova ficha com todos os elementos relevantes para a apreciação da acção. O magistrado de turno despachará o que achar por conveniente. No que toca aos acidentes de trabalho, o atendimento processa-se de forma semelhante com a diferença do utente fazer, em regra, a participação do acidente. Por outro lado, os serviços do Ministério Público prestam informações e orientações no exercício do patrocínio oficioso, nomeadamente quando se repute necessário instaurar acções executivas, elaborar contestações, alegações de recurso, respostas e outro tipo de articulados ou formular diferentes tipos de requerimentos, e ainda prestam informações detalhadas sobre o andamento dos processos. De acordo com os dados enviados pelo Tribunal de Trabalho de Coimbra sobre o serviço de atendimento relativos aos anos de 1998, 1999, 2000, 2001 e primeiro trimestre de 2002, os serviços do Ministério Público atenderam e deram informação jurídica a, respectivamente, 1.475, 2.168, 1.315 e 927 trabalhadores. Considerando que nos anos de 2000 e 2001 foram intentadas no Tribunal de Trabalho de Coimbra, respectivamente, 450 e 443 acções referentes a contratos de trabalho, é bem visível a importância social na facilitação do acesso ao direito e à justiça exercida pelo Ministério Público neste tribunal. Segundo os dados das Estatísticas da Justiça, o Ministério Público, em acções findas, patrocinou em 2000 e 2001, respectivamente, 24 e 11 trabalhadores em acções de contrato individual de trabalho, o que representa em termos percentuais 5,3% e 2,5%. Por outro lado, de um total de 440 e 388 acções de acidentes de trabalho intentadas, respectivamente em 2000 e 2001, o MP patrocinou e 375 e 359 sinistrados, o que representa cerca de 85,2% e 92,5% em relação ao total de acções entradas naquele tribunal.

Gráfico 4
Patrocínio judiciário do réu: acções de acidentes de trabalho

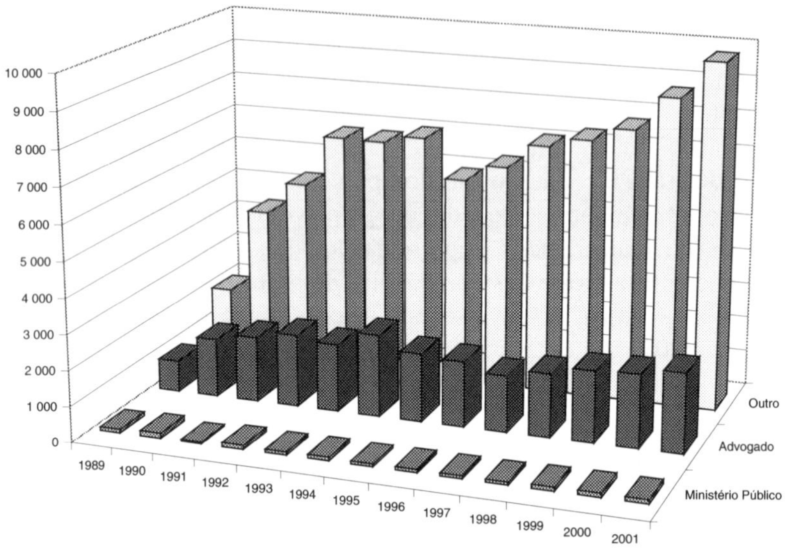

Fonte: GPLP.

2.3.1. O patrocínio judiciário nas acções de contrato individual de trabalho: elementos para uma análise dos desempenhos por tribunal

Ao longo deste estudo, tenho mantido como objectivo a identificação da actividade da justiça do trabalho na dupla lógica da captação das regularidades nacionais e das singularidades locais. Tem sido assim possível estabelecer padrões nacionais no funcionamento da administração da justiça do trabalho, bem como reconhecer as especificidades que localmente se afastam desses padrões. O domínio do acesso ao direito e justiça laborais é também ele permeável à influência de factores locais, quer sejam factores endógenos ou factores exógenos ao sub-sistema judicial-laboral. Analiso de seguida o desempenho local dos tribunais de trabalho atendendo ao patrocínio judiciário nas acções de contrato individual de trabalho.

O cálculo da média nacional dos patrocínios dos autores entre 1989 e 2001 revela que a principal forma de patrocínio judiciário é assegurada por advogados, com 73,7%, sendo secundada pelo Ministério Público com 25,9%, enquanto a variável "outro" tem um valor espúrio de 0,4%. Relativamente ao patrocínio judiciário dos réus, os advogados representam 79,4%, o Ministério Público 1,1% e a variável "outros" 19,6%.

Os dados nacionais evidenciam a grande importância dos advogados na representação dos interesses de réus e autores nos conflitos individuais de trabalho. É, no entanto, de assinalar, a variação inversa registada entre o patrocínio judiciário pelo Ministério Público e a variável "outro", quando se trata do patrocínio do autor ou do réu. Assim, o "outro" apresenta um valor residual no patrocínio do autor e um peso significativo no patrocínio dos réus, enquanto que o Ministério Público tem um valor residual no patrocínio dos réus e um peso significativo na representação dos autores.

Fazendo a análise por tribunal de trabalho do patrocínio judiciário do autor, sai reforçada a observação anteriormente efectuada a respeito da importância a nível nacional do patrocínio por advogado, enquanto principal representante dos autores nas acções de contrato individual de trabalho. Todavia, esta tendência geral não obsta à existência de acentuadas assimetrias locais. No quadro 8, onde se procede à hierarquização dos tribunais segundo o patrocínio judiciário, fica expressa a existência de situações de diferenciação interna do sub-sistema judicial-laboral (cf. quadro 7).

Quadro 7
Hierarquização dos tribunais segundo o tipo de patrocínio do autor – CIT (% média 1989-2001)

	Advogado	Ministério Público	Outro
Santa Maria da Feira	95,3	3,8	0,9
Viseu	91,4	8,4	0,2
Oliveira de Azeméis	89,5	10,3	0,2
Guimarães	86,5	13,1	0,4
Vila Real	84,9	15,0	0,1
Águeda	84,8	14,9	0,3
Braga	83,3	16,4	0,3
Funchal	83,2	16,5	0,4
Portimão	83,1	16,8	0,1
Penafiel	83,1	16,5	0,4
Vila Nova de Famalicão	82,2	17,2	0,6
Porto	81,5	17,4	1,1
Tomar	80,9	19,0	0,1
Coimbra	80,8	18,3	0,9
Vila Nova de Gaia	80,0	19,6	0,3
Santo Tirso	79,5	20,3	0,2
Barcelos	79,4	20,5	0,0
Cascais	77,8	22,1	0,1
Setúbal	77,7	22,2	0,1
Matosinhos	75,2	24,5	0,3
Faro	75,0	24,9	0,1
Lisboa	73,0	26,6	0,4
Maia	72,9	26,6	0,5
Vila Franca de Xira	72,7	27,1	0,3
Covilhã	71,8	28,0	0,2
Abrantes	70,8	29,2	0,0
Aveiro	70,3	28,8	0,9
Loures	68,7	31,2	0,1
Valongo	68,5	31,2	0,3
Viana do Castelo	68,1	31,7	0,2
Leiria	66,7	33,2	0,2
Gondomar	63,8	36,2	0,1
Barreiro	63,4	36,3	0,3
Sintra	62,2	37,7	0,1
Ponta Delgada	60,0	39,7	0,2
Santarém	59,5	40,4	0,1
Almada	58,4	41,4	0,1
Lamego	56,3	43,4	0,2
Caldas da Rainha	52,2	47,8	0,0
Torres Vedras	51,6	48,2	0,2
Figueira da Foz	51,5	48,4	0,2
Beja	50,4	49,5	0,1
Guarda	47,4	52,5	0,1
Bragança	47,3	52,5	0,1
Castelo Branco	46,8	53,0	0,2
Évora	45,4	54,5	0,0
Portalegre	44,3	55,7	0,0

Fonte: GPLP.

Nos termos desta diferenciação, o predomínio do patrocínio judiciário por intermédio de advogados esbate-se perante o papel desempenhado pelo Ministério Público. Nalguns casos, estamos perante situações de paridade entre o patrocínio levado a cabo por advogados e pelo Ministério Público, sucedendo, noutros casos, que a expressão quantitativa deste último ultrapassa a dos advogados. De igual modo, pode observar-se que em muitos tribunais é escassa a intervenção do Ministério Público no patrocínio judiciário dos autores.

Na perspectiva da diferenciação interna do desempenho dos tribunais de trabalho no domínio do acesso, e não excluindo a importância da multidimensionalidade de factores endógenos e exógenos aos tribunais que para ele concorrem, considero existir uma estreita relação entre a situação local do movimento sindical e o desempenho do Ministério Público. Sabendo-se da importância das associações sindicais na facilitação do acesso aos tribunais de trabalho dos trabalhadores seus associados, do papel desempenhado pelo Ministério Público na representação dos trabalhadores não sindicalizados e das situações de complementaridade entre Ministério Público e sindicatos, sugere-se que a combinação destes factores ao nível local concorra para a explicação das diferenças de desempenho do Ministério Público nos vários tribunais de trabalho.[259]

Ainda no que respeita ao patrocínio judiciário do autor, é de realçar a escassa relevância por tribunal da representação pela categoria "outro". Por outro lado, existem tribunais em que a maior parte dos autores são representados por advogado, como é o caso de S. M. da Feira (95,3%), Viseu (91,4%), Oliveira de Azeméis (89,5%), entre outros. Noutros tribunais, a maioria dos autores são patrocinados pelo Ministério Público, como sucede nos tribunais de trabalho de Portalegre (55,7%), Évora (54,5%), Castelo Branco (53%), Bragança (52,5%) e Guarda (52,5%).

Análise semelhante à que foi realizada para o patrocínio judiciário dos autores, pode ser efectuada para o patrocínio judiciário dos réus. Também neste caso se evidencia a grande importância dos advogados na representação legal dos mesmos. Para além da importância dos advoga-

---

[259] A não existência de dados sobre a taxa de sindicalização e sobre a cobertura da intervenção sindical ao nível concelhio impede, contrariamente ao que sucede nos níveis nacionais ou sectorial, o estabelecimento de relações quantificáveis sobre a função facilitadora do acesso de sindicatos e Ministério Público. No entanto, e de acordo com a informação recolhida através de entrevistas a operadores do sistema jurídico e a sindicalistas onde a questão em apreço era referida, somos levados a concluir pela sua relevância ao nível local.

Quadro 8
Hierarquização dos tribunais segundo o tipo de patrocínio do réu – CIT (% 1989-2001)

	Advogado	Ministério Público	Outro
Portalegre	93,0	1,6	5,4
Braga	91,0	1,3	7,8
Tomar	90,9	0,4	8,6
Torres Vedras	90,6	0,4	9,0
Vila Real	89,7	1,3	9,0
Cascais	85,9	1,0	13,1
Vila Nova de Gaia	84,6	1,2	14,2
Bragança	83,2	1,5	15,3
Lisboa	82,9	1,2	15,9
Portimão	82,1	0,8	17,1
Matosinhos	81,1	0,8	18,1
Sintra	80,8	1,1	18,0
Ponta Delgada	80,7	1,3	17,9
Porto	79,9	1,0	19,2
Almada	79,2	2,4	18,4
Viseu	79,1	0,7	20,2
Coimbra	78,5	1,9	19,6
Setúbal	78,2	1,7	20,1
Caldas da Rainha	78,1	0,6	21,3
Santo Tirso	77,4	2,9	19,7
Leiria	77,2	1,5	21,3
Gondomar	77,1	0,5	22,4
Santarém	76,9	0,1	23,0
Figueira da Foz	76,8	3,1	20,1
Abrantes	76,8	0,4	22,8
Lamego	76,2	1,9	21,9
Penafiel	75,5	1,0	23,5
Águeda	75,4	0,9	23,7
Barreiro	74,8	1,5	23,8
Vila Franca de Xira	74,5	0,6	24,9
Valongo	74,1	0,8	25,1
Funchal	74,1	0,5	25,5
Guarda	73,7	1,1	25,2
Viana do Castelo	73,5	0,6	25,8
Maia	73,4	1,3	25,4
Barcelos	72,5	0,4	27,1
Guimarães	72,1	0,7	27,2
Oliveira de Azeméis	71,1	1,6	27,2
Santa Maria da Feira	71,1	0,3	28,5
Faro	70,4	0,4	29,1
Beja	70,4	1,2	28,4
Loures	69,0	0,9	30,2
Vila Nova de Famalicão	68,5	0,6	30,9
Aveiro	65,1	1,6	33,4
Castelo Branco	62,4	1,6	36,0
Évora	61,7	1,5	36,9
Covilhã	50,9	1,1	48,0

Fonte: GPLP.

dos na representação legal, destaca-se a categoria "outro" na representação dos interesses dos réus nas acções de contrato individual de trabalho.

A dimensão local no patrocínio judiciário dos réus prefigura-se também como um elemento diferenciador do desempenho dos tribunais de trabalho. Deste modo, registam-se situações contrastantes inter-tribunais, em que a relação entre advogado e o que é designado por "outro" é inversamente proporcional. Daí que se verifique a existência de tribunais onde o peso da representação por intermédio de advogado é extremamente elevado, por contraste com a variável "outro" com escassa relevância. Há tribunais onde o valor do "outro" regista um acréscimo, enquanto a importância dos advogados diminui. É ainda de referir que, apesar destas assimetrias locais, a importância dos advogados na representação dos réus nunca é inferior a 50%, mesmo nos tribunais em que existe uma maior representação do "outro".

A categoria "outro" engloba não só a representação por advogado estagiário como a representação por solicitador ou pelo representante legal das empresas.[260] O elevado valor registado nesta categoria de representação judicial configura-se como uma especificidade da litigação laboral nas acções de contrato individual de trabalho, visto ela não encontrar nenhuma correspondência noutros domínios de litigação. Provavelmente, estar-se-á perante o que designa por "desqualificação selectiva da litigação" por parte das empresas. Para ela contribuirão a estrutura empresarial nacional, nomeadamente no que diz respeito à dimensão e recursos das empresas, e também a grande importância da conciliação como forma de composição dos conflitos emergentes de acções de contrato individual de trabalho, que, ao ser um resultado "esperado" para as partes e operadores jurídicos, pode induzir estratégias de litigação para as quais não se torna necessária a utilização de recursos humanos especializados.

---

[260] Não esquecer que a representação em juízo por solicitadores é alvo de algumas limitações. A este propósito consultar o DL n.º 483/76 de 19-6, alterado pelos Decretos--lei n.º 761/76, de 22-10, e o n.º 450/77, de 31-12, nomeadamente o art. 61.º quanto à competência dos solicitadores.

2.4. A assistência judiciária

2.4.1. A assistência judiciária nas acções de contrato individual de trabalho e nas acções de acidentes de trabalho

Em Portugal, a assistência judiciária é requerida na maioria dos processos de contrato individual de trabalho. Tomando como referência o período entre 1989 e 2001, esta foi requerida em mais de 66 % do total dos processos. Se se considerar, por exemplo, os anos de 1990, 1994, 1998 e 2001 observa-se que a assistência foi requerida em 72,1%, 77,1%, 77,8% e 66,7% dos casos, respectivamente (cf. quadro 9).

Quadro 9
Assistência judiciária
CIT

	1989		1990		1991		1992		1993		1994		1995	
	nº	%	nº	%	nº	%	nº	%	nº	%	nº	%	nº	%
Requerida	6 829	66,8	7 320	72,1	7 273	70,6	6 931	69,0	8 420	74,3	11 732	77,1	11 334	79,4
Não Requerida	3 391	33,2	2 836	27,9	3 034	29,4	3 107	31,0	2 917	25,7	3 477	22,9	2 935	20,6
Total	10 220	100,0	10 156	100,0	10 307	100,0	10 038	100,0	11 337	100,0	15 209	100,0	14 269	100,0

	1996		1997		1998		1999		2000		2001	
	nº	%	nº	%	nº	%	nº	%	nº	%	nº	%
Requerida	11 305	78,9	11 202	78,0	10 441	77,8	9 763	77,0	10 357	75,9	7 962	66,7
Não Requerida	3 028	21,1	3 157	22,0	2 975	22,2	2 920	23,0	3 295	24,1	3 981	33,3
Total	14 333	100,0	14 359	100,0	13 416	100,0	12 683	100,0	13 652	100,0	11 943	100,0

Fonte: GPLP.

Quanto às modalidades de assistência judiciária requerida, a maior concentração verifica-se no item dispensa total ou parcial de preparos e custas situando-se, nos anos em análise, sempre acima dos 90%.

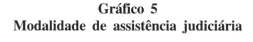

Gráfico 5
Modalidade de assistência judiciária

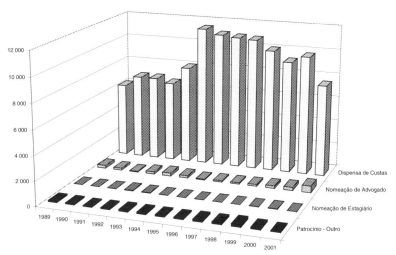

Fonte: GPLP.

O recurso pelas partes ao patrocínio oficioso, com vista à nomeação de advogado, de estagiário ou do que é identificado por "outro" revela valores pouco significativos (cf. gráfico 5). É, no entanto, de notar que sempre que tal sucede as partes optam por se fazer representar por advogado e pelo que é designado por "outro", expressando a nomeação de estagiário valores diminutos. Pode concluir-se que existe uma fractura na opção pelos recursos que o sistema põe à disposição dos litigantes. Daí que se encontrem valores elevados para a dispensa de custas, contrariamente ao que sucede com o patrocínio oficioso.

Uma vez mais, o caso dos processos de acidentes de trabalho é contrastante com os processos de contrato individual de trabalho. Assim, nos processos de acidentes de trabalho, o autor, na quase totalidade dos processos, não recorre à assistência judiciária (cf. quadro 10 e gráfico 6).

Quadro 10
Assistência judiciária nas acções de acidentes de trabalho

	1989		1990		1991		1992		1993		1994		1995	
	nº	%	nº	%	nº	%	nº	%	nº	%	nº	%	nº	%
Requerida	450	3,4	729	5,0	744	4,8	562	3,4	605	4,0	806	5,0	928	7,4
Não Requerida	12 959	96,6	13 708	95,0	14 795	95,2	15 805	96,6	14 446	96,0	15 177	95,0	11 659	92,6
Total	13 409	100,0	14 437	100,0	15 539	100,0	16 367	100,0	15 051	100,0	15 983	100,0	12 587	100,0

	1996		1997		1998		1999		2000		2001	
	nº	%	nº	%	nº	%	nº	%	nº	%	nº	%
Requerida	985	8,0	1 261	10,1	1 038	8,0	1 310	9,3	1 892	12,3	2 548	15,6
Não Requerida	11 387	92,0	11 284	89,9	11 897	92,0	12 715	90,7	13 434	87,7	13 832	84,4
Total	12 372	100,0	12 545	100,0	12 935	100,0	14 025	100,0	15 326	100,0	16 380	100,0

Fonte: GPLP.

Gráfico 6
Assistência judiciária nas acções de acidentes de trabalho

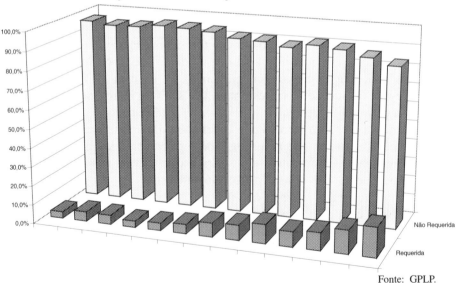

Fonte: GPLP.

Para o escasso recurso à assistência judiciária nas acções de acidentes de trabalho concorre, por um lado, o facto dos sinistrados em acidente laboral e as pessoas afectadas por doença profissional, bem como os seus

Capítulo VIII   455

familiares, gozarem de isenção de custas de acordo com o Código das Custas Judiciais (CCJ). Por outro lado, o papel desempenhado pelo Ministério Público na fase conciliatória neste tipo de acções é muito importante. Como se sabe, o Ministério Público dirige esta fase processual, representando a maioria dos sinistrados.

No gráfico 7 cruzam-se os dados relativos à assistência judiciária e profissão do autor para as acções de contrato individual de trabalho em 2001. Como seria de esperar, são as actividades profissionais em que o nível de rendimentos é maior, como é o caso dos profissionais liberais, técnicos e equiparados e os quadros administrativos e superiores, onde se regista um menor recurso à assistência judiciária.

Gráfico 7
Assistência judiciária e profissão do autor (2001)

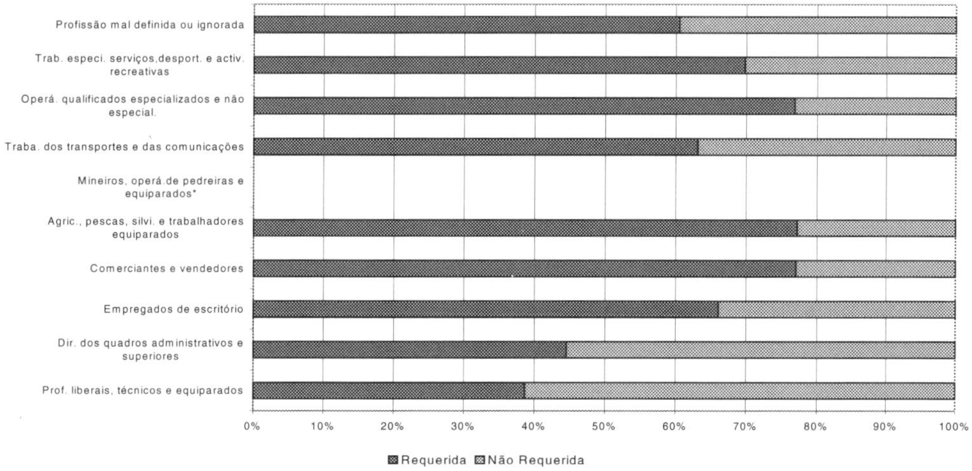

Fonte: GPLP.

Assim, os profissionais liberais, técnicos e equiparados requereram, em 2001, a assistência judiciária em 38,6%, do total de acções de contrato individual de trabalho intentadas por esta categoria profissional. Maiores densidades de recurso à assistência judiciária dentro de cada profissão encontram-se nos operários qualificados especializados e não especializados (76,8%), nos comerciantes e vendedores (77%), nos empregados de escritório (66%), e na agricultura, pescas, silvicultura e trabalhadores equiparados (77,2%).

No entanto uma análise dinâmica da evolução dos pedidos de assistência judiciária cruzados com a profissão do autor em cada uma das profissões, revela que estamos perante uma tendência de aumento no número de pedidos de assistência judiciária, no caso dos profissionais liberais, técnicos e equiparados, directores dos quadros administrativos e superiores, empregados de escritório, comerciantes e vendedores (Ferreira 2003: 618).

No que diz respeito à assistência judiciária nas acções de contrato individual de trabalho, por tribunal, e para o período compreendido entre 1989 e 2001, registam-se igualmente valores díspares a nível local. No quadro 11, onde se procede a uma hierarquização dos tribunais de trabalho pelos valores da assistência judiciária, evidencia-se uma polarização entre os tribunais em que a assistência judiciária requerida abrange a quase totalidade dos processos findos, e outros em que, estes valores se situam em cerca de 40%. Recorde-se que os valores da assistência judiciária requerida a nível nacional são sempre superiores a 47,6%, entre 1989 e 2001, tendendo a aumentar ao longo deste período.

Quadro 11
Hierarquização dos tribunais segundo o pedido de assistência judiciária – CIT
(% média 1989-2001)

	Requerida	Não Requerida
Beja	93,3	6,7
Portalegre	92,9	7,1
Torres Vedras	92,8	7,2
Vila Nova de Famalicão	92,5	7,5
Santarém	90,6	9,4
Bragança	90,3	9,7
Covilhã	90,2	9,8
Braga	90,0	10,0
Gondomar	88,5	11,5
Castelo Branco	87,7	12,3
Santo Tirso	85,9	14,1
Guarda	85,7	14,3
Viana do Castelo	85,5	14,5
Loures	84,2	15,8
Évora	83,3	16,7
Barcelos	83,0	17,0
Caldas da Rainha	82,7	17,3
Vila Franca de Xira	82,5	17,5
Penafiel	82,0	18,0
Vila Real	81,8	18,2
Barreiro	81,5	18,5
Viseu	81,4	18,6
Matosinhos	80,6	19,4
Figueira da Foz	80,5	19,5
Vila Nova de Gaia	79,5	20,5
Lamego	79,4	20,6
Funchal	78,9	21,1
Sintra	78,4	21,6
Maia	78,2	21,8
Abrantes	78,0	22,0
Aveiro	77,2	22,8
Águeda	76,9	23,1
Portimão	76,3	23,7
Almada	75,5	24,5
Valongo	74,8	25,2
Guimarães	73,1	26,9
Setúbal	72,6	27,4
Tomar	72,6	27,4
Coimbra	72,3	27,7
Leiria	68,0	32,0
Ponta Delgada	67,4	32,6
Faro	67,1	32,9
Porto	65,9	34,1
Lisboa	63,6	36,4
Oliveira de Azeméis	63,1	36,9
Santa Maria da Feira	60,5	49,5
Cascais	47,6	52,4

Fonte: GPLP.

Em todos os tribunais de trabalho existe um elevado recurso à assistência judiciária pelas partes. Há, no entanto, tribunais onde o recurso é mais expressivo do que em outros. Assim, a assistência é mais requerida nos tribunais de trabalho de Beja, Covilhã, Guarda, Penafiel, Portalegre, Santarém, Torres Vedras e V. N. Famalicão, sendo menos requerida em Cascais, Oliveira de Azeméis e S. M. da Feira.

A descoincidência verificada entre os tribunais situados em contextos onde ocorre uma maior propensão para a judicialização dos conflitos e os tribunais em que os valores da assistência judiciária são mais elevados, conduz à constatação da ausência de relação directa entre estes dois factores. Neste sentido, não se pode considerar que a lei actualmente em vigor, que prevê o acesso ao direito e aos tribunais (Decreto-lei n.º 387--B/87, de 29 de Dezembro), tenha um efeito indutor da conflitualidade laboral.

Conclusão

Sistematizo de seguida algumas conclusões relativas à questão do acesso. Em primeiro lugar, penso ter demonstrado que existem na sociedade portuguesa diversas instâncias facilitadoras do acesso ao direito e à justiça no domínio laboral. No entanto, o exercício da função facilitadora dos elementos constitutivos do sistema de acesso esbarra com diversas dificuldades. O principal indicador da incapacidade do sistema para promover um maior acesso ao direito e justiça do trabalho é a existência de um *gap* entre a procura real e a procura potencial dos tribunais de trabalho. Também no domínio do acesso factores como a estrutura contratual laboral, a falta de efectividade das formas alternativas de resolução dos conflitos, as vicissitudes por que passa o movimento sindical e, mais genericamente, a situação vivida no espaço da produção, constituem-se como elementos dissuasórios da procura judicial. No entanto, os aspectos mais relevantes a destacar no domínio do acesso relacionam-se com a função facilitadora desempenhada pelos sindicatos e pelo Ministério Público.

No que diz respeito aos sindicatos, a sua atitude reactiva perante os conflitos laborais torna-se uma barreira à facilitação do acesso. A não utilização dos dispositivos legais que alargaram a legitimidade activa dos sindicatos e que permitem em potência uma maior penetração no judicial--laboral aponta para a necessidade do movimento sindical redescobrir as virtualidades da luta sindical na sua interacção com os tribunais de trabalho. Não se podendo invocar a inexistência de meios processuais para o fazer espera-se uma mudança de paradigma na articulação dos sindicatos com os tribunais de trabalho. Por sua vez, os tribunais de trabalho complementam negativamente as possibilidades da acção sindical ao interpretarem por vezes de uma forma inadequada as disposições legais cujo fim último é o de reforçar a protecção dos trabalhadores. Em causa está a necessidade de socializar os actores judiciais numa nova cultura de acesso ao direito e justiça laborais que não esqueça o valor do trabalho nem a tutela dos direitos de cidadania dos trabalhadores.

Quanto ao Ministério Público não posso deixar de assinalar a actual conjuntura marcada pela tensão entre a Ordem dos Advogados e o papel desempenhado por esta magistratura na defesa dos trabalhadores. O equívoco residiria na redução do debate a uma questão de princípios. Quer o Ministério Público quer os advogados podem de uma forma competente desempenhar as funções de defensores dos trabalhadores. Todavia, de um ponto de vista sociológico temos de partir das situações objectivas vividas pelos trabalhadores. O Ministério Público, para além das actividades de informação e consulta jurídicas, patrocina em termos globais entre 20% a 30% das acções de contrato individual de trabalho intentadas. No entanto, a taxa de incidência do seu patrocínio é mais elevada nas categorias profissionais mais frágeis e precárias da estrutura do mercado de trabalho. Por esta razão, qualquer limitação ao âmbito de intervenção do Ministério Público na área laboral tem de ser ponderada de uma forma cautelosa.

Um comentário final a propósito do papel desempenhado pelos sindicatos e pelo Ministério Público na facilitação do acesso ao direito e à justiça, que vai no sentido de chamar à atenção para a necessidade de se ultrapassarem as lógicas judiciais de rotina e de existir uma abertura e uma maior sensibilidade sócio-jurídica a novas áreas de conflitualidade, de que se podem dar como exemplos a discriminação das mulheres, o direito dos trabalhadores imigrantes, os riscos profissionais, os direitos dos cidadãos portadores de deficiência, os direitos dos trabalhadores portadores de HIV/sida, etc. Acresce ao que anteriormente fica dito que se torna também necessário clarificar a relação existente entre a lógica de acção sindical e a lógica dos contenciosos dos sindicatos, atendendo, nomeadamente, aos diferentes princípios de oportunidade que determinam ou não a propositura de acções. De uma forma semelhante, também o Ministério Público deveria ter um plano de actividade para a esfera laboral onde fossem contempladas e estivessem clarificadas as áreas de intervenção prioritária do Ministério Público.

A análise da difusão espacial do desempenho do Ministério Público revelou a sua importância enquanto instância facilitadora do acesso ao nível local. Através da análise desagregada do desempenho dos diferentes tribunais de trabalho afigura-se relevante sublinhar que o Ministério Público patrocina em alguns tribunais 55,7% das acções de contrato individual de trabalho.

Finalmente, a Administração do Trabalho tem a capacidade de tocar inúmeras relações laborais individuais e colectivas nos domínios da informação e consultas jurídicas. Apesar do papel desempenhado pela Inspecção do Trabalho até à data, há um longo caminho a percorrer que necessita de ser acompanhado da revalorização da Administração Pública e das opções políticas no domínio laboral.

CONCLUSÕES GERAIS

Passo a enunciar as principais conclusões da investigação apresentada neste livro.

Desenvolvi uma análise sociológica dos sistemas de resolução dos conflitos laborais tomando como unidade de análise privilegiada os tribunais de trabalho. Contrariando os argumentos fáceis em torno da designada crise da justiça, creio ser inegável concluir pelo relevo e especificidade dos tribunais de trabalho no quadro da sociedade portuguesa e no âmbito do sistema judicial. Pode afirmar-se genericamente que a justiça laboral desempenha um papel essencial para a efectividade dos direitos dos trabalhadores e apresenta um índice de eficiência invejável por comparação com as outras áreas da administração da justiça. No entanto, também ficaram patentes as debilidades e fragilidades da actividade dos tribunais de trabalho na sua relação com o mercado de trabalho e com o sistema de relações laborais.

As situações mais graves resultam, em meu entender, da incapacidade de ultrapassar as barreiras ao acesso ao direito e à justiça, permitindo-se assim que constrangimentos estruturais associados à regulação das relações laborais e à estrutura do mercado de trabalho determinem o padrão de mobilização dos tribunais e a estrutura da litigação. A discrepância entre a procura real e a procura potencial e o tipo de litígios entrados nos tribunais deixam perceber a existência de um fenómeno de "distância à justiça" e o reconhecimento de uma estrutura de conflitualidade ausente dos tribunais. Por exemplo, o número de conflitos associados à relação individual de trabalho entrados nos tribunais é reduzido e os litígios centram-se nas questões do despedimento e/ou pecuniárias ficando de fora outras matérias como a da discriminação sexual ou os conflitos surgidos em micro empresas. A desigualdade de oportunidades na mobilização dos tribunais e os conflitos ocultos ou suprimidos determinados pelas situações de crise económico-social, atipicidade e flexibilidade fáctica das relações laborais questionam o alcance da justiça do trabalho e o seu contributo para a democracia laboral.

A análise contextualizada dos tribunais de trabalho permitiu demonstrar que as suas funções, actividades e posição ocupada na sociedade portuguesa são afectadas e interagem com três dimensões analíticas que lhes são transversais: os processos de crise e de transformação das relações laborais e do direito do trabalho; a diversidade dos modos de produção e de aplicação da normatividade laboral; e a heterogeneidade dos elementos constitutivos do sistema de resolução dos conflitos laborais. Elas estão subjacentes às conclusões que passo a desenvolver.

Sem prejuízo do reconhecimento da diversidade de formas de produção e de aplicação da normatividade laboral, do específico contexto de transição e consolidação para a democracia portuguesa, resultou a grande centralidade do Estado na produção e aplicação das regras laborais. A importância do princípio de regulação estatal e do espaço estrutural da cidadania tem, no entanto, como contraponto a debilidade da sociedade civil e a fragilidade do princípio da regulação do diálogo social. A inexistência de uma cultura laboral de negociação faz com que o sistema português de resolução dos conflitos apesar de possuir uma grande diversidade de princípios de regulação e de formas de resolução (estatais, associativos, administrativos, formais, informais etc.) assuma um carácter dúplice: de um lado, o sistema virtual ou semântico decorrente dos enquadramentos processuais, normativos e institucionais; de outro lado, o sistema real que emerge das práticas sociais e das relações laborais concretas. Neste último, a regulação da conflitualidade é marcada por três aspectos: procura suprimida e resignação, recurso quase exclusivo à conciliação (no caso dos conflitos colectivos) e aos tribunais de trabalho (no caso dos conflitos individuais). As principais consequências sócio--políticas da situação experimentada pelo sistema de resolução dos conflitos são a predominância dos princípios de regulação de base estatal e a reprodução do carácter antagonístico e adversarial das relações laborais na composição dos litígios.

Os tribunais de trabalho ao "deterem o monopólio" (à excepção dos Açores) da resolução dos conflitos emergentes da relação individual de trabalho (por falta de efectividade das alternativas existentes e falta de vontade política em promover as possibilidades disponíveis) são directamente confrontados com as tensões e bloqueios do mundo do trabalho e com as visões polarizadas de trabalhadores e empregadores quanto ao seu desempenho: excesso de protagonismo na defesa dos trabalhadores para uns; insuficiente protecção da parte contratualmente mais débil para outros. A este propósito os resultados da investigação contribuem para desconstruir alguns dos estereótipos utilizados para categorizar os tribunais de trabalho. Em primeiro lugar, o não-recurso à figura dos juízes sociais que possibilitaria a introdução do principio do diálogo social na administração da justiça fica a dever-se, sobretudo, ao desinteresse dos parceiros sociais em nomear os árbitros de parte. Mesmo que as estratégias advocatícias e a invocação da morosidade pelos operadores judiciais possam concorrer para a não utilização desta figura processual, o que estruturalmente está em causa é a transposição para o espaço do tribunal das características do sistema de relações laborais. Os parceiros sociais desresponsabilizam-se de participar na administração da justiça. Esta omissão devolve-lhes parte das críticas que dirigem à justiça laboral e perpetuam o carácter adversarial das relações laborais.

Em segundo lugar, o preconceito de que os tribunais decidem, em regra, de forma favorável aos interesses dos trabalhadores é questionado por três ordens de razões. A primeira decorre das flutuações registadas no número de sentenças julgadas no todo ou em parte favoráveis aos trabalhadores, sendo significativa a sua diminuição nos últimos dois anos. A segunda está associada à diferenciação interna do desempenho dos tribunais de trabalho. Os tribunais de trabalho não decidem todos de acordo com o mesmo padrão, existindo respostas muito distintas às petições dos trabalhadores. Finalmente, a terceira reside no grande peso que assume a conciliação judicial. Em boa verdade, e como sublinhei, as decisões da justiça laboral assentam essencialmente na transacção. É neste sentido que a actividade dos tribunais induz ao que designei por autocomposição assistida no espaço público do tribunal, em que a alternativa à conciliação é uma sentença judicial. A explicação para o elevado número de conciliações assenta na cultura jurídica laboral, nas normas processuais e nas expectativas e processos de socialização dos operadores judiciais.

Duas interrogações foram colocadas a propósito da conciliação. Uma foi a de saber o motivo da inexistência de conciliações extrajudiciais e fora do espaço do tribunal: a resposta assenta na inefectividade das formas alternativas de resolução dos conflitos e na incapacidade dos actores laborais de encontrarem soluções de equidade no âmbito da auto-regulação bi- ou tripartida. A outra incidiu sobre a qualidade e o conteúdo das conciliações. A resposta, não sendo linear, problematiza os seus resultados. A discrepância registada entre o peticionado e o efectivamente obtido pelos trabalhadores parece decorrer das contingências das relações laborais que trazem o risco da passagem por um processo executivo de soma zero para o trabalhador devido às situações económicas invocadas

464 *Trabalho procura Justiça*

pelas empresas, da urgência para os trabalhadores em obter uma decisão e das estratégias advocatícias. Em muitos casos estamos perante uma "conciliação repressiva", porque tendencialmente "imposta" pelo tribunal. Para além disso, existe também uma propensão para fixar os resultados da conciliação em valores inferiores aos peticionados, atendendo às recíprocas vantagens para as partes na qualificação jurídica dos montantes a pagar com vista ao não pagamento de impostos.

Em terceiro lugar, a actividade da justiça laboral é influenciada pelas dinâmicas do sistema de relações laborais e do sistema de resolução dos conflitos laborais. O estudo assinalou a dificuldade da transposição de matérias negociadas em sede de concertação social para outros níveis de negociação e a situação de bloqueio da negociação colectiva. As principais consequências para a justiça laboral são as seguintes: (1) inefectividade e "suspensão", por parte dos parceiros sociais, da discussão em sede de Comissão Permanente de Concertação Social relativa à promoção de centros de arbitragem, mediação e conciliação visando a composição dos litígios individuais de trabalho que estiveram na base dos protocolos negociados entre os parceiros sociais e que permitiram a constituição do Serviço Regional de Conciliação e Arbitragem do Trabalho dos Açores, entidade que promove extra-judicialmente a resolução de litígios laborais criado pelo Decreto Legislativo regional n.º 24/88/A de 19 de Maio (SERCAT); (2) inefectividade das normas que permitem a institucionalização nas próprias convenções colectivas de mecanismos de conciliação, mediação e arbitragem possibilitada pelo DL 209/92 de 2 de Outubro, art.º 5.º, n.º 1, alínea c, que prevê que as convenções colectivas podem regular "os processos de resolução de litígios emergentes de contratos individuais de trabalho celebrados entre entidades empregadoras e trabalhadores, instituindo mecanismos de conciliação, mediação e arbitragem".[261,262]

Deste modo, pode considerar-se que os deficits do diálogo social em Portugal têm obstado ao encontrar de soluções extrajudiciais de reso-

---

[261] Conferir nova redacção introduzida pelo art.º 541, alínea f do Código do Trabalho, que prevê que "as convenções colectivas de trabalho devem, designadamente, regular os processos de resolução dos litígios emergentes de contratos de trabalho instituindo mecanismos de conciliação, mediação e arbitragem".

[262] De acordo com a análise de conteúdo das convenções colectivas publicadas no BTE (Boletim do Trabalho e Emprego), apenas numa convenção, num universo de aproximadamente 500 instrumentos de regulamentação colectiva de trabalho, foram negociadas cláusulas relativas à resolução extrajudicial dos conflitos.

lução dos litígios. As formas alternativas de resolução dos litígios individuais de trabalho são seguramente uma metodologia adequada à facilitação do acesso à justiça e ao aumento da qualidade da justiça laboral, sobretudo se considerarmos o crescimento sustentado do número de processos laborais entrados nos tribunais de trabalho. Por exemplo, o número de processos entrados nos últimos quatro anos foi o seguinte: 58.511 em 1999, 68 296 em 2000, 67.316 em 2001 e 72.806 em 2002.

Parece ser oportuno retomar as discussões versando o encontrar de soluções em matéria de formas alternativas de resolução dos litígios envolvendo os parceiros sociais, nomeadamente em sede de concertação social.

Os processos de transformação e de crise dos sistemas de relações laborais e do direito do trabalho levaram-me a concluir pela situação de anomia existente na sociedade do trabalho. De um ponto de vista estrutural, o que está em causa é o esgotamento das respostas políticas e sociais dadas, desde a década de 70, à dupla tensão fundadora dos sistemas de relações laborais e do direito do trabalho. Ela contrapôs o *status do trabalhador* ao contrato e permitiu, apesar das limitações, o reconhecimento de que o trabalho não é uma mercadoria e, não o sendo, aos cidadãos nas suas relações de trabalho não se lhes aplicaria o direito civil, mas um direito de natureza social. A especificidade das normas laborais internacionais e nacionais encontraram, assim, a sua identidade política e jurídica no princípio da discriminação positiva da parte mais débil no contrato de trabalho – o trabalhador –, recusando o tradicional paradigma civilista de igualdade formal gerador de injustiça e iniquidade quando aplicado às relações laborais. Todavia, a pressão exercida pelos espaços do mercado e da produção e respectivas normatividades tende a romper este frágil compromisso, abrindo-se caminho a uma enorme diversidade de processos de exclusão ou inclusão mitigada no mercado de trabalho. A atipicidade das relações laborais e da própria estrutura identitária do direito do trabalho, reconhecível, por exemplo, no desemprego, na contratação a termo, no aumento do trabalho autónomo (escondendo situações de trabalho dependente), o trabalho em *part-time,* "forçado", etc., configuram o contexto de precariedade das relações laborais, o qual, como se viu, tende a expandir-se e a aprofundar a fragilidade do valor--trabalho nas sociedades contemporâneas.

As respostas do judicial-laboral à tensão risco/segurança nas áreas sociais do emprego e do rendimento e da conformação do poder patronal, nomeadamente em Portugal, caracterizam-se simultaneamente, por serem isomórficas em relação à estrutura do mercado de trabalho, o que significa que os tribunais de trabalho são influenciados pelos constrangimentos estruturais das relações laborais, e selectivas quanto à estrutura da litigação, assente maioritariamente nas clássicas reivindicações defensivas ligadas ao despedimento e ao salário.

Nestes termos, conclui-se a partir da articulação entre a relação emprego/população, a taxa de desemprego e a taxa de desconforto (taxa de inflação mais taxa de desemprego) que os momentos de maior crise do sistema de relações laborais correspondem a uma diminuição da procura dos tribunais de trabalho. As situações mais desfavoráveis para o mercado de trabalho, conjugando a desaceleração da taxa de emprego com o aumento da taxa de desemprego produzem uma menor mobilização dos tribunais e uma redução do padrão de conflitualidade. Acresce que a contratação a termo e a taxa de rotatividade estão em relação inversa com a conflitualidade e mobilização dos tribunais, o que significa que a precariedade se constitui em factor de constrangimento e de supressão da procura. Os dados anteriormente carreados levam-me a questionar, de uma forma enfática, as teses epigramáticas que aludem à rigidez do mercado de trabalho introduzida pela legislação e pela actividade dos tribunais no domínio das relações individuais de trabalho. As conclusões a que cheguei pela aplicação do conjunto de indicadores quantitativos e qualitativos atestam a existência de uma flexibilidade fáctica emergente das características do mercado de trabalho, da estrutura empresarial e do sistema de relações laborais. A regulação das relações laborais associada a essas características concorre para a supressão ou resignação da conflitualidade interindividual. Neste sentido, afirmo que o reconhecimento da flexibilidade fáctica desconstroi a retórica da rigidez da regulação dos conflitos interindividuais.

Pude também identificar profissões mais propensas a litigar do que outras, como sucede no caso dos operários, bem como sectores de actividade onde a judicialização dos conflitos individuais de trabalho é mais provável, como ocorre, por exemplo, nas indústrias transformadoras. A análise global da estrutura sócio-profissional dos mobilizadores dos tribunais demonstrou a existência de duas tendências: a do progressivo aumento dos conflitos emergentes das profissões do terciário e a diminuição do número de litígios associados às profissões do sector secundário as quais, no entanto, continuam a ser as que maior expressão quantitativa têm no total da litigação. Para além disso, a actividade dos tribunais de trabalho na sua relação com a composição sexual do mercado de trabalho é marcada pelas elevadas taxas de feminização da litigação. Efectivamente,

Conclusões Gerais

as mulheres estão cada vez mais presentes na mobilização dos tribunais, nomeadamente em profissões com elevados índices de segregação sexual. Contudo, o padrão de mobilização dos tribunais por parte das mulheres tem como origem conflitos onde se reconhecem apenas os tradicionais litígios emergentes da relação individual de trabalho, partilhados por homens e por mulheres.

As dificuldades experimentadas no domínio do acesso à justiça, consubstanciadas na ocultação dos conflitos, no *gap* entre a procura potencial e a procura efectiva, na fragilidade dos instrumentos de informação e consulta jurídicas e na falta de efectividade das formas alternativas de resolução de conflitos, impedem a existência de um modelo preventivo de resolução dos conflitos individuais de trabalho. A elevada inefectividade das normas laborais e a selectividade da sua aplicação e penetração nos tribunais, de que se pode dar como exemplos a quase inexistência de conflitos associados à discriminação sexual, os constrangimentos decorrentes da contratação a termo e a diminuição da actividade fiscalizadora, indiciam falta de eficiência da dimensão repressiva do Estado em matéria laboral. Resta aos trabalhadores como *ultima ratio* a possibilidade de recurso aos tribunais, pelo que predomina em Portugal uma forma de regulação dos conflitos individuais assente na reparação. Pelo caminho ficam, como demonstrei nesta dissertação, as "Inezes" e os "Migueis" cujas condições determinantes das relações laborais são impeditivas da efectivação dos seus direitos de cidadania.

Perante o actual padrão de regulação das relações laborais, sustentei o reforço da actuação dos sindicatos e do Ministério Público como actores sociais essenciais para o exercício da cidadania laboral. No que diz respeito aos sindicatos a sua atitude reactiva perante os conflitos laborais torna-se uma barreira à facilitação do acesso. A não utilização dos dispositivos legais que alargaram a legitimidade activa dos sindicatos e que permitem em potência uma maior penetração no judicial-laboral aponta para a necessidade do movimento sindical redescobrir as virtualidades da luta sindical na sua interacção com os tribunais de trabalho. Quanto ao Ministério Público assinalei a tensão existente entre a Ordem dos Advogados e o papel desempenhado por esta magistratura na defesa dos trabalhadores. O equívoco, conforme referi, reside na redução do debate a uma questão de princípios corporativos. Quer o Ministério Público quer os advogados podem de uma forma competente desempenhar as funções de defensores dos trabalhadores. Todavia, a caracterização sócio-profissional na sua relação com o patrocínio do Ministério Público revelou que a taxa de incidência do seu patrocínio é mais elevada nas categorias profissionais mais frágeis e precárias da estrutura do mercado de trabalho. Para além disso, Portugal é conhecido pela sua situação de grande inefectividade das normas laborais, economia informal, recurso à contratação a termo e existência de discriminações várias no mercado de trabalho. De realçar que, no âmbito dos trabalhos ocorridos na Conferência Internacional do Projecto "Garantir os Direitos em Matéria de Igualdade Salarial – legislação e mecanismos para assegurar uma maior protecção" (da iniciativa da CITE), que tive oportunidade de acompanhar e de avaliar publicamente, foi considerado pelos parceiros internacionais como um bom exemplo a solução adoptada pela Constituição portuguesa que inclui nas funções do MP a representação dos trabalhadores. Por estas razões, qualquer limitação ao âmbito de intervenção do Ministério Público na área laboral tem de ser ponderada de uma forma cautelosa.

A concluir, a resolução dos conflitos de trabalho está centrada nos tribunais, está distante dos cidadãos, é eficiente por relação ao sistema judicial, os parceiros sociais desresponsabilizam-se de participar na administração da justiça, a autocomposição assistida, em que a alternativa à conciliação é uma sentença, é a forma privilegiada de composição dos conflitos, a flexibilidade fáctica conduz à procura suprimida e à selectividade da estrutura de litigação, e os conflitos individuais de trabalho centram-se nas questões do despedimento e salariais, permanecendo ocultos conflitos ligados às desigualdades sexuais, às micro-empresas, entre outros. Assim, o Trabalho continua à procura de Justiça.

Desejo que o futuro do mundo do trabalho seja o de uma sociedade civilizada, cujos membros não se humilham uns aos outros, decente, cujas instituições não humilham as pessoas, e onde todos possam aceder a um trabalho decente e digno, em condições de liberdade, de equidade, de segurança e de dignidade.

BIBLIOGRAFIA

AAVV (1990), *Temas de Direito do trabalho*. IV Jornadas Luso-Hispano-Brasileiras de Direito do Trabalho. Coimbra: Coimbra Editora.

ABRAMOVICH, Victor; Courtis, Christian (1995), "Los anillos de la serpiente. Transformaciones del derecho entre el trabajo y el consumo". *No Hay Derecho*, 12.

ADAM, Barbara (1994), *Time and social theory*. Cambridge: Polity Press.

Agência Europeia para a Segurança e Saúde no Trabalho (2000), FACTS, n.º 19. Bilbau.

Agência Europeia para a Segurança e Saúde no Trabalho (2000), News, n.º 8. Bilbau.

ALEXANDER, Jeffrey (1987), "On the Centrality of the Classics" *in* A. Giddens e J. Turner (orgs.), *Social Theory Today*. Cambridge: Polity Press, 11-57.

ALEXANDER, Jeffrey (1995), *Fin de Siècle Social Theory*. London: Verso.

ALMEIDA, João Ferreira de; Pinto, José Madureira (1982), *A investigação nas ciências sociais*. Lisboa: Editorial Presença.

ANDRINI, Simona; Arnaud, André-Jean (1995), *Jean Carbounier, Renato Treves et la sociologie du droit. Archéologie d'une discipline*. Entretien et Piéces. Paris: LGDJ.

ARBÓS, Xavier; Giner, Salvador (1993), La *gobernabilidad: ciudadanía y democracia en la encrucijada mundial*. Madrid: Siglo Veintiuno de España Editores.

ARNAUD, André-Jean (1991), *Pour une pensée juridique européenne*. París: PUF.

ARNAUD, André-Jean (1993), "Alternatif (droit) – Alternative justice" *in* André-Jean Arnaud *et al.* (orgs.), *Dictionnaire Encyclopédique de Théorie et de Sociologie du Droit*. Paris: Librairie Général de Droit et de Jurisprudence.

ARNAUD, André-Jean; Dulce, Maria José Fariñas (1996), *Sistemas jurídicos: Elementos para un análisis sociológico*. Madrid: Imprensa Nacional del Boletín Oficial del Estado.

AUVERGNON, Philippe (2000), "La peur des travailleurs et le droit du travail". Droit et Societé, 46, 569-595.

BAPTISTA, Manuel Nascimento (1982), *A participação popular na administração da justiça do trabalho*. Sindicato dos Magistrados do Ministério Público. Lisboa: Livros Horizonte.

BARBALET, J. M. (1989), *A cidadania*. Lisboa: Editorial Estampa.

BARBALET, J. M. (2001), *Emoção, teoria social e estrutura social: uma abordagem macrossocial*. Lisboa: Instituto Piaget.

BARBASH, Jack (1984), *The Elements of Industrial Relations*. Madison: The University of Wisconsin Press.

BARRETO, José (1991), *A Formação das centrais sindicais e do sindicalismo contemporâneo em Portugal (1968-1990)*. Tese de Doutoramento. Lisboa: ISCTE.

BARRETO, José; Naumann, Reinhard (1998), "Portugal: Industrial Relations under Democracy" *in* Anthony Ferner e Richard Hyman (ed.), *Changing Industrial Relations in Europe*. Oxford: Blackwell Publishers, pp. 395-425.

470   *Trabalho procura Justiça*

BECK, Ulrich (1992), The *Risk Society: Towards a New Modernity.* Londres: Sage.

BECK, Ulrich (2000), "Mehr Zivilcourage bitte". *Die Welt,* 11.

BELL, Judith (2002), *Como realizar um projecto de investigação: um guia para a pesquisa em ciências sociais e da educação.* Lisboa: Gradiva.

BELLEY, Jean Guy (1993), "Pluralisme Juridique" *in* Arnaud, André-Jean *et al.* (orgs.), *Dictionnaire Encyclopédique de Théorie et de Sociologie du Droit.* Paris: Librairie Général de Droit et de Jurisprudence.

BERNSTEIN, Richard (1976), *The Restructuring of Social and Political Thought.* Oxford: Blackwell.

BERTOLA, Giuseppe *et al.* (1999), *Employment protection and labour market adjustment in OECD countries: Envolving institutions and variable enforcement.* Genebra: OIT.

BERTOLA, Giuseppe et al. (2001), *Employment protection in industrialized countries: The case for new indicators.* Florença: European University Institute.

BERTOLA, Giuseppe *et al.* (2001a), *Welfare and employment in a United Europe: a study for the Fondazione Rodolfo Debenedetti.* Cambridge: MIT Press.

BLANKENBURG, Erhard *et al.* (1991), *Disputes and litigation.* Oñati: International Institute for the Sociology of Law.

BLANPAIN, Roger (1992), *Labour Law and Industrial Relations of the European Union Maastrich and Beyond: From a Community to a Union.* Boston: Kluwer Law.

BLANPAIN, Roger (1995) "Industrial Disputes". *International Encyclopedia for Labour and Industrial Relations.* Boston: Kluwer Law.

BOBBIO, Norberto (1977), *Dalla struttura alla funzione.* Milão: Edizione di Comunità.

BOBBIO, Norberto (1986), *Dicionário de política.* Brasília: Editora Universidade de Brasília.

BOBBIO, Norberto (1986a), *Crisis de la democracia.* Barcelona: Ariel.

BOBBIO, Norberto (1989), "Público/privado". *Enciclopédia Einaud,* vol 14,176-190.

BOBBIO, Norberto (1989a), "Sociedade civil". *Enciclopédia Einaud,* vol 14,160-175.

BONAFÉ-SCHMITT, Jean-Pierre (1985), *Les justices du quotidien: les modes formels et informels de règlement des petits litiges.* Lyon: GLYSI-Université de Lyon II.

BONAFÉ-SCHMITT (1992), *La médiation, une justice douce.* Paris: Syros.

BONAFÉ-SCHMITT, Jean Pierre *et al.* (1999), *Les meditions, la mediation.* Paris: Editions Erès.

BOURDIEU, Pierre (1987), "What Makes a Social Class? On the Theorical and Pratical Existence of Groups". *Berkeley Journal of Sociology,* vol. XXXII.

BOURDIEU, Pierre (1989), *O Poder simbólico.* Lisboa: Difel.

BURAWOY, Michael (1985), *The Politics of Production.* Londres: Verso.

CABRAL, Célia Costa; Pinheiro, Armando Castelar (2003), "A Justiça e seu impacto sobre as empresas portuguesas" *in* João Álvaro Dias (coord.), *Os Custos da Justiça – Actas do Colóquio Internacional.* Coimbra: Almedina.

CABRAL, Manuel Villaverde (1977), *O operariado nas vésperas da República: 1909-1910 seguido de extractos da inquirição pelas associações de classe sobre a situação do operariado: 1909-1910.* Lisboa: Editorial Presença.

CAIRE, Guy (1987) "Naissance d'un sistème de relations profissionelles: le Portugal après Avril 1974". *Travail et Societé,* 12 (2).

CAIRE, Guy (1991), "Des relations industrielles comme object theorique". *Sociologie du Travail,* 3.

CAMPILONGO, Celso Fernandes (1997), *Direito e Democracia*. S. Paulo: Max Lomonad.

CAMPOS, Germán Bidart (1982), *Ciencia política y ciencia del derecho constitucional: unidad o dualid?* Buenos Aires: Ediar.

CAPPELLETTI, Mauro e Garth, Bryant (1978), *Access to justice*. Milan: A. Giuffre.

CARBONNIER, Jean (1972), *Sociologíe Juridique*. Paris: Librairie Armand Colin.

CARDOSO, Álvaro Lopes (1994), *Comentário ao Código dos Processos Especiais de Recuperação da Empresa e da Falência*. Lisboa: Petrony.

CARRILHO, Manuel Maria (1982), *O saber e o método*. Lisboa: Imprensa Nacional.

CARRILHO, Manuel Maria (1987), *Razão e transmissão da filosofia*. Lisboa: Imprensa Nacional.

CASEY, Catherine (1995), *Work, self and society: after industrialism*. London: Routledge.

CASEY, Bernard (2004), "The OECD Jobs Strategy and the European Employment Strategy: Two views of the labour market and the welfare state". *European Journal of Industrial Relations*, Vol. 10, N° 3, pp. 329-352.

CASTELLS, Manuel; Aoyama, Yoko (1994), "Vers la société de l'information: structures de l'emploi dans les pays du G7 de 1920 à 1990". Revue Internationale du Travail, vol. 133, n°1: 5-36.

CASTEL, Robert (1995), "De la exclusión como estado a la vulnerabilidad como proceso". *Archipiélago*, 21: 27-36.

CÉLESTIN, Jean-Bernard, (2002) *A qualidade do emprego*. Lisboa. Direcção Geral do Emprego e Formação Profissional (DGEFP).

CERDEIRA, Maria da Conceição (1997), *A evolução da sindicalização portuguesa de 1974 a 1995*. Lisboa: Direcção das Condições de Trabalho.

CERDEIRA, Maria Conceição; Padilha, M. E. (1988), *As estruturas sindicais portuguesas – Uma análise evolutiva de 1933 a Abril de 1987*. Lisboa: MESS (Estudos Série C Trabalho).

CERDEIRA, Maria Conceição; Padilha, M. E. (1990), *A sindicalização e alguns comportamentos sindicais*. Lisboa: MESS.

CHATEAURAYNAUD, Francis (1991), *La faute professionnelle: une sociologie des conflicts de responsabilite*. Paris: Metailie.

CHAZEL, Françoise; Commaille, Jacques (orgs.) (1991), *Normes juridiques et régulation sociale*. Paris: LGDJ.

CHOURAQUI, Jean-Claude; Carey, David; Hagemann, Robert (1993), *The future of capital income taxation in a liberalised financial environment*. Paris: OCDE.

CLAM, J.; Martin, G., (1998) (eds.), "Les Transformations de la Régulation Juridique". *Droit et Société, Recherches et Travaux*, n° 5. Paris. LGDJ.

CLARK, Jon; Wedderburn, (1987), "Jurification – a Universal Trend? The British Experience in Labour Law" *in* Gunther Teubner, *Juridification of Social Spheres*. Nova Iorque: Walter de Gruyter.

COHEN, Arato (1992), *Civil Society and Political Theory*. Londres: Polity Press.

COLEMAN, James S. (1990), "Metatheory: explanation in social science" *in* idem, *Foundations of Social Theory*. Cambridge: Belknap Press, pp. 1-23.

Comissão das Comunidades Europeias, (1976) *Livro Verde sobre a democracia no trabalho*. Luxemburgo: Direcção Geral do Emprego, Relações Laborais e Assuntos Sociais.

Comissão das Comunidades Europeias (1997) *Livro Verde Sobre o partenariado para uma nova organização do trabalho*. Luxemburgo: Direcção Geral do Emprego, Relações Laborais e Assuntos Sociais

Comissão das Comunidades Europeias (2000), *Livro Verde sobre a assistência judiciária em matéria civil: problemas com que se deparam os litigantes em processos transfronteiras.* Comissão Europeia.

Comissão das Comunidades Europeias (2001) *Livro Verde sobre a Governança Europeia.* Comissão Europeia.

Comissão das Comunidades Europeias (2001a), *Livro Verde sobre o alargamento do acesso do consumidor aos sistemas alternativos de resolução de litígios.* Comissão Europeia.

Comissão das Comunidades Europeias, (2001b), Livro Verde – *Promover um quadro europeu para a responsabilidade social das empresas.* Comissão Europeia.

Comissão das Comunidades Europeias (2002), *Livro Verde sobre os modos alternativos de resolução de litígios em matéria cível e comercial.* Comissão Europeia.

Comissão Europeia (1976), *Relatório Geral sobre a Actividade da União Europeia.* Relatório Anual. Bruxelas: Comissão Europeia.

Comissão Europeia (1997), *Relatório Geral sobre a Actividade da União Europeia.* Relatório Anual. Bruxelas: Comissão Europeia.

Comissão Europeia (1998), *Comunicação da Comissão sobre o trabalho não declarado.* COM (98) – 219. Bruxelas: Comissão Europeia.

Comissão Europeia (1999) *Transformation of labour and future of labour law in Europe.* Bruxelas: Comissão Europeia.

Comissão Europeia (2000), *Relatório Geral sobre a Actividade da União Europeia.* Relatório Anual. Bruxelas: Comissão Europeia.

Comissão Europeia (2001), *Relatório Geral sobre a Actividade da União Europeia.* Relatório Anual. Bruxelas: Comissão Europeia.

Comissão Europeia (2002). Comunicado da Comissão – *O diálogo social europeu, força de modernização e mudança.* Comissão Europeia.

COMMAILLE, Jacques (1993), "Régulation sociale". *Dictionnaire Encyclopédique de Théorie et de Sociologie du Droit.* París, LGDJ.

COMMAILLE, Jacques (1994), *L' esprit sociologique des lois: essai de sociologie politique du droit.* Paris: Presses Universitaires de France.

COMMAILLE, Jacques e Assier-Andriew, Louis (1995), *Politique des lois en Europe: la filiation comme modèle de comparaison.* Paris: LGDJ, Droit et Société, 11.

COMMAILLE, Jacques e Singly, François de (dir.) (1998), *La question familiale en Europe.* Paris: L'harmattan.

COMMAILLE, Jacques e Jobert, Bruno (1999), "Les metamorphoses de la régulation poli-tique". Droit et Société, 24. Paris: LGDJ.

COMMAILLE, Jacques *et al.* (2000), *La juridicisation du politique: lecons scientifiques.* Paris: LGDJ.

CONCEIÇÃO, Pedro; Ávila, Patrícia (2001), *A inovação em Portugal: II inquérito comuni-tário às actividades de inovação.* Oeiras: Celta Editora.

CORDEIRO, A. Menezes (1994), *Manual de Direito do Trabalho.* Coimbra: Almedina.

CORREIA, João (1980), "Justiça do Trabalho" in Vítor Marques, *A participação popular na administração da justiça.* Lisboa: Livros do Horizonte.

CORREIA, João (1982), "A participação e intervenção populares na administração da justiça do trabalho em Portugal". *A Participação popular na administração da justiça.* Sindicato dos Magistrados do Ministério Público, Lisboa: Livros Horizonte.

CORTEN, Olivier (1998), "L'interprétation du 'raisonnable' par les juridictions internationales: au-delà du positivisme juridique?" *in* Revue générale de droit international public.

COSTA, Hermes Augusto (1996), "O movimento sindical português numa Europa Integrada", *Oficina do CES,* 71, 1-18.

COSTA, Hermes Augusto (1997), *Os desafios da globalização ao sindicalismo: Contributos para uma perspectiva portuguesa.* Dissertação de Mestrado em Sociologia. Coimbra: Faculdade de Economia.

COSTA, Hermes Augusto (1998), "A globalização do sindicalismo como desafio: a adesão da CGTP à CES". Revista Crítica de Ciências Sociais, n.º 51, 69-107.

COTTERRELL, Roger (2001), *The Sociology of Law.* Londres: Butterworths.

CRISTÓVAM, Maria Luisa (1995), "Portugal: the challenge of direct participation lies ahead". *Working paper n.º 95/71/ EN.* European Foundation for the Improvement of Living and Working Conditions.

CROUCH, Colin (1993), *Industrial Relations and European State Transitions.* Nova Iorque: Oxford University Press.

CROUCH, Colin (1996), "Revised Diversity: From the Neo-Liberal Decade to beyond Maastricht" *in* Ruyssevelt, Jelle Visser (orgs.), *Industrial Relations in Europe.* Heerlen: Opean University, Sage.

CROUCH, Colin (1999), "Reinventing the social pact: scenarios and requirements" *in The Reform of Social Pact.* Lisboa: INCM.

CROUCH, Colin (2000), "National Wage Determination and European Monetary" *in* Crouch (ed.), *After the Euro: Shaping Institutions for Governance in the Wake of European Monetary Union.* Oxford, Oxford University Press.

CROZIER, Brian (1974), *A theory of conflict.* London: Hamish Hamilton.

CUIN, Charles-Henry; Gresle, François (1995), *História da Sociologia.* Lisboa: Publicações Dom Quixote.

DAL-RÉ, Fernando Valdés (1993), *"Las empresas de trabajo temporal. Debate laboral de los interlocutores sociales",* Valladolid: Lex Nova.

DAL-RÉ, Fernando Valdés (2003), *Conciliación, mediación y arbitraje laboral en los países de la Unión Europea.* Madrid: Ministério de Trabajo y Asuntos Sociales.

DAHRENDORF, Ralf (1961), *Sociedade e Liberdade.* Brasília: Editora Universidade de Brasília.

DAHRENDORF, Ralf (1996), *A quadratura do círculo: bem-estar económico, coesão social e liberdade política.* Lisboa: Edições 70.

DEEP (2002), Estatísticas em Síntese, *As Mulheres no Mercado de Trabalho.*

DELPEUCH, Jean-Luc (1994), *Post-communisme, l'Europe au défi: chronique pragoise de la réforme économique au côur d'une Europe en crise.* Paris: Harmattan.

DEVILLÉ, Annie e Noel, Catherine (1993), *Les elections aux comites d'entreprise en 1991.* Dossiers statistiques du travail et de l'emploi.

DIAZ, Elías (1984), *Sociología y filosofía del derecho.* Madrid: Taurus.

DOISE (1982), "A mudança em Psicologia Social" *in* A.A.V.V., *Mudança Social e Psicologia Social.* Lisboa: Livros Horizonte.

DONZELOT, Jacques (1994), *L'invention du social: essai sur le déclin des passions politiques.* Paris: Editions du Seuil.

DORNELAS, António (1999), "Emprego, desemprego e relações industriais" *in* Carlos Manuel Gonçalves, Cristina Parente e Luísa Veloso (Orgs.), *Emprego e Organizações: mudanças e novas perspectivas*. Porto: Faculdade de Letras da Universidade do Porto.

DORNELAS, António (1999a), "Interrogações sobre as perspectivas Futuras das Relações de Trabalho em Portugal". Comunicação ao VIII Encontro de Sociologia Industrial, das Organizações e do Trabalho (APSIOT). Oeiras: Celta.

DORNELAS, António (2001): "Inovação tecnológica e relações de trabalho: entre o unilateralismo e a regulação participada" *in* Jorge Pinho de Sousa (Org.), *O impacto da inovação tecnológica na organização das empresas e do trabalho*. Porto: Faculdade de Engenharia da Universidade do Porto.

DORNELAS, António (2003), "Industrial relations in Portugal: continuity or controlled change", *in* Fátima Monteiro, José Tavares, Miguel Glatzer, Angelo Cardoso, (orgs.), *Portugal - Strategic Options in a European Context*. Boston: Lexington Books, pp. 129-153.

DORNELAS, António (2004): "Labour markets regulation and social convergence with EU patterns: the case of Portugal". 7th. European Congress of the IIRA - International Industrial Relations Association. Estoril.

DOYLE, Margaret (2000), *Advising on ADR: the essential guide to appropriate dispute resolution*. London: Advice Services Alliance.

DOUZINAS, Costas (1991), *Postmodern jurisprudence: the law of text in the text of law*. London: Routledge.

DUFRESNE, Jacques (1993), http://agora.qc.ca/cvdufresne.html.

DUNLOP, John (1993), *Industrial Relations Systems*. Boston: Harvard Business School Press.

ERBÈS-SEGUIN, Sabine (1991), *Normes juridiques et regulation sociale*. Paris: L.G.D.J.

ESPING-ANDERSEN, Gosta (2000), *Social foundations of post industrial economies*. Oxford: Oxford University Press.

ESPINOSA, Emílio Lamo (1990), *La sociedad reflexiva*. Madrid: Siglo XXI.

ESTANQUE, Elísio (2000), *Entre a Fábrica e a Comunidade: Subjectividades e Práticas de Classe no Operariado do Calçado*. Porto: Afrontamento.

ESTANQUE, Elísio (2001), "Do autoritarismo despótico aos novos desafios do sindicalismo: reflexões sobre o trabalho industrial na era da globalização". *Revista de Psicologia Política*, n.º 2, 5, S. Paulo/Brasil.

ESTANQUE, Elísio (2003), "O efeito classe média: desigualdades e oportunidades no limiar do século XXI", *in* M. V. Cabral; J. Vala; A. Freire (orgs.), *Desigualdades Sociais e Percepções de Justiça*. Lisboa: ICS.

ESTANQUE, Elísio; Ferreira, António Casimiro (2002), "Transformações do mundo laboral"; *Revista Crítica de Ciências Sociais*, 63, 151-188.

ESTANQUE, Elísio; Mendes, José Manuel (1998), *Classes e desigualdades sociais em Portugal: um estudo comparativo*. Porto: Edições Afrontamento.

European Data Base on Judicial Systems (2000), *Working papers*. Instituto di Ricerca sui Sistemi Giudiziari, Consiglio Nazonale delle Ricerche, European Research Network on Judicial Systems. Working papers. Bologna: Edizioni Scientifiche Lo Scarabeo.

Eurostat (2000), "Inquérito à força de trabalho, 2000" *in Indicadores Gerais do Mercado de Emprego*. Bruxelas: Eurostat.

Bibliografia 475

Eurostat (2000a), *"Les réseaux appremants – La coopération entre PME ao service de la competitivité"*. *Série Inovations*, n.º 10, 5.

Eurostat (2001), T*he Social Situation in the European Union, 2001.* Bruxelas: Eurostat.

EWALD, François (1993), *Focault, a norma e o direito.* Lisboa: Veja.

EWALD, François (1995), "El advenimiento de un individualismo negativo. Entrevista a Robert Castel". Debats 54: 34-38.

FAGET, J. (1997), *La médiation. Essai de politique pénale.* Ramonville Saint Agne: Erès.

FARIA, José Eduardo (1995), *Os novos desafios da justiça do trabalho.* São Paulo: Editora LTDA.

FARIA, José Eduardo (1999), *O direito na economia globalizada.* São Paulo: Malheiros.

FARIA, José Eduardo (2000), *As transformações do direito.* São Paulo: Diálogos e Debates, pp. 16-25.

FARIA, José Eduardo (2002) (org.), *Regulação, direito e democracia.* São Paulo: Fundação Perseu Abramo.

FARIA, José Eduardo (2002a), *Qual o futuro dos direito? Estado, mercado e justiça na reestruturação capitalista.* São Paulo: Ma Limonad.

FERNANDES, António Monteiro (1991), *Direito do Trabalho.* Coimbra: Livraria Almedina.

FERNANDES, Artur Viana (2001), *Padrões de aprendizagem empresarial na economia portuguesa.* Lisboa: DGEFP, Colecção Cadernos de Emprego 36.

FERNER, A.; Hyman, R. (1992), "Industrial Relations in the New Europe: seventeen types of ambiguity" *in* A. Ferner; R. Hyman, *Industrial Relations in the New Europe.* Oxford: Blackwell.

FERNER, Anthony; Hyman, Richard (orgs.) (1998), *Industrial Relations in the New Europe.* Londres: Blackwell.

FERRÃO *et al.* (1991), "A conciliação como processo de composição dos conflitos emergentes da celebração ou revisão de convenções colectivas de trabalho". Comunicação ao Seminário: *As transformações do Sistema de Relações Profissionais em Portugal no contexto do diálogo social.*

FERRARI, Vincenzo (1990), *Developing Sociology of Law. A World-Wide Documentary Enquiry.* Milano: Guiffré.

FERRAROTTI, Franco (1990), *Histoire et histoires de vie - La méthode biographique dans les sciences sociales.* Paris: Méridiens Kl:encksieck.

FERREIRA, António Casimiro (1993), *Contributos para uma análise sociológica das formas de resolução dos conflitos colectivos de trabalho.* Provas de Aptidão Pedagógica e Capacidade Científica. Coimbra: Faculdade de Economia.

FERREIRA, António Casimiro (1994), "O Estado e a Resolução dos Conflitos de trabalho", *Revista Crítica de Ciências Sociais,* 39, 89-118.

FERREIRA, António Casimiro (1996), "A análise metateórica no contexto da transição paradigmática", *Oficina do CES, 86.*

FERREIRA, António Casimiro (1996a), *Problemas actuais da contratação colectiva em Portugal e na Europa.* Lisboa: Fundação Friedrich Erbert.

FERREIRA, António Casimiro (1997), Notas para uma geo-sociologia da sociologia, Comunicação apresentada no *XXI Encontro Annual da ANPOCS.* Caxambu.

FERREIRA, António Casimiro (1998), *A justiça laboral em Portugal numa perspectiva sócio-jurídica.* Coimbra: CES/CEJ (relatório de investigação).

FERREIRA, António Casimiro (1998a), "Da participação do Estado e da sociedade civil na resolução dos conflitos de trabalho" *in* AAVV, *Debate sobre a administração e justiça do trabalho.* Lisboa: Conselho Económico e Social, 53-118.

FERREIRA, António Casimiro (1999), "Entre o passado e o futuro: Contributos para o debate sobre a Sociologia do Direito em Portugal". *Revista Crítica de Ciências Sociais*, 52/53, 333-361.

FERREIRA, António Casimiro (2001), "Para uma concepção decente e democrática do trabalho e seus direitos" *in* Boaventura de Sousa Santos (org.), *Globalização: Fatalidade ou utopia?* Porto: Afrontamento.

FERREIRA, António Casimiro (2001a), *Os conflitos de trabalho e as suas formas de resolução na sociedade portuguesa.* Relatório JNICT.

FERREIRA, António Casimiro (2002), "O sistema português de resolução dos conflitos de trabalho: dos modelos paradigmáticos às organizações internacionais" *in* José Manuel Pureza e António Casimiro Ferreira (orgs.), *A Teia Global: movimentos sociais e instituições.* Porto: Afrontamento.

FERREIRA, António Casimiro (2003), *Trabalho procura justiça: a resolução dos conflitos laborais na sociedade portuguesa.* Tese de doutoramento em Sociologia pela Faculdade de Economia da Universidade de Coimbra. Coimbra: Faculdade de Economia.

FERREIRA, António Casimiro (2004), "Diálogo Social: Notas de reflexão a partir da experiência europeia e portuguesa" *in* E. Estanque, L. M. Silva, R. Véras, A. C. Ferreira e H. A. Costa (orgs.), *Relações laborais e sindicalismo em mudança: Portugal, Brasil e o contexto transnacional.* Coimbra: Quarteto.

FERREIRA, António Casimiro (2005), *Acesso ao Direito e Mobilização dos Tribunais de Trabalho: o caso da discriminação entre mulheres e homens.* Lisboa: CITE.

FERREIRA, António Casimiro; Costa, Hermes Augusto (1999), "Para uma sociologia das relações laborais em Portugal". *Revista Crítica de Ciências Sociais*, 52/53, 141-171.

FERREIRA, António Casimiro; Pedroso, João (1997), "Os tempos da justiça: ensaio sobre a duração e morosidade processual", *Oficina do CES,* 99.

FERREIRA, António Casimiro; Pedroso, João (1999), "Entre o passado e o futuro: contributos para o debate sobre a Sociologia do Direito em Portugal". *Revista Crítica de Ciências Sociais*, 52/53, 333-361.

FERREIRA, A. Leite (1996), *Código de Processo do Trabalho.* Coimbra.

FITOUSSI, Jean-Paul; Rosanvallon, Pierre (1997), *A Nova Era das Desigualdades.* Oeiras: Celta.

FOUCAULT, Michel (1995), *A arqueologia do saber.* Rio de Janeiro: Forense Universitária.

FOX, William (1974), *The working of a commodity agreement.* London: Mining Journal Books.

FRADE, Catarina (2003), "A resolução alternativa de litígios e o acesso à justiça: a mediação do sobre endividamento". *Revista Crítica de Ciências Sociais*, 65, 107-128.

FREIRE, João (1993), *Sociologia do Trabalho: uma introdução.* Porto: Afrontamento.

FREIRE, João (1995), *O trabalho independente em Portugal.* Lisboa: CIES-ISCTE.

FREIRE, João (1998), "Empresas e organizações: mudanças e modernização" *in* J.M.L. Viegas; A. F. Costa (orgs.), *Portugal, que modernidade?* Oeiras: Celta.

FREIRE, Manuel Leal (2001), *Regime jurídico dos acidentes de trabalho e doenças profissionais.* Porto: Elcla.

FREIRE; Varanda (1992), "Os trabalhadores independentes: estratégias e funções do auto-emprego". *Organização e Trabalho*, 7/8, 29-44.

FRIEDMAN, Lawrence M. (1984), *American law.* London: W.W. Norton.

Bibliografia

FRIEDMAN, Milton (1977), *Implantation and unenployment: the new dimensions of politics: the 1976 Alfred Nobel Memorial Lecture*. London: The Institute of Economic Affairs.

GALANTER, Marc (1993), "Direito em abundância: a actividade legislativa no Atlântico Norte". *Revista Crítica de Ciências Sociais*, 36, 103-145.

GAUTIÉ, Jérôme (2005), *Promouvoir l'adaptabilité: sécurisation des trajectories et formation tout au long de la vie*. Working Paper. Lisboa: ISCTE.

GIDDENS, Anthony (1984), *The Constitution of Society*. Oxford: Polity Press.

GIDDENS, Anthony (1986), *The constitution of society: outline of the theory of structuration*. Cambridge: Polity Press.

GIDDENS, Anthony (1989), *A Constituição da Sociedade*. S. Paulo: Martins Fontes Editora.

GIDDENS, Anthony (1991), *Modernity and Self-Identity, Self and Society in the Late Modern Age*. Cambridge: Polity Press.

GIDDENS, Anthony (1992), *As Consequências da Modernidade*. Oeiras: Celta.

GINER, Salvador *et al.* (2000), *La cultura de la democracia: el futuro*.

GIUGNI, Gino (1971), "The settlement of labour disputes in Italy", *in* Aaron Benjamin (org.), *Labour Courts an Grievance Settlment in Western Europe*. Berkeley: University of California Press

GOLDSTEIN, William M.; Hogarth, Robin M. (1997), *Research on judgment and decision making: currents, connections and controversies*. Cambridge University Press.

GORZ, André (1999), "A New Task for the Unions: The Liberation of Time from Work" *in* Ronaldo Munch; Peter Waterman (orgs.), *Labour Worldwide in the Era of Globalisation – Alternative Union Models in the New World Order*. Hampshire: Macmillan Press.

GOULDNER, Alvin (1970), *The Coming Crisis of Western Sociology*. New York: Basic Books.

GRIFFITHS, Jonh (1986), "What is legal pluralism". *Journal of Legal Pluralism*, 24.

GROTIUS, (2002) *Administração da justiça e avaliação da sua qualidade*. Coordenação Cientifica de Boaventura de Sousa Santos, Conceição Gomes, João Pedroso. Mission de Recherche de la Justice.

GUIBENTIF, Pierre (1992), "A aplicação do direito redescoberta pela Sociologia jurídica". *Sociologia, Problemas e Práticas*, 12, 19-40.

GUIBENTIF, Pierre (1993), "A produção do direito, crítica de um conceito na fronteira entre sociologia do direito e ciência de legislação". *Cadernos de Ciência de Legislação*, 7, 31-72.

GURVITCH, Georges (1973), *As classes sociais*. Lisboa: Iniciativas Editoriais.

GURVITCH, Georges (1979), *A vocação actual da sociologia*. 2º volume. Lisboa: Cosmos.

HABERMAS, Jurgen (1984), *Mudança Estrutural da Esfera Pública*. Rio de Janeiro: Zahar.

HELD, David (1988), *Political Theory and the Modern State: Essays on State, Power, and Democracy*. London: Polity Press.

HELD, David (1991), *Political Theory Today*. London: Polity Press.

HELD, David (1995), *Democracy and the Global Order*. Cambridge: Polity Press.

HELLER, Agnes (1991), "The Concept of the Political Revisited" *in* Held, David (ed.), *Political Theory Today*. London: Polity Press.

HESPANHA, António (1997), *Panorama histórico da cultura jurídica europeia*. Mem Martins: Europa-América.

478   *Trabalho procura Justiça*

HESPANHA, Pedro; Moller, Iver Horneman (2001), *Activation policies and social inclusion in Denmark and Portugal*. Coimbra: CES – FEUC.

HESPANHA, Pedro; Carapinheiro, Graça (org.) (2002), *Risco social e incerteza: pode o Estado social recuar mais?* Porto: Edições Afrontamento.

HEYDEBRAND, Wolf V. (1995), "The dynamics of legal change in Eastern Europe" *in* Studies in Law, Politics and Society, Vol. 15.

HUISKAMP, Rien (1995), *Comparative industrial and employment relations*. London: Sage.

HUNT, Alan (1978), *The Sociological Movement in Law*. Londres, Macmillan Press.

HUNT, Alan (1993), *Explorations in law and society: toward a constitutive theory of law*. London: Macmillan Press.

HUNT, Alan (1997), "Law, Politics and the Social Sciences" *in* Owen, David (orgs), *Sociology after Postmodernism*. London: Sage.

HYMAN RICHARD (1994), "Trade Unions and the Disagregation of the Working Class" *in* Marino Regini (org.), *The Future Labour Movements*. Thousand Oaks: Sage, 150- -168.

HYMAN RICHARD (2002), "Europeização ou erosão das relações laborais?" *Revista Crítica de Ciências Sociais*, 62, 7-32.

IANNI, O. (1994), "Metáforas da Globalização". *Idéias*, vol I, n.º 1, Jan./Jun.

IETSWAART. I. (1993), "Déjudiciarisation" *in* André-Jean Arnaud (org.), *Dictionnaire encyclopédique de théorie et de sociologie du droit*. 2.ª Edição. Paris: Librairie Générale de Droit et de Jurisprudence.

INA (2000), *Legislação*. Cadernos de Ciência e Legislação, Relatório Mandelkern, Melhoria e Qualidade Legislativa, 24.

JACOBS, Antoine (1993), *Internacional Conference: The Resolution of Industrial Disputes – The Use and Development of Conciliation and Mediation Procedures*. Dublin: Dublin Castle.

JAVILLIER, Jean-Claude (1976), *Les conflits du travail*. Paris: PUF.

JAVILLIER, Jean-Claude e Blanpain, Roger (1991), *Droit du travail communautaire*. Paris: Libr. Générale de Droit et de Jurisprudence.

Journal of International Development (2000), *Coping strategies in developed societies: The workigs of the informal economy*, vol. 12, n.º 8. Chichester.

KAHN-FREUND, Otto (1977), *Labour and the Law*. Londres: Stevens.

KOVÁCS, Helena (1994), "A participação no contexto da competitividade". *Organizações e Trabalho*, 12.

KRIEGER, Hubert (1995), "As novas tendências das relações profissionais na Europa para os anos 90". *Organizações e Trabalho*, n.º 13

KUMAR, Krishan (1995), *From post-industrial to post-modern society: new theories of the contemporary world*. Oxford: Blackwell.

LAMY, Alberto Sousa (2001), Advogados e juízes na literatura e na sabedoria popular. Lisboa: Ordem dos Advogados.

LEITE (1986), *Lições de Direito e da Segurança Social*. Coimbra: Serviços Sociais da Universidade de Coimbra.

LEITE, Jorge (1995), "Sindicalismo e Direitos Fundamentais". *Vértice*, 68.

LEITE, Jorge; Almeida F. Jorge Coutinho (2001) *Legislação do trabalho*. Coimbra: Coimbra Editora.

LEWIN, Kurt (1959), *La psychologie dynamique*. París, PUF.

LIMA, Adolpho (1909), *O contrato do trabalho: esboço histórico, crítica do actual contrato do trabalho, contrato colectivo de trabalho*. Lisboa: Bastos.

LIMA, Marinús Pires de (1991), "L'organisation rationnelle du travail au Portugal" *in Les Rationalisations du Travail*. 5es Journées de Sociologie du Travail, Université Lyon.

LIMA, Maria da Paz *et al.* (2000), *Conteúdos das convenções colectivas de trabalho na óptica de emprego e formação*. Lisboa: OEFP.

LOPES, Fernando Ribeiro (1998), "A contratação colectiva" *in* António Moreira (coord.), *I Congresso Nacional de Direito do Trabalho*. Coimbra: Almedina.

LUCAS, Javier de (1992), Introducción a la teoria del derecho. Valência: Tirant lo Blanch.

LUCENA, Manuel; Carlos Gaspar (1987), *Métamorphoses Corporatives? Associations d'Intérêts et Institutionalisation de la Démocratie au Portugal*. (Policop.).

LUCENA, Manuel; Carlos Gaspar (1992), "Metamorfoses corporativas? Associações de interesses económicos e institucionalização da democracia em Portugal (II)". *Análise Social*, n.º 115, pp:135-187.

LUCIANI, Massimo (1992), "La Constituition italienne et les obstacles à l'íntegration europénne". *Revue française de droit constitutionnel*, 12.

LYON-CAEN, Antoine (1996), *Le service public et l'Europe*. Paris: Commissariat Général du Plan.

LYON-CAEN, Antoine; Luigi Mariucci (1985), "The state legislative intervention and collectivebargaining: a comparison of three nacional cases". *The Internacional Journal of Comparative Labour Industrial Relations*, vol. 1.

LYON-CAEN, Gérad (1972), "Anomie, autonomie et heteronomie en droit du travail", *En Hommage a Paul Houriou*. Fac. De Droit de Liège.

MACKIE, Karl (1991), "Negociation and Mediation: From Inelegant Haggling to Sleeping Gian" *in* Kagan Mackie, *A Handbook of Dispute Resolution: ADR in Action*. Londres: Routledge and Sweet & Maxwell.

MARQUES, Maria Manuel Leitão; Ferreira, António Casimiro, (1991), "A concertação económica e social: a construção do diálogo social em Portugal". *Revista Crítica de Ciências Sociais,* n.º 31.

MARQUES, Maria Manuel Leitão (dir.) (1996), *Administração consultiva em Portugal: incluindo legislação respeitante aos conselhos e comissões consultivas*. Lisboa: Conselho Económico e Social.

MARQUES, Vítor (1980), *A participação popular na administração da justiça*. Lisboa: Livros do Horizonte.

MENDES, Castro (1967), *Direito Processual Civil*. Coimbra: Almedina.

MERRY, Sally Engle (1988), "Legal Pluralism". *Law & Society Review*, vol. 23, 5, 869-896.

MERTON, Robert K. (1965), *Sociologia: teoria e estrutura*. São Paulo: Editora Mestre Jou.

Merton, Robert K. (ed.), (1979), *Qualitative and Quantitative Social Research*. Nova York: Free Press.

MILLS, C. Wright (1982), *A imaginação sociológica*. Rio de Janeiro: Zahar.

MOREIRA, António José (2000), *Compêndio de leis do trabalho*. Coimbra: Almedina.

MOREIRA, Vital (1996), *Auto-Regulação Profissional e Administração Pública*. Coimbra: Faculdade de Direito da Universidade de Coimbra.

MOREIRA, Vital (1997), *Auto-regulação profissional e administração pública*. Coimbra: Livraria Almedina.

MOREIRA, Vital (1998), "A união política europeia e a democracia portuguesa" *in* AAVV, *Portugal na transição do milénio*. Lisboa: Fim de Século Ed., 84-98.

MORITZ, Klaus (1994), "The Production of Norms in Labour Law: Some Aspects of Colletive Agreements in Germany and France from the Viewpoint of the Treaty of Rome", *Droit et Société*, 27, 323-336.

MOZZICAFREDDO, Juan (1997), *Estado Providência e Cidadania em Portugal*. Oeiras: Celta Editora.

NELKEN, David (1981), "Changing Paradigms in the Sociology of Law" *in* Gunter Teubner (org.), *Autopoietic Law: A New Approach to Law and Society*. Berlin: De Gruyter, 35-61.

NELKEN, David (1986), "The ´Gap Problem´ in the Sociology of Law: a Theoretical Review" *in The Windsor Yearbook of Access to Justice*, 1, 191-216.

NELKEN, David (1998), "Blinding Insights? The Limits of a Reflexive Sociology of Law". *Journal of Law and Society*, pp. 407-426.

NUNES, João Arriscado (1999), "Para além das 'duas culturas': tecnociências, tecnoculturas e teoria crítica". *Revista Crítica de Ciências Sociais* nº 52/53.

Observatório do Emprego e da Formação Profissional (1996), Folha Informativa Anual.

OCDE (2005), *Perspectives de l'emploi de l'OCDE*. Paris: OCDE.

OCDE (2004), *Perspectives de l'emploi de l'OCDE*. Paris: OCDE.

OFFE, Claus (1992), "Alternative Strategies in Consumer Policy" *in* Iain Ramsay (ed.), *Consumer Law*. Londres: Darthmouth.

OLIVEIRA, Luísa (1998), *Inserção profissional: o caso da reestruturação dos lanifícios na Covilhã*. Lisboa: Edições Cosmos.

OIT (1996), GB.267/2ª sessão: Proposition pour l'ordre du jour de la 87e session (1999) de la Conférence. Genebra.

OIT (1997), GB.270/2ª sessão: Propositions pour l'ordre du jour de la 88e session (2000) de loa Conférence internationale du Travail: Project de portefeuille. Genebra.

OIT (1997a), GB.268/2ª sessão: Date, lieu et ordre du jour de la 87e session (1999) de al Conférence. Genebra.

OIT (1998), GB.273/2ª sessão: Portefeuille de propositions pour l'ordre du jour de la 89e session (2001) de la Conférence. Genebra.

OIT (1998a), GB.271/4/1ª sessão: Date, lieu et ordre du jour de la 88e session (2000) de la Confèrence. Genebra.

OIT (1999), GB. 276/2ª sessão: L'ordre du jour de la session de 2002 de la Conférence. Genebra.

OIT (1999a), GB. 274/3ª sessão: Date, lieu er ordre du jour de la 89e session (2001) de la Conférence. Genebra.

OIT (2002), Relatório "Um futuro sem trabalho infantil", 2002

OST, François (2001), *O tempo do direito*. Lisboa: Instituto Piaget.

OST, François; Gérard, Philippe; Kerchove, Michel Van de (orgs.) (2000), *L'accelération du temps juridique*. Bruxelles: Facultés Universitaires Saint-Louis.

PÁEZ, Francisco Aleman (2002), *Mudanças na legislação e nos efeitos na relação laboral: terá perdido o direito do trabalho a intensidade do carácter protector?* Madrid: Fundación Sistema, 168-169.

PAOLI, Pascal; Bodin, Pierre (2002), *A qualidade do trabalho e do emprego na Europa. Mudanças e desafios*. Madrid: Fundación Sistema.

PATERSON, Alan A.; Goriely, Tamara (1996), *A reader on resourcing civil justice*. New York: Oxford University Press.

Bibliografia

PEDROSO, João (2000), "O Comércio Internacional e Pluralidade de Ordens Jurídicas: Lex Mercatoria, Contratos de Estado e Arbitragem Comercial Transnacional" *in* José Manuel Pureza e António Casimiro Ferreira (coord.), *Teia Global: Movimentos Sociais, e Instituições,* Vol. 4. Porto: Afrontamento.

PEDROSO, João (2001), "A construção de uma justiça de proximidade". *Revista Crítica de Ciências Sociais* n.º 60, 33-60.

PEDROSO, João (2002), "Percurso(s) da(s) reforma(s) da administração da Justiça? Uma nova relação entre o judicial e o não judicial", *Oficina do CES,* 171.

PEDROSO, João; Cruz, Cristina (2000), *A Arbitragem Institucional: um novo modelo de administração de justiça – O caso dos conflitos de consumo.* Coimbra: CES/OPJ.

PEDROSO, João; Trincão, Catarina; Dias, João Paulo (2001), *Percursos da informalização e da desjudicialização – por caminhos da reforma da administração da justiça* (análise comparada). Relatório do Observatório Permanente da Justiça Portuguesa. Coimbra: Centro de Estudos Sociais.

PEDROSO, João; Trincão, Catarina; Dias, João Paulo (2003), *Por caminhos da(s) reforma(s) da Justiça.* Tribunais em sociedade, n.º 2. Coimbra: Coimbra Editora.

PEDROSO, João; Trincão, Catarina (2003a), "As reformas do acesso ao direito e à justiça". *Janus 2004 – Anuário de Relações Exteriores.* Lisboa: Público e Universidade Autónoma de Lisboa. 164-165.

PEDROSO, João; Dias, João Paulo (2003b), "As crises e as reformas da administração da Justiça. *Janus 2004 – Anuário de Relações Exteriores.* Lisboa: Público e Universidade Autónoma de Lisboa. 184-185.

PEDROSO, João; Trincão, Catarina (2003c), "El (re)nacimiento de la justicia de paz: Una reforma democrática de la justicia? Las exeperiencias de Itália, España, Brasil y Portugal". El Outro Derecho. 30. Variaciones sobre la justicia comunitária. Bogotá: ILSA – Instituto Latinoamericano de Serviços Legales Alternativos, 197-222.

PINTO, Mário (1989), *Les Relations Industrielles au Portugal.* Luxembourg: Office des Publications Officielles des Communautés Européenes.

PINTO, Mário (1990), "Trade Union Action And Industrial Relations in Portugal" *in* Baglioni; Crouch (orgs.), *European Industrial Relations: The Challenge of Flexibility.* London: Sage.

PODGÓRECKI, Adam (1974), *Law and Society.* London: Routledge & Kegan Paul.

POLANY, Karl (1980), *A Grande Transformação.* São Paulo: A Nova Pioneira.

PRATA, Ana (1998), *Dicionário jurídico, direito civil, direito processual civil, organização judiciária.* Coimbra: Almedina.

PRIBÁN, Jiri e Nelken, David (2001), *Law's new boundaries: the consequences of legal autopoiesis.* London: Ashgate.

RAMALHO, Maria do Rosário Palma (1993), *Do fundamento do poder disciplinar laboral.* Coimbra: Almedina.

RAMALHO, Maria do Rosário Palma (2000), *Da autonomia dogmática do Direito do Trabalho.* Coimbra: Almedina.

RATO, João (1998), "O desempenho da via judiciária: organização e funcionamento da justiça do trabalho" *in Debate sobre Administração e Justiça do Trabalho.* Lisboa: Conselho Económico e Social.

REBELO, Glória (2001) "A flexibilidade no trabalho: as questões na redução do tempo de trabalho e o trabalho a tempo parcial". *Organizações e trabalho,* n.º 26. Oeiras: Celta Editora.

482 *Trabalho procura Justiça*

REDINHA, Maria Regina Gomes (1995), *A Relação Laboral Fragmentada: estudo sobre o trabalho temporário*. Coimbra: Coimbra Editora.

REGAN, Francis *et al.* (1999), *The transformation of legal aid: comparative and historical studies*. Oxford: Oxford University.

REED, J. (1977), *Sociologia da Gestão*. Oeiras: Celta.

REED, Mike (1997), *Sociologia da Gestão*. Oeiras: Celta.

REGINI, Marino (1992), "Intoduction: the past and future of Social Studies of labour Movements" *in idem* (org.), *The Future of Labour Movements*. Londres: Sage.

REGINI, Marino (1995), *Uncertain Boundaries*. Cambridge: Cambridge UP.

REGINI, Marino (2000), "The Dilemmas of Labour Market Regulation" *in* G. Esping-Andersen; M. Regini (orgs.), *Why Deregulate Labour Markets?* Oxford: Oxford UP.

REIS, José (1992), *Os Espaços da Indústria*. Porto: Afrontamento.

REYNAUD, Jean-Daniel; Maruani, Margaret (1993), *Sociologie de l'emploi*. Paris: La decouverte.

RIBEIRO, António da Costa Neves (1994), *O Estado nos Tribunais*. Coimbra: Coimbra Editora.

RIBEIRO, Joana *et al.* (1994), *Visões do Sindicalismo*. Lisboa: Cosmos.

RIBEIRO, António Sousa; Ramalho, Maria Irene (1999), "Dos estudos literários aos estudos culturais?". *Revista Crítica de Ciências Sociais*, pp. 61-84.

RITZER, George (1992), *Metatheorizing*. Newbury Park: Sage.

RITZER, George (1993), *Teoría Sociológica Clásica*. Madrid: McGraw-Hill/Internacional de España.

RITZER (1996), *Modern Sociological Theory*. New York: MacGraw Hill.

RITZER (1997), *Postmodern Social Theory. New York.* MacGraw Hill.

RITZER, George (2002), *McDonaldization: the reader*. Thousand Oaks: Pine Forge Press.

ROBERT, Philippe; Cottino, Amedeo (2001), *Les mutations de la justice: Comparaisons europeennes*. Paris.

RODRIGUES, Cunha (1999), *Comunicar e julgar*. Coimbra: Minerva.

RODRIGUES, Maria João (1992), *O sistema de emprego em Portugal: Crise e mutações*. Lisboa: Publicações Dom Quixote.

RODRIGUES, Maria João (1997), "Portugal com mais qualificações", *Expresso,* 29 de Novembro.

ROGOWSKI (1989), "West Germany business litigation" (Mimo). Comunicação apresentada no *Annual Meeting of the Law and Society Association*. Madison: Law and Society Association.

ROGOWSKI, Ralf (1994), *Reflexive labour law: studies in industrial relations and employment regulation*. Boston: Kluwer Law and Taxation.

ROSA, Maria T. S. (1998), *Relações Sociais de Trabalho e Sindicalismo Operário em Setúbal*. Porto: Afrontamento.

RONSANVALLON, Pierre (1988), *La Question Syndicale – histoire et avenir d'une forme sociale*. Paris: Calmann-Lévy.

ROSANVALLON, Pierre (1995), *La nouvelle question sociale: repenser l'Etat-providence*. Paris: Editions du Seuil.

RUYSSEVELDT, Joris Van; Huiskamp, Rien; Hoof, Jacques Van (1995), *Comparative industrial and employment relations*. London: Sage.

SAMPAIO, José João (2002), "Trabalho e emprego: em busca do paradigma perdido – Elementos para uma clarificação conceptual". *Organizações e trabalho*, n.º 27. Oeiras: Porto Editora

SANDERS, Joseph e Hamilton, V. Lee (2001), *Handbook of justice research in law*. London: Kluwer Academic.

SANTOS, Boaventura de Sousa (1977), "The Law of the Oppressed: The Construction and Reproduction of Legality in Passargada Law". *Law and Society Review*, 12, 5-126.

SANTOS, Boaventura de Sousa (1982), "A participação popular na administração da justiça no Estado Capitalista", Sindicato dos magistrados do Ministério Público, *A participação Popular na Administração da Justiça*. Lisboa: Livros Horizonte.

SANTOS, Boaventura de Sousa (1982a), "O direito e a comunidade: as transformações recentes da natureza do poder do Estado nos países capitalistas avançados". *Revista Crítica de Ciências Sociais,* 10, 9-40.

SANTOS, Boaventura de Sousa (1983), "Os Conflitos Urbanos no Recife: o caso do 'Skylab'". *Revista Crítica de Ciências Sociais*, 11, 9-59.

SANTOS, Boaventura de Sousa (1985), "Estado e sociedade na semiperiferia do sistema mundial: o caso português". *Análise Social*, 87/88/89, 869-901.

SANTOS, Boaventura de Sousa (1986), "Para uma sociologia da distinção Estado/Sociedade civil" *in* Doreodó Araujo Lyra (org.), *Desordem e Processo*. Porto Alegre: Sergio Antonio Fabris Editor.

SANTOS, Boaventura de Sousa (1987), "A sociologia em Portugal" *in* Franz Heimer (org.), *As Ciências Sociais em Portugal: Situação e perspectivas*.

SANTOS, Boaventura de Sousa (1988), "Uma cartografia simbólica das representações sociais: Prolegónemos para uma concepção pós-moderna do Direito". *Revista Crítica de Ciências Socias*, 24. 139-172.

SANTOS, Boaventura de Sousa (1989), *Introdução a uma Ciência Pós-Moderna*. Porto: Afrontamento.

SANTOS, Boaventura de Sousa (1990), "O Estado e o Direito na Transição Pós-Moderna". *Revista Crítica de Ciências Sociais*, 30 e ss.

SANTOS, Boaventura de Sousa (1992), "Law in the World System. An Introduction". *Social and Legal Studies*, 2.

SANTOS, Boaventura de Sousa (1993), "O Estado, as relações salariais e o bem-estar social na semiperiferia: O caso português" *in idem*, *Portugal: Um Retrato Singular*. Porto: Edições Afrontamento.

SANTOS, Boaventura de Sousa (1994), *Pela Mão de Alice, o Social e o Político na Pós--Modernidade*. Porto: Afrontamento.

SANTOS, Boaventura de Sousa (1995), *Toward a New Common Sense: Law, Science and Politics in the Paradigmatic Transition*. New York: Routledge.

SANTOS, Boaventura de Sousa (1995a), "Teses para a renovação do sindicalismo em Portugal, seguidas de um apelo". *Vértice*, 68, 132-139.

SANTOS, Boaventura de Sousa (1997), "Pluralismo jurídico, escalas Y bifurcacíon" *in* AAVV, *Conflicto y Contexto*. Colômbia: Instituto SER de Investigaciones.

SANTOS, Boaventura de Sousa (1998), *Reinventar a Democracia*. Lisboa: Gradiva.

SANTOS, Boaventura de Sousa (1999), "The Gatt of Law and Democracy: (Mis) Trusting the Global Reforms of Courts". *Oñati Paperes*, 7, 49-86.

SANTOS, Boaventura de Sousa (org.) (2000), "Para uma concepção pós-moderna do direito" *in idem*, *A crítica da razão indolente: Contra o desperdício da experiência*. Porto: Afrontamento.

SANTOS, Boaventura de Sousa (org.) (2001), *Globalização, fatalidade ou utopia?* Porto: Afrontamento.

Santos, Boaventura de Sousa (2002), "Direito e democracia: A reforma global da justiça" in idem, *A Teia Global – movimentos sociais e instituições*. Porto: Afrontamento.

Santos, Boaventura de Sousa (org.) (2003), *Conhecimento Prudente para uma vida Decente – Um discurso sobre as ciências revisitado*. Porto: Afrontamento.

Santos, Boaventura de Sousa; Trindade, João Carlos; Loforte, Ana Maria (org.) (2003a), *Conflito e transformação social: uma paisagem das justiças em Moçambique*. Porto: Edições Afrontamento.

Santos, Boaventura de Sousa; Pedroso, João; Marques, Maria Manuel Leitão; Ferreira, Pedro (1996), *Os tribunais nas sociedades contemporâneas: o caso português*. Porto: Afrontamento/CES/CEJ.

Sainsaulieu, Renaud; Piolet, Françoise (1994), *Méthodes pour une sociologie de l'entreprise*. Paris: Presses de la Fondation Nationale des Sciences Politiques.

Sainsaulieu, Renaud (1985), *L'identité au travail: les effects culturels de l'organisation*. Paris: Presses de la Fondation Nationale des Sciences Politiques.

Sarries Sanz, Luis (1993), *Sociologia de las relaciones industriales en la sociedad postmoderna*. Zaragoza: Mira.

Schnapper, Dominique (1998), *La relation à l'autre. Au coeur de la pensée sociologique*. Paris: Cerf.

Schomann, Isabelle (2002), "Aternative dispute resolution procedures in labour issues: towards na EU mechanism?" *Transfer: European Review of Labour and Research*, n.º 4.

Serverin, Evelyne (2000), *Sociologie du droit*. Paris: Éditions La Découverte.

Silva, José Maria Rodrigues da (1991), *A aplicação do direito na jurisdição do trabalho*. Coimbra: Almedina.

Silva, José Rodrigues da (1979), *Trabalho, processo e tribunais*. Lisboa: Europress.

Simitis, Spiros (1987), "Juridification of Labour Relations" in Gunther Teubner (org.), *Juridification of Social Spheres*. Nova Iorque: Walter de Gruyter.

Standing, G. (1999), *Global Labour Flexibility: Seeking Distributive Justice*. London: Macmillan.

Stoleroff, Alan (1988), "Sindicalismo e relações industriais em Portugal". *Sociologia: Problemas e Práticas*, n.º 4.

Stoleroff, Alan (1992), "Sobre a sociologia do trabalho em Portugal". *Sociologia: Problemas e Práticas*, 11, 135-151.

Stoleroff, Alan (1995), "Elementos do padrão emergente de relações industriais em Portugal". *Organizações e Trabalho*, 13, 11-41.

Stoleroff, Alan (1995a), "Sobre o declínio relativo da sindicalização. A importância da regulação ao nível da empresa". *Vértice*, 68, 68-79.

Stoleroff, Alan (1996), *O que é a democracia?* Lisboa: Edições Piaget.

Stoleroff, Alan; Naumann, Reinhard (1993), "A sindicalização em Portugal: a sua medida, a sua distribuição e os seus determinantes". *Sociologia: Problemas e Práticas*, 14, 19-47.

Strang, Heather; Braithwaite, John (2000), *Restorative justice: philosophy to practice*. Aldershot: Ashgate.

Streeck, Wolfgang (1992), "National Diversity, Regime Competition and Institutional Deadlock: Problems in Forming a European Industrial Relations System". *Journal of Public Policy*, 12 (4), 301-330.

Streeck, Wolfgang (1998), *Private Interest Government Beyond Market and State*. Los Angeles: Sage.

STREECK, Wolfgang (1998a), "The Internationalization of Industrial Relations in Europe: Prospects and Problems". *Politics & Society*, 26(4), 429-459.

STREECK, Wolfgang (1999), "Ciudadanía bajo regimen de competencia. El caso de los «comités de empresa europeos»" *in* Soledad García; Steven Lukes, *Ciudadanía: Justicia Social, Identidad y Participación*. Madrid: Siglo XXI de Espana Editores, 45-92.

SUE, Roger (2004), *Renovar a ligação social: liberdade, igualdade, associação*. Lisboa: Campo das Letras.

SUPIOT, Alain (1996), *Crítica del derecho del trabajo*. Madrid: Ministério de Trabajo y Asuntos Sociales.

SUPIOT, Alain *et al.* (1999), *Au Delá de l'Emploi. Transformations du Travail et devenir du Travail en Europe*. Paris: Flammarion.

TEIXEIRA, Claúdio (1994), "Participação dos trabalhadores: evolução dos quadros de referência". *Organizações e Trabalho*, 12, 31-37.

TEUBNER, Gunther (1987), "Juridification – Concepts, Aspects, Limits, Solutions" *in idem* (org.), *Juridification of Social Spheres*. Nova Iorque: Walter de Gruyter.

THERBORN, Göran (1995), *European Modernity and Beyond – the trajectory of European Societies 1945-2000*. Londres: Sage.

THÉVENET, Maurice (1986), *Audit de la culture d'entreprise*. Paris: Éditions d'Organisation.

TORRE, Ramón Ramos (1992), *Tiempo y Sociedad*. Madrid: Siglo XXI de España Editores.

TOURAINE (1994), "Perface" *in* M. Coster; F. Pichaut (orgs.), *Traité de Sociologie du Travail*. Bruxelas: De Boeck Université.

TOURAINE, Alain (1996), *O que é a democracia?* Lisboa: Edições Piaget.

TOURAINE, Alain (1999), *Comment Sortir du Libéralisme?* Paris: Fayard.

TREU, Tiziano (1984), *Contratação colectiva e relações*. Lisboa: Assoc. Port. dos Gestores e Técnicos de Recursos Humanos.

TREVES, Renato (1988), *La sociologia del derecho, orígenes, investigaciones, problemas*. Barcelona: Ariel Derecho.

TREVES, Renato; Arnaud, André-Jean (1993), "Sociology du droit" *in Dictionnaire encyclopédique de théory et de sociology du droit*. Paris: LGDJ.

TURNER, Brian (1994), *Orientalism, Postmodernism & Globalism*. London: Routledge.

TURNER, Brian (org.) (1993) *Citizenship and Social Theory*. London: Sage.

VAREJÃO, José; Portugal, Pedro (2001), "Why do firms use fixed-term contracts?", *in Lower Conference, Combining Work, Home and Education*. Braga: Universidade do Minho.

VAREJÃO, José e Portugal, Pedro (2003), *Employment dynamics and the structure of labor adjustment costs*. Lisboa: Banco de Portugal.

VAREJÃO, José e Portugal, Pedro (2004), *Matching workers to jobs in the fast lane: the operation of fixed-term contracts*. Lisboa: Banco de Portugal.

VARONA, Gema (1996), *Restorative justice: new social rites within the penal system?* Tese de Mestrado em Sociologia do Direito. Oñati: Instituto Internacional de Sociologia Juridica.

VEIGA, António Jorge da Mota (2000), *Lições de direito do trabalho*. Lisboa: Universidade Lusíada.

VEIGA, João Mota (1994), *Lições de Direito do Trabalho*. Lisboa: Universidade Lusíada.

VISSER, Jelle (1996), "Traditions and Transitions in Industrial Relations: a European View" *in* Ruysseveldt; Jelle Visser (orgs), *Industrial Relations in Europe*. Heerlen: Open University, Sage.

WAARDEN, Frans Van (1995), "Government Intervention in Industrial Relations" *in* Ruysseveld *et al.* (orgs.), *Comparative Industrial & Employment Relations*. Heerlen: Open University.

WAGNER, David G. (1994), "Daring Modesty: on Metatheory, Observation and Theory Growth" *in* S. Seidman; D. G. Wagner, *Postmodernism and Social Theory*. Cambridge: Blackwell.

WEDDERBURN (1991), *Employment rights in Britain and Europe: selected papers in labour law*. London: Lawrence and Wishart.

WILLIAMSON, Peter J. (1989), *Corporatism in perspective: an introductory guide to corporatist theory*. London: Newbury New Delhi.

WILLKE, Helmut (1986), "Three Types of Legal Structure" *in* Gunther Teubner (ed.), *Dilemmas of Law in the Welfare State*. Nova Iorque: De Gruyter.

WILTHAGEN, Ton (1994), "Reflexive rationality in the regulation of occupational" *in* Rogowski, Ralf e Ton Wilthagen (orgs.), *Reflexive Labour Law*. Deventer: Kluwer Law and Taxation Publishers.

WOLKMER, António Carlos (1994), *Pluralismo Jurídico: Fundamentos de uma Nova Cultura do Direito*. São Paulo: Alfa Omega.

WOODWISS, Anthony (1990), *Post Modern Sociological Theory*. London: Pluto.

WOODIWISS, Anthony (2003), *Making human rights work globally*. Londres: Glasshouse Press.

XAVIER, Bernardo (1994), *Iniciação ao Direito do Trabalho*. Lisboa: Verbo.

ZUCKERMAN, Adrian A. S. (org.) (1999), *Civil Justice in Crisis – Comparative Perspectives of Civil Procedure*. Oxford: Oxford University Press.

SIGLAS

AAA	–	*Arbitration Association*
ACAS	–	*Advisory, Conciliation, and Arbitration Service*
ACE	–	Acordo de Concertação Estratégica
ADR	–	*Alternative Dispute Resolution* (RAL – Resolução Alternativa de Litígios)
ASJP	–	Associação sindical de Juízes Portugueses
ASMP	–	Associação Sindical do Ministério Público
AT	–	Acidente de trabalho
BTE	–	Boletim do Trabalho e Emprego
CAE	–	Classificação de Actividades Económicas e
CAP	–	Confederações Patronais
CCA	–	Comissões de Conciliação e Arbitragem
CCJ	–	Comissões de Conciliação e Julgamento
CCP	–	Confederações Patronais
CEEP	–	Confederação Europeia das Empresas Públicas
CES	–	Conselho Económico e Social
CGTP	–	Confederação Geral dos Trabalhadores
CIP	–	Confederações Patronais
CIT	–	Contrato individual de trabalho
CITE	–	Comissão para a Igualdade no Trabalho e no Emprego
CNP	–	Classificação Nacional das Profissões
CSM	–	Conselho Superior de Magistratura
CSMP	–	Conselho Superior do Ministério Público
CPT	–	Código de Processo de Trabalho
CSM	–	Conselho Superior da Magistratura
DGRCT	–	Direcção-Geral das Relações Colectivas de Trabalho
ETN	–	Estatuto de Trabalho Nacional
FMI	–	Fundo Monetário Internacinal
FSHOT	–	Federação dos Sindicatos da Hotelaria e Turismo de Portugal

GPLP	–	Gabinete de Política Legislativa e Planeamento
IDICT	–	Instituto de Desenvolvimento e Inspecção das Condições de Trabalho
IGT	–	Inspecção-Geral do Trabalho
INE	–	Instituto Nacional de Estatística
INTP	–	Instituto Nacional do Trabalho e Previdência
IRC	–	Instrumentos de Regulamentação Colectiva
MP	–	Ministério Público
OA	–	Ordem dos Advogados
OCDE	–	Organização para a Cooperação e Desenvolvimento Económicos
ODR	–	*Online Dispute Resolution*
OIT	–	Organização Internacional do Trabalho
ONG	–	Organização não-governamental
OPJ	–	Observatório Permanente da Justiça Portuguesa
PIACT	–	Programa Internacional para a Melhoria das Condições de Trabalho
PRT	–	Portarias de Regulamentação de Trabalho
SERCAT	–	Serviço Regional de Conciliação e Arbitragem
SNMA	–	Serviço Nacional de Mediação e Arbitragem
SMMP	–	Sindicato dos Magistrados do Ministério Público
SRT	–	Secretaria Regional do Trabalho
TCO	–	Trabalhadores por conta de outrem
UE	–	União Europeia
UNICE	–	União das Confederações da Indústria e dos Empregadores da Europa
UGT	–	União Geral dos Trabalhadores
UNIHSNOR	–	União das Associações de Hotelaria e Restauração do Norte de Portugal

ÍNDICE DE FIGURAS, GRÁFICOS E QUADROS

Capítulo II

Figuras

Figura 1 94

Quadros

Quadro 1 – Sistema de regulação e resolução dos conflitos laborais: princípios sócio-políticos de formas de resolução 81

Capítulo IV

Figuras

Figura 1 – Trajectória de um conflito emergente da negociação colectiva .. 167

Gráficos

Gráfico 1 – Comissões paritárias 153

Gráfico 2 – Instrumentos de regulamentação colectiva de trabalho 168

Quadros

Quadro 1 – Conflitos colectivos 151

Quadro 2 – Evolução das PRT e das PE 163

Quadro 3 169

Quadro 4 – Conflitos individuais 179

Quadro 5 – IGT: Evolução dos pedidos de intervenção 180

Quadro 6 – N.º de processos entrados, findos e pendentes no Serviço Regional de Conciliação e Arbitragem de Trabalho 198

Quadro 7 – Processos findos, segundo o motivo do termo no SERCAT
(1997-2000) 198

Quadro 8 – Informações prestadas pelo SERCAT 199

Quadro 9 – Actividade do SERCAT em termos de conciliações 199

Quadro 10 – A arbitragem laboral e acções de contrato individual de trabalho na Região Autónoma dos Açores (1997-1998) 200

Capítulo VI

Figuras

Fluxograma de acção laboral declarativa comum 268

Gráficos

Gráfico 1 – Movimento laboral (1970-2002) 255
Gráfico 2 – Acções entradas de AT e de CIT 259
Gráfico 3 – Índice de eficiência laboral 260
Gráfico 4 – Escalões de morosidade dos CIT 270
Gráfico 5 – Processos entrados e findos: 1998-2002 271
Gráfico 6 – Escalões de morosidade dos AT 272
Gráfico 7 – Termo do processo CIT (2001) 273
Gráfico 8 – Total de processos laborais entrados por população activa e resi-
           dente 278
Gráfico 9 – Evoluções do PIB e do total das acções laborais entradas 279
Gráfico 10 – Acções declarativas laborais entradas nos tribunais de trabalho,
             relação emprego/população e taxa de desconforto 280
Gráfico 11 – Acções declarativas entradas no período, emprego/população e
             taxa de desemprego (1974-2002) 281
Gráfico 12 – Acções declarativas de contrato entradas por cada mil TCO 282
Gráfico 13 – Acções declarativas de CIT entradas e trabalhadores em greve. 283
Gráfico 14 – Evolução das acções de CIT entradas, relação emprego-popula-
             ção, percentagem de trabalhadores a termo certo e taxa de desem-
             prego 285
Gráfico 15 – Linhas de tendência da taxa de crescimento das acções declarati-
             vas de CIT, da taxa de crescimento do desemprego e do cresci-
             mento dos TCO 286
Gráfico 16 – Nº de acções de CIT entradas nos tribunais e acções que dariam
             entrada nos tribunais caso não existissem restrições legais 287
Gráfico 17 – Nº de acções entradas de AT por cada mil acidentes de trabalho 288
Gráfico 18 – Acções entradas por AT, acidentes de trabalho e relação emprego/
             /população 289
Gráfico 19 – Percentagem de processos entrados nos tribunais de trabalho da
             grande Lisboa e do grande Porto 290
Gráfico 20 – Mapas dos processos entrados por tribunal para as acções CIT
             e AT (2002) 291

Quadros

Quadro 1 – Movimento processual geral e laboral (1970-2002) 253
Quadro 2 – Processos entrados na justiça laboral 256
Quadro 3 – Relação entre as acções de AT e CIT, e as executivas e recursos 262
Quadro 4 – Evolução da morosidade laboral: 1974-2000 263
Quadro 5 – Médias, em dias, para processos de CIT por tribunal (1989 e
           2001) 265
Quadro 6 – Processos entrados por tipo de acção, por TCO (2002) 295

Índice de Figuras, Gráficos e Quadros 491

Capítulo VII

Gráficos

Gráfico 1 – Contra-ordenações instruídas, actividade da inspecção, acções de transgressão e contra-ordenações entradas (1990-2000) 311

Gráfico 2 – Pirâmide dos litígios de contrato individual de trabalho (2000) 315

Gráfico 3 – Pirâmide dos litígios de acidentes de trabalho (2000) 317

Gráfico 4 – Termo do processo – CIT (1989-2001) 321

Gráfico 5 – Termo do processo – CIT (1989-2001) 322

Gráfico 6 – Processos de contrato individual de trabalho entrados em 1999 e findos em 2001 por objecto de acção 330

Gráfico 7 – Autores pessoas singulares e autores pessoas colectivas nas acções de contrato individual de trabalho 339

Gráfico 8 – Sujeitos processuais envolvidos nos litígios laborais 340

Gráfico 9 – Réus pessoas singulares e réus pessoas colectivas nas acções de contrato individual de trabalho 343

Gráfico 10 – Contratos individuais de trabalho, propensão para a litigação por profissão 359

Gráfico 11 – Evolução da taxa de incidência de acções de CIT, por profissão do autor (por mil TCO) 1996-2001 360

Gráfico 12 – Sexo do autor das acções de CIT 362

Gráfico 13 – CIT/autor/sexo/profissão (1996-2001) 363

Gráfico 14 – *Idem* 364

Gráfico 15 – *Idem* 365

Gráfico 16 – *Idem* 366

Gráfico 17 – Contratos individuais de trabalho: Propensão para a litigação por sexo e por profissão – 1999 (por 1000 TCO) 368

Gráfico 18 – Propensão para a litigação por sexo (por 1000 TCO) 1990-2001 369

Gráfico 19 – Comparação entre o peso das mulheres no emprego (TCO) e na litigação 371

Gráfico 20 – Acções entradas por AT por cada 1000 acidentes de trabalho (2000) 384

Gráfico 21 – Sexo dos sinistrados – acções de acidentes de trabalho 387

Gráfico 22 – Total de acções laborais de acidente de trabalho segundo o sexo 390

Gráfico 23 – Acções de acidente de trabalho 392

Gráfico 24 – Acções entradas por AT por cada mil AT (mulheres – 2000) 394

Gráfico 25 – Acções entradas por AT por cada mil AT (homens – 2000) 395

Quadros

Quadro 1 – O papel dos tribunais e a flexibilidade/rigidez da protecção no emprego 306

Quadro 2 – Termo dos processos de CIT – 1989/2001 320

Quadro 3 – Termo dos processos entrados e findos no próprio ano 323

Quadro 4 – Contratos individuais de trabalho: forma como o processo finda (2002) 325

492   *Trabalho procura Justiça*

Quadro 5 – Termo na fase conciliatória 328
Quadro 6 – Termo do processo na fase contenciosa 328
Quadro 7 – Objecto de acção – acções de contrato individual de trabalho .. 333
Quadro 8 – Objectos de acção mais referidos – acções de contrato individual de trabalho (1989-2001) 334
Quadro 9 – Objecto de acção – acidentes de trabalho 337
Quadro 10 – Profissão dos autores pessoas singulares de acções de contratos individuais de trabalho 341
Quadro 11 – CIT – Profissão dos autores (1989-1995) 342
Quadro 12 – CIT – Profissão dos autores (1996-2001) 342
Quadro 13 – Natureza jurídica das empresas rés – acções de CIT 344
Quadro 14 – Actividade económica dos réus pessoas colectivas – acções de CIT 345
Quadro 15 – Acções declarativas findas de CIT e dimensão das empresas por CAE (2002) 349
Quadro 16 – Acções declarativas findas de CIT e n.º de trabalhadores por conta de outrem por dimensão das empresas segundo a CAE (2002) 350
Quadro 17 – Acções declarativas findas de CIT, trabalhadores por conta de outrém por CAE segundo o tipo de contrato (2002) 352
Quadro 18 – Acção declarativa de CIT segundo o vínculo contratual 354
Quadro 19 – Taxa de incidência de acções declarativas de CIT e de Greves, por 1000 TCO (2002) 356
Quadro 20 – Quadros da negociação colectiva 358
Quadro 21 – Acções CIT findas e desemprego registado, por profissões segundo o sexo 373
Quadro 22 – Entidade participante 377
Quadro 23 – A existência de seguro nas acções de acidentes de trabalho 379
Quadro 24 – Acções de acidente de trabalho, segundo a profissão do sinistrado (%) 380
Quadro 25 – Profissão dos sinistrados 382
Quadro 26 – Acções de acidentes de trabalho e acidentes de trabalho (2000) 383
Quadro 27 – Local do acidente 385
Quadro 28 – Causa externa do acidente 386
Quadro 29 – Sexo dos sinistrados – acções de acidentes de trabalho 387
Quadro 30 – Acções laborais de acidente de trabalho segundo o sexo 389
Quadro 31 – Acções de acidente de trabalho segundo a profissão do autor e o sexo 391
Quadro 32 – Comparação entre as acções de contrato e acidentes de trabalho envolvendo mulheres 393

Capítulo VIII

Figuras
Figura 1 – O acesso ao direito e aos tribunais em Portugal 427

Índice de Figuras, Gráficos e Quadros

Gráficos

Gráfico 1 – Evolução do número de pareceres emitidos pela CITE (1979-
-2003) 424

Gráfico 2 – Patrocínio judiciário do autor: acções de CIT 442

Gráfico 3 – Patrocínio judiciário: acções de acidentes de trabalho 444

Gráfico 4 – Patrocínio judiciário do réu: acções de acidentes de trabalho 446

Gráfico 5 – Modalidade de assistência judiciária 453

Gráfico 6 – Assistência judiciária nas acções de acidentes de trabalho 454

Gráfico 7 – Assistência judiciária e profissão do autor (2001) 455

Quadros

Quadro 1 – Sistema de acesso ao direito e justiça laboral 404

Quadro 2 – Apoio judiciário 407

Quadro 3 – Atendimento ao público (1990-2000) 417

Quadro 4 – Assuntos mais frequentes 418

Quadro 5 – Análise e tratamento de queixas 423

Quadro 6 – Patrocínio do autor – CIT 441

Quadro 7 – Hierarquização dos tribunais segundo o tipo de patrocínio do
autor – CIT (% média 1989-2001) 448

Quadro 8 – Hierarquização dos tribunais segundo o tipo de patrocínio do
réu – CIT (% 1989-2001) 450

Quadro 9 – Assistência judiciária – CIT 452

Quadro 10 – Assistência judiciária nas acções de acidentes de trabalho 454

Quadro 11 – Hierarquização dos tribunais segundo o pedido de assistência
judiciária CIT (% média 1989-2001) 457

ÍNDICE GERAL

Agradecimentos 7

Introdução 11

Capítulo I
Da sociologia política do direito à sociologia política do direito do trabalho

Introdução 31

1. Uma proposta de sociologia do direito renovada 31

2. Contributos para uma reflexão sobre a perspectiva sócio-jurídica-laboral 44

    2.1. As relações difíceis entre a sociologia e o direito do trabalho 44

    2.2. Para uma análise sócio-jurídica integrada do mundo do trabalho 51

    2.3. A sociologia do direito do trabalho e das relações laborais em mutação 55

Conclusão 62

Capítulo II
O sistema de resolução dos conflitos laborais e os tribunais de trabalho

Introdução 65

1. A OIT, a União Europeia e a questão das formas de resolução de conflitos de trabalho 66

2. O sistema de resolução dos conflitos laborais 79

    2.1. O judicial-laboral: da governabilidade política à judicialização dos conflitos 85

    2.2. As formas alternativas de resolução dos conflitos 90

Conclusão 97

Capítulo III
O modelo de análise da actividade do judicial-laboral

Introdução 99

1. O processo de transformação e de crise do mundo laboral, padrão de litigação e cultura jurídica 99

    1.1. Os tribunais de trabalho como forma de resolução dos conflitos 106

496 *Trabalho procura Justiça*

1.2. Os tempos da justiça laboral 111

1.3. Dos princípios da regulação sócio-poliítica às barreiras ao acesso ao direito e à justiça 118

    1.3.1. A facilitação do acesso no domínio laboral: os princípios de regulação do Estado e da comunidade 125

Conclusão 131

Capítulo IV
O sistema de resolução dos conflitos laborais português

Introdução 133

1. A institucionalização da regulação dos conflitos de trabalho em Portugal: a tensão entre o Estado e a sociedade civil 134

2. As influências exógenas na constituição do sistema de resolução dos conflitos de trabalho 142

3. O sistema português de resolução dos conflitos de trabalho 148

    3.1. As formas de resolução dos conflitos colectivos de trabalho 150

        3.1.1. O princípio de regulação de base estatal e as formas tradicionais de resolução dos conflitos 156

        3.1.2. A concertação social e as dificuldades de reforma das formas de resolução dos conflitos colectivos 169

    3.2. As formas de resolução dos conflitos individuais de trabalho 178

        3.2.1. As formas alternativas de resolução de conflitos no domínio laboral (RAL) 185

        3.2.1.1. As Comissões de Conciliação e Julgamento (CCJ) 185

        3.2.1.2. A concertação social e a resolução extrajudicial dos conflitos individuais 188

        3.2.1.3. O Serviço Regional de Conciliação e Arbitragem do Trabalho dos açores 193

Conclusão 201

Capítulo V
O discurso jurídico e as normas processuais laborais

Introdução 205

1. Síntese legislativa das normas e códigos de processo de trabalho em Portugal 207

2. O actual Código de Processo de Trabalho – DL n.º 480/99 de 9 de Novembro: identificação das principais categorias processuais 220

3. Perspectivas e discurso dos operadores judiciários sobre as normas processuais laborais 225

    3.1. A conciliação obrigatória 227

    3.2. A audiência de partes 231

Índice Geral

3.3. Processo declarativo comum único 236
3.4. Tribunal singular / tribunal colectivo 237
3.5. Formas alternativas de resolução de conflitos 239
3.6. Heterogeneidade no desempenho dos tribunais 241
3.7. Juízes sociais 242
Conclusão 245

Capítulo VI
As dinâmicas sócio-laborais e a oferta e procura de justiça laboral

Introdução 249
1. A estrutura do movimento processual: evolução dos processos pendentes, entrados e findos 252
2. A resposta do sistema judicial ao aumento da procura 259
   2.1. A eficiência do sistema judicial 259
   2.2. Morosidade judicial e duração dos processos 260
   2.3. Taxas de resolução (ou de sobrevivência) das acções de contrato individual e de acidentes de trabalho 270
3. Dinâmicas sócio-laborais nacionais e locais e a procura judicial 274
   3.1. Dinâmicas sócio-laborais e a mobilização dos tribunais de trabalho 277
   3.2. As dinâmicas locais e a procura dos tribunais de trabalho 289
Conclusão 296

Capítulo VII
**A litigação nas acções de contrato individual de trabalho
e de acidentes de trabalho**

Introdução 299
1. A estrutura da litigação nas acções de contrato individual de trabalho e de acidentes de trabalho: a resolução dos conflitos e o termo do processo nos tribunais de trabalho 301
   1.1. O papel dos tribunais e a flexibilidade/rigidez da protecção no emprego 302
   1.2. As pirâmides dos conflitos das acções declarativas de contrato individual de trabalho e de acidentes de trabalho 312
      1.2.1. A pirâmide das acções de contrato individual de trabalho 314
      1.2.2. A pirâmide das acções de acidentes de trabalho 317
   1.3. O termo do processo nas acções de contrato individual de trabalho: o padrão de litigação nacional 318
   1.4. O termo do processo nas acções de acidentes de trabalho 327
   1.5. Os conflitos emergentes do contrato individual de trabalho e dos acidentes de trabalho 330

498   *Trabalho procura Justiça*

2. Os actores sociais e a mobilização da justiça laboral nas acções de contrato individual de trabalho: dos autores trabalhadores às empresas rés 338

2.1. Sujeitos processuais, profissão dos autores e actividade económica dos réus   338

2.2. Dimensão das empresas, estrutura contratual, taxa de rotatividade, conflitualidade colectiva e propensão para a litigação 346

2.3. A propensão para a litigação na sua relação com a negociação colectiva   357

2.4. As acções de contrato individual de trabalho e a profissão e o sexo dos autores 358

2.4.1. Propensão para a litigação por sexo e profissão 367

2.4.2. Propensão para a litigação segundo o sexo 369

2.4.3. Evolução das mulheres no mercado de trabalho 370

2.5. Relação entre desemprego e acções CIT 372

3. Os actores sociais e a mobilização da justiça laboral nas acções de acidentes de trabalho 374

3.1. Caracterização dos sujeitos processuais nos processos de acidentes de trabalho 375

3.2. Acções de acidentes de trabalho segundo a profissão dos sinistrados 379

3.3. A propensão para a litigação segundo a profissão do autor 384

3.4. Local e causa externa do acidente 385

3.5. As acções de acidentes de trabalho e o sexo do sinistrado 386

3.6. Acções de acidente de trabalho por profissão segundo o sexo 390

3.7. A propensão para a litigação segundo a profissão e o sexo do autor 392

Conclusão 396

Capítulo VIII
O acesso ao direito e à justiça laborais

Introdução 401

1. O sistema de acesso ao direito e à justiça laborais em Portugal depois de 1974   402

1.1. As associações sindicais enquanto elementos facilitadores de acesso ao direito e à justiça: do acompanhamento reactivo aos desafios da proactividade   406

1.2. A Administração do Trabalho e a informação e consulta jurídicas 417

1.2.1. O Instituto de Desenvolvimento e Inspecção das Condições de Trabalho (IDICT) e a necessidade de expansão das suas actividades .   417

1.2.2. O IDICT na Loja do Cidadão de Lisboa 418

1.2.3. Comissão para a Igualdade no Trabalho e no Emprego (CITE)..... 420

2. Os tribunais e o sistema de acesso ao direito e à justiça 425

2.1. Enquadramento jurídico-normativo do acesso à justiça laboral 425

2.2. O papel do Ministério Público e a tensão entre os princípios de regulação estatal e do mercado 429

2.3. O patrocínio judiciário das partes nas acções de contrato individual de trabalho e acidentes de trabalho 440

2.3.1. O patrocínio judiciário nas acções de contrato individual de trabalho: elementos para uma análise dos desempenhos por tribunal 446

2.4. A assistência judiciária 452

2.4.1. A assistência judiciária nas acções de contrato individual de trabalho e nas acções de acidentes de trabalho 452

Conclusão 458

Conclusões Gerais 461

Bibliografia 469

Siglas 487

Índice de Figuras, Gráficos e Quadros 489

Índice Geral 495